Tricolore

5ᵉ édition

4

Heather Mascie-Taylor

Sylvia Honnor

Michael Spencer

OXFORD
UNIVERSITY PRESS

Table des matières

Table des matières

1A Je me présente

- **talk about yourself (name, age, nationality, likes and dislikes, etc.)**
- **ask questions**
- **revise the alphabet and numbers**

1 On fait connaissance

🔊 Sarah et Thomas se rencontrent à un stage à Paris. Écoutez leur conversation.

Jeunes sans frontières
Stage du 22–30 août
Faites la connaissance des jeunes du monde

Une semaine d'activités sportives et culturelles

Participez à des discussions sur des thèmes internationaux

un stage   course

A

S Salut. Je suis Sarah Dubois. Et toi, comment t'appelles-tu?

T Salut Sarah. Moi, je m'appelle Thomas Lenoir.

S Où habites-tu, Thomas?

T J'habite à Genève en Suisse.

S Alors tu es suisse. Quelles langues parles-tu?

T Je parle français et allemand, mais en Suisse on parle aussi italien. Et toi, tu es de quelle nationalité?

S Je suis canadienne. J'habite à Montréal. Quel âge as-tu?

T J'ai dix-sept ans. Et toi?

S Moi, j'ai seize ans. Mon anniversaire est le 16 janvier. C'est quand, ton anniversaire?

T C'est le 9 juillet.

S Est-ce que tu as des frères et sœurs?

T Non, je suis enfant unique. Et toi?

S Moi, j'ai une sœur aînée et un demi-frère qui est plus jeune.

B

T Qu'est-ce que tu fais de ton temps libre?

S J'adore le sport. Je fais du ski et je joue au hockey sur glace. Qu'est-ce que tu aimes comme sports?

T Moi, je ne suis pas sportif. Je préfère la musique, surtout la musique du monde. Je joue de la batterie depuis cinq ans.

S Il y a combien de personnes au stage?

T Environ trente je crois.

S Pourquoi vas-tu au stage?

T Moi, j'y vais pour rencontrer des jeunes de toutes les nationalités et pour les activités culturelles. Et toi?

S Je vais au stage parce que je m'intéresse beaucoup à l'environnement et que je veux participer aux débats. On va s'amuser aussi et se faire de nouveaux amis.

a Répondez en français.

1 Sarah est de quelle nationalité?
2 Quelle est la date d'anniversaire de Thomas?
3 Qui est le plus âgé?
4 Est-ce que Thomas est enfant unique?
5 Est-ce que Sarah est l'aînée de sa famille?

b Trouvez l'équivalent en français.

1 What do you do in your free time?
2 What sort of sport do you like?
3 I've played the drums for five years.
4 How many people are attending the course?
5 to make new friends

c Répondez en français.

1 Qu'est-ce que Thomas joue comme instrument et depuis combien de temps en joue-t-il?
2 Qu'est-ce que Sarah fait comme sport?
3 Pourquoi Thomas va-t-il au stage?

d Trouvez six questions dans les conversations.

Stratégies

Question words

It's important to know all the key question words really well, so practise using them regularly. You will have to ask, as well as answer, questions in your speaking test.

💬 Here are some ideas to practise with a partner.

1 In turn, change the highlighted words in each question.

Qui habite en France?   Qui joue au tennis?
Qui adore le sport?   Qui parle espagnol?
Qui préfère la musique?

2 Practise adapting useful phrases, e.g. **Qu'est-ce que tu aimes comme sports?** can be changed to **Qu'est-ce que tu aimes comme films?**

See how many questions you can make up using different categories, e.g. **nourriture, boissons, glaces, chanteurs**.

3 Choose a differe   nt question word/phrase and make up three different questions starting in the same way.

Exemple: C'est quand, le match?

2 Faites des questions

Inventez des questions avec **Qu'est-ce que tu aimes comme …?**

(1) (2) (3) (4) (5)

3 Pour poser une question

a C'est quoi en anglais?

1	Combien?	**5**	Pourquoi?
2	Comment?	**6**	Quand?
3	Où?	**7**	Depuis quand?
4	D'où?	**8**	Qui?

b Inventez une question avec chaque mot.

Dossier-langue   Grammaire 13.1

Asking and answering questions

There are several ways to ask questions:
1 Raising your voice in a questioning way.
2 Adding **Est-ce que**.
3 Turning the verb and the subject round (inversion).
4 Using a question word such as **Comment**? or **Combien**?

Quel?

Quel? (which) is an adjective and agrees with the noun, e.g.

Quel âge as-tu?	How old are you?
De quelle nationalité es-tu?	What nationality are you?
Quels sont tes loisirs favoris?	What are your favourite leisure activities?
Quelles langues parles-tu?	What languages do you speak?

---

4 Le jeu des nombres

Complétez les questions, puis choisissez la bonne réponse.

1 (Quel / Quels) est l'indicatif téléphonique pour la France? (33, 44, 55)
2 (Quel / Quelle) est la distance en kilomètres entre Lille et Paris? (21, 121, 221)
3 Il y a (combien / comment) de jours fériés en France, y compris (*including*) le dimanche de Pâques? (11, 12, 13)
4 (Quel / Quelles) est le numéro d'appel d'urgence unique européen? (9, 100, 112)
5 Il y a (qui / combien) de kilomètres de plage en France? (1 000, 1 500, 2 000)

5 Encore des questions

🔊 **a** Complétez les questions. Puis écoutez pour vérifier.

Exemple: **1** <u>Comment</u> t'appelles-tu?

1 ___ t'appelles-tu?
2 ___ âge as-tu?
3 ___ habites-tu?
4 Tu es de ___ nationalité?
5 ___ tu parles anglais?
6 ___ de frères et sœurs as-tu?
7 ___ s'appellent-ils?
8 ___ es-tu à Paris?
9 Tu restes ici jusqu'à ___?
10 ___ est ton sport préféré?

b Écoutez encore pour noter les réponses.

Exemple:

FICHE D'IDENTITÉ

1 Nom **Alexandre Michelin**
2 Âge
3 Ville
4 Nationalité
5 Il parle anglais?
6 Frères et sœurs
7 Leurs noms
8 Il reste ici jusqu'à …
9 Sport préféré

---

6 À vous!

💬 À deux, faites une très longue conversation. Qui va poser la dernière question?

Pour vous aider

– Quel âge as-tu?
– J'ai …
– Où habites-tu?
– J'habite …
– Est-ce que tu parles d'autres langues?
– Oui, je parle …
– Quel est ton sport préféré?
– Mon sport préféré est … J'aime … Je ne suis pas sportif et je n'aime pas …
– Qu'est-ce que tu aimes comme musique?
– J'aime beaucoup la musique de … La musique, ça ne m'intéresse pas beaucoup.

1B Un stage international

- *give more personal information*
- *revise countries and nationalities*
- *revise the present tense*

http://www.tchatter-copains.org

Accueil | Forum | Profil | Photos

A **Sophie Milon (18 ans)**
J'habite dans un tout petit village au Luxembourg. Pendant mon temps libre, j'écoute de la musique, je lis et je fais des randonnées. Comme je suis fille unique, je suis souvent seule. Chaque année je vais au stage international. C'est super: on n'est jamais seul, on se fait très vite de nouveaux amis. Mon rêve est de travailler à Copenhague. L'année dernière, j'ai fait la connaissance de sœurs jumelles danoises au stage et nous sommes souvent en contact par Internet.

C **Damien Bertin (16 ans)**
Je suis belge et j'habite à Bruxelles en Belgique. Chez moi, j'ai trois frères plus jeunes que moi, alors nous sommes quatre garçons à la maison. Au stage, on est avec beaucoup de filles (et d'autres garçons, bien sûr!) de pays différents. On fait beaucoup de sport, on discute ensemble, on s'amuse bien. Mon rêve est de voyager à l'étranger pour rendre visite à mes amis, surtout Anna, une amie néerlandaise, et Patrick, un copain irlandais.

B **Pedro Santini (17 ans)**
Je suis espagnol, j'habite à Madrid avec mes parents, ma sœur qui a quinze ans et mon frère, de onze ans, et j'ai beaucoup d'amis mais c'est un monde un peu limité. Au stage, on rencontre des jeunes de beaucoup de pays et ça me donne de nouvelles idées. Mon rêve est de devenir médecin et de travailler pour une organisation internationale, comme 'Médecins Sans Frontières'.

D **Leila Sabatier (16 ans)**
Je suis marocaine, mais nous habitons à Strasbourg en France, car ma mère travaille comme interprète pour le Parlement européen. Nous avons quitté le Maroc il y a cinq ans. Je crois qu'il est très important de faire la connaissance de jeunes personnes d'autres pays et de combattre le racisme, donc je suis allée au stage avec Yusuf, mon frère aîné. Comme notre père est décédé, nous avons reçu une bourse pour y aller. Mon rêve est de revenir au stage l'année prochaine!

1 Des témoignages

Ces personnes ont participé à un stage international l'année dernière. Lisez leurs témoignages.

a Trouvez l'équivalent en français.

Exemple: 1 pendant mon temps libre

1 in my free time
2 you very quickly make friends
3 I got to know
4 we are often in touch through the internet
5 my dream is …
6 it gives me new ideas
7 to travel abroad
8 we received a grant

b C'est qui?

1 Combattre le racisme est très important pour cette personne.
2 Il habite en Espagne avec son frère, sa sœur et ses parents.
3 Il n'a pas de sœurs, mais il a trois frères.
4 Il habite en Belgique, mais son rêve est de visiter d'autres pays.
5 Elle a des amies qui sont jumelles.
6 Il a dix-sept ans et il s'intéresse à la médecine.
7 Pendant son temps libre, elle aime lire et faire des promenades.
8 Elle n'est pas française, mais elle habite en France à présent.

c Choisissez les cinq phrases qui décrivent les avantages du stage.

1 On rencontre beaucoup de jeunes d'autres pays.
2 Ça vous donne de nouvelles idées.
3 C'est un monde limité.
4 On discute beaucoup ensemble.
5 On est souvent seul.
6 On s'amuse bien.
7 On organise des visites au Parlement européen.
8 On se fait souvent de nouveaux amis.

Dossier-langue | Grammaire 14.4

The present tense (le présent)

You often use the **present tense** to describe things which are happening now, or which don't change, e.g. **Je téléphone à un ami. Je suis belge. Nous habitons à Strasbourg. J'ai trois frères.**

It is also used to describe things which happen regularly:

Chaque année, je vais au stage international.

Je joue can mean 'I play', 'I'm playing' or 'I do play'.

Regular verbs follow one of the following patterns:

	-er	-re	-ir
	jouer	répondre	finir
je	joue	réponds	finis
tu	joues	réponds	finis
il/elle/on	joue	répond	finit
nous	jouons	répondons	finissons
vous	jouez	répondez	finissez
ils/elles	jouent	répondent	finissent

Many common French verbs are irregular. Can you think of ten or more? Look out for these as you work through the unit.

Some verbs, such as **aimer, adorer, détester** and **préférer** are often followed by another verb in the infinitive, e.g. **J'aime jouer au football, mais je déteste jouer au rugby.**

4 Pour faire une interview

Complétez les questions.

1. _____ t'appelles-tu?
2. Ça _____ (*s'écrire*) comment?
3. _____ âge as-tu?
4. C'est _____, ton anniversaire?
5. Tu es de _____ nationalité?
6. Tu habites _____?
7. Tu as _____ frères et sœurs?
8. Quels _____ tes loisirs préférés?
9. _____ il y a quelque chose que tu détestes?
10. Qu'est-ce que tu fais _____ sports?
11. Quelle _____ ta couleur favorite?
12. Tu as un rêve? C'est _____, ton rêve?

5 Faites des interviews

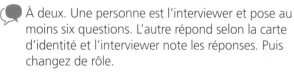

À deux. Une personne est l'interviewer et pose au moins six questions. L'autre répond selon la carte d'identité et l'interviewer note les réponses. Puis changez de rôle.

Exemple:

– Comment t'appelles-tu?
– Je m'appelle <u>Valérie Fayemi</u>.

FICHE D'IDENTITÉ

1. Nom **Fayemi**
2. Prénom **Khady**
3. Âge. **16 ans**
4. Anniversaire **1ᵉʳ janvier**
5. Nationalité **sénégalaise**
6. Ville **Marseille**
7. Famille **2 sœurs et 3 frères**
8. Adore **la lecture et écrire des histoires pour enfants**
9. Déteste **les jeux vidéo**
10. Sports pratiqués **le tennis et les randonnées**
11. Couleurs préférées **le violet et le vert**
12. Rêve **visiter les États-Unis**

2 Elsa

Écoutez l'interview d'Elsa et complétez le résumé.

1. Elsa Johannsen a _____ ans.
2. Son anniversaire est le _____ juillet.
3. Elle est norvégienne, mais sa mère est _____.
4. Elle a _____ frères, mais elle n'a pas de sœurs.
5. Comme loisirs, elle _____ cuisiner et _____ de la musique.
6. Elle déteste la pluie, alors quand il _____, elle ne sort pas.
7. Elle aime un peu le _____.
8. Elle joue au _____ et elle aime aussi le _____, en _____.
9. Son rêve est de parler plusieurs _____ et d'avoir des amis dans beaucoup de _____.

3 Jacob

a. Écoutez l'interview de Jacob et notez les détails.

b. Écrivez une description de Jacob. Pour vous aider, lisez le résumé d'Elsa.

FICHE D'IDENTITÉ

1. Nom **Weinitz**
2. Prénom **Jacob**
3. Âge
4. Anniversaire
5. Nationalité
6. Ville
7. Famille
8. Adore
9. Déteste
10. Sports pratiqués
11. Couleurs préférées
12. Rêve

6 À vous!

Écrivez votre fiche d'identité ou une petite description.

1 Des amis

a Choisissez le bon mot de la case pour compléter les descriptions de Philippe (**A**) et de Shashi (**B**). Puis écoutez pour vérifer.

> blonds   habite   sportif   cinéma   beaucoup   marron   même

A

Mon copain Philippe (**1**) ____ dans la même rue que moi. Je le connais depuis l'école primaire. Il est grand, il a les cheveux (**2**) ____ et frisés. Il est très (**3**) ____ mais un peu impatient et il s'énerve facilement. On joue souvent au foot ensemble et on s'amuse bien.

B

J'ai une nouvelle copine, Shashi, qui est dans la (**1**) ____ classe que moi au collège. Elle a de longs cheveux châtains, souvent en queue de cheval, et les yeux (**2**) ____. Elle est assez petite et mince. Nous avons beaucoup de choses en commun; nous aimons toutes les deux le (**3**) ____ et la musique. Elle est optimiste et rigolote. Nous avons le même sens de l'humour et nous rions (**4**) ____.

b Écoutez Amélie et Yannick et notez les détails qui manquent.

C

Ma meilleure amie, qui s'appelle Amélie, a les cheveux (**1**) ____ et courts et les yeux bleus. Elle porte des lunettes. Nous sommes différentes: elle est musicienne (pas moi) et forte en (**2**) ____. Moi, je suis plus forte en langues. Elle est très sympa et toujours (**3**) ____ et de bonne humeur. On ne se dispute jamais.

D

Mon ami Yannick a les cheveux roux et les yeux (**1**) ____. Il est de taille moyenne. Il est travailleur, responsable et assez (**2**) ____ mais il aime s'amuser aussi. On s'entend très bien.

c Regardez les photos et identifiez les personnes.

1
2
3
4

2 Lexique

Complétez la liste.

Français	Anglais
grand(e)	tall
	small
de … moyenne	medium build
	slim
costaud	strong, well-built
gros (grosse)	big, fat
les cheveux (*m pl*)	hair
blonds	blond
roux	red (hair)
blancs	
châtains	light brown
	black
	in a pony tail
	curly
raides	straight

3 Le garçon dans le train

Lisez le message et décrivez le garçon en anglais.

http://www.tchatter-copains.org

Amélie,

Je m'appelle Sophie et je recherche un garçon que j'ai rencontré dans le train de Calais à destination de Paris, le 28 août dernier. Il a les cheveux châtains, les yeux marron clair. Il mesure 1 m 70 environ. Il était vêtu d'un pantalon vert et d'une chemise blanche.

Nous avons discuté un peu, mais je ne sais pas son nom. Si quelqu'un le connaît, montrez-lui mon message, s'il vous plaît, et dites-lui de me contacter au magazine. Merci à tous.

Sophie

SUIVRE

Commenter …

Cognates

Many adjectives which describe personality are cognates, which are easy to understand when you see them written down. However, some sound different, so check you know how to pronounce the following:

agressif   différent   généreux   impatient
intelligent   sensible (means 'sensitive', not 'sensible')
sérieux   sociable   timide

4 Les adjectifs

Complétez le tableau.

Masculin	Féminin	Anglais
aimable		
bavard		
drôle		
égoïste		
équilibré		
fort		
généreux		
gentil	gentille	
heureux		
inquiet	inquiète	
méchant		
organisé		
paresseux	paresseuse	
rigolo	rigolote	funny
sensible		
sérieux		
sympa	sympa	
timide		
travailleur		

Dossier-langue   Grammaire 4.1

Adjectives

Many standard adjectives follow this pattern:

Masc.	Fem.	Masc. pl.	Fem. pl.
petit	petite	petits	petites

Look at the pattern for other adjectives in **Grammaire**, 4.1b.

Alternative masculine forms

A few adjectives have an alternative masculine form before a noun beginning with a vowel or **h**:

un bel appartement, un vieil homme, un nouvel élève

The position of adjectives

Many adjectives go **after** the word they describe, e.g. colours, nationalities, long adjectives.

Some common adjectives go **before** the noun, e.g. **beau, grand, long, nouveau, petit**

Try learning them with a noun to help you remember them, e.g. **une grande surprise, une longue histoire, une mauvaise expérience**

5 Ajoutez des adjectifs!

Complétez les phrases avec des adjectifs de la case (il y a plusieurs réponses possibles).

1 – Est-ce que tu as une correspondante allemande?
   – Non, non, elle est ___.

2 – Qu'est-ce que c'est qu'un bon ami (une bonne amie), à ton avis?
   – À mon avis, un bon ami (une bonne amie) est quelqu'un qui est ___ et toujours ___. Mon/Ma meilleur(e) ami(e) idéal(e) est ___ et quelquefois ___ mais il (elle) n'est pas ___.

3 – Elle est comment, ta ___ amie?
   – Elle est ___, mais selon ma mère c'est une fille ___ Par contre, mon frère pense qu'elle est très ___.

4 – Tu as vu ce ___ film à la télé, hier soir, avec Jean-Paul Belmondo?
   – Non, mais ma grand-mère l'a regardé et elle a dit que c'était un très ___ film et que Belmondo était un très ___ acteur ___.

5 – Il est à toi, ce portable?
   – Oui, c'est mon ___ portable. Ma sœur ___ en a un aussi mais elle le garde dans son sac.

> aîné   allemand   amusant   anglais
> beau   bon   célèbre   égoïste   français
> fantastique   généreux   gentil   grand
> honnête   impatient   intéressant   loyal
> méchant   nouveau   petit   sensible
> sympathique   vieux

6 Une personne importante pour moi

a   Traduisez le texte en anglais.

Mon meilleur ami a les cheveux longs et noirs et les yeux bleus. Il est amusant, sociable mais un peu timide. Nous jouons souvent au badminton ensemble. Il aime les sports de raquette mais il n'aime pas la natation.

b   Écrivez la description d'une personne que vous admirez ou que vous connaissez.

1 Ma famille   Mathieu parle de sa famille.

À la maison, nous sommes quatre: trois enfants et ma mère. J'ai un frère aîné, Robert, qui a dix-huit ans et une sœur, Lucie, qui est plus jeune.

Lucie est la cadette et elle est un peu gâtée. Elle s'énerve facilement et nous nous disputons souvent pour des choses idiotes. L'année prochaine, elle va aller au même collège que moi. Ça va être pénible!

En revanche, je m'entends bien avec Robert, mais nous sommes assez différents. Il est sérieux et travailleur et il a toujours de bonnes notes (pas moi). Il s'intéresse beaucoup à l'informatique, mais moi, je suis plutôt sportif.

J'ai aussi une demi-sœur, mais elle n'habite pas avec nous. Mes parents sont divorcés et mon père s'est remarié. Ma demi-sœur a seulement trois mois, alors elle est encore bébé.

Je suis très proche de ma mère. Elle travaille comme pharmacienne et elle est souvent fatiguée le soir. Cependant elle est toujours de bonne humeur et elle trouve le temps de nous écouter quand nous avons des problèmes.

J'aime bien les chats mais nous n'avons pas d'animal parce que ma sœur est allergique aux chats.

J'ai aussi des grands-parents. Ils sont super et je m'entends très bien avec eux, surtout avec mon grand-père. On ne se voit pas souvent, parce qu'ils habitent assez loin, mais je leur parle au téléphone chaque semaine et je leur envoie souvent des mails.

a Trouvez l'équivalent en français.

1 she's a bit spoilt
2 we often argue
3 I get on well with
4 my father has remarried
5 I'm very close to
6 in a good mood
7 I get on very well with them
8 we don't see each other often

b Lisez le texte et les phrases. C'est vrai (**V**) ou faux (**F**)?

c Corrigez les phrases qui sont fausses.

1 Mathieu a un frère, une sœur et une demi-sœur.
2 Il s'entend bien avec sa mère et son frère.
3 Mathieu est plus jeune que sa sœur.
4 Lucie est calme et toujours de bonne humeur.
5 Le père de Mathieu s'est remarié.
6 La mère de Mathieu est patiente et elle ne s'énerve pas facilement.
7 Mathieu voit ses grands-parents chaque weekend.
8 Il les contacte régulièrement par téléphone ou par mail.

2 À vous!

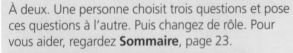

À deux. Une personne choisit trois questions et pose ces questions à l'autre. Puis changez de rôle. Pour vous aider, regardez **Sommaire**, page 23.

- Il y a combien de personnes dans ta famille?
- Tes parents, qu'est-ce qu'ils font?
- Est-ce que vous avez un animal?
- Ton frère, quel âge a-t-il? Ta sœur, quel âge a-t-elle?
- Tu as des grands-parents? Où habitent-ils?
- Est-ce que tu leur parles souvent au téléphone? (*Oui, je leur parle … Non, je ne leur parle pas …*)
- Tu as des cousins? Est-ce qu'ils habitent tout près?
- Tu t'entends bien avec qui dans ta famille? (*Je m'entends bien avec …*)

3 Phrases utiles

Trouvez les paires.

1 On ne se dispute jamais.	a *I wonder why.*
2 On s'entend bien.	b *We get on well.*
3 Ils se disputent tout le temps.	c *What's happening?*
4 Je me sens seule quelquefois.	d *We never argue.*
5 Je me demande pourquoi.	e *They argue all the time.*
6 Je me débrouille.	f *I manage.*
7 Qu'est-ce qui se passe?	g *I sometimes feel lonely.*

Dossier-langue   Grammaire 15.2

Reflexive verbs

Verbs like **s'appeler**, **se marier**, **s'entendre**, take an extra (reflexive) pronoun.

Often, the verb 'reflects back' onto the subject, e.g. 'I call myself', 'I wash myself'.

Reflexives are also used to describe interactions, e.g. **on se voit souvent** (we often see one another).

Je m'ennuie.	I'm bored.
Tu t'entends avec eux?	Do you get on with them?
Il s'inquiète.	He worries.
Elle s'énerve.	She gets annoyed.
On s'amuse bien.	We have fun.
Nous nous débrouillons.	We manage.
Vous vous dépêchez?	Are you in a hurry?
Ils s'habillent.	They get dressed.
Elles se disputent.	They argue.

4 L'avis des jeunes

Écoutez les cinq jeunes et notez les détails.

Qui	On se ressemble?	On s'entend bien?	Autres détails
1 Ex: père	–		

5 Des questions et des réponses

a Complétez les questions avec la bonne forme du verbe.

Exemple: 1 Tu t'entends bien avec tes parents?

1 Tu ___ bien avec tes parents? (*s'entendre*)

2 Est-ce que vous ___ tout le temps? (*se disputer*)

3 Ça va, tu ___ ici? (*s'amuser*)

4 Est-ce que tes amis ___ au sport? (*s'intéresser*)

5 Est-ce que ton père ___ souvent? (*s'énerver*)

b Complétez les réponses.

a Non, pas tellement, ils ___ plutôt au cinéma. (*s'intéresser*)

b En général, je ___ bien avec eux. (*s'entendre*)

c Non, on ne ___ pas souvent. (*se disputer*)

d Non, il ne ___ pas, il est plutôt calme. (*s'énerver*)

e Bien sûr, je ___ bien. (*s'amuser*)

c Trouvez les paires.

Exemple: 1 b

6 Forum des jeunes

a C'est qui?

1 Il n'aime pas ranger sa chambre et ses parents n'aiment pas ça.

2 Ses parents sont divorcés depuis plusieurs années.

3 Elle aime les mêmes vêtements que sa mère et elles vont quelquefois aux magasins ensemble.

4 Il aime bien ses parents même s'il se dispute quelquefois avec eux.

5 Ses parents ne sont pas contents s'il n'a pas de bonnes notes.

6 Elle habite dans un pays d'Afrique, où les parents sont très stricts, surtout avec les filles.

b Trouvez l'équivalent en français.

1 the future
2 fundamentally
3 less often
4 the same tastes
5 except
6 most
7 they wander around
8 too much time
9 it's forbidden
10 even if

7 À vous!

a Écrivez une description de votre famille.

b Faites une description plus détaillée d'une personne (aspects physiques, caractère, pourquoi vous vous entendez bien – ou pas).

> **Pour vous aider**
>
> À la maison, nous sommes …: mon frère, ma sœur, mes parents et moi.
> Dans notre famille, il y a … personnes.
> J'ai un demi-frère / une demi-sœur.
> Mon frère aîné / Ma sœur aînée a … ans. Il / Elle s'appelle …
> Je m'entends bien avec … Nous aimons tous / toutes les deux …

> **forum des jeunes**
>
> Tu t'entends bien avec tes parents? Qu'est-ce que vous faites ensemble?

 Perruchefolle: ✉ ♥ ➪
Avec mes parents, j'aime beaucoup discuter: la politique, l'avenir, tout ce qui se passe. On se dispute de temps en temps, mais au fond, je les adore!

 Supersportif: ✉ ♥ ➪
Moi je m'entends très bien avec mon père mais avec ma mère ça ne va pas. (Mes parents sont divorcés depuis quelques années.) Mon père est plus relax et me laisse plus de liberté. C'est peut-être aussi parce que je vois mon père moins souvent. Quand on se voit le week-end on va au foot ou au cinéma.

 Alamode: ✉ ♥ ➪
Mon activité préférée avec mes parents (enfin, plutôt ma mère) est le shopping, parce qu'on a les mêmes goûts et qu'elle me demande mon avis sur les vêtements qu'elle pense acheter.

 Voldenuit: ✉ ♥ ➪
Je ne me dispute jamais avec mes parents, sauf quand ils me disent de ranger ma chambre!

 Tapismajik: ✉ ♥ ➪
Ici, au Maroc, les parents s'inquiètent beaucoup et ils sont très stricts avec les filles. La plupart des familles ne permettent pas à leurs filles de sortir seules. Pour les garçons, c'est tout à fait autre chose. Ils se baladent partout et des fois ils sortent quand ils veulent sans même le dire aux parents!

Dans ma famille, ce n'est pas tout à fait comme ça (parce que maman est française) et on me laisse sortir un peu (au moins).

 Mistercool: ✉ ♥ ➪
Chez moi, c'est assez difficile. Mes parents sont sévères et ils s'intéressent trop à mon travail scolaire. Si j'ai de mauvaises notes, il y a toujours des problèmes.

1 Le jour que je préfère

Hugo Benodet a quinze ans et il habite dans la banlieue de Paris. Il a écrit cet article pour le journal du collège.

Le samedi ✴·✴·✴·

Je sais très bien le jour que je préfère: c'est le samedi, surtout les samedis de vacances! Quand nous sommes en congé, je me lève assez tôt le matin et, avec une bande de copains, je vais passer le samedi au centre de Paris. On se promène près de la Seine, on regarde les gens, on bavarde ensemble. C'est très amusant.

En été, on achète une glace ou une crêpe, et, en automne ou en hiver, des marrons chauds. Moi, j'adore ça!

J'aime surtout le Quartier Latin, parce qu'il y a toujours beaucoup à voir. J'aime m'installer sur le pont des Arts. En été, c'est un endroit idéal pour faire un piquenique. On y voit souvent des artistes et des jeunes.

Quand il fait froid et qu'on a soif, on entre dans un café et on boit un coca, ou on choisit peut-être un chocolat chaud. Quand nous avons faim, nous mangeons des frites ou un sandwich, ou quelquefois nous allons à cette pâtisserie tunisienne. Là, il y a des choses vraiment délicieuses!

S'il fait beau, on voit beaucoup d'artistes dans les rues. Ils dessinent sur le trottoir ou ils font le portrait des touristes.

La journée passe vite. L'après-midi, on va quelquefois dans le jardin du Luxembourg …

… ou au cinéma s'il y a un bon film. Puis on prend le RER pour rentrer chez nous. Il n'est pas difficile de comprendre pourquoi le samedi est ma journée favorite!

a Trouvez les deux phrases qui ne sont pas vraies et mettez les autres dans l'ordre de l'article.

1 Hugo habite dans la banlieue de Paris.
2 Ils entrent dans les grands magasins pour regarder les vêtements à la mode.
3 L'après-midi, ils vont quelquefois au cinéma.
4 Il passe la journée à Paris avec ses amis.
5 Le soir, ils rentrent par le RER.
6 Le samedi matin, Hugo se lève assez tôt.
7 Hugo aime regarder les artistes.
8 Quelquefois, ils font une excursion en bateau sur la Seine.
9 Ils se promènent, ils mangent et ils boivent.
10 Son jour favori est le samedi, surtout pendant les vacances.

b Trouvez les contraires.

Exemple: **1 la nuit – le jour**

1 la nuit	6 au printemps	11 s'il fait mauvais
2 le centre-ville	7 tard	12 s'il fait chaud
3 facile	8 rarement	13 on vend
4 froid	9 loin de	14 je me couche
5 en été	10 lentement	

c Trouvez des mots ou des expressions dans le texte qui ont presque le même sens.

Exemple: **1 mon jour favori = le jour que je préfère**

1 mon jour favori	4 un groupe d'amis
2 nous sommes en vacances	5 pas loin de
3 de bonne heure	6 pour retourner à la maison

2 Mon jour favori

🔊 Trouvez les mots qui manquent. Puis écoutez pour vérifier.

Exemple: **1** *c je préfère*

Élodie

Le jour que (**1**) ___ est le dimanche, d'abord parce que (**2**) ___ au collège, et aussi parce que, d'habitude, (**3**) ___ bien ce jour-là.
Le dimanche matin, (**4**) ___ assez tard et quelquefois (**5**) ___ au lit. De temps en temps, mes grands-parents (**6**) ___ déjeuner chez nous et le soir (**7**) ___ ou (**8**) ___.

a on mange	**e** je regarde la télé
b viennent	**f** je ne vais pas
c je préfère	**g** je sors
d je me lève	**h** j'écoute de la musique

Dossier-langue   Grammaire 14.4

Depuis with the present tense

... depuis que je vais au collège ... since I've been going to secondary school.

In French you use the present tense to say for how long something has happened, if it is still happening.

J'habite ici depuis deux ans.
I have been living here for two years.

Ça fait un an que j'apprends l'allemand.
I have been learning German for one year.

3 Un jour que je n'aime pas

Lucas parle du jour qu'il n'aime pas. Complétez son article avec la bonne forme du verbe.

Exemple: **1** *je me réveille*

Moi, je n'aime pas le lundi depuis que je vais au collège!
Je (**1** *se réveiller*) assez tôt parce que je (**2** *aller*) au collège, mais je (**3** *être*) souvent fatigué après le weekend, donc je (**4** *se lever*) au dernier moment!

Ma sœur (**5** *être*) toujours dans la salle de bains avant moi, alors je (**6** *devoir*) attendre. Je (**7** *frapper*) très fort à la porte et ma mère n'est pas contente.
Finalement, je (**8** *se laver*) et je (**9** *s'habiller*) en vitesse, je n'(**10** *avoir*) pas le temps de prendre le petit déjeuner et quelquefois je (**11** *finir*) par manquer le bus. Dans ce cas, j'(**12** *arriver*) à l'école en retard et le professeur (**13** *se fâcher*). Encore un lundi typique qui (**14** *commencer*) mal!

4 Depuis quand?

🔊 Écoutez et complétez le résumé.

Exemple: **1** **7 ans**

Jérémie habite Bruxelles depuis (**1**) ___ et il va à ce college depuis (**2**) ___.
Il apprend l'anglais depuis (**3**) ___ et l'allemand depuis (**4**) ___.
Il joue au hockey depuis (**5**) ___.
Il a une correspondante anglaise et il lui écrit depuis (**6**) ___.

Stratégies

Improving written work

When writing an article or a longer message, try to plan your work so it has a structure and flows in a logical way.

- Note down any useful phrases from similar texts, which you could adapt.
- Try to use a variety of verbs.
- Write longer sentences using **mais**, **parce que**, **si**, etc.
- Use adjectives and adverbs and give your opinions.

Checking your work

- Read it through several times to make sure it makes sense.
- Check the verbs are correct: plural verbs with plural nouns, etc. (See the verb tables, **Grammaire** 16.)
- Adjectives should agree with the nouns. (See **Grammaire** 3.)
- Check any spellings and genders you're not sure about in the Glossary.
- Finally, you could do a peer review and check a partner's work.

5 À vous!

Écrivez un article avec le titre: **Mon jour favori** ou **Un jour que je n'aime pas**.

Pour vous aider

Le jour que je préfère est ... / Le jour que je déteste est ...
parce que je vais ... / je ne vais pas ... / il y a ... / il n'y a pas de ...
J'aime / Je n'aime pas / Je dois + *infinitive* ...
Le matin, je me lève tard / tôt / à sept heures / ...
D'habitude, nous allons / je vais en ville / au collège / chez mes amis / ...
Quelquefois, je sors / je travaille / je téléphone à ... / je vois ...
Le soir, je regarde la télé / je surfe sur Internet / j'écoute de la musique / ...
Normalement, je me couche vers ...

1 Les jours fériés

🔊 Écoutez et complétez la liste.

Date	Fête
	le jour de l'an
mars ou avril	Pâques
	la fête du travail
	la fête de la Victoire
mai	l'Ascension
mai ou juin	la Pentecôte
	la fête nationale
	la Toussaint
	l'Armistice 1918
	Noël

2 Des textos

Écrivez un message pour chaque situation. Pour vous aider, regardez le **Sommaire**, page 23.

Exemple:

a Joyeux Noël à toute la famille!

a C'est bientôt Noël.

b C'est le jour de l'an.

c C'est l'anniversaire d'un copain français.

d Un ami va partir à l'étranger.

e Un copain va passer des examens importants.

f Une copine vient d'avoir son permis de conduire.

> vient d'avoir   *has just got/passed*

3 La Saint-Sylvestre

🔊 **a** Écoutez Nadia. C'est vrai (**V**) ou faux (**F**)?

b Corrigez les phrases qui sont fausses.

1 La Saint-Sylvestre est la veille du jour de l'an.

2 Beaucoup de personnes aiment faire le réveillon.

3 L'année dernière, elle est allée chez ses grands-parents.

4 Elle a fêté la Saint-Sylvestre à Toulouse.

5 Le soir, ils ont dîné à la maison.

6 Ils ont mangé un repas magnifique.

7 À minuit, on s'est dit «Bonne nuit».

8 Dans la rue, il y avait beaucoup de bruit.

4 La fête de Noël

Complétez le résumé avec des verbes.

> aide   aiment   allons   chantons
> est   mangeons   vient

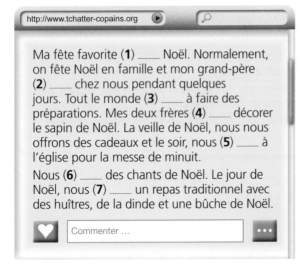

http://www.tchatter-copains.org

Ma fête favorite (**1**) ____ Noël. Normalement, on fête Noël en famille et mon grand-père (**2**) ____ chez nous pendant quelques jours. Tout le monde (**3**) ____ à faire des préparations. Mes deux frères (**4**) ____ décorer le sapin de Noël. La veille de Noël, nous nous offrons des cadeaux et le soir, nous (**5**) ____ à l'église pour la messe de minuit.

Nous (**6**) ____ des chants de Noël. Le jour de Noël, nous (**7**) ____ un repas traditionnel avec des huîtres, de la dinde et une bûche de Noël.

Commenter …

Dossier-langue   **Grammaire 6.1**

Possessive adjectives (*mon, ma, mes*, etc.)

There are different words for 'my', 'your', etc. depending on whether the noun which follows is masculine, feminine or plural.

Look at the texts in tasks 3 and 4 and find three phrases using different words for 'my'. Then copy and complete the table.

anglais	masculin	féminin	devant une voyelle	pluriel
my			mon	
your	ton	ta	ton	tes
his/her/its	son			
our	notre		notre	
your		votre		vos
their		leur		leurs

5 Un message

Complétez le message d'Alex.

Salut!

Merci pour (**1**) ____ (*mon / ton / son*) message. Tu as de la chance d'avoir des animaux. Comment s'appellent (**2**) ____ (*mes / tes / ses*) lapins?

Tous (**3**) ____ (*mes / tes / ses*) amis ont un animal, mais pas nous. Cependant (**4**) ____ (*nos / vos / leurs*) grands-parents ont un chien labrador. (**5**) ____ (*Notre / Votre / Leur*) chien s'appelle Henri. Il est amusant, mais un peu fou.

Pendant la fête de Noël, quand (**6**) ____ (*ma / ta / sa*) grand-mère est allée ouvrir la porte d'entrée à quelqu'un, il a mangé la bûche de Noël. Quel désastre!

Alex

6 Aïd, une fête musulmane

🔊 Écoutez Karima et lisez le texte.

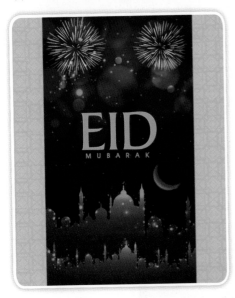

Pour les musulmans, l'Aïd est une fête très importante. Elle marque la fin du Ramadan. Pendant le mois du Ramadan, nous ne mangeons pas pendant la journée.

Pour la fête, nous mettons de nouveaux vêtements, nous offrons des cadeaux aux amis et nous mangeons un repas magnifique. Toute la famille se réunit. Normalement, nous allons chez mes grands-parents. Mes oncles, mes tantes et mes cousins y vont aussi. Les femmes préparent des plats – c'est très traditionnel.

Nous mangeons un riz spécial, du curry d'agneau, des légumes et un dessert spécial qui s'appelle le «halva».

a Trouvez l'équivalent en français.

1 the end
2 during the day
3 we wear new clothes
4 all the family get together
5 go there as well

b Répondez aux questions en anglais.

1 Give at least three details (not related to food) that Karima says about how Eid is celebrated.
2 Mention three items that might be served for the traditional meal.

7 Diwali

Traduisez le texte en anglais.

Ma fête favorite est Diwali. C'est une fête hindoue qui a lieu en octobre ou novembre. C'est la fête des lumières et on allume des lampes à la maison. On invite la famille et les amis pour un repas spécial. On mange bien, on danse, on bavarde et on s'amuse.

Stratégies

***tout* (all, everything, every …, each …)**

Tout is used in many expressions. Find out what these phrases mean.

1 tout ce qui se passe
2 tout le monde
3 tout le temps
4 c'est tout à fait autre chose
5 ce n'est pas tout à fait comme ça

8 *À vous!*

a À deux, posez des questions et répondez à tour de rôle.

Pour vous aider

Quelle est ta fête préférée / favorite?
   (*Ma fête préférée / favorite est …*)
Décris la fête. (*C'est une fête religieuse / nationale / régionale qui a lieu le* [date] */ en / au* [mois / saison])
Qu'est-ce qui se passe typiquement?
   (*Le matin / l'après-midi / le soir on …*)
Qu'est-ce que vous faites normalement, ce jour-là? (*D'habitude, nous …*)
Comment vas-tu fêter Noël / l'Aïd / Diwali / la Saint-Sylvestre cette année? (*Je vais …*)

b Écrivez un message d'environ 80–100 mots pour décrire une fête. Utilisez les expressions de l'exemple.

Ma fête préférée est la fête nationale de la France qui a lieu le 14 juillet. Ça commence le matin avec un grand défilé au centre-ville. L'après-midi, il y a un grand marché devant la mairie. On peut acheter des choses délicieuses à manger, comme par exemple des crêpes et des spécialités régionales. Le soir, on organise un bal en plein air avec un orchestre, et à vingt-deux heures il y a un grand feu d'artifice.

Normalement, ce jour-là je me retrouve avec mes amis et on passe une heure ou deux en ville. Puis le soir, nous assistons au feu d'artifice parce que, c'est toujours impressionnant.

1 Le mariage de ma cousine

Écoutez la conversation et choisissez la bonne réponse.

1. Le mariage civil a eu lieu (**a** *à la synagogue* **b** *à la mairie* **c** *à la cathédrale*).
2. Seulement la famille proche de Sophie et de Nicolas (**a** *assiste* **b** *a assisté* **c** *va assister*) au mariage civil.
3. Le mariage religieux a eu lieu (**a** *au temple* **b** *à la mosquée* **c** *à l'église*).
4. Il y avait environ (**a** *50* **b** *100* **c** *200*) invités.
5. Au vin d'honneur, on a pris un verre et on a (**a** *acheté* **b** *mangé* **c** *préparé*) des petits plats délicieux.
6. La réception a eu lieu dans (**a** *un restaurant* **b** *un château* **c** *la salle des fêtes*).
7. Il y a eu un bon repas qui a duré (**a** *2 heures* **b** *3 ou 4 heures* **c** *5 ou 6 heures*).
8. Le soir, il y a eu (**a** *un bal* **b** *un feu d'artifice* **c** *un film*).

Lexique

Les noces	A wedding
le mariage a eu lieu	*the wedding took place*
le vin d'honneur	*wine and snacks served after a celebration*
le mariage civil	*civil wedding ceremony*
le mariage religieux	*religious wedding ceremony*
il y avait 100 invités	*there were 100 guests*
ça s'est bien passé	*it went well*
on a mangé	*we ate*
on a bu	*we drank*
la pièce montée	*wedding cake*
les mariés ont fait la première valse	*the wedding couple performed the first waltz*

En compagnie de leur famille
Sophie et Nicolas
se marient
le 17 octobre

la pièce montée

2 Joyeux anniversaire!

Malik:

Mon anniversaire est le 18 novembre, donc la semaine prochaine je vais avoir seize ans. Normalement, pour fêter mon anniversaire, j'invite deux ou trois copains à aller au cinéma ou au bowling et après, on mange dans un fastfood. L'année dernière, nous sommes allés voir le dernier film de James Bond, qui était très bon.

Mais cette année, ça va être différent. J'aime beaucoup la musique française et le hip-hop. Mes parents m'ont offert deux billets pour le concert de Stromae, le célèbre chanteur belge. Je vais y aller avec ma petite amie, Magali. Ça va être génial.

Nom de naissance: **Paul Van Haver**
Date de naissance: **le 12 mars 1985**
Ville: **Etterbeek (région de Bruxelles-Capitale, Belgique)**
Nationalité: **belge**
Profession: **musicien, chanteur**
Instruments: **clavier, batterie**

a Lisez le message de Malik. C'est vrai (**V**) ou faux (**F**)?

1. Normalement, Malik invite une vingtaine de copains à une grande fête à la maison.
2. Il a 14 ans.
3. L'année dernière, il est allé au cinéma avec ses copains.
4. Pour son prochain anniversaire, il va aller à un parc d'attractions.
5. Il aime la musique française et il va aller à un concert.
6. Il a reçu deux billets de ses grands-parents.
7. Stromae est un musicien belge.

b Trouvez l'équivalent en français.

1. to celebrate my birthday
2. last year
3. it will be different
4. the famous Belgian singer
5. it's going to be great

Pour vous aider

C'est quand, ton anniversaire?
C'est bientôt? (*C'est le …*)
Qu'est-ce que tu aimes faire le jour de ton anniversaire?
Comment fêtes-tu ton anniversaire normalement?
   (*D'habitude, on …*)
Qu'est-ce que tu as fait l'année dernière?
   (*J'ai invité … / Je suis allé(e) …*)
Qu'est-ce que tu as reçu comme cadeaux?
   (*Mes parents m'ont offert … J'ai reçu …*)

3 Mon anniversaire

a À deux, posez des questions et répondez à tour de rôle.

b Écrivez vos réponses.

4 Quoi mettre?

a Lisez les questions et trouvez deux réponses possibles.

b Écoutez la conversation et notez la réponse donnée.

c À deux, inventez une conversation en utilisant ces questions.

1 Si on vous invite à une petite fête, qu'est-ce que vous mettez de préférence?

2 Est-ce qu'il y a des couleurs que vous aimez souvent mettre?

3 Quelles sont les couleurs que vous ne mettez jamais?

4 Aimez-vous porter des bijoux?

a Moi, j'adore porter des bijoux, surtout des boucles d'oreille.

b J'adore le rouge et le noir – je trouve que ces couleurs vont très bien ensemble.

c Je préfère mettre des vêtements décontractés, comme un jean et un beau tee-shirt.

d Si je sors, je mets souvent une robe ou un pantalon et une veste.

e Je mets souvent des couleurs foncées, comme le noir, le bleu marine, le gris foncé.

f Je ne mets jamais de vert – je déteste cette couleur.

g Normalement, je ne porte pas de bijoux, mais quelquefois, quand je sors, je mets un bracelet.

h Alors, les couleurs que je ne mets jamais sont le rose, le jaune, l'orange.

5 Forum des jeunes: La mode

Lisez le forum des jeunes.

forum des jeunes Qu'est-ce que tu mets quand tu vas à une fête?

 Voldenuit:
Pour moi, la mode n'a aucune importance: je porte toujours la même chose – un pull et un jean, même quand je vais à une fête.

 Perruchefolle:
Il est très cher et difficile de suivre la mode, car ça change tout le temps! L'année dernière tout le monde portait des chandails très courts avec un pantalon étroit, mais cette année, ça c'est démodé. En ce moment quand je sors, je mets ma nouvelle robe bleue avec un joli collier.

 Mistercool:
Ce n'est pas une honte d'avoir des jeans, des baskets, des sweats, etc. de l'année dernière. OK, c'est cool d'être à la mode, mais il ne faut pas exagérer!

 Metro-gnome:
Moi, je m'achète des vêtements de marque, mais je le fais pendant les soldes car ils coûtent moins cher; sinon, j'achète des vêtements sans marque.

 Sisimple:
J'aime suivre la mode, mais parfois ce n'est pas facile. Alors si vous ne voulez pas vous casser la tête, enfilez un jean et une chemise: c'est indémodable!!

 Tapismajik:
Je suis contre les vêtements de marque. Ils sont souvent de bonne qualité, mais ils sont faits par des enfants très jeunes de pays étrangers. À mon avis, c'est dommage qu'on accorde tant d'importance aux vêtements de marque.

 Alamode:
Je suis pour la mode, mais certaines personnes n'ont pas les moyens de suivre la mode et certaines bandes rejettent ces gens-là – je trouve ça injuste. Je fais attention à ce que je porte et je n'aime pas porter de vêtements qui sont vraiment démodés.

 Supersportif:
À mon avis, il est ridicule de payer trois fois plus cher un vêtement de la 'bonne' marque, alors qu'on peut trouver un vêtement presque identique à un prix moins élevé.

a Trouvez l'équivalent en français.

1 Fashion is of no importance to me.

2 It's expensive and difficult to follow fashion.

3 It's never out of fashion.

4 It's a pity that so much importance is given to designer clothes.

5 I find that unfair.

b C'est qui?

1 Il ne suit pas la mode et il est toujours habillé de la même façon.

2 Elle pense que c'est difficile d'être à la mode parce que ça change trop souvent.

3 Il achète des vêtements de marque quand les prix sont réduits.

4 Elle critique les personnes qui jugent les autres selon leurs vêtements.

5 Il pense que c'est stupide d'acheter des vêtements de marque à des prix très élevés.

6 *À vous!*

a Discutez de vos réponses aux questions avec un(e) partenaire.

1 Qu'est-ce que tu aimes mettre comme vêtements, pour sortir?

2 Quel est ton avis sur la mode?

3 Qu'est-ce que tu as acheté récemment, comme vêtements?

4 Qu'est-ce que tu penses des vêtements de marque?

5 Qu'est-ce que tu as mis la dernière fois que tu es allé(e) à une fête?

b Écrivez un post pour le forum.

Pour vous aider

Pour sortir, j'aime mettre …
À mon avis, la mode est …
Récemment, j'ai acheté …
La dernière fois que je suis allé(e) à une fête, j'ai mis …

Listening

Preparation

For most Listening and Reading tasks, you will need to reply in English or tick boxes. About 30% of the tasks will be in French with instructions also in French. Look for clues to the context in the questions, the title and any pictures. Think of French words linked to the context. Synonyms are often used in the questions, rather than the same words in the text.

1 La famille

Listen to Thomas talking about his family and choose the correct answer.

1 His father

   a often works abroad

   b is a chemistry teacher

   c is not working at the moment

2 He sees his grandparents

   a during the holidays **b** every day **c** every Sunday

3 He gets on best with his

   a mother **b** father **c** grandparents

4 He shares an interest with

   a his mother **b** his grandfather **c** his grandmother

2 Des amis

Now listen to Thomas talking about friends and answer the questions in English.

1 What does Alex look like?

2 Why does Thomas like him?

3 How long have they known each other?

4 What activity do they have in common?

5 How is Alex's family different?

6 What does Thomas think is important in a friend?

3 Les fêtes

Écoutez Yassine qui parle de son anniversaire et des fêtes. Choisissez **trois** phrases qui sont vraies et écrivez les bonnes lettres.

A Son anniversaire est en hiver.

B Il organise une soirée avec beaucoup d'amis.

C Il aime aller au cinéma, surtout pour voir des films avec des effets spéciaux.

D Noël est sa fête favorite parce qu'il adore le repas de Noël.

E Il aide ses parents à préparer un repas traditionnel avec de la dinde et une bûche de Noël.

F Il passe souvent la Saint-Sylvestre à la maison de ses cousins.

G Ils habitent à la campagne alors c'est plutôt calme et il s'ennuie un peu.

Speaking

1 Role play

All instructions are in French.

Tu parles de ta famille avec un ami(e) français(e).
- Bon rapport avec qui dans la famille – raison
- !
- Activités avec famille (*2 détails*)
- !
- ? Famille – grande
- ? Famille – disputes

If **tu** is used, use **tu** in the conversation.

! means you will be asked something unexpected.

? means you are required to ask a question.

 a À deux, lisez la conversation.

A Tu t'entends bien avec qui dans ta famille?

B Je suis très proche de ma mère. On a le même humour.

A Elle est comment physiquement?

B Elle est assez grande et mince avec de longs cheveux noirs et les yeux verts.

A Qu'est-ce que vous aimez faire ensemble?

B Le weekend, on va quelquefois au cinéma en famille. Et j'aime faire du shopping avec elle.

A Est-ce que tu vois souvent tes grands-parents?

B Oui, assez souvent, surtout pendant les vacances scolaires quand ils viennent à la maison. Et toi, est-ce que tu as une grande famille?

A On est quatre à la maison: mes parents, mon frère et moi. On est une famille moyenne.

B Est-ce que tu te disputes avec tes parents de temps en temps? Sur quoi?

A Oui, quelquefois. Ma mère pense que je passe trop de temps sur Internet.

b Inventez une conversation différente. Pour vous aider, regardez les pages 12–13.

2 Une conversation

 Choisissez une question dans chaque section (A, B et C). Préparez vos réponses, puis faites une conversation à deux. Pour vous aider, regardez **À vous!** pages 12 et 18.

A Parle un peu de ta famille.

Tu t'entends bien avec ta famille? Pourquoi (pas)?

Qu'est-ce que tu vas faire en famille ce weekend?

B Décris un(e) de tes ami(e)s.

Quand est-ce que vous vous retrouvez?

Quels passetemps partagez-vous?

Quelles sont les qualités d'un bon ami, selon toi?

C Qu'est-ce que tu fais pour fêter ton anniversaire?

Décris une fête célèbre. Quand? Où?

Qu'est-ce que tu penses de cette fête?

Quelle est ta fête préférée? Pourquoi?

Reading

1 Un forum

Read these posts from an internet forum.

Céline:

À mon avis, Internet est un très bon moyen de garder le contact avec les amis, surtout quand on ne se voit pas souvent. Quand je me connecte, je regarde d'abord mes mails et les sites des réseaux sociaux. Comme ça, je suis au courant de ce que font mes amis.

Javid:

Quand mon père voyage pour son travail, il m'envoie des messages et des photos et on se donne rendez-vous pour avoir une conversation en ligne. Normalement, ça marche bien, mais ça dépend de la connexion.

Raoul:

Moi, je n'ai pas de blog, mais j'ai des copains qui ont des blogs où ils postent des photos et leurs opinions sur le sport, des films, sur n'importe quoi. C'est intéressant à lire mais je sais qu'il faut être discret. Tout le monde peut lire ce qu'on met en ligne.

Nadine:

Internet est très utile mais on doit l'utiliser avec modération. Je ne mets pas trop de renseignements personnels et je ne mets jamais mes photos sur les sites publics. Ma mère pense que les jeunes passent trop de temps en ligne. Je ne suis pas tout à fait d'accord avec elle, mais je comprends son point de vue.

Write **C** (Camille), **J** (Javid), **R** (Raoul) or **N** (Nadine).

1 Who looks first of all at messages and social media?
2 Who never puts photos on public sites?
3 Who sometimes has connection problems?
4 Who enjoys reading blogs?
5 Whose mother thinks young people spend too much time online?
6 Who has online conversations with a parent?

2 A traditional celebration

Read about *Carnaval* and answer in English.

La tradition du carnaval est très importante aux Antilles. Tout commence plusieurs semaines à l'avance avec la préparation des costumes et des chars. Dans chaque ville, on choisit une reine et une reine-mère qui vont participer aux défilés. Puis, le weekend du Carnaval, tout le monde descend dans la rue pour admirer les défilés et pour s'amuser.

Le Mardi gras, les gens s'habillent en rouge. On voit des personnes déguisées en diable avec des cornes. En tête du défilé, il y a un grand mannequin qui s'appelle Vaval. Le soir, on joue de la musique zouk et on danse. On mange des spécialités comme les gâteaux à la canne à sucre. Tout le monde s'amuse.

Le lendemain, c'est le mercredi des Cendres et on s'habille en noir et blanc. Il y a une ambiance de deuil parce que le soir, Vaval est brûlé et c'est la fin de la fête.

1 What takes place several weeks before Carnaval? (**2** *things*)
2 Where do people gather during the weekend of Carnaval?
3 Why do they gather there?
4 What kind of music could you hear?
5 What colour are the costumes worn on Carnival Tuesday?
6 Why do people dress in black and white on the following day (Ash Wednesday)?

3 Translation

A friend has seen this item in a French magazine and asks you to translate it into English.

La fête des Mères est une fête annuelle qui est célébrée dans beaucoup de pays. Ce jour-là, les enfants et les adultes donnent une carte et quelquefois un cadeau à leur mère.

La date de la fête varie selon le pays mais normalement, c'est un dimanche. En France, en Belgique et en Suisse par exemple, la fête des Mères a lieu au mois de mai tandis qu'au Royaume-Uni, la fête des Mères tombe en mars ou en avril.

Writing

1 Ma vie d'adolescent(e)

Vous décrivez votre vie d'adolescent(e) pour votre blog. Décrivez:

- votre famille et vos rapports
- les vêtements que tu aimes mettre
- votre avis sur la mode et les vêtements de marque.

Écrivez environ **90** mots en **français**. Répondez à chaque aspect de la question.

2 Le Nouvel An

Écrivez un article pour expliquer comment on fête le Nouvel An dans votre pays. Expliquez:

- ce qu'on fait normalement dans votre famille
- ce que vos amis / vos voisins font
- s'il est important ou non de célébrer le Nouvel An.

Écrivez environ **100** mots en **français**.

3 Traduction

Traduisez ces phrases en français.

1 My best friend is called Lucas.
2 He's medium height with ginger hair.
3 We play football together every Saturday.
4 It's his birthday next Wednesday.
5 He's organising a celebration at the sports centre.

Note: As this is the first unit, only the present tense is used. To practise a range of tenses, in the speaking and writing tasks, talk about what you have done recently and any future plans.

Sommaire

■ Asking questions

Combien?	How much/many?
Comment?	How? What… like?
Où?	Where?
D'où?	Where from?
Pourquoi?	Why?
Quand?	When?
Depuis quand?	For how long? Since when?
Quel(le)…?	Which …?
Qui?	Who?
Quoi?	What?

■ Numbers

See page 258

■ Days and months

See page 258

■ Continents, countries, nationalities

l'Afrique (f)	Africa
africain	African
le Maroc	Morocco
marocain	Moroccan
le Sénégal	Senegal
sénégalais	Senegalese
l'Amérique (f)	America
américain	American
l'Amérique du Nord	North America
l'Amérique du Sud	South America
les Antilles (f pl)	West Indies
antillais	West Indian
le Canada	Canada
canadien(ne)	Canadian
les États-Unis (m pl)	United States
l'Asie (f)	Asia
asiatique	Asian
la Chine	China
chinois	Chinese
l'Inde (f)	India
indien(ne)	Indian
le Japon	Japan
japonais	Japanese
le Pakistan	Pakistan
pakistanais	Pakistani
l'Australie (f)	Australia
australien(ne)	Australian
la Nouvelle-Zélande (f)	New Zealand
néo-zélandais	New Zealander
l'Europe (f)	Europe
européen(ne)	European
l'Allemagne (f)	Germany
allemand	German
l'Angleterre (f)	England
anglais	English
l'Autriche (f)	Austria
autrichien(ne)	Austrian
la Belgique	Belgium
belge	Belgian
le Danemark	Denmark
danois	Danish
l'Écosse (f)	Scotland
écossais	Scottish
l'Espagne (f)	Spain
espagnol	Spanish
la France	France
français	French
la Grande-Bretagne	Great Britain
la Grèce	Greece
grec(que)	Greek
la Hollande	Holland
hollandais	Dutch
l'Irlande (f)	Ireland
irlandais	Irish
l'Irlande du Nord (f)	Northern Ireland
l'Italie (f)	Italy
italien(ne)	Italian
la Norvège	Norway
norvégien(ne)	Norwegian
les Pays-Bas (m pl)	Netherlands
le pays de Galles	Wales
gallois	Welsh
le Portugal	Portugal
portugais	Portuguese
le Royaume-Uni	United Kingdom
britannique	British
la Suède	Sweden
suédois	Swedish
la Suisse	Switzerland
suisse	Swiss

■ Colours

blanc/blanche	white
bleu	blue
bleu marine (inv.)	navy blue
blond	blond
brun	brown
châtain	light brown (hair)
(…) clair (inv.)	light (…)
(…) foncé (inv.)	dark (…)
gris	grey
jaune	yellow
marron (inv.)	brown (e.g. eyes)
mauve	mauve
noir	black
orange (inv.)	orange
pourpre	purple
rose	pink
rouge	red
roux/rousse	red/auburn (hair)
vert	green
violet(te)	violet

(inv.) invariable, doesn't agree

■ Appearance

avoir environ … ans	to be aged about …
avoir l'air	to seem
la barbe	beard
beau/belle	beautiful/lovely/ good-looking
chauve	bald
les cheveux (m pl)	hair
costaud	sturdy, solid
fort	well-built, strong
frisé	curly
grand	tall
gros(se)	big
joli	pretty
long(ue)	long
les lunettes (f pl)	glasses
mince	slim
la moustache	moustache
petit	small, short
raide	straight
sembler	to seem
de taille moyenne	medium build
les yeux (m pl)	eyes

■ Personal characteristics

agréable	pleasant
aimable	polite, kind, likeable
ambitieux/-euse	ambitious
amusant	amusing, funny
bavard	chatty
calme	quiet
content	happy, contented
drôle	funny
égoïste	selfish
équilibré	well-balanced
fatigant	tiring
fort	strong
généreux/-euse	generous
gentil(le)	nice, kind
heureux/-euse	happy
honnête	honest
impatient	impatient
impoli	impolite, rude
inquiet/-iète	anxious
malheureux/-euse	unhappy
méchant	naughty, bad, spiteful
mignon(ne)	sweet, cute
optimiste	optimistic
paresseux/-euse	lazy
pessimiste	pessimistic
plein de vie	full of life
poli	polite
rigolo(te)	funny
sensible	sensitive
sérieux/-ieuse	serious
sportif/-ive	sporty, athletic
sympa	nice
timide	shy
travailleur/-euse	hard-working
avoir l'air	to seem, look
Il a l'air sympa.	He seems pleasant.
avoir de l'humour	to have a sense of humour

■ Family

un beau-frère	brother-in-law
une belle-mère	stepmother, mother-in-law
une belle-sœur	sister-in-law
un(e) cousin(e)	cousin
un demi-frère	stepbrother
une demi-sœur	stepsister
un enfant	child
une famille nombreuse	big family (5 children or more)
une femme	wife, woman
une fille (unique)	(only) daughter
un fils (unique)	(only) son
un frère	brother
une grand-mère	grandmother
un grand-père	grandfather
les grands-parents	grandparents
(un) jumeau(x)	(male) twin(s)
(une) jumelle(s)	(female) twin(s)
le mari	husband
la mère	mother
un neveu	nephew
une nièce	niece
un oncle	uncle
un parent	parent, relation
le père	father
les petits-enfants	grandchildren
une sœur	sister

■ Describing people (status, etc.)

plus âgé(e) que	older than
plus jeune/moins âgé(e) que	younger than
l'aîné(e)	oldest
le cadet/la cadette	youngest
jeune	young
vieux/vieille	old
né(e)	born
décédé(e)/mort(e)	dead
célibataire	single
divorcé(e)	divorced
fiancé(e)	engaged
marié(e)	married
retraité(e)	retired
séparé(e)	separated

■ Friends

l'amitié (f)	friendship
un(e) ami(e)	close friend
un(e) petit(e) ami(e)	boy(girl)-friend
mon/ma meilleur(e) ami(e)	my best friend
un(e) camarade	colleague
un(e) copain/copine	friend, mate

■ Pets

un(e) chat/chatte	cat
un cheval	horse
un(e) chien/chienne	dog
un cochon d'Inde	guinea pig
une gerbille	gerbil
un hamster	hamster
un lapin	rabbit
un oiseau	bird
une patte	paw
un perroquet	parrot
une perruche	budgerigar
un poisson rouge	goldfish
une queue	tail
un serpent	snake
une souris	mouse

■ French public holidays

un jour férié	public holiday
le jour de l'an	New Year's Day
Pâques (m)	Easter
la fête du travail	Labour day (May 1st)
la fête de la Victoire, 1945	VE day (Victory in Europe, May 8th)
l'Ascension (f)	Ascension day
la Pentecôte	Whitsun
la fête nationale	Bastille day (July 14th)
l'Assomption (f) (le quinze août)	Assumption of the Virgin Mary (August 15th)
la Toussaint	All Saints' Day
l'Armistice (f) 1918	Remembrance day (November 11th)
Noël (m)	Christmas

■ Festivals and special occasions

la veille (de Noël)	(Christmas) Eve
la Saint-Sylvestre	New Year's Eve
l'Aïd	Eid
le Diwali	Diwali
le Hanoucca	Hannukah
la fête des lumières	festival of light
une fête ...	... festival
bouddhiste	Buddhist
chrétienne	Christian
hindoue	Hindu
juive	Jewish
musulmane	Muslim
religieuse	religious

■ Greetings

Bon anniversaire!	Happy birthday!
Bonne (et heureuse) année!	Happy New Year!
Bonne chance!	Good luck!
Bon retour!	Have a good journey back/ return journey!
Bon séjour!	Enjoy your stay!
Bon voyage!	Have a good journey!
Bon weekend!	Have a good weekend!
Félicitations!	Congratulations!
Joyeux Noël!	Happy Christmas!
Joyeuses Pâques!	Happy Easter!
Meilleurs vœux	Best wishes
À votre santé!/ À la vôtre!	Good health!, Cheers!

■ Technology

une adresse mail	e-mail address/ details
un baladeur MP3	MP3 player
un blog	blog
bloquer	to block
brancher	to plug in
un cam	web-cam
charger	to charge (power)
un clavier	keyboard
cliquer sur	to click on
le code wifi	Wi-Fi code
un curseur	cursor
un écran (tactile)	(touch) screen
un mail	e-mail
effacer	to delete
en ligne	online
fermer	to shut down
un fichier	file
un forum	online discussion
un iPod	iPod
une imprimante	printer
un lecteur MP3	MP3 player
un lien	link
une liseuse	e-reader
sélectionner	to highlight
un menu	menu
un message	message
mettre en ligne	to upload
un mot de passe	password
numérique	digital
un ordinateur	computer
un réseau (social)	network (social)
sauvegarder	to save
un site web	website
une souris	mouse
surfer sur Internet	to surf the net
surligner	to highlight
une tablette	tablet (computer)
taper	to type
tchater	to chat online
la technologie	technology
télécharger	to download
un texto	text message
une touche	key

■ Grammar

Asking questions **p7**

The present tense **p9**

Adjectives **p11**

Reflexive verbs **p12**

Possessive adjectives (mon, ma, mes, etc.) **p16**

2A La France – destination touristique

- *find out more about France*
- *revise the present tense of pouvoir*

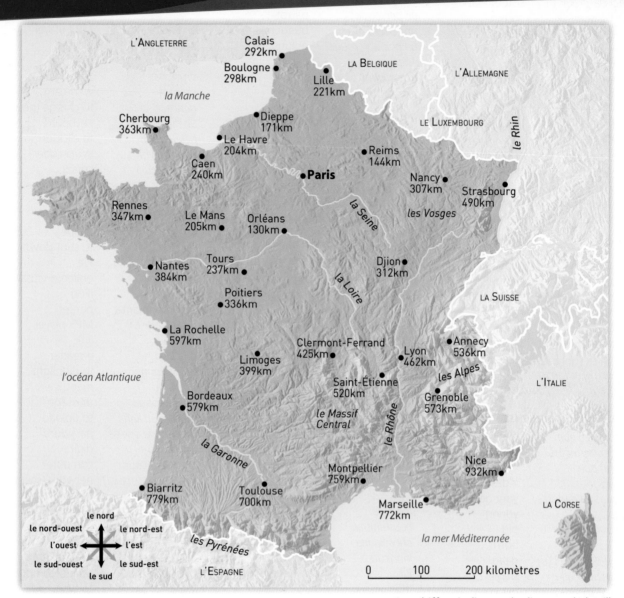

1 La France

Consultez la carte et les statistiques et répondez aux questions.

1 Quelle est la grande île française qui se trouve dans la mer Méditerranée?
2 Quels sont les pays francophones qui ont une frontière commune avec la France?
3 Comment s'appellent les montagnes qui séparent la France de l'Espagne?
4 Comment s'appelle le fleuve qui forme une frontière avec l'Allemagne?
5 Quel est le fleuve qui sépare le nord du sud de la France?
6 Comment s'appelle la mer qui sépare la France de l'Angleterre?
7 Lille est près de quel pays?
8 Nice est près de quel pays?
9 Quel est l'indicatif téléphonique pour la France?
10 Quel est le domaine Internet pour la France?

Les chiffres indiquent la distance de la ville de Paris, par exemple, Nice est à 932 km de Paris.

Population: 66 millions	
Capitale: Paris	
Chaînes de montagnes: les Alpes, les Pyrénées, les Vosges, le Massif Central, le Jura, les Ardennes	
Fête nationale: 14 juillet (la fête de la Bastille)	
Hymne national: La Marseillaise	
Heure: GMT+1 (hiver), GMT+2 (été)	
Indicatif téléphonique: + 33	
Domaine Internet: .fr	

2 Le savez-vous?

🔊 Choisissez **a**, **b** ou **c**, puis écoutez les bonnes réponses.

1 La France est la première destination touristique du monde. Chaque année il y a environ combien de visiteurs?
   a 10 millions **b** 30 millions **c** 85 millions

2 En raison de sa forme, on appelle la France
   a le pentagone **b** l'hexagone **c** l'ovale

3 Le fleuve qui divise le nord du sud de la France s'appelle
   a la Loire **b** le Rhin **c** le Rhône

4 Les plus hautes montagnes de France (et d'Europe) sont
   a les Pyrénées **b** les Alpes **c** les Vosges

5 La France a presque la même population que le Royaume-Uni, mais c'est un pays
   a plus petit **b** aussi grand **c** presque deux fois plus grand

3 Trois ponts célèbres

Regardez les photos. Complétez les textes avec les mots de la case.

> autoroute   payer   pont
> romain   sud   traverser

1 Près de Nîmes, dans le (**a**) _____ de la France, on peut voir un aqueduc (**b**) _____.

2 En prenant l'(**c**) _____ A75, vous pouvez traverser le (**d**) _____ de Millau, le plus haut viaduc du monde.

3 On peut prendre le pont de Normandie au Havre et à Honfleur. Les automobilistes doivent (**e**) _____ un tarif, mais les piétons et les cyclistes peuvent (**f**) _____ le pont gratuitement.

> **Dossier-langue**   **Grammaire 16**
>
> ### Two verbs together
>
> The verbs **pouvoir** (to be able, can), **devoir** (to have to, must) and **vouloir** (to want, wish) are often used with the infinitive of another verb.
>
> The irregular verb **pouvoir** is very useful when describing what you can do in different places.
>
> Copy and complete the present tense. Look for some examples on this page.
>
> | | |
> |---|---|
> | **je peux** | I can |
> | **tu peux** | you can |
> | **il/elle/on** _____ | he/she/one can |
> | **nous pouvons** | we can |
> | **vous** _____ | you can |
> | **ils/elles peuvent** | they can |

4 Les villes de France

a Regardez la carte (page 24) et trouvez une ville qui correspond à chaque description.

b Traduisez le texte en anglais.

1 C'est une grande ville située sur le Rhin dans l'est de la France, près de la frontière allemande.

2 C'est une ville située au bord de la mer, dans le nord de la France. De cette ville on peut facilement aller en Angleterre parce que le tunnel sous la Manche est tout près.

3 C'est une ville moyenne qui se trouve dans le sud-est de la France, près des Alpes et à environ 140 km de Lyon. C'est une très jolie ville située au bord d'un lac et entourée de montagnes.

4 C'est une grande ville située sur la Garonne et près de la côte atlantique dans l'ouest de la France. La ville est célèbre pour la production de vin.

5 C'est une grande ville, un port important, qui se trouve dans le sud de la France sur la côte méditerranéenne. De cette ville, les touristes peuvent prendre le bateau pour aller en Corse.

5 À vous!

Choisissez une ville en France et cherchez des renseignements sur Internet. Préparez une petite description. Écrivez environ 50 mots.

> **Pour vous aider**
>
> | | |
> |---|---|
> | être situé | *to be situated* |
> | se trouver | *to be situated* |
> | à l'intérieur des terres / dans l'arrière-pays | *in the interior / inland* |
> | au centre | *in the centre* |
> | près de | *close to* |
> | pas loin de | *not far from* |

■ *understand descriptions of towns*
■ *talk about a town*

1 Calais

🔊 Complétez la conversation avec les mots de la case.
Puis écoutez pour vérifier.

> dans   habitants   le port   magasins   mer
> moyenne   un musée   nord   trois   ville

Exemple: **1** ville

- Où habitez-vous?
- J'habite à Calais.
- C'est une grande (**1**) ____?
- Non, c'est une ville (**2**) ____ avec environ soixante mille (**3**) ____.
- C'est où exactement?
- C'est dans le (**4**) ____ de la France. C'est au bord de la (**5**) ____.
- Ça fait longtemps que vous habitez là?
- Mmm – depuis (**6**) ____ ans.

- Vous habitez en ville ou (**7**) ____ la banlieue?
- En ville, dans un appartement.
- Qu'est-ce qu'il y a comme distractions?
- Il y a (**8**) ____, il y a (**9**) ____ et des cinémas.
- Et dans la région?
- Il y a le tunnel sous la Manche. Il y a un grand centre commercial avec beaucoup de (**10**) ____ qui s'appelle La Cité Europe.

2 Un dépliant sur Lyon

a Vous préparez une brochure sur Lyon. Décidez quelle photo va avec quel texte.

Exemple: **1** D

b Complétez les phrases.

Exemple: **1** **Lyon est une grande ville importante.**

1 Lyon est une g__ ville i__.
2 On peut y voir des r__ romaines.
3 Au centre-ville, il y a des __ piétonnes.

4 À Lyon, on trouve des mu__, des th__ et des ci__.
5 Si vous aimez le sport, il y a un grand c__ sp__, une pat__ et une p__.
6 Pour circuler en ville, on peut prendre le m__.
7 Pour le shopping, il y a un grand c__ co__.
8 On peut emprunter des livres à la b__ municipale.
9 Et si on a faim, il y a beaucoup de bons petits __.

c Trouvez l'équivalent en français.

1 situated on two rivers
2 a very long pedestrian street
3 you can find bookshops there
4 for sporty people
5 several swimming pools
6 not expensive
7 a shopping centre
8 especially

1 Capitale régionale, Lyon est une grande ville industrielle du sud-est de la France. Elle compte plus d'un million d'habitants. La ville est située sur deux fleuves: le Rhône et la Saône. On peut faire une promenade en bateau pour voir le confluent des deux fleuves. Ce sont les Romains qui ont fondé la ville en 43 av. J.C. et on peut toujours voir les ruines des théâtres romains.

2 Au centre-ville, il est agréable de se promener le long des quais ou dans les rues piétonnes. La rue de la République («la rue de la Ré» comme disent les Lyonnais) est une très longue rue piétonne. On y trouve des librairies, des magasins de mode, des grands magasins et des cafés.

3 Lyon est un grand centre culturel pour toute la région. À part ses musées, il y a un opéra, plusieurs théâtres et une maison de la danse. Pour les sportifs, il y a un grand complexe sportif, plusieurs piscines, une patinoire et une piste de ski artificielle.

4 En ville on peut circuler en métro. C'est rapide, pratique et pas cher. Il y a aussi des bus et un tramway.

5 Si vous aimez les magasins, allez à La Part-Dieu, un centre commercial avec environ deux cents magasins, des salles de cinéma et la bibliothèque municipale.

6 Et si vous aimez la bonne cuisine, vous trouverez beaucoup de bons petits restaurants, surtout dans le Vieux Lyon.

3 Une ville anglaise

Lisez le message de James.

a Trouvez le contraire.

1 cet hiver   4 peu   7 près
2 l'est   5 petit   8 naturelle
3 le centre-ville   6 laid(e)   9 je déteste

b Corrigez les erreurs.

1 James habite dans une grande ville en Écosse.
2 Il habite dans un appartement au centre-ville.
3 Dans sa ville, on organise un grand festival au mois de février.
4 Dans la région où il habite, il y a des lacs.
5 De temps en temps, il va à une autre ville pour voir des matchs de hockey.
6 Il y va aussi pour faire du patin à glace à la patinoire.
7 Il n'aime ni le sport ni la musique.

4 Tu aimes ta ville?

Amélie (Annecy) et Rémi (Rennes) parlent de leur ville. Écoutez et décidez qui a dit chaque phrase.

Exemple: 1 Rémi

1 À mon avis, c'est la meilleure ville au monde.
2 … on est près des montagnes et j'adore faire du ski.
3 C'est une ville moyenne, pas trop grande ni trop petite.
4 C'est une ville universitaire, avec beaucoup d'étudiants – ça crée de l'ambiance.
5 Je l'aime bien parce que c'est un quartier très joli avec des petites rues étroites.
6 Par contre, ce que je n'aime pas, c'est qu'il y a trop de circulation et trop de touristes, surtout en été.
7 C'est la capitale de la Bretagne et j'aime la culture bretonne.
8 On n'est pas loin de la côte et Paris n'est qu'à deux heures d'ici en TGV.

5 À vous!

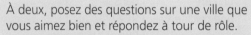

À deux, posez des questions sur une ville que vous aimez bien et répondez à tour de rôle.

Exemple:

A Est-ce qu'il y a une ville que tu aimes bien?
B Oui: elle s'appelle (*nom*). C'est la ville où je suis né(e) et je l'aime bien.
A C'est où exactement?
B (*nom*) se trouve dans le nord / le sud / l'est / l'ouest / au centre de … / près de …
La ville est située sur un fleuve / au bord de la mer / à la montagne.

A C'est comment comme ville?
B C'est une grande ville universitaire / une très jolie petite ville / une ville moyenne.
A Qu'est-ce qu'il y a dans la ville?
B Il y a une très belle cathédrale / beaucoup de musées / un grand centre sportif.
A Pourquoi est-ce que tu aimes la ville?
B Ce que j'aime à (*nom*), c'est le grand centre commercial / les parcs et les espaces verts / les magasins / les complexes sportifs / les théâtres. C'est une ville universitaire, alors il y a beaucoup d'étudiants. C'est une ville très animée. En été, il y a souvent des expositions et des concerts en plein air / des festivals. C'est très agréable.

6 Ma ville

Faites une carte d'identité de votre ville ou écrivez une description pour un site web.

---

http://www.tchatter-copains.org

Cher Dominique,

Alors, tu viens à Cheltenham cet été: ça va être bien.

J'attache une photo de notre maison. Cheltenham, c'est une ville moyenne d'environ 100 000 habitants, située dans l'ouest de l'Angleterre. Nous habitons dans la banlieue.

À Cheltenham, il y a beaucoup de magasins, des cinémas et un théâtre. Au mois de juillet, il y a un grand festival avec des concerts. Est-ce que tu aimes la musique? Moi, j'aime surtout le hip-hop.

Le Gloucestershire est une belle région où il y a des villages et des collines qui s'appellent «les Cotswolds». Le paysage est très pittoresque.

De temps en temps, je vais aussi à Gloucester. Ce n'est pas très loin, à 15 kilomètres environ. J'y vais pour voir des matchs de rugby ou pour faire du ski sur la piste de ski artificielle. Le sport, ça t'intéresse? Moi, j'aime beaucoup le sport.

À bientôt,

James

Stratégies

Ce que j'aime, c'est …
Ce que je n'aime pas, c'est …
Ce qui est bien, c'est qu'il y a …

These phrases are useful for saying what you like or dislike about something.
Work out what the following mean:

Ce que j'aime ici, c'est le parc, le jardin public et les autres espaces verts.
Ce que je n'aime pas, c'est la circulation et la pollution.

Pour vous aider

Ville: (*nom*)
Habitants: … cent(s) / mille / million(s)
Situation: dans le nord / sud / est / ouest; au bord de la mer, près des montagnes, située sur (*fleuve / rivière*)
Pour les jeunes: cinéma, complexe sportif, piscine, patinoire

Pour les touristes: château, musée, jardin public, théâtre
Opinion personnelle: Ce qui est bien, c'est qu'il y a …
Ce que je n'aime pas, c'est qu'il n'y a pas de … ; c'est qu'il y a beaucoup de circulation / trop de touristes en été.

1 J'ai besoin de directions

a Complétez les questions.

Exemple: 1 <u>au</u> centre commercial

1 Pour aller ___ centre commercial, s'il vous plaît?
2 Comment va-t-on ___ patinoire?
3 Pour aller ___ magasins, c'est tout droit?
4 Je voudrais aller ___ office de tourisme, c'est loin?
5 Est-ce qu'il y a un café à côté ___ théâtre?
6 Y a-t-il un parking près ___ hôpital?
7 Le château est assez loin ___ centre-ville, n'est-ce pas?
8 Est-ce que le musée est en face ___ bibliothèque?

masc.	fem.	before a vowel	plural
au	à la	à l'	aux
du	de la	de l'	des

b Inventez encore trois questions comme ça.

Moi, j'aime beaucoup explorer les villes que je ne connais pas, mais je dois souvent demander des renseignements.

2 Des touristes en ville

Écoutez les conversations **1–8**. Des touristes demandent des renseignements. À chaque fois, notez:

a la destination (A–H)
b la direction (↑, → ou ←)
c la distance

Exemple: 1 a E, b ↑ c à 5 minutes

3 Inventez des conversations

À deux. Lisez cette conversation, puis changez les mots surlignés pour inventer d'autres conversations.

Exemple: le complexe sportif? ↑, 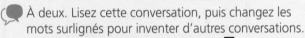 ←, 5 min

A Pour aller au complexe sportif, s'il vous plaît?
B Continuez tout droit jusqu'aux feux. Puis tournez à gauche.
A C'est loin?
B Non, c'est à cinq minutes d'ici.

1 le marché, ↑, ⟨○⟩, →, 10 min
2 la bibliothèque, ↑, ⊣⊢, ←, 5 min
3 le centre-ville, ↑, ⊣⊢, →, 2 km
4 l'office de tourisme, ↑, ⊣⊢, →, 500 m
5 le commissariat, ↑, 🚦, ←, 1 km

Pour vous aider

Pardon monsieur / madame,	pour aller	à la gare à l'office de tourisme au commissariat	s'il vous plaît?
	est-ce qu'il y a	un café une piscine	dans le quartier? près d'ici?
où se trouve le cinéma? je cherche le supermarché. le parc, c'est loin?			

Continuez tout droit.	Go straight on.
Descendez la rue jusqu'à / au / aux …	Go down the road as far as …
Prenez la première / deuxième rue à droite / à gauche.	Take the first / second road on the right / left.
Au carrefour, tournez à droite / à gauche.	At the crossroads, turn right / left.

C'est tout près.	It's very near.		à côté de	next to, beside
Ce n'est pas loin.	It's not far.		au coin de	at the corner of
C'est très loin.	It's a very long way		devant	in front of
C'est à cinq minutes à pied.	It's five minutes on foot.		derrière	behind
C'est après l'église.	It's after the church.		en face de	opposite
C'est avant le supermarché.	It's before the supermarket		entre	between

4 Un plan de la ville

Lisez les directions. On part de la gare:
où est-ce qu'on arrive?

1 Continuez tout droit jusqu'aux feux, puis prenez la première rue à gauche. C'est après l'église.

2 Ce n'est pas loin. Continuez tout droit jusqu'aux feux, puis prenez la rue à droite et c'est sur votre gauche, en face de la station-service.

3 Descendez la rue principale jusqu'au rond-point, puis tournez à droite et vous le verrez sur votre droite.

4 Continuez tout droit. Il y a des feux, puis un rond-point, puis après le rond-point, vous la verrez sur votre gauche. C'est à côté de la pizzeria.

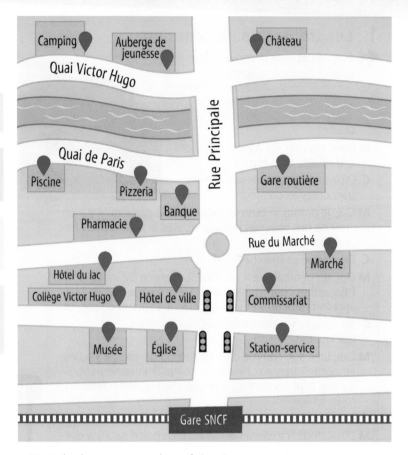

5 Des conversations

Trouvez les paires, puis écoutez les conversations pour vérifier.

Exemple: 1 *b*

1 Comment allez-vous à la piscine?
2 Vous avez déjà visité Paris?
3 Est-ce que tu as visité le Parc Astérix?
4 Qui va à la Cité des sciences?
5 Il pleut, alors vous allez au musée en bus?
6 On peut aller au Stade de France en bus?
7 Quand va-t-on aller à l'exposition?

a Toute la classe y va avec le prof de sciences.
b Comme il fait beau, nous y allons à vélo.
c Oui, on peut y aller en bus et en métro.
d On va y aller samedi prochain.
e Non, je n'y suis pas encore allé, mais j'aime bien les parcs d'attractions.
f Non, on y va en métro: c'est plus rapide.
g Oui, nous y sommes allés l'été dernier.

6 Quand?

Vous travaillez dans un centre de vacances. Consultez le programme puis répondez aux questions.

Exemple: 1 *On y va mercredi* ou *Nous y allons mercredi*.

lun.	**le château**
mar.	**la patinoire**
mer.	**la piscine**
jeu.	**le musée**
ven.	**la plage**
sam.	**le shopping**
dim.	**libre**

1 Quand est-ce qu'on va à la piscine?
2 On va à la plage quand?
3 Quand pouvons-nous aller aux magasins?
4 Quand est-ce que nous allons au château?
5 C'est quand la visite au musée?
6 Et la patinoire, on y va quand?

7 À vous!

À deux, complétez les conversations.

A – Quand est-ce que tu vas …
– J'y vais (*jour / date*).
– Je peux y aller avec toi?
– Oui bien sûr. On peut y aller (*transport*).
– Oui, bonne idée.

B – Tu as visité …?
– Oui, j'y suis allé(e) (*samedi dernier / pendant les vacances, etc.*).
– Qu'est-ce qu'on peut y voir?
– On peut y voir …

Dossier-langue **Grammaire 8.4**

The pronoun y

Can you work out what **y** means?
Look at the pairs of sentences below.
In the second sentence of each pair, which words (in the first sentence) have been replaced by **y**?
Where does **y** go in the sentence?

– *Vous habitez à Lyon depuis combien de temps?*
– *Nous y habitons depuis trois ans.*

– *Comment vas-tu au collège?*
– *J'y vais en bus.*

2D Les transports en ville

- *talk about transport in cities*
- *use some negative expressions*

1 Les transports en commun

 Écoutez et lisez la conversation entre Camille et Mattéo.

> **C** Qu'est-ce qu'il y a comme transports en commun dans ta ville?
>
> **M** Dans ma ville, il y a principalement le tramway et le bus.
>
> **C** Est-ce que tu prends souvent les transports en commun?
>
> **M** Oui, je prends le bus pour aller en ville parce qu'il y a un arrêt de bus près de chez moi et avec le bus, je peux être plus indépendant.
>
> **C** Est-ce que ça marche bien?
>
> **M** Oui, en général, c'est pratique. Le service est assez fréquent et confortable, mais le soir, il n'y a plus de bus après vingt heures et le dimanche, il n'y a pas de service.
>
> **C** Est-ce qu'il y a des problèmes de circulation, quelquefois?
>
> **M** Oui, bien sûr, comme dans beaucoup de villes, il y a des embouteillages aux heures de pointe. Heureusement, il y a des couloirs réservés aux bus, mais quand même on roule lentement.
>
> **C** Comment vas-tu au collège?
>
> **M** D'habitude, j'y vais à vélo. C'est bien parce qu'il y a des pistes cyclables en ville.

a Répondez en français.

1 Mattéo, comment est-ce qu'il va en ville?
2 Pourquoi est-ce qu'il prend ce moyen de transport?
3 Quels sont les avantages?
4 Quels sont les inconvénients?
5 Comment va-t-il au collège? (*Il y va …*)

b Trouvez une expression ou une phrase qui a presque le même sens.

1 surtout	6 naturellement
2 la plupart du temps	7 des bouchons
3 car	8 malgré tout
4 commode	9 on ne roule pas vite
5 de temps en temps	10 normalement

c À deux, lisez la conversation en changeant au moins six mots ou expressions.

3 Français–anglais

Trouvez les paires. **Exemple: 1** *c*

1 Ne vous inquiétez pas.	**a** *There's no more / none left.*
2 Ce n'est pas juste.	**b** *It's not fair.*
3 Il n'y en a plus.	**c** *Don't worry.*
4 Ça ne fait rien.	**d** *I don't think so.*
5 Je ne sors jamais en semaine.	**e** *It doesn't matter.*
6 Je ne connais personne.	**f** *I don't know anyone.*
7 On ne sait jamais.	**g** *You never know.*
8 Je crois que non.	**h** *I never go out during the week.*

2 Lexique

Complétez la liste.

Français	Anglais
un arrêt de bus	
un bouchon	
la circulation	
un couloir réservé aux bus	*bus lane*
un embouteillage	
la gare routière	*bus/coach station*
les heures de pointe	
une piste cyclable	
un trajet	*journey*
le tramway	
un véhicule	
une zone piétonne	

Dossier-langue **Grammaire 12.2**

Negative expressions (1)

Using different negative expressions can really improve the quality of your spoken and written French.

The negative is in two parts which surround the verb. The first part is **ne** (**n'** before a vowel, including **y** or silent **h**). Copy and complete the table.

> Cendrillon travaille beaucoup à la maison, mais ses sœurs ne font jamais rien.

> Il ne reste plus de nourriture, et moi, je n'ai plus faim.

French	English	Example
ne … pas		Ce n'est ___ pratique. Il n'y a ___ de métro.
ne … plus		Il n'y a ___ de bus après 19 heures.
ne … jamais		Je ne prends ___ la voiture pour de petits trajets.
ne … rien	*nothing, not anything*	Il n'y a ___ à faire dans mon quartier.
ne … personne	*no one, nobody, not anybody*	Souvent, le soir, il n'y a ___ qui attend à l'arrêt de bus.

Pas encore

Can you work out what this phrase means?

– **Tu as fini l'exercice?** – **Non, pas encore.**

4 L'esprit négatif

Traduisez le message en anglais.

> Habiter ici, c'est nul! Il n'y a rien pour les jeunes. Ce n'est pas juste. On a fermé le terrain de foot, alors on ne peut plus jouer au foot. Le soir, on ne voit personne en ville. Il n'y a pas de bus le soir, alors je ne sors jamais en semaine.

5 Le métro

Dans beaucoup de grandes villes il y a un système de métro. C'est souvent une bonne solution pour le transport en ville.

◀)) Écoutez les passagers et complétez les phrases.

1 Moi, je trouve ça très pratique parce qu'il y a une station de métro (**1**) ___ chez moi.

2 Bof, ça va, mais de temps en temps il y a des grèves ou bien des travaux et les (**2**) ___ sont fermées.

3 Le métro c'est très bien, mais à Londres il n'est pas climatisé, alors quand il fait très (**3a**) ___ en été on ne peut pas (**3b**) ___.

4 Moi, je prends très souvent le métro parce que c'est plus (**4**) ___ que le bus.

5 Oui, en principe, c'est pratique, mais aux heures de (**5a**) ___, il y a du monde. On est tous très serrés – c'est (**5b**) ___. Quelquefois on n'arrive même pas à entrer dans les voitures.

6 Les transports à Paris

Devinez la bonne réponse.

1 Quel est le transport en commun le plus populaire?

   a le métro **b** le bus **c** le tramway

2 Dans la ville de Paris, il y a quelle sorte de tarif?

   a un tarif variable **b** un tarif unique

3 Qu'est-ce qui est plus économique?

   a acheter un ticket simple
   b acheter un carnet de dix tickets

4 Pour savoir quelle direction il faut prendre dans le métro, il faut savoir le nom de quelle station?

   a la première station de la ligne
   b la dernière station de la ligne

5 Si vous voulez changer de ligne, vous devez suivre quel panneau?

   a sortie **b** correspondance

6 Qu'est-ce qu'il faut chercher si on veut prendre le bus?

   a une station-service **b** l'arrêt d'autobus

7 Infos transports

Complétez le dépliant avec ces mots.

> Si vous visitez Paris, laissez votre (**1**) ___ au garage. Les (**2**) ___ en commun sont excellents. Il y a le (**3**) ___, le RER, le (**4**) ___ et même un tramway.
>
> Chaque jour, beaucoup de personnes (**5**) ___ le métro. C'est (**6**) ___ et ce n'est pas (**7**) ___ On peut acheter un (**8**) ___ de dix tickets. Ces tickets sont aussi (**9**) ___ pour les bus.

bus
carnet
cher
métro
prennent
rapide
transports
valables
voiture

8 Les touristes à Paris

◀)) Écoutez les conversations et choisissez la bonne image.

9 À vous!

a À deux, posez des questions et répondez à tour de rôle.

1 Quel moyen de transport est-ce que tu prends normalement et pourquoi?

   a pour aller au collège
   b pour aller en ville
   c pour sortir le soir

2 Qu'est-ce qu'il y a comme transports en commun dans ta ville? Est-ce que ça marche bien?

3 Quel moyen de transport préfères-tu pour les trajets en ville? Pourquoi?

b Écrivez vos réponses.

> **Pour vous aider**
>
> D'habitude, je prends ... parce que ... mais s'il pleut, on m'emmène en voiture.
> Pour aller au match de football / pour faire des courses / pour aller au centre-ville, je prends ...
> Ça dépend. Souvent mon père / ma mère m'emmène et vient me chercher en voiture.
> Pour les trajets en ville, je préfère prendre ...

- *talk about the countryside*
- *compare life in town and country*
- *use more negative expressions*

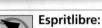

1 Forum des jeunes: La ville et la campagne

Lisez les messages et faites les exercices.

forum des jeunes Êtes-vous ville ou campagne?

Mlapaix:

J'habite dans une ferme pas loin de Poitiers. Notre ferme est toute petite. Nous avons trois chèvres, pas mal de lapins, des poules, des canards et deux cochons. Moi, je suis assez content de vivre ici. J'aime le plein air et j'aime les animaux.

Je trouve que la vie à la campagne est plus détendue. En ville, les gens ont toujours l'air pressé. Ils n'ont jamais le temps de vous parler. Mais à la campagne les gens sont plus tranquilles. Ils ont le temps de faire connaissance. Il y a une certaine solidarité et j'aime ça.

Naimepas:

À mon avis, la vie est trop tranquille à la campagne. Je m'ennuie, surtout pendant les vacances. Nous habitons dans un petit village, à 30 kilomètres de Rodez.

On connaît tout le monde, bien sûr, mais il n'y a pas beaucoup de jeunes et il n'y a pas de distractions: aucun cinéma, aucune maison des jeunes, aucune piscine. Il n'y a rien à part quelques magasins et un café.

Moi, je n'aime ni faire des randonnées ni faire du vélo. Et il n'est pas facile d'aller en ville: il n'y a qu'un bus par jour pour Rodez. Moi, j'aimerais mieux vivre en ville.

Espritlibre:

Il est vrai qu'il y a moins de distractions, surtout en hiver. À Saillans par exemple, il n'y a pas grand-chose à faire. Il n'y a pas de piscine, mais on peut se baigner dans la rivière, ou aller à la pêche.

En été, c'est très agréable. On peut faire des randonnées et piqueniquer dans les champs. On s'amuse entre copains et ça, c'est sympa.

Ce que je n'aime pas en ville, c'est la circulation et le bruit. Se déplacer tout le temps en métro et en bus, ça ne me dit rien. Chez moi j'ai une mobylette et je circule partout, sans problème. Je me sens plus libre à la campagne.

Techno+:

La campagne, c'est vrai, ça a des avantages. Il y a moins de bruit, moins de pollution, mais c'est un peu trop calme pour moi.

En ville, je trouve que la vie est plus dynamique, plus animée. Il y a beaucoup de distractions et on n'a jamais le temps de s'ennuyer. Et il y a plus de possibilités d'emploi.

C'est vrai que dans les grandes villes il y a aussi des problèmes, par exemple, l'isolement et le logement. Mais, en fin de compte, je choisirais la ville.

a Trouvez l'équivalent en français.

1 I'm quite happy living here.
2 They never have time to talk to you.
3 Everyone knows everyone.
4 There's nothing except a few shops.
5 It's not easy to go into town.
6 I would prefer to live in town.
7 There's not much to do.
8 What I don't like in town is the traffic and the noise.
9 It's a bit too quiet for me.
10 You never have time to get bored.

b Corrigez les erreurs dans ces phrases.

Mlapaix:

1 Il habite dans une grande ferme près de Lyon.
2 Il est assez content de vivre en ville.
3 Dans sa ferme, il y a des vaches, des moutons, des chevaux et des cochons.
4 Il trouve que les gens sont plus pressés à la campagne.
5 La vie est plus dynamique à la campagne.

Espritlibre:

1 On peut se baigner dans le lac.
2 On peut faire de la voile.
3 En été, elle fait un tour à vélo dans les champs.
4 Elle aime se déplacer en métro.
5 Elle se sent plus libre en ville.

c Lisez les messages et les opinions. Écrivez les bonnes initiales: **M**, **N**, **E** ou **T**.

À la campagne …

1 la vie est trop calme; on s'ennuie.
2 les transports en commun ne sont pas très fréquents.
3 on peut respirer; il y a moins de pollution.
4 il y a moins de voitures alors on peut se déplacer plus facilement.
5 la vie est plus détendue; les gens ne regardent pas l'heure tout le temps.

En ville …

6 il y a plus d'emplois.
7 il y a toujours quelque chose à faire.
8 il y a souvent des problèmes de logement.
9 la vie est plus dynamique; il se passe des choses.
10 il y a plus de monde, plus de circulation, plus de bruit.

2 Claudine n'est pas contente

Complétez la conversation entre Claudine et sa mère.

Exemple: 1 Non, ça ne va pas.

1 – Bonjour Claudine, ça va?
   – Non, ça ____ va ____. (not)

2 – Pourquoi n'es-tu pas allée en ville?
   – Parce qu'il ____ fait ____ beau. (not)

3 – Est-ce que quelqu'un t'a téléphoné?
   – Non, on ____ me téléphone ____. (never)

4 – As-tu fait quelque chose d'intéressant?
   – Non, je ____ ai ____ fait. (nothing)

5 – As-tu vu quelqu'un?
   – Non, je ____ ai vu ____. (no one)

6 – Alors as-tu préparé un bon repas?
   – Non, il ____ y a ____ de provisions. (no more)

4 Un message

Complétez le message de Claudine avec une expression négative.

> aucune   ni   pas   personne   qu'   rien

Je passe le weekend chez ma tante, mais ce n'est (**1**) ____ amusant. Je ne connais (**2**) ____ au village. Il n'y a (**3**) ____ à faire – aucun cinéma, (**4**) ____ piscine. En plus, il n'est pas facile d'aller en ville – il n'y a (**5**) ____ un bus par jour. Je n'aime ni marcher (**6**) ____ faire du vélo. Décidément, la vie à la campagne, ce n'est pas pour moi! **Claudine**

5 Pour ou contre la vie à la campagne?

Classez ces arguments en deux listes: **pour** et **contre**. Écoutez et notez ce qui est mentionné.

Exemple: 2, …

1 Il n'y a pas beaucoup d'emplois.
2 La vie est plus calme et on se relaxe.
3 Il n'y a pas beaucoup de distractions.
4 Les gens ont le temps de faire connaissance.
5 On est plus proche de la nature.
6 Il y a moins de danger: on n'a pas peur d'être attaqué, par exemple.
7 Il y a moins de bruit, moins de pollution.
8 Il peut être difficile d'aller en ville par les transports en commun.
9 Il y a trop d'insectes.

3 Au téléphone

Écoutez et répondez en anglais.

1 What did Claudine do yesterday?
2 Why didn't she play tennis?
3 Why didn't she go swimming?
4 Why hasn't she seen her friends?
5 Why didn't she go into town?
6 What does her aunt suggest?

Dossier-langue   **Grammaire 12.2**

Negative expressions (2)

Copy and complete the examples.

French	English	Example
ne … aucun(e) (**aucun** must agree with the noun that follows)	no (+ noun)	Il n'y a ____ cinéma, ____ piscine.
ne … que / qu'	only	Il n'y a ____ un bus par jour.
ne … ni … ni …	neither … nor	Je n'aime ____ marcher ____ faire du vélo.

If you are contradicting a negative question, you use **si** instead of **oui**.

– *Vous ne sortez pas ce soir?*
– *Mais si, on va au cinéma.*

6 La vie en ville

Complétez les phrases avec un mot de la case.

> assez   beaucoup   bruit   dangereux   différents   trop

1 La ville est toujours très animée. Il y a ____ à faire.
2 Ça peut être un peu ____ si on rentre tard le soir.
3 On rencontre beaucoup de gens ____. C'est intéressant, ça.
4 Il y a ____ de circulation.
5 Ça fait du ____ et ça pollue l'atmosphère.
6 Les transports en commun marchent ____ bien, en général.

7 À vous!

Écrivez un article à propos de la campagne.

> **Pour vous aider**
>
> J'habite dans un village / dans une ferme à la campagne depuis …
> Je n'ai jamais habité à la campagne … mais j'aimerais bien y habiter parce que …
> J'aime aller à la campagne … quelquefois / de temps en temps / en été / au printemps / quand il fait beau.
> À mon avis, il est mieux de vivre à la campagne / en ville parce que …

2F Pour découvrir la France

- talk about travel by train and by road
- describe a journey
- revise the perfect tense with *avoir*

1 Allez-y avec la SNCF

Complétez le texte avec les mots de la case.

> billet   composter   gare   montez   quai   train

1 Pour découvrir la France, prenez le ___.

2 Informez-vous sur les horaires et les tarifs au bureau de renseignements à la ___ ou sur Internet.

3 Achetez votre ___ en ligne, au guichet ou au distributeur automatique.

4 Consultez le tableau des départs pour savoir quel ___ il faut prendre.

5 Avant d'aller aux quais, n'oubliez pas de ___ votre billet.

6 Puis ___ dans le train et allez-y!

2 À la gare

Trouvez les paires.

1 Vous allez acheter des billets?

2 Je voudrais laisser ma grosse valise à la gare.

3 Où sont les toilettes, s'il vous plaît?

4 Mon train a du retard, alors je voudrais m'asseoir dans un coin tranquille.

5 J'ai perdu mon parapluie dans le train.

6 Ils veulent quitter la gare.

7 Je voudrais savoir s'il y a un train le dimanche.

8 Les filles vont réserver des places dans le TGV.

3 Des conversations

Écoutez les conversations et notez les réponses.

Exemple: 1 (quai) 4

1 Le train pour Lille part de quel quai?

2 a Le train de 12h20 est déjà parti?

   b Est-ce qu'il faut changer?

3 a Le prochain train pour Paris part à quelle heure, s'il vous plaît?

   b Et il arrive à Paris à quelle heure?

4 a Un aller simple pour Bordeaux, première classe, c'est combien?

   b Est-ce qu'il y a un train vers midi?

   c Est-ce qu'il y a un wagon-restaurant dans le train?

5 a Vous prenez quel train?

   b Vous préférez le côté fenêtre ou le côté couloir?

4 On achète un billet

À deux, lisez la conversation, puis changez les mots surlignés.

– Un aller simple pour Paris, deuxième classe, s'il vous plaît.

– Voilà, c'est 80 euros.

– Merci. Le train part à quelle heure?

– À 10h20.

– Et le train arrive à quelle heure?

– À 13h10.

– Est-ce qu'il faut changer de train?

– Non, c'est direct.

– Et c'est de quel quai, s'il vous plaît?

– Du quai numéro 3.

5 Tu as fait bon voyage?

La famille Dupont va passer ses vacances en Provence. Hugo, le fils aîné, travaille en Angleterre. Il raconte son voyage. Écoutez et lisez la conversation.

– Hugo, comment as-tu voyagé? Tu as pris l'avion pour Marseille?

– Non, j'ai pris le train. D'abord, j'ai pris l'Eurostar à Paris, puis j'ai pris le TGV de Paris à Marseille.

– Tu as changé de gare à Paris?

– Oui, j'ai pris le métro pour aller de la gare du Nord à la gare de Lyon.

– Est-ce que tu as attendu longtemps à la gare de Lyon?

– Non, pas trop. J'ai attendu une demi-heure environ. J'ai passé mon temps à lire et à écrire des messages sur mon portable.

– Est-ce qu'il y a le wifi à la gare?

– Oui et c'est gratuit.

– Tu as mis combien de temps pour faire le voyage?

– En tout, ça a duré environ sept heures. Il n'y avait pas de problème et j'ai fait bon voyage.

Choisissez les cinq phrases vraies.

1 Hugo a voyagé de Londres à Marseille en avion.

2 Il a traversé la Manche en Eurostar.

3 À Paris, il a pris le train à Marseille.

4 Il a changé de gare en prenant le métro.

5 Il a attendu longtemps le train à Marseille.

6 À la gare, il a utilisé le wifi pour lire ses messages.

7 Le voyage a duré moins de huit heures.

8 Hugo a trouvé le voyage très difficile.

Dossier-langue **Grammaire 14.6b**

The perfect tense with *avoir*

The perfect tense is the most commonly used past tense. It describes an action which is completed and no longer happening. It is made up of two parts: an auxiliary verb (**avoir** or **être**) and a past participle.

Most verbs form the perfect tense with **avoir**.

a Copy and complete the perfect tense of the verb **visiter**.

j'___ visité	I visited	nous avons ___	
tu as ___		vous ___ visité	you (*polite, plural*) visited
il/elle/on ___ visité	he/she/we visited	ils/elles ___	

b Regular verbs follow these patterns.

-er verbs	regarder	to watch	regardé	watched
-re verbs	attendre	to wait	attendu	waited
-ir verbs	finir	to finish	fini	finished

c About 20 common verbs have an irregular past participle. List as many as you can.

Pick any two (or more) and use them both in one sentence, e.g.

Hier, j'ai lu un magazine et j'ai fait des mots croisés.

d Translate these sentences. Where do **ne** and **pas** go?
1 Elle n'a pas pris l'avion.
2 On n'a pas fait bon voyage.
3 Tu n'as pas vu le film?
4 Je n'ai pas voulu sortir hier.

6 Un voyage en voiture

Lisa Dupont raconte le trajet de la famille dans un message à sa grand-mère.

Nous avons tout mis dans la voiture, mais au dernier moment, Papa n'a pas pu trouver son portable. Nous avons cherché partout et finalement, on l'a trouvé dans le coffre de la voiture. Alors nous avons commencé le trajet avec un peu de retard. Nous avons pris le boulevard périphérique mais il y avait beaucoup de circulation avec des camions, des poids lourds, des caravanes, etc. Alors on a roulé très lentement à cause des embouteillages. Plus tard, nous avons dû faire la queue à la station-service pour prendre de l'essence. Donc nous avons mis presque cinq heures pour faire le trajet. C'était vraiment pénible.

a Répondez en anglais.
1 Why did the family leave a bit late?
2 What was the problem on the ring road?
3 Why were they delayed at the service station?
4 How long did the journey take?
5 What did Lisa say about it?

b Trouvez l'équivalent en français.
1 at the last moment
2 we looked everywhere
3 the boot of the car
4 we started
5 we had to
6 really

7 Pour ou contre la voiture?

Classez ces arguments en deux listes: **pour** et **contre** le transport en voiture.
1 On arrive directement à destination.
2 Ça contribue à la pollution de l'air.
3 Les automobilistes sont souvent stressés et s'énervent facilement.
4 On n'est pas contraint par des horaires: on peut partir quand on veut.
5 Le stationnement devient impossible.
6 Les automobilistes se sentent plus libres et plus confortables.
7 Pour les personnes handicapées, c'est souvent le seul moyen d'avoir un peu d'indépendance.
8 Il y a des embouteillages et des accidents.

8 Quelques solutions

Trouvez les paires. **Exemple:** **1** *b*

1 Avec les parcs relais, on laisse sa voiture dans un parking loin du centre
2 Dans beaucoup de villes,
3 Avec une route périphérique les camions, les poids lourds et les autres véhicules
4 Il est difficile de stationner dans la rue,

a alors on a construit un parking souterrain sous la gare.
b et on prend un bus pour aller au centre-ville.
c on a créé des zones piétonnes.
d n'ont pas besoin de traverser le centre-ville.

9 À vous!

a À deux. À tour de rôle, donnez un avantage et un inconvénient de la voiture comme moyen de transport.

Exemple:
A À mon avis, c'est pratique de prendre la voiture, parce qu'on arrive directement à destination.
B Oui, mais ça contribue à la pollution de l'air.

> **Pour vous aider**
> À mon avis, c'est (souvent) pratique de prendre la voiture, parce que (qu') …
> Je trouve que (qu') … / C'est vrai que (qu') …
> Oui, mais … / Cependant, …

b Écrivez la description d'un voyage que tu as fait.
Quand? (*Le weekend dernier, / Hier, / Pendant les dernières vacances, …*)
Où? (*J'ai voyagé de … à … en …*)
Avec qui? (*ma famille / mes grands-parents / un groupe d'amis / en voyage scolaire / …*)
Comment? (*Nous avons pris …*)
Réflexion? (*C'était bien / affreux / long /…*)

2G Nous sommes partis

- *talk about travel by air*
- *revise the perfect tense with être*
- *find out about Charles de Gaulle*

1 Lucie est partie en Martinique

 Écoutez et lisez. Lucie est partie en vacances chez ses grands-parents.

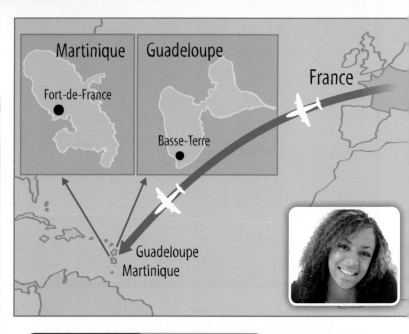

---

http://www.tchatter-copains.org

Enfin, c'était le jour de mon départ en Martinique. J'étais à la fois excitée et inquiète. Je n'ai pas l'habitude de voyager toute seule. J'ai vérifié mille fois que j'avais tout le nécessaire: mon passeport, mes billets, mon argent, mes bagages.

J'ai pris le RER pour la station Charles de Gaulle et puis la navette jusqu'au terminal de l'aéroport. J'ai mis ma grosse valise dans un chariot et je suis montée au niveau Départs. À l'enregistrement, on a pris ma valise et on m'a donné une carte d'embarquement. Ensuite, je suis allée au contrôle des passeports et à celui de la sécurité.

Après un bon moment, mon vol était indiqué sur le tableau des départs et je suis allée à la porte. Je suis montée à bord avec les autres passagers et, peu après, l'avion a décollé. Pendant le vol, on a servi des repas et des boissons. J'ai regardé un film, j'ai écouté de la musique, j'ai lu un magazine et j'ai dormi un peu.

Au bout de huit heures, nous avons atterri à Fort-de-France. Je suis descendue de l'avion et voilà – je suis arrivée en Martinique! **Lucie**

---

a Trouvez l'équivalent en français.

1 a thousand times
2 the shuttle
3 the airport
4 luggage trolley
5 I went to the gate.
6 I boarded the plane.
7 The plane took off.
8 I slept a bit.
9 we landed
10 I have arrived

b Répondez en français.

Exemple: 1 *Parce qu'elle n'a pas l'habitude de voyager seule.*

1 Pourquoi est-ce que Lucie était un peu inquiète?
2 Qu'est-ce qu'elle a fait plusieurs fois?
3 Comment est-elle allée à l'aéroport?
4 Qu'est-ce qu'elle a fait de sa valise?
5 Avant de monter dans l'avion, elle a passé par quels contrôles?
6 Qu'est-ce qu'elle a fait pendant le vol?
7 Le vol a duré combien de temps?
8 Elle est arrivée où?

Dossier-langue — Grammaire 14.6c

The perfect tense with être

Some verbs form the perfect tense with **être**. Can you spot four or more examples in Lucie's account of her journey?

With être, the past participle has to agree, so remember the rule:

- if the subject is feminine, add **-e**
- if the subject is plural, add **-s**
- if the subject is feminine and plural, add **-es**

je suis allé(*e*)	nous sommes allé(*e*)s
tu es allé(*e*)	vous êtes allé(*e*)(s)
il est allé	ils sont allés
elle est allée	elles sont allées
on est allé(*e*)(s)	

Each letter in the phrase **'Mrs Van de Tramp'** stands for a different verb which takes **être**. Can you work them out?

Check your list with the one in **Grammaire** (14.6c).

All reflexive verbs take **être** in the perfect tense.

---

2 Un voyage en Guadeloupe

Valentin et sa sœur, Chloé, sont allés chez leur oncle en Guadeloupe. Complétez la description de leur voyage.

Exemple: 1 *sortis*

1 Ils sont (*sorti / sortis / sorties*) de la maison à sept heures.
2 Ils sont (*allé / allée / allés*) à la gare routière en taxi.
3 Ils sont (*partie / partis / parties*) en car à huit heures et quart.
4 Ils sont (*arrivé / arrivés / arrivées*) à l'aéroport à onze heures.
5 Ils sont ____ dans l'avion à quatorze heures. (*monter*)
6 Ils sont ____ à Basse-Terre neuf heures plus tard. (*arriver*)
7 Leur oncle est ____ les chercher à l'aéroport. (*venir*)
8 Ils sont ____ à la maison en voiture. (*aller*)
9 Le lendemain matin, Chloé est ____ très tard pour le petit déjeuner. (*descendre*)
10 Valentin est ____ au lit jusqu'à midi. (*rester*)

---

3 Destination mystère

Décrivez le voyage de Raphaël. Où est-il allé? C'est à vous de décider.

① *(aller)* à l'aéroport

② *(prendre)* la navette jusqu'au terminal 2D

③ *(monter)* au niveau Départs

④ *(regarder)* le tableau des départs, *(aller)* à la porte

⑤ l'avion *(décoller)*

⑥ *(manger)* un bon repas

⑦ l'avion *(atterrir)*

⑧ *(arriver)* à la destination

4 Un message de Martinique

a Choisissez le bon mot.

Exemple: Je suis <u>arrivée</u>

b Traduisez le message.

> Je suis (**1** *arrivé / arrivée / arrivées*) à Fort-de-France mardi dernier. Mamy et Papy sont (**2** *venu / venus / venues*) me chercher à l'aéroport. Hier, nous sommes (**3** *parti / partie / partis*) tôt le matin pour faire une randonnée à la campagne.
>
> Nous sommes (**4** *monté / montée / montés*) tout en haut d'une colline. C'était fatigant, alors je me suis (**5** *reposé / reposée / reposés*) un peu au sommet.
>
> Nous avons mangé notre piquenique, puis nous sommes (**6** *redescendu / redescendus / redescendues*). L'après-midi, je suis (**7** *allé / allée / allés*) à la plage et je me suis (**8** *baigné / baignée / baignées*) dans l'océan.

5 Charles de Gaulle, qui était-il?

Le principal aéroport à Paris a reçu le nom de l'ancien général et président de la France, Charles de Gaulle. Complétez ces phrases pour faire un résumé de sa vie. (Seulement quatre verbes forment le passé composé avec **être**.)

1 Charles de Gaulle _ _ à Lille, en 1890. *(naître)*

2 Son père était professeur, mais Charles _ _ une carrière militaire. *(choisir)*

3 Au cours de la Première Guerre mondiale, il _ _ capturé par les troupes allemandes. *(être)*

4 En 1921, il s'est marié avec Yvonne et ils _ _ trois enfants. *(avoir)*

5 Pendant les années 1930, il _ _ des livres et des articles politiques. *(écrire)*

6 Quand la France était occupée par les Nazis en 1940, il _ _ pour Londres. *(partir)*

7 Là, il _ _ un discours célèbre à la BBC. *(faire)*

8 Par ce message important, il _ _ du courage aux Français. *(donner)*

9 Peu après, on _ _ la Résistance en France. *(organiser)*

10 Plus tard, de Gaulle _ _ président de la République. *(devenir)*

11 Il _ _ en 1970. *(mourir)*

12 Beaucoup de personnes _ _ hommage à ce grand homme d'état. *(rendre)*

A TOUS LES FRANÇAIS

La France a perdu une bataille!
Mais la France n'a pas perdu la guerre!

Listening

1 J'habite en Martinique

🔊 Listen to Michel talking about Martinique and answer the questions in English.

1 Where is Martinique?
2 About how far is it from France?
3 What are you told about Fort-de-France? (**3** details)
4 What percentage of the population lives there?
5 What are you told about the people?

2 Des aspects touristiques

🔊 Écoutez la conversation sur la Martinique. Choisissez **trois** de ces phrases mentionnées dans la conversation et écrivez les bonnes lettres.

A Les touristes viennent surtout de la France et des autres îles dans la région.
B Il y a un aéroport avec des vols fréquents en France.
C Les bateaux de croisière passent une ou deux nuits dans le port.
D C'est mieux de louer une voiture pour visiter l'île.
E Il y a de très bons restaurants, surtout à Fort-de-France.
F On peut faire de belles promenades à la campagne.
G Il vaut mieux éviter la saison des pluies, de juin à décembre.

3 La vie et les idées de Michel

🔊 Listen to Michel talking about his life in Martinique and choose the correct answer.

1 Last weekend Michel
   a went swimming
   b went for a hike in the countryside
   c went to a camping exhibition
2 He likes camping
   a all the time b in the mountains
   c when it's not raining
3 To improve his life on the island, he would like
   a better public transport
   b his own boat c more shops
4 He would like to visit
   a Guadeloupe b San Francisco
   c Paris

Speaking

1 Role play

Tu parles da ta ville / ta région avec un(e) ami(e) français(e).

- Ville – position géographique – distractions
- !
- ? Ville ou campagne
- !
- ? Transports
- ? Trajet au collège

Think about what you could say: old/new/large/small/location/leisure facilities/tourist attractions.

Think about what unexpected questions might be asked.

💬 a À deux, lisez la conversation.
   A Parle-moi un peu de ta ville.
   B Alors, j'habite à Wokingham. C'est une petite ville dans le sud de l'Angleterre, à douze kilomètres environ de Reading. Comme distractions, il y a un centre sportif, une piscine, des parcs, un bowling, un multiplexe et un petit théâtre.
   A Qu'est-ce qu'on peut faire dans la région?
   B On n'est pas loin de Windsor, donc où peut visiter le château de Windsor ou faire une promenade en bateau sur la Tamise. Et toi, est-ce que tu préfères la ville ou la campagne?
   A Moi, je préfère la campagne parce que j'aime faire des randonnés et j'aime la nature. Et toi, qu'est-ce que tu as fait en ville récemment?
   B J'ai pris le train à Reading et j'ai fait du shopping dans un centre commercial. Qu'est-ce qu'il y a comme transports en commun dans ta région?
   A Il n'y a pas de train et le bus n'est pas fréquent, alors ce n'est pas facile. C'est un gros inconvénient de la vie à la campagne
   B Comment vas-tu au collège?
   A Normalement, je vais au collège à vélo mais quelquefois, ma mère m'emmène en voiture.

   b Inventez une conversation différente. Pour vous aider, regardez les pages 32–33.

2 Une conversation

💬 Choisissez une question dans chaque section (A, B et C). Préparez vos réponses, puis faites une conversation à deux. Pour vous aider, regardez **À vous!** pages 29, 31 et 33.

A Parle un peu de ton quartier et de ta ville.
   Qu'est-ce qu'il y a pour les jeunes / comme distractions?
   Qu'est-ce que tu aimes faire en ville?
B Parle d'une visite récente à la campagne.
   Est-ce que tu préfères la ville ou la campagne? Pourquoi?
   Quels sont les aspects négatifs d'habiter en ville?
   Quels sont les avantages et les inconvénients de la vie en campagne?
C Comment vas-tu au collège?
   Qu'est-ce qu'il y a comme transports en commun dans ta ville / ta région?
   Quels sont les inconvénients des transports en commun?
   Comment peut-on réduire les problèmes de circulation?

Reading

1 Bienvenue en Martinique

> La Martinique fait partie d'un groupe d'îles entre l'océan Atlantique et la mer des Caraïbes.
>
> Le nord de l'île est montagneux, avec la Montagne Pelée, ancien volcan toujours actif. Cette région est caractérisée par des forêts tropicales, des rivières et des cascades. Dans le sud, il y a de belles plages et de nombreuses baies très pittoresques.
>
> Le climat est tropical avec une température moyenne de 26 °C. Le sud est assez sec et très ensoleillé; le nord est plus pluvieux. On compte deux saisons:
> - La «saison des pluies», de juin à décembre. À cette période, il y a un risque de tempêtes tropicales et de cyclones dans le nord de l'île.
> - La «saison sèche», de janvier à juin.

Read the article and answer the questions in English

1 What is the north of the island like? (**3** *details*)
2 Give one detail about the south of the island.
3 In which part of the island is there most rainfall?
4 What other weather condition apart from rain might occur in the rainy season?
5 What weather would you expect in March in the south?

2 Translation

A family friend is planning a holiday in Martinique and asks you to translate this passage into English.

> Il y a plus de vingt musées de toutes sortes, par exemple le musée du café et du cacao, le musée de la banane, les musées d'art, les musées d'histoire. Ne manquez pas le musée volcanologique de Saint-Pierre, qui est consacré à la catastrophe du 8 mai 1902 qui, en trois minutes, a totalement détruit la ville.

3 Salut de Guada

Lisez le blog de Sarah.

Sarah: Je m'amuse bien ici. Lucie et ses parents sont venus me chercher à l'aéroport et nous sommes rentrés à la maison en voiture. Basse-Terre est la capitale de la Guadeloupe et une ville historique avec une cathédrale, un musée et de belles maisons.

Le premier jour, on a visité la ville. J'ai surtout aimé le marché couvert qui était très animé. J'ai vu toutes sortes de choses: des fruits, des légumes, des fleurs et des épices, bien sûr, mais aussi des robes en madras, des objets en fibre de coco, en feuille de bananier, des coquillages, de la vannerie, de la poterie, des jouets, etc. J'ai regardé un peu partout mais finalement je n'ai rien acheté.

Un autre jour, nous avons fait une excursion en bateau vers une autre île. Nous avons passé l'après-midi sur la plage. On a nagé et on a plongé avec un masque et un tuba. J'ai vu des petits poissons très colorés.

Hier, nous avons fait une randonnée au volcan de la Soufrière. On a suivi une piste balisée qui était assez rocheuse. Au sommet, il n'y a pas de véritable cratère mais il y a des fissures d'où s'échappent des vapeurs sulfureuses.

a Choisissez la bonne réponse.
1 Sarah est allée de l'aéroport à la maison de Lucie
   a en bus **b** en taxi **c** en voiture
2 Pendant son séjour, Sarah et Lucie sont allées
   a à la cathédrale **b** au marché **c** au musée
3 Au marché, on vend des fruits et des légumes et aussi
   a des vêtements **b** des portables **c** des montres
4 Pendant sa visite d'une autre île, elle a
   a acheté des souvenirs **b** mangé du poisson
   c fait des sports nautiques
5 La Soufrière est le nom
   a de l'aéroport **b** d'une montagne **c** d'une forêt

b Répondez en français.
1 Qu'est-ce qu'on peut voir à Basse-Terre? (**4 choses**)
2 Qu'est-ce que Sarah a acheté au marché?
3 Qu'est-ce qu'elle a vu dans la mer?
4 Comment était le chemin au sommet de la Soufrière?

Writing

1 Ma ville

Vous décrivez votre ville / votre région pour un site web. Décrivez:
- votre ville et ses attractions
- les aspects positifs et négatifs
- une activité que vous avez faite récemment en ville ou dans la région
- où vous voulez habiter à l'avenir.

Écrivez environ **100** mots en **français**. Répondez à chaque aspect de la question.

2 Un voyage récent

Écris un message à un(e) français(e) où tu racontes un voyage que tu as fait. Décris:
- quand et où tu es parti(e)
- le moyen de transport et tes opinions sur le trajet
- des activités
- ton opinion sur l'excursion.

3 Traduction

Traduisez ces phrases en français.
1 I live in Nice, a large town in the south of France.
2 It's great to live here because it's by the sea and not far from the mountains.
3 Public transport is good and it's easy to take a bus to the airport.
4 But in summer, there are many tourists here and it's crowded on the beach.
5 My cousin lives in a village but I have never lived in the country.

Sommaire

■ The country, the region

ancien(ne)	ancient
au bord de (la mer)	by (the sea)
la côte	coast
un département	administrative area
un fleuve	main river
une frontière	border
une île	island
un lac	lake
la mer	sea
la montagne	mountain
le pays	country
une plage	beach
la région	region
un port	port
une rivière	river
un village	village
une ville	town
un volcan	volcano

■ Location

la situation	location
se trouver	to be situated
être situé	to be situated
à l'intérieur des terres	inland
au centre	in the centre
près de (du/ de la/de l'/des)	close to, near
près d'ici	nearby
dans le/au nord	north
dans le/au sud	south
dans l'/à l' est	east
dans l'/à l'ouest	west

■ What's the town like?

animé	lively
une attraction	attraction
calme	quiet
ce qui manque	what's missing
détendu	relaxed
les distractions (f pl)	entertainment
un habitant	inhabitant
historique	historical
ici, c'est …	here, it's …
industriel(le)	industrial
joli	pretty
un million de	a million
le panorama	view
un piéton	pedestrian
pittoresque	picturesque
un pont	bridge
les transports en commun (m pl)	public transport
le trottoir	pavement
un tunnel	tunnel
la vue	view

■ In town and nearby

à proximité	nearby
en ville	in town
un aéroport	airport
une auberge de jeunesse	youth hostel
la banlieue	suburbs
un bâtiment	building
une bibliothèque	library
une cathédrale	cathedral
un centre commercial	shopping centre
un centre sportif	sports centre
le centre-ville	town centre
le commissariat	police station
être jumelé avec	to be twinned with
la gare (routière)	(bus) station
l'hôtel (m) de ville	town hall
un magasin	shop
la mairie	town hall
un marché	market
municipal	owned by the town
la municipalité	town council
un musée	museum
un office de tourisme	tourist office
un parc relais	park and ride
un parking	car park
une patinoire	ice rink
une piscine	swimming pool
une piste de ski artificielle	dry ski slope
une piste cyclable	cycle track
un quartier	district
un restaurant	restaurant
une rue piétonne	pedestrian street
un stade	stadium
une station-service	petrol station
un théâtre	theatre
une zone piétonne	pedestrian area

■ Directions

C'est après l'église.	It's after the church.
C'est avant le supermarché.	It's before the supermarket.
C'est à votre droite/gauche.	It's on your right/ left.
C'est droit devant vous.	It's straight in front of you.
à (au, à l', à la, aux)	to, at
à côté de	next to, beside
au bout de	at the end of
au coin de	at the corner of
devant	in front of
derrière	behind
en face de	opposite
entre	between

le carrefour	crossroads
les feux (m pl)	traffic lights
le rond-point	roundabout
la rue	street

■ Transport

les transports (en commun)	(public) transport
(en) avion (m)	(by) plane
(en) bateau (m)	(by) boat
(en) bus (m)	(by) bus
(en) camion (m)	(by) lorry
(en) car (m)	(by) coach
(en) ferry (m)	(by) ferry
(en) moto (f)	(by) motorbike
(en) métro (m)	(by) metro
(en) poids lourd (m)	(by) lorry (heavy goods vehicle)
(en) taxi (m)	(by) taxi
(en) train (m)	(by) train
(en) tramway (m)	(by) tram
(en) voiture (f)	(by) car
(à) cheval (m)	on horseback
(à) mobylette (f)	(by) moped
(à) pied (m)	on foot
(à) roller (m)	on roller skates
(à) vélo (m)	(by) bike
(à) vélomoteur (m)	(by) moped

■ Road travel

une autoroute	motorway
un carrefour	crossroads
la circulation	traffic
circuler	to get around
conduire	to drive
un couloir réservé aux bus	bus lane
un embouteillage	traffic jam
l'essence (f)	petrol
griller les feux	to jump the lights
un panneau	sign
un parking (souterrain)	(underground) car park
le permis de conduire	driving licence
un pneu (crevé)	(burst) tyre
un rond-point	roundabout
rouler	to drive, to move
la route	road
le périphérique	ring road
un sens unique	one-way system
le stationnement	parking
stationner	to park
la vitesse	speed

■ City transport

s'arrêter	to stop
un arrêt de bus	bus-stop
l'arrière (m)	rear, back
l'avant (m)	front

un bus	bus
un carnet	10 metro tickets
climatisé	air-conditioned
la correspondance	connection
descendre	to get off
direct	direct
la direction	direction
le guichet	booking office
les heures (f pl) de pointe	rush hour
la ligne	line
manquer	to miss
le métro	metro
monter	to get on
le numéro	number
prochain	next
la sortie	exit
une station de métro	metro station
le tarif unique	flat-rate fare
un taxi	taxi
le trajet	journey
le tramway	tram
traverser	to cross
valable	valid
valider	to date stamp, validate
une voiture	compartment (metro/train)

▪ Travel problems

un anti-vol	padlock
s'arrêter	to stop
avoir du retard	to be delayed
une déviation	diversion
un embouteillage	traffic jam
faire demi-tour	to turn back
une grève	strike
manquer	to miss
tomber en panne	to break down
des travaux (m pl)	roadworks

▪ In the country

un arbre	tree
un bois	wood
un buisson	bush
la campagne	the country(side)
un champ	field
une colline	hill
cueillir	to pick
cultiver	to grow, cultivate
une ferme	farm
un fermier	farmer
une fleur	flower
une forêt	forest
un fruit	fruit
l'herbe (f)	grass
un insecte	insect
le paysage	countryside
une plante	plant
en plein air	in the open air
une randonnée	ramble, hike
une rivière	river
un village	village

▪ Opinions

C'était (très/vraiment/assez)	It was (very/really/quite) …
affreux/-euse	terrible
amusant	fun
bien	good
cher/chère	expensive
ennuyeux/-euse	boring
génial	brilliant
intéressant	interesting
joli	pretty

▪ Travel by train

un aller-retour	return ticket
un aller simple	single ticket
un billet	ticket
le buffet	buffet
le bureau des renseignements	information office
changer	to change
un compartiment	compartment
composter	to date-stamp, validate a ticket
la consigne	left luggage (office)
la correspondance	connection
le côté couloir	aisle seat
le côté fenêtre	seat by the window
le départ	departure
(en) deuxième classe	(in) second class
direct	direct
une gare SNCF	French railway station
un guichet	booking office
un horaire	timetable
premier/-ière	first
prochain	next
un quai	platform
une salle d'attente	waiting room
la SNCF	French Railways
un supplément	supplement
un train	train
une voie	platform
un wagon-restaurant	dining-car

▪ Travel by air

une aérogare	air terminal
un aéroport	airport
annulé	cancelled
à l'arrière	at the rear
atterrir	to land
à l'avant	at the front
un avion	plane
un chariot	(luggage) trolley
le commandant de bord	captain
une compagnie aérienne	airline
le contrôle des passeports	passport control
le contrôle de sécurité	security control
décoller	to take off
la douane	customs
l'équipage (m)	plane crew
une hôtesse de l'air	air hostess
la navette	shuttle
un(e) pilote	pilot
une porte	gate
un retard	delay
un steward	steward
un vol	flight

▪ Grammar

The pronoun *y* **p29**
The negative **p33**
The perfect tense with *avoir* **p35**
The perfect tense with *être* **p36**

C'est extra! A

- **read an extract from a French book**
- **discuss photos**
- **practise exam techniques**

Literature

Understanding texts

In the exam, you will be asked about the overall message and key points of a text. The task may involve responding to questions in English or French, multiple-choice questions with pictures or text, completing a grid, selecting true statements from a list, etc. Questions are usually in the same sequence as the text.

A Read extract A. Answer the questions in English.

1 Describe what No was wearing. (**3 details**)
2 What indicates that she might be homeless?
3 Why can't Lou give her what she asks for?
4 What does Lou give her instead?
5 What is No's reaction?

B Read extract B. Choose **three** statements that are true and write the correct letters.

1 No has been at the hostel for over a fortnight.
2 She has to leave the hostel at 8.30 am every day.
3 The hostel provides a hot meal at lunchtime.
4 She spends a lot of the day trying to keep warm.
5 She looks for cheap clothes in shops.
6 She has tried to find work, but she is too young.
7 She can't find work because she doesn't have a permanent address.

C Read extract C. Choose the correct answers.

1 Monsieur et Madame Langlois were
   a relations of No **b** foster parents
   c friends of the family
2 They had a
   a shop near the station **b** petrol station
   c self-service shop
3 Their house was **a** modern **b** pretty **c** large
4 They had
   a three children still at home
   b three children but they all lived abroad
   c three children who had left home
5 They were **a** strict **b** quiet **c** nice
6 No's grandfather used to visit her
   a once a week **b** once a month **c** very rarely
7 The Langlois gave her
   a pocket money **b** a mobile phone
   c a computer
8 They were anxious about
   a her appearance **b** her eating habits
   c her schoolwork

No et moi de Delphine de Vigan

No et moi est un roman publié en 2007. L'histoire est racontée par Lou, une jeune fille très douée mais isolée. Pour son exposé de français, elle choisit comme sujet les sans-abri et décide de retracer l'histoire d'une jeune femme qui se retrouve dans la rue.

Lou va souvent à la Gare d'Austerlitz. C'est là où elle rencontre No.

A – T'as pas une clope?

Elle portait un pantalon kaki sale, un vieux blouson troué aux coudes, une écharpe Benetton comme celle que ma mère garde au fond de son placard, en souvenir de quand elle était jeune.

– Non, je suis désolée, je ne fume pas. J'ai des chewing-gums à la menthe, si vous voulez?

Elle a fait la moue, puis m'a tendu la main, je lui ai donné le paquet, elle l'a fourré dans son sac.

– Salut, je m'appelle No. Et toi?
– No?
– Oui.
– Moi, c'est Lou … Lou Bertignac.

Lou et No se rencontrent plusieurs fois. Voilà un autre extrait où No raconte un peu de sa vie.

B Elle dort dans un centre d'hébergement d'urgence du Val-de-Marne où elle a été admise pour quatorze jours. À huit heures trente, chaque jour, elle est dehors. Dehors pour toute une journée. Il faut tuer le temps. Marcher pour ne pas avoir froid. Trouver un endroit abrité pour s'asseoir. Il faut traverser tout Paris pour un repas chaud. Prendre un ticket. Attendre. Repartir. Demander de l'argent à la sortie d'un magasin ou dans le métro. Quand elle a la force. La force de dire s'il vous plaît. Bientôt il faut trouver un autre lieu d'accueil. C'est sa vie. Aller de foyer en foyer.

… Chercher du travail, elle a essayé. Les fastfoods, les bars, les restaurants, les supermarchés. Mais sans adresse ou avec celle d'un centre d'hébergement la réponse est toujours la même, Contre ça, elle ne peut rien. Pas d'adresse, pas de boulot.

Lou raconte un peu de sa vie d'autrefois.

C À l'âge de douze ans, No a été placée dans une famille d'accueil. Monsieur et Madame Langlois tenaient une station-service sur la départementale, à l'entrée de Colombelles. Ils habitaient une maison neuve, possédaient deux voitures, une télévision couleur avec écran géant, un magnétoscope et un robot mixer dernière génération.

No ajoute toujours ce genre de détails, quand elle raconte quelque chose, avant le reste. Ils avaient trois enfants qui avaient quitté la maison et s'étaient porté candidats comme famille d'accueil. Ils étaient gentils. No a vécu chez eux plusieurs années, son grand-père venait lui rendre visite un après-midi par mois. Monsieur et Madame Langlois lui achetaient les vêtements dont elle avait besoin, lui donnaient de l'argent de poche, s'inquiétaient de ses mauvais résultats scolaires.

Quand elle est entrée au collège, elle a commencé à fumer, à traîner avec des garçons au café. Elle rentrait tard, passait des heures devant la télévision, refusait de se coucher. Elle avait peur de la nuit.

Delphine de Vigan: *No et moi* © Éditions JC Lattès

Speaking

The speaking test will include three parts:

- role play or similar
- discussion of a photo card
- general conversation.

Photo card task

During the preparation time, look at the photo and think about linked vocabulary. Work out how to answer the questions listed. Think also about other unprepared questions you may be asked (usually two more).

When doing the task

- respond fully and appropriately to questions
- speak clearly and confidently with good pronunciation and intonation

- try to say more than the minimum by developing your answers in a relevant way.

You will be given credit for using a wide range of vocabulary, different tenses, and by including some longer and more complex sentences. Try to give some opinions: **À mon avis … Moi, je trouve que … Selon mes amis, …** Remember that communication is more effective if your grammar is correct.

Exemple:

Sur la photo on voit un mariage. La mariée porte une robe blanche traditionnelle et le marié porte un costume foncé et une cravate … On voit aussi des demoiselles d'honneur, qui portent des robes … et les invités.

Photo cards

A Un mariage

 Regardez les photos **A** et **B**. Préparez vos réponses aux questions, puis faites une conversation à deux.

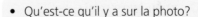

- Qu'est-ce qu'il y a sur la photo?
- Est-ce que tu es déjà allé(e) à un mariage?
- Comment est-ce que tu fêtes ton anniversaire normalement?
- (*Deux autres questions.*)

Autres questions possibles

- Qu'est-ce que tu vas faire cette année à (Pâques / Noël / Eïd / Diwali / Hannuka)?
- Comment trouves-tu les fêtes traditionnelles?
- Qu'est-ce que tu as fait en famille récemment?
- Quelle est ta fête préférée? Pourquoi?

B En ville

- Qu'est-ce qu'on voit sur la photo?
- Qu'est-ce que tu as fait en ville récemment?
- À mon avis, vivre à la campagne ça doit être ennuyeux. Quelle est ton opinion?
- (*Deux autres questions.*)

Autres questions possibles

- Où habites-tu? Que penses-tu de ta ville?
- Moi, j'aime visiter les autres régions. Quel est ton avis?
- Est-ce que tu voudrais vivre à l'étranger? Pourquoi (pas)?
- Où voudrais-tu habiter à l'avenir?

3A Des projets

- **talk about future plans**
- **use expressions of future time**

1 On parle des projets

C'est le nouvel an. On pense à ce qu'on fera et à ce qui changera au cours de l'année. Lisez les textes et faites les exercices.

a C'est qui?

Exemple: **1** Francine

1 Qui sortira si elle s'ennuie à la maison?
2 Qui passera ses vacances loin de la France sur une île tropicale?
3 Qui travaillera dans un hypermarché?
4 Qui espère trouver un petit emploi dans un restaurant ou une station-service?
5 Qui va réviser pour ses examens?
6 Qui partira avec sa sœur chez ses grands-parents?
7 Qui fera du vélo avec son ami?
8 Qui ira en Angleterre?
9 Qui jouera avec son orchestre au Canada?
10 Qui fera du babysitting?

b Trouvez l'équivalent en français.

1 if I earn enough money, I'll buy …
2 I'll save up to buy …
3 Let's hope we'll get on well.
4 if I get too bored …
5 with the money I'll earn, I'll buy …
6 it'll be my first visit to …
7 I'll also try to …
8 it'll be brilliant

c Traduisez en anglais.

1 l'année prochaine
2 la semaine prochaine
3 cette année
4 dans quelques jours
5 cet été
6 pendant les vacances
7 demain
8 après-demain

🔊 **d** Écoutez les conversations et identifiez chaque personne qui parle: Jules, Laura, Clément, Francine, Karima ou Amir.

Exemple: **1** L (Laura)

Jules

Cette année, je vais chercher du travail dans un restaurant ou dans une station-service. Si je gagne assez d'argent, j'achèterai un nouveau portable et puis je ferai des économies pour acheter une moto l'année prochaine.

Laura

Cette année, je vais faire un échange avec Katy, ma correspondante anglaise, qui habite près de Wakefield, dans le Yorkshire. Je vais partir chez elle dans quelques jours. Je prendrai le train: c'est direct de Paris à Londres en Eurostar, puis je changerai de gare pour prendre un autre train de Londres à Wakefield. Cet été, Katy viendra chez nous. Comme mes frères partent en colonie de vacances, elle aura leur chambre – ce sera plus pratique.

Clément

Moi, je ne pars pas en vacances cette année, mais mon correspondant anglais va venir chez moi à Pâques. Espérons qu'on s'entendra bien! Nous aimons tous les deux les parcs d'attractions, alors on ira à Disneyland et peut-être au parc Astérix aussi. Ça sera cool.

Francine

Cette année sera ma dernière année au collège et en septembre j'irai au lycée. Alors, pendant les vacances de printemps, je vais réviser pour les examens. Si je m'ennuie trop, j'irai aux magasins, ou je sortirai avec une copine. Cet été, je vais travailler dans un grand magasin. Avec l'argent que je gagnerai, j'achèterai de nouveaux vêtements.

Amir

Cette année, j'espère faire un voyage vraiment merveilleux. Ma sœur et moi, nous allons voyager en Guadeloupe pour voir nos grands-parents qui habitent là-bas. Je suis né en France et ce sera ma première visite en Guadeloupe. Nous pourrons visiter toutes les petites îles en bateau et je ferai de la plongée sous-marine pour voir des coraux et des poissons tropicaux.

Karima

Cette année je ferai du babysitting pour gagner de l'argent de poche et j'essaierai aussi de trouver un emploi à l'hypermarché pendant les vacances. Je veux faire des économies pour un voyage à Montréal l'année prochaine. Je participerai à un grand festival de musique avec l'orchestre du collège. Nous logerons chez des familles québécoises: ce sera génial!

Dossier-langue **Grammaire 14.9**

Using *le futur proche* and *le futur simple*

Aller + an infinitive (*le futur proche*) is sometimes used in conversation to say what <u>is going to</u> happen, often fairly soon. This is the same as in English.

Je vais réviser pour les examens demain. I'm going to revise for the exams tomorrow.

The **future tense** (*le futur simple*) describes what <u>will</u> happen.

Cet été nous irons en Allemagne. This summer we will go to Germany.

Most verbs form the future tense from the infinitive. Listen for the 'r' sound near the end of the verb.

Some verbs are irregular in the way they form the future stem (the first part), but the endings are always the same.

-er verbs	-ir verbs	-re verbs	irregular verbs
travailler	partir	attendre	aller → j'irai
je travaillerai	je partirai	j'attendrai	avoir → j'aurai
tu travailleras	tu partiras	tu attendras	être → je serai
il/elle/on travaillera	il/elle/on partira	il/elle/on attendra	faire → je ferai
nous travaillerons	nous partirons	nous attendrons	pouvoir → je pourrai
vous travaillerez	vous partirez	vous attendrez	venir → je viendrai
ils/elles travailleront	ils/elles partiront	ils/elles attendront	voir → je verrai

Look for ten different examples of the future tense on these pages.

2 Qu'est-ce qu'on va faire?

Travaillez à deux. Regardez les projets de quatre jeunes (**A–D**).

Une personne est l'interviewer et l'autre répond. Posez des questions et répondez à tour de rôle.

Exemple: A

– Marc, qu'est-ce que tu vas faire à Pâques?

– À Pâques, je vais faire un séjour linguistique à Londres. Je vais loger chez une famille anglaise.

– Tu vas prendre le train?

– Oui, je vais prendre l'Eurostar de Paris à Londres.

3 Que feront-ils?

Un ami veut savoir ce que tout le monde fera cette année. Répondez à ses questions avec le futur simple.

Exemple: 1 Non, il ne partira pas.

1 Est-ce que Clément partira en vacances?

2 Et Amir, que fera-t-il?

3 Francine travaillera, je suppose?

4 Et Karima, qu'est-ce qu'elle fera?

5 Laura, est-ce qu'elle ira chez sa correspondante?

6 Marc ira en Angleterre, sans doute?

7 Et Leila, qu'est-ce qu'elle fera le weekend prochain?

8 Hassan jouera au rugby, non?

9 Et Amélie? Quels sont ses projets?

Ⓐ

Marc

Pâques

faire un séjour linguistique à Londres, loger chez une famille

prendre l'Eurostar

Ⓑ

Leila

le weekend prochain

travailler

faire du jardinage

avec l'argent, acheter une guitare

Ⓒ

Hassan

février

aller en Écosse avec l'équipe du lycée

jouer un match à Aberdeen

loger à l'auberge de jeunesse

Ⓓ

Amélie

les vacances de mai

aller à un festival de musique avec deux copines

prendre le car

faire du camping

4 Des projets

Complétez les phrases.

Exemple: 1 Dimanche prochain, je dormirai jusqu'à midi.

1 Dimanche prochain, je …

2 Le weekend prochain, nous …

3 La semaine prochaine, mon ami(e) …

4 Pendant les vacances, je …

5 Cette année, notre classe …

6 L'année prochaine, …

7 Dans deux ans, …

8 Un jour, dans l'avenir, …

Pour vous aider

travailler au supermarché
ranger ma chambre
sortir avec des amis
dormir jusqu'à midi
prendre des photos
lire des magazines / des BD / des livres
aller aux États-Unis / au Canada / en France
jouer au tennis / au badminton / de la guitare, etc.
faire du sport / du ski / de la cuisine
avoir de l'argent pour acheter un ordinateur, etc.

Pour sortir ce weekend ...

(A) **Tennis municipaux**
24 courts
Stade municipal
Bois de Vincennes

(B) **Centre Georges Pompidou**
Exposition: peintures du XXe siècle
Henri Matisse
5e étage
4 jan–21 mai

(C) **Marché aux Puces**
Porte de Clignancourt
sam, dim, lun de 9h à 20h
Marché de la brocante et de l'antiquité

(D) **Caméléon**
la nouvelle boîte de nuit
à partir de 21h
fermé le dimanche

(E) **Centre commercial:**
Les Quatre Temps
250 magasins
Horaires d'ouverture:
tous les magasins sont ouverts de 10h
à 20h du lundi au samedi

(F) **Cinéma Gaumont**
La Reine Margot
film français de Patrice Chéreau
avec Isabelle Adjani, Daniel Auteuil

(G) **Football**
samedi (14h)
Jeunes
Paris St. Germain–Cellois
Stade AR Guibert

(H) **Piscine municipale**
Reuilly
Métro: Montgallet
Tarifs municipaux

1 Le weekend prochain

a Sandrine et Luc pensent au weekend prochain.
Lisez les extraits et les phrases et trouvez l'extrait
qui correspond.

Exemple: 1 C

Où peut-on aller …

1 pour visiter un marché?
2 pour voir un film?
3 pour visiter une exposition de peinture?
4 pour jouer à un sport de raquette?
5 pour danser?
6 pour regarder un match de football?
7 pour faire les courses?
8 pour faire de la natation?

b Écoutez la conversation et notez la lettre
qui correspond.

Exemple: 1 E

c Complétez les phrases avec la bonne forme
du verbe **aller**, au futur simple.

Exemple: 1 j'irai

1 Si je n'ai pas trop de devoirs, j'___ aux magasins.
2 Si je ne suis pas trop fatiguée, j'___ en boîte.
3 S'il fait beau, nous ___ au stade pour jouer au tennis.
4 S'il pleut, nous ___ à l'exposition de peinture.
5 S'il finit tôt au stade, Luc ___ au match.
6 S'il a assez d'argent, il ___ au cinéma.
7 S'ils se lèvent assez tôt, Luc et Sandrine ___ à la piscine.
8 S'il a le temps, Luc ___ au marché aux puces.

| **Dossier-langue** | **Grammaire 14.12** |

Using *si* clauses

The following two sentences each contain two verbs:
Si je m'ennuie, je téléphonerai à une copine.
S'il pleut, on ira au cinéma.

What are the two verbs?
Look at the verb which comes after **si**.
Which tense is it in?
Which tense is used for the second verb?
Look at the cartoon captions below and note the
pattern. Is it the same in English?

Si vous suivez bien les instructions vous verrez des résultats étonnants.

2 C'est possible

a Trouvez les paires.
b Traduisez les phrases en anglais.

1 Si elle n'a pas trop de devoirs, ma sœur	a pourrons aller au cinéma.
2 S'il fait beau, qu'est-ce que tu	b mon frère m'enverra un texto.
3 S'il pleut, mes amis et moi, nous	c feras demain?
4 Si je me lève tôt,	d viendra à l'exposition avec nous.
5 S'il finit tôt au stade,	e j'aurai le temps d'aller au marché.

3 Ça dépend du temps!

Voilà ce que ces jeunes feront demain, s'il fait beau ou s'il fait mauvais.

Nom	S'il fait beau … S'il ne pleut pas … ☀	S'il fait mauvais … 🌧 S'il pleut …
Lucas	jouer au football	faire ses devoirs
Farida	aller à la piscine	aller au cinéma
Pierre	faire un tour à vélo	ranger sa chambre
Ahmed	aller au match de rugby	écouter de la musique
Charlotte	faire des achats en ville	écrire des lettres

a Vrai ou faux?

S'il fait beau demain, …
1 Lucas jouera au football.
2 Farida rangera sa chambre.
3 Ahmed écrira des lettres.
4 Pierre fera un tour à vélo.
5 Charlotte regardera un film.

b Que fera tout le monde?

Exemple: 1 … *Lucas fera ses devoirs.*

S'il fait mauvais demain, …

1 Lucas	4 Ahmed
2 Farida	5 Charlotte
3 Pierre	

c Lisez la météo et répondez aux questions.

> Situation générale: le temps sera brumeux et très chaud sur l'ensemble du pays au cours de ce weekend.

1 Quel temps fera-t-il demain?
2 Alors, que feront-ils?

4 Si on faisait un échange

http://www.tchatter-copains.org ▶ 🔍

Salut Sarah,

Comment ça va? Chez nous, on pense aux prochaines vacances. Moi, je veux bien faire un séjour en Angleterre pour faire des progrès en anglais. Je sais que, toi, tu veux venir en France. Alors, j'ai quelque chose à te proposer: tu peux venir chez nous à Pâques, et, si tes parents sont d'accord, j'irai chez vous en juillet.

Pendant ton séjour, on visitera Paris, bien sûr. Et si tu viens un ou deux jours avant les vacances scolaires, tu pourras venir en classe avec moi et tu pourras rencontrer mes amis. Qu'en penses-tu?

Léa

a Lisez le message de Léa et répondez en anglais.
1 Why does Léa want to go to England?
2 Where does Sarah want to go?
3 What suggestion does Léa make?
4 What two activities does Léa suggest at the end of the message?

b Trouvez l'équivalent en français.
1 I know that
2 I have something to suggest to you
3 at Easter
4 if your parents agree
5 to your house
6 What do you think?

5 La réponse

Complétez la réponse de Sarah.

Exemple: *On s'amusera*

http://www.tchatter-copains.org ▶ 🔍

Chère Léa,

Merci pour ton message. C'est une super idée. On s'(**1** *amuser*) bien, j'en suis sûre. Ce (**2** *être*) bon pour Pâques. Je (**3** *pouvoir*) venir le 2 ou même le 1er avril. Si je prends l'Eurostar, j'(**4** *arriver*) à Paris à 12h30.

Tu te rappelles que je suis végétarienne? J'espère que ça ne (**5** *poser*) pas de problème. Je mange des œufs et du fromage, mais je ne mange ni viande ni poisson.

Si tu veux, tu (**6** *pouvoir*) venir chez nous à partir du 17 juillet. Les grandes vacances commencent le 20 juillet. Comme ça, tu (**7** *pouvoir*) voir mon collège et connaître mes amis aussi. Tout se (**8** *passer*) super bien, tu (**9** *voir*).

Sarah

6 À vous!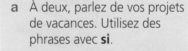

a À deux, parlez de vos projets de vacances. Utilisez des phrases avec **si**.

b Écrivez des phrases pour décrire vos projets de la semaine prochaine.

> **Pour vous aider**
>
> Samedi matin / après-midi / soir, je ferai …, j'irai …
> S'il fait beau, on se retrouvera tous en ville / à la piscine / …
> Demain, si je n'ai pas trop de devoirs, …
> Le lendemain, …
> Ce weekend, ma famille et moi, nous irons …

3C On se prépare et on arrive

- talk about staying with a family
- discuss things to take
- understand and ask questions when staying in a French home

1 Forum des jeunes: Des séjours linguistiques

forum des jeunes

Un séjour linguistique où vous logez en famille et où vous faites des visites culturelles – c'est une bonne idée? Qu'en pensez-vous?

 Voldenuit: ✉ ♥ ⤷

À mon avis, c'est une très bonne idée. Ça permet de parler une autre langue et de découvrir une culture différente. On se fait de nouveaux amis et on découvre un autre mode de vie. Je le conseille à tous ceux qui veulent faire des progrès en langues. En plus, voyager sans famille, ça nous apprend à être un peu indépendant.

 Supersportif: ✉ ♥ ⤷

Moi, je trouve que c'est difficile de loger chez des gens qu'on ne connaît pas. De plus, c'est fatigant de parler une langue étrangère tout le temps en famille.

Mleslangues: ✉ ♥ ⤷

C'est génial de visiter un autre pays, d'apprendre sa culture et de se débrouiller dans sa langue. Cela nous apprend à vivre avec des personnes différentes de notre entourage. Moi, je suis allé à Londres l'année dernière et j'en garde de super souvenirs. C'était une très bonne expérience.

 Alamode: ✉ ♥ ⤷

Ça peut être bien pour ceux qui se débrouillent bien dans la langue. Mais moi, je ne suis pas fort en langues et je suis assez timide alors j'ai peur de me sentir seule.

 Tapismajik: ✉ ♥ ⤷

Moi, j'ai fait un séjour linguistique en Allemagne et ça a très bien marché. Il y avait un super programme de visites. Je me suis fait de nouveaux amis avec qui je suis toujours en contact. En plus, j'ai fait beaucoup de progrès en allemand alors mes parents sont bien contents.

Techno+: ✉ ♥ ⤷

J'ai passé deux semaines en Espagne l'année dernière, mais ça n'a pas très bien marché. Le voyage a été organisé par l'école et on a logé dans une auberge de jeunesse. Le matin, on avait des cours de langues et l'après-midi, on faisait des visites. C'était assez intéressant, mais on passait trop de temps avec des Français et on n'a pas beaucoup parlé en espagnol.

a Trouvez l'équivalent en français.
1 way of life
2 I recommend it
3 people that you don't know
4 to get by
5 our circle
6 I have great memories of it
7 I made new friends
8 still in contact

b Write down three (or more) advantages mentioned in English.

c Write down two possible difficulties mentioned in English.

d Traduisez le texte de *Techno+* en anglais.

e Et vous, êtes-vous pour ou contre les séjours linguistiques et les séjours en famille? Pourquoi? Discutez avec un(e) partenaire, puis écrivez, un post pour un forum.

2 On fait sa valise

Vous allez faire un séjour dans une famille française.

a Écrivez une liste de huit vêtements à mettre dans votre valise.

b Notez quatre choses à mettre dans votre trousse de toilette.

c Un petit cadeau, ça fait toujours plaisir, par exemple des spécialités régionales. Choisissez quelque chose à offrir à la famille.

d Il y a peut-être des choses que vous avez toujours à portée de main, par exemple, un portable, une trousse de maquillage, des baskets. Complétez la phrase: **Je ne pars jamais sans …**

Exemple: *Je ne pars jamais sans mon portable.*

3 Ce sera apprécié

Complétez la liste des choses à faire (ou à ne pas faire) si on loge chez une famille.

Exemple: **1** *J'essaierai de faire comme les autres.*

1 J'__ de faire comme les autres. (*essayer*)
2 Je __ mon lit. (*faire*)
3 Je __ ma chambre. (*ranger*)
4 Je ne __ pas mes affaires partout. (*laisser*)
5 Je __ aux différents plats. (*goûter*)
6 Je ne __ pas mon smartphone quand on sera à table. (*regarder*)
7 J'__ mon aide. (*offrir*)
8 Je __ un effort pour parler en français. (*faire*)
9 Je ne __ pas tout mon temps en ligne. (*passer*)
10 J'__ de m'intéresser à tous et à tout. (*essayer*)

4 Arrivée en France

🔊 Ce sont les vacances. David, un jeune Anglais, vient d'arriver en France. Il va passer quinze jours en famille.

a Écoutez la conversation et complétez les phrases en français.

a On s'installe

1 Quand David arrive à la maison, on lui offre quelque chose à boire. David accepte et choisit un __.
2 Clément présente David à ses deux __.
3 La chambre de David est au __ étage.
4 Pour ses vêtements, il y a de la place dans l' __ et dans la __.
5 La salle de bains se trouve au bout du __.

b Au salon

6 Comme cadeaux, David a apporté un __ et un __.
7 Le soir, on va manger vers __.
8 Comme plat principal, on va manger du __ et du __.
9 David veut __ Internet plus tard.

b Quelles sont les trois questions que David a posées?

a Veux-tu quelque chose à boire?
b Où se trouvent les toilettes et la salle de bains?
c Où est-ce que je peux mettre mes vêtements?
d Est-ce que vous avez le wifi?
e Est-ce que je peux utiliser Internet plus tard?
f Et le soir, tu te couches à quelle heure, normalement?
g Est-ce que tu as besoin de quelque chose?

5 On pose des questions

Choisissez une question qui va avec chaque image.

Exemple: A **Et le soir, tu te couches à quelle heure, normalement?**

7 Une photo

💬 À deux, discutez de la photo à droite.

- Il y a combien de personnes sur la photo?
- Où sont-elles?
- Qu'est-ce qui se passe?
- Décrivez une des personnes.

6 Bienvenue chez nous

💬 Lisez cette conversation à deux, puis changez les mots surlignés pour inventer d'autres conversations.

– Bonjour, David. Tu as fait bon voyage?
– Oui, très bien, merci.
– Tu veux quelque chose à boire? Il y a du thé, du café, du chocolat, de la limonade et du jus d'orange.
– Un jus d'orange, s'il te plaît.
– Voici ta chambre. La salle de bains et les toilettes sont en face.
– Bon, je vais m'installer. Où est-ce que je peux mettre mes vêtements?
– Il y a de la place dans l'armoire. Est-ce que tu as besoin de quelque chose?
– Euh … est-ce que je peux avoir une serviette, s'il te plaît?
– Oui, bien sûr. On mangera vers sept heures et demie, ce soir. Est-ce qu'il y a quelque chose que tu n'aimes pas?
– Euh, je n'aime pas beaucoup le saucisson.

un jus d'orange
un thé
un chocolat chaud
un café au lait
une limonade
un cola, etc.

en face
à côté
au bout du couloir, etc.

Il y a de la place dans l'armoire.
Tu peux les mettre dans la commode.
Il y a des cintres derrière la porte.

une serviette
une autre couverture
un réveil
des cintres
un verre d'eau, etc.

le saucisson
les choux de Bruxelles
le bœuf, etc.

3D À la maison

- *discuss formal and informal language*
- *describe a home*
- *describe your room*
- *revise numbers*

1 Je vous présente …

🔊 Pendant ses premiers jours en France, David rencontre beaucoup de personnes. Écoutez ses conversations et complétez les phrases.

Exemple: **1 grand-père**

1 David parle au ___ de Clément.

2 a David parle à Alain, un ___ On se dit ___. (*tu* ou *vous*?)

   b Alain a passé ___ ___ à Londres.

   c Le mot «bahut» veut dire le ___ en bon français.

3 a Mme Legrand est un ___ ___. On se dit ___. (*tu* ou *vous*?)

   b Elle demande si David assistera aux ___.

   c En cours d'anglais, on parlera des ___ britanniques.

4 a David parle à Sophie, une ___.

   b Ils vont à la ___.

   c La 'bouffe', ça veut dire la ___.

Stratégies

Formal and informal language

Formal language is used when speaking or writing to adults, people in authority or people you don't know.

- People normally use **vous**.
- The words **monsieur** and **madame** are often used.
- Correct French (**le bon français**) is used.

Informal language is used when speaking or writing to someone of your own age or younger in a social situation:

- People normally use **tu**.
- Words may be shortened, e.g. **corres** for **correspondant**, **d'acc** for **d'accord**,
- Some syllables, letters (like 'u' in **tu**: **t'as fait tes devoirs?**) or words are missed out (like **ne**: **c'est pas mauvais**).
- Some slang expressions (**le français familier, l'argot**) may be used.

When speaking amongst themselves, teenagers may use words in **verlan**. This is a code where syllables of a word are reversed, as in the case of the actual word **verlan** = **l'envers** (back to front, inside out).

Try matching these words in **verlan** with their equivalents in correct French.

Exemple: **1 h**

en verlan	en français correct
1 meuf	**a** frère
2 teuf	**b** baskets
3 reum	**c** mère
4 reufré	**d** cher
5 trome	**e** métro
6 turvoi	**f** fête
7 sketbas	**g** voiture
8 reuch	**h** femme

2 Un message

Laura est bien arrivée chez Katy. Lisez son message.

http://www.tchatter-copains.org ▶

Je suis bien arrivée chez la famille de Katy en Angleterre. Leur maison est vraiment super. Elle se trouve dans la banlieue, mais il y a un arrêt de bus tout près. Du coup on peut facilement aller au centre-ville.

La maison est assez moderne avec un grand jardin où il y a une pelouse et des arbres – des pommiers et des poiriers. Au rez-de-chaussée, il y a l'entrée, la cuisine, la salle à manger et le salon.

Au premier étage, il y a trois chambres et une salle de bains (avec baignoire, douche et WC). Il y a aussi une chambre individuelle et une salle d'eau (avec douche) au deuxième étage – ça, c'est ma chambre et elle me plaît bien. Dans la chambre il y a un lit (évidemment), une armoire où je peux mettre mes vêtements, une table, une chaise et une bibliothèque – tout ce qu'il me faut!

Laura

des pommiers *apple trees*

a Lis le message. C'est vrai (**V**), faux (**F**) ou pas mentionné (**PM**)?

1 Laura est bien arrivée en Irlande.

2 Elle passe trois semaines chez son amie, Katy.

3 Katy et Laura peuvent facilement prendre le bus pour aller en ville.

4 La maison de Katy est vieille, mais assez grande.

5 Il y a un grand jardin avec des arbres fruitiers.

6 On prend le petit déjeuner dans la cuisine parce qu'il y a de la place pour une petite table et des chaises.

7 Toutes les chambres se trouvent au premier étage.

8 Laura a sa propre chambre au deuxième étage.

💬 **b** Fermez le livre et, à deux, faites une description de la maison de Katy.

3 Notre nouvel appartement

La famille de Francine a déménagé récemment. Complétez le texte avec les mots de la case.

> centre-ville étage partage escalier salle nouvel balcon près

On a déménagé récemment et notre (**1**) ___ appartement est très cool. C'est dans un immeuble moderne au (**2**) ___. L'appartement est au cinquième (**3**) ___, mais il y a un ascenseur. Quand même, quelquefois je prends (**4**) l'___ – c'est bien pour la forme! Dans l'appartement nous avons une grande (**5**) ___ de séjour avec coin cuisine, une salle de bains, des toilettes et trois chambres. Il y a aussi un (**6**) ___. C'est très bien situé en ville et tout (**7**) ___ des magasins. Ce que j'aime surtout c'est que j'ai maintenant ma propre chambre à moi: je ne (**8**) ___ plus avec mon frère.

Francine

Dossier-langue   **Vocabulaire 1 p258**

Les nombres

Check you know all the numbers from 1 to 1,000 and the word for 'a million'. You could practise in pairs by dictating numbers to each other.

The ordinal numbers (2nd, 3rd, 4th, etc.) from 2 to 10 all follow a similar pattern and are invariable.

Which four letters do they end in?

How would you say 'the tenth'?

'The ninth' (**le neuvième**) is slightly different as the '*f*' in **neuf** changes to a '*v*'.

The word for 'first' is different and agrees with the noun which follows.

La salle de bains est au premier étage.

Notre maison est la première maison à gauche.

Nous étions les premiers à arriver.

Here are some other expressions:

une dizaine about ten   **une douzaine** a dozen

4   Chez moi

a   À deux, posez des questions U et répondez.

1   Où habites-tu?

2   C'est où exactement? (*en ville, dans la banlieue, près du … / de la …*)

3   Qu'est-ce qu'il y a comme pièces? (*Dans notre maison / notre appartement, il y a …*)

4   Est-ce qu'il y a une cave / un garage / un jardin / un ascenseur?

5   Ça fait longtemps que vous y habitez? (*Oui / Non, depuis …*)

b   Fermez le livre et parlez pendant une minute de votre maison.

c   Écrivez une petite description d'une maison ou d'un appartement.

Exemple:

Ma correspondante anglaise habite avec sa mère à Londres. J'aime bien sa maison. C'est une petite maison pas très moderne.

Au rez-de-chaussée, il y a un salon et une cuisine. Au premier étage, il y a deux chambres et une salle de bains. Il n'y a pas de garage, mais il y a un très joli petit jardin.

Ce qui est bien, c'est que la station de métro est tout près, donc on peut facilement aller en ville.

Pour vous aider

au cinquième étage

au quatrième étage

au troisième étage

au deuxième étage

au premier étage

au rez-de-chaussée

au sous-sol

5   Ma propre chambre

Trouvez les mots qui manquent. Puis écoutez pour vérifier.

> moquette   murs   placard   bureau   rangée   rideaux   seul

J'ai une chambre à moi tout (1) ____. Elle est au rez-de-chaussée. Elle n'est pas très grande. Les murs et les (2) ____ sont jaunes et il y a de la (3) ____ verte. Comme meubles, il y a mon lit, un (4) ____ pour mes vêtements et un (5) ____ où je mets toutes mes affaires. J'ai plein de posters et de photos aux (6) ____, des posters de groupes et de films. J'aime bien ma chambre, mais elle n'est pas très bien (7) ____. C'est souvent la pagaille chez moi!

> la pagaille   *a mess*

6   Une chambre partagée

Écoutez et complétez le texte.

Je partage une chambre avec ma (1) ____. La chambre est assez grande. (2) ____ sont blancs et les rideaux bleu marine et il y a de la moquette (3) ____. Dans la chambre, il y a deux lits, une (4) ____, une grande table avec un ordinateur et mon clavier électrique. Il y a aussi des (5) ____ et une bibliothèque pour nos (6) ____. À mon avis, il est difficile de partager. Moi, je suis bien organisée mais ma sœur ne veut jamais ranger ses affaires. Elle laisse souvent ses vêtements et ses livres (7) ____. Ça m'énerve, j'aimerais mieux avoir ma propre chambre.

7   À vous!

a   À deux, posez des questions et répondez à tour de rôle.

1   Tu partages une chambre ou tu as ta propre chambre?

2   Elle est à quel étage?

3   Elle est comment, ta chambre? (*grande, moyenne, petite; les murs, les rideaux, la moquette,* etc.)

4   Est-ce qu'il y a des posters ou des photos aux murs? (De quoi?)

5   Qu'est-ce qu'il y a comme meubles?

6   Tu aimes ta chambre?

b   Écrivez un paragraphe (environ 100 mots) pour décrire votre chambre.

3E   Au parc d'attractions

- **talk about a visit to a theme park**
- **use emphatic pronouns** (*moi, toi*, etc.)
- **use** *à moi*, etc. **to show possession**

Visitez Disneyland Paris

Voilà quelques-unes des attractions que vous trouverez au parc.

A Ne manquez pas *La Parade Disney*, avec tous les personnages de Disney.

D Perdez-vous dans le *Labyrinthe d'Alice*.

F Faites un voyage dans l'espace avec *Star Tours*.

B Faites la connaissance des *Pirates des Caraïbes*.

E Grimpez dans l'arbre pour voir *la cabane des Robinson*.

G Osez entrer dans *Le Manoir Hanté*, avec des effets spéciaux extraordinaires.

C Prenez le train fou de *Big Thunder Mountain* – une attraction à sensation!

1   Une visite à Disneyland Paris

🔊 Pendant son séjour à Paris, David est allé à Disneyland avec Clément et sa sœur, Marion. Écoutez Clément et Marion, qui parlent de leur visite.

a Regardez les photos. Dans quel ordre ont-ils fait ces attractions?

Exemple: F, …

b Choisissez la bonne réponse.

1 How did they travel to the park? (**a** *car* **b** *RER* **c** *bus*)

2 How did Marion feel after going on the first attraction? (**a** *dizzy* **b** *excited* **c** *a bit sick*)

3 What did they eat at lunchtime? (**a** *burger and chips* **b** *ham sandwiches* **c** *fish and chips*)

4 What did Clément buy? (**a** *postcards* **b** *a T-shirt* **c** *nothing*)

c Ils ont fait beaucoup de choses au parc, mais pas toutes ces choses. Choisissez les phrases qui sont vraies.

Exemple: 2, …

1 Ils ont longtemps attendu pour entrer au parc.
2 Ils ont fait un voyage dans l'espace avec Star Tours.
3 Ils ont vu un film au CinéMagique.
4 Ils ont visité le Labyrinthe d'Alice.
5 Ils sont entrés dans le Manoir Hanté.
6 L'après-midi, ils ont regardé la parade Disney.
7 Ils ont grimpé dans l'arbre des Robinson.
8 Clément a acheté une peluche de Mickey.

Dossier-langue   **Grammaire 14.6**

The perfect tense – a reminder

The perfect tense is used to describe a completed action in the past.

It is formed of two parts: an auxiliary verb (**avoir** or **être**) and a past participle.

perfect tense with **avoir**	with **être**
most verbs	about 14 verbs, mostly verbs of movement; reflexive verbs
past participle does not change to agree with the subject	past participle agrees with the subject: add **-e** for feminine add **-s** for plural

2   Au parc d'attractions

Trouvez la bonne réponse.

1 Quel parc as-tu visité?
2 Ça se trouve où exactement?
3 Tu y es allé(e) avec qui?
4 Et vous, comment avez-vous voyagé au parc?
5 Qu'est-ce que tu as mangé à midi?
6 Est-ce que tu as acheté un souvenir, toi?
7 Toi, qu'est-ce que tu as pensé du parc?

a C'est près de Londres.
b Nous, nous avons voyagé en voiture.
c À mon avis, c'était très cool.
d J'ai visité Thorpe Park.
e Non, moi, je n'ai rien acheté.
f J'y suis allé avec des amis.
g Moi, j'ai mangé une pizza et une glace.

Dossier-langue **Grammaire 8.3**

Emphatic pronouns (*moi*, *toi*, etc.)

When people are discussing things they often use extra pronouns to stress or emphasise their opinions:

**Moi, j'adore les parcs d'attractions.
Et vous, qu'en pensez-vous?**

These pronouns are called 'stressed' or 'emphatic' pronouns:

moi	me	**nous**	we / us
toi	you (with **tu**)	**vous**	you
lui	he, him	**eux**	they / them
elle	she /her	**elles**	they / them

They can be used after prepositions:

Je suis d'accord avec lui. I agree with him.
C'est pour qui, la glace? Who's the ice cream for?
C'est pour elle. It's for her.

One very common use is after **chez**:

J'irai chez toi en août. I'll stay with you in August.
Faites comme chez vous. Make yourself at home.

They are often used after **à** to show who something belongs to:

Cette clef est à toi? Is this key yours?
Ah non, elle n'est pas à moi! No, it's not mine!

3 C'est à qui?

Écrivez les phrases.

Exemple: **1** *Le sac de sport est à moi.*

① moi ② toi ③ vous?

④ David ⑤ lui, aussi ⑥ nous ⑦ elle

4 Des conversations

Complétez les phrases avec les mots de la case.
Vous pouvez utiliser chaque mot plus d'une fois.

> moi toi lui elle nous vous eux

1 – Qui veut aller au parc Astérix avec (**a**) ___?
  – (**b**) ___, je veux bien.
  – Alors, dépêche-___. (**c**) Je pars tout de suite.
2 – Tu as l'adresse de Laura sur (**a**) ___?
  – Ah non! J'ai dû la laisser chez (**b**) ___.
3 – C'est à (**a**) ___ ce journal, monsieur?
  – Oui, c'est à (**b**) ___, merci.
4 – Et (**a**) ___, qu'est-ce que vous voulez faire ce soir?
  – (**b**) ___, nous voulons rester à la maison.
  – Et les garçons?
  – (**c**) ___, ils veulent aller au stade.
5 – Salut, Karima. Entre donc. Tout le monde est là, sauf Djamel. Il n'est pas avec (**a**) ___?
  – Non, je ne sais pas où il est. Je ne sors plus avec (**b**) ___.

5 Une visite au Parc Astérix

Clément, Marion et David sont allés au Parc Astérix.

a Complétez le message de Marion avec les verbes au passé composé.

Exemple: **1** *nous avons visité*

---

http://www.tchatter-copains.org 🔍

Hier, nous (**1** *visiter*) le Parc Astérix. Astérix, tu le connais? C'est un Gaulois qui a beaucoup d'aventures. J'(**2** *lire*) toutes ses histoires.

Pour y aller, nous (**3** *prendre*) le RER à l'aéroport Charles de Gaulle, puis un bus jusqu'au Parc. Il y a beaucoup d'attractions au Parc. On (**4** *commencer*) avec le Goudurix, c'est un grand huit. Ça m'a donné mal au cœur! Alors, après, on (**5** *visiter*) la place du Moyen Âge, où nous (**6** *regarder*) les acrobates et les jongleurs. À midi, nous (**7** *manger*) dans un café. J'(**8** *prendre*) un sandwich au jambon et de la salade.

Nous (**9** *passer*) toute la journée au Parc. C'était très amusant. Avant de partir, j'(**10** *acheter*) un poster d'Astérix comme souvenir.

@+,
Marion

---

b Trouvez l'équivalent en français.

1 yesterday
2 near here
3 to get there
4 that made me feel sick
5 the whole day
6 it was good fun
7 before leaving

c Traduisez en français.

1 it was really good fun
2 it was interesting
3 it was quite good
4 it was expensive
5 it was terrible

6 À vous!

a À deux, parlez d'une visite à un parc d'attractions, vraie ou imaginaire. Vous pouvez poser les questions de l'exercice 2.

b Vous avez passé une journée à un parc d'attractions. Écrivez 100 mots sur votre visite. Inventez des détails intéressants ou amusants.

> **Pour vous aider**
>
> Hier, nous avons … la journée à Disneyland.
> Le matin, nous avons …
> Ensuite, on a …
> À midi, nous avons …
> L'après-midi, nous avons …
> C'était …

■ **talk about places in Paris**
■ **revise the perfect tense with** *avoir* **and** *être*
■ **ask questions in the perfect tense**

1   Des textos

David a visité les principaux monuments à Paris avec Clément et Marion. Lisez ses messages.

a   Écrivez vrai (**V**) ou faux (**F**). Corrigez les phrases qui sont fausses.

Exemple: **1** F – *Mardi, David est allé à la tour Eiffel.*

1 Mardi, David est allé à la tour Montparnasse.

2 Il est allé à la tour Eiffel.

3 Il est monté au 59e étage.

4 Mercredi, David et Clément sont allés à la Cité des sciences.

5 Ils y sont restés toute la journée.

6 Jeudi soir, ils sont allés au cinéma et ils sont rentrés tard.

7 Vendredi, Marion est allée au musée Rodin.

8 David est resté à l'appartement.

b   Un copain parle à David de ses vacances à Paris. Répondez pour lui.

1 Quand es-tu allé à la tour Eiffel?

2 Tu es monté à quel étage?

3 Tu as acheté quelque chose comme souvenir?

4 Et à part ça, qu'est-ce que tu as fait?

5 Et vous êtes restés longtemps à la Cité? C'est bien, non?

6 Vous êtes sortis le soir? Qu'est-ce que vous avez fait?

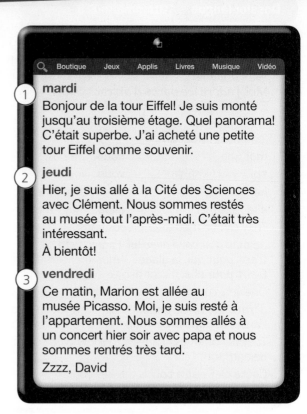

① mardi

Bonjour de la tour Eiffel! Je suis monté jusqu'au troisième étage. Quel panorama! C'était superbe. J'ai acheté une petite tour Eiffel comme souvenir.

② jeudi

Hier, je suis allé à la Cité des Sciences avec Clément. Nous sommes restés au musée tout l'après-midi. C'était très intéressant.

À bientôt!

③ vendredi

Ce matin, Marion est allée au musée Picasso. Moi, je suis resté à l'appartement. Nous sommes allés à un concert hier soir avec papa et nous sommes rentrés très tard.

Zzzz, David

2   Gustave Eiffel

Des millions de visiteurs montent à la tour Eiffel chaque année. C'est le symbole de Paris et de la France, mais que savez-vous de son créateur? Qui était Gustave Eiffel?

Gustave Eiffel est né à Dijon en 1832. Il a fait des études à Paris et ensuite, il a travaillé comme ingénieur sur de nombreux projets de construction, par exemple d'un pont de chemin de fer à Bordeaux, d'un viaduc au Portugal et d'une gare en Hongrie. Mais sa plus grande œuvre était, sans doute, la tour Eiffel. Il a commencé la construction de la tour en 1887, et deux ans plus tard, en 1889 (le centenaire de la Révolution française en 1789), la tour a été terminée.

Le 31 mars 1889, on a célébré l'inauguration officielle de la tour la plus haute du monde. De mai à novembre 1889, plus de 2 000 personnes ont visité la tour. Le public aimait bien non seulement la vue d'en haut, mais aussi les ascenseurs. Cependant il y avait des critiques; on disait que la tour allait s'écrouler en tuant beaucoup de personnes, et que les personnes arrivées au sommet allaient mourir d'asphyxie, etc.

Gustave Eiffel est mort à Paris en 1923, mais sa tour a continué à attirer de nombreux visiteurs, même des visiteurs un peu extraordinaires. En 1948, un éléphant de cirque (de 85 ans) est monté jusqu'au premier étage. En 1964, deux alpinistes sont montés au sommet de la tour. Il y a aussi eu des exploits. En 1984, un Américain a piloté un petit avion entre les piliers de la tour.

Et en 1989, le centenaire de son ouverture, beaucoup de personnes ont assisté à un grand festival pour célébrer cet anniversaire.

Répondez en anglais.

1 When and where was Gustave Eiffel born?

2 Which other projects did he work on as an engineer?

3 The Eiffel Tower was built to commemorate which important centenary?

4 What was unique about the tower at that time?

5 What two concerns did people have?

6 What stunt did the American pilot carry out?

3 Un bon weekend

🔊 **a** Écoutez la conversation entre Mathieu et Corinne. Notez les questions qu'on a posées.

Exemple: **1, ...**

1 Tu as passé un bon weekend?
2 Où es-tu allé?
3 Et comment as-tu voyagé?
4 Tu as mis combien de temps à faire le voyage?
5 Est-ce que tu es allé dans un hôtel?
6 Où as-tu logé?
7 Qu'est-ce que tu as fait à Lyon?
8 Est-ce que tu es sorti le soir?
9 Tu as fait la connaissance de beaucoup de jeunes?
10 Tu es rentré à quelle heure, dimanche?

b Avez-vous bonne mémoire? Complétez le résumé, puis écoutez encore une fois pour vérifier.

Exemple: **1** Lyon

> Le weekend dernier, je suis allé à (**1**) _____ (Lyon / Strasbourg / Paris) pour un tournoi de (**2**) _____ (rugby / tennis / badminton). J'ai voyagé (**3**) _____ (en train / en car / en voiture). J'ai logé (**4**) _____ (à l'hôtel / à l'auberge de jeunesse / chez des amis). J'ai joué (**5**) _____ matchs et j'en ai gagné (**6**) _____. Le soir, je suis allé (**7**) _____ (au cinéma / à un concert / en discothèque). Je suis rentré à la maison dimanche après-midi, vers (**8**) _____ heures.

4 Qu'est-ce que tu as fait?

a Vous avez passé samedi en ville et dimanche à la campagne. Écrivez des notes.

Exemple:

> *Samedi*
>
> *Activités: aller à la patinoire / aux magasins / au cinéma*
>
> *Transport: vélo*

> *Dimanche*
>
> *Destination: ferme / village près de … / près de chez mes grands-parents / mon oncle, etc.*
>
> *Transport: train*
>
> *Activités: faire une promenade/une randonnée, aller à la fête du village*

💬 **b** À deux, posez des questions et répondez à tour de rôle. Notez les détails du weekend de votre partenaire.

Exemple:

– **Tu as passé un bon weekend?**
– **Oui.**
– **Où es-tu allé(e)?**
– **Je suis allé(e) …**

Dossier-langue   Grammaire 14.6

Asking questions in the perfect tense

To ask a question in the perfect tense you can:

- add **Est-ce que**:
  Est-ce que tu as fini tes devoirs?

- use a question word:
  Qui a fini ses devoirs?

- change the tone of your voice:
  Tu as fini tes devoirs?

- turn the auxiliary verb round, and add a hyphen:
  As-tu fini tes devoirs?

Find an example of each type on this page.

---

5 À vous!

Choisissez une de ces activités. Votre récit peut être vrai ou imaginaire.

- **Une journée de vacances**

Décrivez une journée où vous avez fait quelque chose d'intéressant. Pour vous aider, voici des idées.

Exemple: **Le matin, j'ai fait les magasins …**

> **Une journée à Londres**
>
> Le matin: faire les magasins, acheter un tee-shirt et un guide de Londres
>
> À midi: manger dans un fastfood, un hamburger et une glace au chocolat
>
> L'après-midi: visiter la Tour de Londres (le monument le plus populaire de Londres), beaucoup de touristes, faire la queue et attendre longtemps, très intéressant, surtout aimer les bijoux de la reine

- **Un long weekend**

Décrivez votre weekend. Voici des idées.

Exemple: **Samedi matin, je suis resté(e) au lit jusqu'à 11 heures …**

> Samedi matin: rester au lit jusqu'à 11 heures
>
> L'après-midi: aller au match de football/à la patinoire/ à la piscine.
>
> Le soir: passer la soirée chez des copains
>
> Dimanche matin: faire du roller/une promenade en ville
>
> L'après-midi: aller au cinéma pour voir …
>
> Le soir: dîner dans une pizzeria, manger une pizza/des spaghettis, etc.
>
> Lundi matin: aller en ville pour faire des achats
>
> L'après-midi: rentrer à la maison

3G Je me suis bien amusé(e)

1 Le weekend dernier

🔊 Le weekend, on se détend, on se repose, on s'amuse. Écoutez Martin et Charlotte, qui parlent du weekend dernier. Complétez les phrases.

a Martin

samedi

1 Je me suis levé vers …
2 J'ai fait …
3 L'après-midi, je suis allé …
4 J'ai acheté …
5 J'ai mangé avec … dans un fastfood.
6 Le soir, je ne me suis pas couché …

dimanche

1 Je me suis levé de bonne heure pour jouer au …
2 On a … trois à zéro.
3 Mais vers la fin du match, je suis …
4 Je me suis fait mal au …
5 J'ai dû me reposer le reste de la …

b Charlotte

Corrigez les erreurs.

1 Samedi matin, elle est allée au cinéma.
2 À midi, elle a mangé au collège.
3 L'après-midi, elle a acheté un nouveau pull.
4 Le soir, elle est allée à l'anniversaire d'une fille de sa classe.
5 Tout le monde s'est disputé à la fête.
6 À dix heures, on a chanté «Joyeux anniversaire» et on a mangé des pains au chocolat.
7 Elle s'est couchée vers onze heures.
8 Le dimanche, elle s'est levée vers deux heures.
9 L'après-midi, elle a fait une promenade.
10 Le soir, elle s'est ennuyée.

2 Ce jour-là

Choisissez un jour de la semaine dernière et complétez les phrases.

1 Je me suis levé(e) à … (*quand*).
2 Je me suis habillé(e) en … (*vêtements*)
3 Je me suis coiffé(e) … (*où*)
4 Je me suis installé(e) … (*où – devant l'ordi / dans ma chambre / dans le salon*) et … (*activité*)
5 Je me suis changé(e) et j'ai mis … (*vêtements*)
6 Je me suis couché(e) à … (*heure*)

3 Dimanche dernier

a Complétez les questions.

Exemple: 1 Vous <u>vous êtes</u> levés tôt?

1 Vous ___ levés tôt?
2 Est-ce que Francine ___ installée devant l'ordinateur?
3 Est-ce que vous ___ promenés à la campagne?
4 Et ton père ___ trompé de chemin?
5 Est-ce que les garçons ___ disputés?
6 Vous ___ baignés dans le lac?

b Complétez les réponses.

Exemple: a ils ne se sont pas <u>disputés</u>.

a Non, pour une fois, ils ne se sont pas ___. (*se disputer*)
b Non, nous ne nous sommes pas ___ dans le lac, l'eau était trop froide. (*se baigner*)
c Oui, nous nous sommes ___ de bonne heure. (*se lever*)
d Non, cette fois il ne s'est pas ___ de chemin. (*se tromper*)
e Bien sûr, elle s'est ___ devant l'ordinateur pour lire ses messages. (*s'installer*)
f Oui, comme tous les dimanches, nous nous sommes ___ à la campagne. (*se promener*)

c Trouvez les paires.

Exemple: 1 *c*

Dossier-langue   Grammaire 15.4

Reflexive verbs: The perfect tense

Find some reflexive verbs in the sentences in task 1 and work out the following:

1 Which auxiliary verb (**avoir** or **être**) is used?
2 Where does the reflexive pronoun go?
3 What do you notice about the past participle?

> *Il s'est levé, s'est habillé et m'a dit qu'il allait acheter des aspirines à la pharmacie.*

The perfect tense of **se lever**:

je	me	suis	levé(e)
tu	t'	es	levé(e)
il	s'	est	levé
elle	s'	est	levée
on	s'	est	levé(e)(s)
nous	nous	sommes	levé(e)s
vous	vous	êtes	levé(e)(s)
ils	se	sont	levés
elles	se	sont	levées

4 Samedi soir

a Alex est invité à une fête. Qu'est-ce qu'il a fait avant de sortir? Écrivez le texte.

1 se déshabiller **2** se laver **3** se raser **4** s'habiller **5** se coiffer

Exemple:

1 Il s'est déshabillé.

b Virginie est aussi invitée à la fête samedi soir. Qu'est-ce qu'elle a fait avant de sortir? Écrivez le texte.

1 se laver **2** se maquiller **3** s'habiller **4** se changer **5** se coiffer

Exemple:

1 Elle s'est lavée.

c À la fête: complétez les phrases.

1 Virginie et Alex ne se connaissaient pas avant, mais ils ___ à la fête. (*se rencontrer*)

2 Ils ___ bien ___. (*s'entendre*)

d Après la fête: complétez les phrases.

1 Alex: Je ___ bien ___. (*s'amuser*)

2 Virginie: Je ___ bien ___ avec Alex (*s'entendre*) et nous allons nous revoir demain.

On peut se revoir demain? Oui, je veux bien.

5 Mes impressions

Pendant son séjour, David a noté ses impressions de la vie en France.

a Complétez ses notes avec les mots de la case.

Exemple: 1 tôt

> après céréales émissions fatigante
> longtemps moins plus tard tôt

 b À deux, faites une liste des différences entre la vie quotidienne en France et chez vous.

Les jours d'école, on se lève plus (**1**) ___ le matin parce que les cours au collège commencent plus tôt que chez nous, vers huit heures. En général, on mange (**2**) ___ que chez nous au petit déjeuner. Clément, par exemple, ne mange pas de (**3**) ___; il prend seulement des tartines et un bol de chocolat chaud.

Par contre, à midi, on mange (**4**) ___, souvent deux ou trois plats. L'après-midi, les cours continuent jusqu'à cinq heures quelquefois. Ça varie selon le jour. J'ai l'impression que la journée scolaire est plus (**5**) ___ que chez nous.

À la maison, j'ai été surpris de voir les mêmes (**6**) ___ que chez nous à la télé. C'était amusant de voir un film de James Bond en français – mais je n'ai pas tout compris.

Le soir, on dîne plus (**7**) ___ que chez nous, vers sept heures et demie. On discute beaucoup à table et le repas dure plus (**8**) ___. À la fin du repas, il est déjà assez tard alors on ne sort pas souvent (**9**) ___ le dîner.

6 À vous!

Racontez une journée récente: une journée au collège que vous avez bien aimée, une journée typique, ou une journée extraordinaire et pas comme les autres. Cela peut être vrai ou imaginaire. Voici des idées:

1 Une journée récente au collège
Je me suis réveillé, comme d'habitude, à sept heures et …

2 Une journée extraordinaire
Pour une journée, vous pouvez être une célébrité de votre choix. Racontez votre journée.

3H Contrôle

Listening

1 Notre appartement

 Listen to Florence talking about her home and answer the questions in English.

1 What does Florence say about the block of flats?
2 Which floor is her flat on?
3 How many bedrooms are there?
4 Is there a balcony and a garage?
5 Where do they park the car?
6 What two advantages does she mention?
7 What is the disadvantage of the location?
8 How long has she lived there?

2 Notre chambre

 Which three statements (**A–G**) are true?

A Florence shares a room with her older sister and they get on well.
B Sharing a room doesn't work well because the room is not large enough.
C There is enough space for them both.
D The room is decorated in green with a beige carpet.
E There are no books in the bedroom.
F Florence has put posters on the wall in her corner of the room.
G Her sister has put a painting she did on holiday on the wall.

> The conditional is used to talk about what 'might' or 'would' be. You have often used the expression, **je voudrais** (I would like). The following two expressions are useful to describe how things might be in an ideal world.
> **ce serait** (it would be)   **il y aurait** (there would be)
> You will learn more about the conditional in Unit 9.

3 Un parc d'attractions

 Écoutez Alex qui parle de sa visite au parc Astérix. Complétez les phrases avec un mot de la case.

> attractions   bus   demie   époque   piquenique
> souvenir   spectacles   théâtre   village

1 Alex a visité le parc Astérix avec son groupe de ___.
2 Pour aller au parc, ils ont pris le train et le ___.
3 Ils ont fait presque toutes les ___.
4 Ils n'ont pas vu de ___.
5 À midi, pour manger, ils ont fait un ___.
6 Ils se sont installés dans un petit parc qui ressemblait à un village de l'___.
7 Il n'a pas acheté de ___.
8 Ils sont partis vers cinq heures et ___.

Speaking

1 Role play

> **Tu parles avec ton ami(e) français(e) de la technologie et des réseaux sociaux.**
> - Comment on utilise la technologie en famille
> - Avantages des portables
> - **?** Smartphone
> - **!**
> - Réseaux sociaux
> - **?** Quand remplacer le portable

 a À deux, lisez la conversation.

A Comment est-ce qu'on utilise la technologie dans ta famille?
B Tout le monde a un smartphone et on se contacte souvent sur des applis et des réseaux sociaux.
A À ton avis, quels sont les principaux avantages d'avoir un portable?
B Le plus important, c'est qu'on peut toujours contacter quelqu'un avec un portable s'il y a un problème. Avec un smartphone on a accès à Internet, alors ça c'est toujours utile. Et toi, comment est-ce que tu utilises ton smartphone?
A Moi, je l'utilise surtout pour Internet, mais j'envoie des textos aussi et je prends des selfies. On dit qu'on devient trop dépendant de la technologie. Qu'en penses-tu?
B Je comprends ce point de vue. On voit souvent des gens qui sont collés à leur smartphone. Chez nous, mes parents défendent les portables à table.
A Que penses-tu des réseaux sociaux?
B Les réseaux sociaux sont utiles pour être au courant et pour garder le contact avec ses amis. Quand est-ce que tu vas remplacer ton portable?
A Je ne sais pas. Le nouveau modèle est assez cher.

b Inventez une conversation différente.

2 Une conversation

 Choisissez une section (A ou B). Préparez vos réponses aux questions et faites une conversation. Pour vous aider, regardez **À vous!** pages 45 et 55.

A Quels sont tes projets pour les vacances scolaires? Est-ce que tu vas partir en vacances?
  – Si oui, où, avec qui, quand, comment?
  – Si non, qu'est-ce que tu vas faire? (*travailler, aller chez des amis, faire du sport*, etc.)
Et tes amis, qu'est-ce qu'ils vont faire?

B À ton avis, quels sont les avantages d'apprendre des langues étrangères?
Tu as fait un séjour linguistique / un voyage scolaire?
As-tu passé quelque temps chez une famille à l'étranger?
Où? Quand? Qu'est-ce que tu as surtout aimé?
Quelles ont été tes impressions du pays?

Reading

1 Mes projets: Fatima

Read about Fatima's future plans and answer the questions in English.

1 When is Fatima planning to go to Madrid?
2 What did she start learning last September?
3 What opinion does she give about learning languages?
4 Where did she go on a school trip last year?
5 How did she find it?
6 What's her opinion of school trips and why?

> **Fatima:**
>
> Cette année, je ferai un échange avec ma correspondante espagnole qui habite à Madrid.
>
> Elle viendra chez nous à Pâques, et moi, j'irai chez elle en juillet. J'ai commencé l'espagnol comme deuxième langue étrangère en septembre dernier. J'espère que je ferai beaucoup de progrès parce qu'au lycée, je voudrais m'orienter dans les langues. À mon avis, c'est important d'apprendre des langues pour mieux comprendre les autres pays et des cultures différentes.
>
> L'année dernière, en histoire, notre classe a fait un voyage scolaire aux champs de bataille dans le nord de la France. C'était très émouvant. Je ne sais pas encore s'il y aura des voyages scolaires cette année. J'espère bien que oui parce que je trouve que ce genre de voyages rend le travail scolaire plus intéressant.

2 Un séjour en famille

Lisez ces posts sur un forum. C'est qui? Écrivez **C** (Camille), **K** (Karim), **H** (Hugo) ou **M** (Maryam).

1 ___ a mangé de la nourriture chinoise.
2 ___ critique le prix des repas.
3 ___ a eu des problèmes de communication.
4 ___ a été satisfait(e) de son séjour et retournera dans l'avenir.
5 ___ a goûté quelque chose de différent en famille.
6 ___ a trouvé que les vendeurs et vendeuses n'étaient pas très aimables.

> **Camille:**
>
> On a fait un voyage à Londres et on a mangé dans le train: c'était encore plus cher qu'en France et c'était moins bon. Dans les magasins, si tu parles mal l'anglais, le personnel ne fait aucun effort pour t'aider.
>
> **Karim:**
>
> La famille était plutôt traditionnelle et on devait faire attention à table mais quand j'ai essayé la sauce à la menthe, ils ont beaucoup ri de ma réaction.
>
> **Hugo:**
>
> On a mangé un repas génial dans un restaurant chinois. C'est un peu comme nos restaurants vietnamiens mais encore meilleur.
>
> **Maryam:**
>
> Quand tu fais des achats, tu n'as même pas besoin de parler: tu regardes, tu te sers, et tu passes à la caisse. Je n'ai pas appris beaucoup d'anglais mais je me suis débrouillé et je reviendrai l'année prochaine.

3 Translation

Your sister has seen this message on the internet and asks you to translate it into English.

> J'ai une correspondante américaine avec qui je m'entends très bien. Moi, je suis enfant unique tandis qu'elle a une famille nombreuse (cinq enfants!). Je suis allée une fois chez elle et elle est venue chez moi quelques mois plus tard. Elle est très sympathique et je garde un très bon souvenir de mon séjour. On garde le contact par Internet. Elle m'écrit des messages en français et je lui réponds en anglais.

Writing

1 Mes projets pour cette année

Écris un message à un(e) ami(e) français(e) où tu décris tes projets pour l'année qui vient. Décris:

- tes projets et tes intentions
- des évènements exceptionnels (de famille – anniversaire, mariage, etc. ou sportifs – Jeux Olympiques, etc.)
- un voyage scolaire ou des vacances d'été.

Écrivez **130** mots environ **en français**.

> Cette année, j'espère …   Plus tard dans l'année …
> J'ai l'intention de …   En juillet …
> À Pâques. …   Ce sera …

2 Des voyages scolaires

Écrivez un article sur un voyage scolaire récent ou imaginaire pour un magazine pour les jeunes. Décrivez:

- pourquoi votre collège a organisé cette excursion
- ce que vous avez aimé le plus et pourquoi
- si vous ferez une autre excursion à l'avenir
- ce que vous pensez généralement des voyages scolaires.

Répondez à chaque aspect de la question. Justifiez vos idées et vos opinions.

Écrivez **130–150** mots environ **en français**.

3 Traduction

Traduisez ces phrases en français.

1 The day after tomorrow, our class is going on a school trip to a science museum.
2 If I'm not too tired I'll go to the cinema next Saturday with my friends.
3 Next week I'll have a lot of school work because we have exams soon.
4 Last weekend I went to a football match with my cousin and my aunt.
5 Yesterday, my family had lunch at my grandparents' in Paris.

Sommaire

In the future

après-demain	the day after tomorrow
l'année (f) prochaine	next year
l'avenir	the future
bientôt	soon
dans deux ans	in two years' time
demain	tomorrow
la semaine prochaine	next week
samedi prochain	next Saturday

Meeting people

Bon séjour!	Enjoy your stay!
Bonnes vacances!	Have a good holiday!
faire la connaissance (de)	to meet, to get to know
Tu connais …?	Do you know …?
Voici …	This is …
Vous connaissez …?	Do you know …?
Je te présente (mon oncle).	I'd like to introduce you to (my uncle).
Enchanté(e)!	Delighted to meet you!
(Je suis) heureux/ -euse de faire votre/ta connaissance.	Pleased to meet you.

Staying with a family

Bienvenue (chez nous).	Welcome (to our house).
Tu as fait bon voyage?	Did you have a good journey?
Veux-tu quelque chose à boire?	Do you want something to drink?
Est-ce qu'il y a quelque chose que tu n'aimes pas manger?	Is there something you don't like to eat?
Je n'aime pas le/la/les …	I don't like …
Je suis allergique au/à la/à l'/aux …	I'm allergic to …
Est-ce que tu as besoin de quelque chose?	Do you need anything?
J'ai oublié …	I've forgotten …
On se couche à quelle heure?	What time do you go to bed?
On se lève à quelle heure?	What time do you get up?
Est-ce que je peux …?	Can I …?
Il faut rentrer à quelle heure?	What time should I come home?
Bonne nuit!	Good night!

As-tu bien dormi?	Did you sleep well?

Things to take

un appareil photo	camera
une brosse à dents	toothbrush
le dentifrice	toothpaste
un déodorant	deodorant
un gant de toilette	face flannel
du gel douche	shower gel
des kleenex (mpl)	tissues
des lentilles (fpl)	contact lenses
une liseuse	e-reader
un lisseur	hair straightener
des lunettes	glasses
un mouchoir (en papier)	tissue, (paper) hanky
un parapluie	umbrella
un portable	mobile phone
une pile	battery
un réveil	alarm clock
un sac à dos	back pack
un sèche-cheveux	hair dryer
le savon	soap
le shampooing	shampoo
une tablette	tablet
une trousse de maquillage/ de toilette	make-up/soap bag
une valise	suitcase

At a family's home

chez …	at the house of …
une armoire	wardrobe
un cintre	coat hanger
une commode	chest of drawers
une couette	duvet
le couloir	corridor
une couverture	blanket
le linge (sale)	(dirty) washing
le panier à linge	washing basket
un placard	cupboard
une serviette	towel
un verre d'eau	glass of water

Language problems

Tu comprends/ Vous comprenez?	Do you understand?
Excusez-moi, mais je n'ai pas compris.	Sorry but I didn't understand.
Je ne comprends pas (très bien) le mot …	I don't understand the word … (very well)
Peux-tu/Pouvez-vous répéter ça?	Can you repeat that?
Peux-tu/Pouvez-vous parler plus fort/plus lentement?	Can you speak more loudly/ more slowly?

s'il te plaît / s'il vous plaît	please
Qu'est-ce que ça veut dire (en anglais)?	What does that mean (in English)?
Comment dit-on 'computer' en français?	What's 'computer' in French?
Ça s'écrit comment?	How is that spelt?
un machin	gadget, whatsit
un truc	trick, knack; thingummy
C'est pour …	It's for/to …
C'est le contraire de …	It's the opposite of …

Visiting a theme park

un grand huit	rollercoaster
un magasin de souvenirs	souvenir shop
un parc d'attractions	theme park
un spectacle	show
une attraction à sensation	thrill ride
une parade	parade

Furniture and fittings

une armoire	wardrobe
un aspirateur	vacuum cleaner
une baignoire	bath
une bibliothèque	bookcase
un bureau	desk
un canapé	sofa
une chaîne stéréo/hi-fi	stereo system
une chaise	chair
une clé (clef)	key
une commode	chest of drawers
un congélateur	freezer
une cuisinière (électrique/à gaz)	(electric/gas) cooker
une étagère	shelf
un fauteuil	armchair
un four (à micro-ondes)	(microwave) oven
un frigo/ réfrigérateur	fridge/refrigerator
une lampe	lamp
un lavabo	washbasin
un lave-vaisselle	dishwasher
un lit	bed
une machine à laver	washing-machine
les meubles (m pl)	furniture
un miroir	mirror
la moquette	fitted carpet
le mur	wall
un placard	cupboard

le plafond	ceiling
le plancher	floor
une prise de courant	power point
un rideau	curtain
un robinet	tap
un tapis	carpet
un tiroir	drawer

■ Expressions of time

pas beaucoup	not much, not often
il y a dix minutes	ten minutes ago
il y a (trois) jours	(three) days ago
il y a une semaine	a week ago
de temps en temps	from time to time
chaque semaine	every week
quelquefois	sometimes
si j'ai le temps	if I have time
jamais	never

■ Kitchen utensils

une assiette	plate
un bol	bowl
une carafe à eau	water jug
une casserole	saucepan
des ciseaux (m pl)	scissors
un couteau	knife
une cuillère	spoon
une fourchette	fork
un ouvre-boîte	tin-opener
un plateau	tray
une poêle	frying pan
une poubelle	dustbin
une tasse	cup
un tire-bouchon	corkscrew
une soucoupe	saucer
un verre	glass

■ Household tasks

aider à la maison	to help at home
débarrasser la table	to clear the table
essuyer	to wipe up
faire les courses	to go shopping
faire la cuisine	to cook
faire du jardinage	to do some gardening
faire la lessive	to do the washing
faire les lits	to make the beds
faire le ménage	to do the housework
faire le repassage	to do the ironing
faire la vaisselle	to do the washing up
laver la voiture	to wash the car
mettre la table	to lay the table
nettoyer	to clean
passer l'aspirateur	to vacuum
préparer les repas	to prepare the meals
ranger ses affaires	to tidy up
remplir le lave-vaisselle	to load the dishwasher
travailler dans le jardin	to work in the garden
vider le lave-vaisselle	to unload the dishwasher

■ Saying goodbye and thank you

Au revoir!	Goodbye!
Merci pour tout/ Un grand merci pour tout.	Thank you for everything.
Merci mille fois.	Thanks a million.
Merci beaucoup.	Thank you very much.

Je vous remercie beaucoup de/pour votre cadeau.	Thank you very much for your present.
Je me suis très bien amusé(e).	I had a good time.
J'ai surtout aimé …	I especially liked …
À la prochaine!	See you (soon)!
À bientôt, j'espère!	See you soon, I hope!
À un de ces jours!	See you one of these days!
N'oublie pas de téléphoner.	Don't forget to phone.
Bon voyage!	Have a good journey!
Bon retour!	Have a safe journey home!

■ Acknowledging thanks

de rien	not at all
il n'y a pas de quoi	that's OK
je vous en prie	it's a pleasure

■ Grammar

The future tense: **p45**

Si + present tense + future tense: **p46**

Les nombres: **p51**

The perfect tense: **p52**

Emphatic pronouns: (*moi, toi, lui, elle*, etc.) **p53**

Asking questions in the perfect tense: **p55**

Reflexive verbs (perfect tense): **p56**

unité 4 Une semaine typique

4A La vie scolaire

- *talk about school life*
- *describe your school*

1 Des écoles différentes

Lisez le texte.

Nous sommes quatre enfants dans notre famille et nous allons tous à des écoles différentes.

Mon demi-frère, Théo, est le plus jeune. Il a quatre ans et il va à l'école maternelle depuis un an. Ce n'est pas vraiment une école et ce n'est pas obligatoire, mais beaucoup d'enfants entre trois et six ans y vont. Ils font des activités comme le dessin, la peinture, la lecture et la musique.

Puis il y a ma demi-sœur, Julie, qui a sept ans et qui a commencé à l'école primaire l'année dernière. Elle ne va pas à l'école le mercredi mais elle a cours le samedi matin. L'école est obligatoire pour tout le monde de six à seize ans.

Moi, j'ai quatorze ans et je vais au collège où je suis en troisième, la dernière année du collège.

Ma sœur, Laura, a dix-sept ans et elle va au lycée. Elle est en terminale et elle va passer le bac en juin. Le bac est un examen important qui donne accès à l'université. Elle est forte en maths et elle veut faire des études de maths.

L'enseignement en France				
école	école maternelle	école primaire	collège	lycée
âge (moyenne)	3–5	6–10	11, 12, 13, 14	15, 16, 17, 18
classe	–	CP–CM2	6ᵉ, 5ᵉ, 4ᵉ, 3ᵉ	2ᵉ, 1ᵉ, Terminale

La Rentrée

offres spéciales

Au mois d'août et de septembre, on se prépare pour la rentrée scolaire.

a Trouvez l'équivalent en français.

1 we all go
2 really
3 it's not compulsory
4 reading
5 she has lessons
6 for everyone
7 gives access to
8 to study

b Trouvez le contraire.

1 le plus âgé
2 peu
3 elle a terminé
4 l'année prochaine
5 la première année
6 faible

c Complétez les phrases.

1 Les enfants de trois à cinq ans vont à …
2 On y fait des activités comme …
3 Entre six et quatorze ans, on va d'abord à … et ensuite au …
4 Après le collège, beaucoup d'élèves vont au …
5 Le bac est …

2 À vous!

Complétez les phrases pour votre pays.

1 Dans notre pays, l'école est obligatoire à partir de … ans et jusqu'à … ans.
2 Moi, j'ai commencé l'école à l'âge de …
3 J'ai changé d'école il y a … ans.
4 Je vais quitter cette école dans … an(s).

3 Notre collège

🔊 Écoutez la description et complétez le texte.

Je m'appelle Luc Dubois et je vais au collège Henri Matisse. C'est un collège
(1) ____. Il y a beaucoup d'élèves: à peu près **(2)** ____ cents. Le collège est dans
un grand bâtiment assez **(3)** ____. Il est bien équipé. Il y a un CDI (un centre de
documentation et d'information) où on peut emprunter des **(4)** ____. Il y a des
gymnases et des terrains de sport pour le **(5)** ____, le foot et le hand. Il n'y a pas
de **(6)** ____, mais des élèves vont à la piscine municipale pour
faire de la natation.

Pour la **(7)** ____, nous allons dans la salle d'ordinateurs. On fait
une heure et demie de technologie par semaine. J'aime bien ça.
Il y a aussi des laboratoires de sciences pour la chimie, la **(8)** ____
et la biologie. Dans la classe, il y a une bonne ambiance. Quand
on n'a pas cours, on peut aller dans la salle de permanence pour
faire ses **(9)** ____. Il n'y a pas d'internat au collège, mais beaucoup
d'élèves sont demi-pensionnaires. Comme clubs, il y a un club
(10) ____ et un club théâtre.

4 Expressions utiles

a Trouvez les paires.

1 la bibliothèque		**a** *boarder*	
2 le bureau		**b** *canteen*	
3 la cantine		**c** *cloakroom*	
4 le CDI (centre de documentation et d'information)		**d** *corridor*	
5 le couloir		**e** *gym*	
6 la cour		**f** *interactive whiteboard*	
7 un(e) demi-pensionnaire		**g** *library*	
8 le gymnase		**h** *(science) laboratory*	
9 un(e) interne		**i** *office*	
10 le laboratoire (de sciences)		**j** *pupil who has lunch at school*	
11 la salle des profs		**k** *resources room / library*	
12 le tableau blanc interactif		**l** *school yard / playground*	
13 le terrain de sport artificiel		**m** *(artificial) sports ground*	
14 le vestiaire		**n** *staffroom*	

b Trouvez les réponses dans la liste (**1–14**).

Exemple: **1** *10 – le laboratoire (de sciences)*

1 On y va pour les cours de sciences.
2 On y prend le repas de midi.
3 On y va pour les cours de gymnastique.
4 On y va pour faire des recherches et pour consulter des livres.
5 Pendant la récréation, on sort pour y aller.

c Complétez les phrases.

1 Le collège est bien équipé. Il y a un ordinateur et un t____ dans chaque salle de classe.
2 Il y a une photocopieuse dans le ____.
3 On peut laisser son manteau au ____.
4 Les élèves n'ont pas le droit d'entrer dans la ____.

5 *À vous!*

💬 a À deux, faites une description de votre collège. À tour de rôle, ajoutez une phrase à la description.

b Écrivez un paragraphe pour décrire votre collège.

Pour vous aider

C'est un collège mixte / de filles / de garçons?
Il y a combien d'élèves environ?
Comment sont les locaux?
Le bâtiment est comment? (*vieux / moderne / grand / petit*)
Il y a quels équipements sportifs? (*un gymnase, un terrain de sport, etc.*)

Qu'est-ce qu'il y a comme clubs?
Est-ce qu'il y a un orchestre / une chorale / des équipes de foot / de badminton, etc.?
Est-ce qu'il y a une cantine?
Est-ce qu'il y a un magasin où on peut acheter des sandwichs / du chocolat / des fruits, etc.?

4B Une journée scolaire ■ *describe the school day*

On se lève, on se rend au collège, on a cours, on rentre, on fait ses devoirs, on se couche. Voilà en gros la journée typique de beaucoup d'élèves.

Mais comment se passe une journée scolaire plus exactement? Trois jeunes de trois régions différentes décrivent une journée typique. Écoutez et lisez.

1 Mathieu: Montréal, Québec

Je me réveille à six heures et demie. Je me lève, je mange des céréales et je bois un chocolat chaud. Je pars à sept heures et demie. Mon père me conduit à l'école. J'y arrive à huit heures et demie et j'ai cours jusqu'à midi et demi.

Puis c'est la pause-déjeuner. J'apporte mon propre repas. Normalement, je mange des sandwichs, un fruit, des chips, et je prends une boisson. L'après-midi, j'ai cours jusqu'à quatre heures et demie. Puis je prends le bus pour rentrer chez moi.

Le soir, on mange à six heures et après, je fais mes devoirs: j'en ai pour une heure normalement. D'habitude, je me couche vers dix heures.

a Regardez l'heure: que fait Mathieu?

Exemple: 1 *c*

1	06.30	**a**	Il quitte la maison.
2	07.30	**b**	Il rentre en bus.
3	09.15	**c**	Il se réveille.
4	12.45	**d**	Il déjeune.
5	16.35	**e**	Il est en classe.
6	18.15	**f**	Il mange à la maison.
7	19.00	**g**	Il se couche.
8	22.00	**h**	Il fait ses devoirs.

🔊 **b** Écoutez et écrivez vrai (**V**) ou faux (**F**).

Exemple: 1 F

1 Mathieu ne prend pas de petit déjeuner.

2 Le trajet dure une demi-heure.

3 La pause déjeuner finit à quatres heures.

4 D'habitude, il mange des sandwichs, un fruit et des chips à midi.

5 Le soir, il regarde la télévision ou il joue sur l'ordinateur.

2 Charlotte: Paris, France

a Complétez les phrases pour faire un résumé de la journée de Charlotte.

1 Elle se lève à …

2 Pour le petit déjeuner, elle prend …

3 Elle quitte la maison à …

4 Elle va au collège en …

5 Elle a environ … heures de cours, le matin.

6 La pause-déjeuner dure …

7 Normalement, les cours finissent à …

8 En arrivant à la maison, elle …

9 Après le dîner, elle …

10 À dix heures et demie, elle …

Tous les matins, je me lève à sept heures moins le quart. Je prends mon petit déjeuner (des céréales, un jus d'orange, et quelquefois des tartines avec de la confiture) et je pars à sept heures et demie. Je vais au collège en métro et je reviens en bus.

Mes cours commencent à huit heures. J'ai une pause à dix heures du matin: ça dure dix minutes. La pause-déjeuner est de midi à deux heures. Je suis demi-pensionnaire, alors je mange à la cantine. Ensuite, les cours reprennent vers deux heures et se terminent vers cinq heures.

Je rentre chez moi en bus. En arrivant à la maison, je goûte et puis je fais mes devoirs. On dîne vers huit heures. Puis je regarde la télévision ou je lis, et je me couche généralement vers dix heures et demie.

je goûte *I have an afternoon snack*

🔊 **b** Écoutez, puis choisissez la bonne réponse.

1 Qu'est-ce que les lycéens vendent pendant la récréation?

   a des chips **b** des pains au chocolat **c** des fruits

2 Qu'est-ce que Charlotte aime manger à la cantine? (**2** *choses*)

   a de la salade **b** des frites **c** du riz **d** de la viande hachée **e** du poulet **f** du poisson

3 Comment rentre-t-elle à la maison?

   a à pied **b** en métro **c** en bus

4 Elle a besoin de combien d'heures pour faire ses devoirs le soir?

   a une heure **b** deux heures **c** trois heures

3 Giliane: Fort-de-France, Martinique

Nouvelles

Accueil	Monde	Affaires	Politique	Technologie	Science	Santé	Divertissement	🔍 Rechercher …

Je me lève de bonne heure le matin, vers six heures, car c'est la seule période de la journée où il fait à peu près bon. Je prends du café et des tartines et je me prépare. Pour l'école, je m'habille en chemisier et en jupe. Je vais à l'école à pied avec mes frères et sœurs. Il commence déjà à faire chaud.

Les cours commencent à huit heures. À midi, nous rentrons à la maison pour déjeuner. L'après-midi, les cours reprennent à deux heures et se terminent vers quatre heures.

Avant de rentrer, nous nous amusons un peu. Quelquefois, on fait une partie de football, on joue de la musique ou on s'assied sur le trottoir pour discuter et plaisanter. Puis je rentre à la maison à pied et je commence mes devoirs. Je dîne et je me couche assez tôt (vers neuf heures), vu que je dois me lever à six heures le lendemain.

a Corrigez les erreurs dans ces phrases.

Exemple: **1 À six heures du matin, il fait <u>moins</u> chaud qu'à onze heures.**

1 À six heures du matin, il fait plus chaud qu'à onze heures.
2 Pour le petit déjeuner, Giliane mange du pain et de la confiture et elle boit du thé.
3 Elle s'habille en uniforme scolaire.
4 Elle va au collège à vélo.
5 À midi, elle mange à la cantine.
6 Les cours se terminent vers trois heures.
7 Quelquefois, elle joue au volley avant de rentrer.
8 Elle se couche vers sept heures.

🔊 **b** Écoutez pour trouver les réponses.

1 Giliane a combien de frères et de sœurs?
2 Il faut combien de temps pour aller au collège?
3 Qu'est-ce qu'elle mange comme légumes à midi? (**3** choses)
  a des patates douces
  b des petits pois
  c des haricots verts
  d des champignons
  e des carottes
  f des bananes vertes
4 Qu'est-ce qu'elle aime faire après les cours?
5 À quelle heure est-ce qu'il fait nuit?

4 Une interview

 À deux. Posez les questions, répondez à tour de rôle et notez les réponses.

Puis écrivez un résumé de la journée de votre partenaire. Au lieu de son nom, écrivez un numéro codé, par exemple **1234**.

La classe doit identifier la personne d'après votre description.

Exemple: **(1234)** *se lève à huit heures et demie. Il ne prend pas de petit déjeuner: il n'a pas le temps, mais il mange beaucoup à midi. Il va au collège …*

1 Tu te lèves à quelle heure?
2 Qu'est-ce que tu prends pour le petit déjeuner?
3 Comment vas-tu au collège? (*J'y vais …*)
4 Que fais-tu à midi?
5 L'école se termine à quelle heure?
6 Que fais-tu après?
7 Comment rentres-tu à la maison?
8 Que fais-tu, le soir?
9 À quelle heure est-ce que tu te couches?

5 *À vous!*

Racontez une journée typique. Voici des questions pour vous aider. Consultez aussi les exercices 2a et 4.

Le matin
1 Tu te lèves à quelle heure?
2 À quelle heure est-ce que tu quittes la maison?
3 Est-ce que tes parents quittent la maison avant toi?
4 Qu'est-ce que tu fais pendant la récréation?
5 Que fais-tu pendant la pause-déjeuner?

L'après-midi et le soir
6 Est-ce que tu rentres directement à la maison d'habitude?
7 Que fais-tu en arrivant à la maison?
8 À quelle heure est-ce que tu manges le soir?
9 À quelle heure te couches-tu les jours d'école / le weekend?

4C Au collège

- *talk about school subjects*
- *discuss school rules*
- *say what you have to do*

heures	8.30–9.25	9.30–10.25	10.40–11.30	11.35–12.30	pause-déjeuner	14.00–14.55	15.00–16.05	16.10–17.00
LUNDI	histoire géographie	maths	latin	dessin		français	français	latin
MARDI	physique	sciences naturelles		espagnol		anglais	maths	français
MERCREDI	latin	français	français	technologie				
JEUDI	maths	technologie	espagnol		sport	sport	anglais	histoire géographie
VENDREDI		sport	espagnol	maths		histoire géographie	anglais	musique

1   Un emploi du temps

 a   Regardez l'emploi du temps et écoutez les élèves (**1–8**). C'est quel jour?

Exemple: 1 mardi

b   Répondez aux questions.

1 Combien de matières différentes font-ils?
2 Est-ce qu'ils ont cours le mercredi après-midi?
3 À quelle heure commence le premier cours?
4 À quelle heure finit le dernier cours de l'après-midi?
5 Ils ont combien de cours de français par semaine?

6 Les cours commencent à quelle heure l'après-midi?
7 Combien de temps, environ, dure chaque cours?
8 On fait quelles langues?
9 À votre avis, quelle est la meilleure journée (à part le mercredi, bien sûr!)?
10 Quelle est la plus mauvaise journée?

2   Les matières

a   Quelles sont vos matières préférées et pourquoi? Trouvez les paires.

Exemple: 1 b

1 Ma matière préférée est l'informatique
2 J'aime toutes les sciences, surtout la chimie,
3 La matière que je préfère est l'anglais
4 Ma matière favorite est l'EPS
5 J'aime bien l'histoire

parce que …
a j'adore lire et le prof est sympa et explique tout très bien.
b c'est intéressant et utile et je voudrais être programmeur plus tard.
c les cours sont toujours amusants et, comme métier, je voudrais faire pharmacienne.
d je trouve ça passionnant et j'ai toujours de bonnes notes en histoire.
e parce que je m'intéresse à tous les sports, surtout au hockey et à la gymnastique.

b   Est-ce qu'il y a des matières que vous n'aimez pas? Pour quelles raisons?

1 Je déteste le dessin
2 Je n'aime pas beaucoup la géographie
3 Ce que je n'aime pas, c'est l'allemand,
4 La matière que j'aime le moins est la technologie
5 Je n'aime pas les maths

parce que …
a je ne suis pas fort(e) en langues et le prof nous donne trop de travail.
b les matières pratiques ne m'intéressent pas.
c je trouve ça difficile et on doit faire beaucoup de devoirs.
d je ne suis pas fort(e) en géographie et, à mon avis, c'est ennuyeux.
e je suis nul(le) en dessin et je trouve ça inutile.

3 *À vous!*

a   À deux, posez des questions et répondez à tour de rôle.

b   Écrivez vos réponses.

La journée scolaire

1 À quelle heure est-ce que tes cours commencent, le matin?
2 Et à quelle heure finissent-ils?
3 Tu as combien de cours par jour?
4 Combien de temps dure chaque cours?
5 Combien d'heures de devoirs par jour as-tu? À ton avis, c'est trop / ce n'est pas assez / c'est ce qu'il faut?

Les matières

1 Tu apprends le français depuis combien de temps?
2 Qu'est-ce que tu fais comme langues et comme sciences?
3 Tu as combien d'heures de maths par semaine?
4 Quelles matières sont obligatoires?
5 Qu'est-ce que tu aimes comme matières? Pourquoi? (*Parce que c'est facile/intéressant/utile, etc. Parce que je suis fort(e) en …*)
6 Quelles sont les matières que tu n'aimes pas beaucoup? Pourquoi? (*Parce que c'est difficile/ennuyeux, etc. Parce que je suis nul/nulle en …*)

4 Au collège en Grande-Bretagne

Lisez le message et faites les exercices.

a Trouvez l'équivalent en français.

1 more or less
2 except
3 to drop others
4 private lessons
5 that's optional
6 we have to wear a school uniform
7 a blue and yellow striped tie
8 we're not allowed
9 to wear make-up
10 it's forbidden
11 a detention
12 it really wasn't fair

b Trouvez au moins six vêtements.

c Trouvez le contraire.

Exemple: **1** *C'est facultatif.*

1 C'est obligatoire
2 On a le droit de …
3 Il faut
4 Il n'est pas interdit

d Traduisez le troisième paragraphe. (*Au collège … autorisées.*)

5 En France

a Complétez les phrases avec la bonne forme de **devoir**.

1 Nous __ apprendre une langue étrangère au collège.
2 Les élèves __ acheter leurs livres scolaires et leurs cahiers.
3 On ne __ pas porter d'uniforme scolaire.
4 Tu ne __ pas utiliser ton portable en classe.
5 Les parents __ signer le bulletin scolaire de l'élève.

b Utilisez une expression de la case.

1 __ porter un uniforme scolaire.
2 __ porter les vêtements de son choix.
3 __ souvent arriver au collège à huit heures.
4 __ sortir du collège sans autorisation.
5 La natation est __ à l'école primaire.
6 __ quitter l'école à l'âge de 16 ans.

> Il faut … On n'est pas obligé de …
> obligatoire Il ne faut pas …
> On a le droit de …

---

http://www.tchatter-copains.org

Salut!

Ça fait déjà six mois que je suis en Grande-Bretagne. Je vais au collège à Birmingham. C'est assez grand, avec 900 élèves et 40 profs.

On étudie plus ou moins les mêmes matières qu'en France, sauf qu'ici il y a l'instruction religieuse en plus. À partir de 'Year 10' on peut choisir entre certaines matières et en laisser tomber d'autres. Cependant tous les élèves doivent étudier les maths, l'anglais, les sciences et la technologie – ce sont des matières obligatoires. Il y a aussi des cours particuliers, par exemple pour apprendre un instrument de musique, mais ça c'est facultatif.

Au collège, nous devons porter un uniforme scolaire. Pour les filles, c'est un pantalon ou une jupe bleu marine, une chemise bleue et un blazer bleu. Les garçons doivent porter une veste et un pantalon gris, une chemise blanche et une cravate à rayures bleues et jaunes. Il faut porter des chaussures noires ou marron, mais les baskets ne sont pas autorisées. On n'a pas le droit de porter de bijoux, ni de piercings et il ne faut pas se maquiller. Il est interdit de fumer et d'utiliser son portable en classe. Si on ne respecte pas les consignes, on risque de recevoir une retenue ou d'être envoyé au bureau de la directrice.

Jeudi dernier, toute notre classe a dû rester trente minutes de plus parce que quelques élèves faisaient des bêtises – ce n'était vraiment pas juste!

Dossier-langue   Grammaire 16–18

Saying something is compulsory or forbidden

To say that something is compulsory or must or ought to be done, use:

1 **devoir** + infinitive:
   Tous les élèves doivent apprendre une langue.
   All pupils have to learn a language.

2 **Il faut** + infinitive:
   Il faut arriver en classe à l'heure.
   You have to arrive at lessons on time.

3 **être obligé de/c'est obligatoire:**
   On est obligé de porter l'uniforme scolaire / Porter l'uniforme scolaire, c'est obligatoire.
   It's compulsory to wear school uniform.

To say what shouldn't be done, use:

1 **devoir** in the negative:
   On ne doit pas courir dans le couloir.
   You mustn't run in the corridor.

2 **il ne faut pas** + infinitive:
   Il ne faut pas se maquiller.
   You mustn't wear make-up.

3 **on n'a pas le droit de …**
   On n'a pas le droit de porter de bijoux.
   You're not allowed to wear jewellery.

4 **il est interdit de …**
   Il est interdit de fumer.
   Smoking is forbidden.
   Il est interdit d'utiliser son portable en classe.
   It's forbidden to use your mobile in class.

---

6 *À vous!*

Écrivez des phrases pour décrire ce qui est obligatoire ou interdit dans votre collège. Qu'en pensez-vous? C'est juste ou c'est pas juste?

Exemple: **Dans notre collège, il faut arriver à …**

Utilisez chaque expression une fois:

- il faut …, on est obligé de (d') …, on doit …
- il ne faut pas …, on n'est pas obligé de (d') …
- on ne doit pas …
- il est interdit de …
- on n'a pas le droit de …

Quelles règles voudriez-vous changer?

Exemple: **Je ne comprends pas pourquoi on ne peut pas porter de bijoux au collège. Je voudrais changer cette règle.**

- *compare school systems*
- *discuss life at school*
- *suggest improvements*

1 On compare les systèmes scolaires

Écoutez la discussion. On compare la vie scolaire en France et en Angleterre.

What differences are mentioned by the French students about the following?

- school uniform
- school assembly
- when school starts and the length of the school day
- lunch hour
- supervision of students during lunchtime and breaks
- school subjects
- summer holidays

2 Forum des jeunes: L'école

Lisez les extraits d'une discussion sur Internet.

forum des jeunes

L'école: Qu'est-ce que vous aimez? Qu'est-ce que vous n'aimez pas? Comment peut-on améliorer la vie au collège?

Alamode: J'aime mon école!

L'école idéale ... c'est un peu la mienne! Je commence à 9h et finis à 15h30. Pour les devoirs, on se connecte au réseau du collège et on travaille en ligne (donc on a des cartables très légers!). Les élèves portent un uniforme et c'est très cool car il n'y a pas de jalousie entre les élèves (pour ceux dont les parents n'ont pas les moyens d'acheter des vêtements très chers et de marque) et moins de harcèlement.

Il y a des clubs (foot, danse ...) après les cours et c'est gratuit. On peut manger à la cantine ou apporter son déjeuner, si on préfère. Voilà quelques raisons pour lesquelles j'aime mon école.

Perruchefolle:
Commencer plus tard

Ce serait bien si on pouvait commencer le plus tard possible, s'il y avait la télévision dans le réfectoire, un foyer d'élèves et un immense gymnase.

Foudemusique:
Pas de contrôles, pas de devoirs

Nous avons trop de devoirs et trop de contrôles. Les journées au collège sont déjà longues et en plus, on nous donne des heures de devoirs à faire à la maison. On n'a jamais le temps de faire autre chose.

Tapismajik:
Moins de bagarres dans les collèges

Il devrait y avoir plus d'activités pendant les pauses (basket, ping-pong, etc.). Les élèves s'ennuient pendant les pauses et c'est pour cela qu'il y a des bagarres. Dans nos collèges, les élèves s'insultent lorsqu'ils ne savent pas quoi faire et c'est presque toujours comme ça que ça débute.

Supersportif:
Un stade énorme

L'école idéale, ce serait: plus d'espaces libres, moins d'heures de cours, plus d'activités sportives (basket), une cafétéria, un stade énorme, un garage à vélos plus grand et plein de bonnes choses.

Anonyme:
Pour moi, l'école idéale serait une école fermée!!!

de marque   *designer label*
le harcèlement   *bullying*
une bagarre   *fight*

a Répondez en anglais.

1 What does *Foudemusique* dislike about school life?
2 Mention three things that *Alamode* likes about their school.
3 What advantages does *Alamode* mention about school uniform?
4 What three things would *Perruchefolle* like in school?
5 What does *Tapismajik* think should be done to discourage fighting?
6 Give two features of an ideal school mentioned by *Supersportif*.
7 What would an ideal school be like for *Anonyme*?

b Traduisez en anglais le texte d'*Alamode*.

c Trouvez ces phrases utiles dans le texte.

1 We never have time to do other things.
2 It would be good if we could start as late as possible.
3 There ought to be ...
4 The ideal school would be ...
5 fewer lessons

d Complétez cette phrase.
L'école idéale, ce serait ...

Dossier-langue **Grammaire 14.10**

Expressions using the conditional

ce serait bien si on pouvait ...
it would be good if we could ...

ce serait bien de + infinitive
it would be good to ...

il devrait y avoir ...
there ought to be

These phrases (in the conditional, which is taught fully in Unit 7) are useful for discussing how things could be improved.

3 Continuez le débat!

💬 Travaillez à deux. À tour de rôle, ajoutez une phrase de chaque section (**A–C**).

(A)
> Ce que j'aime au collège, c'est qu'…
> … il y a des matières qui sont intéressantes, comme … parce que …
> … on voit ses copains et qu'on s'amuse ensemble.
> … on fait du sport, comme …
> … il y a des profs qui sont sympas.

(B)
> Ce que je n'aime pas, c'est qu'…
> … il y a trop de contrôles.
> … on nous donne trop de devoirs. On n'a pas le temps de sortir en semaine.
> … on fait trop de travail personnel, par exemple des projets à thème pour les contrôles continus.
> À mon avis …
> … on ne fait pas assez de … (*sport, technologie*)
> … on fait trop de …. (*sport, technologie*)
> … nous devons faire moins de matières.

(C)
> Ce serait bien si (s') …
> … on pouvait faire ses devoirs au collège.
> … on pouvait sortir du collège pendant les pauses.
> … on ne devait pas porter d'uniforme.
> … il y avait plus de clubs, par exemple …
> … il y avait plus de choix à la cantine.

4 Les bons profs et les bons élèves

Dans une école idéale, il y aurait, bien sûr, de bons profs et de bons élèves, mais quelle est la définition d'un bon prof et d'un bon élève?

Choisissez trois phrases pour les décrire ou inventez-en d'autres.

a Un bon prof …
… s'intéresse à sa matière.
… s'intéresse à ses élèves.
… explique bien.
… ne va pas trop vite.
… a de l'humour.
… est bien organisé.
… ne donne pas trop de devoirs.

b Un bon élève…
… s'intéresse aux cours.
… est poli.
… arrive à l'heure.
… a les livres et les cahiers qu'il faut.
… ne range pas ses affaires dix minutes avant la fin du cours.
… fait ses devoirs à l'heure.

> Notre prof de physique est super cool, mais trop gentille; on se marre avec elle, mais elle n'est pas assez sévère.

> Le prof de maths est juste ce qu'il faut; il fait bien ses cours, on s'amuse avec lui, mais on connaît ses limites.

se marrer (*fam.*)   *to have fun*

5 À discuter

🔊 **a** Écoutez et lisez la conversation.

💬 **b** Lisez la conversation à deux.

c À deux, inventez une conversation un peu différente.

A Qu'est-ce que tu aimes au collège?
B J'aime retrouver mes copains et il y a quelques matières que j'aime bien, comme l'histoire par exemple.
A Qu'est-ce que tu n'aimes pas?
B Je n'aime pas les contrôles et je trouve qu'on a trop de devoirs chaque soir.
A Qu'est-ce que tu voudrais changer à l'école?
B À mon avis, on ne fait pas assez de sport et il n'y a pas beaucoup de clubs. Ce serait bien s'il y avait un club d'informatique.
A Tu as combien d'heures de devoirs, le soir?
B Normalement, on a environ deux heures de devoirs chaque jour et, à mon avis, c'est trop.
A Que penses-tu de l'uniforme scolaire?
B Moi, je suis pour l'uniforme scolaire parce qu'on n'est pas obligé de décider chaque matin ce qu'on va mettre pour aller au collège.

6 À vous!

Écrivez un paragraphe sur la vie au collège pour un forum sur Internet. Dites ce qui est bien, ce qui est moins bien et comment on pourrait améliorer le système.

Essayez d'utiliser ces mots:

à mon avis	*in my opinion*
cependant	*however*
en plus	*moreover*
en revanche	*on the other hand*

1 À l'école en Asie

🔊)) Marine est franco-laotienne. Son père est français et sa mère est laotienne. Lisez et écoutez son témoignage puis faites les exercices.

| Accueil | Infos | Santé | Affaires | Sport | Voyages | 🔍 Rechercher … |

En juillet dernier, nous avons déménagé en France. Mon père voulait être plus près de ses parents, qui étaient malades, et il a trouvé un emploi à Paris. Le jour du déménagement, j'étais un peu triste parce que j'allais quitter tous mes amis, mais j'étais aussi excitée. Avant nous habitions au Laos, un petit pays en Asie du sud.

Au Laos, j'allais au lycée de Vientiane, une très grande école avec 4 000 élèves de 10 à 18 ans. Environ 300 élèves venaient des villages, assez loin, et ils étaient internes. Il y avait presque 200 professeurs. L'enseignement était en lao et en français. Moi, j'étais en section bilingue alors je faisais certaines matières, comme les maths et les sciences, en français. On étudiait l'histoire, la géo et la littérature en lao et on faisait anglais comme langue étrangère. Comme sports, nous faisions de la gymnastique, du volleyball, du basket et du foot. Malheureusement, il n'y avait pas de piscine. C'était dommage parce qu'il faisait souvent chaud.

Comme dans beaucoup d'écoles en Asie, nous portions un uniforme scolaire. Pour les filles, c'était une chemise blanche et une jupe noire ou bleu foncé.

La journée scolaire commençait tôt, à sept heures et demie. Comme nous habitions en ville, j'y allais à pied. D'autres élèves allaient au lycée à vélo ou à moto et il y avait un parc à vélos au lycée.

Normalement la rentrée était le 1er septembre, mais en septembre dernier on a dû retarder la rentrée parce qu'il y avait des inondations. Comme vacances, nous avions de petites vacances à Noël et au Nouvel An bouddhique (en avril), et deux mois en juillet et août.

Le climat au Laos est très différent d'ici en France. Il y a deux saisons principales: la saison sèche d'octobre à avril et la saison des pluies de mai à septembre. Souvent, il pleuvait beaucoup aussi en octobre et en novembre.

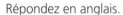

Au Laos, on mangeait beaucoup de fruits et de légumes.

On trouvait aussi des baguettes, comme en France.

Vientiane est la capitale du Laos mais ce n'est pas une très grande ville comme Paris. Au centre-ville on voit des noms bilingues et il y a une grande arche qu'on appelle le Patuxay et qui ressemble à l'Arc de Triomphe de Paris.

Répondez en anglais.

1 Where is Laos?
2 What was the school like? (size, boarders, staff, sports)
3 What was the language of instruction for maths in the bilingual section?

4 What was the school uniform for girls?
5 How did pupils go to school?
6 What are you told about the climate in Laos?

Dossier-langue   Grammaire 14.7

The imperfect tense (1)

The **imperfect tense** is a past tense which is used to say how things used to be and for description in the past.

Nous habitions au Laos.
We used to live in Laos.

Il y avait un parc à vélos au lycée.
There was a bike park at the school.

It is easy to form, just follow the recipe.

1 Take your verb, e.g. **faire**.

2 Form the **nous** part of the present tense

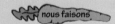
nous faisons

3 Chop off the **nous** part and the **-ons** ending

nous fais ons

4 Add the endings:

fais ais ais ait ions iez aient

5 The dish is now ready.

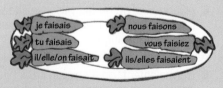

je faisais	nous faisons
tu faisais	vous faisiez
il/elle/on faisait	ils/elles faisaient

The verb **être** is the only verb where the stem is formed differently (**ét**...), but the endings are the same.

C'était facile. It was easy.

2 L'année dernière

Complétez les phrases avec l'imparfait.

1 À mon avis, c'(*être*) mieux l'année dernière, on (*avoir*) un autre prof d'histoire qui (*être*) vraiment sympa.

2 Moi, je trouve que c'(*être*) moins bien, parce que nous (*devoir*) faire géo et j'(*être*) absolument nul en géo.

3 Ce qui (*être*) bien, c'est qu'on (*faire*) plus de sport et qu'on (*aller*) à la piscine régulièrement.

4 Oui, mais nous (*avoir*) un prof d'anglais qui (*être*) très sévère – et pour moi qui suis nul en langues c'(*être*) pénible.

5 Il y (*avoir*) moins de devoirs et moins de contrôles – oui, c'(*être*) mieux.

3 Qu'est-ce qui a changé?

Écoutez les conversations (**1–8**). Des personnes parlent de ce qui a changé dans leur vie personnelle depuis cinq ans. Choisissez la phrase qui correspond à chaque personne.

Exemple: **1 d**

Avant …

a elle ne savait pas conduire.

b il habitait dans un village.

c il était célibataire.

d elle était professeur.

e il devait travailler tous les soirs.

f elle allait à l'école primaire.

g il ne faisait pas de sport.

h elle n'achetait pas beaucoup de vêtements.

4 Ma famille: avant et aujourd'hui

Complétez les phrases avec les bons verbes à **l'imparfait**.

Exemple: **1 avais**

1 Avant, je n'___ qu'un frère, mais aujourd'hui, j'ai un frère et des sœurs jumelles.

2 Avant, notre chat ___ petit et mignon, mais maintenant il est gros et un peu méchant.

3 Avant, mon frère aîné ___ à la maison, mais depuis juin, il habite à Paris.

4 Quand nous étions plus jeunes, ma mère ___ à la maison, mais maintenant elle travaille dans un bureau.

5 Avant, mon père ___ beaucoup pour son travail, mais maintenant il voyage beaucoup moins.

6 Avant, j'___ végétarien et je ne ___ pas de viande, mais maintenant je ne suis plus végétarien et je mange de la viande.

5 Ma vie a changé

Écoutez les témoignages. Deux jeunes parlent des changements dans leur vie. Trouvez les mots qui manquent.

Exemple: **1 tennis**

Raphaël

Avant, il y a cinq ans, je faisais du (**1**) ___; maintenant, je fais du football. Je ne m'intéressais pas trop aux (**2**) ___; maintenant, j'aime bien m'habiller correctement.

Et avant, je ne portais pas de (**3**) ___, mais maintenant, j'en porte. Quand j'étais plus jeune, je n'avais pas beaucoup de (**4**) ___ à faire, le soir, mais maintenant, on a beaucoup de travail, tous les soirs. Autrefois, mes amis et moi, nous allions souvent à la (**5**) ___, alors que maintenant, nous allons plutôt au (**6**) ___.

Juliette

Il y a cinq ans, je faisais de la (**1**) ___ environ douze heures par semaine, mais depuis un an, j'ai arrêté parce que j'avais un problème au (**2**) ___. Il y a cinq ans, ma sœur était chez moi, mais maintenant, elle est partie faire ses études à (**3**) ___. Donc maintenant, je suis toute seule chez moi avec mes parents: c'est (**4**) ___. Nous avions un (**5**) ___ blanc, mais il est mort il y a deux ans, donc nous n'avons plus d'animal à la maison. Quand j'étais plus jeune, je ne m'intéressais pas beaucoup à la musique, mais maintenant, je joue de la (**6**) ___ et j'adore ça.

6 *À vous!*

a À deux, parlez ensemble des choses qui ont changé depuis cinq ans. Posez des questions et répondez à tour de rôle.

Exemple:

A *Qu'est-ce qui a changé dans ta vie?*

B *Il y a cinq ans, j'allais à l'école primaire. Et toi?*

A *Il y a cinq ans, nous habitions une autre ville.*

b **Il y a cinq ans et aujourd'hui.**

Écrivez quelques phrases à propos des choses qui ont changé. Comparez votre vie d'il y a cinq ans ou quand vous aviez dix ans avec votre vie d'aujourd'hui.

> **Pour vous aider**
>
> Je ne savais pas nager / faire la cuisine.
> Je ne jouais pas de guitare / de flûte.
> Je ne sortais pas tout(e) seul(e).
> Je n'avais pas autant de devoirs.
> Je mangeais / Je ne mangeais pas …
> J'avais / je n'avais pas de …
> Je n'apprenais pas …
> Je ne m'intéressais pas beaucoup au /
>   à la / à l' / aux …

1 100 sites et applis pour le collège

a Trouvez les mots et expressions dans le texte qui ont presque le même sens.

1 à partir de
2 tous les ans
3 les sites les plus utiles
4 les matières les plus importantes
5 on choisit de préférence
6 une section
7 des trucs
8 à la maison

b Lisez le texte et répondez en anglais.

1 How often does the guide appear?
2 What kind of websites does it list?
3 Give two factors mentioned about the choice of websites.
4 What is covered under the heading «méthodes de travail»?

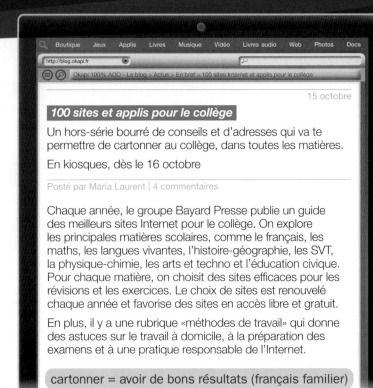

Boutique Jeux Applis Livres Musique Vidéo Livres audio Web Photos Docs

http://blog.okapi.fr

Okapi 100% ADO - Le blog > Actus > En bref > 100 sites Internet et applis pour le collège

15 octobre

100 sites et applis pour le collège

Un hors-série bourré de conseils et d'adresses qui va te permettre de cartonner au collège, dans toutes les matières.

En kiosques, dès le 16 octobre

Posté par Maria Laurent | 4 commentaires

Chaque année, le groupe Bayard Presse publie un guide des meilleurs sites Internet pour le collège. On explore les principales matières scolaires, comme le français, les maths, les langues vivantes, l'histoire-géographie, les SVT, la physique-chimie, les arts et techno et l'éducation civique. Pour chaque matière, on choisit des sites efficaces pour les révisions et les exercices. Le choix de sites est renouvelé chaque année et favorise des sites en accès libre et gratuit.

En plus, il y a une rubrique «méthodes de travail» qui donne des astuces sur le travail à domicile, à la préparation des examens et à une pratique responsable de l'Internet.

cartonner = avoir de bons résultats (français familier)

2 Internet – un débat

a Lisez les commentaires et trouvez une ou deux réponse(s) à chaque question.

Exemple: 1 Daniel (D) + …

1 À ton avis, est-ce qu'Internet est utile pour le travail scolaire? Pourquoi?
2 Quels sont tes sites préférés?
3 Est-ce que tu utilises Internet pour rester en contact avec tes copains et ta famille?
4 Est-ce que ta famille fait des achats en ligne?
5 Est-ce que tu télécharges de la musique?

b Trouvez l'équivalent en français.

1 You can find information about everything there.
2 I download
3 social media
4 the best way
5 in my view
6 one of my favourite sites is

c Traduisez le post de Gabriel.

🔊 **d** Écoutez le débat. Notez qui donne la réponse enregistrée.

Exemple: 1 D (Daniel)

 Antoine: ✉ ♥ ⤷
J'aime bien le site Wikipédia. C'est comme une encyclopédie faite par le public. On y trouve des informations sur tout.

 Bianca: ✉ ♥ ⤷
Oui, quelquefois je télécharge les chansons de mon groupe préféré.

 Chloé: ✉ ♥ ⤷
J'utilise Internet surtout pour les réseaux sociaux, comme Facebook. Je me connecte tous les jours pour lire des messages. J'ai un copain de vacances qui habite en Écosse et un autre au Canada et c'est le meilleur moyen de rester en contact avec eux.

 Daniel: ✉ ♥ ⤷
D'après moi, c'est utile parce qu'on peut consulter des sites, ce qui nous aide avec le travail scolaire et les devoirs. Si on n'a pas bien compris quelque chose, on peut poser des questions aux profs en ligne.

 Emma: ✉ ♥ ⤷
Un de mes sites préférés est le site d'Okapi. Okapi est le nom d'un magazine pour les ados. Sur le site, il y a des articles, des forums et plein de choses amusantes.

 Fatima: ✉ ♥ ⤷
Mon frère aîné achète beaucoup de choses en ligne, parce que ça coûte moins cher que dans les magasins.

 Gabriel: ✉ ♥ ⤷
C'est très utile pour moi, parce que mon père voyage souvent pour son travail et grâce à Internet, je peux facilement rester en contact avec lui. Notre ordinateur a une webcam, donc on peut se voir quand on bavarde en ligne.

 Hugo: ✉ ♥ ⤷
Je fais souvent des recherches sur Internet pour mon travail scolaire. Hier, par exemple, j'ai trouvé un article intéressant sur l'Inde pour un devoir de géographie.

 Ibrahim: ✉ ♥ ⤷
Ma grand-mère achète beaucoup en ligne. C'est très pratique pour elle parce qu'elle déteste aller dans les magasins.

3 Pour continuer le débat

Complétez ces questions avec la bonne forme d'un verbe de la case.

> aimer avoir être lire mettre passer penser regarder

Exemple: 1 tu aimes

1 Tu ___ faire des jeux en ligne?
2 Que ___-tu des forums?
3 Est-ce que tu ___ les films et les émissions de télé en ligne?
4 Quels ___ les dangers d'Internet?
5 Est-ce que tu ___ eu des problèmes?
6 Tu ___ tes photos sur Internet?
7 Est-ce que tu ___ des blogs? De qui?
8 À ton avis, est-ce que les gens ___ trop de temps sur Internet?

4 Forum des jeunes: Internet

a Trouvez l'équivalent de ces expressions utiles en français.
1 bad experiences
2 straightaway
3 I blocked him
4 I never give my email address
5 people I don't know
6 I only accept
7 you need to be very careful
8 I haven't had problems

b Copiez d'autres expressions utiles de l'article.

c Summarise the advice in English.

---

forum des jeunes

Tu aimes te connecter pour tchater, faire ton blog ou pour jouer en ligne. Mais as-tu eu de mauvaises expériences? Comment peut-on se protéger contre les dangers d'Internet?

 Perruchefolle:
On m'a insulté une fois sur un forum, alors j'ai tout de suite quitté le site. Plus tard je l'ai dit au modérateur.

 Mistercool:
Un inconnu a visité mon blog. Il avait l'air sympa, mais je ne le connaissais pas alors je l'ai bloqué.

 Tapismajik:
Je ne donne jamais mon adresse mail aux gens que je ne connais pas.

 Alamode:
J'ai déjà eu une vingtaine de virus mais on a installé un nouvel antivirus et depuis on n'a pas eu de problèmes.

 Supersportif:
Sur les sites comme Facebook, je n'accepte jamais de personnes que je ne connais pas. Je n'accepte que mes camarades de classe, des copains de vacances, des amis de la famille, etc.

 Metro-gnome:
Je sais qu'il faut faire attention, comme ça, je n'ai pas eu de problèmes.

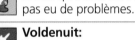 **Voldenuit:**
Moi, sur les sites que tout le monde peut voir, je ne mets jamais d'infos trop personnelles (nom de famille, adresse, etc.)

Voici mes conseils:
• Ne pas accepter d'être amis avec les gens que l'on ne connaît pas
• Ne pas permettre à tout le monde de voir ses photos
• Ne pas parler avec des inconnus sur les forums ou autres sites
• Et s'il y a quand même des problèmes, arrêter le contact tout de suite!

---

5 À vous!

a Écrivez six questions pour un sondage sur Internet. Pour vous aider, regardez les questions sur ces pages.

b Posez et répondez aux questions de votre partenaire.

c Écrivez un résumé de votre sondage.

Pour vous aider

Combien de temps passes-tu sur Internet environ chaque jour?
(*Je passe environ deux heures par jour sur Internet.*)
Quels sont les avantages d'Internet … pour rester en contact avec la famille / pour le travail scolaire / pour faire des achats?
Quels sont les inconvénients / les dangers d'Internet?
Quels sites as-tu regardé récemment?
Est-ce que tu as écrit des posts pour un forum? Si oui, à quel sujet? Si non, pourquoi pas?

4G Aux magasins

- *talk about shopping*
- *find out about prices*
- *say which item you prefer*

1 La rentrée scolaire

Septembre, c'est le début de l'année scolaire, alors au mois d'août et de septembre, beaucoup de magasins font de la publicité pour le matériel scolaire. Comme on ne porte pas d'uniforme, on pense aussi aux nouveaux vêtements pour l'école.

Regardez l'image **C** à la page 62 et faites une liste des choses pour l'école.

2 On va en ville

🔊 **a** Écoutez les conversations 1 à 3 et notez les choses qu'ils veulent acheter.

Exemple: 1 A, …

🔊 **b** Écoutez les conversations 1 à 5 et complétez les phrases.

1 Marc a besoin d'un __, de __, d'une __ et de __.

2 Fatima veut acheter __ et Julie doit acheter __ pour son frère.

3 Laure a besoin de __ et elle veut aussi acheter __ pour sa famille.

4 Nicolas veut regarder __ Thomas veut regarder __.

Ils vont à la Boutique Électronique, au __ sport et aussi à __.

5 Madame Lebrun a besoin de beaucoup de choses: un __ pour sa fille, un jeu de Monopoly et une __ d'anniversaire pour son neveu, du __, des boucles d'oreilles et peut-être des __.

3 Dans un grand magasin

🔊 **a** Écoutez les annonces et répondez en anglais.

1a Which three items are being advertised?
   a fridges **b** glasses **c** china **d** cookers
   e kitchen utensils

1b Reduced items are marked by …
   a a blue cross **b** a red dot **c** a green dot

2 What kind of product is Oriental?
   a scarf **b** perfume **c** cream

3 Which three items are mentioned?
   a brooch **b** necklace **c** watch **d** bracelet **e** earrings

4 Mention two different types of T-shirt advertised.

5 Name one of the books advertised.

6 List three items of stationery mentioned.

7 On which floor is the music department?

8 What is being advertised in the sports department?

> **Du 27 août au 2 septembre**
> La semaine fantastique de la rentrée
> Des prix fantastiques dans tous nos rayons!

> L'affaire du moment
> Ensemble ordinateur portable + souris sans fil

Toutes nos offres sur votre smartphone

b Où est-ce qu'il faut aller? Écrivez l'étage qui correspond.

Exemple: 1 SS

1 Je voudrais acheter une boîte de chocolats.

2 Où est-ce qu'on trouve les livres?

3 J'ai besoin d'un étui pour mon portable.

4 Je voudrais acheter une peluche pour ma sœur.

5 Est-ce qu'on vend des bijoux ici?

6 Pour les stylos et les classeurs, c'est quel étage?

7 Je cherche du parfum pour ma mère.

8 Mon ami veut acheter des baskets.

9 Je voudrais regarder les boucles d'oreilles.

10 Je cherche un jeu de boules.

4E ÉTAGE	jouets
3E ÉTAGE	arts ménagers
2E ÉTAGE	sport
	papeterie
	informatique, téléphonie
1ER ÉTAGE	mode
	vêtements
	chaussures
RC (rez-de-chaussée)	
	librairie
	cadeaux
	souvenirs
	bijouterie
	parfumerie
SS (sous-sol)	musique
	alimentation

4 On fait des achats

 a Écoutez les conversations et complétez le texte.

a À la librairie

– On peut vous aider?

– Oui, je cherche un cahier de textes.

– Il y a de très beaux (**1**) ____ avec des photos de chanteurs, sinon des plus simples comme ceux-là.

– Ce cahier-là est super. Il coûte combien?

– (**2**) ____ euros.

– C'est un peu trop cher.

– Il y a aussi celui-ci qui est un peu moins cher à (**3**) ____ euros.

– Ah oui. Bon, je prends celui-là.

b Au magasin de cadeaux

– Je cherche un souvenir de la région – quelque chose de typique.

– Il y a de la poterie régionale qui est très jolie, un (**1**) ____ ou un (**2**) ____ peut-être.

– Le vase est à combien?

– Celui-ci est à (**3**) ____ euros.

– Oui, je vais prendre ça.

– C'est pour (**4**) ____?

– Oui, c'est pour ma grand-mère.

– Je vous fais un paquet-cadeau?

– Oui, s'il vous plaît.

c Au magasin de jouets

– Bonjour, madame. Je cherche quelque chose pour un garçon de neuf ans, un petit souvenir de France.

– Eh bien, il y a des maquettes, par exemple un (**1**) ____ TGV ou un petit (**2**) ____ de pêche.

– Oui, j'aime bien ce petit bateau de pêche. C'est combien?

– Celui-ci est à (**3**) ____ euros, il y en a aussi qui sont plus grands à (**4**) ____ euros.

– Non, je prendrai celui-ci, s'il vous plaît.

– Très bien.

 b À deux, inventez une conversation comme ça.

Dossier-langue   **Grammaire 3**

This, that, these, those

	masculine singular	feminine singular	masculine plural	feminine plural
this / these	ce / cet*	cette ...	ces ...	ces ...
the one(s)	celui	celle	ceux	celles
this one / these ones	celui-ci	celle-ci	ceux-ci	celles-ci
that one / those ones	celui-là	celle-là	ceux-là	celles-là

*before a vowel or silent 'h'

5 Idées cadeaux

Complétez les phrases avec **ce**, **cet**, **cette** ou **ces**.

Exemple: 1 *ce*

1 ___ jeu électronique (*m*) n'est pas cher.

2 J'aime bien ___ bande dessinée (*f*).

3 Mes parents vont aimer ___ poster.

4 ___ étui pour portable (*m*) est super.

5 J'ai acheté ___ bracelet (*m*) pour ma sœur.

6 ___ bonbons français (*m pl*) sont vraiment délicieux.

6 Un message

> Salut!
>
> Hier, il pleuvait toute la journée mais ça n'avait pas d'importance parce que j'ai fait du shopping dans un nouveau centre commercial. Mais il y avait du monde, c'était incroyable et c'était très fatigant. J'ai surtout cherché des cadeaux de Noël pour ma famille. Pour ma grand-mère, j'ai choisi une boîte de petits gâteaux. Elle adore ça et elle les partage toujours. Pour ma mère, j'ai acheté un joli vase en verre.

a Trouvez l'équivalent en français.

1 it was raining all day

2 it was crowded

3 it was unbelievable

4 she always shares them

b Complétez le reste du message.

> avait   choisir   lui   mignon   pratique   promotion

c Écrivez une liste des cadeaux achetés.

> J'avais de la chance parce qu'il y (**1**) ____ des réductions dans beaucoup de rayons. Pour mon père, j'ai acheté des chaussettes – ce n'est pas très original peut-être, mais c'est (**2**) ____ et il aime des chaussettes fantaisie. Ma petite sœur aime les peluches alors, pour elle, j'ai acheté un petit chien, très (**3**) ____. Mon frère est plus difficile, mais finalement, j'ai choisi un stylo fantaisie pour (**4**) ____. Et pour moi, j'ai trouvé un tee-shirt d'une bonne marque qui était en (**5**) ____ aussi. Il y avait un grand choix et c'était difficile à (**6**) ____, mais finalement j'ai choisi un tee-shirt à rayures roses et noires.
>
> @+,
>
> **Sophie**

7 À vous!

Vous avez fait du shopping hier. Écrivez un message à un(e) ami(e) pour raconter votre sortie.

- *shop for clothes*
- *explain a problem*
- *ask for a refund or exchange*

1 On achète des vêtements

🔊)) Écoutez les conversations (**1–6**). Qu'est-ce qu'ils achètent? Combien ça coûte?

Exemple: **1** un pull rouge, en laine, 29 euros

Stratégies

Translating 'What size?'

Quelle taille? is used for clothes.

Quelle pointure? is used for shoes.

Often casual clothing (T-shirts, socks, etc.) comes in small (**petit**), medium (**moyen**), large (**grand**) or extra large (**très grand**).

Continental sizes differ from those in the UK.

2 Expressions utiles

Trouvez les paires.

1 un ascenseur	**a** *brand name, designer label, make*
2 une cabine d'essayage	**b** *department*
3 un escalier roulant	**c** *striped*
4 assorti	**d** *escalator*
5 un rayon	**e** *lift*
6 en promotion	**f** *in the window*
7 des soldes	**g** *changing room*
8 une marque	**h** *sales*
9 en vitrine	**i** *special offer*
10 rayé(e)	**j** *matching*

3 Qui dit ça?

Lisez les expressions **1–18** et classez-les en deux listes: le/la client(e); le vendeur/la vendeuse.

Exemple: le client/la cliente   le vendeur/la vendeuse
               1, …   2, …

1 Est-ce que vous avez cette jupe dans d'autres couleurs, s'il vous plaît?

2 Vous faites quelle taille?

3 Je peux l'essayer?

4 La cabine d'essayage est là-bas.

5 Qu'est-ce que vous désirez, monsieur?

6 Nous l'avons aussi en bleu, en gris et en jaune.

7 Je peux les essayer en bleu, s'il vous plaît?

8 Vous faites quelle pointure?

9 Je cherche un pull rouge pour un garçon de neuf ans.

10 Est-ce que vous prenez / acceptez les chèques de voyage?

11 J'ai vu un sweatshirt en vitrine. Vous l'avez dans quelles couleurs?

12 Et c'est quel prix?

13 Bon, je le prends.

14 Pouvez-vous passer à la caisse, s'il vous plaît?

15 Je cherche une chemise rayée comme ça, mais en bleu clair.

16 Est-ce qu'on peut l'échanger si ça ne va pas?

17 Oui, si vous gardez le reçu.

18 Je peux payer Sans Contact?

4 Des questions utiles

Complétez les questions avec la bonne forme de **quel** ou **lequel**.

1 Le rayon sport est à ____ étage (*m*)?

2 Le magasin ferme à ____ heure (*f*)?

3 On va dans ____ magasins (*m pl*)?

4 ____ couleur (*f*) préférez-vous?

5 – J'aime bien le pull en vitrine.
– ____?

6 – Vous avez ces chaussettes (*f pl*) en grand?
– ____?

7 – Est-ce que je peux essayer la chemise?
– ____?

8 – Est-ce que je peux voir les gants (*m pl*) de ski?
– ____?

Dossier-langue   Grammaire 13.2a/b

Asking questions: *quel …?* and *lequel …?*

	masculine singular	feminine singular	masculine plural	feminine plural
which (adjective)	quel	quelle	quels	quelles
which one(s) (pronoun)	lequel	laquelle	lesquels	lesquelles

5 Inventez des conversations

À deux, faites des conversations avec des questions sur ces pages.

> Voilà ce que j'ai acheté! Un jean d'une bonne marque qui était en promotion. Et toi, qu'est-ce que tu as acheté?

> Moi, j'ai trouvé des baskets à la dernière mode. Elles sont très cool.

6 Il y a un problème?

Écoutez les conversations et corrigez les erreurs dans les phrases.

1 Un garçon a acheté une tablette samedi dernier, mais elle ne marche pas.
2 Une fille a reçu un étui pour portable comme cadeau, mais elle n'aime pas la couleur.
3 Un homme a acheté des chaussettes, mais elles sont trop grandes.
4 Une femme a acheté un jean, mais à la maison, elle a trouvé un défaut: trou dans le tissu.
5 Une fille a acheté un haut en soldes, mais elle a changé d'avis et elle veut se faire rembourser.

7 On peut vous aider?

Lisez ces conversations, puis changez les mots surlignés pour inventer d'autres conversations.

①
– J'ai acheté ce portable l'autre jour, mais il ne marche pas.
– Faites voir. Ah oui, vous avez raison. Vous avez votre reçu?
– Le voilà.
– Bon, on peut soit remplacer le portable, soit vous rembourser.
– Pouvez-vous me rembourser, s'il vous plaît?

> soit … soit … *either … or …*
> Pouvez-vous me rembourser?
> *Can you give me a refund?*

> l'autre jour
> samedi dernier
> hier
> avant-hier
> vendredi dernier
> la semaine dernière, etc.

②
– On m'a offert ce tee-shirt comme cadeau, mais je n'aime pas beaucoup la couleur. Est-ce que je peux l'échanger?
– Oui, vous voulez en choisir un autre?
– Bon, merci.

> ce portable
> cette calculatrice
> cette montre
> cette tablette etc.

> il   elle
> un   une
> le   la

> j'ai trouvé qu'il y avait un défaut … là
> je n'aime pas beaucoup la couleur / le modèle
> il est trop grand / petit
> elle est trop grande / petite.

③
– J'ai acheté ce pull hier, mais à la maison, j'ai trouvé qu'il y avait un défaut … là.
– Bon, vous avez le reçu?
– Oui.
– Alors, préférez-vous un échange ou un remboursement?
– Je voudrais un échange, s'il vous plaît.

> ce tee-shirt
> ce haut
> ce sac
> ce pull
> cette veste, etc.

1 Les noms des écoles

On donne souvent aux écoles (et aux rues) le nom de personnes célèbres.

Choisissez un mot de la case pour décrire chaque personne.

Exemple: 1 Henri Matisse *était peintre.*

> biologiste et chimiste
> chimiste et physicien(ne)
> ingénieur
> musicien(ne) et compositeur
> peintre   poète   roi
> soldat et ancien président français

① **Collège Henri Matisse**

② **LYCÉE MAURICE RAVEL**

③ **ÉCOLE LOUIS PASTEUR**

④ **COLLÈGE CHARLES DE GAULLE**

⑤ **ÉCOLE MARIE CURIE**

⑥ **LYCÉE HENRI IV**

⑦ **Collège Jacques Prévert**

⑧ **LYCÉE GUSTAVE EIFFEL**

2 Le saviez-vous?

Complétez les phrases.

1 Quand Henri Matisse (*être*) jeune, il ne (*s'intéresser*) pas à la peinture. Il a commencé à faire de la peinture quand il (*avoir*) 20 ans et qu'il (*être*) à l'hôpital.

2 Louis Pasteur a trouvé un processus, par lequel on (*pouvoir*) détruire les microbes dans un liquide, comme le lait.

3 Jacques Prévert (*s'ennuyer*) à l'école et il a quitté l'école quand il (*avoir*) quinze ans.

4 Marie Curie (*être*) polonaise mais elle est venue à Paris pour faire des études universitaires, parce qu'à l'époque, en Pologne, on ne (*permettre*) pas aux femmes d'aller à l'université. Elle a été la première femme à recevoir un prix Nobel pour ses recherches sur les substances radio-actives.

3 À l'imparfait

Traduisez les phrases en français.

1 I was very worried.
2 I'm sorry but the train was late.
3 It was cold when I arrived in Canada.
4 What were you doing when the accident happened?
5 When I was younger I used to go to the cinema every Friday.
6 It was super.

Dossier-langue   **Grammaire 14.7**

The imperfect tense (2): main uses

The imperfect tense is used:

- for descriptions in the past, for instance to describe someone's appearance or feelings, or the weather:
  Tu étais inquiet/inquiète? Were you worried?
  Il pleuvait quand on est arrivés.
  It was raining when we arrived.

- to describe how things used to be:
  Nous avions un chien quand j'étais plus jeune.
  We used to have a dog, when I was younger.

- to describe a state of affairs in the past:
  Ce n'était pas cher. It wasn't expensive.
  Je ne parlais pas français. I didn't speak French.

- to translate 'was …ing' and 'were …ing':
  Que faisiez-vous quand j'ai téléphoné?
  What were you doing when I phoned?

- to describe something that happened regularly in the past. It often translates 'used to …':
  Quand j'étais plus jeune, j'allais à la piscine tous les samedis.
  When I was younger, I used to go to the swimming pool every Saturday.

- to give opinions and comments about a past event:
  Ça n'avait pas d'importance. That wasn't important.
  C'était génial / nul. It was brilliant / rubbish.
  Ce n'était pas bien. It wasn't much good.

- to make excuses:
  Ce n'était pas de ma faute. It wasn't my fault.
  Le bus était en retard. The bus was late.

- to set the scene, to say what was happening when something else (a specific action) took place:
  Il jouait dans l'atelier quand l'accident est arrivé.
  He was playing in the workshop when the accident happened.

- to describe something you wanted to do, but didn't:
  Je voulais le voir mais je n'avais pas le temps.
  I wanted to see him but I didn't have time.

4 Un professeur célèbre

🔊 Écoutez et lisez le texte.

| Accueil | Infos | Santé | Affaires | Sport | Voyages | 🔍 Rechercher … |

Louis Braille est né en 1809 à Coupvray, pas loin de Paris. Il était le plus jeune d'une famille de quatre enfants. À l'âge de trois ans, tandis qu'il jouait dans l'atelier de son père, il a pris un outil pour couper du cuir. On ne sait pas exactement ce qui s'est passé, mais il y a eu un accident tragique et le petit garçon a perdu l'usage de son œil gauche. Peu de temps après, l'œil droit s'est infecté et Louis est devenu aveugle.

À l'âge de dix ans, il est allé à l'Institution Royale des Jeunes Aveugles, la première école pour les aveugles en France. La vie à l'école était dure. Les bâtiments étaient sombres et humides. Mais Louis était bon élève. Il était fort en maths, français, histoire et géographie et il jouait du piano et du violoncelle.

Quand il a terminé ses études, il est lui-même devenu professeur, et il a enseigné l'algèbre, la grammaire et la géographie aux jeunes aveugles. Il a constaté que les méthodes utilisées à l'école n'étaient pas toujours bonnes. On utilisait un système d'écriture basé sur les sons.

Braille a inventé un nouveau système qui avait un avantage important: son système était un alphabet. L'alphabet de Braille était plus facile à déchiffrer car ses caractères étaient moins hauts. Chaque lettre ou symbole faisait un maximum de 6 points. Braille a continué à perfectionner son système jusqu'à sa mort en 1852, à l'âge de 41 ans.

L'alphabet de Braille est un alphabet complet qui donne accès aux livres scolaires et littéraires et qui permet aux aveugles de faire des maths et de la musique.

a Répondez en anglais.
1 What happened when Louis Braille was aged three?
2 What kind of school did he go to when he was ten?
3 What were the buildings like?
4 What sort of pupil was Braille?
5 Which were his best subjects?
6 Which musical instruments did he learn to play?
7 What career did he follow?
8 What were the advantages of Braille's system of writing?
9 What else does Braille's alphabet enable blind people to do, apart from reading books?

b Trouvez l'équivalent en français.
1 When he was three …
2 Louis became blind
3 Life at school was hard.
4 He was good at maths
5 Braille's alphabet was easier to work out
6 … until his death

5 Quand il n'y a pas d'école

a Traduisez en anglais.

> Le samedi, quand nous n'avons pas d'école, j'aime aller au nouveau centre commercial dans ma ville. J'adore faire les magasins avec mes copines. La semaine dernière, j'ai acheté un nouveau smartphone. Il était un peu cher mais je l'aime bien car il prend de super photos. Je ne sais pas si je vais sortir samedi prochain parce que je n'ai plus d'argent!

b Traduisez en français.

> Last Saturday I went shopping with my friends. We went to the new department store in the town centre. I was looking for a present for my sister because it's her birthday next week. I bought a case for her mobile and a card. Next weekend, we will go to the cinema to celebrate her birthday.

6 À vous!

 À deux, posez des questions et répondez à tour de rôle.
1 Qu'est-ce que tu aimes faire quand tu n'as pas école?
2 Qu'est-ce que tu aimes comme magasins dans ta ville?
3 Aimes-tu faire les magasins? Pourquoi (pas)? (… *parce que / car* …)
4 Qu'est-ce que tu as acheté récemment? (*J'ai acheté* …)
5 Qu'est-ce que tu vas faire le weekend prochain? (*J'irai … Je ferai* …)

Listening

1 Les matières

 Listen to Aline, Sarah and Raphael talking about school subjects and answer the questions in English.

1 Why does Aline like biology?
2 Which subject is liked by Raphael and why?
3 Which subject does Sarah dislike and why?
4 What reasons are given for studying a language?
5 Why did Aline choose Spanish?

2 La vie au collège

 Listen to the conversation about school. Choose the **three** correct statements and write down the letters.

A The school day starts too early.
B There are some good clubs, such as the IT club.
C They organise some interesting school trips.
D It would be good to have a swimming pool.
E I enjoyed taking part in the school play.
F I don't like the colours of the school uniform.
G I'd like to be able to wear jewellery to school.

3 Le shopping en ligne

 Listen to Lucas talking about online shopping and answer the questions in English.

1 Who buys clothes online in Lucas' family?
2 Give **three** other items sometimes purchased online.
3 What **two** advantages does he give?
4 What **three** disadvantages are mentioned?

Speaking

1 Role play

> **Tu parles de ton collège avec ton ami(e) français(e).**
> - Ton collège – description (**2** détails).
> - **!**
> - Les langues – opinion
> - Voyage scolaire récent (**2** détails).
> - **?** L'année prochaine (projets / matières)

 a À deux, lisez la conversation

A Parle-moi un peu de ton collège.
B Alors, c'est un collège mixte pour les élèves de onze à dix-huit ans. Il y a environ huit cents élèves.
A Quelles sont tes matières préférées?
B Ma matière préférée est la technologie parce que c'est intéressant et je pense que ça va être utile plus tard dans la vie et j'aime bien aussi la géographie.
A Qu'est-ce que tu penses des langues?
B Les langues, ça va. J'apprends l'allemand mais je trouve ça assez difficile.

A Est-ce que tu as fait un voyage scolaire récemment?
B Oui, notre classe a fait une visite au musée de sciences mercredi dernier. On a vu une exposition sur les volcans. C'était intéressant et bien expliqué. Et toi, tu as des projets pour l'année prochaine? Qu'est-ce que tu feras comme matières?
A L'année prochaine, je vais changer d'école et je vais m'orienter en sciences. Alors je ferai biologie, chimie et physique.

b Inventez une conversation différente. Pour vous aider, regardez les pages 66–67.

2 Role play

> **Vous parlez avec un(e) vendeur/euse français(e) dans un grand magasin.**
> - Tee-shirt – acheté quand – prix
> - Problèmes (**2** détails).
> - **?** Autre tee-shirt.
> - **!**
> - **?** Essayer

 a À deux, lisez la conversation.

A Bonjour, je peux vous aider?
B J'ai acheté ce tee-shirt samedi dernier pour 100 euros.
A Oui, et est-ce qu'il y a un problème?
B Oui, quand je l'ai essayé à la maison, j'ai trouvé qu'il était trop petit. Et en plus, je n'aime plus la couleur.
A Bon, je comprends.
B Est-ce que je peux l'échanger contre un autre tee-shirt?
A Oui, vous voulez un tee-shirt en quelle taille et de quelle couleur?
B Je voudrais un tee-shirt bleu marine en grand, s'il vous plaît.
A Voilà.
B Est-ce que je peux l'essayer?
A Les cabines d'essayage sont là-bas.

b Inventez une conversation différente dans un magasin.

3 Une conversation

 Choisissez section 1 ou 2. Préparez vos réponses, puis faites une conversation à deux. Pour vous aider, regardez **À vous!** pages 67, 71 et les pages 74–77.

> 1 Est-ce que tu es pour ou contre l'uniforme scolaire? Pourquoi?
> Pourquoi as-tu choisi d'étudier le français?
> Que penses-tu du règlement scolaire?
> Comment était ton école primaire?
>
> 2 Où faites-vous du shopping en général?
> Que pensez-vous des centres commerciaux?
> Pouvez-vous me parler de votre dernière visite dans un centre commercial?
> À votre avis, quels sont les avantages et les inconvénients des achats en ligne?

Reading

1 Our school

Read the description of a school and answer the questions in English.

> Notre école, fondée en 1955, s'appelle Isaac Newton International School, en hommage au célèbre homme de science. C'est une école mixte pour les élèves de quatre à dix-huit ans. Il y a environ 1 000 élèves (400 internes et 600 demi-pensionnaires) et soixante-quatre profs. Tout le monde déjeune à l'école et on mange assez bien. Il y a un choix de plats, comme par exemple des plats végétariens, des plats asiatiques, etc.
>
> Comme c'est une école internationale, il y a beaucoup de nationalités différentes parmi les élèves et les professeurs. On apprend beaucoup de matières. Selon le collège, apprendre une langue étrangère est important. Dans chaque salle de classe il y a un tableau blanc interactif et un ordinateur. Toute l'école est connectée au réseau de l'école et aussi à Internet. Ça c'est très bien parce que nous travaillons souvent en ligne. Nous avons aussi des salles d'informatique, cinq laboratoires, un CDI, un gymnase, une piscine et des terrains de sport.
>
> Les bâtiments sont un peu vieux mais on est en train de construire un nouveau bloc qui sera terminé dans deux ans.

1 The school is named after a (**a**) politician (**b**) artist (**c**) scientist.
2 Give two choices of menu offered in the school canteen.
3 What is mentioned about the background of the students and the staff?
4 What is the attitude of the school to learning languages?
5 What facilities are there for sport?
6 What two comments are made about the buildings?

2 Les activités scolaires

Lisez le blog et complétez les phrases en **français**.

> Après l'école, on organise beaucoup de clubs et d'activités sportives. Il y a un club théâtre, un club environnement, une chorale, deux orchestres et aussi des équipes de football et de basket. Moi, je participe au club de théâtre. En décembre dernier, on a monté une représentation de *Beaucoup de bruit pour rien* de Shakespeare. Moi, j'ai aidé avec l'éclairage, c'était passionnant. On organise aussi des évènements exceptionnels, comme par exemple une journée pour l'environnement. Elle a eu lieu en novembre dernier et c'était amusant. Tout le monde est venu à l'école habillé en vert (normalement on porte un uniforme scolaire qui est bleu et gris).

1 Pour des élèves qui aiment la musique, il y a …
2 Pour des élèves qui sont sportifs, il y a …
3 Le club de théâtre a monté une pièce de …
4 Pour la journée pour l'environnement, les élèves se sont habillés …

3 Translation

A friend has asked you to translate this extract from a blog about school life into English.

> Ça fait trois ans que je fréquente cette école et je l'aime bien. L'inconvénient, c'est que les élèves ne restent pas longtemps parce que leurs parents doivent souvent déménager pour leur travail. Ça va m'arriver aussi. Après les examens en juin nous allons partir pour le Canada. Donc, cette année sera ma dernière année ici.

Writing

1 L'éducation secondaire

Vous écrivez un article sur l'éducation secondaire dans votre pays pour un magazine français. Décrivez:

- votre collège
- votre opinion sur le collège
- un évènement scolaire récent.

Écrivez environ **150** mots en **français**. Répondez à chaque aspect de la question. Pour vous aider, relisez les textes de lecture et les pages 68–69.

Writing tips

To improve quality of language
- use different tenses to refer to past, present and future
- use a range of vocabulary and structures
- write some longer and more complex sentences
- use adjectives and adverbs
- give opinions and reasons.

To improve accuracy, check
- subject/verb agreement
- plural forms
- adjective agreement
- spellings.

2 Traduction

Traduisez ce texte en français.

> Luca lives near his school in Marseille and he walks to school. The school day starts at 8h15. He's good at maths but his favourite subject is technology. For him, learning English is important, but he finds languages difficult. In the future, he wants to go to university and work in IT.

Sommaire

School life

apprendre	to learn
une chorale	choir
une classe	class
un club	club
un collège	school for 11–14 or 15-year-olds
un cours	lesson
un(e) demi-pensionnaire	pupil who has lunch at school
les devoirs (m pl)	homework
durer	to last
une école maternelle/primaire	nursery/primary school
un(e) élève	pupil
l'emploi du temps (m)	timetable
enseigner	to teach
une équipe	team
une étude	study period
facultatif/-ive	optional
un(e) interne	boarder
la leçon	lesson
un lycée	school for 16–19 year olds
un membre	member
la mi-trimestre	mid-term, half term
la natation	swimming
obligatoire	compulsory
la pause de midi	midday break
faire des progrès	to improve, make progress
l'orchestre (m)	orchestra
la récréation	break
la rentrée scolaire	return to school
une retenue	a detention
scolaire	school (adj)
la sonnerie	bell
le trimestre	term
les vacances scolaires (f pl)	school holidays

The school years

entrer en sixième	to start at secondary school
je suis en sixième	I am in Year 7
la sixième	Year 7
la cinquième	Year 8
la quatrième	Year 9
la troisième	Year 10
la seconde	Year 11
la première	Year 12/lower sixth
la terminale	Year 13/upper sixth final year

The premises

la bibliothèque	library
le bureau	office
la cantine	canteen
le CDI (centre de documentation et d'information)	resources room/library
le couloir	corridor
la cour	school yard/ playground
le gymnase	gym
le laboratoire (de sciences)	(science) laboratory
la salle de classe	classroom
la salle de technologie	computer room
la salle des profs	staffroom
la salle de permanence	study room
le terrain de sports (artificiel)	(artificial) sportsground
les toilettes (f pl)	toilets
le vestiaire	cloakroom

School subjects

l'allemand (m)	German
l'anglais (m)	English
les arts plastiques (m pl)	art and craft
la biologie	biology
la chimie	chemistry
le dessin	art
l'EPS (éducation physique et sportive) (f)	PE
l'espagnol (m)	Spanish
l'étude des médias	media studies
le français	French
la géographie	geography
la gymnastique	gymnastics
l'histoire (f)	history
l'informatique (f)	computing
l'instruction civique (f)	citizenship
l'instruction religieuse (f)	religious instruction
les langues vivantes (f pl)	modern languages
le latin	Latin
une matière	school subject
les maths (f pl)	maths
la musique	music
la physique	physics
les sciences économiques (f pl)	economics
les sciences physiques (f pl)	physical sciences
le sport	sport
les SVT (sciences de la vie et de la terre)	natural sciences
la technologie	technology

School subjects and me

je suis faible en …	I'm weak/not very good at …
je suis fort(e) en …	I'm good at …
je suis moyen(ne) en …	I'm average at …
je suis nul(le) en …	I'm hopeless at …
ma matière préférée est …	my favourite subject is …

Tests

un contrôle	test
échouer à un examen	to fail an exam
les épreuves écrites (f pl)	written tests
être reçu à un examen	to pass an exam
une note	a mark
passer un examen	to take an exam
réussir à un examen	to pass an exam

Shopping

acheter	to buy
la caisse	till, cash desk
le centre commercial	shopping mall/ centre
en promotion	on special offer
en vitrine	in the window
l'étage (m)	floor, storey, level
faire du lèche-vitrines	to go window shopping
faire les achats	to go shopping
fermer	to close
un grand magasin	department store
une grande surface	supermarket
gratuit	free
jusqu'à	until
le/la/les meilleur(e)(s)	the best
la marque	brand name, designer label
meilleur(e)(s)	better (adjective)
le niveau	level/floor
ouvert	open
ouvrir	to open
payer	to pay for
le prix	price
le produit	product
réduit	reduced
la remise	discount
le rez-de-chaussée	ground floor
le sous-sol	basement
vendre	to sell

Specialist shops

une alimentation générale	general food shop
une bijouterie	jeweller's
une boucherie	butcher's
une boulangerie	baker's
un bureau de tabac (un tabac)	tobacconist's
une charcuterie	pork butcher's/ delicatessen
une confiserie	sweet shop
une épicerie	grocer's

un hypermarché	hypermarket	un ours	teddy bear	la pointure	shoe size
une librairie	bookshop	une peluche	soft toy	rayé	striped
un magasin de	gift shop	un porte-clés (inv.)	keyring	le tissu	fabric
cadeaux		c'est pour offrir	it's for a present	uni	plain
un magasin de	shoe shop	faire un paquet-	to gift wrap	c'est quelle taille?	what size is it?
chaussures		cadeau		vous faites quelle	what size are you?
un magasin de	computer games	un souvenir	souvenir	taille?	
jeux vidéo	shop			petit/moyen/grand	small/medium/
un magasin de	toy shop				large
jouets		■ Clothes		je peux l'essayer?	may I try it on?
un magasin de	fashion/clothing	un anorak	anorak	ça te/vous va très	it suits you very
mode	shop	des baskets (f pl)	trainers	bien	well
un magasin de	sports shop	un blouson	casual jacket,	c'est trop grand/	it's too big/small/
sports			(short) jacket	petit/long/court	long/short
une papèterie	stationer's	des bottes (f pl)	boots		
une pâtisserie	cake shop	une casquette	cap	■ Returning items	
une pharmacie	chemist's	une ceinture	belt	cassé	broken
		un chapeau	hat	déchiré	torn
■ In a department store		des chaussettes (f pl)	socks	échanger	to change,
un ascenseur	lift	des chaussures (f pl)	shoes		exchange
un bon rapport	good value for	une chemise	shirt	un défaut	a fault
qualité-prix	money	un collant	tights	il manque …	… is missing
un escalier	staircase	une cravate	tie	marcher	to work
un escalier roulant	escalator	une écharpe	scarf (long/	ça ne marche pas	it doesn't work
un étage	floor		woolly)	le reçu	receipt
un rayon	department	un foulard	scarf	je regrette	I'm sorry
une remise	discount		(headscarf)	rembourser	to refund
en promotion	special offer	des gants (m pl)	gloves	pouvez-vous me	can you give me
des soldes (m pl)	sales	un gilet	waistcoat	rembourser?	a refund?
		un haut	top	remplacer	to replace
■ Money		un imper(méable)	raincoat	le remplacement	replacement
l'argent (m)	money	un jean	pair of jeans	rendre	to return
une banque	bank	un jogging	tracksuit/	il/elle a rétréci	it's shrunk
un billet	bank note		jogging	une tache	stain
une carte de crédit	credit card		trousers	un trou	hole
un cent/un centime	cent	une jupe	skirt		
changer	to change	un maillot (de bain)	swimming	■ Jewellery	
dépenser	to spend		costume	une bague	ring
un distributeur	cashpoint	un manteau	coat	une boucle d'oreille	earring
automatique		un pantalon	pair of trousers	un bracelet (pour la	(ankle) bracelet
un euro	euro	un pull(over)	pullover	cheville)	
la monnaie	small change	un pyjama	pyjamas	une chaîne	chain
une livre sterling	pound sterling	une robe	dress	un collier	necklace
une pièce	coin	un short	pair of shorts		
le paiement sans	contactless	un sweat(-shirt)	sweatshirt	■ Fashion and appearance	
contact	payment	un tee-shirt	T-shirt	bien habillé	well-dressed
		une veste	jacket	ça me va	it suits me
■ Presents and souvenirs		un vêtement	article of	démodé	out of fashion
une BD (bande	comic strip		clothing	le maquillage	make-up
dessinée)	book	des vêtements	casual clothes	la mode	fashion
une boîte de	a tin/box of	décontractés		le piercing	body-piercing
petits gâteaux	biscuits			le tatouage	tattoo
un cadeau	present	■ Buying clothes			
un casque baladeur	head phones	une cabine	fitting/changing	■ Grammar	
une carte de vœux	greetings card	d'essayage	room	Saying what has to be done p67	
un étui pour portable	mobile phone	à carreaux	check(ed)	Expressions using the conditional p68	
	case	beau (bel, belle,	beautiful	The imperfect tense (formation) p70	
des fleurs (f pl)	flowers	beaux, belles)		The imperfect tense (uses) p78	
un jeu de boules	game of French	(en) coton (m)	cotton	ce, cet, cette, ces p78	
	bowls	(en) laine (f)	wool	celui, celle, ceux, celles p75	
un jeu de cartes	pack of cards	essayer	to try on	quel and lequel p76	
une maquette	model	joli	pretty		
		le modèle	style		

C'est extra! B

- **read an extract from a French book**
- **discuss photos**
- **practise exam techniques**

Literature

Un sac de billes de Joseph Joffo

Dans ce livre autobiographique, Joffo raconte son enfance à Paris, puis ses souvenirs de guerre. En 1941, Paris était une ville occupée par les Nazis et pour les Juifs, c'était de plus en plus dangereux. Ses parents ont décidé que Joseph (dix ans) et son frère, Maurice (douze ans), devaient fuir Paris pour se rendre dans la zone libre qui se trouvait dans le sud de la France. Ils devaient prendre le train jusqu'à Dax, puis franchir la ligne de démarcation et éventuellement rejoindre leurs frères aînés à Menton.

A Lisez le résumé et l'extrait A. Choisissez les **trois** phrases qui sont vraies.

1 La vie à Paris est devenue dangereuse pour les Juifs en 1941.

2 Toute la famille va quitter Paris pour prendre le train à Dax.

3 Le père de Joseph et de Maurice a déjà acheté des billets de train pour eux.

4 Joseph et Maurice doivent partir seuls dans le sud de la France.

5 Leurs frères aînés vont les rencontrer à Dax pour les aider à franchir la ligne.

6 Ils vont s'enfuir en Italie.

7 Le voyage va être difficile et peut-être dangereux.

B Read extract B and complete the sentences in English.

1 They have to be careful when they cross the ditch because … (**2** details)

2 When they see the farm, they can go in even if there's no …

3 They can sleep on the straw and they won't feel …

4 They see a man, who seems … and is wearing …

5 The weather was …

6 The farmer explains that they can find some blankets …

C Read extract C and answer the questions in English.

1 Why does Henri tell the two boys not to make any noise?

2 What furniture was in the dining room? (**3** details)

3 Where was Albert?

4 What was his first reaction?

5 How did everyone feel at the end?

La continuation

L'histoire continue et la famille doit se disperser plusieurs fois. Maurice et Joseph sont arrêtés par la Gestapo, puis libérés, et finalement ils se réfugient dans un village jusqu'à la fin de la guerre. Le livre est devenu un best-seller mondial et on a fait un film de l'histoire.

See 'Understanding texts' on page 85.

Dans ce premier extrait, le père de Joseph et de Maurice leur explique ce qu'ils doivent faire.

A À présent, dit mon père, vous allez bien vous rappeler ce que je vais vous dire. Vous partez ce soir, vous prendrez le métro jusqu'à la gare d'Austerlitz et là vous achèterez un billet pour Dax. Et là, il vous faudra passer la ligne. Bien sûr, vous n'aurez pas de papiers pour passer, il faudra vous débrouiller. Tout près de Dax, vous irez dans un village qui s'appelle Hagetmau, là il y a des gens qui font passer la ligne. Une fois de l'autre côté, vous êtes sauvés. Vous êtes en France libre. Vos frères sont à Menton, je vous montrerai sur la carte tout à l'heure où ça se trouve, c'est tout près de la frontière italienne. Vous les retrouverez.

Les deux frères arrivent à Dax et ensuite au village, Hagetmau, où ils trouvent un garçon, Raymond, qui les fait passer en France libre.

B – Vous voyez l'allée, là-bas? Vous allez la suivre: deux cents mètres à peine. Vous rencontrerez un fossé. Méfiez-vous, c'est assez profond et il y a de l'eau. Vous passez le fossé et vous tombez sur une ferme, vous pouvez entrer même s'il n'y a pas de lumière, le fermier est au courant. Vous pouvez coucher dans la paille, vous n'aurez pas froid. […]

Un homme est là, immobile dans le noir. Il me paraît très grand, il a un col de fourrure qui lui cache les oreilles et ses cheveux bougent au vent qui descend de la plaine. […]

– Vous y êtes, les petits, vous avez de la paille dans la remise, juste là derrière vous. Vous avez des couvertures derrière la porte, elles ne sont pas belles, mais elles sont propres. Vous pouvez dormir tant que vous voulez.

Après un long trajet dangereux, et un passage par Marseille, Maurice et Joseph retrouvent leurs grands frères à Menton, où ils travaillent comme coiffeurs. Ils rencontrent Henri d'abord chez le coiffeur. Avec la permission de son chef, Henri quitte le salon et emmène ses deux petits frères à la maison, où Albert se repose pendant son jour de congé.

C – Ne faites pas de bruit, on va lui faire la surprise.

Il a fait tourner la clef dans la serrure et nous nous sommes trouvés dans une petite salle à manger meublée d'un grand buffet provençal, d'une table ronde et de trois chaises. Par l'entrebâillement de la porte de la chambre, nous avons aperçu Albert qui lisait sur son lit.

– Je t'amène des invités.

Albert s'est étonné:

– Qu'est-ce que tu fais là? Tu n'es pas au salon?

– Devine qui est là?

Albert n'est pas d'un naturel patient. Il a sauté sur ses pieds et est rentré dans la salle.

– Ho, ho, a-t-il dit, voilà des voyous.

Nous lui avons sauté au cou, nous étions tous contents, la famille se reformait.

Joseph Joffo: *Un sac de billes* © Éditions JC Lattès

Understanding texts

Remember that you don't need to understand every word in order to grasp the meaning of a text and answer the questions. Look for clues about the content from the title, questions and any pictures.

Look at the task itself and think about the type of response needed. Read through the text to get the overall gist.

With unknown words, check whether:

– you need to know the exact meaning, e.g. in extract C, does it matter if you don't know the words **l'entrebâillement** and **voyous**? You could guess the meaning from the context.

Try to work out the meaning of **serrure** from the context (entering a house) and the word **clef** (key).

– it's similar to a word you know, e.g. **la ferme** (farm) would help with **le fermier** in extract B.

Photo cards

A Au parc d'attractions

 Regardez les photos **A** et **B**. Préparez vos réponses aux questions, puis faites une conversation à deux.

- Qu'est-ce qu'il y a sur la photo?
- Tu as déjà visité un parc d'attractions? Décris-le et ce que tu as fait.
- Qu'est-ce que tu voudrais faire pour fêter ton prochain anniversaire?
- (*Deux autres questions.*)

Autres questions possibles

- Que penses-tu des parcs d'attractions?
- Qu'est-ce que tu as fait pour fêter ton anniversaire l'année dernière?
- Que fais-tu pour célébrer le Nouvel An?

B Au collège

- Qu'est-ce qu'il y a sur la photo?
- À ton avis, quelles matières sont les plus utiles?
- Qu'est-ce que tu as fait au collège hier?
- (*Deux autres questions.*)

Autres questions possibles

- Tu préfères les sciences ou les langues? Pourquoi?
- Qu'est-ce qu'il y a comme clubs et activités extrascolaires dans ton collège?
- Qu'est-ce que tu aimes au collège?
- Que penses-tu du règlement scolaire?
- Qu'est-ce que tu voudrais étudier comme matières plus tard?

5A   Des repas

- discuss typical meals and specialities
- express preferences in food and drink
- ask and answer questions at a family meal

> En France, on mange bien; pour beaucoup de Français, tous les repas sont intéressants et importants. En général, on ne grignote pas beaucoup, et on mange assez tard le soir – on a souvent le temps de faire ses devoirs entre le goûter et le dîner!

grignoter *to snack, nibble*

1   Des repas typiques

🔊 **a**   Lisez et écoutez le texte.

Florent

Quand j'allais à l'école primaire, je retournais à la maison pour déjeuner, tandis que maintenant je déjeune assez vite au self-service du collège. D'habitude, je prends du pâté ou des crudités, puis un plat et un fruit ou un yaourt. Quand je suis en ville avec mes copains, je préfère prendre un sandwich, un panini ou une pizza. De temps en temps j'aime faire la cuisine le weekend.

Le matin chez nous, on prend rarement le petit déjeuner ensemble, mais le soir, on essaie de dîner ensemble au moins quatre fois par semaine. Mon dîner préféré, c'est du potage, puis un steak avec des légumes. Ensuite, je prends un peu de fromage et pour finir, un fruit. Ce que j'aime aussi, c'est le goûter: quand je reviens du collège, j'ai toujours faim et je prends un bol de chocolat chaud et une tartine. C'est bon, ça!
Jennyfer

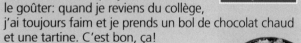

Leila

Chez moi, au Maroc, on mange beaucoup de couscous, et moi, j'adore ça! C'est un plat arabe préparé avec de la semoule, et on le sert avec de la viande ou du poisson et des légumes, et souvent avec une sauce épicée. Je l'aime beaucoup avec des merguez – des saucisses fraîches et épicées qui sont une spécialité de l'Afrique du Nord.

Au Québec, où j'habite, il y a beaucoup de spécialités préparées avec du sirop d'érable. Mon dessert préféré est la mousse à l'érable que ma mère fait souvent si on a des invités ou si c'est un repas de fête. On la sert avec des petits gâteaux et avec du sirop d'érable, bien sûr! Mmm! C'est délicieux!

Thierry

b   Trouvez l'équivalent en français.

1 whereas
2 I have lunch
3 usually
4 at least
5 bread and butter
6 it is served
7 spicy sausages
8 maple syrup
9 a meal for a special occasion

c   Répondez aux questions.

1 Où Florent déjeune-t-il d'habitude?
2 Au self, qu'est-ce qu'il prend comme hors-d'œuvre?
3 Combien de fois par semaine est-ce que Jennyfer dîne en famille?
4 Le couscous, c'est un plat typique de quel pays?
5 On mange de la mousse à l'érable dans quel pays?
6 Quand est-ce qu'on mange ça d'habitude?

2   Les repas et vous

💬 À deux, posez des questions et répondez à tour de rôle.

1 Qu'est-ce que tu manges et bois, d'habitude, au petit déjeuner?
2 Où manges-tu à midi, en semaine, et qu'est-ce que tu aimes manger?
3 Le soir, à quelle heure manges-tu normalement?
4 Quel est ton repas préféré et pourquoi?
5 Est-ce qu'il y a quelque chose que tu n'aimes pas manger?
6 Qui fait la cuisine chez toi?
7 Est-ce que tu aides à préparer des repas chez toi?

> **Pour vous aider**
>
> Mon repas / plat préféré, c'est … parce que (j'adore / je préfère …)
> Ce que j'aime / je n'aime pas, c'est …
> C'est plus / moins … / Il est important de (+ infinitif) …

Lexique

Les repas	Meals
le petit déjeuner	*breakfast*
le déjeuner	*lunch*
le dîner	*dinner*
le goûter	*tea, after-school snack*
un repas de fête	*meal for a special occasion*

Voir le **Sommaire**, page 104.

3 Un repas en famille

À deux, lisez les conversations, puis changez les mots surlignés pour inventer d'autres conversations.

A
– Qu'est-ce que tu veux boire?
– De l'eau, s'il vous plaît.
– Pour commencer, il y a du potage.
– Je te sers, tu aimes ça?
– Oui, je veux bien.

…

– Encore du potage?
– Non, merci. Ça me suffit.
– Tu aimes le poulet?
– Oui, c'est délicieux.
– Voilà des légumes. Sers-toi. Est-ce qu'il y a quelque chose que tu n'aimes pas?
– Euh … je n'aime pas beaucoup le chou-fleur.

B
– Tu prends du fromage? Il y a du Brie et du Roquefort.
– Oui, je veux bien. Pouvez-vous me passer le pain, s'il vous plaît?
– Voilà.
– Merci.
– Comme dessert, il y a une tarte aux abricots ou des fruits. Qu'est-ce que tu prends?
– De la tarte aux abricots, s'il vous plaît.
– Tu en veux encore?
– Oui, avec plaisir.
– Tu prends du café?
– Non, merci. Je n'aime pas beaucoup le café.

de l'eau du vin de la bière de la limonade, etc.	du potage du melon du jambon, etc.	les omelettes le bœuf la viande le poisson, etc.

Oui, (un petit peu,) s'il vous plaît.
Oui, je veux bien.
Oui, avec plaisir.
Non, merci, j'(en) ai assez mangé.
Non, merci. Ça me suffit.
Non, merci. Je n'aime pas beaucoup (le café).

le chou-fleur les carottes les épinards, etc.	le pain l'eau la moutarde, etc.	de la tarte aux abricots une banane une mandarine, etc.

Oui, c'est délicieux.
Oui, c'est très bon.

Voir le **Sommaire**, page 104.

4 Trouvez les paires

1	délicieux/-euse	a	ripe
2	fort	b	fresh
3	frais (fraîche)	c	sweet, sweetened
4	léger (légère)	d	delicious
5	mauvais	e	bad
6	mûr	f	tender
7	épicé	g	salt(y), savoury
8	salé	h	light
9	sucré	i	strong
10	tendre	j	spicy

5 À vous!

a Décrivez un repas de fête: ce que vous aimez manger et boire; un ou deux plats de votre pays; qui fait la cuisine; qui est invité …

b Parle pendant une minute d'un repas de fête.

Pour vous aider

On a organisé un repas spécial pour fêter …
On a invité …
On a mangé … et on a bu …
C'est … qui a préparé le repas. C'était …
J'ai surtout aimé …
C'est un dessert / un plat principal / une sorte de …

On	le la les	mange fait sert	avec des légumes. avec de la crème anglaise. comme hors-d'œuvre.

Stratégies

Describing flavours

For flavours use **au**, **à la**, **à l'** and **aux**.

un gâteau	**au** chocolat
la mousse	**à l'**érable
une glace	**à la** fraise
le yaourt	**aux** fruits de la forêt

Work out how to say the following: a ham sandwich, raspberry yoghurt, white coffee.

Vous mangez bien?

- discuss healthy foods
- talk about vegetarianism
- use the pronoun *en*

Le vert

Voici la couleur la plus importante pour la bonne santé. 'Mangez vert' pour vous donner de l'énergie. Les légumes verts contiennent beaucoup de vitamines C et E et des produits chimiques qui vous protègent contre les infections. Si vous en mangez souvent, vous risquez moins d'attraper des maladies, même de contracter le cancer. Mangez: des pommes, des kiwis, des laitues, des brocolis, des poivrons verts, des petits pois, des avocats.

Le rouge

Le bêta-carotène, vous le connaissez? C'est une forme de la vitamine A qui vous protège contre les maladies du cœur et le cancer, et aussi contre les effets de la pollution. Il y en a beaucoup dans les fruits, en particulier les fraises, et les légumes rouges, comme les tomates (surtout les petites), les oignons et les poivrons rouges. On devrait en manger pour rester en forme.

Le pourpre

Des fruits et des légumes pourpres – il n'y en a pas beaucoup, mais c'est quand même une couleur importante. La betterave contient beaucoup de vitamine C et du fer et, en plus, ça vous calme; on dit que si vous en mangez le soir, ça vous aidera à dormir. Les aubergines, le cassis et les prunes sont d'autres aliments pourpres.

Le jaune et l'orange

Vous aimez les bananes? Elles contiennent du potassium et du manganèse, et quand vous en mangez, ça vous donne tout de suite de l'énergie (les athlètes et les joueurs de tennis en mangent souvent).

Presque tous les fruits et les légumes jaunes ou orange contiennent aussi du bêta-carotène et de la vitamine C. Les oranges et les citrons, les abricots et les pêches, les carottes et le maïs, tous sont bons pour votre santé et, en plus, ils sont délicieux!

1 Les couleurs de la santé

a Lisez l'article et écrivez vrai (**V**), faux (**F**) ou pas mentionné (**PM**).

Exemple: 1 V

1 Pour avoir de l'énergie, on mange des légumes et des fruits verts.
2 Les tomates ne contiennent pas de bêta-carotène.
3 Les Français aiment le cassis et ils en mangent souvent.
4 La plupart des légumes sont pourpres.
5 Manger des fruits et des légumes jaunes, c'est bon pour la santé.
6 Beaucoup d'athlètes détestent les bananes, mais ils en mangent quand même.

b Traduisez le texte «Le jaune et l'orange» en anglais.

2 Jeu de définitions

a Trouvez la bonne réponse.

Exemple: 1 un poivron vert

1 C'est un légume vert, mais il y en a aussi qui sont rouges, jaunes ou orange.
2 Il n'y a pas beaucoup de légumes de cette couleur, mais la betterave en est un.
3 C'est un légume assez rond, rouge ou brun et blanc. Ça fait pleurer beaucoup de gens quand ils les coupent.
4 C'est un fruit vert et ovale, mais la peau est brune. On ne mange pas la peau.
5 C'est la couleur la plus importante pour la santé.
6 Ce sont des légumes orange, longs et pointus avec de jolies feuilles vertes.

 b Travaillez à deux. Une personne invente une définition comme ça, l'autre devine la réponse.

> **Pour vous aider**
>
> C'est un peu comme …
> Ce sont des …
> Ce fruit/légume contient …
> Il y en a beaucoup dans …
> On en a besoin pour …
> Les athlètes/gens en mangent souvent pour …

3 Trouvez les paires

1 Il y en a beaucoup.
2 Il n'y en a pas.
3 Il en reste beaucoup.
4 Il n'y en a plus.
5 Il y en a trois.
6 Je n'en ai pas besoin.

a I don't need any (of them).
b There aren't any more left.
c There is a lot (of it)./There are lots (of them).
d There are three (of them).
e There isn't any (of it)./There aren't any (of them).
f There's a lot left.

4 Oui ou non au végétarisme?

 a Un groupe de jeunes discute du végétarisme. Marie-Claire est végétarienne, Sébastien ne l'est pas. Écoutez leurs avis et écrivez des notes en anglais.

Exemple: Marie-Claire (M-C) loves animals …

b Travaillez à deux. La personne A raconte les avis de Marie-Claire; la personne B, ceux de Sébastien.

Exemple:

A Marie-Claire est végétarienne parce qu'elle adore les animaux et …

B Sébastien n'est pas contre le végétarisme en principe, mais …

5 Lexique

Complétez la liste.

Français	Anglais
le végétarisme	vegetarianism
un(e) végétarien(ne)	
un(e) végétaliste	vegan
un(e) carnivore	
les fruits (m pl)	
les légumes (m pl)	
les minéraux (m pl)	
les vitamines (f pl)	
un produit laitier	dairy product
un produit d'origine animale	
éthique	
écologique	
ça me rend malade	
ça contient (from contenir)	
on reçoit (from recevoir)	
risquer	

Dossier-langue **Grammaire 8.5**

The pronoun en

1 **en** can mean 'some', 'any', 'of it', 'of them', e.g.
Il y a du café. Tu **en** veux? There is some coffee. Do you want **some/any**?

Les bananes contiennent du potassium. Si vous **en** mangez assez, ça vous donne de l'énergie.
Bananas contain potassium. If you eat enough **of them** they give you energy.

2 **en** often replaces an expression beginning with **du, de la, de l', des** or **de** + noun:
Tu veux du jambon? Oui, j'**en** prendrai une tranche.

3 Look at these examples. Where does **en** go?
Le maïs est délicieux! J'**en** reprends.
Les légumes sont bons pour la santé, si vous **en** mangez assez.
Du thé? Je n'**en** ai pas.

4 In English, the pronoun **en** is often left out but you must include it in French.
J'**en** mange assez. I eat enough (of it/them).

Look for examples of **en** in the article **Les couleurs de la santé** (task 1).

6 À vous!

a Travaillez à deux. Le végétarisme: qu'est-ce que vous **en** pensez? Discutez du végétarisme en posant ces questions.

– Un(e) végétarien(ne), c'est quoi? Et un 'carnivore'?
– Es-tu pour ou contre le végétarisme? Pourquoi?
– À ton avis, est-ce que le végétarisme est bon pour la santé? Et le végétalisme aussi?

Pour vous aider

Une personne qui mange de la viande / ne mange pas de viande / ne mange ni (viande) ni (produits d'origine animale)
Je suis pour / contre le végétarisme, parce que …
À mon avis, …

b Écrivez un blog où vous expliquez les avantages et les inconvénients du végétarisme et pourquoi vous êtes pour ou contre.

Pour rire

1 Test-santé

Lisez le **Test-santé** et notez vos réponses. Puis comptez vos points (voir page 287).

Test-santé

Pour être en forme et en bonne santé, il faut bien manger, mais bien manger, qu'est-ce que ça veut dire exactement? Pour voir si vous mangez bien, faites notre **Test-santé**.

On mange bien si on suit un régime équilibré avec, chaque jour, des produits de ces quatre groupes.

Du lait, des produits laitiers et des matières grasses.	De la viande, du poisson, des œufs (ou des substituts).	Des légumes et des fruits. On devrait en manger quatre ou cinq portions par jour.	Du pain, des céréales, des pâtes et des fibres. Le pain est très important pour les vitamines et les minéraux.	En plus, il faut boire de l'eau. Chaque jour, on devrait en boire au moins un litre et demi. L'eau contient des minéraux essentiels pour la santé.
A J'en mange tous les jours.	**A** J'en mange tous les jours.	**A** J'en mange quatre ou cinq portions tous les jours.	**A** J'en mange quatre ou cinq portions tous les jours.	**A** J'en bois un litre et demi tous les jours.
B J'en mange au moins quatre fois par semaine.	**B** J'en mange au moins trois fois par semaine.	**B** J'en mange beaucoup, mais pas quatre ou cinq portions par jour.	**B** J'en mange beaucoup, mais pas quatre ou cinq portions par jour.	**B** J'en bois beaucoup, mais pas un litre et demi par jour.
C Je n'en mange pas souvent (ou pas du tout).	**C** Je n'en mange pas souvent (ou pas du tout).	**C** Je n'en mange pas souvent (ou pas du tout).	**C** Je n'en mange pas souvent (ou pas du tout).	**C** Je n'en bois pas souvent (ou pas du tout).

2 Je ne mange pas de ça

🔊 Six jeunes parlent de ce qu'ils ne mangent pas.

a Lisez les phrases, puis écoutez. Qui a dit quoi?

Exemple: Léa – 4

> Léa Jérémie Noémie
> Thomas Sophie Mani

1 Nous ne mangeons pas de porc.
2 Je ne mange pas de bœuf.
3 Je ne mange pas de poisson.
4 Je ne mange pas de produits [...] qui peuvent contenir des noix.
5 Je ne supporte pas les boissons qui contiennent de la caféine.
6 J'essaie de manger régulièrement et de ne pas manger trop de sucreries.

b Pourquoi? Trouvez la bonne raison.

Exemple: Léa – 4 d

parce que ...

a c'est interdit par notre religion.
b ça me rend hyperactif et après, j'ai mal à la tête.
c je n'aime pas le goût.
d je suis allergique aux noix.
e je suis diabétique.

3 Pourquoi pas?

Regardez les images, puis décidez quelle personne de l'exercice 2 ne mange (ou boit) pas de ça, et pourquoi. Attention: ça peut être plusieurs personnes.

Exemple: **1 Léa ne mange pas de tarte aux amandes parce qu'elle est allergique aux noix.**

① une tarte aux amandes

② du saumon

③ du saucisson de porc

④ une canette de boisson caféinée

⑤ un steak

⑥ une boîte de pralines

4 Lexique

Écrivez l'equivalent en anglais.

je ne mange pas de …
je suis allergique (à) …
c'est interdit par ma religion
je n'aime pas le goût (de …)
je ne supporte pas …
ça me rend hyperactif
trop de sucreries
je souffrais de …
l'anorexie
je dois faire attention à ce que je mange

5 Forum des jeunes: L'alimentation et l'obésité

a Lisez les opinions puis trouvez l'équivalent en français.

1 obesity	**7** diabetes
2 obese	**8** a big worry
3 overweight	**9** so/consequently
4 life expectancy	**10** to snack/nibble
5 our way of life	**11** to get fat
6 fizzy drinks	**12** too bad!

b Lisez les phrases et relisez le forum. C'est l'opinion de qui?

Exemple: 1 Tapismajik

1 Grignoter, c'est mauvais pour la santé.

2 Faire du sport, ça aide à éviter des maladies comme le diabète.

3 L'eau est meilleure pour la santé que les boissons gazeuses.

4 C'est à nous de décider ce que nous allons manger.

5 C'est le gouvernement qui doit changer notre mode de vie.

6 Les enfants d'aujourd'hui vont peut-être vivre moins longtemps que leurs parents.

c Traduisez les six textes du forum en anglais.

forum des jeunes

L'obésité est un des plus grands problèmes de santé des pays développés. En Europe et en Amérique du Nord, il y a trop de jeunes qui sont en surpoids ou obèses. Qu'en pensez-vous?

Voldenuit:
Notre génération risque d'avoir une plus faible espérance de vie que nos parents à cause de l'obésité. En plus, ça va coûter très cher en dépenses de santé. Il faut changer notre mode de vie!

Alamode:
Moi, je suis contente d'être un peu en surpoids; c'est mieux que l'anorexie! Je ne suis jamais malade et la plupart du temps, je mange bien, mais je bois trop de boissons gazeuses. Je vais changer ça et boire plus d'eau.

Perruchefolle:
Ma mère est obèse et maintenant elle souffre de diabète. Ça, c'est un grand souci pour toute la famille. Je ne veux pas être comme elle, alors je fais régulièrement du sport et je mange équilibré.

Sisimple:
À mon avis, il faut manger équilibré, varié et en quantité raisonnable. Je trouve important de manger en famille à table parce qu'on peut discuter de la journée. Comme ça, on mange lentement et on ne mange pas trop.

Tapismajik:
Pour moi, le repas le plus important est le petit déjeuner. Si on a bien mangé le matin, on n'a pas envie de grignoter (par exemple des chips, des cacahuètes, des bonbons) et ça, c'est bon pour la santé. Le gouvernement doit abolir les aliments qui font grossir!

Lapinslibres:
Le surpoids, ce n'est pas un problème pour le gouvernement, c'est à l'individu de décider ce qui est bon et ce qui est mauvais pour la santé. Si on fait le mauvais choix, tant pis!

6 À vous!

a À deux, posez et répondez à des questions sur l'alimentation et ses problèmes.

b Écrivez vos réponses aux questions ou écrivez un paragraphe sur un problème d'alimentation.

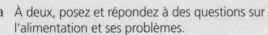

Pour vous aider

Qu'est-ce que tu aimes manger? (*Je préfère le/la/ les …*)

Est-ce qu'il y a quelque chose que tu ne manges pas? Pourquoi? (*Je déteste … parce que / car …*)

Manges-tu équilibré? (*Oui, je mange assez de … / Non, je mange trop de … / je ne mange pas assez de …*)

Qu'est-ce que tu as bu et mangé hier? (*Hier, pour le petit déjeuner, j'ai …*)

Quel est le repas le plus important pour toi? Pourquoi? (*… parce qu'il est important de …*)

Quels sont les problèmes d'alimentation les plus graves? (*À mon avis, l'obésité / l'anorexie / la boulimie est …*)

Qu'est-ce qu'on peut faire pour éviter l'obésité? (*On doit éviter … / Le gouvernement doit abolir …*)

■ *talk about shops and services*
■ *shop for food and other items*
■ *discuss what you want*

RENDEZ-VOUS AU CENTRE COMMERCIAL PASTEUR

Une ville dans la ville où sont réunis 250 commerces, des services, des cinémas, des restaurants dans les styles les plus divers.

HORAIRES D'OUVERTURE

Tous les magasins sont ouverts sans interruption de 10h à 20h du lundi au samedi.

L'hypermarché Auchan: ouvert de 9h à 22h du lundi au samedi.

En semaine et le dimanche: la zone loisirs (restaurants et cinémas) est ouverte jusqu'à 23h.

ACCÈS FACILE

En voiture: Avec 6 000 places, vous trouverez toujours une place de parking.

En bus: Toutes les 15 minutes direction centre-ville.

LE SHOPPING EST ROI

Vous trouverez un des plus vastes hypermarchés avec la moitié de sa surface consacrée à l'alimentation. Mais si vous aimez les magasins spécialisés, le niveau 1 vous attend avec ses commerces traditionnels – comme la boulangerie Paul, la boucherie Coucaud, le traiteur Degras, la chocolaterie Léonidas.

Environ 250 magasins: des magasins de mode, des magasins de chaussures, des librairies, des papèteries, des bijouteries, des parfumeries, des magasins de sport, des magasins de jouets, des magasins de cadeaux. En plus, un bureau de tabac, des opticiens, des coiffeurs, une agence de voyages, une pharmacie (niveau 1).

QUESTION D'ARGENT?

Vous trouverez deux banques: Crédit Lyonnais (niveau 1), Société Générale (niveau 1) et un bureau de change (niveau 2).

À VOTRE SERVICE

Tous les services sont à votre disposition pour vous simplifier la vie: location de voitures, réparation-minute, pressing, photocopies. Il y a un bureau de poste au niveau 1. Vous trouverez des boîtes aux lettres au niveau 1, près de l'entrée des parkings.

POUR VOTRE CONFORT

Les différents niveaux sont desservis par des escaliers roulants, vous vous déplacerez sans fatigue. Le centre est climatisé.

Vous trouverez des toilettes publiques à tous les niveaux.

LES RESTAURANTS ET LES BARS

Plus de 30 restaurants et bars vous attendent jusqu'à 23 heures. La plupart sont situés au niveau 2. En voici une sélection:
– La Croissanterie (niveau 2)
– La Pizzeria (niveau 2)
– Baskin Robbins: glaces (kiosque au niveau 0)
– Café de Lyon: restaurant, spécialités de Lyon (niveau 2)
– La crêperie de Bretagne: crêperie, snack (niveau 2)

1 Au centre commercial

Lisez le dépliant et trouvez les réponses.

Exemple: **1** *Il y a un bureau de change au niveau 2 et deux banques au niveau 1.*

1 Où est-ce qu'on peut changer de l'argent?
2 Où sont les cafés et les fastfoods?
3 La pharmacie est à quel niveau?
4 Où se trouvent les toilettes au centre?
5 Quand est-ce que les magasins ferment, le soir?
6 Auchan est quelle sorte de magasin?
7 Où se trouve la boulangerie?
8 Où est-ce qu'on peut envoyer une lettre?

2 Trouvez les paires

Trouvez les paires, puis ajoutez au moins trois magasins et des choses qu'on y achète.

1 une boulangerie
2 une charcuterie
3 une papèterie
4 un magasin de sport
5 une épicerie
6 une pâtisserie

a *un kilo de pommes de terre*
b *une douzaine de petits gâteaux*
c *une paire de chaussures de foot*
d *200 grammes de saucisson sec*
e *un paquet de stylos*
f *une baguette*

3 On fait les courses

🔊 Regardez les listes, écoutez les conversations et répondez aux questions.

a Voici la liste (à droite) des choses que Stéphanie doit acheter à l'épicerie. Quelles sont les deux choses que finalement elle n'achète pas – et pourquoi?

> 1 paquet de nouilles
> sucre 2 kg
> un demi-kilo de beurre
> farine 2 kg
> confiture d'oranges
> miel
> de l'eau minérale (non-gazeuse)

> Pour dimanche, une tarte aux fruits (à toi de choisir)
> Pour demain,
> – des brioches
> – des gâteaux (une sélection)
> – une grosse glace pour le goûter
> (pas plus de 25 euros en tout)

b Demain, Fabrice aura treize ans. Il a invité trois copains pour le goûter. Voici sa liste (à gauche). Qu'est-ce qu'il achète à la pâtisserie et quelles sont les deux choses qu'il n'aime pas?

4 Des phrases utiles

🔊 **a** Qui dit ça, un(e) marchand(e) ou un(e) client(e)? Écrivez **M** ou **C**. Écoutez pour vérifier.

Exemple: 1 M

b Traduisez les phrases en anglais.
1 Vous désirez autre chose?
2 Nous avons un grand choix de fruits.
3 C'est combien, le jambon?
4 Donnez-moi un morceau comme ça, s'il vous plaît.
5 Est-ce que vous vendez des sardines?
6 Je regrette, mais il n'en reste plus.
7 Je vous dois combien?
8 Avez-vous quelque chose de moins cher?
9 Vous en voulez combien?
10 Payez à la caisse, s'il vous plaît.

6 À vous!

a Écrivez une liste pour faire un repas qui est bon pour la santé, équilibré et varié.

un hors-d'œuvre

un plat

du fromage

un dessert

des boissons

b À deux, discutez d'où vous allez acheter ces produits.

Exemple:
A Où est-ce qu'on achète du jambon?
B On en achète à la charcuterie. (etc.)

l'épicerie

la poissonnerie

la pâtisserie

5 À la charcuterie

💬 À deux, lisez la conversation, puis changez les mots surlignés pour inventer d'autres conversations.

CH = le charcutier/la charcutière; **CL** = le/la client(e)

CH Bonjour (monsieur/madame)! Vous désirez?
CL Quel est le prix de la salade de tomates, s'il vous plaît?
CH La salade de tomates? Un euro cinquante la portion.
CL Donnez-moi deux portions de salade de tomates, s'il vous plaît.
CH Alors, deux portions de salade de tomates, ce sera tout?
CL Qu'est-ce que vous avez comme pâté?
CH Il y a un grand choix de pâtés. Voilà.
CL Je voudrais deux cent cinquante grammes de pâté maison.
CH Voilà le pâté. C'est tout ce qu'il vous faut?
CL Oui, c'est tout. C'est combien, s'il vous plaît?
CH Voyons … ça vous fait cinq euros en tout.
CL Voilà. Au revoir, (monsieur/madame), et merci.
CH Au revoir, et merci à vous.

> la salade de tomates
> le pâté (maison / …)
> les tomates farcies
> la quiche (lorraine / …)
> le saucisson sec

> un morceau (de)
> une portion (de)
> une / des tranche(s) (de)
> une / des rondelle(s) (de)
> 100 / 250 grammes (de)
> un (demi-)kilo (de)

> un euro cinquante
> cinq euros
> sept euros vingt, etc.

> **Pour vous aider**
>
> **Le/La marchand(e):**
> Je regrette, … / Désolé(e), …
> Il n'y en a pas / plus. / Je n'ai plus de …
> Je n'(en) ai que … / *only have … (of that)*
>
> **Le/La client(e):**
> Ça, c'est trop cher / grand / petit / …!
> Je n'ai pas assez d'argent.
> Je n'aime pas/ne supporte pas …

c À deux, inventez des dialogues aux magasins.

Exemple:
A Bonjour, vous désirez?
B Je voudrais quatre tranches de jambon, s'il vous plaît.
A Voilà. Et avec ça? (etc.)

d Inventez des problèmes aux magasins.

Exemple:
B Un demi-kilo de carottes, s'il vous plaît.
A Ah non, je regrette, je n'en ai plus. (etc.)

5E Au café

- order drinks and snacks in a café
- point out mistakes and deal with payment
- use pronouns (me, te, lui, nous, vous, leur)

1 Le jeu des définitions

a On peut souvent manger ça dans un café. Lisez les descriptions et identifiez les images (**A–J**). Attention, il n'y a que six descriptions!

Exemple: 1 I

b Écrivez des descriptions pour les quatre images qui restent.

1 On le fait avec du pain et du jambon, mais pas toujours avec du beurre.

2 Elle est très froide et il y a une grande gamme de parfums.

3 Il se fait avec une tartine de pain rectangulaire. On y met une tranche de jambon et du fromage et on le fait cuire. Mmm, c'est délicieux!

4 Elle est ronde et cuite dans une poêle très chaude avec un peu de graisse ou de beurre. On peut la manger nature, ou avec du sucre ou de la confiture.

5 On l'achète à la pâtisserie et il y a du chocolat dedans.

6 Elle est rectangulaire ou carrée avec des trous dedans. On la mange avec de la crème Chantilly, de la confiture ou avec du sucre, tout simplement.

un croque-monsieur · une portion de frites

un hamburger · une crêpe

un hot-dog · un pain au chocolat

une gaufre · une pizza

un sandwich au jambon · une glace

2 Qu'est-ce qu'ils ont commandé?

🔊 Écoutez les clients (**1–7**) dans un café en France et notez les commandes.

Exemple: 1 *Une glace à la vanille, une glace à la fraise et une bière.*

3 Lexique

Écrivez l'équivalent en anglais.

une bière	un décaféiné	une limonade	du vin (blanc/rosé/rouge)
une boisson gazeuse	un chocolat chaud	du lait	une bouteille
un café (au lait)	de l'eau minérale (f)	une menthe à l'eau	une carafe d'eau
un (café) crème	un jus de fruit	un thé (citron/au lait)	un verre

4 On prend un verre

🔊 **a** Écoutez et lisez la conversation.

💬 **b** Travaillez à trois. Lisez la conversation de Dominique, Alex et le serveur, puis changez les mots surlignés pour inventer d'autres conversations. Pour vous aider, regardez le **Sommaire**, page 104.

A Salut, Dominique! Tiens, il est presque midi. On va au café?

D Bonne idée.
(*Ils entrent dans le café et on leur donne la carte.*)

S Bonjour, monsieur, qu'est-ce que je vous sers?

D Alors, qu'est-ce que tu prends?

A Un jus de tomate, s'il te plaît.

S Désolé, mais nous n'avons plus de tomate. Je peux vous donner orange ou ananas.

A Bon! Je prendrai un jus d'ananas.

S Un jus d'ananas. Et pour vous, monsieur?

D Pour moi, un grand chocolat chaud. Et qu'est-ce que vous avez comme sandwichs?

S Jambon, fromage et pâté.

D Bon, un sandwich au pâté, s'il vous plaît. Et pour toi?

A Pour moi, un hot-dog, s'il vous plaît.
(*Le serveur leur sert les boissons, mais il y a une erreur: Alex a commandé un jus d'ananas, mais on lui sert un jus d'orange.*)

A Ah … moi, j'ai commandé un jus d'ananas, mais vous m'avez apporté un jus d'orange!

S Ah bon, excusez-moi. Je vais vous chercher un jus d'ananas tout de suite.
…

A Merci, Dominique. À ta santé!

D À la tienne!
…

D Combien je vous dois?

S Voici l'addition, monsieur.

D Voilà, monsieur.
…

D Au revoir, Alex. Téléphone-moi un de ces jours!

A OK! Au revoir, Dominique, et merci.

5 Des phrases utiles au café

Complétez la liste.

Est-ce que vous servez des plats chauds?	*Are you serving (**1**) ____?*
(**2**) ____	*What sort of sandwiches do you have?*
Où sont les toilettes / WC, s'il vous plaît?	(**3**) ____*.*
L'addition, s'il vous plaît.	(**4**) ____*.*
Combien (**5**) ____?	*How much do I owe you?*
Pour inviter quelqu'un à boire quelque chose	***How to treat someone to a drink***
Je vais te / vous payer quelque chose (à boire). / Je t'offre quelque chose (à boire).	*I'll buy you a drink.*
Je t'invite. / Je vous invite.	*I'm paying.*
Qu'est-ce que tu prends / vous prenez?	(**6**) ____*.*
À ta / votre (**7**) ____! – À la tienne/vôtre!	*Good health! / Cheers! – And to yours!*

Dossier-langue · Grammaire 8.2

Direct and indirect object pronouns

On these pages there are many examples of **pronouns**.

- **le/la = him/her/it; les = them**

These **direct object pronouns** replace masculine, feminine and plural nouns. Shorten **le/la** to **l'** before a vowel.

On le fait cuire. On la mange avec de la crème. On l'achète à la crêperie. Je les aime.
You cook **it**. You eat **it** with cream. You buy **it** at the crêperie. I love **them**.

Pronouns meaning 'to' or 'for' someone are called **indirect object pronouns**. Is the actual word 'to' or 'for' always present in English?

- **lui = to** or **for him/her/it**

This replaces masculine or feminine singular nouns, often in a phrase beginning with **à** or **au**:

- *Qu'est-ce que vous donnez au garçon?*
- *Je lui donne une glace.*
  I'm giving **(to) him** an ice cream.
- *Qu'est-ce que tu vas dire à ta mère?*
- *Je vais lui expliquer que le train était en retard.*
  I'll explain **to her** that the train was late.

- **leur = to** or **for them**

This replaces masculine or feminine plural nouns, often in a phrase beginning with **à** or **aux**:

- *Qu'est-ce qu'on donne aux clients?*

- *On leur donne la carte.*
  They're giving **(to) them** the menu.

On sert les boissons à mes amis?
Oui, on leur sert les boissons.
Yes, they're serving **(for) them** the drinks.

- **me, te, nous, vous**

These pronouns are used both as direct and indirect object pronouns:

me	me, to/for me	**te**	you, to/for you
nous	us, to/for us	**vous**	you, to/for you

- *On a répondu à toi et moi?*
- *Oui, on nous a répondu.* Yes, they've replied **to us**.

Tu vas me téléphoner. You'll phone **me**.
Je t'enverrai un mail. I'll send **you** an email.
Qu'est-ce que je vous sers? What shall I serve **you**?

Where in a sentence do these pronouns go? Look at these examples and work out the rule for the present tense, the perfect tense and when there are two verbs together.

Je t'invite. Je lui parle. Combien je vous dois?
Vous m'avez apporté un jus d'orange! Je ne vous ai pas écouté.
Je vais te payer un verre. Il faut lui donner de l'argent.

A good way to remember pronouns is to learn them in a phrase.

Il me donne mille euros! Je lui dis merci.

6 Questions et réponses

Choisissez le bon pronom.

1 – Est-ce que Sophie vient au café avec nous?
  – Je **le / la/ lui / leur** ai envoyé un texto mais elle ne **me / m'** a pas répondu.
2 – Le serveur **te / t' / le / l'** a apporté la carte?
  – Oui, tu veux **le / la / l' / les** regarder?
3 – Tu prendras la limonade?
  – Oui, je **le / la / l' / les** prendrai, mais je ne **le / la / l' / les** aime pas tellement.
4 – Tu aimes les fraises?
  – Oui, je **le / la / l' / les** adore.
5 – Tu as téléphoné à tes parents?
  – Oui, je **les / lui / leur** ai téléphoné avant le repas.

7 Expressions utiles

Trouvez les paires.

1 Ça ne me dit rien.	a *Don't mention it! / My pleasure!*
2 Je vous en prie!	b *I've left you a note.*
3 Ça te plaît?	c *That doesn't appeal to me.*
4 Excusez-moi de vous déranger.	d *That suits him.*
5 Ça lui va bien.	e *Do you like it?*
6 Je t'ai mis un mot.	f *Sorry to bother you.*

- *discuss fast-food restaurants*
- *talk about picnics*
- *practise using past tenses*

1   Le fast-food: pour ou contre?

a Lisez l'article et choisissez le bon titre pour chaque paragraphe (**1–4**). Voici les titres:

A Il y a aussi des fastfoods français!

B Le fast-food est un mot français!

C Les hamburgers sont arrivés dans le pays de la gastronomie.

D Pourquoi les fastfoods sont-ils si populaires?

LE FAST-FOOD: POUR OU CONTRE?

Un reportage de Philippe Lefèvre

1 La France est traditionnellement le pays des gourmets, où tout le monde a son petit café ou son restaurant favori, mais il y a aussi des fastfoods américains qu'on trouve dans toutes les grandes villes. En fait, il y a plus de *McDos* par habitant en France qu'au Royaume-Uni.

2 Des Français, eux aussi, ont vite ouvert des chaînes de restauration rapide, mais où on mange plutôt de la nourriture française. En plus, on trouve des chaînes françaises (*Paul*, par exemple) qui vendent surtout des spécialités françaises dans beaucoup de villes du monde.

3 La France est un pays qui s'inquiète beaucoup au sujet de la pureté de sa langue, mais en 1984, le mot 'fast-food' est entré pour la première fois dans le dictionnaire.

4 «Pourquoi aimez-vous manger dans un fastfood?» Voilà la question que je viens de poser à des jeunes dans les restaurants rapides de mon quartier. Voici une sélection de leurs raisons.

POUR

✓ J'adore la nourriture – les croissants fourrés, les frites, les desserts – tout me plaît!

✓ Les prix sont raisonnables, on ne peut pas vraiment dire que c'est cher!

✓ Si on est dans une autre ville, un autre pays même, et qu'on voit l'enseigne d'un fastfood célèbre, on se sent moins dépaysé!

✓ On peut venir ici tout seul – les filles aussi, on ne se sent pas si isolée que dans un restaurant plein de familles.

✓ Pour les enfants, c'est parfait: ils aiment la nourriture, on leur offre des nouveautés, et pour fêter les anniversaires, c'est idéal!

Impressionnant, non? Les fastfoods ont beaucoup de 'fans'. Mais il y a, quand même, des gens qui sont contre. Voici une sélection de leurs avis.

CONTRE

✗ Il n'y a pas de variété: on mange toujours la même chose.

✗ Pour les jeunes, et pour les familles avec des enfants, ça va. Mais pour les autres personnes, un 'vrai' restaurant est bien meilleur!

✗ Dans les fastfoods, il y a toujours trop de monde et il y a trop de bruit!

✗ Manger à la hâte n'est pas idéal pour la digestion.

✗ Moi, j'aime la cuisine traditionnelle française. Si on ne mange que dans les fastfoods, on ne goûte pas les spécialités et les recettes célèbres de notre pays.

✗ Trop de hamburgers, ça veut dire trop de 'boutons'!

---

b Trouvez l'équivalent en français.

1 fast-food chains
2 the prices are reasonable
3 you feel / you don't feel
4 not as isolated as
5 novelties
6 no variety
7 too many people
8 eating quickly
9 traditional cooking
10 too many spots

2   C'est qui?

🔊 Lisez les opinions, écoutez et notez qui parle.

Exemple: **1** *C (Louis)*

Pour

A Farida est végétarienne, mais elle adore les hamburgers végétariens.

B Camille aime l'ambiance dans les fastfoods.

C Louis mange les plats familiers et n'aime pas les surprises.

D Jules est toujours occupé et préfère manger vite.

Contre

E Lola pense que le fast-food fait grossir.

F Gabriel préfère un grand choix de boissons, comme dans un café.

G Chloé préfère être servie et elle préfère manger calmement.

H Hamid adore les repas de fête qu'on prend dans un grand restaurant.

3   À vous!

💬 **a** À deux, posez la question et répondez en donnant vos raisons: Préférez-vous manger dans un fastfood, dans un café ou dans un restaurant traditionnel?

b Selon vous, quels sont les avantages et les inconvénients du fast-food? Écrivez au moins deux avantages et deux inconvénients. Où préférez-vous manger? Pourquoi?

> **Pour vous aider**
>
> Je trouve le fast-food délicieux / nul …
> Si on n'a pas beaucoup de temps / d'argent …
> C'est bon / mauvais pour la santé parce que …
> C'est plus / moins intéressant / amusant que …
> Moi, je préfère … parce que …

4 Aimez-vous les piqueniques?

a Lisez l'article, puis écrivez vrai (**V**), faux (**F**) ou pas mentionné (**PM**).

Exemple: 1 V

1 Alisé aime beaucoup manger en plein air.

2 Elle mange surtout des choses qui sont bonnes pour la santé.

3 Elle est végétarienne.

4 Elle fait un piquenique avec ses copains presque tous les weekends.

5 Florian n'aime pas tellement les piquenique.

6 Il n'aime pas beaucoup les insectes.

7 Il trouve qu'on mange trop de chips et de petits gâteaux.

8 Il n'aime pas beaucoup les sandwichs au jambon, il préfère le saucisson sec.

b Traduisez en anglais le texte d'Alisé ou de Florian.

Nos lecteurs nous écrivent

Quand j'étais toute petite, on allait piqueniquer le dimanche s'il faisait beau. Moi, j'adore les piqueniques et j'en fais toujours! On mange en plein air: normalement, on mange des crudités, des fruits, du pain frais, du jambon ou du fromage, tout est bon pour la santé. En plus, il y a souvent une bonne ambiance. Nous partons en groupe, à vélo ou à pied, donc c'est très bon pour rester en forme.

Alisé, Bordeaux

Moi, je déteste les piqueniques. On marche longtemps en portant un grand sac, puis quand on est prêt à manger, il fait très chaud ou il pleut. C'est sale par terre et il y a des petites bêtes partout. Les sandwichs sont trop secs et on mange trop de chips et de petits gâteaux. Franchement, les piqueniques, ça ne me dit rien!

Florian, Dieppe

5 Au passé

Écrivez les verbes à l'imparfait ou au passé composé.

1 Quand elle (*habiter*) à Paris, ma grand-mère (*manger*) souvent au restaurant.

2 À l'âge de 60 ans, elle (*aller*) pour la première fois dans un fastfood.

3 Pendant qu'il (*préparer*) le dîner, mon père (*casser*) une assiette.

4 Ma sœur (*tomber*) malade quand nous (*être*) au restaurant.

5 Pendant que nous (*regarder*) la carte, Max (*arriver*) au restaurant.

6 On (*faire*) un piquenique dans le parc quand soudain, il (*commencer*) à pleuvoir.

6 L'incroyable piquenique

🔊 **a** Écoutez le reportage et complétez le résumé.

b Notez les verbes à **l'imparfait** et **au passé composé**.

| piquenique | mauvais | a eu | tout le monde | 14 |
| salles de fête | nappe | blanche | véhicules | boue |

On a organisé un incroyable (**1**) ____ en France, le (**2**) ____ juillet 2000, le long de la Méridienne verte. Il a fait (**3**) ____ temps ce jour-là, mais malgré la pluie, le piquenique (**4**) ____ lieu. On a invité (**5**) ____ et, comme il pleuvait, beaucoup de personnes ont mangé leur repas dans des (**6**) ____ ou dans des granges.

Pour le piquenique, il y avait une (**7**) ____ spéciale, rouge et (**8**) ____ À la fin de la journée, quelques (**9**) ____ ont eu des problèmes à cause de la (**10**) ____ et des tracteurs sont venus les aider à sortir des parkings.

Dossier-langue   Grammaire 14.8

Using past tenses together

There are several examples of the perfect and imperfect tenses on this page. Here is a reminder of when to use them.

- The **perfect tense** is used to describe an action that happened and is finished:

  On a organisé un piquenique.

- The **imperfect tense** is used

  – to describe a situation which existed for a long time

  – for description in the past

  – for something that used to happen regularly, a habit in the past:

  Quand j'étais toute petite, j'habitais à la campagne.

  On faisait un piquenique chaque dimanche.

- The **imperfect tense** is used to describe what **was happening** (a continuous action) when something else **happened** (in the **perfect tense**):

  Pendant qu'on mangeait, il a commencé à pleuvoir.

- To tell a story in French, use the **imperfect tense** for **description** or to **set the scene** and the **perfect tense** to say **what happened**:

  Il était presque vingt-trois heures. Il n'y avait pas de clients au café. Les employés commençaient à ranger les tables quand soudain, la porte s'est ouverte et un homme est entré.

7 À vous!

Vous décrivez votre vie d'adolescent(e) pour votre blog. Décrivez:

- votre restaurant ou café préféré
- vos rapports avec la nourriture
- une sortie récente avec un(e) ami(e)
- vos projets pour le weekend prochain.

Écrivez environ 90 mots en français.
Répondez à chaque aspect de la question.

Pour vous aider

J'aime manger / boire au …
Je (ne) suis (pas) végétarien(ne) …
Mon plat préféré est …
On est allé(e)s …
On a mangé / bu / fait …
Je vais faire / aller / manger …
On fera / ira / mangera …

- *choose a French restaurant and book a table*
- *discuss the menu*
- *order and pay for a meal*

1 Six conseils pour les étrangers!

🔊) Lisez les conseils (à droite), puis écoutez les interviews. Quels conseils sont les mêmes?

2 Trouvez les paires

1 un bistro	**a** *to choose items from the menu*
2 la carte	**b** *takeaway*
3 manger à la carte	**c** *today's special dish*
4 le menu à prix fixe / la formule	**d** *small café/restaurant serving drinks/food*
5 le plat du jour	**e** *pancake restaurant*
6 une crêperie	**f** *menu (card showing what is available)*
7 un plat à emporter	**g** *air-conditioned*
8 climatisé	**h** *set price menu (limited choice)*

3 Quatre restaurants

🔊) **a** Lisez les annonces, puis copiez le tableau. Pour chaque restaurant (**A–D**), écrivez vrai (**V**), faux (**F**) ou pas mentionné (**PM**).

Restaurant	A	B	C	D
1 On peut manger sur la terrasse.	PM			
2 Il y a des plats végétariens.	V			
3 Le restaurant est ouvert tous les jours.				
4 Le restaurant est fermé le dimanche.				
5 Il y a un parking.				
6 Il y a un menu spécial pour les enfants.				
7 On peut goûter aux spécialités.				
8 Il y a un buffet froid.				

b Maintenant, écoutez les conversations (**1–5**) et choisissez un restaurant pour chaque groupe.

Exemple: 1 A (Au Croissant Chaud)

Six conseils pour les étrangers!

1 Choisissez un restaurant où la plupart des clients sont français.
2 Regardez bien la carte. Si des choses sont «en supplément», il faut payer un peu plus cher.
3 S'il est marqué «service non compris» ou «service en sus» sur la carte, il y aura un supplément de 10–15% sur l'addition. Si vous voulez donner un pourboire (*tip*) en plus, c'est à vous de décider – ce n'est pas obligatoire.
4 Normalement, prendre le menu à prix fixe (la formule) revient moins cher que manger à la carte (mais le choix de plats est plus limité).
5 Pour manger un sandwich ou un repas léger, choisissez un café ou un bistro.
6 Les dimanches et les jours de fête, réservez à l'avance.

B

La Rose des Sables

Plats végétariens et terrasse

◇◇◇◇◇

Spécialités marocaines: couscous, paellas (sur commande)

◇◇◇◇◇

Fermé dimanche et lundi soir

◇◇◇◇◇

A

Au Croissant Chaud

- ses croissants chauds
- ses croissants aux amandes
- ses croissants jambon
- et ses petits pains au chocolat

C

La Gourmandise

Restaurant, Grill, Pizzeria
Menus enfants
Buffet froid
Salle climatisée et Terrasse d'été
Parking gratuit
Ouvert tous les jours de 9h15 à 22h30
Le dimanche, ouvert de 12h00 à 22h00

D

LA VERDURE
gastronomie végétarienne

Goûtez à nos plats préparés le jour-même!

Dégustez nos salades, nos mets chauds, notre buffet froid gastronomique!

Terrasse devant le restaurant

Parking derrière

Ouvert tous les jours sauf lundi

4 Pour réserver une table

a Écoutez et complétez la conversation – mettez les questions de la case dans le bon ordre.

> **a** Comment ça s'écrit?
>
> **b** C'est pour combien de personnes?
>
> **c** En salle ou en terrasse?
>
> **d** C'est à quel nom?
>
> **e** Et à quelle heure?

b Choisissez un restaurant et téléphonez pour réserver une table, en changeant les mots surlignés.

– Restaurant du Château, bonjour.
– Bonjour. Je voudrais réserver une table pour ce soir.
– Oui. (**1**) ____
– Pour quatre personnes.
– (**2**) ____
– Huit heures, ça va?

– Oui, j'ai une table pour huit heures. (**3**) ____
– Rainier.
– Rainier. (**4**) ____
– R-A-I-N-I-E-R.
– (**5**) ____
– En salle, s'il vous plaît.
– Bon. Alors, j'ai réservé une table à huit heures, pour quatre personnes, et c'est au nom de Rainier.
– C'est ça.

5 Vous avez choisi?

Regardez les trois menus proposés au Restaurant du Château et écoutez des conversations au restaurant. Notez les commandes pour chaque table.

Exemple: **1** *Le menu à 15 euros: salade mixte, …*

RESTAURANT DU CHÂTEAU

Menu 15 €

Salade mixte ou
Tarte aux oignons ou
Assiette de charcuterie

Côtelette de porc, frites ou
Spaghettis à la bolognaise ou
Omelette:
jambon
fromage
champignons

Fromage ou Glaces
ou Crème brûlée

Restaurant du Château

Menu 20 €

Crudités ou
Crevettes à la mayonnaise ou
Melon

Plat du jour:
– saumon ou
– thon ou
Pizza au choix

Fromage

Glaces 2 boules *ou*
Île flottante *ou* Tarte Tatin

Restaurant du Château

Menu 24 €

Œufs mayonnaise ou
Salade de tomates ou
Salade niçoise

Poulet rôti ou
Escalope de veau ou
Ratatouille

Frites, épinards,
tomates provençales

Fromages
Salade de fruits ou
Dessert maison

6 On dîne

Travaillez à trois. Lisez la conversation, puis changez les détails. Regardez les menus et le **Sommaire**, page 104.

Serveur Bonjour, messieurs-dames.

A Une table pour trois personnes, s'il vous plaît.

S Voilà, monsieur. Voilà la carte.
… Vous êtes prêts à commander?

A Oui, nous prenons le menu à 15 euros. Pour moi, une assiette de charcuterie pour commencer, puis, comme plat principal, les spaghettis à la bolognaise.

S Et pour vous?

B Pour commencer, moi, je prendrai la tarte aux oignons et ensuite la côtelette.

S Et comme boissons, qu'est-ce que vous désirez?

B Pour moi, un coca.

A Et pour moi, une eau minérale gazeuse.

S Entendu.
… Vous voulez un dessert? Voilà la carte.

A Moi, je voudrais une glace. Vous avez quels parfums?

S Vanille, fraise, cassis, chocolat et pistache.

A Alors, fraise et chocolat, s'il vous plaît.

B Et moi, je prendrai du fromage.

S Très bien. Vous voulez du café après?

B Oui, un expresso pour moi.

A Moi, je voudrais un crème.
…

B L'addition, s'il vous plaît.

S Voilà l'addition.

7 À vous!

Décrivez un repas récent (imaginaire ou vrai).

Voici des questions pour vous donner des idées:

> **Pour vous aider**
>
> Qui y était?
> Qu'est-ce que vous avez mangé et bu?
> Qui n'a pas pris de dessert / d'entrée? Pourquoi?
> Y a-t-il eu des problèmes?

5H Je viens de …

1 Il y a un problème

🔊 **a** Écoutez les huit conversations au restaurant, et à chaque fois, notez le problème.

Exemple: **1** *(il n'y a) pas de fourchette*

b Trouvez les paires.

1 Excusez-moi, mais …
2 Je n'ai pas de couteau / cuillère / fourchette / serviette.
3 Ce n'est pas ce que j'ai commandé!
4 Je suis allergique aux noix.
5 Je crois qu'il y a une erreur dans l'addition.
6 Nous avons commandé une bouteille de vin, pas deux.

a *I think there's a mistake in the bill.*
b *Excuse me, but …*
c *I'm allergic to nuts.*
d *We ordered one bottle of wine, not two.*
e *This is not what I ordered.*
f *I haven't got a knife / spoon / fork / serviette.*

2 Encore des problèmes

💬 Voici des situations au restaurant. À deux, inventez des conversations. (Pour vous aider, regardez l'exercice 1b.)

1 Vous avez commandé deux jus d'orange, mais on vous a apporté un jus d'orange et un jus de pomme.
2 Vous n'avez pas de cuillère.
3 Vous avez commandé une omelette aux champignons, mais on vous a apporté une omelette au jambon.
4 Vous avez besoin d'eau et de pain.
5 Il y a une erreur dans l'addition: vous avez pris le menu à 12 euros, pas à 15 euros.
6 On vous a apporté du poulet avec des frites, mais on a oublié les petits pois.

3 Mon repas

Lisez l'avis de Léon et les phrases. C'est vrai (**V**), faux (**F**) ou pas mentionné (**PM**)?

1 Léon a mangé au Restaurant du Château.
2 Olivier est végétarien.
3 Les crudités, c'est une entrée végétarienne.
4 Léon adore la glace à la vanille.
5 Chez lui, on a de la glace à la pistache.
6 Sa sœur a mangé des fruits de mer.
7 Ses parents sont végétariens aussi.
8 Léon vient de fêter son anniversaire.

Dossier-langue · **Grammaire 16.8**

venir de and *aller*

The review includes statements about things that have just happened, and things that are going to happen, for example:

Je viens de rentrer à la maison. Elle vient de vomir.

Ils vont envoyer un mail. Je vais fêter mon anniversaire.

These are things you need to be able to say, so check that you know the rule:

1 To say something 'has just' happened, use the verb **venir de**.
2 To say something 'is going to' happen, use the verb **aller**.
3 Use each of these verbs in the **present tense**.
4 The verb which follows is always in the **infinitive**.

Maintenant, nous allons manger notre piquenique.

Ah non! Un chien vient de manger notre piquenique.

Cléopâtre va déjeuner.

Cléopâtre vient de déjeuner!

Restaurant du Château ◉◉◉◉○

avis écrit hier par portable

Auteur: **Léon M**

Désastre au Château!

◉○○○○

Je viens de rentrer à la maison. Ce soir, nous avons mangé au Restaurant du Château avec mes parents et ma sœur, mais c'était un désastre! Pour commencer, j'ai commandé des crudités et on m'a apporté une assiette de charcuterie. Je suis végétarien – du coup, j'ai insisté sur les crudités que j'avais commandées!

Pour le dessert, je voulais une glace à la pistache (j'adore ça), mais il n'y avait que de la glace à la vanille et je n'aime pas tellement ça! Mais je viens de regarder dans notre congélateur et nous avons une grande boîte de glace à la pistache, alors je vais en manger demain!

Au restaurant, ma sœur a choisi les crevettes comme entrée. Elle n'a pas aimé, et elle vient de vomir – elle s'est déjà couchée. Mes parents vont envoyer un mail à la direction du restaurant. Moi, je suis content d'être végétarien!

Le mois prochain, je vais fêter mon anniversaire dans un autre restaurant … et ma sœur ne va pas manger de fruits de mer!

Restaurant du Château répond:
Je vous prie de bien vouloir nous excuser. En espérant avoir le plaisir de vous recevoir à nouveau afin de vous démontrer que, heureusement, cela n'arrive pas souvent. Merci.

4 Passé ou futur?

🔊 Écoutez les conversations (**1–8**). Ils parlent de ce qui vient d'arriver (**P**, passé) ou de ce qui va arriver (**F**, futur)?

Exemple: 1 P

5 On mange

Trouvez les paires.

1 Je viens de finir le petit déjeuner.
2 Il est en train de déjeuner.
3 Elle va partir après le dîner.
4 Nous venons d'arriver.
5 Nous sommes en train de faire la cuisine.
6 Nos copains vont apporter un gâteau.
7 Le chien vient de sortir très vite.
8 Il était en train de manger le steak.

a *We're just doing the cooking.*
b *He was just eating the steak.*
c *I've just finished breakfast.*
d *She's going to leave after dinner.*
e *The dog has just gone out quickly.*
f *He's just having lunch.*
g *Our friends are going to bring a cake.*
h *We've just arrived.*

6 Julien ne va pas bien!

Complétez les phrases avec une expression de la case.

Exemple: 1 *c*

Je viens de (**1**) ___ beaucoup de chocolats et maintenant je n'ai plus faim.

En fait, je ne me sens pas bien. Je crois que je vais (**2**) ___. Mon père est (**3**) ___ une bassine. Si ça ne va pas mieux, on (**4**) ___ au médecin. Ma mère (**5**) ___. Elle ne va pas (**6**) ___ parce qu'elle est en train (**7**) ___ une réunion importante. Elle (**8**) ___ beaucoup de temps pour me soigner aujourd'hui!

a va téléphoner   **b** d'organiser
c manger   **d** vient de rentrer
e vomir   **f** ne va pas avoir
g en train de chercher   **h** être contente

Dossier-langue **Grammaire 16.4**

être en train de ...

You have learnt **venir de** and **aller** + infinitive. Another useful expression is **être en train de** + infinitive. Look at these examples and try to work out the meaning:

Nous sommes en train de dîner. Je vais te téléphoner après.

Max est dans la cuisine. Il est en train de préparer le dessert.

J'étais en train de regarder la carte quand le serveur est arrivé.

Tip: using these expressions in an exam is a good way of getting extra marks!

7 On explique

Traduisez les phrases en français.

1 You are going to go to school with me tomorrow.
2 My friend Chloé has just arrived.
3 Your parents have just phoned.
4 Dad is just making dinner.
5 Mum has just sent a text and she will arrive soon.
6 She is just buying a dessert at the cake shop.

8 *À vous!*

Vous venez de revenir d'un repas avec des amis, mais il y a eu des problèmes. Écrivez un message à un(e) autre ami(e).

Pour vous aider

		rentrer à la maison
		manger au café /
		    fastfood
		fêter au resto
		boire un verre de
		    lait/jus
		tomber
		casser des assiettes
		vomir
		aller à l'hôpital
		dormir
		dîner
		préparer le repas
		etc.

Je viens de/d' Nous venons de/d' [*nom*] vient de/d' Ils/Elles viennent de/d'		
Je suis Je ne suis pas On est Ils/Elles sont	en train de/d'	
Bientôt, Dans 30 minutes, Demain, La prochaine fois,	je vais je ne vais pas on va ils/elles vont	
On a On n'a pas etc.	mangé ... fait ... dîné ...	
On est On n'est pas etc.	allé(e)s ... sorti(e)s ... arrivé(e)s ...	
C'était ... Ce n'était pas ...	affreux intéressant drôle	

5I Contrôle

■ *practise exam techniques*
■ *find out what you have learnt*

Listening

1 On parle des repas

🔊 **a** Listen to Thomas and Julie talking about meals and answer the questions in English.

1 What did his starter consist of yesterday? (**3** *details*)
2 What was his main course? (**3** *details*)
3 What kind of drink does he avoid?
4 When is his main meal at the weekend?
5 Do you think he eats a balanced diet?

b Listen to the second part of the conversation and answer the questions in English.

1 How often does Julie eat cake? Why?
2 What does she consider her main meal of the day?
3 Which country has Thomas visited?
4 When is Julie's birthday?
5 How is she going to celebrate?

2 Au supermarché Villeneuve

🔊 Écoutez la publicité. Choisissez **quatre** phrases qui sont vraies et écrivez les bonnes lettres.

A Un kilo de bananes coûte seulement 0,75 €.
B Les pommes sont en offre spéciale.
C Pour six pots de yaourt, on paie seulement 1,50 €.
D Pour 2,60 €, on peut acheter deux sachets de huit pains au chocolat.
E Au supermarché Villeneuve, il y a une bonne sélection de plats surgelés.
F On vend les quiches avec une réduction de 20%.
G Il y a des plats au poisson qui sont en promotion.
H Les offres spéciales durent deux semaines.

3 Le végétarisme

🔊 Vous écoutez une discussion sur le végétarisme. Complétez les phrases en français. Choisissez parmi les mots de la case.

> ennuyeuse   informés   équilibrée
> internationaux   plantes   vins   végétariens

1 Selon leurs critiques, les végétariens n'ont pas une alimentation _____.
2 Il y a beaucoup de variété dans les menus et les recettes _____.
3 On trouve une bonne nutrition et un bon goût dans un très grand nombre de _____.
4 Selon cette personne, les végétariens sont très bien _____.

Speaking

1 Role play

Tu parles avec ton ami(e) français(e) de la vie saine.
● Manger – sain – quoi (**1** *détail*)
● **!**
● Fast-food (ton opinion)
● Pour être en forme (**2** *activités*)
● **?** L'alcool

> Be prepared for the different ways of asking questions (see **Grammaire** 13).

 a À deux, lisez la conversation.

A À ton avis, tu manges sain?
B Normalement, je mange équilibré. J'aime les légumes et j'en mange beaucoup et en plus, je ne mange pas trop de viande. Cependant, j'adore les gâteaux et le weekend, on mange souvent une tarte ou des pâtisseries chez nous. À mon avis, ça va de temps en temps.
A Qu'est-ce que tu aimes comme boisson?
B Moi, j'aime le coca mais je n'en bois pas beaucoup. Par contre, je n'aime pas l'eau pure mais j'en bois souvent parce que c'est bon pour la santé.
A Comment tu trouves le fast-food?
B J'aime bien les hamburgers mais les frites ne me tentent pas – je les trouve trop grasses. En général, le fast-food n'est pas cher et si on n'en mange pas tous les jours, ce n'est pas mauvais pour la santé, à mon avis. La plupart des fastfoods sont bons pour les jeunes parce qu'on peut se retrouver au restaurant et il y a le wifi gratuit!
A Que fais-tu pour rester en forme?
B Je joue trois fois par semaine au football car je suis membre de l'équipe du collège. Il faut s'entraîner régulièrement pour garder la forme. Je pense qu'il est important de ne pas fumer et c'est pourquoi je ne prends jamais de cigarettes.
  Qu'est-ce que tu penses de l'alcool? Tu crois que l'alcool aussi est dangereux pour les jeunes?
A Ah oui, bien sûr. C'est dangereux de boire trop d'alcool.

b Inventez une conversation différente. Pour vous aider, regardez les pages 90–91.

2 Une conversation

 Choisissez un sujet (1 ou 2). Préparez vos réponses aux questions, puis faites une conversation à deux. Pour vous aider, regardez **À vous!**, pages 89, 96 et 97.

1 Parle d'un repas de fête récent.
● C'était quelle fête? Qui était là?
● Qu'est-ce qu'on a mangé?
● Quels sont les avantages et les inconvénients de manger au restaurant?
● Comment voudrais-tu fêter ton prochain anniversaire?

2 Parle du végétarisme.
● Pourquoi est-on végétarien, à ton avis?
● Quels sont les avantages et désavantages du végétarisme?
● Tu es végétarien(ne)? Pourquoi (pas)?
● Est-ce qu'on mangera moins de viande à l'avenir?

Reading

1 C'est mon métier

Lisez l'article et les phrases (1–5).
Choisissez la bonne réponse.

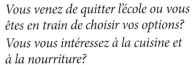

Vous venez de quitter l'école ou vous êtes en train de choisir vos options?

Vous vous intéressez à la cuisine et à la nourriture?

Vous allez chercher un travail dans l'alimentation?

Aline Duhamel, française, 18 ans

Métier: Diététicienne

En quoi consiste le travail?
Elle va travailler comme diététicienne dans un hôpital et s'occuper des régimes spéciaux pour les malades. Elle va aussi vérifier l'hygiène dans la cuisine et donner des conseils diététiques avec des suggestions de recettes pour les malades qui viennent de finir leur traitement et qui vont quitter l'hôpital.

Formation
Elle vient d'avoir son bac scientifique. Elle vient de trouver une place au lycée technique Saint-Louis à Bordeaux pour faire des études en diététique.

Pourquoi a-t-elle choisi ce métier?
Elle allait d'abord travailler dans un restaurant mais elle a pensé que le métier de diététicienne serait plus scientifique et qu'il serait plus varié.

Inconvénients
Elle va peut-être avoir des problèmes dans la vie sociale; les gens semblent avoir peur des diététiciens, surtout les gens qui essaient de suivre un régime pour maigrir!

1 Aline fera son métier dans un
   a hôpital **b** lycée **c** restaurant
2 Elle vient de finir
   a son traitement **b** sa cuisine **c** ses examens
3 Son premier choix de métier était dans un
   a hôpital **b** lycée **c** restaurant
4 À son avis, le travail au restaurant
   a est trop scientifique **b** n'a pas assez de variété
   c n'est pas hygiénique
5 Beaucoup de gens suivent un régime quand ils
   a ont peur **b** veulent perdre du poids
   c vont travailler dans un restaurant

2 Au fastfood

Your sister saw this on a forum. Translate it for her.

Le weekend, quand je suis en ville avec mes copains, j'aime aller à un restaurant rapide. C'est pratique mais c'est assez cher et on ne le fait pas souvent. Quand j'étais petit, on fêtait souvent des fêtes d'anniversaire au fastfood. On mangeait des frites avec des hamburgers ou des morceaux de poulet et après, il y avait du gâteau.

3 Les jus de fruits

«Les jus de fruits sont-ils diététiques?»
*Question de **pp.robert&robert, par mail***
Non, pas plus que les boissons industrielles car ils contiennent autant de sucres, voire plus (100g de jus de raisin comprennent ainsi 15 g de sucres, alors qu'un soda ou une limonade en contient 11 g. Le nectar d'abricot en compte 13,4 g pour 100g, le jus d'orange de 8 à12 g et le jus de pamplemousse 8.5 g. Les sucres naturels sont chimiquement semblable aux sucres industriels.

Boire un jus de fruits n'est pas non plus une alternative à la consommation directe de fruits. Bien sûr, les jus renferment les mêmes nutriments, vitamines minéraux, polyphénols et antioxydants que la chair de fruit. Mais la peau et la pulpe en contiennent beaucoup plus: de 4 à 6 fois plus de vitamine C par exemple. Par ailleurs, un grand verre ou une canette de 33 cl de jus d'orange équivaut à 4 ou 5 oranges. Or si on consomme rarement 4 oranges à la suite, il est courant de boire 33 cl de jus, ce qui peut favoriser diabète et obésité en cas d'absorption régulière.

voire   *even*
renfermer   *to contain*
la chair   *flesh*

You read this article.
Answer in English.

1 List these in order of their sugar content, from highest to lowest:
   a grape juice **b** lemonade
   c apricot juice **d** grapefruit juice
2 Why is it better to eat whole fruit (skin and flesh) rather than just drink the juice?
3 What are the dangers of regularly drinking too much juice, according to the article? (**2** *details*)

Writing

1 Les repas

Vous écrivez un blog sur les repas. Décrivez:

• vos repas typiques

• votre opinion sur le fast-food

• un repas de fête récent.

Écrivez environ **150** mots en **français**. Répondez à tous les aspects de la question.

Pour vous aider, regardez les pages 86, 96 et 97.

2 Traduction

Traduisez ce texte en français.

I have just celebrated my birthday with some friends. My mother prepared a plate of seafood then steak and chips. It was a disaster because my girlfriend is vegetarian! Next year I will go to a restaurant and I would like to choose the menu.

Sommaire

■ Meals

le petit déjeuner	breakfast
le déjeuner	lunch
le dîner	dinner
le goûter	tea, after-school snack
un repas de fête	meal for a special occasion

■ Food

la nourriture	food
une baguette	French stick
le beurre	butter
des biscuits (m pl)	plain biscuits
un bonbon	sweet
des céréales (f pl)	cereals
des chips (f pl)	crisps
la confiture	jam
le fromage	cheese
un gâteau	cake
l'huile (d'olive) (f)	(olive) oil
le jambon	ham
le lait	milk
le miel	honey
la moutarde	mustard
un œuf (à la coque)	(boiled) egg
une omelette	omelette
le pain	bread, loaf
le pâté	pâté
les pâtes (f pl)	pasta
le poivre	pepper
le poisson	fish
le potage	soup
le riz	rice
le sel	salt
la soupe	soup
le sucre	sugar
le vinaigre	vinegar
le yaourt	yoghurt

■ Meat

la viande	meat
l'agneau (m)	lamb
le bœuf	beef
le porc	pork
le poulet	chicken
la saucisse	sausage
le saucisson (sec)	salami
le veau	veal

■ Vegetables

les légumes (m pl)	vegetables
l'ail (m)	garlic
une carotte	carrot
un champignon	mushroom
un chou	cabbage
un chou de Bruxelles	Brussels sprout
un chou-fleur	cauliflower
un concombre	cucumber
un haricot vert	green bean
une laitue	lettuce
un oignon	onion
des petits pois (m pl)	peas
une pomme de terre	potato
un radis	radish
une salade	(green) salad

■ Fruit

les fruits (m pl)	fruit
un abricot	apricot
un ananas	pineapple
une banane	banana
une cerise	cherry
un citron	lemon
une fraise	strawberry
une framboise	raspberry
un melon	melon
une orange	orange
un pamplemousse	grapefruit
une pêche	peach
une poire	pear
une pomme	apple
une prune	plum
le raisin	grape(s)
une tomate	tomato
une cacahuète	peanut
une noisette	hazelnut
une noix	nut, walnut

■ Describing food

bon/bonne	good
délicieux/-ieuse	delicious
fort	strong
frais/fraîche	fresh
léger/légère	light
mauvais	bad
mûr	ripe
épicé	spicy, hot
salé	salt(y), savoury
sucré	sweet, sweetened
tendre	tender

■ A family meal

Qu'est-ce que tu veux boire/manger?	What would you like to drink/eat?
Encore du potage?	More soup?
Tu voudrais du fromage?	Would you like some cheese?
Il y a … ou …	There is … or …
Tu prends du café?	Are you having coffee?

■ Accepting and refusing

Oui, s'il vous plaît.	Yes, please.
Oui, je veux bien.	Yes, I'd like some.
Oui, avec plaisir.	Yes, I would.
Oui, un petit peu.	Yes, just a little.
Non, merci.	No thank you.
J'(en) ai assez mangé.	I've had enough (of it).
Ça me suffit.	I've had enough.
Je n'aime pas beaucoup (le café).	I don't like (coffee) very much.

■ Health

l'alimentation (f)	eating, consumption
l'anorexie (f)	anorexia
la boulimie	bulimia
grignoter	to snack
grossir	to get fat
maigre	thin
les minéraux (m pl)	minerals
le mode de vie	way of life
obèse	obese
l'obésité (f)	obesity
un régime équilibré	balanced diet
la santé	health
en surpoids	overweight
un(e) végétarien(ne)	vegetarian
le végétarisme	vegetarianism
les vitamines (f pl)	vitamins
vomir	to be sick
je dois faire attention à ce que je mange	I have to watch what I eat
je n'aime pas le goût (de …)	I don't like the taste (of …)
je ne supporte pas …	I can't stand …
je suis allergique (à)	I'm allergic (to)
ça me/rend hyperactif/-ive	that makes me/ hyperactive
trop de sucreries	too many sweet things

■ Buying provisions

Vous vendez …?	Do you sell …?
Quel est le prix de …?	How much is …?
C'est combien, le/la/les …?	How much is/are …?
quelque chose de moins cher	something cheaper
Ça fait combien?	How much does it come to?
Je vous dois combien?	How much do I owe you?
C'est tout.	That's all.
Vous désirez?	What would you like?
Et avec ça/ceci?	Anything else?
Vous voulez autre chose?	Would you like anything else?
Vous en voulez combien?	How much do you want (of it)?
Il n'y en a pas/plus.	There isn't/aren't any (more).
Je regrette, mais …	I'm sorry, but …
un grand choix de	a big choice of
C'est tout (ce qu'il vous faut)?	Is that all (you need)?
Payez à la caisse.	Pay at the cash desk/till.

■ Food shops

une boucherie	butcher's
une boulangerie	baker's
une charcuterie	delicatessen, pork butcher's
une confiserie	confectioner's
une crémerie	dairy (+ grocer's)
une épicerie	grocer's
un(e) marchand(e) de fruits/légumes	greengrocer's/ fruiterer's
un marché	market
une pâtisserie	cake shop
une poissonnerie	fishmonger's

■ Snacks

un casse-croûte	snack
une crêpe	pancake
un croissant	croissant
un croque-monsieur	toasted sandwich
des frites (f pl)	chips
une gaufre	waffle
une glace (au chocolat/ à la vanille)	ice cream (chocolate/vanilla flavoured)
un hamburger	hamburger
un hot-dog	hot dog
un pain au chocolat	chocolate-filled roll
une pizza	pizza
un sandwich (au fromage/ au jambon)	sandwich (with cheese/ham)

■ Drinks

une boisson (non) alcoolisée	(non-)alcoholic drink
une boisson gazeuse	fizzy drink
une bière	beer
un café	(black) coffee
un (café) crème	coffee with cream
un café au lait	coffee with milk
un décaféiné	decaffeinated coffee
un chocolat chaud	hot chocolate
un cidre	cider
un citron pressé	fresh lemon drink
un coca	cola
de l'eau (f) minérale	mineral water
un jus de fruit	fruit juice
une limonade	lemonade
une menthe à l'eau	mint-flavoured drink
un Orangina	fizzy orange drink
un thé (citron)	(lemon) tea
un thé au lait	tea with milk
du vin (blanc/rouge)	(white/red) wine
une carafe	carafe
une demi-bouteille	half a bottle
un verre	glass

■ At the café

Vous servez des plats chauds?	Are you serving hot meals?
Qu'est-ce que vous avez comme sandwichs?	What sort of sandwiches do you have?
des plats (m pl) à emporter	takeaways
Où sont les toilettes/ WC, s'il vous plaît?	Where are the toilets, please?
L'addition, s'il vous plaît.	The bill, please.
Je vous dois combien?	How much do I owe you?

■ Eating out

un bistro	small café/restaurant
la carte	menu (card showing what is available)
un fastfood	fast-food restaurant
manger à la carte	to choose items from the menu
le menu à prix fixe/la formule	set price menu (limited choice)
le plat du jour	today's special dish
une crêperie	pancake restaurant
un restaurant	restaurant
un self (service)	self-service restaurant
À ta/votre santé!	Good health!/ Cheers!
À la tienne!/ À la vôtre!	And to yours!

■ The meal

un hors-d'œuvre	starter
une assiette de charcuterie	selection of cold meats
un consommé	thin soup
les crudités (f pl)	raw vegetables
les escargots (m pl)	snails
le pâté maison	home-made pâté
les crevettes (f pl)	prawns
les fruits de mer (m pl)	seafood
les huîtres (f pl)	oysters
les moules marinières (f pl)	mussels cooked in white wine
le saumon	salmon
une sole meunière	sole in butter
une truite	trout
un coq au vin	chicken in red wine
une côte d'agneau/ de porc	lamb/pork chop
une côtelette	cutlet/chop
une entrecôte	rib steak
une escalope de veau	fillet of veal
un ragoût	stew
un steak (bleu/ saignant/à point/ bien cuit)	steak (nearly raw/ rare/medium/ well-done)
un steak tartare	raw mince with egg yolk and capers

le dessert	dessert
une crème caramel	caramel custard
une glace	ice cream
une mousse au chocolat	chocolate mousse
une île flottante	floating island
une pâtisserie	cake
une tarte aux pommes	apple tart

■ At the restaurant

La carte, s'il vous plaît.	Can I have the menu, please?
Vous êtes prêt(s) à commander?	Are you ready to order?
Comme boisson …	To drink …
C'était très bon.	It was very good.
encore du pain	more bread
un autre verre	another glass

■ The menu

service (non) compris	service charge (not) included
le pourboire	tip
farci	stuffed
garni	served with a vegetable or salad
au gratin	with cheese topping
maison	home-made
nature	plain
vapeur	boiled/steamed
provençale	with tomatoes and garlic
rôti	roast
une salade verte/ composée	green/mixed salad
la sauce vinaigrette	French dressing (for salad)

■ Problems

Excusez-moi, mais …	Excuse me, but …
Je n'ai pas de couteau/cuillère/ fourchette.	I haven't got a knife/spoon/fork.
Ce n'est pas ce que j'ai commandé!	This is not what I ordered!
La viande n'est pas assez cuite.	The meat isn't cooked enough.
Il y a une erreur.	There's a mistake.
Nous avons commandé un café, pas deux.	We ordered one coffee not two.

■ Grammar

Pronoun en **p89**

Pronouns (me, te, nous, vous, lui, leur) **p95**

Perfect + imperfect tenses **p97**

venir de and aller + infinitive **p100**

en train de + infinitive **p101**

unité 6 Ça m'intéresse

6A Enquête-loisirs

- *exchange information and preferences about leisure activities*
- *talk about using technology*

1 Les jeunes et les loisirs

a Écoutez Julie et Marc et lisez les phrases. C'est vrai (**V**), faux (**F**) ou pas mentionné (**PM**)?

Julie   Marc

1 Julie est sportive: elle fait du hockey, de la natation et de la danse.
2 Elle ne sort pas beaucoup en semaine parce qu'elle a beaucoup de devoirs.
3 Elle ne s'intéresse pas au cinéma.
4 Samedi dernier, elle est sortie avec son copain.
5 Marc ne s'intéresse pas à l'informatique.
6 Il est en train de préparer une page web pour son collège.
7 Il n'est pas sportif.
8 Il aime écouter de la musique classique sur sa tablette.

b Écoutez Élodie et Laurent et complétez les phrases avec des mots de la case.

Élodie   Laurent

> des jeux vidéo   aime   de la musique
> fait partie   les séries   un film
> joue   regarde

1 Élodie écoute souvent ____.
2 Après l'école, elle joue à ____.
3 Elle aime beaucoup ____ à la télé.
4 Dimanche prochain, elle va voir ____ avec ses amis.
5 Laurent ____ au football, au badminton et au basket.
6 Il ____ aussi le VTT et le roller.
7 Le weekend, il ____ souvent des matchs de foot.
8 Il ____ des équipes de foot et de basket au collège.

c Lisez les phrases, puis écoutez Claire et Daniel. C'est qui, Claire (**C**) ou Daniel (**D**)?

Exemple: 1 D

Claire   Daniel

1 Je joue de la guitare et du piano et je fais partie d'un groupe.
2 En général, je préfère regarder des films sur mon ordinateur.
3 Récemment, j'ai lu un livre d'Alex Garland.
4 Je vais aux musées de temps en temps.
5 Le dimanche soir, je vais à un club des jeunes.
6 J'adore les magazines de mode.
7 À part ça, j'aime faire du dessin et prendre des photos.
8 Quelquefois je regarde la télé, quand il y a une émission intéressante.
9 Je fais aussi de la cuisine, surtout des gâteaux.
10 Pendant mon temps libre, j'aime écouter de la musique.

d Regardez tous les textes de l'exercice 1 et trouvez l'équivalent en français.

1 last Saturday
2 often
3 next Sunday
4 at the weekend
5 generally
6 recently
7 from time to time
8 on Sunday evenings
9 sometimes
10 in my free time

2 Mes loisirs

a Complétez les phrases. Pour vous aider, regardez le tableau à la page 107.

Exemple: 1 *Comme loisirs, j'aime écouter de la musique.*

1 Comme loisirs, j'aime …
2 Je m'intéresse beaucoup à/au …
3 Mon passetemps préféré est …
4 Quelquefois, j'aime …
5 Je déteste …
6 Je trouve … vraiment ennuyeux.
7 …, ça ne m'intéresse pas du tout.
8 Je n'aime pas du tout …

b À deux, posez les questions et répondez à tour de rôle.
- Quels sont tes passetemps?
- Tu fais partie d'une équipe / d'un orchestre / d'une chorale?
- Est-ce que tu vas à un club des jeunes / un club au collège?
- Qu'est-ce que tu n'aimes pas faire pendant tes loisirs?
- Est-ce que tu sors souvent? Où?
- Tu sais jouer au bridge / aux échecs / du piano / de la guitare?
- Est-ce que tu sais nager / faire du ski / jouer au hockey?
- Tu voudrais apprendre à faire quelque chose?

Pour vous aider

Comme passetemps, j'aime / je n'aime pas J'adore / Je déteste		la lecture / le dessin. la natation / le roller.
Je m'intéresse		au cinéma / à la musique. à l'équitation / aux échecs.
La musique, L'informatique, La lecture, L'équitation, Le sport, La cuisine,	(ça) m'intéresse	un peu.
	ça me passionne. c'est ma passion.	beaucoup. énormément.
	ça ne m'intéresse pas (du tout).	
Je fais partie d'un groupe / d'une chorale / d'une équipe. Je vais à un club des jeunes / de théâtre / d'informatique. Je trouve la lecture / les ordinateurs, etc. vraiment ennuyeux. Je n'aime pas du tout le football / le rugby / le hockey / la musique classique, etc.		
Je sors	très peu de temps en temps assez souvent beaucoup	le soir. le samedi. le weekend. pendant les vacances.
J'aime aller	en ville. à la plage. au club des jeunes. chez des ami(e)s.	
Je (ne) sais (pas)	jouer du piano / de la guitare, etc. jouer au bridge / aux échecs / au volley / à la pétanque, etc. nager.	
Je voudrais apprendre à	jouer d'un instrument de musique. jouer aux échecs / nager, etc.	

3 Ma vie numérique

🔊 a On parle de l'importance des ordinateurs, des smartphones et des tablettes. Écoutez et notez les lettres qui correspondent pour chaque personne.

Exemple: 1 (*Morgane*) b, …

1	Morgane	a	pour faire du dessin
2	Mehdi	b	pour faire des recherches
3	Nadia	c	pour faire des jeux
4	Maxime	d	pour faire des devoirs
5	Pierre	e	pour sauvegarder des photos
6	Myriam	f	pour regarder des films
		g	pour écouter de la musique
		h	pour communiquer avec des amis

b Écoutez encore une fois. Vous entendez quelles expressions?

Exemple: 1, …

1 Ils sont importants, mais je n'y suis pas accro.
2 Je consulte Internet.
3 Je passe des heures à tchater.
4 Je n'ai pas beaucoup de temps pour l'ordinateur.
5 Je ne télécharge jamais de chansons – c'est trop cher.
6 Je fais la plupart de mes devoirs sur ordinateur.
7 Je ne sais pas ce que je ferais sans mon ordinateur!
8 Je voudrais travailler dans l'informatique.
9 Je sauvegarde toutes mes photos sur mon ordi.
10 On peut partager des photos avec ses amis.
11 J'ai une super appli.
12 Internet, c'est très utile.

c Répondez aux questions en français.
1 Où est-ce que Morgane cherche des recettes?
2 Mehdi consulte surtout quel genre de sites?
3 Qu'est-ce que Nadia trouve indispensable?
4 À quoi est-ce que Maxime joue avec ses amis?
5 Pierre a une appli pour quoi faire? (*2 détails*)
6 Selon Myriam, qu'est-ce qui est plus important que d'être à l'ordinateur?

4 *À vous!*

a Vous utilisez un portable ou une tablette? Écrivez un paragraphe.
- Quand? (*le soir / le weekend / quand je vais au collège / rentre à la maison, etc.*)
- Où? (*à la maison / dans la rue / dans le bus, etc.*)
- Pour quoi faire? (*faire des recherches / tchater / aller sur un réseau social, etc.*)

b Écrivez un paragraphe sur vos passetemps. Dites aussi ce que vous avez fait récemment avec vos amis.
(*J'ai joué … / J'ai fait … / Je suis sorti(e) …*)

1 Un message

a Répondez aux questions en anglais.

1 Which instrument has Charlotte been learning to play most recently?
2 What does she spend a lot of time doing?
3 Who did she see on stage?
4 In what part of France does the music festival take place?
5 What is the purpose of the festival?

b Et vous? Trouvez quatre questions dans le deuxième paragraphe du message. Copiez les questions et écrivez vos réponses.

> Salut,
>
> J'ai bien reçu ton message – merci beaucoup! Ce qui me passionne, c'est la musique. Je joue du piano depuis huit ans et il y a deux ans, j'ai commencé à jouer du clavier électronique. J'aime bien la musique classique, mais je préfère la musique moderne et le rap.
>
> Je passe des heures à créer des chansons. C'est passionnant. Et toi, tu aimes la musique? Quel genre de musique préfères-tu? Est-ce que tu joues d'un instrument de musique? Est-ce que tu as un chanteur ou un groupe favori? Moi, j'aime bien OrelSan et Christine and The Queens.
>
> En juin, j'ai eu la chance de voir OrelSan sur scène. Il a chanté pendant le grand festival de musique en France qui s'appelle La Fête de la Musique. Est-ce que tu en as entendu parler? La Fête de la Musique (ou 'Faites de la Musique' comme ça s'écrit quelquefois) a lieu vers le 21–22 juin. Pendant le weekend, il y a des concerts partout, dans les petites rues, dans les cafés, sur les places, etc. Il y a de la musique de toutes sortes: du classique, de l'accordéon, de la techno, les musiques du monde et du jazz.
>
> Tout le monde peut y participer – les amateurs et les professionnels. À Paris, on installe de grandes scènes, par exemple à la Bastille, où on peut voir des vedettes comme OrelSan. Le but de la fête, c'est d'encourager tout le monde à devenir musicien. C'est vraiment bien et il y a une très bonne ambiance.
>
> À bientôt,
>
> **Charlotte**

Dossier-langue

jouer à / jouer de

For games, use the verb **jouer** with the correct form of **à**.

For instruments, use **jouer** with the correct form of **de**.

Il y a trois ans, mon frère jouait du tuba mais pas maintenant; il joue tout le temps au rugby.

Je joue au tennis cet après-midi, mais ce soir, je jouerai aux échecs.

Ma sœur joue de la batterie et mon frère joue du saxophone – impossible de faire mes devoirs!

2 Lexique

Écrivez l'équivalent en anglais.

1	la batterie	7	une flûte à bec
2	une chanson	8	un instrument de musique
3	un chanteur	9	la musique classique
4	une chanteuse	10	un orchestre
5	une chorale	11	sur scène
6	un clavier	12	télécharger

3 Faites de la musique!

Complétez chaque phrase avec le bon instrument de musique.

1 Moi, je joue ___ depuis quatre ans.
2 Je ne joue pas d'un instrument, mais mon ami(e) joue ___.
3 Quand j'étais plus jeune, je jouais ___.
4 Le weekend prochain, ma sœur jouera ___ dans l'orchestre du collège.
5 La semaine dernière, j'ai joué ___ dans un concert.
6 J'aimerais bien apprendre à jouer ___.

4 La radio

Trouvez les paires.

1 Les Français écoutent la radio	**a**	comme NRJ (Énergie) et Fun Radio.
2 Huit Français sur dix écoutent la	**b**	(publicité) sur toutes les stations.
3 Les jeunes préfèrent les radios musicales	**c**	en moyenne trois heures par jour.
4 Sur les stations musicales, une	**d**	nationales comme RTL, France-Inter et Europe 1.
5 Les adultes préfèrent les grandes stations	**e**	chanson sur trois doit être française.
6 Il y a de la pub	**f**	radio au moins une fois par jour.

5 Vous écoutez?

a Lisez les textes et devinez les mots qui manquent.

b Écoutez les interviews pour vérifier.

Exemple: 1 1 – *c*

1 Élodie écoute la radio le (**1**) ___ et le soir. Quand elle fait ses devoirs, elle écoute surtout de la (**2**) ___. Elle trouve qu'à la radio, on entend de nouveaux (**3**) ___ et de la musique un peu (**4**) ___.

> **a** chanteurs **b** différente **c** matin **d** musique

2 Laurent n'écoute presque (**1**) ___ la radio. Il préfère écouter son (**2**) ___. Il aime mieux (**3**) ___ sa musique et il trouve qu'il y a trop de (**4**) ___ à la radio.

> **a** jamais **b** choisir **c** pub **d** baladeur

3 Julie écoute surtout des radios musicales comme (**1**) ___ et Fun. Elle aime bien le contact entre (**2**) ___ et les auditeurs. Elle trouve qu'il y a des animateurs qui sont (**3**) ___ bons que d'autres et que certains animateurs parlent (**4**) ___.

> **a** l'animateur **b** trop **c** NRJ **d** moins

6 J'écoute …

Écoutez la conversation. Qui dit ça, Aléa (**A**), Bastien (**B**) ou Cyrille (**C**)?

Exemple: 1 A (Aléa)

1 Si j'aime une chanson, je peux l'acheter.
2 On joue surtout de la musique classique.
3 Ça dépend de mon argent de poche.
4 Quand je fais mes devoirs, j'écoute la webradio.
5 À mon avis, il y a trop de pub, trop de jeux stupides.
6 J'aime écouter des émissions musicales à la radio.
7 Quelquefois je regarde la télé en ligne.
8 Je préfère mon baladeur parce que ça ne distrait pas.
9 Je ne peux pas me concentrer sur mes devoirs en même temps.
10 Moi, je préfère la musique live.

7 En français

Regardez les exercices 5 et 6 et trouvez l'équivalent en français.

1 the presenter	**5** online TV
2 the listeners	**6** it doesn't distract
3 adverts	**7** I can't concentrate
4 music programme	**8** at the same time

8 *À vous!*

a À deux, posez des questions sur la musique et répondez à tour de rôle.

- Tu aimes écouter de la musique? Quand? Où? Comment?
  (*le matin quand je me lève, quand je travaille, en voiture, en ligne, sur ma tablette / mon ordinateur / mon smartphone, etc.*)
- Tu télécharges beaucoup de chansons?
  (*une / deux par semaine / par mois, quand j'ai l'argent*)
- Tu écoutes souvent la radio?
  (*Qui, tous les jours / de temps en temps / rarement / le matin et le soir. Non, pas tellement, je préfère regarder la télé / écouter mon baladeur.*)
- Quelle station de radio écoutes-tu le plus souvent?
- Tu aimes / Tu n'aimes pas écouter quel genre d'émissions?
  (*de la musique, des infos, des jeux, des reportages*)
- Tu préfères quel genre de musique?
  (*J'aime surtout la musique pop / rock / moderne / classique.*)

b Écrivez vos réponses aux questions. Ajoutez le plus de détails possible.

6C Le sport, ça vous intéresse?

- talk about sport and sporting events
- understand and use common adverbs

Le sport

- Le sport occupe une place importante dans la vie des Français.
- On aime surtout faire du sport pour se détendre en plein air.
- Beaucoup de Français aiment regarder le sport à la télévision, surtout les grands évènements sportifs comme la Coupe du Monde, le Tour de France et le championnat de tennis à Roland Garros.

1 Du sport pour tous

Il y a beaucoup de sports différents. Trouvez un sport différent pour chaque catégorie. Pour vous aider, regardez le **Sommaire**, page 124.

Exemple: 1 la gymnastique

1. un sport individuel
2. un sport d'équipe
3. un sport nautique
4. un sport d'hiver
5. un sport de raquette
6. un sport que vous faites au collège
7. un sport que vous aimez
8. un sport que vous regardez quelquefois à la télé
9. un sport que vous aimeriez essayer

2 Vous faites du sport?

Complétez ces phrases avec la bonne forme du verbe **faire + du/de la/de l'**.

Attention: ce n'est pas toujours au présent!

Exemple: 1 J'ai fait de l'escalade …

1. J'___ escalade une fois pendant un stage d'activités.
2. L'hiver dernier, j'___ ski pour la première fois.
3. Mon ami ___ judo depuis deux ans.
4. J'ai toujours voulu ___ patinage.
5. Comme sports, je ___ athlétisme, ___ gymnastique et ___ natation.
6. L'année prochaine, nous ___ voile.
7. As-tu déjà ___ escalade?
8. L'été dernier, on ___ planche à voile.
9. Quand j'habitais à la campagne, je ___ équitation tous les jours.
10. Si j'avais le temps, je ___ sport tous les soirs.

Dossier-langue   Grammaire 16.5

The verb *faire*

The verb **faire + du/de la/de l'** is often used with sports. It is irregular in most tenses. Identify the tense of **faire** in these sentences, then translate them:

1. *Aujourd'hui, je fais du basket.*
2. *Hier, j'ai fait de la natation.*
3. *Demain, je ferai de l'équitation.*
4. *Quand j'étais petit(e), je ne faisais pas de vélo.*
5. *Si j'habitais à la montagne, je ferais souvent du ski.*

3 Le sport, c'est ma passion

Écoutez Lucas et Emma. Corrigez l'erreur dans chaque phrase.

Lucas

1. Au collège de Lucas, on peut faire du rugby et du volley.
2. En été, on peut choisir entre l'athlétisme et l'équitation.
3. En dehors de l'école, je joue au foot cinq fois par semaine.
4. Mon équipe s'entraîne tous les dimanches.
5. Samedi dernier, on a perdu un match à domicile 5 à 3.

Emma

6. Mon sport préféré, c'est le basket.
7. Je suis membre d'un club et j'y joue tous les soirs.
8. Il n'y a jamais de tournois.
9. J'aime regarder le tennis à la télévision.
10. La semaine dernière, j'ai vu la fin du Tour de France à Paris.

4 Interview d'une championne

Lisez l'interview et les phrases. Trouvez les cinq phrases qui sont vraies.

Sophie Dupré, la nouvelle championne de tennis junior

- *Félicitations, Sophie. Vous devez être très heureuse d'avoir gagné le championnat.*
- Oui, absolument. Je n'ai pas encore tellement réalisé ce qui m'arrive. J'étais déjà très contente d'arriver en finale, mais d'avoir gagné le match, c'est vraiment formidable.
- *J'aimerais qu'on vous connaisse un peu mieux. Quel âge avez-vous? Où êtes-vous née?*
- J'ai dix-sept ans et je suis née à Lille, mais récemment, j'ai déménagé à Paris pour m'entraîner à Roland Garros.
- *Vous jouez régulièrement dans ce tournoi?*
- Ça fait trois ans maintenant que je le fais. La première fois, je l'ai trouvé particulièrement difficile et franchement, je me demandais si j'allais continuer, mais heureusement, mon entraîneur m'a beaucoup encouragée. Alors l'année dernière, ça allait déjà mieux. J'ai gagné les premiers matchs assez facilement et je suis arrivée en demi-finale.
- *Et cette année, encore mieux! Alors, maintenant, vous pouvez vous détendre. Qu'est-ce que vous faites pour vous détendre? Aimez-vous la musique, le cinéma?*
- La musique, non, pas spécialement. Le cinéma, oui, j'aime bien, et je lis aussi. J'aime un bon roman ou une bande dessinée.
- *Merci beaucoup, Sophie – et encore toutes nos félicitations!*

1 Sophie vient de gagner un match important.
2 Elle est contente d'être championne de tennis.
3 Elle habite à Paris depuis dix-sept ans.
4 C'est la troisième fois qu'elle a fait ce tournoi.
5 Son entraîneur lui a conseillé de ne pas continuer.
6 L'année dernière, elle n'était pas en finale.
7 Elle aime bien regarder des films.
8 La lecture ne l'aide pas à se détendre.

Dossier-langue | **Grammaire 5.1**

Adverbs

Adverbs (usually added to a verb) tell you **how**, **when**, **where** or **how often** something happens.

Many adverbs in English end in '-ly', e.g. happi**ly**, quiet**ly**.

Look at the interview with Sophie and find the French for these adverbs:

1 absolutely 2 really 3 recently 4 regularly

What ending do they have in common?

Find four more adverbs with that ending. Work out their meaning.

You can make most adjectives into adverbs. Look at the examples and work out the rule.

(m. sing. adj.)	**lent**	**heureux**
(f. sing. adj.)	**lente**	**heureuse**
(adverb)	**lentement**	**heureusement**

Of course, there are some irregular adverbs, e.g. **mal** ('badly', from **mauvais**). Find the French for 'well' and 'better' in the interview.

5 Au contraire

Trouvez les contraires.

1	facilement	a	toujours
2	heureusement	b	difficilement
3	souvent	c	il y a longtemps
4	fort	d	dedans
5	récemment	e	malheureusement
6	jamais	f	pas encore
7	dehors	g	doucement
8	en haut	h	après
9	déjà	i	en bas
10	avant	j	rarement

6 À vous!

a À deux, posez des questions et répondez à tour de rôle.

- Tu fais du sport régulièrement? Pourquoi?
- Que fais-tu comme sports au collège?
- Est-ce que tu regardes le sport à la télé?
- Vas-tu quelquefois à des matchs?
- Y a-t-il un sport que tu aimerais essayer?
- Sais-tu faire du ski / nager / jouer au volley?

b Écrivez vos réponses aux questions. Utilisez des adverbes.

Exemple: Je n'aime pas <u>tellement</u> faire du sport, mais je vais <u>régulièrement</u> à la piscine.

c Écrivez un article sur un(e) champion(ne) de sport. Pour vous aider, relisez l'interview de Sophie (exercice 4).

Exemple: (Fabien X) est champion (junior) de ... Il est né ... Il habitait à ...

Pour vous aider

Je fais du sport	souvent / rarement / ... une / deux / trois fois par semaine seulement au collège	parce que	ça fait du bien. c'est bon pour la santé.
Je ne fais pas de sport. C'est ennuyeux / nul.			
Je trouve ça passionnant / formidable / dangereux / fatigant. On joue au football / hockey / ... On fait du basket / de la natation / de l'athlétisme / ...			
Le sport à la télé Un match live	m'intéresse beaucoup, ne m'intéresse pas du tout,		surtout le rugby / le foot / ... car je préfère ...
J'aimerais apprendre à faire du ski parce que ... Je voudrais essayer l'escalade mais ...			J'ai déjà fait du snowboard. Je n'ai jamais fait de snowboard.

6D On regarde la télé
■ *discuss television programmes*
■ *make comparisons*

1 La télévision en France

🔊 **a** Sandrine explique les chaînes de télévision. Écoutez, puis complétez le résumé avec les mots de la case.

> documentaires émissions
> films 20 heures jeunes
> satellite sérieuse
> sport trouve

b Trouvez l'équivalent en français.
1 channel
2 programmes
3 reality TV
4 cartoons
5 news programme
6 documentaries
7 cultural channel
8 'soaps'
9 dubbed into French
10 adverts

TF1: la chaîne la plus populaire; on y trouve des (**1**) ___, des émissions sportives, des jeux, de la télé-réalité, des dessins animés, des séries, le journal de (**2**) ___ et beaucoup plus.

France 2: c'est une chaîne un peu plus (**3**) ___ mais intéressante.

France 3: une chaîne populaire d'intérêt général où on passe des films, des séries, des jeux, du (**4**) ___.

Canal +: on y passe des (**5**) ___, des documentaires, du sport, etc.

France 5: c'est une chaîne qui diffuse beaucoup de documentaires.

Arte: c'est une chaîne culturelle.

M6: pour beaucoup de (**6**) ___, c'est la meilleure chaîne; on y (**7**) ___ beaucoup de séries et de feuilletons français, américains, anglais, espagnols (en version française, bien sûr).

TV5: c'est la chaîne internationale où on voit une sélection d'(**8**) ___ francophones.

En plus, il y a des télévisions locales et beaucoup d'autres chaînes par câble et par (**9**) ___.

Il y a de la publicité sur toutes les chaînes.

2 C'est quoi, comme émission?

a Trouvez une émission pour chaque genre et écrivez des phrases complètes.

Exemple: 1 Match of the Day, c'est une émission sportive.

1 une émission sportive
2 un jeu
3 un documentaire
4 un feuilleton
5 une série américaine
6 un dessin animé
7 un magazine
8 une série policière

b Sur Internet, cherchez des émissions pour chaque genre dans le programme des chaînes françaises.

3 Forum des jeunes: La télé

C'est l'avis de qui? Ça peut être une ou deux personnes.

Exemple: 1 Voldeuit

1 J'aime les séries qui se passent dans un hôpital.
2 Je préfère une série qui s'occupe des ados.
3 Les dessins animés sont très amusants.
4 Les jeux télévisés sont nuls.
5 Presque toutes les séries américaines sont géniales.
6 Il ne faut pas toujours regarder des séries américaines.
7 Je ne regarde que des films à la télé.
8 Les séries, ça ne m'intéresse pas tellement.

---

forum des jeunes — Qu'est-ce qu'on aime ou n'aime pas à la télé?

Alice 468:
Salut à tous. Moi, j'adore les séries américaines, enfin, pas toutes parce qu'il y a des limites! Je regarde les plus vieux épisodes sur Internet ou sur les chaînes satellite. Alors si ça vous intéresse, écrivez-moi!

Alamode:
Salut! Moi aussi, j'adore les séries, et pas seulement les américaines – il y a de très bons feuilletons et séries francophones. J'aime surtout les séries où les ados sont les personnages principaux. Je trouve que les histoires sont réalistes et drôles en même temps et ça détend.

Perruchefolle:
Alors moi, je ne suis pas un fan des séries. Les situations sont stupides et les personnages sont énervants. À mon avis, la télé devient ennuyeuse – il y a trop d'émissions bêtes et trop de pub. De temps en temps, je regarde un film, c'est tout.

Voldeuit:
Pour moi, les séries qui parlent des hôpitaux sont très intéressantes: je veux faire médecine et depuis que je regarde ces séries, je suis encore plus motivé. On a l'impression de vivre à l'hôpital avec les médecins et les malades.

Mistercool:
Moi, je trouve les séries moins intéressantes que les dessins animés. Ils me font rire, ils sont tous super. Qu'en pensez-vous?

Métro-gnome:
Je suis entièrement d'accord avec toi, les dessins animés sont trop drôles. Et ils ne sont pas aussi bêtes que les feuilletons. D'autre part, je trouve qu'il y a trop d'émissions sur la cuisine. J'en ai marre, moi.

Tapismajik:
Les feuilletons sont aussi stupides que les jeux! Quant à la télé réalité, je déteste ça, c'est ridicule! Moi, j'aime regarder le sport et quelquefois il y a de bons documentaires sur l'histoire. Ils sont très éducatifs.

4 Des comparaisons

a Faites des phrases. Attention à la forme de l'adjectif.

Exemple: **1 Le sport est plus intéressant que les feuilletons.**

1 le sport – (*more interesting*) – les feuilletons
2 la radio – (*older*) – la télé
3 les informations – (*less popular*) – les séries
4 les dessins animés – (*as boring*) – la télé-réalité
5 la chaîne TF1 – (*better*) – beaucoup de chaînes satellite
6 les jeux – (*not as educational*) – les documentaires

b Inventez encore quatre comparaisons.

5 Des opinions

Trouvez les paires.

1 À mon avis, …
2 Je (ne) suis (pas) d'accord avec toi.
3 Qu'est-ce que tu en penses?
4 Ça me fait rire.
5 Ça détend.
6 Ça divertit.
7 C'est marrant/rigolo/drôle.
8 Ça serait génial.
9 C'était passionnant.
10 Ça m'intéresse.
11 Ça m'énerve.
12 Je trouve ça bête.
13 C'était nul.
14 Je déteste ça!

a *That would be brilliant.*
b *What do you think of it/them?*
c *It annoys me.*
d *It's relaxing.*
e *In my opinion, …*
f *I hate that!*
g *I find it interesting.*
h *It's funny.*
i *I find that stupid.*
j *It makes me laugh.*
k *It was rubbish.*
l *I (dis)agree with you.*
m *It's entertaining.*
n *It was exciting/ fascinating.*

Dossier-langue   **Grammaire 5.2**

Comparatives

In English, you can make comparisons: by adding '-er' to an adjective (e.g. old**er**) or by putting 'more' before it (e.g. **more** motivated). Find the French for 'older' and 'more motivated' in the forum.

There are some irregular comparatives, just as there are in English. Complete the following:

good – **bon / bonne / bons / bonnes**
better – **meilleur / ___ / ___ /___ meilleures**
bad – **___ / mauvaise / ___ / ___**
___ – pire / pires

Plus and **moins** (less) follow the same pattern, and the adjectives must agree with the thing they are comparing.

To say 'more/less interesting **than** …' use **que**.

You can use **aussi … que** (as … as) and **pas si … que** (not as … as) in the same way.

Remember, you can add **plus**, **moins**, **aussi** and **pas si** to adverbs as well.

Le guépard court plus vite que le lion.

On écoute moins attentivement quand on est fatigué.

Il parle français aussi bien que moi, mais pas si couramment que le prof.

Dossier-langue   **Grammaire 8.2**

Pronouns

You can make the expressions with **ça** + verb more personal by adding or changing a pronoun.

Ça me détend. Ça te fait rire? Ça nous divertit. Ça vous intéresse?

---

6 À vous!

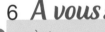

a À deux, posez des questions et répondez à tour de rôle. Utilisez des expressions de l'exercice 5.

- Tu regardes souvent la télé? À ton avis, c'est beaucoup? (*j'aime bien regarder la télé / je n'aime pas beaucoup regarder la télé; tous les soirs / de temps en temps / en semaine / le weekend / quand je n'ai pas trop de devoirs; c'est beaucoup / trop / pas assez / moins que mes copains*)
- Qu'est-ce que tu aimes regarder à la télé, en général?
- Tu aimes les séries? Si oui, lesquelles? Si non, pourquoi pas?
- Quelle est ton émission préférée? C'est quand (jour et heure) et c'est quel genre d'émission? Pourquoi est-elle si bonne, à ton avis?
- Qu'est-ce que tu as regardé récemment? Comment tu l'as trouvé et pourquoi?
- Qu'est-ce que tu aimerais voir (plus souvent) à la télé? Pourquoi?

b Écrivez un paragraphe sur la télévision. Décrivez:
- vos habitudes et préférences
- des émissions mémorables.

Pour vous aider

J'aime bien	regarder la télé
Je n'aime pas beaucoup Je déteste	les séries / les documentaires / … les infos / les émissions sportives / …
Je regarde la télé	tous les soirs / de temps en temps / en semaine / le weekend / quand je n'ai pas trop de devoirs / …
Je trouve que	c'est beaucoup / trop / pas assez / moins que mes copains
Mon émission préférée, c'est	[*nom*] sur la chaîne [*nom*] à [*20*] heures le [*mercredi*]
Récemment, Hier soir, Le weekend dernier,	j'ai vu j'ai regardé on a passé	un film … de la télé-réalité une émission sur …
J'aimerais voir (plus souvent)		

6E Vous aimez la lecture?

- talk about books and reading
- use direct object pronouns

1 Forum des jeunes: Les livres

Lisez le forum et faites les exercices **a–d**.

forum des jeunes Les livres: Aimez-vous lire?
Quels sont vos livres préférés?

 Voldenuit:

Salut à tous. Moi, je n'aime vraiment pas lire; je ne sais pas pourquoi et ma mère qui est prof de français (génial … hum hum) me dit tout le temps que je ne lis pas assez. Mais la passion de lire, comment est-ce qu'on la trouve? Avez-vous des titres de livres intéressants? Comment est-ce que vous choisissez vos livres?

Perruchefolle:

Récemment, j'ai lu *À la Croisée des Mondes* de Phillip Pullman. C'est une trilogie qui a gagné des prix littéraires en Grande-Bretagne. Ces livres sont vraiment super, pleins d'aventures et de suspense. Quand on commence à les lire, on ne les lâche plus. J'ai lu les trois tomes sur ma liseuse et j'adore la jeune fille, Lyra – je la trouve très sympa. Ces livres t'ouvrent une autre perspective sur le monde.

 Alice468:

Moi, j'aime bien les romans de Fred Vargas, surtout ceux avec le commissaire de police Jean-Baptiste Adamsberg, comme *Les quatre fleuves*. Je le trouve super comme personnage. Alors moi, si j'ai aimé un livre, si je l'ai trouvé génial, je cherche d'autres livres du même auteur.

 Tapismajik:

J'ai lu *Le Seigneur des Anneaux* de Tolkien et je l'ai beaucoup aimé. Mais j'ai trouvé la fin un peu décevante. C'est dommage qu'il n'y ait pas plus de détails sur cette île mystérieuse. Moi, j'aime lire parce que ça me permet de m'évader du monde de tous les jours (le bahut, le boulot, le stress).

 Mistercool:

En ce moment, je lis *L'Alchimiste* de Paul Coelho. C'est un beau roman, plein de philosophie et en même temps l'histoire de l'aventure d'un berger espagnol, ou l'aventure de chacun de nous. Moi, je choisis un livre, d'abord pour son titre, puis je lis le résumé.

 Métro-gnome:

Tu n'as pas encore lu *Harry Potter*? Alors, dépêche-toi de le faire! Moi, je n'avais aucun envie de lire cette série, mais j'ai lu le premier livre à mon petit frère et me voilà accro! C'était vraiment génial: plein d'émotion, de suspense et d'humour. Je suis impatient de lire les autres! Je vais les emprunter à la bibliothèque si je peux.

a Beaucoup de bons livres sont traduits en plusieurs langues. Parmi ces extraits trouvez …

Exemple: 1 L'Alchimiste

1 un livre écrit par un Brésilien
2 un livre britannique
3 un roman policier (un polar)
4 un personnage masculin
5 un personnage féminin

b C'est quelle personne?

1 Elle demande des recommandations de livres parce qu'elle ne lit pas souvent.
2 Elle est en train de lire une histoire pleine de philosophie.
3 Elle veut lire les autres livres d'une série parce qu'elle a bien aimé le premier livre.
4 Elle a été un peu déçue par la fin d'un livre qu'elle a lu récemment.

c C'est l'avis de qui?

1 La lecture me permet de me détacher des problèmes de tous les jours.
2 C'est d'abord le titre d'un livre qui m'attire.
3 Je choisis souvent des livres écrits par un auteur que je connais.
4 La lecture élargit tes horizons.

d Trouvez l'équivalent en français.

1 author   3 e-reader
2 character   4 title
5 I really don't like reading.
6 You can't put them down.
7 These books give you a different view of the world.
8 I found the ending a bit disappointing.
9 It allows me to escape everyday life.
10 I can't wait to read the others.

Dossier-langue   Grammaire 8.2

Direct object pronouns

Use direct object pronouns **le, la, l', les** (it/him/her, them) to avoid repeating nouns too much.

Look at these examples. Where in a sentence do pronouns go?

Quand on commence à les lire, on ne les lâche plus.

Je le trouve super comme personnage.

Ce voyage … la conduit à la frontière d'un autre monde.

Je ne l'aime pas beaucoup.

Find other examples of these pronouns on pages 116–117.

2 C'est quoi comme livre?

Répondez avec le genre du livre et le nom de l'auteur.

Exemple: 1 *C'est <u>une bande dessinée</u> de <u>René Goscinny</u>.*

1 Astérix et Obélix contre César
2 Emma
3 Le Seigneur des Anneaux
4 Le Marchand de Venise
5 Le Crime de l'Orient Express
6 Le Bon Gros Géant

> une pièce de théâtre   un roman fantastique
> une bande dessinée   un livre pour enfants
> un roman d'amour   un roman policier

> J R R Tolkien   Jane Austen
> William Shakespeare   Roald Dahl
> Agatha Christie   René Goscinny

3 Des livres de tous les genres

🔊 **a** Écoutez et lisez le premier texte. C'est vrai (**V**) ou faux (**F**)?

1 Ce livre, le premier tome d'une trilogie, raconte la vie de Lyra qui est orpheline et qui vit à Oxford. Elle adore faire des escapades avec Roger, l'aide-cuisinier.

Mais un jour, son meilleur ami, Roger, disparaît. Alors Lyra part à sa recherche et fait un voyage périlleux vers le Grand Nord. Ce voyage lui révèle ses extraordinaires pouvoirs et la conduit à la frontière d'un autre monde.

1 Le personnage principal s'appelle Oxford.
2 Roger travaille dans une cuisine.
3 Roger va chercher son ami disparu.
4 Le voyage vers le Grand Nord est dangereux.

b Complétez le texte, puis écoutez pour vérifier.

2 C'est une bande dessinée. Dans cette aventure, le reporter part à la recherche de son ami Tchang, qui a disparu après un crash d'(**1**) ____. Quand le reporter et son (**2**) ____ arrivent à la montagne, ils partent sur les traces de l'abominable (**3**) ____ des neiges.

> chien   avion   homme

c Écoutez le dernier texte et lisez le résumé. Choisissez la bonne réponse.

C'est **1** (**a** *une pièce de théâtre* **b** *un roman*). Trois **2** (**a** *soldats* **b** *sorcières*) disent des choses étranges à un général. La femme du général l'encourage à **3** (**a** *tuer le roi* **b** *marier une fille*). Le général prend le trône mais sa femme **4** (**a** *se tue* **b** *s'échappe*). À la fin, le fils du roi et une armée **5** (**a** *écossaise* **b** *anglaise*) arrivent et ils tuent le général.

d Reconnaissez-vous les livres? Écrivez les titres.

4 À vous!

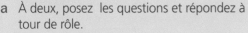

a À deux, posez les questions et répondez à tour de rôle.

1 Est-ce que tu lis beaucoup? (*souvent / de temps en temps / rarement / presque jamais*)
2 Empruntes-tu des livres à la bibliothèque?
3 Quel genre de livres t'intéresse le plus?
   (*les livres d'aventures / de science-fiction / comiques, les romans fantastiques / historiques / d'amour / policiers (les polars), les histoires vraies, les bandes dessinées*)
4 Comment est-ce que tu choisis un livre?
   (*parce que quelqu'un l'a recommandé, je connais l'auteur, j'aime le titre / le résumé*)
5 Es-tu en train de lire un livre en ce moment? Si oui, lequel?
6 Quel est le dernier livre que tu as lu? C'était comment?
7 Quel est ton auteur préféré? Pourquoi?
8 Quel est ton livre favori? Pourquoi?
9 Comment préfères-tu lire? (*dans un livre papier / sur ma tablette / sur une liseuse*)

b Écrivez un paragraphe sur la lecture.

Exemple: *J'adore la lecture. Je lis de tout – des romans, des bandes dessinées, des magazines. Au collège, je suis en train de lire Sa Majesté des Mouches de William Golding, mais je ne l'aime pas beaucoup. Le dernier livre que j'ai lu, c'était une bande dessinée, Tintin au Tibet – c'était génial. Mon livre favori est Le Seigneur des Anneaux. Je l'ai lu deux fois et je trouve que c'est très bien écrit.*

c Décrivez un livre que vous avez lu.

• C'est quel genre de livre?
• Qu'est-ce qui se passe?
• Quel est votre avis sur le livre?

> **Pour vous aider**
>
> C'est un livre d'aventures / de science-fiction, etc.
> Il s'agit de … / On raconte … / C'est l'histoire de …
> L'auteur parle de / décrit …
> Le héros (L'héroïne) s'appelle …
> L'action se déroule à/en …
> À la fin, / Finalement, / Enfin, …
> Après beaucoup d'aventures …
> C'est un livre intéressant / passionnant / fascinant.
> C'est une histoire émouvante / amusante.

- understand information about events
- discuss going out
- practise pronouns

1 Si on sortait?

Lisez la publicité et faites les exercices **a–c**.

a Voici des abréviations et des mots raccourcis. Quels sont les mots complets? C'est quoi en anglais?

Exemple: **1** *location – reservation, booking* (in this context)

1 loc.   **5** sam.
2 tlj sf dim.   **6** M
3 rens.   **7** fév.
4 tél.   **8** rés.

b Trouvez l'équivalent en anglais. Cherchez dans le dictionnaire.

Exemple: **1** *on ice*

1 sur glace   **5** jours pairs
2 sur place   **6** jours impairs
3 entrée libre   **7** jusqu'au
4 places disponibles   **8** horaires

c On cherche des renseignements. Trouvez les réponses.

Exemple: **1** *Il y a un festival de musiques africaines.*

1 J'aime bien la musique du monde. Qu'est-ce qu'on peut voir?

2 Je voudrais voir une pièce de Shakespeare. Qu'est-ce qu'il y a au programme?

3 On m'a dit qu'il y a une très belle exposition de photos. Comment ça s'appelle?

4 L'exposition de photos, c'est où? Est-ce que l'entrée est payante?

5 Nous voulons voir le match de rugby. Quel est le numéro de téléphone pour les réservations?

6 Je cherche un spectacle pour des enfants de neuf ans. Est-ce qu'il y a quelque chose?

d Cherchez des renseignements sur Internet sur les prix d'entrée à l'Aquaboulevard.

2 C'est pour un renseignement

🔊 Écoutez les conversations au téléphone et notez les détails.

1 Casse-noisettes
   sam. matinée: …
   séance du soir: …
   places à partir de: …

2 Othello
   prix des places: …
   réd: …
   horaires: mardi–samedi … dim. …

THÉÂTRE

Spectacle musical sur glace
Casse-noisettes
en piste et sur glace
un grand spectacle pour toute la famille
Avec la participation des élèves de l'École de danse
Espace Chapiteau St-Denis Stade de France
Loc. par téléphone de 12h à 18h (14 jours avant)
Sur place tlj sf dim. de 11h à 18h30
le 14 juillet, matinée gratuite, entrée libre dans la limite des places disponibles.
Rens. tél. 01 48 51 51 51

Othello
William Shakespeare
Jours pairs: 8–10–14–16–22 avril

Beaucoup de bruit pour rien
William Shakespeare
Jours impairs: 9–15–17–21–23 avril
Théâtre du Vésinet

MUSIQUE

Festival de Musiques Africaines
Théâtre Gérard Philipe
Sam. 20h30

Tarika (Madagascar)
Sur scène, cinq musiciens avec une énergie prodigieuse!

Fenoamby (Réunion)
Un des groupes les plus populaires de la Réunion

EXPOS

Photographies
Yann Arthus-Bertrand: La Terre Vue du Ciel
Jardin du Luxembourg
M / RER Luxembourg
Jusqu'au 30 juin
Tlj de 10h à 19h
Entrée libre

SPORTS

Piscine Aquaboulevard
Métro: Balard
Horaires: (fermeture caisses 21h)
lundi, mardi, mercredi, jeudi: de 9h à 23h
vendredi: de 9h à 24h
samedi: de 8h à 24h
dimanche: de 8h à 23h
Taille bassin: 96 x 33 m (1,80 m)
Accès handicapés: Oui

Rugby
Tournoi des six nations
France–Écosse 27 fév.
15h Stade de France
Rens. / Rés. 08 25 30 19 98

Dossier-langue   **Grammaire 8.2, 8.4**

Using pronouns to avoid repetition

Pronouns avoid repetition and make a conversation or a piece of writing flow better.

- **le/l'**, **la/l'** and **les** replace masculine, feminine and plural nouns.

- **y** replaces noun phrases beginning with **à/au/à la/à l'/aux**.

Choose the correct pronoun to complete the following:

a Il y a une nouvelle exposition. Je veux bien (**1**) ____ voir.

b Pour aller au concert, c'est cher, mais je veux vraiment (**2**) ____ aller.

c Les Australiens jouent très bien au rugby. On (**3**) ____ a vus l'année dernière.

d – Tu fais souvent de la natation?
   – Oui, je (**4**) ____ aime beaucoup. Deux fois par semaine, je vais à la piscine près d'ici.
   – Ah oui, je (**5**) ____ connais. On (**6**) ____ va cet après-midi.

3 Qu'est-ce qu'on fait?

 À deux, lisez la conversation puis inventez d'autres conversations.

– Alors, qu'est-ce qu'on va faire samedi?

– Il y a un Festival de Musiques Africaines.

– Ah non, moi, ça ne me dit pas grand-chose.

– Qu'est-ce qu'il y a au théâtre?

– Il y a deux pièces de Shakespeare. Ça t'intéresse?

– Bof, pas tellement.

– Moi non plus – il fait trop chaud!

– Et ils n'ont probablement plus de billets. J'aimerais mieux faire quelque chose en plein air.

– On pourrait peut-être aller à l'exposition de photos au jardin du Luxembourg.

– Bonne idée, on dit que c'est excellent et, en plus, c'est gratuit.

– Où est-ce qu'on se voit?

– Près du métro à quatre heures, ça va?

– Oui, mais disons quatre heures et demie.

– Oui, entendu! À samedi, alors!

On décide ce qu'on va faire

Qu'est-ce qu'on fait?
Tu es libre ce soir?
Qu'est-ce que tu veux faire?
T'as une idée, toi?
Moi, je voudrais …

Des idées pour répondre

Bonne idée!
Oui, je veux (je voudrais) bien faire ça.
Oui, allons-y!
D'accord. Super! Excellent! ✓

Ça dépend.
Ça m'est égal.
Si tu veux.
Hmm! Je ne sais pas, moi.
Ça coûterait combien?
Je ne sais pas si j'ai assez d'argent. **?**

Ça ne me dit pas grand-chose.
Non, j'aimerais mieux faire autre chose.
Non, merci, je ne peux pas.
Je n'ai pas tellement envie.
Je n'ai pas assez d'argent. **✗**

On propose une activité

Il y a	un concert une fête un match	ce soir. samedi. demain soir.	On y va? Tu viens? Tu veux y aller?
Si on allait Qui veut aller Toi, tu veux aller		en ville? chez Matéo? au cinéma?	
Est-ce que tu veux faire		un piquenique? du bowling? un tour à vélo?	
Tu préfères regarder		le match de rugby? le film à la télé? l'émission sur …?	
On pourrait (peut-être) aller		à la piscine. à la plage. à l'exposition. au musée.	

On se donne rendez-vous

Si on se voyait à … heures, ce soir?
Rendez-vous devant le théâtre / au café / à la piscine / chez moi/toi.

Ça va?

Oui, d'accord. À ce soir.
Entendu. À sept heures, alors.
Oui, ça va. À bientôt. ✓

Oui, mais sept heures, c'est un peu tôt, disons sept heures et demie.
Tu ne peux pas venir me chercher chez moi? **?**

Non, pas devant le cinéma,	si on se voyait	au café? au théâtre? dans le foyer? à la station de métro? **✗**

Des raisons pour ne pas y aller

Ce n'est pas ouvert.
C'est seulement pour les adultes.
Ils n'ont plus de billets.
Il fait trop chaud.
C'est trop cher.

4 Que faire?

🔊 Écoutez Nicolas et Lucie. Ils discutent d'où ils peuvent aller. Lisez les possibilités et notez la raison à chaque fois. Pour vous aider, regardez la case 'Des raisons pour ne pas y aller' de l'exercice 3.

1 le concert de rock
2 le spectacle musical
3 le film de James Bond
4 la piscine
5 la patinoire

5 Un message

Je veux bien sortir, samedi.
Qu'est-ce qu'on va faire?
Rendez-vous où?
À quelle heure?
On va manger en ville?
On rentre à quelle heure?
Alex

a Répondez au message d'Alex.

Exemple:

On va aller au musée des Sciences.
Rendez-vous devant le musée, à 14 heures.
On va à la pizzeria après et on va rentrer vers 20 heures.

b Inventez encore un message et une réponse.

- talk about the cinema and films
- describe a film
- use the superlative

1 Le cinéma

Lisez l'article et répondez aux questions.

1 Où est-ce que les Français regardent des films le plus souvent, à la maison ou au cinéma?

2 Quel est l'autre nom pour un film policier?

3 Quels sont les deux genres de films que les Français aiment le plus?

4 Qui est Jean Dujardin?

5 Marion Cotillard, qu'est-ce qu'elle fait dans la vie?

6 Les César, c'est quoi?

Le cinéma

- Les Français aiment le cinéma – surtout les jeunes. Parmi les 15–19 ans, 90% vont au cinéma au moins une fois par an.
- Les Français apprécient beaucoup les films – mais c'est à la télé, en DVD ou sur l'ordinateur qu'ils les regardent le plus souvent! On passe plus de temps à regarder des films à la maison que dans les salles du cinéma.
- Beaucoup de jeunes aiment les films d'horreur, les films de science-fiction avec des effets spéciaux, ou les films policiers (qu'on appelle les 'polars').
- Les films à suspense, les films de guerre, les dessins animés et les films d'espionnage sont aussi très appréciés. Quand même, dans un sondage récent, on a découvert que pour les jeunes, comme pour les adultes, ce sont les comédies – les films qui font rire – et les films d'aventures qui sont les plus populaires.

Jean Dujardin est un des acteurs les plus connus en France. Il a joué des rôles dans beaucoup de films, par exemple, le rôle d'un banquier suisse malhonnête dans le film *Le Loup de Wall Street*.

Marion Cotillard est une des meilleures actrices françaises de nos jours et une des plus célèbres. Elle a joué dans le film *Macbeth* avec Michael Fassbender.

Cotillard a eu plusieurs nominations pour le César de la meilleure actrice, et Dujardin est devenu le premier Français à remporter l'Oscar du meilleur acteur. Les César sont l'équivalent français des Oscars et on les présente au mois de février à Paris.

2 À propos de cinéma

Complétez les phrases.

Exemple: 1 le _meilleur_ film

1 Le ___ film que j'ai vu récemment était *Le Seigneur des Anneaux*. (*best*)

2 Les cascadeurs remplacent les acteurs dans les scènes les ___. (*most dangerous*)

3 La série *La Guerre des Étoiles* est parmi les films de science-fiction les ___. (*most famous*)

4 Le film *Titanic* a été un des films les ___ à faire. (*most expensive*)

5 Tu as vu le film le ___ de James Bond? (*most recent*)

6 Daniel Craig et Brad Pitt sont deux des acteurs les ___ parmi les jeunes. (*most popular*)

7 Mon ami pense qu'Anne Hathaway est la ___ actrice américaine. (*best*)

8 J'ai hurlé de rire quand j'ai vu *Wallace et Gromit: Le Mystère du Lapin Garou*. À mon avis, c'est un des films d'animation les ___. (*most amusing*)

3 On décrit des films

🔊 Écoutez ce jeu. Chaque participant doit parler d'un film pendant au moins 30 secondes. Ensuite, choisissez les bonnes réponses.

1 C'est un film
  a français b américain c franco-allemand

2 C'est un film
  a d'amour b comique c de science-fiction

3 C'est une histoire
  a romantique b imaginaire c vraie

4 Les vedettes sont
  a des créatures
  b un Français et une Française célèbres
  c des personnages de bande dessinée

5 Le participant trouve que le film est
  a effrayant b très amusant c pas très amusant

Dossier-langue   Grammaire 5.2

Superlatives

Find the French for these superlatives: the most popular; one of the best known actors.

Why do the words for 'the' and the adjectives change?

Complete the rule: To say 'the most' use **le**, (1) ___ or (2) ___ with **plus** and the correct form of an (3) ___.

Now look at these examples:

C'était le plus grand succès.

Un des métiers les plus difficiles est celui de cascadeur.

If the adjective normally goes before the noun, where does the superlative go? And what if the adjective goes after the noun?

As with the comparative, 'best' and 'worst' are irregular. Find out how to say: the best actor; the worst film.

You can use the same pattern with **moins** (least), e.g. **les choses les moins importantes** (the least important things).

The superlative can also be used with adverbs. Find the French for 'the most often'.

4 Lexique

Trouvez l'équivalent en anglais.

un acteur	le rôle (principal)
une actrice	une vedette
des effets spéciaux	sortir
une cascade	en version originale

5 Des films de tous les genres

a Trouvez la bonne définition pour chaque film.

LES DÉFINITIONS

C'est un film historique / comique.

C'est un film d'amour / d'aventures / d'horreur / de science-fiction.

C'est une comédie / un dessin animé / un drame.

LES FILMS

1 Le Petit Prince
2 Jules et Jim
3 Hunger Games
4 Spectre

Exemple: 1 *C'est un dessin animé.*

b Trouvez la bonne description de l'histoire.

Exemple: 1 *b*

c Trouvez l'équivalent en français.

1 it takes place in the future
2 to fight to the death
3 a well-known masterpiece
4 all over the world
5 at the end of the film
6 the main part of life
7 very moving
8 lots of special effects and stunts
9 it's a classic film
10 the director
11 before World War I
12 they fall in love with

LES DESCRIPTIONS

a C'est le premier d'une série de films avec Jennifer Lawrence et Josh Hutcherson. Ça se passe à l'avenir dans un état dystopique. Chaque année, un garçon et une fille de chaque quartier doivent participer à un jeu télévisé pour se combattre à la mort. Katniss prend la place de sa petite sœur et va au Capitol avec son ami Peeta pour s'entraîner. C'est un film d'action et de science-fiction émouvant.

b C'est une adaptation d'un chef d'œuvre connu en France et partout au monde. Le dessin animé raconte l'histoire d'une jeune fille qu'on introduit à un monde extraordinaire où tout est possible. Elle fait un voyage magique et émouvant et à la fin du film elle apprend que c'est par le cœur qu'on voit l'essentiel de la vie. C'est un film quelquefois comique et très touchant.

c C'est un film de James Bond. Ça se passe à Londres, au Mexique, en Italie, au Maroc et dans les Alpes autrichiennes. Bond affronte le criminel Blofeld qui mène une organisation sinistre. Il y a beaucoup d'effets spéciaux et de cascades spectaculaires.

d C'est un film classique du cinéma français par le réalisateur François Truffaut. À Paris, avant la Première Guerre mondiale, Jim, un Français, et Jules, un Autrichien, sont devenus des amis inséparables. Ils tombent amoureux de la même femme, Catherine, mais c'est Jules que Catherine épouse. Après la guerre, Jim les rejoint en Suisse. Catherine n'est pas heureuse avec Jules, et elle prend Jim pour amant, mais la fin du film est très triste.

6 À vous!

a À deux, posez les questions et répondez à tour de rôle.

- Aimes-tu aller au cinéma?
- Quel est le dernier film que tu as vu?
- Quels genres de films aimes-tu?
- As-tu une vedette de cinéma préférée?
- Quel est le meilleur film que tu as vu?
- Est-ce qu'il y a un film que tu voudrais voir? Pourquoi?

b Écrivez vos réponses aux questions.

7 Critique d'un film

Choisissez un film que vous avez vu, au cinéma ou à la télé, et faites-en une description.

Pour vous aider

C'est quel genre de film?
C'est un film policier / de suspense, etc.
C'est un drame psychologique.

Où et quand?
Ça se passe … Le film se déroule …

Qui sont les vedettes?
X et Y jouent dans ce film.

L'histoire?
Dans ce film, il s'agit de … Ce film traite de … C'est l'histoire de …
Avec beaucoup de difficultés …
Il a beaucoup d'aventures, mais …
Cependant, … Enfin / Finalement, …

Votre opinion et vos réflexions
C'est / C'était un bon film, émouvant, un peu effrayant, etc.
Il y avait beaucoup d'effets spéciaux.
Je l'ai trouvé nul. / C'était marrant (*funny*) / pas mal / rasant (*boring*)
Je n'aime pas les films d'amour / violents / d'aventures /…

- *talk about an event in the past*
- *make excuses and apologise*
- *use the pluperfect tense*

1 Un bon weekend ou un désastre?

Béthanie a passé un bon weekend, mais pour Dominique, c'était un désastre. Décidez si c'est Béthanie (**B**) ou Dominique (**D**) qui parle.

Exemple: 1 D

1 Samedi, je voulais aller en ville, mais j'ai dû rester à la maison avec ma petite sœur.

2 Samedi soir, je suis allé(e) à un concert de rock. J'avais acheté les billets trois mois à l'avance! Il y avait beaucoup de monde et l'ambiance était fantastique.

3 Samedi soir, j'avais invité ma copine à aller au cinéma avec moi, mais elle était malade. Alors j'ai regardé un film à la télévision, mais c'était vraiment nul.

4 Dimanche, j'ai joué à un tournoi de tennis. Je m'étais entraîné(e) pendant tout le mois précédent et j'ai bien joué. J'ai fini en troisième place.

5 Samedi matin, j'étais allé(e) en ville et j'avais l'intention de rentrer chez moi vers midi, mais j'ai retrouvé des amis et on est tous allés au café. On a bavardé, on a ri, on s'est bien amusés.

6 Dimanche, je suis allé(e) au match de rugby, mais c'était décevant. On n'a pas bien joué et on a fait match nul. En plus, mon ami avait promis de venir, mais il a manqué le train.

Dossier-langue   Grammaire 14.11

The pluperfect tense

To say what you **had done** (before you did something else) you need to use the pluperfect tense (**le plus-que-parfait**).

Find the French for these phrases in task 1: *I had bought*; *I had trained*; *I had gone*; *my friend had promised*.

In what way is the pluperfect tense similar to the perfect tense?

What tense is used for the auxiliary (**avoir** or **être**)?

Find three more examples of the pluperfect in task 1.

Work out a rule for forming the pluperfect tense. Include these words: *auxiliary*, *imperfect*, *past participle*, *agree*.

Then write out the pluperfect tense of the verbs **dire** and **arriver** in full.

2 Trouvez les paires

Exemple: 1 c

1 Il est arrivé en retard au cinéma parce
2 Ils n'ont pas pu voir la pièce parce qu'
3 Elle a rendu le livre à la bibliothèque
4 Nous sommes rentrés très fatigués mais
5 Elle a dû regarder le match toute seule
6 J'ai été trempé jusqu'aux os parce que

a j'avais oublié mon parapluie.
b nous nous étions super bien amusés.
c qu'il avait manqué le train.
d parce que son ami n'était pas arrivé à temps.
e mais elle ne l'avait pas encore lu.
f on avait déjà vendu tous les billets.

3 Pas de chance

Complétez les phrases au plus-que-parfait.

1 J'ai téléphoné à Sophie, mais elle __ déjà __. (*sortir*)
2 Je ne suis pas allé au concert, parce que j'__ d'acheter des billets. (*oublier*)
3 Je suis arrivé trop tard au cinéma et le film __ déjà __. (*commencer*)
4 Je ne suis pas arrivée à temps, parce que le bus __ en panne. (*tomber*)
5 Daniel n'a pas téléphoné parce qu'il n'__ pas __ mon message. (*recevoir*)
6 Ils ne sont pas allés au cinéma, parce qu'ils n'__ pas __ assez d'argent sur eux. (*prendre*)

4 En français

Traduisez les phrases en français.

1 She had forgotten her umbrella.
2 They had missed the bus.
3 I had already seen the film.
4 They had not arrived in time.
5 We had left at 10 o'clock.
6 My girlfriend had recommended the film to me.

5 Des excuses

Lisez les excuses et les réponses. Trouvez les paires.

1 Je ne l'ai pas fait exprès.
2 Ce n'était pas de ma faute.
3 Ça fait longtemps que tu attends?
4 Il n'y a pas de mal.
5 Je vous en prie.
6 Ça ne fait rien. / Ce n'est rien.
7 Ne t'en fais pas. / Ne vous en faites pas.
8 Ce n'est pas grave.

a *It wasn't my fault.*
b *No harm done.*
c *It doesn't matter.*
d *It's not important.*
e *Don't worry.*
f *Never mind.*
g *I didn't do it on purpose.*
h *Have you been waiting long?*

6 Le weekend dernier

🔊 Écoutez et complétez les phrases.

Laurent et Julie

1 Laurent a joué un match de
2 Son équipe n'a pas
3 Dimanche, il est allé au match de
4 Julie est allée au
5 Elle a vu une
6 À son avis, c'était

a assez bien.
b excellent.
c football.
d gagné.
e comédie.
f théâtre.
g cinéma.
h basket.
i pièce de Shakespeare.

Daniel et Élodie

1 Daniel a participé à la fête de la
2 Il a peint la Seine et les
3 On a vendu des peintures pour collecter des fonds pour une cause
4 Élodie est allée voir un
5 Elle l'a trouvé très
6 À son avis, l'acteur qui jouait le rôle principal jouait

a bateaux.
b émouvant.
c film.
d humanitaire.
e peinture.
f très bien.
g Musique.
h amusant.
i match.

7 À bientôt!

a Lisez le message.

b Écrivez votre réponse. Vous avez récemment assisté à un évènement. Ça peut être vrai ou imaginaire. Pour vous aider, répondez aux questions.

Quand avez-vous assisté à cet évènement?
C'était où?
Qu'est-ce que vous avez fait?
Avec qui y êtes-vous allé(e)?
C'était quoi comme évènement?
Quelles sont vos impressions?

 http://www.tchatter-copains.org ▶ 🔍

Salut, Alex!

Je te remercie de ton message et des renseignements sur les concerts et les spectacles de l'été. Je l'ai reçu avant mon départ, mais je n'ai pas eu le temps d'y répondre.

Je suis en vacances ici, à la Rochelle. Hier soir, avec mon cousin, je suis allé aux 'Francofolies', un festival de musique française. Nous y avons écouté un concert de MC Solaar. Tu le connais? C'est un chanteur qui fait du rap et son vrai nom est Claude M'Barali. Moi, je n'avais jamais assisté à un tel concert. Il y avait beaucoup de monde et une ambiance fantastique. C'était vraiment super!

As-tu déjà assisté à un grand concert dans un stade?

À bientôt! **Dominique**

Quand?
samedi dernier / la semaine dernière
récemment / hier
il n'y a pas longtemps (*not long ago*)

Où?
à Paris / au Stade de France / en Belgique, etc.

Qu'est-ce que vous avez fait?
J'ai assisté à un concert (etc.)
Nous sommes allé(e)s à …
une pièce de théâtre / un festival de musique / un grand spectacle, etc.
en ville / au théâtre municipal / en plein air / au stade, etc.

Avec qui?
avec mes amis / copains / ma famille / mon frère / la famille de mon ami, etc.

Vos impressions
C'était vraiment bien / super / génial / cool / excellent.
À mon avis, c'était décevant / nul / ennuyeux / pas mal / intéressant.
J'étais un peu déçu(e).
Je l'ai trouvé nul.
Moi, je ne l'ai pas aimé.

C'était quoi?
Un match de football
C'était Manchester United contre Huddersfield Town.
Town a battu United 5 à 1.
X a marqué 3 buts.
Ils ont fait match nul.

Une pièce / Un spectacle
C'était une comédie / une tragédie / un drame psychologique / un spectacle musical.
C'est l'histoire de …
Il s'agit de …
Le héros (L'héroïne) s'appelle …
Ça se passe …
À la fin / Finalement, …

Un concert
C'était un concert de musique classique / pop / rock / de jazz, etc.
Le groupe principal était …
La vedette / La star était …
Il y avait (Il n'y avait pas) beaucoup de monde.
Il y avait une bonne ambiance.
Comme souvenir, j'ai acheté le programme / un tee-shirt / un CD.

Listening

1 La musique et moi

 a Listen to Max's interview and complete the sentences in English.

1 Max likes listening to … and occasionally …
2 He doesn't like … because …
3 His father prefers …
4 Max listens to the radio in the morning because … (**2** *details*)
5 He listens to music whilst doing homework because …

b Listen to the rest of the interview. Choose **two** sentences that are true and write the correct numbers.

1 Max used to play the piano, but not any more.
2 He plays the electric guitar in a band.
3 The band practises once a month.
4 They are going to compete in the Battle of the Bands.
5 This competition takes place every weekend.

2 Le sport et moi

 Écoutez cette interview d'un jeune Français, Didier. Choisissez **deux** phrases qui sont vraies dans chaque section (1, 2 et 3) et écrivez les bonnes lettres.

1 **A** Didier n'est pas du tout sportif.
  B Il jouait au football au collège et il le pratique encore.
  C Il jouait au handball au collège et il y joue encore.
  D Au collège, il y avait des filles dans l'équipe de foot.
  E Didier s'est blessé à la main en jouant au handball.

2 **A** Didier voudrait faire du ski.
  B Il a déjà fait du ski.
  C Le ski est bien si on aime la neige et le soleil.
  D Didier n'aimerait pas descendre vite en ski.
  E On ne pourrait pas faire du ski dans les Alpes.

3 **A** Didier a joué au tennis à la télé.
  B Il ne regarde jamais de football à la télé.
  C Il regarde une émission de football de temps en temps.
  D On ne diffuse pas la coupe Davis à la télé.
  E Les Jeux Olympiques ont lieu tous les quatre ans.

Speaking

1 Role play

Vous allez au cinéma en France. Vous parlez au caissier / à la caissière.

- **?** Film recommandé
- **!**
- Les films en langue étrangère – ton opinion
- **?** Prix étudiant
- Achetez des billets

a À deux, lisez la conversation.

A Bonjour. Vous voulez voir quel film?
B Je ne sais pas exactement. Qu'est-ce que vous pouvez recommander?
A Vous aimez quel genre de film?
B Je préfère les films d'aventure et mon ami adore les films de science-fiction parce qu'ils sont passionnants. Nous n'aimons pas les films d'amour car on les trouve ennuyeux!
A Dans ce cas, je vous conseille le film dans la salle 3 à 15 heures. Qu'est-ce que vous pensez des films en langue étrangère?
B Ça dépend de la langue et du film. Si c'est en français, ça va et on peut apprendre des choses. Par contre, si c'est en japonais par exemple, moi je ne comprends rien. Il faut lire les sous-titres et on ne voit pas tout le film.
A Très bien. Alors, vous voulez regarder ce film?
B Oui. Il y a un prix spécial pour les étudiants?
A Certainement, il y a une réduction de vingt pourcent si vous avez votre carte d'étudiant.
B Super. Je voudrais donc deux billets s'il vous plaît.
A Et voilà. J'espère que vous allez aimer ce film.

b Inventez une conversation différente. Pour vous aider, regardez les pages 118–119.

2 Une conversation

À deux, parlez de vos loisirs. Choisissez au moins **quatre** des aspects suivants. Pour vous aider, regardez **À vous!**, pages 109, 113, 115, 119.

- Vos loisirs à la maison
- Vos sorties – où, quand, avec qui
- Votre opinion d'un film récent
- Comment vous regardez les films (télé, ordinateur cinéma, …)
- Un évènement récent
- Un évènement à venir

Preparation

- Think about the questions your partner might ask and how you would answer them.
- Use a wide range of vocabulary from this unit.
- Mention as many aspects as possible, but keep the conversation clear and interesting.
- Practise the grammar and structures you have learned so far.
- Use different tenses.
- Speak clearly and confidently with a good accent.

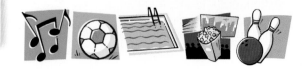

Reading

1 À la télé

> **Lucie:** Le soir, regarde la télé un peu mais je n'y suis pas accro comme quelques uns de mes copains. Eux, ils regardent des émissions à la télé, à l'ordinateur et au smartphone et jouent aux jeux vidéo sans cesse. Moi, je préfère faire autre chose – je suis membre d'une équipe de basket et je joue de la batterie dans un orchestre. Ce soir, on va répéter pour un concert qui aura lieu le 14 juillet en ville.

Read Lucie's post. Answer the questions in English.

1 How often does Lucie watch TV?

2 What does she think of some of her friends' viewing habits?

3 What group activities does she do? (**2** *details*)

4 What is she going to do tonight?

2 Jules Verne

Lisez l'article sur un Français célèbre et choisissez les bonnes réponses.

> **Jules Verne (1828–1905)**
>
> Jules Verne était un écrivain français qui a écrit les premiers livres de science-fiction. Avant d'être écrivain, il a fait des études de droit pour être avocat. Mais il s'intéressait beaucoup à la science, et pour ses livres il a beaucoup lu et beaucoup pensé aux aspects scientifiques.
>
> Il a imaginé la radio, la télévision et la voiture, choses inconnues à son époque. Bien avant l'invention des sous-marins, il a décrit des voyages en vaisseaux sous la mer. Et, plus d'un siècle avant le voyage d'Apollo 11, il a raconté en détail le premier voyage des hommes en fusée sur la Lune.
>
> Un de ses livres les plus célèbres est *Le Tour du Monde en 80 jours*. Ce livre a inspiré beaucoup de «tourmondistes»; parmi eux, un journaliste qui a pris la même route et les mêmes moyens de transport que Phileas Fogg avait pris dans le livre.
>
> Mais il y a un voyage qui n'a pas encore été réalisé: personne, jusqu'à présent, n'a voyagé au centre de la Terre!

1 Avant de devenir auteur, Jules Verne a étudié
a la médecine **b** la Loi **c** la cuisine

2 Pendant sa vie, il n'y avait pas
a de télévision **b** de livres **c** d'écrivains

3 Il a décrit le voyage des hommes sur la Lune
a plus de 100 ans **b** 80 jours **c** onze mois
… avant le vrai voyage.

4 Phileas Fogg était
a un journaliste célèbre **b** un acteur français
c un personnage littéraire

5 On n'a pas encore voyagé
a sous la mer **b** au centre de la Terre **c** en espace

3 Le match

You read this match report on a school website. Translate it into English.

> Mercredi dernier, l'équipe de foot féminine de notre collège, le collège St-Exupéry, a joué contre celle du collège Maupassant. À la mi-temps, c'était match nul mais St-Ex a gagné le match facilement, grâce à la capitaine, Audrey Lefèvre, qui a très bien joué. Elle a marqué trois buts! Les spectateurs de Maupassant n'étaient pas contents mais à la fin, tout le monde est parti amicalement.

Writing

1 Les loisirs

Vous écrivez un article sur les loisirs pour un magazine français. Décrivez:

- vos passe-temps préférés
- l'importance du sport
- une activité récente avec un(e) ami(e)
- vos projets pour le weekend prochain.

Écrivez environ **150** mots en **français**. Répondez à tous les aspects de la question.

2 À la télé

Vous écrivez un blog sur les émissions à la télé.

- Parlez de vos émissions préférées, et pourquoi.
- Décrivez une émission ou un film récent.
- Dites combien de temps vous passez à regarder des émissions et des films à la télé, au cinéma et en ligne. Quel moyen préférez-vous?

Écrivez environ **150** mots en **français**.

> **Writing tips**
>
> Make sure all the points are covered evenly.
>
> Use a range of tenses to make your text more interesting.
>
> After you have written your text, check it carefully for accuracy. Look at one thing at a time, e.g. verb endings and agreements, plurals, spellings, etc.

3 Traduction

Traduisez le texte suivant en français.

> I love reading in the evening, especially novels and comic books. I also read magazines and blogs on my tablet – it relaxes me. I have just read a true story about a famous musician. I am going to download some songs in order to listen to his music.

Sommaire

■ Hobbies

les passetemps (m pl)	hobbies
le cinéma	cinema
le bricolage	DIY
faire une collection (de timbres)	to collect (stamps)
collectionner	to collect
la couture	sewing
la cuisine	cooking
être fana de	to be a fan of
être membre d'un club	to be a member of a club
faire des promenades	to go for walks
faire du théâtre	to do drama
faire partie de	to belong to
l'informatique (f)	computing
un jeu de société	board game
un jeu vidéo	video game
jouer aux cartes/ aux échecs	to play cards/ chess
la lecture	reading
les loisirs (m pl)	leisure
la musique	music
la peinture	painting
la photo(graphie)	photography

■ Taking part in sport

l'alpinisme (m)	mountaineering
un arbitre	referee
l'athlétisme (m)	athletics
le badminton	badminton
le basket	basketball
la canne à pêche	fishing rod
le championnat	championship
le cyclisme	cycling
la danse	dance, dancing
s'entraîner	to train
une équipe	team
l'équitation (f)	horse-riding
l'escalade (f)	climbing
l'escrime (f)	fencing
le football	football
gagner	to win
le golf	golf
la gymnastique	gymnastics
le handball	handball
le hockey	hockey
jouer à domicile	to play a home game
jouer à l'extérieur	to play an away game
un(e) joueur/-euse	player
le judo	judo
le karaté	karate
le match	match
le match nul	draw
faire match nul	to draw
la natation	swimming
le patin à roulettes	roller skating

le patinage	ice skating
la pêche	fishing
la piste	track, ski run
la planche à voile	windsurfing
pratiquer un sport	to do/play a sport
le roller	rollerblading
le rugby	rugby
le skate	skateboarding
le ski	skiing
un jeu d'équipe	a team game
un sport d'hiver	a winter sport
un sport individuel	an individual sport
un sport nautique	a watersport
sportif/-ive	interested in sport
le stade	stadium
le tennis	tennis
le terrain	ground
le tir à l'arc	archery
un tournoi	tournament
le VTT	mountain biking
la voile	sailing
le volley(ball)	volleyball
le vol libre	hang-gliding
le yoga	yoga

■ What's on?

un(e) adulte	adult
avoir lieu	to take place
au balcon	in the circle
c'est combien?	how much is it?
commencer	to begin
coûter	to cost
un(e) enfant	child
une entrée	entrance ticket
fermé	closed
le groupe	group, party
interdit	forbidden
à l'orchestre (m)	in the stalls
ouvert	open
à partir de	from
la place	place
le prix	price
le programme	programme (of events)
qu'est-ce qu'il y a au programme?	what's on?
qu'est-ce qu'on passe au cinéma?	what's on at the cinema?
la réduction	reduction
réserver	to reserve
la séance	performance
un tarif réduit	reduced price
tlj (tous les jours)	every day, daily

■ At the cinema

un acteur	actor
une actrice	actress
une cascade	stunt
une comédie	comedy
le cinéma	cinema

un dessin animé	cartoon
doublé	dubbed
durer	to last
l'écran (m)	screen
les effets spéciaux (m pl)	special effects
un entracte	interval
un film	film
… comique	comedy film
… d'amour	love story
… d'aventures	adventure film
… d'épouvante/ d'horreur	thriller/horror film
… historique	period drama
… de science- fiction	science-fiction film
… fantastique	fantasy film
… policier (un polar)	crime film
jouer	to act
le rôle (principal)	(main) role
la séance	performance, showing
sortir	to come out (film)
sous-titré	subtitled
une vedette (de cinéma)	(film) star
en version originale	with original soundtrack

■ Entertainment

s'amuser	to have a good time
le bal	dance
le cirque	circus
le club des jeunes	youth club
le concert	concert
la discothèque	disco
une exposition	exhibition
la fête	party
la fête foraine	funfair
le feu d'artifice	firework display
le musée	museum
le parc d'attractions	theme park
la soirée	party
le spectacle	show
le théâtre	theatre

■ On the internet

un bouton	button
des coups (m pl) de cœur	favourites
une connexion	connection
un forum	discussion group
un lien	link
en ligne	online
naviguer	to surf, browse
numérique	digital
une page web	web page
une recherche	a search
un réseau social	social network

Music

la batterie	drums
une chanson	song
un(e) chanteur/-euse	singer
une chorale	choir
un clavier (électronique)	(electronic) keyboard
une flûte (à bec)	flute (recorder)
un groupe	group
une guitare	guitar
un instrument de musique	musical instrument
la musique (classique/ pop, etc.)	(classical/pop) music
un orchestre	orchestra
un piano	piano
le rock	rock music
sur scène	on stage
une trompette	trumpet
un tube	hit
un violon	violin

On the radio

un animateur/ une animatrice	presenter
un auditeur/ une auditrice	listener
à l'antenne	on air
un baladeur	personal music player
diffuser	to broadcast
une émission	programme
un flash info	newsflash
une interview	interview
un jeu	game
la météo	weather
un reportage	(news) report
une station de radio	radio station

Reading

un auteur	author
une BD (bande dessinée)	comic strip book
une bibliothèque	library
un écrivain	writer
emprunter	to borrow
le héros/l'héroïne	hero(ine)
une histoire	story
la lecture	reading
lire	to read
un livre de poche	paperback
un livre (pour enfants/ d'aventures)	(children's/ adventure) book
un personnage	character
une pièce (de théâtre)	play
prêter	to lend
un roman (d'amour/ fantastique/ policier)	(romantic/ fantasy/ detective) novel
un titre	title

On TV

la chaîne	channel
culturel(le)	cultural
un dessin animé	cartoon
un documentaire	documentary
éducatif/-ive	educational
une émission (sportive)	(sports) programme
un feuilleton	'soap'
les informations (infos) (f pl)	news
un jeu	game show
le journal	news programme
la pub(licité)	adverts
une série (policière/ américaine)	(detective/ American) series
la télé réalité	reality TV

Making excuses

Pardonnez-moi!/ Pardon!	Forgive me!
Excuse-moi./ Excusez-moi.	Sorry.
Je te/vous prie de m'excuser.	Please excuse me.
Je suis (vraiment) désolé(e)	I'm (really) sorry
(de ne pas être venu(e))	(that I couldn't come)
Je ne l'ai pas fait exprès.	I didn't do it on purpose.
Ce n'était pas de ma faute.	It wasn't my fault.
Ça fait longtemps que tu attends?	Have you been waiting long?
J'ai dû (attendre/ venir à pied).	I had to (wait/ come on foot).

How to reply

Il n'y a pas de mal.	No harm done.
Je vous en prie.	Never mind.
Ça ne fait rien./ Ce n'est rien.	It doesn't matter.
Ne t'en fais pas./ Ne vous en faites pas.	Don't worry.
Ce n'est pas grave.	It's not important.
N'en parlons plus.	Let's forget it.
C'est vraiment embêtant.	It's really annoying.

Talking about films

T'as vu …?/ As-tu vu …?	Have you seen …?
Oui, je l'ai vu.	Yes, I've seen it.
Non, je ne l'ai pas vu.	No, I haven't seen it.
Je voudrais le voir.	I would like to see it.
Je n'ai pas envie de le voir.	I don't want to see it.
On dit que c'est bien comme film.	People say it's a good film.

Comment l'as-tu trouvé?	What did you think of it?
Je l'ai trouvé nul.	I thought it was rubbish.
Moi, je ne l'ai pas aimé.	I didn't like it.
C'était bien?	Was it good?
C'était passionnant	It was exciting/ fascinating
excellent/super/ génial/amusant	excellent/great/ brilliant/amusing
marrant (fam.)/ rigolo (fam.)/drôle	funny
pas mal	not bad
minable (fam.)/ rasant (fam.)	pathetic/boring
Il y avait beaucoup d'effets spéciaux.	There were lots of special effects.
À mon avis, …	In my opinion, …
Je (ne) suis (pas) d'accord avec toi.	I (dis)agree with you.
Qu'est-ce que tu en penses?	What do you think of it/them?
Ça me fait rire.	It makes me laugh.
Ça détend.	It's relaxing.
Ça divertit.	It's entertaining.
Ça m'intéresse.	I find it interesting.
Ça m'énerve.	It annoys me.
Je trouve ça bête.	I find that stupid.
Je déteste ça!	I hate that!

Deciding what to do

Qu'est-ce qu'on fait?	What shall we do?
Tu es libre ce soir?	Are you free tonight?
Qu'est-ce que tu veux faire?	What do you want to do?
T'as une idée, toi?	Any ideas?

Making suggestions

On y va?	Shall we go?
Tu veux y aller?	Do you want to go there/to it?
Tu viens?	Are you coming?
Si on allait en ville?	How about going to town?
Tu veux aller au cinéma?	Do you want to go to the cinema?
On pourrait (peut- être) aller à la piscine.	(Maybe) we could go to the pool.

Grammar

jouer à/de	p108
faire	p110
Adverbs	p111
Comparatives	p113
Direct object pronouns	pp114, 116
Superlatives	p118
The pluperfect tense	p120

C'est extra! C

■ read an extract from a French book
■ discuss photos
■ practise exam techniques

Literature

A Read extract A from *L'étranger* and choose the correct answer.

1 What time of day is being described?
  a early afternoon
  b early evening
  c late night

2 Why does Meursault think the young men appear more decisive than usual?
  a They've been on an adventure.
  b They've been to a good match.
  c They've been to an exciting movie.

3 What word best describes the girls?
  a cheerful **b** sad **c** tired

4 Why do several of the girls wave to Meursault?
  a They know him.
  b He laughs at them.
  c He is falling asleep.

5 What is the effect of the street lights suddenly coming on?
  a The people look more excited.
  b The stars do not seem as bright.
  c The shops look more inviting.

B Read extract B and answer the questions in English.

1 How does the attitude towards Meursault change in the first week?

2 What details does the magistrate require first of all?

3 Why does Meursault think a solicitor is not necessary?

4 How would you describe the magistrate's dealings with Meursault?

5 What is your impression of Meursault from this extract? Why do you think this is?

C Lisez le poème et choisissez les **trois** phrases qui sont vraies.

1 La personne qui raconte le poème sert du café à l'homme.

2 L'homme prend son café sans sucre.

3 L'homme ne dit rien.

4 L'homme est un fumeur.

5 Il fait beau temps ce jour-là.

6 L'homme met un imperméable.

7 La personne qui raconte le poème est heureuse.

Albert Camus (1913–1960) a reçu le prix Nobel de littérature en 1957. Dans son premier roman, *L'étranger* (1942), un jeune homme, Meursault, décrit sa vie en Algérie française. Dans cet extrait, il est assis sur le balcon de son appartement à Alger le dimanche après la mort de sa mère.

(A) Au-dessus des toits, le ciel est devenu rougeâtre et, avec le soir naissant, les rues se sont animées. […] Presque aussitôt, les cinémas du quartier ont déversé dans la rue un flot de spectateurs. Parmi eux, les jeunes gens avaient des gestes plus décidés que d'habitude et j'ai pensé qu'ils avaient vu un film d'aventures. […] Les jeunes filles du quartier […] se tenaient par le bras. Les jeunes gens s'étaient arrangés pour les croiser et ils lançaient des plaisanteries dont elles riaient en détournant la tête. Plusieurs d'entre elles, que je connaissais, m'ont fait des signes.

Les lampes de la rue se sont alors allumées brusquement et elles ont fait pâlir les premières étoiles qui montaient dans la nuit.

Plus tard, un jour où il fait très chaud, Meursault tue un homme avec un revolver et on l'arrête.

(B) Tout de suite après mon arrestation, j'ai été interrogé plusieurs fois. Mais il s'agissait d'interrogatoires d'identité qui n'ont pas duré longtemps. La première fois au commissariat, mon affaire semblait n'intéresser personne. Huit jours après, le juge d'instruction, au contraire, m'a regardé avec curiosité. Mais pour commencer, il m'a seulement demandé mon nom et mon adresse, ma profession, la date et le lieu de ma naissance. Puis il a voulu savoir si j'avais choisi un avocat. J'ai reconnu que non et je l'ai questionné pour savoir s'il était absolument nécessaire d'en avoir un. «Pourquoi?» a-t-il dit. J'ai répondu que je trouvais mon affaire très simple. Il a souri en disant: «C'est un avis. Pourtant, la loi est là. Si vous ne choisissez pas d'avocat, nous en désignerons un d'office.»

Albert Camus: *L'étranger* © Éditions Gallimard

(C) Jacques Prévert (1900–1977) est un des plus grands poètes français du vingtième siècle. Voici un de ses poèmes les plus célèbres.

Déjeuner du matin

Il a mis le café	Dans le cendrier
Dans la tasse	Sans me parler
Il a mis le lait	Sans me regarder
Dans la tasse de café	Il s'est levé
Il a mis le sucre	Il a mis
Dans le café au lait	Son chapeau sur sa tête
Avec la petite cuiller	Il a mis
Il a tourné	Son manteau de pluie
Il a bu le café au lait	Parce qu'il pleuvait
Et il a reposé la tasse	Et il est parti
Sans me parler	Sous la pluie
Il a allumé	Sans une parole
Une cigarette	Sans me regarder
Il a fait des ronds	Et moi j'ai pris
Avec la fumée	Ma tête dans ma main
Il a mis les cendres	Et j'ai pleuré

Jacques Prévert: *Paroles* © Éditions Gallimard

Photo cards

💬 Regardez les photos **A** et **B**. Préparez vos réponses
aux questions, puis faites une conversation à deux.

Speaking tips

Remember to give full answers. The questions are just a
prompt to get you speaking in French and you do need
to answer them, but you can add more information
provided you keep to the topic.

Use a variety of tenses: mention something you have
done (perfect tense), used to do (imperfect tense), will
do (future) or would like to do (*je voudrais* …).

A Le fast-food

- Qu'est-ce qu'il y a sur la photo?
- Est-ce que tu aimes le fast-food?
  Pourquoi (pas)?
- Qu'est-ce que tu as mangé récemment?
- (*Deux autres questions.*)

Autres questions possibles

- Qui fait la cuisine chez toi?
- Le fast-food, c'est bon pour la santé?
- Est-ce que tu manges équilibré?
- Tu manges au collège à midi?
- Tu as mangé à quelle heure hier soir?
  C'est normal chez toi?
- Quel est ton plat préféré?
- Qu'est-ce que tu vas manger pour ton
  anniversaire?
- Comment trouves-tu la cuisine française /
  italienne /…?
- Qu'est-ce que tu penses du végétarisme?
- Tu voudrais travailler dans un restaurant?

B Un concert

- Qu'est-ce qu'il y a sur la photo?
- Quelles sont les qualités d'un bon
  concert? Pourquoi?
- Tu es déjà allé(e) à un concert?
  Pourquoi (pas)?
- (*Deux autres questions.*)

Autres questions possibles

- Tu préfères quel genre de musique?
  Pourquoi?
- Tu joues d'un instrument? Pourquoi (pas)?
- Tu jouais d'un instrument quand tu étais
  petit(e)?
- Tu voudrais apprendre un instrument?
  Lequel?
- Quels sont tes passetemps?
- Qu'est-ce que tu as fait comme sport le
  weekend dernier?
- Tu regardes souvent la télé?
- Qu'est-ce que tu as lu récemment?

Pour vous aider, regardez aussi le **Sommaire** (pages 104 et 124).

7A À propos des vacances

- *talk about different types of holidays*
- *say what you prefer in terms of location, activities, etc.*

La France, pays de vacances

- La France, avec sa variété de paysages et sa richesse culturelle, est le pays le plus visité du monde.
- Plus de 80 millions de touristes étrangers visitent la France chaque année.
- Beaucoup de Français préfèrent passer leurs vacances en France plutôt que d'aller à l'étranger.
- La France est un des pays qui a le plus grand nombre de jours fériés (11–12). Les magasins sont souvent fermés et il y a beaucoup de circulation sur les routes ces jours-là.

 Les jours fériés: À deux, faites une liste de tous les jours fériés en France.

1 Pourquoi partir en vacances?

 Soleil, repos, découverte – quel est pour vous le principal but des vacances? Voilà la question qu'on a posée aux Français. Écoutez les conversations (**1–8**) et notez les bonnes lettres.

Exemple: 1 *a*

a avoir du beau temps
b se reposer
c passer du temps avec la famille / des amis
d se dépayser
e se faire bronzer
f rencontrer de nouvelles personnes
g lire
h faire du sport
i bien manger, bien boire
j visiter des monuments, des musées, des expositions
k autre chose

2 L'essentiel en vacances

 À deux, discutez de ce qui est important pour les vacances.

Exemples:

A Qu'est-ce qui est important pour toi?
B Pour moi, il est important d'être au bord de la mer ou d'un lac parce que j'adore nager et faire de la planche à voile.
A J'aime aller dans un endroit où on organise des activités pour des jeunes.
B Et moi, je n'aime pas beaucoup les pays chauds – c'est trop fatigant.
A Les musées et les monuments, tout ça ne m'intéresse pas beaucoup.

3 On parle des vacances

 Écoutez et lisez les textes (page 129), puis faites les exercices.

a Trouvez l'équivalent en français.

1 We always go to the same place.
2 That must be good.
3 Do you like doing other things as well?
4 Do you go on holiday with your parents?
5 That will be fun, won't it?
6 I hope so
7 Did it go well?

b Trouvez la phrase qui exprime l'opinion de chaque personne.

Exemple: 1 *e*

a On peut faire beaucoup de sport, mais le soir c'est un peu trop calme.
b Je n'aime pas les mêmes activités que mes parents.
c Ça sera probablement bien mais j'espère qu'il ne fera pas trop mauvais.
d J'aime partir avec mes amis parce qu'on est indépendant et qu'on s'amuse bien.
e J'aimerais faire quelque chose de différent.
f Je ne suis jamais allé à l'étranger mais je voudrais bien visiter la Grèce.

c Pour chaque personne, notez ce qu'il y a de positif et de négatif.

Exemple:

positif	**négatif**
1 il fait beau au bord de la mer	toujours le même endroit

Voir page 128.

1
– Djamel, qu'est-ce que tu fais généralement pendant les vacances?
– Je passe mes vacances au Maroc avec mes parents. Nous allons chez mes grands-parents. Ils habitent à Rabat. C'est bien parce que c'est au bord de la mer. J'adore y aller parce que j'aime nager. Il fait beau et il y a de belles plages. Mais on va toujours au même endroit. Ce serait bien de changer un peu et de voir quelque chose de différent.

2
– Et toi, Élodie est-ce que tu vas à l'étranger aussi?
– Non, normalement, nous restons en France. Mes parents louent un appartement dans les Alpes. J'aime bien être à la montagne et on peut faire beaucoup d'activités, comme des randonnées à VTT, du canoë-kayak et de l'escalade.
    – Ça doit être bien.
    – Oui, pour les activités sportives, c'est très bien, mais il n'y a pas beaucoup de choses à faire le soir. Il n'y a pas de discothèque, ni de cinéma.

3
– Et toi, Jonathan, tu préfères passer les vacances à l'étranger ou rester ici, en France?
– Moi, je préfère aller à l'étranger. Normalement, nous allons en Italie ou en Grèce.
– Ça doit être intéressant, non?
– Oui et non. J'aime bien ces pays et il fait toujours beau, mais mes parents aiment visiter beaucoup de monuments et de musées et ça ne m'intéresse pas. Moi, j'aimerais mieux rester sur la plage.
– Tu aimes aussi faire autre chose?
– Oui, j'aime faire des photos.

4
– Stéphanie, tu pars en vacances avec tes parents?
– Oui, normalement, mais cette année, on ne part pas en famille. Alors, moi, je vais faire un camp d'adolescents avec une amie. Nous allons en Bretagne.
– Ça sera amusant, non?
– Oui, j'espère bien que oui. On va faire beaucoup d'activités – de la voile, de la planche à voile, de l'équitation, etc. Ça devrait être bien, mais le beau temps n'est pas garanti. Il pleut assez souvent en Bretagne et faire du camping sous la pluie, ce n'est pas très agréable!

5
– Et toi, Marc, tu passes les vacances en famille ou avec des amis?
– Normalement, je passe mes vacances avec ma famille, mais l'année dernière je suis parti avec un copain dans les Pyrénées. C'était un voyage organisé et on a logé dans des auberges de jeunesse.
– Ça s'est bien passé?
– Oui, en général, c'était bien, mais les repas n'étaient pas toujours bons.
– Alors, qu'est-ce que tu préfères, les vacances en famille ou avec des amis?
– J'aime bien mes parents et on a passé de bonnes vacances ensemble. Mais c'était amusant de partir avec un copain et d'être un peu plus indépendant.

4 Voilà pourquoi

Complétez les phrases.

Exemple: **1** **Le Maroc, ça doit être vraiment intéressant parce que c'est un pays d'Afrique.**

1 Le Maroc, ça doit être …
2 Normalement, nous restons à Paris et c'est …
3 Cette année, on ira en Inde, ça sera …
4 L'année dernière, nous sommes allés en Bretagne et c'était …
5 J'ai fait un stage de VTT et c'était …

Pour vous aider

Intensifiers	Adjectives	Reasons
très	amusant	parce que (qu') …
assez	cher	c'est un pays d'Afrique / d'Asie
vraiment	cool	il (n') y a (pas) beaucoup à faire
un peu	ennuyeux	on visite beaucoup (trop) de monuments
	fatigant	le paysage est impressionnant
	génial	il ne faisait pas beau
	intéressant	il y avait beaucoup de jeunes
	nul	

5 À vous!

a À deux, posez des questions et répondez à tour de rôle.

- Où aimes-tu passer les vacances?
- Qu'est-ce que tu fais généralement pendant les vacances?
- Quel genre de vacances préfères-tu? *(J'aime bien les vacances au bord de la mer / à la campagne / à la montagne / à l'étranger / dans les grandes villes / sportives.)*
- Qu'est-ce que tu aimes faire comme activités? *(J'aime faire des photos / faire de l'équitation / jouer au tennis / aller à la pêche.)*
- Tu préfères passer les vacances en famille ou avec des amis? Pourquoi?
- Est-ce que tu es déjà allé(e) à l'étranger? Où ça?
- Tu préfères passer les vacances à l'étranger ou ici?

b Écrivez un paragraphe sur les vacances et vos préférences.

7B Des vacances à l'étranger

- talk about holidays abroad
- revise the future tense
- use prepositions with towns, countries, continents

1 Vous partez en vacances?

🔊)) On demande aux gens s'ils partiront en vacances cette année. Écoutez et notez si c'est 'oui' (✓) ou 'non' (✗). Si oui, indiquez la destination. Si non, pourquoi pas?

Exemple: 1 ✓ le Maroc

2 Idées vacances

Lisez les annonces.

Ⓐ

Expédition au Sénégal

Un circuit de 17 jours dans un pays musulman de l'Afrique Noire.

En utilisant la formule 4 x 4 et bivouac, ce circuit offre la possibilité de découvrir la vraie brousse de Sénégal. Le groupe de 5 à 14 personnes sera accompagné par un guide sénégalais parlant les différents dialectes des régions traversées.
Pour la réserve du Niokolo Koba (singes, buffles, antilopes, hippopotames …) un guide spécialisé sera pris sur place.

- Transport par avion: Paris – Dakar
- Transport en 4 x 4 durant tout le circuit
- Hébergement en bivouac ou tentes + deux nuits d'hôtel

Ⓑ

La Réunion – circuit aventure

UNE SEMAINE

Organisée en collaboration avec la 'Maison de la Montagne de la Réunion', une randonnée qui s'adresse à des bons marcheurs en bonne forme physique; formule idéale pour bien connaître l'île de la Réunion et ses paysages fantastiques (forêts, montagnes, cirques, et volcans). Hors des routes et sentiers battus, vous découvrirez les sites les plus impressionnants.

Hébergement en gîtes.

Ⓒ

La Guadeloupe – le bien-être aux Antilles

Hôtel La Belle Créole

Situation: À deux minutes de la plage, à 9 km de l'aéroport.

Un hôtel quatre étoiles avec piscine, discothèque et boutique. Toutes les chambres sont climatisées et disposent d'une salle de bains avec produits d'accueil, sèche-cheveux, téléphone, télévision câblée et wifi (payant).

Vous aurez la possibilité de pratiquer de nombreux sports gratuitement: piscine, tennis, volleyball, ping-pong, pétanque, une heure par jour de planche à voile, initiation à la plongée sous-marine (en piscine).

Possibilité de faire une croisière aux autres îles.

Ⓓ

MAROC – LES VILLES IMPÉRIALES

Le Maroc, pays de contrastes. Nous sommes en Afrique, en terre d'Islam et on y parle français – ce qui crée un univers à la fois familier et dépaysant.

Suivez la route des villes impériales du sud au nord: Marrakech, Casablanca, Rabat, Meknès, Fès – vous découvrirez tous les aspects fascinants du Maroc.

Un circuit de huit jours en car avec demi-pension et logement en hôtels simples trois étoiles.

a Trouvez:

1 une langue; une ville en Afrique; une nationalité

2 deux pays francophones; deux îles

3 trois animaux; trois mots pour décrire le paysage

4 quatre sports

b Trouvez les paires.

1 Nous partirons en Guadeloupe
2 Cet été nous irons au Sénégal
3 Moi, je vais à la Réunion
4 Je partirai au Maroc

a parce que je voudrais découvrir un pays très différent et visiter des villes historiques.

b parce que j'aime la randonnée à la montagne et que j'aimerais voir des paysages exceptionnels.

c parce que mon fils et moi, nous avons toujours voulu voir des animaux sauvages en liberté.

d parce que mon mari adore les bons hôtels, que ma fille se passionne pour la plongée sous-marine, que mon fils ne pense qu'à manger et moi j'ai toujours voulu voir les Antilles.

c Choisissez le voyage qui vous intéresse le plus et notez ces détails en français:

a la destination **b** la durée **c** l'hébergement **d** une activité

Exemple: **a** La Réunion **b** une semaine **c** gîte, etc.

d Expliquez pourquoi vous avez choisi ce voyage.

… parce que j'ai toujours voulu voir …

Dossier-langue   Grammaire 14.9

The future tense (*le futur simple*)

Regular verbs form the **future tense** from the infinitive:

loger	partir	prendre
je logerai	on partira	nous prendrons

The future endings are the same for all verbs:
-ai, -as, -a, -ons, -ez, -ont.

Some common irregular verbs are:

aller	j'irai	I'll go	*In these verbs*
avoir	j'aurai	I'll have	*the same*
être	je serai	I'll be	*endings are*
faire	je ferai	I'll do / make	*used but*
pouvoir	je pourrai	I'll be able to	*added to a*
			special stem.

3   Des vacances à la neige

Choisissez le bon verbe et écrivez-le **au futur**.

Exemple: 1 partiras

> Est-ce que tu (**1**) ___ en vacances en février?
> Moi, je (**2**) ___ du ski avec le club des jeunes. Nous
> (**3**) ___ dans les Alpes pour une semaine. Nous
> (**4**) ___ le car de Paris à Avoriaz. J'espère qu'il y
> (**5**) ___ beaucoup de neige, mais qu'il ne (**6**) ___
> pas trop froid. Nous (**7**) ___ près de la frontière
> suisse, alors nous (**8**) ___ faire du ski en Suisse aussi.

> aller   avoir   être   faire (x2)   partir   pouvoir   prendre

4   Où iront-ils?

Complétez les phrases avec le verbe **au futur** et les bonnes prépositions.

Example: … je partirai à **Vienne** en **Autriche**.

1 Samedi prochain, je (*partir*) ___ Vienne ___ Autriche.

2 Nous (*passer*) le weekend prochain ___ Madrid ___ Espagne.

3 La semaine prochaine, mon frère (*aller*) ___ San Francisco ___ États-Unis.

4 Pendant les vacances, je (*travailler*) ___ Montréal ___ Canada.

5 Cette année, notre classe (*faire*) un voyage scolaire ___ Bruxelles ___ Belgique.

6 En août, ma famille (*aller*) ___ Cape Town ___ Afrique du Sud.

7 L'année prochaine, vous (*partir*) ___ Sydney ___ Australie?

8 Dans deux ans, ma sœur (*faire*) un stage ___ Rome ___ Italie.

Dossier-langue   Grammaire 10.4

Prepositions with the names of places

With towns use **à**: **Tu iras à Dakar**.

If a town begins with **le**, e.g. **Le Havre**, use **au**, as in **au Havre**.

With countries, continents and the world use the following:

masc. sing	fem. sing	plural
au	en	aux
au Sénégal au monde	en Allemagne en Asie	aux États-Unis

Are most countries and continents which end in -*e* masculine or feminine?

There is one exception to this rule: **le Mexique**.

To help you remember, memorise a phrase e.g. **en Australie, au Portugal**.

5   Tu aimes les vacances à l'étranger?

 a Écoutez et trouvez la phrase qui correspond à chaque personne.

Exemple: 1 d

a I don't like hot countries and I don't like eating unusual food.

b I love extreme environments like the mountains or the desert.

c I love travelling abroad for the sun and the chance to try different food.

d I prefer to stay in France because I don't like long journeys.

e I would find it difficult to visit countries where the culture is very different.

f I would like to visit a country in each continent.

b Écrivez votre propre réponse à la question: **Tu aimes les vacances à l'étranger?**

Pour vous aider

🙂 **Oui, parce que (qu')…**

a je trouve qu'il est intéressant de découvrir d'autres pays et cultures

b j'aime pratiquer des langues étrangères

c il fait plus beau dans d'autres pays

d on mange des plats différents

e on voit des paysages impressionnants

f on peut faire des sports différents comme le snowboard

☹ **Non, parce que je n'aime pas …**

g faire de longs voyages

h prendre l'avion et en plus, c'est mauvais pour l'environnement

i découvrir des coutumes différentes

j ne pas comprendre la langue

k la cuisine étrangère / manger des plats différents

l les pays où il fait très chaud

1 Des vacances de rêve

🔊)) Écoutez ces personnes qui parlent de leurs vacances de rêve.

1 Magali

a Trouvez les mots qui manquent.

b Summarise how Magali sees an ideal holiday. Make six points in English.

– Magali, pourrais-tu décrire tes vacances de rêve?

– Mes vacances de rêve, ce serait une (**1**) ____ autour du monde.
Ce serait à bord d'un grand (**2**) ____ avec une superbe vue sur l'océan. Et
il y aurait tous les conforts – une belle (**3**) ____, de bons restaurants, etc.
Et on ferait des escales dans les principaux (**4**) ____, comme la Chine, le
Japon, les États-Unis.

– Et tu partirais combien de temps en croisière?

– Trois (**5**) ____ Oui, ça serait parfait.

> bateau   croisière   mois   pays   piscine

2 André

a Écoutez André et lisez le résumé. Il y a quatre erreurs. Corrigez-les.

b Traduisez le résumé en anglais (avec les erreurs!).

Alors, pour moi, les vacances idéales seraient des vacances au soleil, là
où il fait chaud, avec la plage, la mer, des vagues. Comme ça, le jour,
je pourrais faire de la planche à voile ou du ski nautique; et le soir, je
pourrais sortir dans les bars et dans les discothèques. Ça pourrait être
en Grèce ou en Italie. Le matin, je dormirais tard; l'après-midi, j'irais à la
plage et le soir, je sortirais avec ma famille.

3 Dominique

a Trouvez les mots qui manquent.

Dominique voudrait visiter plusieurs pays, particulièrement l'(**1**) ____,
l'Australie et il voudrait terminer ses vacances sur une (**2**) ____ des Antilles.

Il aimerait bien partir de trois à (**3**) ____ mois. Pour commencer, il prendrait
l'(**4**) ____ jusqu'au Caire et il irait voir les Pyramides. Puis il ferait une
(**5**) ____ sur le Nil pour visiter les temples anciens et prendre des photos.

Il passerait un (**6**) ____ en Australie. Puis il irait en Guadeloupe pour se
reposer sur la (**7**) ____.

Malheureusement, il y a une (**8**) ____ différence entre ces vacances de rêve
et les vacances qu'il va passer cet été parce que cet été, il ne (**9**) ____ pas!

> avion   croisière   Égypte   île   mois   part   plage   quatre   grande

b Lisez le texte de Dominique et trouvez les deux phrases qui sont vraies.

1 Il voudrait visiter seulement deux pays: l'Égypte et l'Australie.

2 Il aimerait partir pour six mois.

3 En Égypte, il irait voir les Pyramides et aussi les temples sur le Nil.

4 Il ferait de la plongée sous-marine en Australie.

5 Pour terminer son voyage, il irait en Guadeloupe pour se reposer.

6 Il a de la chance parce qu'il partira en vacances au mois d'août.

2 Des expressions utiles

Trouvez les paires.

1 Je pourrais.	**a** *There would be.*
2 Ça serait parfait.	**b** *I would make a cake if I had the time.*
3 J'irais.	**c** *Would you like to make a lot of changes?*
4 Il y aurait.	
5 Je ferais un gâteau si j'avais le temps.	**d** *It would be good if we could do that.*
6 Ce serait bien si on pouvait faire ça.	**e** *That would be perfect.*
7 Où voudrais-tu aller?	**f** *Where would you like to go?*
8 Tu aimerais faire beaucoup de changements?	**g** *I could.*
	h *I would go.*

3 Un weekend idéal

Complétez les textes avec les verbes **au conditionnel**. Les verbes irréguliers sont en gras (**in bold**).

a Un weekend à l'étranger

Je (**1** *passer*) le weekend à Bruxelles avec des copains. On (**2** *prendre*) l'Eurostar et on (**3** *voyager*) en première classe, bien sûr. Nous (**4** *loger*) dans un très bon hôtel au centre-ville. Pendant le weekend, on (**5** *visiter*) une chocolaterie où on fabrique des chocolats belges et bien sûr, on en (**6** *manger*). Nous (**7** *aller*) dans de bons restaurants et nous (**8** *goûter*) aux plats typiques du pays. On (**9** *faire*) du shopping et j'(**10** *acheter*) des cadeaux pour ma famille, mes amis et moi.

b Un weekend chez moi

Mon weekend idéal (**1** *être*) un long weekend, bien sûr. Ça (**2** *commencer*) le vendredi après-midi. Le soir, je (**3** *sortir*) avec mes amis. Nous (**4** *aller*) à la pizzeria. Samedi il (**5** *faire*) un temps splendide. Je (**6** *faire*) de la voile sur le lac. Je (**7** *manger*) mon repas favori. Puis, le soir, j'(**8** *aller*) au cinéma avec des amis. Ensuite, je (**9** *vouloir*) aller en discothèque. Dimanche, je (**10** *faire*) la grasse matinée. L'après-midi, j'(**11** *aller*) au stade pour voir un match de football. Et bien sûr, ce (**12** *être*) un très bon match et mon équipe favorite (**13** *gagner*). Après, je (**14** *prendre*) un taxi pour rentrer chez moi.

5 Mes vacances idéales

Si vous aviez beaucoup d'argent, où voudriez-vous aller et pourquoi?

Exemple: *Je voudrais aller au Québec pour découvrir la nature, les forêts, les lacs et parce que je n'aime pas les grandes villes.*

Dossier-langue | **Grammaire 14.10**

The conditional

When you want to say what you 'would' do or what 'might' or 'could' happen, use the **conditional**.

You have already been using this in the following expressions:

je voudrais	I would like
j'aimerais mieux	I would prefer
on pourrait	one/we could
ce serait	it would be
il y aurait	there would be

The conditional is easy to form. It is a mixture of the future tense (which forms the stem) and the imperfect tense (which gives the endings).

Future tense	Conditional
je voudrai (I will like)	**je voudrais** (I would like)
tu pourras (you will be able to)	**tu pourrais** (you would be to/could)
il/elle/on aura (he/she/one will have)	**il/elle/on aurait** (he/she/one would have)
nous irons (we will go)	**nous irions** (we would go)
vous ferez (you will do/make)	**vous feriez** (you would do/make)
ils/elles seront (they will be)	**ils/elles seraient** (they would be)

4 Mon weekend idéal

 À deux, discutez de votre weekend idéal.

Exemple:

A *Comment serait ton weekend idéal? Qu'est-ce que tu ferais?*

B *Comme j'adore le foot, j'irais en Europe pour voir mon équipe de foot favorite. J'irais avec mes copains dans le car spécial pour les fans et on aurait de très bonnes places pour le match. Et bien sûr, notre équipe gagnerait le match!*

Des idées

- voyager en Europe pour voir (*match / concert*), avec qui? transport? places?
- commencer à apprendre à piloter un avion ou un hélicoptère et survoler ma propre maison
- passer la journée dans un sous-marin / un studio de télé / avec un pilote de course.

Pour vous aider

Destination	Pourquoi
L'Égypte	pour voir les Pyramides, pour faire une croisière sur le Nil, pour visiter les monuments historiques
New York (aux États-Unis)	pour voir la Statue de la Liberté, pour faire des achats, pour visiter les musées
Le Kenya	pour faire un safari, pour voir des animaux sauvages, pour faire des photos

7D À l'hôtel

1 Hôtels au choix

On trouve des hôtels de toutes sortes et à tous les prix. Pour trouver un hôtel, consultez des sites internet, des listes d'hôtels de l'office de tourisme ou des guides de voyage.

Lisez les détails et choisissez un hôtel pour ces personnes.

1 Mme Maurice voyage de Montréal à Paris. Elle va arriver à l'aéroport Charles-de-Gaulle tard dans la journée, donc elle veut un hôtel tout près.

2 Kévin Dubois n'aime pas dépenser trop d'argent. Il cherche un hôtel à prix modeste et il veut emmener son chien avec lui.

3 Suzanne et Paul Johnson vont à Paris pour le weekend. Ils veulent être au centre de Paris dans un hôtel qui a un bar ou un restaurant.

4 Juan Gonzalez et ses collègues seront à Paris pour une réunion franco-espagnole. Ils cherchent un hôtel près de l'aéroport d'Orly. L'hôtel doit avoir au moins 40 chambres, une salle de réunion et des aménagements pour les personnes à mobilité réduite.

5 Sigrid Schaudi cherche un hôtel avec au moins 100 chambres pour une délégation allemande. L'hôtel doit avoir des aménagements pour les personnes à mobilité réduite, une salle de réunion et, si possible, une piscine ou une salle de gym.

2 On téléphone à l'hôtel

🔊 Écoutez les quatre messages et notez les détails.

a Nombre de chambres
b Nombre de nuits
c Nombre de personnes
d Date d'arrivée
e Autres détails
f Nom
g Numéro de téléphone

(A) HÔTEL NAPOLÉON ☆ ☆ ☆ ☆

RER Roissy-Aéroport Charles-de-Gaulle

À deux pas de l'aéroport Roissy Charles de Gaulle (navette offerte) et des terminaux d'embarquement.

252 chambres et suites tout confort, avec salle de bains et WC, téléphone direct international, télévision câblée, réfrigérateur, wifi (payant), coffre, air conditionné.

À votre disposition dans l'hôtel: piscine, salle de gym, bar, restaurant, ascenseur, parking, garage, salle de réunion, accès pour personnes à mobilité réduite.

Tarif: 150–200 €

Petit déjeuner: 20 €

(B) HÔTEL VICTOR HUGO ☆ ☆ ☆

5e arrondissement

M Place Monge

Au cœur du quartier latin et à deux pas de Notre-Dame.

49 chambres toutes avec douche ou salle de bains et WC, sèche-cheveux, téléphone avec ligne directe, télévision, wifi (gratuit), minibar dans la chambre, parking, bar, ascenseur, bagagerie, aménagements pour personnes à mobilité réduite. Parkings payants à proximité.

Hôtel non-fumeur

Animaux non-admis

Tarif: 85–130 €

Petit déjeuner: 12 €

(C) HÔTEL BON SÉJOUR ☆ ☆

RER Pont de Rungis – Aéroport d'Orly

299 chambres, toutes avec salle de bains, douche et WC, téléphone, télévision, bar, ascenseur, parking, garage, salle de réunion, animaux admis, aménagements pour handicapés.

Restaurant: pension, demi-pension

Principales cartes de crédit acceptées

Tarif: 80 €

Petit déjeuner: 8 €

3 Pour trouver l'hôtel

🔊 Écoutez et complétez les directions.

1 Pour trouver l'hôtel il faut prendre la sortie numéro __. Au rond-point, il faut tourner à __. L'hôtel se trouve à __ en face du __. Le parking se trouve __ l'hôtel.

2 Il faut suivre les directions jusqu'au __. Puis au carrefour, il faut tourner à __. On continue tout droit et l'hôtel est à __, en face d'une __.

3 Du centre-ville, il faut prendre la direction du __. Aux feux, on continue tout droit et c'est la __ rue à gauche. L'hôtel est au __ de la rue.

4 On fait des réservations

Lisez la conversation, puis changez les mots surlignés pour inventer d'autres conversations.

A Je voudrais réserver une chambre pour une personne pour le 5 avril.

B Oui, c'est pour combien de nuits?

A Deux nuits.

B Oui, nous avons une chambre avec douche.

A C'est à quel prix?

B C'est à 70 €, taxes et service compris.

A Avez-vous quelque chose de moins cher?

B Oui nous avons une autre chambre avec cabinet de toilette à 50 €.

A Bon, je prendrai celle-là. Merci.

B C'est à quel nom?

A Dublanc.

> une chambre pour une / deux / trois personne(s) / une chambre à un grand lit / à deux lits / à trois lits
> une autre chambre avec cabinet de toilette à … / une chambre plus petite à … / une autre chambre au troisième étage

> avec salle de bains / douche / cabinet de toilette

> le 15 avril, le 8 mars, le 28 juin, etc.

> une / deux / trois nuit(s)
> une semaine

> à 100 € / 85 € / 45 €, etc.

5 Un mail à l'hôtel

Écrivez un mail à l'hôtel pour une de ces personnes.

1 James Norris – il a déjà réservé par téléphone
Dates: 30/1 – 3/2

2 Helen Black – elle veut faire une réservation en ligne
Dates: 29/4 – 3/5

3 Alex Smith – il veut savoir les prix
Dates: 27/6 – 5/7

4 Pour vous-même.
Chambres et dates au choix!

Pour vous aider

Monsieur/Madame,
Suite à notre conversation téléphonique, je voudrais confirmer ma réservation de …
Je voudrais réserver …
Pourriez-vous m'indiquer le prix pour …
– (*deux*) chambres pour (*cinq*) nuits du (*29 juillet*) au (*2 août*)
– (*une*) chambre à (*grand lit*) pour (*deux*) personnes avec (*salle de bains et WC*)
– (*une*) chambre à (*deux*) lits avec (*douche et WC*)
Avec mes meilleurs sentiments, …

6 À la réception d'un hôtel

a Des questions

Écoutez les conversations (**1–7**). Il y a du monde à la réception. Quelle image va avec chaque question?

Exemple: 1 F

b Des problèmes

Écoutez (**1–8**). Cette fois on se plaint de quelque chose. Trouvez l'image qui correspond à chaque conversation, puis décidez si la personne est calme 🙂 ou fâchée 🙁.

Exemple: 1 M (🙂)

c Trouvez l'image (**A–P**) qui va avec chaque phrase. Ensuite, faites deux listes: **les questions**, **les problèmes**.

Exemple: 1 A

1 Est-ce qu'il y a un ascenseur?
2 La douche ne marche pas.
3 Mais nous avons réservé une chambre avec deux lits et salle de bains.
4 C'est à quelle heure, le dîner, s'il vous plaît?
5 Est-ce qu'il y a un parking à l'hôtel, madame?
6 Il n'y a pas de serviettes dans notre chambre.
7 Il y a une erreur – nous sommes restés deux nuits, pas trois.
8 Il n'y a pas de savon dans la chambre.
9 Notre télévision ne marche pas.
10 Il y a eu beaucoup de bruit dans la nuit et on n'a pas pu dormir.
11 Le chauffage ne marche pas.
12 L'hôtel ferme à quelle heure, la nuit?
13 Vous acceptez les cartes de crédit?
14 Est-ce que nous pouvons mettre ce paquet dans le coffre?

7E En vacances

■ *ask for tourist information*
■ *discuss camping*

1 À l'office de tourisme

🔊)) Écoutez les touristes.

a Notez la lettre du dépliant qui correspond.

Exemple: 1 *C*

b C'est (**V**) ou faux (**F**)? Corrigez les phrases fausses.

a Il y a un grand camping à cinq kilomètres de la ville.

b Chaque vendredi, il y a un spectacle 'son et lumière' au château.

c Le soir, la vieille ville est très animée avec des acteurs et des jongleurs.

d L'Aquarive est une grande piscine avec des toboggans et des saunas.

e En été, c'est ouvert tous les jours de 10 heures à 22 heures.

f On ne fait pas de réservation d'hôtel à l'office de tourisme.

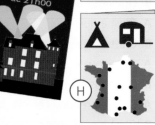

2 C'est à vous

Posez une question pour chaque image.

Exemple: A *Est-ce que vous avez une liste des musées?*

Pour vous aider

une brochure sur la région
un dépliant sur la ville
un horaire des bus/des trains
une liste …
   des excursions en car
   des hôtels
   des musées
   des terrains de camping
un plan de la ville

Dossier-langue   Grammaire 16.1

avoir lieu – to take place

avoir lieu – to take place
This is a useful verb when talking about events. Work out what it means in these phrases:
Quand *est-ce que ça aura lieu?*
Ça a eu lieu en février dernier.

3 Des questions et des réponses

Trouvez les paires. **Exemple: 1 h**

1 Est-ce qu'on peut faire des excursions en car?

2 Pouvez-vous me donner une petite documentation sur la ville, s'il vous plaît?

3 Qu'est-ce qu'on peut faire ici, le soir?

4 Est-ce que vous faites des visites guidées de la ville?

5 Qu'est-ce qu'il y a ici pour les enfants?

6 Quand est-ce que le château est ouvert?

7 Est-ce qu'il y a un hypermarché ici?

8 Comment peut-on y aller?

9 Est-ce qu'on peut louer des vélos quelque part?

10 Pouvez-vous nous recommander un restaurant?

a Non, mais on peut vous louer une visite audio-guidée du centre-ville.

b Oui, il y a un grand hypermarché au Centre Commercial la Madeleine.

c On ne peut pas vous conseiller un restaurant en particulier mais voilà une liste des établissements de notre ville.

d Prenez l'autobus numéro 5 en face de la gare.

e Il y a deux cinémas en ville et le vendredi et le samedi il y a un spectacle 'son et lumière' au château.

f Oui, vous pouvez louer des bicyclettes à la gare SNCF.

g Il y a deux piscines et un parc d'attractions.

h Oui, voilà une liste des excursions avec tous les renseignements.

i Il est ouvert tous les jours sauf le lundi de 10 heures à 18 heures.

j Voilà un plan de la ville avec des renseignements sur les principales curiosités.

4 Des idées loisirs

🔊)) Écoutez les annonces et notez les détails pour chaque visite.

a Quand?

b Départ? (heure et lieu)

c 2 autres détails

1 Au Parc Astérix

2 Au Mont Saint-Michel

3 Au Futuroscope

4 À Versailles

5 Aimez-vous faire du camping?

🔊)) Écoutez cinq personnes et trouvez le résumé qui correspond. (Attention! Il y a cinq personnes et sept résumés.)

a Le camping, ça ne m'intéresse pas – il y a trop de petites bêtes.

b On est libre, on est près de la nature et on se fait de nouveaux copains.

c On est mieux à l'hôtel – c'est plus confortable et on dort beaucoup mieux.

d Le camping, c'est une bonne formule pour des vacances économiques.

e L'inconvénient du camping, c'est qu'il faut emporter beaucoup de choses avec soi – une tente, des sacs de couchage, un camping-gaz, etc.

f Faire du camping quand on risque d'avoir du mauvais temps – non, merci.

g Ce que j'aime le plus, c'est faire du camping à la ferme. C'est plus tranquille et on peut voir les animaux de la ferme.

6 Lexique

Trouvez l'équivalent en anglais.

1		le bloc sanitaire	**3**		le branchement électrique	**5**		un emplacement	**8**		location de vélos
2		le bureau d'accueil	**4**		l'eau potable	**6**		une aire de jeux	**9**		des plats cuisinés
						7		une laverie	**10**		les poubelles

7 Un terrain de camping

Les terrains de camping sont classés de une à quatre étoiles selon l'équipement et les services offerts.

a Choisissez le bon mot pour compléter la description du camping 'Les Rochers'

Exemple: 1 près

> acheter   bicyclettes   fermé   équitation   la lessive
> moins   nager   ouvert   plus   près

Le camping est situé (**1**) _____ de la plage, à 4 km du village. C'est un grand camping avec (**2**) _____ de cinq cents emplacements. Le camping est (**3**) _____ à Pâques. On peut y louer des (**4**) _____ et on peut (**5**) _____ mais on ne peut pas faire d'(**6**) _____. On peut (**7**) _____ des plats cuisinés et des provisions. Il y a aussi une laverie automatique où on peut faire (**8**) _____.

b Lisez l'annonce et décidez si ce camping conviendra ou pas aux personnes.

1 Nous voudrions être près de la mer.

2 Les enfants veulent faire du cheval.

3 Il doit y avoir une piscine chauffée.

4 Grand-père voudrait faire de la pêche en rivière.

5 Un restaurant ou une crêperie – ça, c'est très important.

6 C'est ouvert en mars?

7 Louer des vélos, ce serait bien.

LES ROCHERS

DANS LES ROCHERS DE PLOUMANACH

CAMPING DE TOURISME ★★★★

• **540 emplacements** • **15 ha de landes boisées près de la mer**
• **Camping et équipement de haute qualité**

2 piscines chauffées, restaurant, crêperie, bar, plats à emporter, supérettes, tabac-journaux, tennis, mini-golf, location de vélos, salle de jeux, laverie automatique, emplacements pour camping-car, discothèque, animation, aire de jeux.

Location de mobil-homes

– À Ploumanach, à 4 km de la commune et 500 m de la plage

Ouverture 1/2 – 15/11.

8 On arrive au camping

a Écoutez les six conversations et notez les détails. Le dernier groupe ne loge pas au camping. Pourquoi?

b Lisez la conversation à deux. Ensuite, changez les détails surlignés.

A On peut vous aider?

B Oui, avez-vous de la place, s'il vous plaît?

A C'est pour une caravane ou une tente?

B Une caravane.

A Et c'est pour combien de nuits?

B Trois nuits.

A Oui, il y a de la place. C'est pour combien de personnes?

B Deux adultes et deux enfants. Est-ce qu'il y a une piscine au camping?

A Oui, c'est près du bois.

9 À vous!

a À deux, discutez de vos vacances sous la tente (vraies ou imaginaires).

Introduction

Où êtes-vous allé(s)? Avec qui? Pendant combien de temps?

Le terrain de camping

C'était comment? Est-ce qu'il y avait une piscine / un terrain de jeux? Est-ce que c'était près d'un lac / d'une rivière / de la plage?

Les repas

Est-ce que vous avez fait la cuisine vous-même(s)? Avec succès?

Avez-vous acheté des plats cuisinés?

Avez-vous mangé au restaurant?

Le temps

Est-ce qu'il a fait beau? Qu'est-ce que vous avez fait quand il faisait mauvais?

Le séjour

Ça s'est passé comment? (*passer toute la journée sur la plage, visiter la région, rencontrer de nouvelles personnes, se faire des amis*)

Est-ce qu'il y avait des activités organisées au camping? (*un tournoi de tennis, une chasse au trésor, des concerts, des barbecues*)

Est-ce qu'il y a eu des incidents? (*la tente est tombée, le chien a mangé les provisions, il y avait une souris dans la tente, on a perdu la réservation et le camping était complet, le camping était inondé*)

Vos impressions

C'était amusant / bien / fatigant / inoubliable, etc?

b Écrivez un message à un(e) ami(e) pour décrire vos vacances sous la tente.

- **find out about activity holidays**
- **talk about youth hostelling**
- **saying 'before' and 'after' + verb**

1 Idées vacances

a Lisez les messages et trouvez l'équivalent en français.

1 I love the sea
2 what exactly is it?
3 not expensive
4 I'd really like to find out more about this.

b Complétez les réponses.

c Lisez les réponses (**a–d**) et trouvez l'équivalent en français.

1 all those in good health
2 which includes
3 bike rides
4 a workcamp
5 making a footpath
6 voluntary work
7 free of charge
8 accommodation

d Trouvez la bonne réponse à chaque message.

Exemple: Isabelle – b

Isabelle, Strasbourg:

Frédéric veut faire du VTT. Sophie est passionnée de tennis. Moi, j'adore la mer. Est-ce qu'il y a un stage pour nous tous?

Hélène, Toulouse:

J'ai entendu parler du 'canyoning' en Espagne. Qu'est-ce que c'est exactement et est-ce qu'il faut être très sportif pour en faire?

Daniel, Bordeaux:

Je voudrais passer quelques jours à Paris. Comment est-ce qu'on trouve un logement pas cher pour des jeunes?

Lucas, Lyon:

J'aimerais bien partir quelque part et rencontrer de nouvelles personnes, mais je n'ai pas beaucoup d'argent. Un ami m'a parlé d'un chantier de travail. J'aimerais bien en savoir plus.

Des réponses

a La descente des canyons consiste à suivre le lit des torrents: à (**1**) ___, à la nage, en glissant dans l'eau et en descendant les cascades. Ce (**2**) ___ est accessible à tous ceux qui sont en bonne santé physique et qui savent (**3**) ___, bien sûr!

> nager   pied   sport

b Plusieurs organismes (**1**) ___ des stages multi-activités où on peut pratiquer des activités diverses, par exemple, en Bretagne, vous (**2**) ___ un stage 'Terre et Mer' qui comprend des balades en VTT et kayak de mer, des (**3**) ___, du tennis et des loisirs culturels.

> avez   offrent   randonnées

c Un chantier, c'est un (**1**) ___ d'une à trois semaines, pendant lequel des jeunes (à partir de seize ou dix-huit ans) travaillent ensemble à la réalisation d'un projet local. Ça peut être la restauration d'un (**2**) ___, ou des travaux d'environnement (planter des arbres, faire un sentier, etc.). En principe, c'est un travail bénévole et on est nourri et (**3**) ___ gratuitement.

> bâtiment   logé   séjour

d Dans toutes les grandes villes, on trouve des (**1**) ___ de jeunesse ou des centres pour étudiants qui offrent l'hébergement à des (**2**) ___ modestes. Adressez-vous à *Hostelling International* ou à l'office de tourisme. Vous (**3**) ___ aussi des renseignements sur Internet.

> trouverez   prix   auberges

2 Les auberges de jeunesse

a Trouvez les paires.

1 une auberge de jeunesse
2 une carte d'adhérent
3 un drap-sac
4 un drap
5 un dortoir
6 louer
7 un sac à dos
8 un sac de couchage
9 la salle de jeux

a *backpack*
b *dormitory*
c *games room*
d *membership card*
e *sheet*
f *sheet sleeping bag*
g *sleeping bag*
h *to hire*
i *youth hostel*

b Trouvez la bonne réponse (**a–g**) à chaque question.

Exemple: 1 c

1 Une auberge de jeunesse, qu'est-ce que c'est?
2 Qui peut aller dans une auberge de jeunesse?
3 Où est-ce qu'on trouve des auberges de jeunesse?
4 Est-ce qu'on peut y prendre des repas?
5 Est-ce qu'il faut réserver à l'avance?
6 Est-ce qu'on peut avoir une chambre individuelle?
7 Est-ce qu'on trouve des renseignements sur Internet?

Des réponses

a On sert toujours le petit déjeuner et quelquefois on sert le dîner et le déjeuner.
b Pendant les périodes chargées, ou si vous êtes un grand groupe, il vaut mieux réserver avant d'arriver, mais ce n'est pas toujours nécessaire.
c C'est un centre de logement à prix modéré.
d Oui, on peut consulter le site de la FUAJ (la fédération unie des auberges de jeunesse) ou *Hostelling International* pour trouver toutes les informations et faire des réservations.
e Normalement, il y a des chambres ou des dortoirs de deux à six lits. Il y a très peu de chambres individuelles.
f C'est ouvert à toutes les personnes qui ont la carte d'adhérent.
g On les trouve dans plus de 60 pays du monde.

3 À l'auberge de jeunesse

🔊 Des personnes arrivent à une auberge de jeunesse. Écoutez puis répondez aux questions.

1 a C'est pour combien de personnes?

    b Ça coûte combien pour louer des draps?

    c Est-ce qu'on peut prendre les repas à l'auberge?

2 a Les dortoirs sont à quel étage?

    b Où est-ce qu'on peut mettre les vélos?

    c L'auberge ferme à quelle heure, le soir?

3 a C'est pour combien de personnes?

    b C'est pour combien de nuits?

    c Le petit déjeuner est à quelle heure?

4 a Est-ce qu'on a réservé?

    b Est-ce qu'il y a de la place?

    c Où se trouve le téléphone?

4 On loue des vélos

🔊 Écoutez et complétez les phrases.

Exemple: 1 *louer*

1 On ne peut pas __ de vélos à l'auberge de jeunesse.

2 Il y a un magasin de cyclisme dans la rue du __.

3 Aurélie veut louer __ vélos, __ pour femme et __ pour homme.

4 Ça coûte __ euros par jour.

5 On doit aussi payer une caution (*deposit*) de __ euros.

6 Le prix comprend l'__.

7 On va louer des vélos à partir de __.

8 On va les louer pour __ jours.

9 On peut payer par __.

5 Vacances à vélo

🔊 Laure et Charlotte ont choisi des vacances à vélo. Écoutez leur conversation.

a Choisissez **a**, **b** ou **c** pour compléter les phrases.

Exemple: 1 *b*

1 Laure et Charlotte sont allées
  a à Quiberon **b** à Belle-Île **c** à l'île de Ré

2 Elles ont pris __ et le bateau.
  a le train **b** la voiture **c** le car

3 Elles ont __ des vélos et elles ont fait le tour de l'île. **a** loué **b** acheté **c** emprunté

4 Le premier jour c'était __ fatigant, mais après ça allait mieux. **a** un peu **b** assez **c** très

5 Il n'y avait pas beaucoup de
  a touristes **b** magasins **c** circulation

6 Le paysage était **a** un peu monotone
  b très sec **c** magnifique

6 Vacances en Provence

Mettez les mots dans le bon ordre.

1 [en vacances] [au camping] [nous avons réservé] [un emplacement] [Avant de partir]

2 [l'autoroute du sud] [Après avoir quitté] [nous avons pris] [Paris]

3 [à Nîmes] [le terrain de camping] [on a trouvé] [Après être arrivés]

4 [des glaces] [Avant d'installer] [la tente] [on a acheté]

5 [au café] [à la piscine] [après avoir nagé] [On a déjeuné]

'Before' and 'after'

To say **before** doing something, use **avant de/d'** + infinitive.

Il vaut mieux réserver avant d'arriver.
It's worth reserving **before** arriving.

After doing something is expressed in French by **après avoir** or **après être** + past participle:

Après avoir pris le train, elles ont pris le bateau.
After taking the train, they took the boat.

Après être arrivées sur l'île, elles ont loué une caravanne.
After arriving on the island, they hired a caravan.

This can only be used when the subject is the same for both verbs (they arrived, they hired).

The infinitive of **avoir** or **être** + past participle is known as the past infinitive. It is similar to the perfect tense, with the same rules about the agreement of the past participle with **être**.

7 Il faisait __. **a** beau **b** mauvais **c** froid

8 Un jour elles ont visité le phare de Goulphar. C'était **a** un peu ennuyeux **b** intéressant **c** pénible

9 Elles ont logé **a** à l'hôtel **b** à l'auberge de jeunesse **c** chez des amis

10 C'était **a** un désastre **b** très sympa **c** affreux

b Trouvez et corrigez les erreurs.

1 Après avoir pris le train, les filles ont pris l'hélicoptère pour Belle-Île.

2 Après être arrivées sur l'île, elles ont loué une voiture.

3 Ensuite, elles ont fait le tour du lac.

4 Après le premier jour, ça allait mal.

5 Avant de rentrer, elles ont réparé le phare (*lighthouse*) de Goulphar.

6 Après avoir fait du vélo toute la journée, elles sont allées au camping pour la nuit.

7 À vous!

a Discutez avec un(e) partenaire de vacances actives.

- As-tu déjà logé dans une auberge de jeunesse?
- Si oui, où, quand et avec qui?
- Est-ce que tu aimerais loger dans une auberge?
- Oui/Non. Pourquoi (pas)?
- As-tu fait un stage d'activités?
- As-tu fait du vélo / du kayak / de l'équitation pendant les vacances? Si non, voudrais-tu faire ça un jour?
- Est-ce qu'il y a un autre sport que tu voudrais essayer?

b Écrivez un paragraphe sur des vacances actives récentes, vraies ou imaginaires. (*quand, où, avec qui, comment*)

1 La météo

🔊 Avoir du beau temps – c'est ce qui compte pour beaucoup de vacanciers.

Écoutez la météo et notez les lettres qui correspondent.

Exemple: 1 F

1 Ce matin
2 Cet après-midi
3 Demain matin
4 Demain après-midi
5 Après-demain
6 Le weekend

(A) soleil/ensoleillé

(B) pluie

(C) neige

(D) éclaircie

(E) couvert

(F) brouillard

(G) nuageux

(H) averses

(I) vent

(J) orage

| geler | to freeze |

2 On parle du temps

Écoutez les personnes (1–8) qui parlent du temps.

a D'abord, notez le temps qu'on décrit.

Exemple: 1 froid

b Écoutez encore et décidez si l'on parle du présent (**Pr**), du passé (**P**) ou du futur (**F**).

Exemple: 1 Pr

4 On consulte la météo

💬 Travaillez à deux. Une personne regarde cette page, l'autre regarde la page 227.

Vous travaillez à la météo. Répondez aux questions de votre partenaire.

Pour vous aider

Pour décrire le temps

l'imparfait	le passé composé	le présent	le futur
il faisait beau	il a fait beau	il fait beau	il fera beau
il faisait chaud	il a fait chaud	il fait chaud	il fera chaud
il faisait froid	il a fait froid	il fait froid	il fera froid
il y avait du brouillard	il y a eu du brouillard	il y a du brouillard	il y aura du brouillard
il y avait du soleil	il y a eu du soleil	il y a du soleil	il y aura du soleil
il y avait du vent	il y a eu du vent	il y a du vent	il y aura du vent
le temps était nuageux	le temps a été nuageux	le temps est nuageux	le temps sera nuageux
le ciel était couvert	le ciel a été couvert	le ciel est couvert	le ciel sera couvert
il pleuvait	il a plu	il pleut	il pleuvra
il neigeait	il a neigé	il neige	il neigera

3 Quel temps!

Complétez les textes avec les verbes à l'imparfait.

1 Samedi dernier, j'ai fait un circuit à vélo. Malheureusement, il (**a** *faire*) froid et il (**b** *pleuvoir*) toute la journée.

2 Quand j'(**a** *être*) jeune, nous (**b** *vivre*) en Martinique et nous (**c** *prendre*) souvent le bateau pour visiter d'autres îles. Quand le temps (**d** *être*) orageux, ça (**e** *bouger*) beaucoup quelquefois sur la mer.

3 L'année dernière, je suis rentré en train du pays de Galles. Il (**a** *faire*) très chaud et ça a créé des problèmes. Le train est arrivé en retard et il (**b** *rouler*) très lentement. C'(**c** *être*) vraiment pénible. Le voyage a duré sept heures au lieu de trois!

4 L'hiver dernier, nous sommes allés à Douvres en ferry. Il (**a** *faire*) mauvais et la mer (**b** *être*) très agitée. À un moment donné, toute la vaisselle de la cantine est tombée par terre. Au début, on ne (**c** *pouvoir*) pas entrer dans le port, tellement il y (**d** *avoir*) du vent.

HIER

AUJOURD'HUI

DEMAIN

5 Alerte au cyclone

Lisez l'article et faites les exercices.

a Écrivez vrai (**V**) ou faux (**F**).

1 Il y a des cyclones sur l'île de la Réunion.
2 Pendant un cyclone il y a des vents très violents.
3 Après un cyclone il y a souvent beaucoup de dommages.
4 S'il y a un risque de cyclone, on donne l'alerte trois jours avant.
5 Quand on est certain que le cyclone va passer sur l'île, on donne 'l'alerte 3'.
6 À ce moment-là, les bateaux doivent partir en mer.
7 Les gens doivent rester à la maison, mais ils peuvent ouvrir les fenêtres pour regarder la tempête.
8 On n'a pas le droit de sortir pendant le cyclone.

b Trouvez les paires.

Alerte au cyclone

On leur donne des noms de garçons ou de filles, comme Nathan ou Yolande. Pourtant, ils développent une énergie phénoménale et provoquent d'effroyables dégâts.

À la Réunion, quand un cyclone risque de se former, on donne 'l'alerte 1' trente-six heures avant. Si la menace se précise, on donne 'l'alerte 2', environ 24 heures avant l'arrivée de la tempête. Douze heures plus tard, quand on est certain que le cyclone va passer sur l'île on donne 'l'alerte 3'.

Les bateaux rentrent aussitôt au port et s'attachent très solidement aux pontons. Les gens qui vivent dans des maisons peu solides, trop vieilles, ou dans des zones inondables, se réfugient dans des centres d'accueil.

Ceux qui peuvent rester chez eux doivent fermer leurs volets, faire des réserves d'eau, rentrer les meubles de jardin, etc.

Tout le monde doit se munir de bougies et d'une radio à piles pour pouvoir se tenir informé de la situation. Les gens ne sont autorisés à sortir de chez eux que lorsque tout danger est passé.

Alors, si vous vous trouvez sur une île tropicale et que la météo annonce un cyclone, ne vous penchez pas à la fenêtre pour profiter du spectacle. Tous aux abris!

une zone inondable   area at risk of flooding
se munir de   to provide oneself with
une bougie   candle

Pourquoi …

1 certains habitants doivent-ils se réfugier dans des centres d'accueil?
2 est-ce qu'on doit faire des réserves d'eau?
3 est-ce qu'on doit fermer les volets?
4 est-ce qu'on doit se procurer des bougies et des radios à piles?
5 est-ce qu'on n'est pas autorisé à sortir pendant la tempête?

Parce que …

a Parce que l'électricité risque d'être coupée.
b Pour protéger la maison.
c Parce que c'est trop dangereux.
d Parce que leurs maisons ne résisteront peut-être pas au cyclone.
e Parce que l'alimentation en eau peut être interrompue.

6 Quel temps fera-t-il?

Autrefois on faisait référence aux dictons pour prévoir le temps. Aujourd'hui, des ordinateurs très puissants de la Météo 'calculent' le temps qu'il va faire. Lisez cet extrait des prévisions météorologiques et faites l'exercice.

Expliquez à ces touristes le temps qu'on prévoit pour demain.

Exemple: **1** *Il y aura du soleil mais il y aura peut-être un peu de vent.*

1 Martine Legros (à Paris)
2 James White à La Rochelle (en Charente-Maritime)
3 Hilde Schmidt dans les Vosges (dans le nord-est de la France)
4 Johan Skopje à Saint-Malo (en Bretagne)
5 Angela Stephens au Puy (dans le Massif central)
6 Frédéric Dugrand à Dijon (en Bourgogne)

Proverbes et expressions

What are the equivalent sayings in English?

1 Après la pluie, le beau temps.
2 Il est toujours dans les nuages.
3 Quand je l'ai vu, ça a été le coup de foudre.

MÉTÉO
Demain

Bassin parisien – Le temps sera dans l'ensemble ensoleillé, bien que brumeux. Le vent sera faible à modéré de nord-est et les températures resteront voisines des normales saisonnières, de l'ordre de 24 degrés.

Nord – Brumeux et nuageux le matin. Belles éclaircies l'après-midi.

Nord-Est – Assez beau en Champagne, très nuageux sur l'est de la région. Averses sur les Vosges.

Bourgogne, Franche-Comté – Temps variable, généralement bien nuageux.

Alpes, Corse – Nuageux à couvert. Averses prenant localement un caractère orageux.

Sud-Ouest, Poitou-Charente – Brumeux le matin. Belles éclaircies dès la mi-journée.

Bretagne-Nord, Normandie – Brumeux, assez ensoleillé. Plus nuageux près des côtes.

Centre, Massif Central – Brumeux et nuageux le matin. Assez bien ensoleillé dès la fin de matinée.

1 Un message pour rassurer les parents

Lisez le message et regardez les images pour voir la réalité.
Ensuite, faites l'exercice.

Chers parents,

Nous sommes bien arrivées. L'hôtel est confortable. Il fait un temps splendide. Tout va bien. Hier, nous avons passé la journée sur la plage – mais rassurez-vous, j'ai mis beaucoup de protection solaire. Hier soir, comme nous étions un peu fatiguées après le voyage, nous sommes restées à l'hôtel pour nous reposer.

Ce matin, Cécile et moi, nous nous sommes levées de bonne heure pour jouer au tennis.

À midi, on va manger en plein air – très bon pour la santé, non? Demain on fera une excursion à la montagne. Et mercredi prochain, pour faire quelque chose de culturel, nous irons à un concert de musique classique.

Vous voyez que vous avez eu raison de me laisser partir sans vous.

À bientôt,

Sophie

Le message de Sophie donne une bonne impression mais une impression qui n'est pas tout à fait juste! Trouvez les paires pour décrire la situation plus précisément.

1 L'hôtel est
2 Le temps est
3 Hier nous avons pris
4 Hier, soir, nous sommes allées
5 Ce matin, nous avons
6 À midi, on a mangé
7 Mercredi prochain, nous irons

a trop de soleil.
b eu l'intention de jouer au tennis.
c à un festival de rock.
d des glaces délicieuses.
e un peu variable.
f à la discothèque de l'hôtel.
g très simple.

Dossier-langue   **Grammaire 14**

Talking about the future, the present and the past

futur

présent

passé

Le mois prochain je visiterai le Maroc.

Maintenant je visite le Maroc. Il fait chaud.

J'ai visité le Maroc. C'était fantastique et j'ai acheté beaucoup de beaux souvenirs.

In this picture strip there is a verb in the future, one in the present and the others are in the past.

Look for other examples of verbs in different tenses in Sophie's message.

The future
Look for two different ways Sophie uses to talk about the future.

The present
Find two examples of verbs in the present tense.

The past
Find two different ways to say what happened (the perfect tense).
Find one example of description in the past (using the imperfect tense).

Time clues
Find one expression which refers to the past and one which refers to the future.

2 De quand parle-t-on?

🔊 Écoutez les conversations.

a Notez si on parle du futur (**F**), du présent (**Pr**) ou du passé (**P**).

Exemple: **1 F**

b Notez lesquelles de ces expressions (**a–q**) on entend.

Exemple: **a,**

c Écrivez les expressions en trois listes: **le futur**, **le présent** et **le passé**. (Les expressions 'ce soir' et 'aujourd'hui' peuvent être employés avec les trois temps.)

a demain

b en ce moment

c hier

d dans cinq jours

e samedi dernier

f ce soir

g à présent

h hier soir

i l'année dernière

j après-demain

k la semaine prochaine

l aujourd'hui

m avant-hier

n l'année prochaine

o la semaine dernière

p d'ici trois mois

q le mois prochain

4 Un message

Complétez le message avec la bonne forme du verbe.

pc = passé composé   f = futur
pr = present   i = imparfait

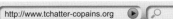

Nous (**1** *arriver* **pc**) ici vendredi dernier. Nous (**2** *louer* **pr**) une caravane dans un grand camping. C'(**3** *être* **pr**) tout près de la mer. Il (**4** *faire* **pr**) très beau. Hier, il (**5** *faire* **i**) trop chaud pour aller à la plage alors nous (**6** *rester* **pc**) au camping. Ma sœur (**7** *perdre* **pc**) une lentille de contact pendant qu'elle (**8** *nager* **i**) dans la piscine. Samedi dernier, papa (**9** *jouer* **pc**) dans un tournoi de tennis, mais il n'(**10** *pas être* **i**) content parce qu'il a été battu par un garçon de dix ans!

Demain, on (**11** *faire* **f**) une excursion à la montagne et mercredi prochain nous (**12** *aller* **f**) à Nice pour la journée. J'(**13** *espérer* **pr**) que toi aussi, tu (**14** *passer* **pr**) de bonnes vacances.

3 Un problème à l'aéroport

Lisez le texte et faites les exercices.

> Nous avons eu un grave problème pendant les vacances de Noël. Ça s'est passé en Italie, à l'aéroport. On avait annoncé un retard de cinq heures sur notre vol pour Paris. C'était la nuit.
>
> On s'est allongé sur des sièges et on a essayé de dormir un peu. Moi, j'avais mis mon sac avec mon passeport, mon billet d'avion, mon argent, etc. sous ma veste et j'ai mis ma tête dessus.
>
> Mon mari n'avait pas fait très attention. Il a gardé ses affaires près de lui, mais il a dû s'endormir et quand il s'est réveillé, sa sacoche, qui contenait son passeport, son billet d'avion, les clés de l'appartement, etc., n'était plus là. Quand on s'en est aperçu, c'était la panique.
>
> Heureusement, une représentante de la ligne aérienne nous a aidés à obtenir un passeport temporaire et un autre billet d'avion pour rentrer en France.
>
> Maintenant, nous faisons toujours très attention à l'aéroport et nous gardons une photocopie de notre passeport dans la valise au cas où il serait volé.
>
> Cet été nous retournerons à Rome, alors j'espère que, cette fois, nous n'aurons pas de problèmes.

a Répondez en anglais.

1 What was the first problem?

2 What time of day was it?

3 Where did the couple try to sleep?

4 What did the wife do with her valuables?

5 What happened when they woke up?

6 Who helped to sort things out?

7 What do they do now?

b Complétez le résumé. **Exemple:** **1** *décembre*

> billet   cinq   clés   se reposer   été   décembre
> obtenir   passeport   photocopie   temps

Ça s'est passé en Italie, en (**1**) ____. Un homme et une femme ont dû attendre (**2**) ____ heures avant de prendre l'avion pour Paris. Pendant ce (**3**) ____, ils se sont allongés sur des sièges pour (**4**) ____ un peu. Quelqu'un a pris la sacoche de l'homme qui contenait son (**5**) ____, son (**6**) ____ d'avion, ses (**7**) ____, etc. Heureusement, il a pu (**8**) ____ un passeport temporaire et un autre billet d'avion pour rentrer en France. Maintenant, il garde une (**9**) ____ de son passeport dans sa valise. Cet (**10**) ____, ils retourneront en Italie.

5 À vous!

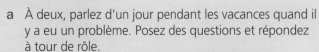

a À deux, parlez d'un jour pendant les vacances quand il y a eu un problème. Posez des questions et répondez à tour de rôle.

- Quel temps faisait-il?
- Où étais-tu?
- Qu'est-ce qui s'est passé? (*Nous avons manqué le train / l'avion / le bateau. Il y avait une grève / un retard / un accident et on n'a pas pu prendre le train / le bateau / l'avion. Le vol / Le train a été annulé. J'ai perdu / Mon ami a perdu …*)
- Ensuite, qu'est-ce que vous avez fait?
- Que feras-tu pendant les prochaines vacances?

b Écrivez un message à un(e) ami(e) français(e). Décrivez un jour des vacances.

1 Des vacances récentes

🔊 Écoutez Magali et Nicolas qui parlent de leurs vacances.

a 1 Magali a passé ses vacances
   a à l'étranger **b** en Bretagne **c** en Écosse

2 Le vol **a** a commencé à 5 heures
   b a eu un retard de 5 heures **c** a duré 5 heures

3 L'hôtel était situé **a** loin de la mer **b** au centre-ville
   c pas loin de la mer

4 À l'hôtel on pouvait
   a jouer au golf **b** nager **c** faire de la poterie

5 Le soir, l'hôtel était **a** animé **b** tranquille **c** calme

6 Au restaurant,
   a il n'y avait personne
   b il y avait beaucoup de personnes
   c les repas n'étaient pas bons

7 Pendant les vacances, elle
   a s'est bien amusée **b** s'est ennuyée
   c s'est perdue

b 1 Nicolas a passé ses vacances avec un ami
   a en Dordogne **b** en Bretagne **c** en Espagne

2 Un jour ils ont décidé de faire
   a du cyclisme **b** de la voile **c** du cheval

3 Quand ils sont sortis d'un magasin
   a les deux vélos avaient disparu
   b il manquait un vélo **c** ils ont trouvé un vélo

4 Ils sont allés **a** à l'office de tourisme
   b au magasin de cyclisme
   c au commissariat de police

5 On a retrouvé un vélo après
   a 3 mois **b** 3 jours **c** 3 semaines

6 Le vélo **a** était un peu endommagé
   b était en bon état **c** était complètement abîmé

7 Il a passé de bonnes vacances parce qu'
   a on a remplacé son vélo **b** il a nagé tous les jours
   c il a fait beau

2 Forum des jeunes: Les vacances

Lisez le forum et faites les exercices.

a Trouvez l'équivalent en français.

1 after arriving in Paris …
2 on the other hand
3 what I liked best was …
4 for the first time in my life
5 or you risk a fine
6 there's a mixture of cultures
7 thanks to this work, I could make lots of friends
8 the single biggest problem was …

b C'est qui?

1 Qui n'aime pas beaucoup le froid?
2 Qui a trouvé les gens très sympas mais n'a pas apprécié les animaux?
3 Qui a visité une ville avec beaucoup de bâtiments modernes en Asie?
4 Qui a gagné de l'argent pendant les vacances?
5 Qui a fait un séjour dans un pays d'Amérique du Nord?
6 Qui a trouvé que les choses dans les magasins de la ville étaient chères?
7 Qui est allé à la montagne?
8 Qui a beaucoup nagé pendant les vacances?

> **forum des jeunes**
>
> Quels sont vos meilleurs souvenirs de vacances? Avez-vous des conseils à donner aux autres voyageurs? Envoyez vos idées au forum.

Techno+: ✉ ♥ ⤷
C'était quand je suis allé de Dakar à Paris en avion. C'était mon premier voyage en avion et c'était magique. Après être arrivé à Paris, je suis allé chez mon cousin et nous avons passé les vacances ensemble. C'était super.

Supersportif: ✉ ♥ ⤷
Cet été je suis allé en Thaïlande. Les gens étaient vraiment très gentils et les paysages étaient magnifiques! Par contre, comme animaux sauvages, ils ont des serpents (au secours!), des scorpions et d'autres bêtes … La religion (le bouddhisme) est une chose très importante en Thaïlande. Les moines sont nombreux et très respectés. Ce que j'ai aimé le plus, c'étaient les îles! L'eau était transparente, elle devait être au moins à 30°C. J'ai fait de la plongée sous-marine pour la première fois de ma vie. C'était génial.

Alamode: ✉ ♥ ⤷
J'ai passé une semaine à Singapour: c'est une ville très moderne et très propre! Il ne faut surtout rien jeter par terre sous peine d'amende! Il y a un mélange de cultures: chinoise, indienne, malaisienne. Chaque quartier de la ville correspond à une communauté. Et faire du shopping là-bas, c'est merveilleux mais cher.

Foudefraises: ✉ ♥ ⤷
Mes vacances étaient formidables. J'ai travaillé en colonie dans un village des Alpes et c'était super. Je faisais la cuisine, mais je n'avais pas l'impression de travailler. Grâce à ce travail, j'ai pu me faire plein d'amis et un peu d'argent pour mon permis.

Cherchelesoleil: ✉ ♥ ⤷
J'ai eu la chance de passer six mois à Montréal. J'ai fait des études à l'université. Il y avait 40% d'étrangers; je me suis fait beaucoup d'amis de pays différents.
De Paris à Montréal le choc culturel n'a pas été trop brusque. C'est une ville cosmopolite et les Canadiens francophones sont très chaleureux. Pour moi, le seul gros problème était le froid. À Montréal, six mois par an, la température oscille entre −20°C et 6°C. J'ai trouvé ça très fatigant. La première chose que j'ai faite en rentrant en France, c'était de partir dans le Midi.

3 Des photos de vacances

 À deux, choisissez une photo. Posez des questions sur la photo et répondez.

Pour vous aider

Qu'est-ce qu'il y a sur la photo?

Qu'est-ce qu'on peut faire au bord de la mer / à la montagne?

Comment passes-tu les grandes vacances normalement?

Est-ce que tu préfères les vacances au bord de la mer, en ville, à la campagne ou à la montagne? Pourquoi?

Quelles activités préfères-tu en vacances?

4 C'était comment, les vacances?

 Écoutez la conversation.

a Lesquelles de ces expressions est-ce qu'on entend?

1 L'hôtel était assez loin du centre-ville.
2 On mangeait bien à l'hôtel.
3 Tout était très cher.
4 Les plages n'étaient pas très propres.
5 Il y avait trop de monde.
6 La ville était très animée le soir.
7 On avait besoin d'une voiture pour visiter la région.
8 À part la plage, il n'y avait pas grand-chose à faire.
9 La mer était bonne.

b Relisez les phrases et trouvez une phrase dans cette liste qui veut dire le contraire.

Exemple: 1 *g*

a Il y avait beaucoup à faire – du tennis, du golf, etc.
b Il n'y avait pas beaucoup de touristes.
c On organisait beaucoup d'excursions en car pour visiter la région.
d La mer était froide.
e On ne mangeait pas bien.
f Les prix étaient raisonnables.
g L'hôtel était bien situé en pleine ville.
h Les plages étaient magnifiques.
i Il n'y avait pas beaucoup de vie nocturne.

5 Vos vacances – succès ou désastre?

 À deux, posez des questions et répondez à tour de rôle. Faites deux conversations. La première fois, vous avez passé des vacances fantastiques; la deuxième fois, c'était un désastre!

1 Vous avez eu du beau temps?
2 Est-ce que les plages étaient belles?
3 Et la mer, elle était bonne?
4 L'hôtel, c'était bien?
5 Est-ce qu'il y avait beaucoup à faire?
6 Et le soir? Est-ce qu'il y avait des discothèques et des bars?

6 *À vous!*

a À deux, posez des questions et répondez à tour de rôle.

Des vacances récentes

- Où es-tu allé(e) en vacances l'année dernière?
- Quand? Avec qui es-tu parti(e)?
- Comment as-tu voyagé?
- Où as-tu logé?
- Quel temps faisait-il?
- Tu es resté(e) longtemps?
- Qu'est-ce que tu as fait / vu?
- Qu'est-ce que tu as acheté comme cadeaux / souvenirs? Pour qui?
- Tu t'es bien amusé(e)? Pourquoi (pas)?
- Raconte une chose qui était bien et une chose qui était moins bien.

b Écrivez un article sur les vacances.

- Qu'est-ce que vous faites normalement, qu'est-ce que vous voudriez faire?
- Est-ce qu'il y a un pays que tu voudrais visiter un jour?

Exemples:

L'année dernière, je suis allé(e) en Corse avec mes parents, tandis que cette année je ferai du camping avec mes amis au pays de Galles.

Normalement, nous restons en France, mais cette année nous irons en Chine. J'ai toujours voulu visiter l'Asie alors ça va être très cool. Un jour, je voudrais faire le tour du monde – il y a tellement de choses intéressantes à voir!

- *practise exam techniques*
- *find out what you have learnt*

Listening

1 Des vacances en famille

🔊 Listen to Cécile talking about holidays with her family and choose the correct answers.

1 Cécile and her family normally
   a stay in a hotel
   b go self-catering
   c stay with relatives
2 They often go to
   a the countryside
   b the mountains
   c the seaside
3 They travel a by car b by plane c by train
4 At the beginning of the holiday, she likes to
   a play volleyball
   b go swimming
   c get up late and relax
5 After a few days, she likes to
   a go shopping
   b go windsurfing
   c walk around town

2 Un séjour en Angleterre

🔊 Listen to Cécile talking about her visit to England and answer the questions in English.

1 When did she go on the school trip?
2 Where did she stay? (**2** details)
3 How did she travel and what was a disadvantage?
4 What was the weather like?
5 What did she think of the food?
6 What other comments does she make about her trip?

3 À propos des vacances

🔊 Écoutez la conversation. Choisissez **trois** de ces phrases mentionnées dans la conversation et écrivez les bonnes lettres.

A Les meilleures vacances sont les vacances à l'étranger.
B En visitant un autre pays, on apprend beaucoup de choses.
C La France est belle et j'aime bien passer mes vacances ici.
D J'aimerais bien aller en Italie, surtout pour voir Venise.
E Si j'avais beaucoup d'argent, je louerais une maison de luxe avec mes amis et on ferait des sports nautiques.
F Pour mes vacances idéales, je ferais le tour de monde.
G Les vacances sont importantes pour reprendre ses forces et pour faire quelque chose de différent.

Speaking

1 Role play

À l'office de tourisme en France: Vous parlez avec l'employé(e).
- Durée du séjour
- **!**
- **?** Plan du métro + dernier métro
- **!**
- **?** Restaurant végétarien

💬 a À deux, lisez la conversation.

A Vous êtes à Paris pendant combien de temps?
B On est arrivés avant-hier et on reste ici jusqu'à samedi prochain.
A Et qu'est-ce qui vous intéresse, principalement?
B Moi, je voudrais voir les principaux monuments, la tour Eiffel, le Louvre, Notre-Dame, etc.
A Bon alors, là vous avez un petit dépliant sur les monuments. Vous allez prendre le métro?
B Oui, est-ce que vous avez un plan du métro, s'il vous plaît? Le dernier métro part à quelle heure?
A Voilà le plan du métro et là, vous avez les horaires des derniers trains. Qu'est-ce que vous avez déjà fait à Paris?
B Le premier jour, comme il a fait beau, on a fait une promenade en bateau sur la Seine.
A C'est bien. Ça vous permet de voir pas mal de choses.
B Est-ce que vous pouvez nous recommander un restaurant végétarien dans ce quartier?
A On ne peut pas faire de recommandations mais voici une liste des restaurants. Vous avez d'autres questions?
B Non, je pense que c'est tout. Merci beaucoup.
A De rien – et bon séjour à Paris.

b Inventez une conversation différente. Pour vous aider, regardez les pages 136–137.

2 Une conversation

💬 Choisissez une question dans chaque section (A, B et C). Préparez vos réponses, puis faites une conversation à deux. Pour vous aider, regardez **À vous!** pages 129, 137.

A Où passes-tu tes vacances normalement?
Qu'est-ce que tu aimes faire en vacances?
Quel est ton plus beau souvenir de vacances?
Est-ce qu'il est important de prendre des vacances? Pourquoi (pas)?

B Parle un peu de tes dernières vacances.
Où es-tu allé(e)? Avec qui? Quand?
Quelles ont été tes impressions?

C Comment est-ce que tu vas passer les grandes vacances cette année?
Est-ce qu'il y a un pays que tu voudrais visiter?
Comment seraient tes vacances idéales?
Que penses-tu des vacances à l'étranger?

Reading

1 Notre voyage en France

Read Jonathan's blog and answer the questions in English.

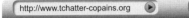

http://www.tchatter-copains.org

Jonathan: L'année dernière, je suis allé à Marseille avec mon frère aîné pour faire un stage de kayak en mer. Chez moi, je fais du canoë-kayak en rivière mais j'ai toujours voulu faire du kayak en mer. Nous avons cherché sur Internet et j'ai trouvé des informations sur un stage de cinq jours organisé par Raskas-Kayak avec l'auberge de jeunesse de Marseille.

Le jour du départ, on s'est levés de bonne heure, parce que l'avion devait partir à six heures du matin. Mais quand nous sommes arrivés à l'aéroport, on a annoncé un retard de deux heures à cause du brouillard. C'était pénible. Mais finalement, nous avons embarqué et l'avion a décollé. Après être arrivés à Marseille, nous avons pris la navette, le métro et le bus pour le quartier de Bonneveine, où se trouvait l'auberge de jeunesse. C'était un peu long comme trajet, mais sans problème.

1 Why did Jonathan choose a kayaking holiday?
2 Where did he find out about the course?
3 How did he travel to Marseille?
4 What was the problem on the departure day?
5 How did he and his brother get to the youth hostel?

2 Le stage en kayak

Lisez la continuation du blog de Jonathan et répondez en **français**.

ttp://www.tchatter-copains.org

ardi: À l'auberge, on a rencontré les autres stagiaires. Il y ait huit personnes en tout: deux Français, deux Allemands, e Espagnole, un Italien et nous deux (Écossais). Tout le onde parlait français et on s'entendait bien. Nous dormions ns des dortoirs avec des lits superposés. Moi, j'ai choisi un lit bas parce que j'ai peur de tomber de la couchette du haut!

ici ce qui s'est passé le premier jour. Après le petit éjeuner, Jérémie et Claire, nos deux moniteurs, sont venus us chercher en minibus. Nous sommes partis dans des droits différents pour faire du kayak. Nous avons pratiqué s manœuvres en mer et, en kayak, nous avons visité s petits ports et des villages sur la côte. Le paysage était agnifique. À midi, nous avons fait un piquenique sur la plage. eureusement, il a toujours fait beau, parfois même un peu p chaud. Le soir, on a dîné ensemble à l'auberge et après le ner chacun faisait ce qu'il voulait.

n était assez loin du centre-ville et il n'y avait pas beaucoup faire dans le quartier, donc on ne sortait pas beaucoup. Il y ait un café et un coin Internet à l'auberge. Un soir, nous nous mmes promenés sur la plage pour voir le coucher du soleil.

stage s'est très bien passé et j'aimerais bien faire un autre age comme ça, peut-être en Corse ou dans un autre pays.

1 Les jeunes étaient logés où pendant le stage?
2 Qu'est-ce qu'on parlait comme langue en commun?
3 À part l'entraînement en kayak, qu'est-ce qu'ils ont fait pendant la journée?
4 Quel temps a-t-il fait?
5 Pourquoi ont-ils fait une promenade un soir sur la plage?
6 Qu'est-ce que Jonathan veut faire à l'avenir?

3 Translation

Translate this passage into English.

J'aime les vacances à l'étranger parce que je trouve qu'il est intéressant de découvrir d'autres pays et une culture différente. En plus, c'est bien de pratiquer les langues et de goûter aux plats régionaux. L'année dernière, j'ai passé des vacances super au Maroc. Comme j'aime beaucoup les vacances actives, je voudrais visiter le Canada et faire du ski dans les montagnes rocheuses. Ce serait mes vacances de rêve!

Writing

1 Les vacances à l'étranger

Vous écrivez un article sur les vacances à l'étranger pour un magazine français. Décrivez:

- les avantages et les inconvénients d'un voyage à l'étranger
- un voyage à l'étranger bien réussi
- un voyage que vous aimeriez faire à l'avenir.

Écrivez environ **150** mots **en français**. Répondez à tous les aspects de la question.

2 Traduction

Traduisez ce message en français.

We arrived safely here in Switzerland last night. The campsite is well situated close to a lake with a lovely view of the mountains. Tomorrow we're going to hire bikes and explore the area. When I have more money I'd like to go on a skiing holiday in the Alps. All is well.

Preparation

Holidays is a popular choice for conversation and writing and gives opportunities to use different tenses. You might be asked about any of the following:

- What you usually do, where you go, how you travel.
- What you like to do on holiday.
- What you think about holidays abroad.
- Your last holiday or a school trip away from home.
- The sort of holiday you prefer.
- Your ideal holiday.
- Why holidays are important.

Sommaire

Holidays

à l'étranger	abroad
à la campagne	in the countryside
à la montagne	in the mountains
animé	lively
annulé	cancelled
un appareil photo (m)	camera
une assurance de voyage	travel insurance
les bagages (m pl)	luggage
un chantier	workcamp
un circuit	tour
compris	included
une croisière	cruise
se dépayser	to get away from it all
la destination	destination
la douane	customs
l'entrée (f) inclus	entrance included
l'hébergement (m)	lodgings, accommodation
le logement	accommodation
la mer	sea
nager	to swim
le passeport	passport
le paysage	scenery, landscape
la plage	beach
une randonnée	walk/ramble (in countryside)
le retard	delay
se faire bronzer	to get a suntan
un séjour	stay
la station de ski	ski resort
un stage	course
la traversée	crossing
la trousse de toilette	wash bag
les vacances (f pl)	holidays
la valise	suitcase
voyager	to travel

At the seaside

au bord de la mer	at the seaside
la baignade	bathing
se baigner	to bathe, swim
le matelas pneumatique	lilo
la mer	sea
nager	to swim
la plage	beach
le sable	sand
le rocher	rock
la station balnéaire	seaside resort
la vague	wave

Countries and continents

See page 22 (Unité 1 Sommaire)

At the tourist office

une brochure sur la région	a brochure about the region
un dépliant sur la ville	a leaflet about the town
un horaire des bus/trains	a bus/train timetable
une liste (de) …	a list (of) …
des excursions (f pl) en car	coach excursions
des hôtels (m pl)	hotels
les monuments (m pl) principaux	main sights
des musées (m pl)	museums
l'office de tourisme (m)	tourist office
des restaurants (m pl)	restaurants
des terrains de camping (m pl)	campsites
un plan de la ville	a town plan
des renseignements (m pl)	information
un syndicat d'initiative	tourist office

At the hotel (1)

animaux acceptés (m pl)	animals accepted
un ascenseur	lift
un bar	bar
cartes de crédit (f pl) acceptées	credit cards accepted
une chambre avec …	room with …
cabinet de toilette	washing facilities
douche	shower
salle de bains	bath
le code wifi	Wi-Fi code
la connexion Internet	internet connection
la demi-pension	half-board
aménagements pour handicapés (m pl)	facilities for physically disabled
un garage	garage
un golf	golf course
un jardin	garden
un minibar	minibar
un parking	car park
la pension complète	full board
le petit déjeuner	breakfast
une piscine	swimming pool
un restaurant	restaurant
le tennis	tennis court
la salle de réunion	conference room
une vue sur mer	sea view
le wifi	Wi-Fi connection

At the hotel (2)

à partir de	from
s'adresser à	to refer to, to report to
annuler	to cancel
les arrhes (f pl)	deposit
un balcon	balcony
un bidet	bidet
un cabinet de toilette	washing facilities
casser	to break
le chauffage central	central heating
un cintre	coat hanger
une clé/clef	key
climatisé	air-conditioned
complet/-ète	full
une couverture	blanket
une douche	shower
l'eau chaude (f)	hot water
l'eau froide (f)	cold water
une erreur	mistake
un escalier	staircase
un étage	storey, floor
un lavabo	washbasin
un lit	bed
marcher	to work (of equipment)
la note	bill
la nuit	night
un oreiller	pillow
un passeport	passport
un reçu	receipt
le rez-de-chaussée	ground floor
le robinet	tap
le savon	soap
une serviette	towel
un supplément	supplement
le tarif	price
les toilettes (f pl)	toilets
les WC (m pl)	WC

The weather

agréable	pleasant
une averse	rain shower
beau	fine
le brouillard	fog
la brume	mist
brumeux	misty
le bulletin météo	weather forecast
chaud	hot
la chute de neige	snowfall
le ciel	sky
couvert	overcast
le climat	climate
le degré	degree
l'éclaircie (f)	sunny period
ensoleillé	sunny
fort	strong
la foudre	lightning
froid	cold
geler	to freeze
léger/légère	light
mauvais	bad (weather)

la météo	the weather forecast
neiger	to snow
un nuage	cloud
nuageux	cloudy
un orage	thunderstorm
orageux	thundery
pleuvoir (il pleut)	to rain (it's raining)
la pluie	rain
pluvieux	rainy
les prévisions (f pl)	forecast
le soleil	sun
la température	temperature
le temps	weather
variable	variable
le vent	wind
le verglas	black ice

■ Camping

une aire de jeux	play area
un bar	bar
au bord de la mer	on the coast
au bord d'une rivière ou d'un lac	by a river or lake
le bloc sanitaire	washing facilities
le branchement électrique	electricity connection
le bureau d'accueil	reception office
un camping-gaz	camping stove
une caravane	caravan
l'eau potable (f)	drinking water
l'eau non potable	non-drinking water
un emplacement	pitch
l'équitation (f)	horse-riding
les jeux d'enfants (m pl)	children's play area
une laverie	launderette
la location de vélos	bikes for hire
un magasin d'alimentation générale	general food shop
le mini-golf	miniature golf
ombragé	shaded

ouvert	open
permanent	open all year round
des plats à emporter (m pl)	takeaway meals
des plats cuisinés (m pl)	ready-cooked meals
les poubelles (f pl)	dustbins
une prise de courant	power point
un site tranquille	quiet site

■ Useful equipment

des allumettes (f pl)	matches
une lampe de poche	torch
un matelas pneumatique	air bed, lilo
le matériel	equipment
un ouvre-boîtes	tin opener
des piles (f pl)	batteries
un sac à dos	rucksack, backpack
un sac de couchage	sleeping bag
une tente	tent

■ At the youth hostel

une auberge de jeunesse	youth hostel
le bureau d'accueil	office, reception
une carte d'adhérent	membership card
un coin Internet	internet area
un dortoir	dormitory
un drap	sheet
un drap-sac	sheet sleeping bag
la location de …	… for hire
louer	to hire
la salle de jeux	games room
la règle	rule
se servir de	to use, make use of
utiliser	to use

■ Staying in a gite (rented property)

allumer l'électricité/le gaz	to turn on the electricity/gas
éteindre/fermer l'électricité/le gaz	to turn off the electricity/gas
fermer la porte à clef	to lock the door
l'inventaire (m)	inventory
le/la locataire	tenant, lodger
le/la propriétaire	owner

■ 'False friends' (faux amis)

assister à	to attend, to be present at
des baskets (f pl)	trainers
une caméra	film camera
un car	coach
une cave	cellar
un crayon	pencil
joli	pretty
une journée	day
large	wide
une librairie	bookshop
un médecin	doctor
mince	thin
la monnaie	small change
le pain	bread
le parking	car park
le pétrole	oil
la pièce	room; coin; play; per item
la place	square
sensible	sensitive
le slip	briefs
la veste (f)	jack

■ Grammar

The future tense **p131**

Prepositions with towns, countries and continents **p131**

The conditional **p133**

Avant de + infinitive **p139**

Après avoir/être + past participle ('after doing something') **p139**

Using different tenses **p142**

8A Le corps humain

- *revise parts of the body*
- *describe pain or injury*

1 Le corps humain

Regardez ces athlètes. C'est quelle partie du corps? Pour vous aider regardez le **Sommaire**, page 168.

Exemple: **1** *les cheveux*

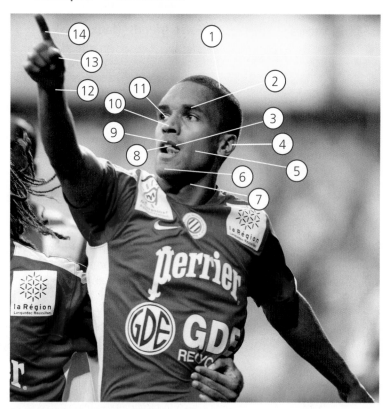

2 Sur l'ordinateur

Écoutez et trouvez les mots qui manquent.

a bras	b coudes	c doigts	d dos	e épaules
f genoux	g mains	h pieds	i poignets	j yeux

Exemple: **1** *épaules*

b In English, write at least five points of advice mentioned in the article.

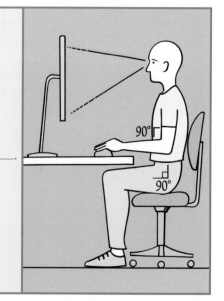

Voici quelques conseils pour protéger votre santé.

Si vous vous asseyez devant un ordinateur pendant de longues périodes, ça peut vous donner mal aux (**1**) ___ et mal au (**2**) ___. Et le travail sur clavier peut contribuer à certains problèmes de (**3**) ___, de (**4**) ___ et de (**5**) ___. Il est important aussi de se reposer les (**6**) ___ de temps en temps.

Les (7) ___

– Toutes les dix minutes, éloignez vos (**8**) ___ de l'écran et regardez quelque chose d'autre.

– Toutes les heures, prenez une pause de dix minutes pour vous reposer les (**9**) ___.

Le corps

– Si possible, asseyez-vous sur une chaise réglable, qui soutient le (**10**) ___.

– Mettez les deux (**11**) ___ à plat sur le plancher. Les (**12**) ___ et les (**13**) ___ doivent faire un angle de 90 degrés.

– Le clavier doit être au même niveau que les (**14**) ___.

– Quand vous tapez, gardez les (**15**) ___ plats et détendus.

– De temps en temps, haussez les (**16**) ___ et secouez les (**17**) ___.

Comment peut-on se protéger?

Avec un baladeur:

- Adoptez la règle 60 – réglez le volume à 50% ou 60% du maximum du baladeur et limitez la durée d'écoute à 60 minutes avec un casque ou des écouteurs.

En concert ou en discothèque/boîte:

- Éloignez-vous des enceintes.
- Faites des pauses de 30 minutes toutes les deux heures ou de 10 minutes toutes les 45 minutes à l'extérieur ou dans une zone calme.
- Portez des bouchons d'oreilles en cas d'inconfort ou de douleur. Pour les retirer, il est nécessaire d'être au calme pour ne pas exposer brutalement ses oreilles à un volume sonore élevé.

Le saviez-vous?

L'oreille interne est la partie la plus fragile de l'oreille. Lorsqu'on est exposé à un volume sonore de plus de 85 décibels (dB), les cellules de l'oreille peuvent être abîmées ou même détruites et elles ne sont pas réparables.

- 100 dB = marteau-piqueur (*pneumatic drill*) = baladeur à volume maximum
- 105db = sirène d'ambulance = concert ou discothèque

Qui est concerné?

Nous sommes tous concernés et d'autant plus si …

- on écoute un baladeur tous les jours ou presque, longtemps et à un volume élevé (c'est à dire à plus de la moitié du volume maximum).
- on va, même de temps en temps, en concert ou en boîte.
- on a l'habitude d'écouter de la musique à un volume sonore élevé à la maison, en voiture et dans les transports en commun.
- on est musicien et qu'on fait partie d'un groupe avec lequel on répète et joue régulièrement.

3 Attention aux oreilles!

a Lisez l'article et répondez en anglais.

1 What potential health problem is described in the article?
2 What example is given of a sound of 105 decibels?
3 Who is especially at risk of problems?
4 What advice is given when listening to music with earphones?
5 What advice is given when going to a concert?

b Traduisez le paragraphe «Qui est concerné?» en anglais.

4 J'ai mal partout!

🔊 **a** Écoutez les conversations et notez la lettre (**A–L**) de la bonne image.

Exemple: 1 F

b Maintenant, décrivez leur problème.

Exemple: A Elle a mal au dos.

Dossier-langue **Grammaire 15.5**

Reflexive verbs and parts of the body

When a reflexive verb is used in the perfect tense with a part of the body, the past participle does not agree with the subject.

Maman s'est brûlé la main. Mum has burnt her hand.

Ma copine s'est cassé la jambe. My friend has broken her leg.

Il s'est tordu la cheville. He's twisted his ankle.

The verb **se faire mal** (to hurt oneself) works in a similar way.

Look at the examples on the right. Remember, with parts of the body, the past participle does not agree, even though the perfect tense is formed with **être**.

Ils se sont fait mal à l'épaule. They've hurt their shoulders.

Elles se sont fait mal aux pieds. They've hurt their feet.

Notice how you say what you've hurt. Compare these two sentences:

J'ai mal au dos. I've got a bad back.

Je me suis fait mal au dos. I've hurt my back.

8B Votre santé en vacances

■ *talk about holiday health*
■ *revise the imperative*
■ *use expressions with* avoir

1 La santé l'été

Lisez l'article et faites les exercices.

① Le soleil est là. On l'a attendu toute l'année. Cependant, trop de soleil égale danger, car le soleil abîme dangereusement la peau. Ceux qui sont blonds ou roux peuvent facilement prendre des coups de soleil. Voici quelques précautions à prendre:

– mettez une crème solaire qui donne une très bonne protection, portez un chapeau et des lunettes de soleil;

– évitez le soleil entre 11 heures et 15 heures;

– ne vous endormez pas sur la plage en plein soleil;

– buvez régulièrement de l'eau.

② L'été est vraiment le moment de pratiquer son sport préféré. Mais attention: bouger, oui, s'épuiser, non. Surtout pas en pleine chaleur. On joue beaucoup mieux en fin d'après-midi qu'entre midi et deux heures.

③ Et n'oubliez pas de boire – avant, pendant et après l'effort. En transpirant, on perd de l'eau et des sels minéraux: il faut donc les récupérer. Pendant un effort prolongé, boire un verre d'eau, même si on n'a pas soif, permet d'éviter crampes et courbatures.

④ Aïe, une piqûre! Si c'est une abeille, retirez le dard avec soin. Puis désinfectez la blessure avec un produit antiseptique. Appliquez un glaçon pour calmer la douleur. S'il y a beaucoup d'insectes, mettez une crème anti-moustiques et couvrez-vous bien le soir.

⑤ Vous aimez passer vos vacances dans l'eau? La mer, le lac, la piscine, la rivière. Nager, plonger, s'amuser – ça fait du bien, mais n'oubliez pas ces petits conseils pour éviter des problèmes:

– attendez une heure après un repas avant de vous baigner;

– ne vous baignez pas après avoir bu de l'alcool;

– faites attention aux indications de sécurité (drapeaux, panneaux, etc.).

ZONE D'ACTIVITÉS NAUTIQUES
BAIGNADE INTERDITE

(Santé d'été: Okapi / Croix Rouge Française)

a Quel titre?

Choisissez un titre pour chaque paragraphe.

A C'est le moment de bouger

B L'eau est bonne?

C Attention aux insectes!

D Boire, boire et boire

E Attention, le soleil est fort!

b Attention au soleil!

Complétez les conseils.

Quand on reste au soleil, …

1 il faut mettre …

2 il vaut mieux porter …

3 il faut boire …

4 il ne faut pas …

5 Il faut éviter le soleil entre 11 heures et …

c Répondez aux questions en français.

Exemple: 1 *en fin d'après-midi*

1 En été, quand est-ce qu'il vaut mieux faire du sport?

2 Pourquoi est-il important de boire, quand on fait du sport?

3 Pour désinfecter une piqûre d'insecte, qu'est-ce qu'il faut mettre?

4 Qu'est-ce qu'on peut faire pour se protéger s'il y a beaucoup d'insectes?

5 Après un repas, il faut attendre combien de temps avant de nager?

6 Quand est-ce qu'il ne faut pas se baigner?

Dossier-langue **Grammaire 14.5, 15.3**

Verbs: The imperative

To form the imperative or command form, you usually just leave out **tu** or **vous** and use the verb by itself.

Bois de l'eau! or **Buvez de l'eau!** Drink water!

With **-er** verbs, you take the final **-s** off the **tu** form of the verb.

Évite le soleil! or **Évitez le soleil!** Avoid the sun!

The imperative is often used in the negative.

N'oublie pas de … or **N'oubliez pas de …** Don't forget to …

Reflexive verbs follow this pattern:

Amuse-toi bien! or **Amusez-vous bien!** Have a good time!

Ne t'endors pas! or **Ne vous endormez pas!** Don't fall asleep!

Look for one example of each type in the **vous** form in the article and translate them into English.

The imperative for a few verbs, including **avoir** and **être**, is irregular. These are listed in **Grammaire** 20 *Les verbes*. Look there to find out how to say the following:

Be kind (**être gentil(le)(s)**). Don't be afraid (**avoir peur**).

---

2 Les problèmes de l'été

🔊 Écoutez l'émission et faites les exercices.

a Un coup de chaleur

Trouvez dans la liste cinq symptômes associés à un coup de chaleur. Ensuite, écoutez pour vérifier.

Exemple: *b, …*

a On a faim.

b On a le visage très rouge.

c On a froid.

d On a mal à la tête.

e On a envie de vomir.

f On a des boutons.

g On se sent fatigué.

h On a soif.

i On a mal aux pieds.

b Les insectes

Choisissez **a** ou **b**.

Exemple: **1** *a*

1 On peut acheter une crème anti-insectes
   a à la pharmacie b à la parfumerie

2 Il y a plus de moustiques
   a pendant la journée b le soir et la nuit

3 Le parfum a attire les moustiques
   b décourage les moustiques.

4 Pour éviter les piqûres d'insectes, il vaut mieux mettre
   a un tee-shirt à manches courtes et un short
   b un tee-shirt à manches longues et un pantalon

5 Il est conseillé de mettre
   a des couleurs claires, comme le blanc et le jaune
   b des couleurs foncés comme le noir et le bleu marine

6 Il faut utiliser de l'eau ou un antiseptique pour nettoyer a les piqûres b les vêtements

3 Des expressions utiles

Complétez la liste.

avoir chaud	(1) ___
avoir (2) ___	to be cold
avoir faim	(3) ___
avoir (4) ___	to be thirsty
avoir raison	to be right
avoir tort	to be wrong
avoir mal	to be in pain, to have an ache
avoir besoin de	(5) ___
avoir le droit de	to be allowed to, to have the right to
avoir de la chance	(6) ___
avoir de la fièvre	to have a temperature
avoir envie de	to wish to, to want to
avoir honte de	to be ashamed (of)
avoir lieu	(7) ___
avoir peur (de)	(8) ___
avoir sommeil	to be sleepy

Dossier-langue | **Grammaire 16.1**

Expressions with *avoir*

Many French expressions with **avoir** are translated in different ways in English.

Nous avons faim.

We are hungry.

L'exposition sur la santé a lieu dans la bibliothèque.
The exhibition about health is taking place in the library.

Oui, mais moi je n'ai pas envie d'y aller.
Yes, but I don't want to go to it.

4 En vacances

a Complétez les phrases avec le verbe indiqué.

Exemple: **1** *a le droit*

1 Est-ce qu'on ___ de faire du camping ici? (*allowed*)

2 Ils ont joué un match de tennis au soleil et maintenant ils ___. (*hot*)

3 Tu ___ de porter un chapeau; le soleil est très fort. (*right*)

4 Elles ___ de se baigner tout de suite après avoir mangé. (*wrong*)

5 Il ne se sent pas bien et il ___. (*temperature*)

b Complétez les phrases avec la forme correcte du bon verbe.

> avoir besoin   avoir de la chance
> avoir faim   avoir peur   avoir soif

1 Aïe! J'___ des guêpes.

2 Je n'ai rien bu ce matin et maintenant, j'___.

3 Elle n'a pas mangé à midi et maintenant, elle ___.

4 Nous ___ d'un médecin, il faut téléphoner tout de suite.

5 Vous ___; heureusement il y a un médecin à l'hôtel.

c Traduisez ces phrases en français.

1 Do you have a headache and feel sick?

2 No, but I have a temperature and I feel sleepy.

3 I'm ashamed to say that I'm afraid of insects.

4 My friend is lucky. She is not afraid of anything.

5 À vous!

Traduisez ces conseils en français.

1 You should put on a sun cream before going out in the sun.

2 It's important to drink water regularly.

3 You shouldn't swim after drinking alcohol.

4 When the sun is very strong, it's better to look for the shade.

Pour vous aider

Il est important de Il vaut mieux Il faut / Il ne faut pas	boire de l'eau porter des lunettes de soleil mettre une crème solaire / un tee-shirt à manches longues se baigner chercher de l'ombre	avant de sortir au soleil. régulièrement. après avoir bu de l'alcool.

- *find out about a chemist's shop*
- *describe minor symptoms*
- *use qui and que*
- *understand information about an accident*

1 Les pharmacies en France

Complétez les phrases avec un mot de la case.

Exemple: **1** *g*

a des pastilles, des sirops, des pommades
b payer
c un médecin
d une ordonnance
e une pharmacie
f un rhume ou une toux
g verte

Les pharmacies en France

1 Les pharmacies sont signalées par une croix __.

2 Les gens consultent souvent le pharmacien plutôt que d'aller voir le médecin, parce qu'il faut __ la consultation du médecin.

3 On peut consulter le pharmacien pour de petits problèmes, comme par exemple __.

4 Si le pharmacien estime que le problème est assez grave, il vous conseillera de consulter __.

5 Le pharmacien peut vendre des médicaments sans ordonnance, comme par exemple __.

6 Pour certains médicaments, il faut avoir __ signée par un docteur.

7 Il y a toujours __ de garde, en cas d'urgence.

2 Lexique

Complétez la liste.

Français	Anglais
la diarrhée	*diarrhoea*
être enrhumé	*to have a cold*
la grippe	*flu*
une ordonnance	
un pansement	*dressing, bandage*
une piqûre	*insect bite, injection*
le savon	
du sparadrap	
une toux	*cough*
vomir	

3 Chez le pharmacien

a Écoutez les clients. Qu'est-ce qu'ils achètent?

Exemple: **1** *c*

a une crème antiseptique
b des pastilles pour la gorge
c de l'aspirine
d un sirop
e une ordonnance
f une crème anti-insectes
g un médicament contre la diarrhée
h une crème solaire

b Répondez en anglais.
(Il y a une question pour chaque dialogue **1–8**.)

1 What is this person's problem?
2 Which two flavours of throat pastilles are offered? (blackcurrant, cherry, lemon, mint, orange)
3 How many items does the person buy?
4 Why has this person come to the chemist?
5 What injury has the person had and how did it happen?
6 How long will it take to prepare the prescription if the person waits?
7 What is the problem with the person's son?
8 What is the person's sister suffering from and what should she do?

4 Des expressions utiles

Complétez les phrases avec un mot de la case.

enrhumé(e)   médicament   un pansement   ordonnance
des pastilles   vomi   conseiller   piquer

1 Je suis très __.
2 Je voudrais __ pour la gorge, s'il vous plaît.
3 Pouvez-vous me __ quelque chose?
4 J'ai mal au cœur et j'ai __ pendant la nuit.
5 Le médecin m'a donné une __ pour des médicaments.
6 Avez-vous un __ contre la diarrhée?
7 Je me suis coupé le doigt. Pouvez-vous me mettre __?
8 Mon fils s'est fait __ par une guêpe.

5 Infos santé

a Trouvez les paires.

Exemple: **1** *d*

b Traduisez les phrases en anglais.

1 Les gens qui ne vont pas bien mais qui
2 Un médecin est la personne qui soigne les malades et qui
3 C'est le pharmacien qui
4 La croix des pharmacies est en souvenir des religieux qui
5 La croix est verte comme la couleur des plantes qui

a sont à l'origine de beaucoup de médicaments.
b écrit des ordonnances pour des médicaments.
c prépare les ordonnances et qui vend des médicaments.
d ne sont pas vraiment malades vont souvent à la pharmacie.
e aidaient des blessés et qui portaient une croix sur leurs vêtements.

Dossier-langue **Grammaire 9.1**

Relative pronouns: *qui*

Qui can be used to link two sentences together. It can relate to people and things. It means 'who' or 'that/which' and becomes the subject of the new sentence. Look at the examples in task 5. What kind of word follows **qui**? (adjective, noun or verb?)

In these examples, two sentences can be expressed more neatly using **qui**:

Mon père est enrhumé. Il va voir le pharmacien.

Mon père, qui est enrhumé, va voir le pharmacien.
My father, who has a cold, is going to see the chemist.

On m'a conseillé de consulter le docteur Dubois. Il a un cabinet tout près.

On m'a conseillé de consulter le docteur Dubois, qui a un cabinet tout près.
I was advised to consult Doctor Dubois who has a surgery nearby.

Is **qui** shortened before a vowel?

Dossier-langue **Grammaire 9.2**

Relative pronouns: *que*

Que is also used to link sentences. It can mean 'whom', 'that' or 'which'. It is sometimes left out in English, but not in French.

La voiture que Monsieur X conduisait a été fortement endommagée.
The car that Monsieur X was driving was badly damaged.

Here, **que** has replaced **la voiture**, which is the **object** of the verb that follows **que**. ('Monsieur X' is the subject of the verb.)

Que is shortened to **qu'** before a vowel.

La voiture qu'elle conduisait était une Peugeot bleue.
The car that she was driving was a blue Peugeot.

Think of a way to remember when to use **qui** and when to use **que**. This may help:

qui + verb   **que** + subject + verb.

6 En une phrase

Écrivez les deux phrases en une seule phrase avec **qui**.

Exemple: **1 Le garçon qui a eu un accident de vélo est à l'hôpital.**

1 Le garçon a eu un accident de vélo. Il est à l'hôpital.
2 La fille est tombée de cheval. Elle s'est fait mal au bras.
3 Le skieur est tombé hier. Il va mieux aujourd'hui.
4 C'était peut-être le poisson. Il m'a rendu malade.
5 On va d'abord à la pharmacie. Elle se trouve près de l'hôtel.
6 Prenez ce médicament. Il est très efficace.

7 Des conséquences heureuses

Lisez l'article at répondez en anglais.

1 Why was Monsieur X driving to the law court at Nancy?
2 What happened on the way?
3 What was the outcome for the cars involved?
4 What happened to Monsieur X?
5 What happened to the driver of the other vehicle?
6 What are you told about the other driver?
7 Where were the drivers taken?
8 What was the happy outcome of this incident?

Un accident de la circulation a eu des conséquences inattendues que l'on peut qualifier de miraculeuses …

Jeudi dernier, Monsieur X allait en voiture au tribunal de Nancy où devait être prononcé son divorce. Mais lorsqu'il roulait au centre-ville, il a percuté une autre voiture qui débouchait de la rue droite et qui avait la priorité. La voiture que Monsieur X conduisait a été fortement endommagée tandis que l'autre voiture n'a pas eu de dégâts. Monsieur X a eu le bras gauche cassé et quelques blessures superficielles au visage. La conductrice de l'autre voiture s'est cassé la jambe gauche et cette conductrice était … vous l'avez peut-être deviné … Madame X, qui se rendait également à Nancy pour le divorce.

Monsieur et Madame X ont été emmenés en ambulance à l'hôpital et ils ont été placés dans la même chambre. Au bout d'une semaine d'hospitalisation et de discussions dans le calme et dans l'intimité, il n'était plus question de divorce …

On leur souhaite un prompt rétablissement et une longue et heureuse vie commune!

8 Un accident d'équitation

a Complétez les phrases avec **qui** ou **que** (**qu'**).
1 Samedi dernier, Nadine, … est une camarade de classe, a eu un accident d'équitation.
2 Voici le cheval … elle montait.
3 Ça, c'est sa copine, Chloé, … a téléphoné au médecin.
4 Et voilà le médecin … est venu.
5 On a transporté Nadine à l'hôpital … se trouve près de l'université.
6 Moi, je lui ai apporté ce livre … j'ai trouvé amusant.

b Traduisez les phrases complètes en anglais.

- describe two things that happened at the same time
- use the present participle
- find out about emergency services

1 Ça s'est passé comment?

Ces personnes ont toutes eu un problème. Mais comment cela s'est-il passé?

Trouvez les paires puis écoutez pour vérifier. **Exemple: 1 d**

1 Je me suis fait mal au genou
2 Je me suis coupé le doigt
3 Je me suis fait mal au dos
4 Je me suis tordu la cheville
5 Je me suis fait piquer par une guêpe
6 Je me suis brûlé la main
7 Je me suis fait mordre par un chien

a en coupant du pain.
b en buvant une canette de coca.
c en faisant du jardinage.
d en jouant au rugby.
e en faisant la cuisine.
f en m'approchant d'une maison.
g en descendant l'escalier.

Paul   Nicole   M. Perrec   Mme Denis

Marc   Sylvie   Jean

En + the present participle

1 Look back at the phrases **a–f** in task 1 and work out how to say:
   a while going downstairs
   b when playing rugby
   c whilst cooking
2 Look at the verbs used. Which three letters do they end in, in English and in French?
3 Can you work out how to say the following:
   a when playing tennis
   b while crossing the road
   c when going to the shops

**Vous souffrez
de stress?**

**Calmez-vous en
faisant du sport.**

The present participle

This translates the English expressions 'while -ing' and 'by -ing'. It can also be used to explain how something happened or how it can be done.

Take the **nous** form of the present tense:

nous jouons   nous traversons   nous allons

Delete the **nous** and the **-ons** ending:

jou   travers   all

Then add **-ant**:

jouant   traversant   allant

2 Un bon conseil

Donnez un bon conseil pour chaque problème.

Exemple: 1 En buvant de l'eau.

1 Comment peut-on réduire le risque de crampes après l'exercice?
2 Comment peut-on éviter des piqûres de moustiques?
3 Comment peut-on éviter les coups de soleil?
4 Comment peut-on aider quelqu'un en cas d'accident?
5 Comment peut-on obtenir des médicaments?

téléphoner le 112   aller à la pharmacie   boire de l'eau
mettre une crème anti-moustiques   rester à l'ombre

3 Que faire?

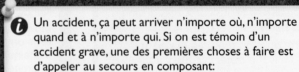

ⓘ Un accident, ça peut arriver n'importe où, n'importe quand et à n'importe qui. Si on est témoin d'un accident grave, une des premières choses à faire est d'appeler au secours en composant:

- Le **15**, pour le SAMU (Service d'Aide Médicale d'Urgence),
- Le **18** pour les pompiers,
- Le **112** (pour les Urgences).

Tous ces numéros sont gratuits.

a Trouvez l'équivalent en français.

1 anyone   4 by dialling
2 witness   5 fire service
3 help   6 free of charge

b Can you work out what these expressions mean?
   n'importe qui, n'importe où, n'importe quand
   How would you say 'anyhow'?

4 Allô, les secours

🔊 Écoutez et corrigez les erreurs dans les phrases.

1 Un jeune homme s'est brûlé la main en faisant un barbecue.

2 Il y a eu un accident près de la route D60. Un cycliste est tombé et s'est coupé le pied et ça saigne beaucoup.

3 Un skieur s'est fait mal à la tête sur la piste noire, près de la balise 9.

4 Une fille s'est fait mordre par un serpent à environ 10 kilomètres de Die. Les secours arriveront dans une heure.

5 Vous êtes journaliste

🔊 **a** Écoutez le reportage et complétez le résumé de l'accident pour le journal.

Accident de montagne

Un accident s'est produit hier (**1**) ____ à Val d'Isère. Un skieur a décidé de faire du ski hors-piste malgré le (**2**) ____ temps. Il (**3**) ____ et les conditions étaient difficiles. Comme il n'est pas revenu au chalet en fin d'après-midi, on a (**4**) ____ le service de sécurité. Les guides ont (**5**) ____ des traces de ski et ils ont trouvé le skieur par terre. Il s'était cassé (**6**) ____.

b Lisez le résumé, puis écoutez le reportage. Il y a sept différences. Notez les mots que vous avez entendus.

Exemple: **1** à 14h30

Accident en mer

Hier, à 4h30, un accident s'est produit à La Réunion. Une jeune fille de dix-huit ans faisait de la voile en mer. Il faisait beau. La jeune fille est tombée à l'eau et n'a pas pu regagner son bateau. Le service de sécurité est venu à son aide. La jeune fille était en état de choc et elle a eu du mal à s'en remettre.

6 112 – le numéro d'urgence

Complétez le texte avec les mots de la case.

> alertée   anglaise   blessés   compose
> numéro   rapide   secours   seulement

Le 112 est un (**1**) ____ d'appel d'urgence qui fonctionne depuis les portables dans toute l'Europe. Il faut utiliser ce numéro (**2**) ____ en cas d'extrême urgence. Voici un exemple:

Une touriste (**3**) ____ est témoin d'un grave accident de la route. Elle ne connaît pas les numéros d'urgence français, mais elle (**4**) ____ le 112. Son appel est dirigé vers le centre de (**5**) ____ des pompiers le plus proche. La caserne des pompiers (*fire station*) la plus proche du lieu de l'accident est (**6**) ____. La sirène retentit. On étudie l'itinéraire le plus (**7**) ____ pour se rendre sur les lieux de l'accident.

Quelques minutes après l'appel, les pompiers sont sur les lieux pour porter secours aux (**8**) ____.

7 Il y a eu un accident

 a Travaillez à deux. Lisez la conversation, puis changez les mots surlignés.

– Quand est-ce que l'accident s'est produit?

– Vendredi dernier à 15h20.

– Où est-ce que l'accident a eu lieu?

– À Lyon.

– Quel temps faisait-il?

– Il faisait beau.

– Qu'est-ce qui s'est passé?

– Un garçon de seize ans faisait de l'équitation avec des amis. Soudain il est tombé et il s'est fait mal à la jambe.

b Maintenant, écrivez le résumé d'un accident.

Exemple:

Hier à 8h10, il y a eu un accident à Lyon. Il pleuvait. Une fille de quinze ans faisait une randonnée avec des amis. Soudain, elle est tombée et elle s'est fait mal à la jambe.

Quand?	Où?
Hier, à 8h30	Grenoble
Avant-hier, à 20h10	Saint-Malo
Samedi dernier, à 14h, etc.	Boulogne

Le temps	Qui?
Il pleuvait 🌧	Une fille de quinze ans
Il faisait mauvais ☁	Un Canadien
Il neigeait ❄	Une Anglaise

Activité	Problème?
une randonnée	bras
du VTT	pied
de la planche à voile	dos, etc.

8E Ça fait mal

1 Pour se faire soigner en France

Complétez les renseignements avec un mot de la case.

1 Il faut ____ pour consulter un médecin ou un dentiste en France.

2 Si ____ ou le dentiste est conventionné, la Sécurité sociale remboursera environ 75% des frais.

3 Pour se faire rembourser, il faut ____ une feuille de soins.

4 Pour avoir la même protection que les Français, en cas de maladie, il faut obtenir une carte spéciale ____ de partir.

5 Mais 25% des frais médicaux peut représenter une somme énorme. Donc on vous conseille de prendre aussi ____.

6 Si vous avez besoin de médicaments, le médecin vous donnera ____. Entre 35 et 65% du prix des médicaments est remboursable.

7 Si vous souffrez d'____ à long terme ou si vous avez des allergies spécifiques, sachez comment expliquer cela en français.

8 Si vous devez prendre ____ régulièrement, allez voir un médecin dans votre pays avant de partir.

a une assurance de voyage
b avant
c compléter
d une maladie
e le médecin
f des médicaments
g une ordonnance
h payer

2 C'est quand, votre rendez-vous?

🔊 Écoutez les conversations (**1–6**). Des personnes prennent un rendez-vous chez le dentiste ou chez le docteur. À chaque fois, notez le jour et l'heure du rendez-vous.

3 Lexique

Trouvez les mots qui manquent.

une brosse à dents	(**1**) ____
brosser	(**2**) ____
la carie	*tooth decay*
une dent	*tooth*
un (une) dentiste	(**3**) ____
le dentifrice	(**4**) ____
une piqûre	*injection*
un plombage	*filling*
le traitement	(**5**) ____

Je voudrais prendre (**6**) ____ avec le dentiste/docteur.
J'ai mal (**7**) ____.
C'est quelle dent qui vous fait (**8**) ____?
Je vais la traiter/soigner.

4 Mal aux dents

🔊 a Écoutez la conversation et lisez le texte. Notez les différences avec la conversation enregistrée.

Selon l'enregistrement, Monsieur Moreau a mal aux dents depuis … Il croit qu'il a …

Le dentiste dit: 'Je vais la …' Il doit payer …

– Bonjour, Monsieur Moreau. Alors, qu'est-ce qui ne va pas?

– Bonjour, madame. J'ai mal aux dents.

– Depuis combien de temps?

– Depuis quatre jours.

– Et c'est quelle dent qui vous fait mal?

– Celle-ci. Je crois que je me la suis cassé.

– Laissez-moi voir. Oui, en effet. Je vais la traiter tout de suite. Vous voulez une piqûre?

– Oui, s'il vous plaît.

…

– Voilà, c'est fait.

– Merci, madame. Je vous dois combien?

– Ce sera 80 euros. Vous payerez à la réception.

– Merci, madame. Au revoir.

5 Dans le cabinet du médecin

🔊 Écoutez les conversations et faites les exercices.

a C'est vrai (**V**) ou faux (**F**)?

1 La femme a mal au genou.

2 Elle a vomi trois fois hier.

3 Le médecin lui a donné une ordonnance.

4 Il lui a dit de revenir dans une semaine si ça n'allait pas mieux.

b Corrigez les erreurs.

1 L'homme a mal au ventre.

2 Il a fait du patinage récemment.

3 Le docteur lui a conseillé de faire un autre sport, comme par exemple, de l'équitation.

4 Il lui a donné un certificat médical.

c Répondez aux questions.

1 Où est-ce que la femme s'est fait mal?

2 Qu'est-ce que c'est probablement? (*un bras cassé / une entorse / la grippe*)

3 Qu'est-ce qu'elle doit faire?

d Complétez le résumé.

1 Un garçon anglais a eu un accident en faisant ____.

2 Il s'est fait mal ____.

3 On lui a fait faire une ____.

4 Il a ____.

5 On va lui mettre ____ dans le plâtre.

6 Des expressions utiles

Trouvez les paires.

1	douloureux	a	*flu*
2	enflé	b	*nurse*
3	une entorse	c	*painful*
4	grave	d	*patient*
5	la grippe	e	*plaster*
6	les heures de consultation (*f pl*)	f	*serious*
7	une infirmière	g	*sprain*
8	le malade	h	*surgery hours*
9	le plâtre	i	*swollen*
10	la radio (les rayons X, *m pl*)	j	*X-ray*

7 Qui dit ça?

Écrivez ces expressions en français en deux listes: **le médecin**; **le/la malade**.

1	Qu'est-ce qui ne va pas?	*What's wrong?*
2	Je ne me sens pas bien (du tout).	*I don't feel (at all) well.*
3	Je me sens un peu malade.	*I feel rather ill.*
4	J'ai mal au/à la/à l'/aux …	*My … hurt(s), ache(s).*
5	Je me suis fait mal au/à la/à l'/aux …	*I've hurt my …*
6	Ça vous fait mal là?	*Does it hurt there?*
7	Je me suis cassé la jambe.	*I've broken my leg.*
8	Je vais vous donner une ordonnance	*I'll give you a prescription.*
9	Est-ce qu'il faut revenir vous voir?	*Do I need to come back and see you?*
10	Vous êtes malade depuis quand?	*How long have you been ill?*
11	Je n'ai pas pu dormir hier soir.	*I couldn't sleep last night.*
12	Je suis allergique à …	*I'm allergic to …*

8 Qu'est-ce qui ne va pas?

Lisez la conversation à deux.
Ensuite, inventez d'autres conversations.

A Bonjour, docteur.

B Bonjour. Alors, qu'est-ce qui ne va pas?

A J'ai mal au genou, docteur.

B Oui.

A Et j'ai très mal dormi.

B Laissez-moi voir. Ça vous fait mal là?

A Aïe … oui, ça fait mal.

B Hmm.

A C'est grave?

B Non, je ne crois pas. Il faut vous reposer. Vous restez combien de temps en France?

A Jusqu'à lundi prochain.

B Si ça ne va pas mieux dans trois jours, revenez me voir.

A Merci, docteur.

Aïe … oui, ça fait mal.
Oui, un peu.
Non.

au genou
à la jambe
au bras
à la cheville
au cou
à la tête
au dos
à l'épaule

Il faut vous reposer.
Je vais vous faire une ordonnance.
Il faut rester au lit deux jours.
Il ne faut pas marcher.

lundi, mardi, mercredi, etc.

j'ai très mal dormi
je ne me sens pas bien
j'ai vomi pendant la nuit
je suis toujours fatigué(e)
j'ai de la fièvre
j'ai mal à …

9 À l'hôpital

Choisissez le bon mot pour compléter le message de Stéphanie.

> Salut!
> Comment ça va? Comme tu vois, je t'écris de l'(**1**) ____ Malheureusement, j'ai eu un accident de ski pendant les vacances. Je me suis (**2**) ____ la jambe et je me suis fait mal à l'(**3**) ____. Je suis ici depuis (**4**) ____ jours. Pendant la journée, j'(**5**) ____ de la musique, je regarde la télé et je lis un peu. Ma famille et mes amis (**6**) ____ me voir tous les jours et j'ai reçu beaucoup de (**7**) ____. Quand même, c'est (**8**) ____ à l'hôpital. J'espère pouvoir bientôt (**9**) ____ à la maison.
> Amitiés,
> **Stéphanie**

cartes   cassé   écoute   ennuyeux   épaule
hôpital   rentrer   trois   viennent

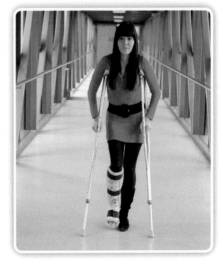

10 À vous!

Écrivez un message comme celui de Stéphanie à un(e) ami(e).

1 Heureux, mais stressés

Lisez l'article. Ensuite, lisez les phrases et écrivez vrai (**V**) ou faux (**F**).

1 Dans l'ensemble, les jeunes vont bien.
2 Beaucoup sont stressés par l'école.
3 Les garçons sont plus sujets à la dépression.
4 Les filles ont plus souvent des problèmes d'appétit.
5 Les garçons ont plus souvent des problèmes de sommeil.
6 La plupart des jeunes se sentent bien dans leur famille.

Heureux, mais stressés

Selon une enquête en France auprès des jeunes de onze à dix-neuf ans, la plupart des jeunes vont bien, mais ils disent souvent être mal dans leur peau: un jeune sur deux est fatigué, stressé par l'école.

Les filles vont moins bien que les garçons

Sur de nombreux points, les filles sont différentes des garçons dans leur comportement. Elles ont plus souvent des troubles de sommeil, de l'appétit, et, en plus, elles cumulent les risques pour leur santé en fumant plus. Elles sont aussi plus sujettes à l'angoisse et à la dépression.

La famille continue de jouer un rôle important

La famille conserve beaucoup d'importance pour les jeunes. Même s'il peut y avoir des conflits, 70% affirment avoir une vie familiale agréable.

2 Ça va ou ça va pas?

🔊 Il y a des jours où tout va bien, où on se sent plein d'énergie et d'optimisme. Et il y a d'autres jours où rien ne va, on se sent mal dans sa peau et on n'a pas le moral.

Écoutez les jeunes. Est-ce que ça va (✓) ou ça ne va pas (✗)? Pourquoi?

Exemple: 1 ✗, a *Il a eu de mauvaises notes.*

Pour vous aider

On n'a pas le moral
Il/Elle …

a a eu de mauvaises notes.
b s'est disputé(e) avec ses parents.
c a des ennuis d'argent.
d ne sait pas, mais il/elle s'ennuie.
e vient d'apprendre qu'un(e) ami(e) est gravement malade.
f se sent seule, parce qu'elle ne connaît pas beaucoup de jeunes.
g est stressé(e) par l'école.
h ne sait pas quoi faire de sa vie.
i est toujours fatigué(e) et ne dort pas bien.
j a des boutons et se sent moche.

On a le moral
Il/Elle …

a a gagné un match.
b vient de passer des vacances supers.
c a reçu une lettre d'un(e) ami(e).
d a gagné un concours.
On l'a invité(e) …
e à sortir mercredi.
f à une fête samedi.

---

3 Des expressions utiles

Complétez les phrases avec un mot de la case.

> bien   bonne   forme   humeur   idées   moral   peau   sens   triste

Je suis en pleine (**1**) ____.
Il/Elle est de (très) (**2**) ____ humeur.
Ça va très bien.
Comme ci, comme ça.
Je veux me changer les (**3**) ____.
Ça ne va pas (du tout).
Je ne suis pas (**4**) ____ dans ma peau.
Je me sens mal dans ma (**5**) ____.
Je n'ai pas la forme.
Je ne me (**6**) ____ pas bien.
Il/Elle n'a pas le (**7**) ____.
Il/Elle est (**8**) ____.
Il/Elle est de (très) mauvaise (**9**) ____.
J'en ai marre. (*fam.*)
(*fam.* = du français familier)

I feel really well.
He's/She's in a (really) good mood.
I'm fine.
So, so. Not bad.
I want to take my mind off things.
Things are (really) bad.
I don't feel right.
I feel out of sorts, uncomfortable, down.
I'm not at my best.
I don't feel well.
He's/She's fed up.
He's/She's sad/upset.
He/She is in a (really) bad mood.
I'm fed up.

4 Ça va?

a Vous n'avez pas le moral aujourd'hui. Faites une liste de six phrases pour expliquer pourquoi.

Exemple: *Je me suis disputé(e) avec mon meilleur ami/ma meilleure amie.*

b Vous êtes en pleine forme. Faites une liste de six phrases pour expliquer pourquoi.

Exemple: *J'ai reçu une lettre d'un(e) ami(e).*

5 À discuter

Qu'est-ce que vous faites quand vous n'avez pas le moral et que vous voulez vous changer les idées? À deux, posez des questions et répondez à tour de rôle.

> *Je téléphone à un(e) ami(e).*
> *J'écoute de la musique.*

> *Je fais du sport.*

> *Je lis un bon livre.*

6 Le stress

Écoutez l'interview et répondez aux questions en anglais.

1 Are people more stressed today?
2 What are some of the causes of stress today?
3 What are the positive effects of stress?
4 What are the symptoms of stress?
5 Suggest two healthy ways of controlling stress.

> Pour réduire le stress, on peut …
> – prendre le temps de se détendre
> – faire du sport
> – manger bien et équilibré
> – rire pour guérir!

7 Des messages

a Trouvez l'équivalent en français.

1 I feel horrible
2 every time
3 nothing suits me
4 What am I here for?
5 how to snap out of it
6 I don't care
7 too bad
8 I live life to the full

b Choisissez un titre pour chaque message. Voici des idées:

a La vie est belle.
b Je n'ai pas le moral.
c Je m'inquiète.
d Je suis en pleine forme.
e Ma vie, elle sert à quoi?
f J'aime la vie.

c Trouvez d'autres expressions pour ces mots.

1 des vêtements
2 ça me déprime
3 complètement
4 si
5 quand
6 c'est ça qui est important

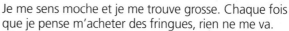

> **Moralàzéro:**
> Je me sens moche et je me trouve grosse. Chaque fois que je pense m'acheter des fringues, rien ne me va. Ma tenue favorite, c'est un jean et un gros pull. Parfois, ça me démoralise totalement. Que faire?
>
> **Confus:**
> J'ai seize ans et je me sens tellement confus. Je me pose souvent la question: À quoi je sers? Qu'est-ce que je vais faire de ma vie? Est-ce que je vais réussir ma vie? Ça me préoccupe peut-être trop mais je ne sais pas comment m'en sortir.
>
> **Joiedevivre:**
> J'ai des boutons, mais je m'en fiche. Je me trouve grosse, tant pis. Lorsque je suis avec mes copains et mes copines, j'oublie mon physique et je ris, je danse, je m'amuse. Je croque la vie à pleines dents et c'est ça l'essentiel.

8 Des réponses

a Choisissez les bons mots pour compléter chaque réponse.

b Décidez quelle réponse va avec chaque message de l'exercice 7. Quel message n'a pas de réponse?

> donnent   importance   parce que
> peau   trouvez

> mettre   prendre   voyez   sentent   trouverez

1 Beaucoup d'adolescents se (**1**) ____ angoissés par ces questions. Il faut (**2**) ____ les choses petit à petit. À la question: «Comment réussir ma vie?», vous ne (**3**) ____ pas de réponse en cinq minutes. Vivez, (**4**) ____ vos amis, faites des projets d'études, de vacances. Et tout va se (**5**) ____ en place.

2 Vous vous (**1**) ____ un peu dodue et vous êtes mal dans votre (**2**) ____. À votre âge, le poids varie souvent (**3**) ____ votre corps est en train de se transformer. Au fait, pourquoi accordons-nous tant d'(**4**) ____ à nos formes? Peut-être à cause des mannequins 'fil de fer' qui nous (**5**) ____ à tous l'impression d'être énormes!

1 On parle du tabac

🔊 Écoutez des personnes qui parlent du tabac.

a Répondez aux questions.

1 Combien de personnes fument?

2 Combien de personnes fumaient autrefois, mais ne fument plus maintenant?

3 Combien de personnes n'ont jamais fumé?

b Lisez ces phrases.

1 Dans quel ordre est-ce qu'on les entend? (Écrivez la lettre de chaque phrase.)

2 Trouvez deux raisons qu'on donne pour fumer.

3 Trouvez trois raisons qu'on donne pour ne pas fumer.

A Je suis asthmatique, donc je supporte très mal la fumée.

B J'avais un mauvais goût dans la bouche.

C Je sais que c'est mauvais pour la santé.

D Pour faire adulte – ça me donnait de l'assurance.

E Ça a été dur, mais quand j'ai réussi je me sentais tellement mieux.

F Fumer n'est ni chic ni romantique, c'est une mauvaise habitude qui peut tuer.

G C'est vrai que la fumée, c'est gênant pour les non-fumeurs.

H Pour faire comme les autres – par curiosité – pour voir comment c'était.

I Fumer, ça gêne pour le sport.

J Il y en a qui pensent que ça fait adulte, que c'est chic.

gênant *irritating*
un incendie *fire*
tuer *to kill*

2 Le tabac en questions

Faites correspondre les questions et les réponses.

1 Tout le monde dit que fumer est mauvais pour la santé, mais pourquoi exactement?

2 Il est interdit de fumer dans les lieux publics, pourquoi?

3 On ne voit pas les joueurs de tennis ni les athlètes fumer. C'est curieux, non?

4 On sait que fumer, c'est mauvais pour la santé. Pourtant on fume, pourquoi?

5 J'ai remarqué que les fumeurs ont souvent les dents et les doigts jaunes? Ça vient de quoi?

6 Pourquoi est-il si difficile de cesser de fumer?

a Fumer, ça gêne pour le sport. Les fumeurs ont du mal à respirer et s'essoufflent vite.

b Chacun a sa raison – on veut faire comme les autres, on commence par curiosité puis on en prend l'habitude, on pense que c'est calmant dans des situations difficiles.

c On a adopté des lois anti-tabac pour protéger les non-fumeurs. En plus, il peut y avoir un risque d'incendie.

d Une cigarette contient de nombreuses substances, parmi elles du goudron (*tar*) qui jaunit les doigts des fumeurs.

e La nicotine est une drogue qui provoque une dépendance. Arrêter de fumer n'est pas facile, on n'y arrive pas toujours du premier coup. Il n'existe pas de recette miracle. Voici quelques astuces qui peuvent aider: attendre des circonstances favorables, en parler à des amis, changer son mode de vie (faire un nouveau sport), etc.

f Le tabac est responsable de nombreuses maladies (pulmonaires et cardiovasculaires) et du cancer des poumons.

3 À discuter

💬 À deux ou en groupes, parlez du tabac. Est-ce qu'on fume chez vous? Quelle est la meilleure raison pour ne pas fumer?

4 L'alcool est-il un problème?

a Complétez le texte avec les mots de la case.

Le samedi soir, on voit souvent des jeunes qui (**1**) _____ dans les bars, dans les boîtes et aussi dans la rue. Selon Paul, un ado de seize ans, on (**2**) _____ pour faire comme les autres. Beaucoup de jeunes boivent de (**3**) _____. Nicole dit qu'elle prend (**4**) _____ de vin de temps en temps pour paraître plus rassurée, plus (**5**) _____ et moins timide.
Quelquefois, les supermarchés et les bars (**6**) _____ des boissons alcoolisées à des prix réduits. Mais cela risque d'encourager une consommation excessive d'(**7**) _____ qui entraîne des risques importants: l'ivresse, la violence, les accidents de la route, (**8**) _____ à court et à long terme.

b Trouvez l'équivalent en français.

1 to behave like others

2 to appear more confident

3 less shy

4 at reduced prices

5 which carries

6 drunkenness

7 short and long term

alcool   la bière   boit
boivent   les maladies
sociable   vendent
un verre

5 Les drogues, on s'informe

Lisez l'article sur la drogue et faites les exercices.

a Choisissez un titre pour chaque paragraphe.

> **A** Le risque du sida
> **B** Au début une 'potion magique', plus tard un cauchemar
> **C** Sur la drogue on n'est jamais trop informé
> **D** On peut en sortir
> **E** Pourquoi se drogue-t-on?
> **F** L'adolescence – une période difficile

b Répondez en anglais.

1 What reasons are given for saying that everyone needs to be informed about drugs?

2 Why, according to the article, is adolescence a difficult time?

3 What reasons are suggested to explain why people take drugs?

4 What are the symptoms of physical and psychological addiction?

5 What medical risk is mentioned if a syringe is shared?

6 What sort of help is offered at a centre for addiction?

> l'accoutumance   *tolerance, where increasing amounts of the drug are needed*
> accro   *hooked*
> le manque   *withdrawal symptoms*
> les soins   *help*
> la surdose   *overdose*
> un(e) toxicomane   *drug addict*

6 Il n'y a pas de drogués heureux

🔊 Écoutez les témoignages et faites les exercices.

a Une toxicomane

Complétez le résumé avec les mots de la case.

> croyais   déprimée   difficile   faire   journée
> la vie   pensais   prends   pu   quatorze

J'ai commencé à fumer quand j'avais (**1**) ___ ans.
Je m'ennuyais dans (**2**) ___.
Je (**3**) ___ être capable de m'arrêter quand je le voulais mais je n'ai pas (**4**) ___.
Je fume à longueur de (**5**) ___ et je (**6**) ___ de la coke. J'ai envie de ne plus rien (**7**) ___ d'autre.
Quand je n'ai plus de drogue je suis complètement (**8**) ___.
Je ne (**9**) ___ pas qu'il serait si (**10**) ___ de s'en passer.

DROGUE: ÉVITER LE PIÈGE

1 Héroïne, cannabis, ecstasy … la drogue se trouve au coin de la rue. Quartiers riches ou banlieues pauvres, grande ville ou campagne, pas de différence notable. Pourquoi se drogue-t-on? Quels en sont les effets? Quels en sont les risques? Peut-on aider quelqu'un qui se drogue? Autant de raisons pour en parler et pour s'informer sur tous les aspects de la drogue.

2 Si les vendeurs de drogue rôdent souvent autour des lycées et des collèges, ce n'est pas par hasard. L'adolescence est une période délicate: on se pose des questions sur la vie, on a envie d'être autonome, de choisir sa voie et souvent on a le sentiment indéfinissable d'être 'mal dans sa peau'.

3 Ceux qui se droguent prennent toujours un risque. Pourquoi? Pour le plaisir ou par curiosité. D'autres se droguent parce qu'ils éprouvent un sentiment de vide, de solitude, d'angoisse. Ils prennent de la drogue pour se sentir mieux.

4 Au départ, c'est peut-être 'bon'. Mais après vient le 'mauvais', l'accoutumance et la dépendance. On ne peut plus s'en passer, on en a de plus en plus besoin, on est 'accro'. À l'arrêt de la consommation de ces produits, les personnes dépendantes sont physiquement et psychologiquement malades: c'est le 'manque' qui leur donne envie de reprendre leur intoxication pour ne plus souffrir. La drogue devient obsédante: on passe la plus grande partie de sa journée à sa recherche, à trouver de l'argent pour l'acheter, pour éviter le manque.

5 Parmi les toxicomanes qui s'injectent il y a aussi le risque du sida. Fréquemment, la même seringue circule de l'un à l'autre. Dans l'aiguille, il reste toujours un peu de sang. Si un des participants est séropositif, il peut ainsi contaminer tout le groupe.

6 Pour sortir de la dépendance, il existe des centres d'accueil et de soins anonymes et gratuits, ouverts aux toxicomanes. On peut y parler à des spécialistes. Ils peuvent proposer une forme d'aide adaptée aux problèmes et à la personnalité de chaque individu.

© Science et Vie Junior

---

b Un ancien toxicomane

C'est vrai (**V**), faux (**F**) ou pas mentionné (**PM**)?
Corrigez les phrases fausses.

1 Il était toxicomane pendant cinq ans.

2 Il vivait avec d'autres toxicomanes.

3 Il ne pensait qu'à se procurer sa drogue.

4 Il était malade tant physiquement que mentalement.

5 Il ne voyait ni sa famille ni ses copains.

6 Après un coma, il a été admis au centre de désintoxication.

7 Il y est resté dix mois.

8 Enfin, il en est sorti.

© Comité Français d'Éducation pour la Santé

8H Forme et santé

■ *discuss and compare lifestyles*

1 Pour avoir la forme

🔊 Pour être en pleine forme et bien dans sa peau, qu'est-ce qu'il faut faire?

a Écoutez les réponses et prenez des notes (ou copiez la grille et cochez les bonnes cases).

Exemple: 1 *a, c*

Réponses possibles:	1	2	3	4	5	6
a manger équilibré, manger régulièrement						
b bien dormir						
c faire de l'exercice, faire du sport régulièrement						
d savoir se détendre, se relaxer, éviter le stress						
e ne pas fumer						
f essayer d'être optimiste, voir l'aspect positif des choses						

2 C'est bon pour la santé?

Lisez les phrases et notez oui (✓) ou non (✗).

Exemple: 1 ✓

		Oui	Non
1	J'essaie de manger beaucoup de fruits et de légumes.		
2	J'adore les sucreries, surtout les gâteaux et le chocolat, et aussi les boissons sucrées, comme le coca.		
3	Mon oncle boit un litre de vin par jour.		
4	Je bois beaucoup d'eau, surtout quand je fais du sport.		
5	Ma tante boit beaucoup de café – plus de six tasses par jour.		
6	Je mange toujours un bon petit déjeuner et j'essaie de manger à des heures régulières.		
7	Mon frère fume, mais pas très souvent.		
8	Personne ne fume dans ma famille.		
9	Ma sœur ne fait jamais de sport, elle prend toujours sa voiture pour sortir.		
10	Je fais du sport deux ou trois fois par semaine.		
11	J'essaie d'avoir au moins huit heures de sommeil par nuit.		
12	Quand j'ai beaucoup de travail, je me couche très tard, souvent après minuit.		
13	Quand il y a du soleil, je mets une crème solaire et des lunettes de soleil.		
14	Même quand j'ai beaucoup de travail, je prends le temps de me détendre avant de me coucher.		

b Faites un petit résumé des réponses.

Exemple:

Pour beaucoup de personnes, il faut … pour être en forme, mais il y a d'autres choses qui sont importantes aussi, comme par exemple … À mon avis, il est très important de …

3 J'ai changé mon mode de vie

Complétez ce post pour un forum sur la santé en mettant les verbes à la forme correcte.

Pour vous aider, mettez les verbes surlignés en rose au présent, les verbes surlignés en violet à l'imparfait et les verbes surlignés en lilas au passé composé.

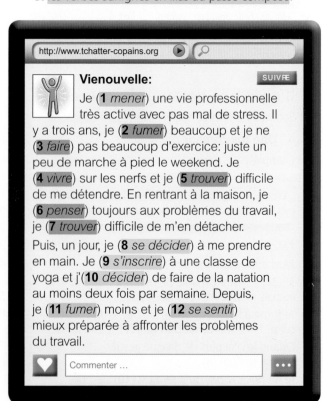

http://www.tchatter-copains.org

Vienouvelle: SUIVRE

Je (**1** *mener*) une vie professionnelle très active avec pas mal de stress. Il y a trois ans, je (**2** *fumer*) beaucoup et je ne (**3** *faire*) pas beaucoup d'exercice: juste un peu de marche à pied le weekend. Je (**4** *vivre*) sur les nerfs et je (**5** *trouver*) difficile de me détendre. En rentrant à la maison, je (**6** *penser*) toujours aux problèmes du travail, je (**7** *trouver*) difficile de m'en détacher.

Puis, un jour, je (**8** *se décider*) à me prendre en main. Je (**9** *s'inscrire*) à une classe de yoga et j'(**10** *décider*) de faire de la natation au moins deux fois par semaine. Depuis, je (**11** *fumer*) moins et je (**12** *se sentir*) mieux préparée à affronter les problèmes du travail.

❤ Commenter … …

4 En forme, le jour J

Pour être en forme le jour de son examen, il faut respecter, tout au long de l'année, certaines règles simples.

Lisez le texte et répondez en anglais.

1 What two general rules are you given about diet?
2 If you skip meals and miss out on sleep, when might you feel the effect?
3 Which two types of food are considered essential to a balanced diet?
4 When is it especially important to relax?
5 Give two of the suggestions mentioned to overcome feelings of panic.

5 À vous!

a À deux, posez au moins une question de chaque section et répondez à tour de rôle.

b Écrivez quelques phrases pour décrire votre mode de vie. Parlez de votre régime, de vos loisirs, des sports que vous faites, etc.

Votre régime

Est-ce que vous prenez un petit déjeuner équilibré?

Si vous grignotez, qu'est-ce que vous mangez?

Qu'est-ce que vous mangez comme fruits et légumes?

Manger des bonbons et du chocolat, c'est bon pour les dents?

À votre avis, est-ce que vous mangez bien et équilibré?

L'exercice

Faites-vous du sport ou de l'exercice toutes les semaines?

Si oui, vous en faites combien de fois par semaine?

Quels sports pratiquez-vous?

Fumer

Fumer, qu'en pensez-vous?

Bien dormir

À quelle heure est-ce que vous vous couchez normalement?

Avez-vous du mal à vous endormir?

Vous avez combien d'heures de sommeil environ?

Si ça ne va pas

Si vous tombez malade en France, qu'est-ce qu'il faut faire?

Quand vous n'avez pas le moral, qu'est-ce que vous faites pour vous changer des idées?

Vous sentez-vous stressé quelquefois? Quand en particulier? Qu'est-ce que vous faites pour vous calmer?

Une attitude positive

Avez-vous tendance à réfléchir longtemps à vos problèmes?

Êtes-vous surtout optimiste ou pessimiste?

Qu'est-ce que vous faites pour vous détendre?

La forme

Être en forme, c'est important pour vous?

Qu'est-ce qu'il faut faire pour être en forme?

En forme, le jour J

Manger équilibré et régulièrement

Manger de tout – sans excès – est la bonne règle pour rester en bonne santé. Sauter des repas, boire du café pour gagner des heures sur son temps de sommeil, cela n'a pas de répercussions immédiates. Mais au bout d'une semaine ou de quinze jours, vous vous sentirez considérablement affaibli.

Évitez les bonbons et les pâtisseries. En revanche, les fruits et les légumes (même en conserve) sont indispensables à un bon équilibre. Consommez avec modération le café, le thé et les matières grasses. Le jour de l'examen, n'oubliez pas de prendre un bon petit déjeuner.

Prenez le temps de vous détendre

Il est très important de savoir se détendre, surtout en période de stress. Essayez de vous détacher de votre travail en écoutant de la musique, en regardant la télé ou en pratiquant un passetemps.

Le sport est un excellent moyen de vous rafraîchir. Il est surtout important de prendre le temps de vous relaxer avant de vous coucher.

Évitez la panique

Si vous vous sentez de plus en plus inquiet, essayez d'en identifier la cause et parlez-en à quelqu'un d'autre, par exemple un adulte ou un professeur. Faites des exercices de respiration – relaxez-vous la figure et les épaules et respirez longuement et profondément. Essayez de garder les choses en perspective – après tout, la vie est plus importante que les examens!

le jour J   *the big day*

Pour vous aider

Votre régime

Chaque matin, je prends … et je bois …
J'adore … et j'en mange tous les jours. Par contre je n'aime pas beaucoup … (*voir aussi page 104*)
J'aime grignoter mais j'essaie de manger des fruits secs et des noix ou des amandes plutôt que des sucreries.
Non, mais j'adore ça alors j'essaie de me limiter à … / deux carrés de chocolat / trois bonbons, etc. par jour.

L'exercice

Je fais du/de la/de l'…, je joue au … (*voir aussi page 124*)

Bien dormir

En semaine, je me couche à … Le weekend, c'est un peu plus tard, vers …

Si ça ne va pas

Si ce n'est pas très grave on peut …
J'écoute de la musique / Je fais une promenade / Je téléphone à un(e) ami(e) … avant les examens, quand j'ai trop de travail, quand je suis très fatigué(e).

Listening

1 La forme et le sport

🔊 Listen to Lucas talking about how he keeps fit and answer the questions in English.

1 Which **four** of the following topics does Lucas mention?

a doing exercise **b** eating well

c sleeping at least 8 hours a night

d not being too fat **e** not being too thin

f not smoking

2 Which **three** sports does he do?

3 How often does he try to do some sport?

4 Who does more sport in his family: his mother, his father or his brother?

2 L'importance du sport

🔊 Listen to the discussion about sport and complete the sentences in English.

1 When I was at primary school, I used to …

2 I do less sport now because …

3 I'd like to try … because …

4 For me, sport is important because … (**2** details)

3 Une vie saine

🔊 Écoutez la conversation sur la nourriture. Choisissez **trois** de ces phrases mentionnées dans la conversation et écrivez les bonnes lettres.

A On doit surtout prendre un bon petit déjeuner avec des céréales et des fruits.

B Il adore les choses sucrées mais il sait que ce n'est pas bon pour la santé.

C Lucas mange plus de fruits que de légumes.

D Il grignote de temps en temps bien qu'il sache que ce n'est pas bien.

E La seule boisson indispensable est l'eau.

F Selon lui, il est important de parler avec quelqu'un si on a des ennuis.

G C'est important d'avoir une attitude positive et optimiste pour être en bonne forme.

Speaking

Preparation

Be prepared to talk about the points below.

• A healthy lifestyle – what is important.

• Sports you do (or used to do) and when.

• What eating well means.

• How to avoid stress.

• Things to avoid: sugary drinks, smoking, drugs.

Think also about questions you could ask on this topic and what unexpected questions you might be asked.

1 Role play

Tu parles avec ton ami(e) français(e) de la vie saine.
• Garder la forme • **?** Boire
• Manger équilibré – comment • Exercice
• **!** • **!**

a À deux, lisez la conversation.

A Qu'est-ce que tu fais pour rester en forme?

B J'essaie de manger des repas réguliers et de faire de l'exercice régulièrement.

A Manger équilibré, ça veut dire quoi, à ton avis?

B Il est important de manger des fruits et des légumes chaque jour, de ne pas manger trop de choses sucrées, comme des gâteaux.

A Que penses-tu du fast-food?

B J'aime manger une pizza et des frites de temps en temps, mais je sais que ce n'est pas bien de manger du fast-food trop souvent. Et toi, qu'est-ce que tu aimes comme boisson?

A Normalement, je bois de l'eau ou un jus de fruit. Qu'est-ce que tu fais comme exercice?

B Je vais au collège à vélo et pendant les vacances, j'aime faire des randonnées en VTT. Quelquefois, je vais à la piscine si j'ai le temps.

A Qu'est-ce que tu as fait comme sport la semaine dernière?

B J'ai fait de la natation à la piscine en ville et j'ai joué au tennis dans le parc avec un ami.

b Inventez une conversation différente. Pour vous aider, regardez les pages 164–165.

2 Une conversation

Choisissez **deux** questions dans chaque section (A et B). Préparez vos réponses, puis faites une conversation à deux. Pour vous aider, regardez **À vous!** page 165.

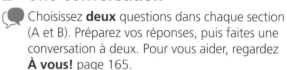

A Manger bien, qu'est-ce que ça veut dire?

Qu'est-ce que tu prends normalement pour le petit déjeuner?

Qu'est-ce que tu as mangé ce matin?

Qu'est-ce que tu as bu comme boisson hier?

Qu'est-ce que tu as mangé comme fruits et légumes?

B Qu'est-ce que tu fais pour avoir la forme / un mode de vie sain?

Qu'est-ce que tu as fait la semaine dernière pour garder la forme?

Qu'est-ce que tu as l'intention de faire à l'avenir?

Qu'est-ce qu'on peut dire aux jeunes pour les encourager à se maintenir en bonne santé?

Reading

1 Forum: Être en forme

Lisez ces posts sur un forum.

> **Être en forme, c'est important pour vous?**
>
> **Benoît:**
> Je mange assez bien et j'aime faire la cuisine moi-même, quand j'ai le temps. Je fais un effort pour ne pas grignoter entre les repas. Comme boisson, je prends un jus de fruit ou de l'eau. Chez nous, mes parents ne fument pas et moi non plus. Ma sœur aînée fume quelquefois, mais jamais à la maison.
>
> **Chloë:**
> Quand j'étais plus jeune, j'avais toujours faim et je mangeais tout le temps. J'adorais le chocolat, les desserts, tout ce qui est sucré. Maintenant je fais plus attention à ce que je mange et j'essaie d'éviter trop de sucreries, trop de viande et de matière grasse.
>
> **Daniel:**
> Pour garder la forme, je sais qu'il faut faire régulièrement de l'exercice mais je dois avouer que je ne suis pas très sportif. Quand j'allais à l'école primaire je faisais de la natation chaque semaine, mais au collège nous faisons des sports d'équipe et je déteste ça parce que je ne cours pas vite.
>
> **Édouard:**
> Moi, je ne fume pas, mais j'ai des amis qui fument parfois quand nous sortons le soir. On m'a donné une cigarette une fois mais je n'ai pas aimé le goût – c'était dégoûtant! En général, j'ai un mode de vie assez sain car je fais beaucoup de sport.

C'est qui? Écrivez **B** (Benoît), **C** (Chloë), **D** (Daniel) ou **E** (Édouard).

1 ___ a fumé une cigarette mais pas plus.
2 ___ fait plus attention à son régime maintenant qu'autrefois.
3 ___ prépare des plats à la maison quelquefois.
4 ___ faisait plus de sport dans le passé.
5 ___ mange bien et équilibré.
6 ___ fait régulièrement de l'exercice.

2 Translation

A friend has found this post on an internet forum and asks you to translate it into English.

> J'ai de la chance: je suis presque toujours en bonne forme et je suis rarement malade.
> La dernière fois que j'ai été malade, c'était il y a deux ans quand j'ai eu la grippe et j'ai manqué une semaine de collège. En général, je mène une vie active, je m'amuse, je ris, je suis optimiste et positive. Tout ça est important pour être en bonne forme.

3 Un problème de notre temps: L'obésité

Read the article and answer the questions in English.

> **D'après les experts, l'obésité est devenue une véritable épidémie mondiale.**
>
> **Quels sont les risques pour la santé?**
> L'obésité présente un risque important de développer certaines maladies cardio-vasculaires, certains cancers, mais surtout le diabète de type 2. Le diabète tue davantage que le HIV, la tuberculose et la malaria réunis.
>
> **Quelles sont les raisons de ce phénomène?**
> Un mode de vie de plus en plus sédentaire tout d'abord. Aujourd'hui, on préfère prendre sa voiture ou le métro plutôt que de marcher. On passe son temps libre en ligne, ou en jouant aux jeux vidéo plutôt que de faire une activité physique ou de pratiquer un sport.
> L'alimentation se transforme également: on préfère le fastfood et les boissons sucrées comme les milkshakes et les sodas. Bref, on mange plus vite pour perdre moins de temps et on choisit les aliments disponibles sans préparation qui peuvent favoriser la prise de poids.
> Des facteurs génétiques et psychologiques jouent aussi un rôle.
>
> **Qu'est-ce qu'il faut faire?**
> Des spécialistes de la diététique demandent une taxe sur le sucre pour décourager les gens à consommer des boissons et des aliments sucrés. D'autres pensent qu'on devrait interdire la publicité à la télé pour des produits sucrés.

1 What is the main disease associated with obesity?
2 How does the death rate from this disease compare with HIV, TB and malaria?
3 Give **three** factors that can contribute to the disease.
4 What action do dietary specialists suggest?
5 What other action is suggested?

Writing

1 Un mode de vie sain

Écrivez un article pour encourager les jeunes à mener une vie saine. Décrivez:

- les avantages de faire du sport
- des suggestions pour les jeunes qui n'aiment pas le sport
- votre régime alimentaire et ce que vous voudriez changer à l'avenir
- ce que vous avez fait pour rester en bonne santé
- ce qu'il faut surtout éviter.

Écrivez environ **150** mots en **français**.

2 Traduction

Traduisez ce passage en français.

> It's very difficult to stop smoking so, in my opinion, it's better not to start. My uncle used to smoke 20 cigarettes a day. Then two years ago he was ill. He decided to stop smoking but it wasn't easy. When he wanted a cigarette, he drank a glass of water or he ate an apple. He started going to a gym once a week. After a year without smoking he feels much better.

Sommaire

▪ Expressions with *avoir*

avoir chaud	to be hot
avoir froid	to be cold
avoir faim	to be hungry
avoir soif	to be thirsty
avoir raison	to be right
avoir tort	to be wrong
avoir mal	to be in pain, to have an ache
avoir besoin (de)	to need (to)
avoir le droit (de)	to be allowed (to), to have the right (to)
avoir de la chance	to be lucky
avoir de la fièvre	to have a temperature
avoir envie (de)	to want (to)
avoir honte (de)	to be ashamed (of)
avoir lieu	to take place
avoir peur (de)	to be afraid (of)

▪ At the chemist's

des analgésiques (m pl)	painkillers
l'aspirine (f)	aspirin
des calmants (m pl)	painkillers
des ciseaux (m pl)	scissors
les comprimés (m pl)	tablets
la constipation	constipation
la diarrhée	diarrhoea
le dentifrice	toothpaste
du déodorant	deodorant
la douleur	pain
être enrhumé	to have a cold
du gel douche	shower gel
la grippe	flu
un médicament	medication
des mouchoirs (en papier) (m pl)	(paper) tissues
une ordonnance	prescription
un pansement	dressing, bandage
du papier hygiénique	toilet paper
des pastilles (f pl) pour la gorge	throat pastilles
une pharmacie	chemist's (shop)
un(e) pharmacien(ne)	chemist
une pilule	pill
On m'a piqué(e).	I've been bitten by an insect.
une pommade	cream, ointment
un (produit) antiseptique	antiseptic (product)
un produit anti-moustiques	insect repellant
un rhume	cold
le savon	soap

des serviettes (f pl) hygiéniques	sanitary towels
le shampooing	shampoo
le sirop (contre la toux)	cough linctus
du sparadrap	sticking plaster
une toux	cough

▪ Parts of the body (1)

la tête	head
la bouche	mouth
le cerveau	brain
les cheveux (m pl)	hair
la dent	tooth
la gorge	throat
la langue	tongue
la lèvre	lip
le menton	chin
le nez	nose
l'œil (m)/les yeux (pl)	eye(s)
l'oreille (f)	ear
le sourcil	eyebrow
le visage	face
la voix	voice

▪ Parts of the body (2)

le corps	body
le bras	arm
la cheville	ankle
le cœur	heart
le cou	neck
le coude	elbow
la cuisse	thigh
le derrière/les fesses (f pl)	behind/bottom
les doigts (m pl)	fingers
le dos	back
l'épaule (f)	shoulder
l'estomac (m)	stomach
le genou	knee
la hanche	hip
la jambe	leg
la main	hand
l'orteil (m)	toe
l'os (m)	bone
la peau	skin
le pied	foot
le poignet	wrist
la poitrine	chest
le pouce	thumb
le sang	blood
la taille	waist
le talon	heel
le ventre	stomach/tummy

▪ At the dentist's

chez le dentiste	at the dentist's
une brosse à dents	toothbrush
brosser	to brush

la carie	tooth decay
une dent	tooth
un(e) dentiste	dentist
le dentifrice	toothpaste
la gencive	gum
une piqûre	injection
un plombage	filling
le traitement	treatment
Je voudrais prendre un rendez-vous avec le dentiste.	I'd like to make an appointment with the dentist.
J'ai mal aux dents.	I've got toothache.
C'est quelle dent qui vous fait mal?	Which tooth hurts?
Je vais la plomber (replomber).	I'll do (replace) a filling.
Je vais la traiter.	I'll treat it.

▪ At the doctor's

chez le médecin	at the doctor's
avoir de la fièvre	to have a temperature
avoir mal au cœur/ envie de vomir	to feel sick
avoir mal	to have a pain, ache
blessé	injured
une blessure	injury
bouger	to move
le cabinet du médecin	doctor's consulting room
le chirurgien	surgeon
le coup de chaleur	heatstroke
la coupure	cut
le docteur	doctor
dormir	to sleep
douloureux/-euse	painful
enflé	swollen
une entorse	sprain
examiner	to examine
grave	serious
guérir	to get better, heal
un(e) infirmier/ière	nurse
une insolation	sunstroke
les heures de consultation (f pl)	surgery hours
l'hôpital (m)	hospital
malade	ill
le/la malade	patient
une maladie	disease
le médecin	doctor
un pansement	sticking plaster, dressing
la piqûre	sting; injection
le plâtre	plaster (cast)
prendre un rendez-vous	to make an appointment
la radio	X-ray
se blesser	to injure oneself

se brûler	to burn oneself	le feu	fire	la matière grasse	fat (food)

se brûler — to burn oneself
se casser (le bras) — to break (one's arm)
se couper — to cut oneself
se faire mal — to hurt
se reposer — to rest
sévère — serious
souffrir — to suffer
tomber malade — to fall ill
tousser — to cough
vomir — to be sick

le feu — fire
l'incendie (m) — fire
interdit — forbidden
obligatoire — obligatory, compulsory
permis — allowed, permitted
la police — police
les pompiers (m pl) — fire service
premiers soins (m pl) — first aid
le SAMU — emergency medical aid
Au secours! — Help!

la matière grasse — fat (food)
le mode de vie — lifestyle
la nourriture — food
l'obésité — obesity
le poids — weight
respirer — to breathe
rester en forme — to remain fit
sain — healthy, well
la santé — health
s'entraîner — to get fit, train
s'essouffler — to get out of breath
la sucrerie — sugary food
le tabac — tobacco
le tabagisme — smoking

■ Emergencies, warnings, instructions

un accident — accident
aider — to help
une ambulance — ambulance
Attention! — Look out!
avoir le droit (de) — to have the right (to)/to be allowed (to)
en cas d'urgence — in an emergency
chien méchant — dangerous dog
dangereux/-euse — dangerous
défense de — (it is) forbidden to

■ Healthy and unhealthy lifestyles

l'alcool (m) — alcohol
arrêter de fumer — to stop smoking
ça me fait du bien — it does me good
faire de l'exercice — to do physical exercise
faire du sport — to do sport
la forme — fitness, well-being
fumer — to smoke
le fumeur — smoker
garder la forme — to keep fit

■ Grammar

Reflexive verbs with parts of the body **p151**
The imperative **p152**
Expressions with *avoir* **p153**
qui and *que* **p155**
En + present participle **p156**

■ Common abbreviations and acronyms

CDI	centre de documentation et d'information (m)	resource centre
CES	collège d'enseignement secondaire (m)	secondary school
EPS	éducation physique et sportive (f)	PE (physical education)
HLM	habitation à loyer modéré (f)	council/social housing accommodation
ONU	organisation des nations unies (f)	United Nations
RER	réseau express régional (m)	suburban railway (Paris and Île de France)
RN	route nationale (f)	A-road
SAMU	service d'aide médicale d'urgence (m)	emergency medical services
SDF	sans domicile fixe (m)	homeless person
SNCF	société nationale des chemins de fer français (f)	National Rail Service
SVT	sciences de la vie et de la terre (f)	natural sciences
TGV	train à grande vitesse (m)	high-speed train
TVA	taxe sur la valeur ajoutée (f)	VAT (Value Added Tax)
VTT	vélo tout terrain (m)	mountain bike
UE	Union Européenne (f)	European Union

C'est extra! D

- **read an extract from a French book**
- **discuss photos**
- **practise exam techniques**

Dossier-langue

The past historic

In formal written articles and many literary works, the past historic tense may be used. This describes a completed action (like the perfect tense). The past historic is never used in conversation or personal messages, so it's not used in dialogues in literary works. You are very unlikely ever to use it, but it's useful to be able to recognise and understand a verb in the past historic. Often the form is similar to the past participle, but there are some verbs which look quite different.

être	avoir	venir/devenir	prendre	se mettre
il/elle/on fut	j'eus	il/elle/on vint	il/elle/on prit	il/elle/on se mit
ils/elles furent	il/elle/on eut	il/elle/on devint		

Literature

A Read extract A and answer the questions in English.

1 What did Isabeau hear when he was about to go to bed?

2 What did he see?

3 What action did Isabeau take?

4 How was the thief identified?

5 How did Valjean travel to Toulon?

6 How did the authorities try to destroy his identity?

B Read extract B and answer the questions in English.

1 Where did Cosette have to go to find water?

2 What reassured her as she made her way there?

3 How did she feel after she passed the last house?

4 What did she do and what emotion did she feel?

5 What did she see ahead of her?

6 What did she imagine might be there? (**2** details)

See 'Working out meanings' on page 171.

Les Misérables de Victor Hugo

Victor Hugo (1802–1885) est l'un des écrivains les plus importants de la littérature française. Ses romans les plus connus sont *Notre-Dame de Paris* (1831) et *Les Misérables* (1862).

Dans *Les Misérables*, Victor Hugo décrit la misère du peuple du dix-neuvième siècle. L'action se déroule en France entre deux grands combats, la bataille de Waterloo (1815) et l'insurrection républicaine (1832).

Le personnage central du roman est Jean Valjean, un homme 'd'une pauvre famille de paysans' et qui 'avait perdu en très bas âge son père et sa mère'. Plus tard, Valjean a été condamné à la prison pour le vol d'un pain.

A Un dimanche soir, Maubert Isabeau, boulanger sur la place de l'Église, à Faverolles, se disposait à se coucher, lorsqu'il entendit un coup violent dans la devanture grillée et vitrée de sa boutique. Il arriva à temps pour voir un bras passé à travers un trou fait d'un coup de poing dans la grille et dans la vitre. Le bras saisit un pain et l'emporta. Isabeau sortit en hâte; le voleur s'enfuyait à toutes jambes; Isabeau courut après lui et l'arrêta. Le voleur avait jeté le pain, mais il avait encore le bras ensanglanté. C'était Jean Valjean. […]

Il partit pour Toulon. Il y arriva après un voyage de vingt-sept jours, sur une charrette, la chaîne au cou. À Toulon, il fut revêtu de la casaque rouge. Tout s'effaça de ce qui avait été sa vie, jusqu'à son nom; il ne fut même plus Jean Valjean; il fut le numéro 24601.

la devanture	*shop window*
un coup de poing	*punch (lit. 'blow of fist')*
il fut	*he was (past historic of the verb être)*

Un autre personnage important est Cosette, la fille naturelle de Fantine et de l'étudiant Tholomyés. Fantine a été obligée de confier sa fille, Cosette, aux Thénardier, un couple affreux qui la maltraitait. Cosette devait faire tout le travail domestique: laver, brosser, déplacer des choses lourdes, chercher de l'eau, etc.

B Comme l'auberge Thénardier était dans cette partie du village qui est près de l'église, c'était à la source du bois que Cosette devait aller pour chercher de l'eau.

Cosette traversa ainsi le labyrinthe de rues tortueuses et désertes qui termine le village de Montfermeil. De temps en temps, elle voyait le rayonnement d'une chandelle (à travers la fente d'un volet), c'était de la lumière et de la vie, il y avait là des gens, cela la rassurait. Cependant, à mesure qu'elle avançait, sa marche se ralentissait comme machinalement. Quand elle avait passé l'angle de la dernière maison, Cosette s'arrêta. Aller au-delà de la dernière boutique, cela avait été difficile; aller plus loin que la dernière maison, cela devenait impossible. Elle posa le seau à terre, plongea sa main dans ses cheveux et se mit à se gratter lentement la tête, geste propre aux enfants terrifiés et indécis. Ce n'était plus Montfermeil, c'étaient les champs. L'espace noir et désert était devant elle. Elle regarda avec désespoir cette obscurité où il n'y avait plus personne, où il y avait des bêtes, où il y avait peut-être des revenants.

une chandelle	*candle*
un revenant	*ghost*

Working out meanings

Here are some tips for working out the meaning of unknown words.

- There are many cognates, e.g. **combat**, and near-cognates, e.g. **condamné**, **saisit** (seize), **en hâte** (in haste).
- But be aware of a few *faux amis*, e.g. **le pain** (bread), **la veste** (jacket) **large** (wide).
- The ending **-eur/-euse** added to a verb instead of the final **-e** or **-er** gives the idea of a person doing the action, e.g. **le voleur** from **voler** (to steal).
- Is it a singular or plural noun? Look out for **un**, **une**, **des**, **le**, **la**, **l'**, **les**, **mon**, **ma**, **mes**, etc. **in front of the word**.
- If it's a verb, note the tense: perfect tense – two parts: **avoir/être** + past participle; future tense – look for '**r**' before endings (**...rai**, **...ras**, **...ra**, **...rons**, **...rez**, **...ront**).
- Understanding prefixes and suffixes may also help.

Prefixes (at the beginning of a word):

re- added to a verb gives the idea of 'again', e.g. **recommencer**

in-/im- added to an adjective gives the idea of 'not', e.g. **inconnu** (unknown)

dé-/dés- is similar to the English prefix 'dis', e.g. **désobéir** (to disobey)

sou- or **sous-** often means 'under', 'below' or 'less', e.g. **une soucoupe** (saucer); **le sous-titre** (subtitle)

para-/pare- gives the idea of 'against', e.g. **un parapluie** (umbrella – protection against rain)

pré- gives the sense of something that comes first, e.g. **un prénom** (first name)

Suffixes (at the end of a word):

-aine added to numbers gives the idea of approximately, e.g. **une quinzaine** (about 15 days, a fortnight); **une douzaine** (a dozen); **des centaines** (hundreds)

-eur/-euse often gives the idea of a person doing an action, e.g. **un vendeur/une vendeuse** (sales assistant)

-able is sometimes added to the stem of a verb to give an adjective, e.g. **lavable** (washable)

Photo cards

A Au bord de la mer

 Regardez les photos **A** et **B**. Préparez vos réponses aux questions, puis faites une conversation à deux.

- Qu'est-ce qu'il y a sur la photo?
- Qu'est-ce que tu as fait pendant les grandes vacances l'année dernière?
- Tu préfères aller en vacances avec ta famille ou tes amis? Pourquoi?
- (*Deux autres questions.*)

Autres questions possibles
- Qu'est-ce qu'on peut faire au bord de la mer?
- Est-ce que tu préfères les vacances d'été ou les vacances d'hiver? Pourquoi?
- Avec qui est-ce que tu vas en vacances normalement?
- Où es-tu allé(e) en vacances l'année dernière?
- Comment seraient tes vacances idéales?
- Selon toi, est-ce que les vacances sont importantes? ... Pourquoi (pas)?

B L'exercice, c'est bon pour la santé

- Qu'est-ce qu'il y a sur la photo?
- Qu'est-ce que tu as fait comme exercice la semaine dernière?
- Qu'est-ce que tu vas faire pour rester en forme à l'avenir?
- (*Deux autres questions.*)

Autres questions possibles
- Qu'est-ce qu'on peut faire pour être en forme le jour d'un examen?
- Qu'est-ce que tu as fait pour te détendre la semaine dernière?
- Manger équilibré, qu'est-ce que ça veut dire à ton avis?
- Qu'est-ce que tu as mangé hier à midi? C'était bon pour la santé?
- Qu'est-ce que tu mangeras ce soir?

unité 9 Projets d'avenir

9A Que ferez-vous?

- talk about exams
- discuss plans for the future

1 Les examens en France

http://www.tchatter-copains.org

En France, le seul examen scolaire qui compte vraiment est le baccalauréat, qu'on appelle le bac. On le passe au lycée, en terminale, à l'âge de dix-sept/dix-huit ans.

Adeline vous parle …

«Cette année, je suis en première scientifique, donc j'ai plus de maths, de physique, de chimie et de biologie que les autres premières. Comme langues vivantes, je fais anglais et allemand, mais ma matière favorite est la biologie.

«À la fin de l'année, je vais passer le bac de français. Il se divise en deux épreuves: l'oral et l'écrit.

«En septembre, je vais entrer en terminale pour préparer mon bac S (scientifique).»

Lisez le texte et complétez les phrases.

1 En France, la dernière année au lycée s'appelle __.
2 L'examen scolaire le plus important est __.
3 L'examen qu'on passe en première s'appelle le __.
4 Comme langues vivantes, Adeline apprend __ et __.
5 Sa matière favorite est __.

2 Des expressions utiles

Trouvez les paires.

1 le baccalauréat (le bac)	a test, exam paper
2 un apprentissage	b to take an exam
3 passer/avoir un examen	c a good/bad mark
4 être reçu à/réussir à un examen	d main French school-leaving exam
5 échouer à/rater un examen (fam)	e to specialise in (science)
6 une épreuve	f to pass/succeed in an exam
7 un examen blanc	g to fail an exam
8 une bonne/mauvaise note	h mock exam
9 s'orienter vers (les sciences)	i apprenticeship

Dossier-langue **Grammaire 14.9, 14.12, 16.9, 18.3**

Talking about plans

- If you feel **almost definite** about something:

  a *aller* + the infinitive:
  Je vais habiter chez mes parents.

  b the **future** tense:
  Mon ami habitera dans un foyer d'étudiants.

- If you are **less sure** about something:

  a *penser* + infinitive:
  Ma sœur pense travailler à l'étranger.

- **b** *avoir l'intention de* + infinitive:
  J'ai l'intention de passer un an à voyager.

- **c** *envisager de* + infinitive:
  J'envisage d'étudier les sciences à l'université.

- If you **hope** to do something, use *espérer* + infinitive:
  J'espère avoir de bonnes notes.

- If what you plan to do **depends on something else happening**, use *si* + present tense + future tense:
  Si je suis reçu(e) au bac, j'irai à l'université.

3 Que ferez-vous?

Complétez les conversations avec le verbe au **futur**.

Exemple: 1 ferez

a – Que (**1** *faire*)-vous après les examens?

– Mon correspondant (**2** *venir*) en France quand il (**3** *avoir*) les moyens d'acheter son billet. Quand il (**4** *arriver*), nous (**5** *faire*) du camping.

b – Quand est-ce que tu (**6** *avoir*) les résultats de tes examens?

– Le dix-neuf août.

– Qu'est-ce que tu (**7** *faire*) quand tu (**8** *savoir*) tes résultats?

– Je (**9** *partir*) en vacances et quand je (**10** *revenir*), je (**11** *travailler*) dans un magasin.

c – Que (**12** *faire*)-tu quand tu (**13** *quitter*) l'école?

– Quand je (**14** *quitter*) l'école, je voudrais voyager pendant neuf mois avant d'aller à l'université.

4 Une interview avec Pierre

Complétez l'interview avec les mots de la case. Puis écoutez pour vérifier.

> l'intention de   espère   pense
> serai   voudrais   voudrais

– Pierre, as-tu l'intention de continuer tes études après l'école?

– Oui, oui. J'(**1**) ___ faire des études à l'Université de Paris.

– Qu'est-ce que tu aimerais faire plus tard?

– Si j'ai de bonnes notes à l'université, je (**2**) ___ peut-être prof d'histoire-géo.

– Et, sinon, qu'est-ce que tu (**3**) ___ faire?

– Sinon, je (**4**) ___ travailler comme photographe ou comme journaliste.

– As-tu (**5**) ___ voyager?

– Oui, bien sûr, je (**6**) ___ voyager, surtout aux États-Unis.

– Merci, Pierre, et à bientôt!

Nathan: s'est orienté vers les sciences. Il prépare le bac et s'il a de bonnes notes, il ira à l'université. Plus tard, il a l'intention de travailler pour gagner assez d'argent pour voyager en Australie et en Extrême-Orient. Quand il reviendra, il espère être journaliste ou travailler dans la publicité.

Quand **Alexis** quittera l'école, il va d'abord travailler dans le garage de son oncle. Sinon, il pense travailler comme sapeur-pompier, mais son rêve est d'aller aux États-Unis et d'être astronaute!

Pour le bac, **Clara** étudie la biologie, la physique, la chimie, les maths, l'histoire-géo, la philosophie et l'allemand. Elle espère aller à la fac pour étudier la biologie. Plus tard, elle a l'intention d'enseigner la biologie en Afrique. Si ce n'est pas possible, elle travaillera peut-être pour le ministère de l'Environnement.

Cette année, **Leila** va passer son bac de français. Quand elle quittera le lycée, elle a l'intention de continuer ses études et elle voudrait faire une fac de droit, pour être avocate. Sinon, elle pense travailler dans l'administration. Elle espère trouver une place à l'Université de Paris, mais elle va habiter chez ses parents pour la première année au moins.

5 Des projets après l'école

Lisez les résumés. C'est qui? Écrivez le nom ou l'initiale. (Vous pouvez utiliser un nom plus d'une fois.)

Exemple: 1 Alexis (A)

1 Mon rêve, c'est de voyager dans l'espace, mais ça m'étonnerait que j'y arrive!
2 Je fais trois sciences, mais je préfère la biologie.
3 Pour commencer, je serai mécanicien, et mon oncle m'a offert un apprentissage.
4 Si j'ai de bonnes notes, j'espère étudier le droit à l'université.
5 Si possible, je voudrais travailler à l'étranger, comme professeur de sciences probablement.
6 Plus tard, je voudrais habiter dans une cité universitaire, mais comme ça coûte cher, je vais rester chez moi pour l'instant.
7 Je voudrais voyager avant de trouver une situation permanente. En tout cas, ça m'aiderait beaucoup dans ma carrière comme journaliste.

7 À vous!

a À deux, posez des questions et répondez à tour de rôle. Pour vous aider, regardez les opinions sur ces pages.

- Quand est-ce que tu auras les résultats de tes examens? (*en été / au mois d'août*)
- Que feras-tu après les examens? (*J'irai … / Je ferai … / Je ne travaillerai pas …*)
- As-tu l'intention de voyager? (*Je (ne) voudrais (pas) aller en Chine / au Maroc / aux États-Unis.*)
- Penses-tu continuer tes études après l'école? (*aller à l'université / faire un apprentissage / travailler / trouver un emploi*)
- Qu'est-ce que tu espères faire plus tard? (*être danseur/-euse / journaliste / avocat(e) / enseigner / travailler comme …*)
- Quel est ton avis sur l'éducation dans ton pays? (*C'est excellent / bon / mauvais / insuffisant / mieux qu'en …*)

b Écrivez un paragraphe sur ce que vous ferez à l'avenir.

Avec le stress des examens et tous les devoirs, on risque d'oublier les avantages d'une éducation. Dans notre monde, beaucoup de jeunes n'ont pas l'occasion d'aller à l'école. Eduardo est aujourd'hui scolarisé mais pendant des années la guerre dans son pays l'a privé d'école.

Eduardo

Pendant une grande partie de ma vie, je n'ai pas pu aller à l'école à cause de la guerre ici dans mon pays. Maintenant, j'ai de la chance. Enfin, je peux m'instruire!

Avant de nous installer dans ce village, ma famille et moi vivions dans la forêt. Pendant deux ans, nous nous sommes cachés pour échapper aux soldats qui nous pourchassaient. Une fois nous nous sommes cachés dans une rivière, nous n'avions rien à manger, pas d'abri ni de couvertures ni de tente – rien du tout.

Aujourd'hui dans mon école, les cours se déroulent sous un arbre. Nous étudions les maths et le portugais. Le soleil fait mal aux yeux et quand il pleut, nous devons courir nous réfugier à la maison ou attendre sous les branches jusqu'à ce que cela s'arrête. Nos cahiers sont mouillés par la pluie. Ça, c'est embêtant!

Après l'école, j'espère devenir enseignant ou chauffeur. J'aimerais pouvoir conduire et ramener mes parents dans leur village.

Plus de la moitié des enfants non scolarisés vivent dans des zones affectées par des guerres et des conflits. L'éducation peut apporter protection et stabilité, et le potentiel pour commencer à reconstruire une société plus paisible et plus prospère.

6 Témoignage

Lisez le témoignage. C'est vrai (**V**) ou faux (**F**)? Corrigez les phrases fausses.

1 Eduardo a passé une grande partie de sa vie à l'école.
2 Pendant deux ans, il a habité dans la forêt.
3 Sa famille n'avait rien.
4 On vient de construire une grande école au village.
5 Eduardo apprend les maths et une langue.
6 La pluie ne dérange pas les cours.
7 Eduardo veut devenir professeur ou conducteur.
8 L'éducation des enfants n'est pas affectée par la guerre.

■ *discuss exam preparation and revision*

Les examens approchent

Cela va sans dire, normalement, on n'aime pas les examens; en tout cas, ils ne sont pas là pour nous amuser! Il y a quand même des choses qu'on peut faire pour rendre cette période de révision un peu plus facile. Quelle est la meilleure méthode pour se préparer aux examens? À partir de quand faut-il commencer à réviser et comment devrait-on s'y prendre?

Voici des 'astuces' proposées par des jeunes.

Anissa

Il faut bien préparer son bureau avant de se mettre à travailler. Choisis tes meilleurs crayons, bien taillés, trouve des gommes amusantes, des stylos qui sont en état de marche. N'hésite pas à t'acheter quelques nouveaux trucs – ça va t'encourager à travailler! Mets un jus de fruit ou une bouteille d'eau minérale tout près de toi, puis des fruits ou des noisettes et des raisins secs. Ça y est – tu es prêt! Maintenant, au travail!

Karim

Moi, je n'aime pas réviser tout seul pendant des heures. Je préfère travailler avec un copain ou une copine – surtout avec une amie plus sérieuse que moi. Comme ça, elle va peut-être m'apprendre à mieux organiser mon travail et on pourra discuter ou se poser des questions. Puis, plus tard, pour se détendre un peu, on ira boire un coca au café du coin!

Ce n'est pas marrant de réviser, donc j'ai décidé d'inventer des méthodes variées pour m'amuser. Quelquefois, j'enregistre des résumés sur mon portable pour les écouter plus tard. Ou bien, je note des choses sur des cartes postales et j'ajoute des petits dessins amusants pour m'empêcher d'oublier des détails importants.

Si tu préfères utiliser Internet, cherche des sites qui peuvent t'aider avec tes révisions. Mais le plus efficace, c'est de taper des résumés puis de changer la fonte et la grandeur des caractères pour faire ressortir les choses importantes. Mais, attention! N'oublie pas de tout sauvegarder avant d'éteindre l'ordinateur!

Enzo

Le plus grand ennemi des révisions, c'est le portable. Alors, quand je suis en train de réviser, j'éteins mon portable. Comme ça, je réussis à travailler sans interruption. Puis, plus tard, je me mets à lire mes textos et mes messages et à regarder ce que font mes amis en ligne.

Mélanie

1 Les examens approchent

a Lisez l'article et trouvez l'équivalent en français.

1 I prefer to work with a friend
2 we'll be able to discuss
3 you have to set up your study area well
4 don't hesitate to buy yourself some new things
5 whilst I'm revising
6 I manage to work without interruption
7 it's no fun revising
8 don't forget to save everything
9 before switching off the computer

b Chacune de ces phrases représente l'opinion d'au moins une des personnes de l'article. Pouvez-vous les identifier?

Exemple: 1 E (Enzo)

1 Il ne faut pas s'arrêter de travailler pour répondre au téléphone.
2 C'est une bonne idée d'inviter quelqu'un à réviser avec toi – comme ça, on peut s'aider à résoudre les problèmes.
3 Pour rendre ton travail plus intéressant, il faut inventer des méthodes amusantes pour te changer un peu les idées.
4 Avant de te mettre à réviser, range bien tes affaires et prépare des boissons et des snacks, etc.
5 N'hésitez pas à vous offrir des stylos neufs ou des gommes 'fantaisie' – ça va vous égayer un peu, quand même!
6 On devrait profiter de son ordinateur pour faire des révisions.

Dossier-langue　**Grammaire 14.4, 14.7, 16.10**

pendant, depuis, pour

These words all mean 'for', but in different contexts. Learn a phrase to remind yourself how to use each one:

Il faut réviser pendant des heures. You have to revise for hours.

J'apprends le français depuis cinq ans. I've been learning French for five years.

Elle travaillera pour le gouvernement. She will work for the government.

Pour + infinitive means 'in order to …', but it is usually translated simply as 'to …'.

Find five examples of this construction in the article.

Dossier-langue | **Grammaire 18.1–3**

2 Des phrases utiles

a Trouvez les paires, puis traduisez les phrases en anglais.

Exemple: **1** *c – You must decide to go to bed early.*

1 Il faut décider
2 Je n'hésite pas
3 J'aime savoir
4 Il encourage ses
5 Nous ne pouvons
6 Il vaut

a pas travailler tout le temps.
b parler français.
c de se coucher de bonne heure.
d mieux se reposer un peu.
e élèves à bien travailler.
f à m'offrir des cadeaux.

Verbs with an infinitive

In French it is common to find two verbs in sequence in a sentence: a main verb followed by an infinitive. Sometimes the infinitive follows directly, sometimes you must use **à** or **de** before the infinitive. You will find a lot of these verbs in use in the revision hints. (See also page 179.) Make up your own lists for reference, like this:

Verbs followed directly by an infinitive	Verbs followed by à + an infinitive	Verbs followed by de + an infinitive
pouvoir (to be able to) *Je peux sortir ce soir.*	**se mettre à** (to begin to) *Je me suis mis à travailler.*	**décider de** (to decide to) *J'ai décide de manger un fruit.*
savoir (to know [how to]) *Je sais parler français.*		

1 Find the French for the verbs listed below.
2 List them under three headings with an example each time:

to be able to / to hesitate to / to teach (s.o.) to
to know (how to) / to encourage (s.o.) to / to enjoy oneself (doing sthg)
to begin to (*2 verbs*) / to be going to / to forget to
to decide to / to stop (doing sthg) / to manage to, succeed in (doing sthg)
to prevent (s.o.) from / to avoid (doing sthg) / to continue to
to try to / to invite (s.o.) to / to help (s.o.) to

List the infinitive form except for these two expressions:
it is better to / it is necessary to (you must)

b Traduisez ces phrases en français.
1 I avoid looking at social networks.
2 We began revising at seven o'clock.
3 My friend helped me to understand.
4 I decided to make lists.
5 I try to go to bed early.
6 I don't manage to relax.

Pour vous aider

À mon avis, on devrait Il faut essayer de On ne devrait pas Il est préférable de	se mettre à réviser deux mois à l'avance. prendre le temps de se reposer. réviser la veille de l'examen. travailler à la bibliothèque.
Il ne faut pas	passer trop de temps sur ce que l'on sait déjà faire.
Il vaut mieux	consacrer beaucoup de temps à une même matière.

3 Des 'astuces' pour les révisions

À deux, faites une liste d'idées pour réviser.

4 Les examens et moi

a Écoutez Laura et choisissez la bonne réponse.
1 Laura ne passe pas d'examen en **a** histoire **b** biologie **c** musique
2 Dans sa chambre, elle note ce qu'elle a fait
 a sur un emploi du temps **b** dans son agenda **c** sur son portable
3 Elle a l'intention d'aller en Normandie pour
 a travailler **b** réviser **c** se détendre
4 L'année prochaine, elle étudiera
 a le commerce **b** la musique **c** le tourisme
5 Après le 'Further Education College', elle envisage d'aller
 a en vacances **b** au travail **c** à l'université
6 Plus tard, elle aimerait travailler dans **a** un centre commercial
 b une société internationale **c** une ville industrielle

b Écoutez Daniel et répondez aux questions en français.
1 Daniel est moins fort en quelles matières?
2 Après avoir enregistré des notes, qu'est-ce qu'il fait?
3 Où est-ce qu'il travaillera après les examens?
4 Qu'est-ce qu'il envisage de faire après ça?
5 Qu'est-ce qu'il étudiera en première?
6 Il pense voyager pendant combien de temps?

c Complétez le résumé sur vous-même.

Les examens et moi

1 L'examen que je passe est le (*GCSE / bac /…*). Je le prépare dans (*sept / neuf /…*) matières: (*anglais, …*).
2 Pour m'aider à réviser, (*je travaille avec … / j'invente des méthodes … / j'enregistre … /…*).
3 Tout de suite après les examens, je vais (*travailler … / partir en vacances en … /…*).
4 L'année prochaine, j'espère (*continuer mes études / chercher un emploi / aller à un lycée /…*).
5 Quand je quitterai l'école, j'aimerais (*aller à l'université / faire du travail bénévole / voyager à l'étranger /…*).
6 Plus tard, j'ai l'intention de (*travailler pour … / voyager en … / me marier / apprendre une autre langue /…*).

- exchange information and opinions about work experience
- prepare for the world of work

Avant d'entrer dans le 'vrai' monde du travail, beaucoup de jeunes, en France comme en Grande-Bretagne, font un stage en entreprise. Souvent, les jeunes Français ont un placement pendant leur année en première, donc à l'âge de seize ou dix-sept ans, pour une période de deux semaines en moyenne.

Il y a aussi des écoles en Grande-Bretagne, qui, chaque année, organisent des stages en entreprise en France pour certains de leurs élèves qui s'expriment bien en français et qui savent se débrouiller. La plupart des stagiaires ont déjà fait un échange scolaire en France.

Comme cela se passe souvent dans le cadre d'un échange scolaire, ces jeunes 'stagiaires' sont logés chez une famille française et ils passent une partie de leur temps avec leurs correspondants. Leur stage en entreprise dure quatre ou cinq jours.

À la fin de leur stage, ils ont fait beaucoup de progrès en français et la plupart sont très contents de leur séjour. Il y a souvent des choses qui les étonnent ou qui les amusent, mais ils en gardent toujours un excellent souvenir.

A Henry

Pour mon stage en entreprise, j'ai eu la chance de travailler avec deux bouchers français. On m'a montré toutes sortes de viande et comment on les conservait. En plus, j'ai appris comment faire des saucisses et comment découper la viande.

Un jour, on est allés en camion dans beaucoup de villages et de petites villes pour vendre de la viande et j'ai pu parler avec les clients. J'emballais la viande dans des poches en plastique. Comme ça, je travaillais et j'observais en même temps.

Le plus intéressant, c'était la visite au marché à Paris pour acheter de la viande pour le magasin. Le mercredi, je me suis réveillé à 2 heures du matin pour arriver au marché à 3h30. Après avoir acheté la viande, nous l'avons mise dans le camion et nous sommes rentrés au magasin pour la décharger. Après, on m'a ramené à la maison et j'ai dormi jusqu'à midi. Pendant mon séjour, j'ai parlé le plus possible en français et j'ai fait beaucoup de progrès. J'ai trouvé ce que je faisais très intéressant.

B Lisa

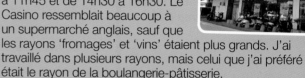

J'ai choisi de faire mon stage dans un supermarché et j'y ai travaillé le lundi, le mardi, le mercredi et le jeudi pendant notre séjour, de 9h45 à 11h45 et de 14h30 à 16h30. Le Casino ressemblait beaucoup à un supermarché anglais, sauf que les rayons 'fromages' et 'vins' étaient plus grands. J'ai travaillé dans plusieurs rayons, mais celui que j'ai préféré était le rayon de la boulangerie-pâtisserie.

Je me suis débrouillée, à l'aide de mon dictionnaire de poche. Mon stage était très bien et j'en garde un excellent souvenir.

C Katie

Je voulais faire du travail bénévole dans un bureau, et finalement, on m'a trouvé un placement dans une organisation caritative. Pour commencer, j'étais un peu inquiète, mais tout le monde était très gentil et on m'a tout expliqué très patiemment. Pendant mon stage, j'ai aidé avec la préparation des fiches publicitaires et j'ai fait du classement.

Une chose qui m'a surprise, c'est que les claviers des ordinateurs français ne sont pas les mêmes que chez nous. Quand même, je m'y suis habituée assez facilement et j'ai beaucoup aimé la semaine que j'ai passée avec les volontaires.

D Iain

Pendant mon stage dans un collège, j'ai logé chez une famille française et tout le monde a été très accueillant.

Le premier jour de mon stage, je suis allé à l'école primaire où j'ai aidé l'institutrice avec les enfants de trois à quatre ans. Mon rôle était de parler et de jouer avec les enfants.

Pour le reste du stage, je suis allé au collège en face de l'école primaire. J'ai participé aux cours d'anglais où j'ai parlé avec des petits groupes d'étudiants et je les ai aidés à traduire des textes.

Mon séjour a duré huit jours: cinq jours de stage et trois jours de temps libre, pendant lesquels nous avons fait des excursions. À mon avis, le séjour a été une grande réussite. J'ai eu l'occasion d'améliorer mon français. Faire son stage en France est une occasion à ne pas manquer.

1 Un stage en entreprise

Écrivez vrai (**V**), faux (**F**) ou pas mentionné (**PM**). Corrigez les phrases fausses.

1 Les jeunes élèves français font un stage en entreprise qui dure, d'habitude, une quinzaine de jours.

2 Quelquefois, des élèves anglais ont l'occasion de faire leur stage en France.

3 Normalement, ils font ce stage pendant leur première visite en France.

4 Les stagiaires sont généralement logés dans une auberge de jeunesse.

5 Pour les Anglais en France, les stages durent généralement deux semaines.

6 Quelquefois, les stagiaires reçoivent de l'argent pour leur travail.

7 Pour les stages en France, on choisit plutôt des élèves qui s'expriment bien en français.

8 Beaucoup de ces jeunes reviennent souvent passer des vacances chez la famille française.

2 On fait un stage en France

Lisez les témoignages (à gauche) des quatre élèves qui ont fait leur stage en entreprise en France.

a Trouvez l'équivalent en français.

1 in addition, I learnt how to …
2 the most interesting thing was …
3 what I was doing
4 I chose to do my placement
5 the one I preferred was …
6 they explained everything to me
7 one thing that surprised me is that …
8 everybody was very welcoming
9 an opportunity not to be missed

b C'est qui? Complétez les phrases avec les initiales d'une ou deux personnes.

Exemple: 1 L (Lisa)

1 __ a travaillé seulement quatre heures par jour.
2 __ a utilisé un ordinateur pendant son stage.
3 __ a travaillé dans deux endroits (bâtiments) différents.
4 __ a pu visiter la région avec la famille pendant son séjour.
5 __ dit qu'elle s'inquiétait un peu au début.
6 __ et __ ont vendu de la nourriture aux clients.
7 __ a trouvé que ses cours au collège l'ont bien préparé pour son séjour en France.
8 __ a appris à découper et à conserver la viande.
9 La description que j'ai trouvée la plus intéressante était celle de __.
10 Si je pouvais choisir, je ferais le travail de __.

3 Mon stage en entreprise

🔊 Écoutez Alain et Laura, deux élèves français qui parlent de leur stage en entreprise. Notez en français les réponses aux questions.

Exemple: Alain – 1 *dans un magasin de photos*, 2 …

1 Qu'est-ce que tu as fait comme stage (en entreprise)?
2 Quels étaient tes horaires?
3 Qu'est-ce que tu as fait exactement?
4 Comment as-tu trouvé ce travail?
5 Est-ce que tu voudrais faire cette sorte de travail plus tard?

Dossier-langue — Grammaire 8.2d

Direct object pronouns in the perfect tense

Pronouns replace nouns to avoid repetition. They normally go before the verb.

Je remplis les rayons. Je les remplis.

On met la viande dans un camion. On la met dans un camion.

In the perfect tense the pronouns go before the auxiliary, but if they are feminine or plural, they affect the past participles. Add *-e* for feminine, *-s* for plural.

Je les ai remplis.

On l'a mise dans un camion.

This is known as Preceding Direct Object agreement.

The relative pronoun **que** has the same effect because it precedes the past participle:

La semaine que j'ai passée au bureau était intéressante.

Les affiches que j'ai dessinées étaient super.

---

4 À vous!

1 Si vous avez déjà fait un stage en entreprise …

💬 **a** À deux, posez les questions de l'exercice 3 et répondez à tour de rôle.

b Écrivez un message à votre correspondant(e) pour lui raconter votre stage.

Exemple: *Je viens de faire un stage en entreprise. J'ai travaillé …*

2 Si vous n'avez pas encore fait de stage en entreprise …

💬 **a** À deux, posez ces questions et répondez à tour de rôle.

- Qu'est-ce que tu voudrais faire comme stage (en entreprise)? (*Je voudrais* + infinitif.)
- Pourquoi? (*Parce que j'aime les enfants / les animaux / l'informatique. Je voudrais travailler en plein air / avec des clients / dans un hôpital / dans un magasin.*)
- Est-ce que tu aimerais faire ton stage à l'étranger (*en France*)? Pourquoi? (*Parce que je voudrais améliorer mon français / passer du temps en France.*)

b Écrivez vos préférences pour un stage en entreprise.

Exemple: *Je voudrais / J'aimerais faire mon stage (dans une école) et … parce que …*

Pour vous aider

J'ai travaillé	dans un bureau / un garage / un magasin / une crèche / un supermarché / un restaurant / un hôpital / à la ferme.
	du (mardi) au (vendredi) / tous les jours sauf (le lundi) de (8 heures) à (16 heures 30).
	sur l'ordinateur / avec les animaux / les enfants / à la réception / …

J'ai rempli les rayons. / J'ai servi les clients.
J'ai vendu … / J'ai préparé … / J'ai utilisé …
J'ai fait du classement. / J'ai répondu au téléphone. / J'ai tout fait.
J'ai aidé … à (+ infinitive). / J'ai appris à (+ infinitive).

C'était	intéressant / assez varié / ennuyeux / bien / difficile / fatigant / passionnant.

Oui, je voudrais faire ça.
Non, je ne voudrais pas faire ça.
Je ne sais pas si je voudrais faire ça.

1 Comment choisir un métier

🔊 Écoutez la discussion et notez dans l'ordre la raison donnée.

Exemple: 2, …

1 C'est bien payé.
2 C'est intéressant comme travail.
3 Ça permet de voyager à l'étranger.
4 C'est un métier prestigieux.
5 On aura beaucoup de vacances.
6 Ça donne du contact avec le public.
7 Ça permet d'aider les gens.
8 On pourra aider à protéger l'environnement.
9 Ça vous aidera à acquérir de nouvelles compétences.
10 Ça offre beaucoup de débouchés.
11 On pourra prendre ses propres décisions.
12 On travaille en équipe et on rencontre beaucoup de gens.

2 Il y a beaucoup de métiers!

Choisissez dix de ces catégories de métier et trouvez un exemple pour chacun. Pour vous aider, regardez le **Sommaire** (page 190) et un dictionnaire.

Un métier …

1 dans la mode
2 dans le commerce
3 artistique
4 dans les finances
5 dans l'alimentation
6 sportif
7 dans le tourisme
8 dans le bâtiment
9 dans l'informatique
10 dans les médias
11 qui permet de voyager
12 médical ou paramédical
13 dans l'enseignement
14 où on a des contacts avec le public
15 dans l'agriculture
16 où on travaille avec des enfants
17 qu'on peut exercer en plein air
18 où on travaille avec des animaux
19 dans le secteur des transports
20 où on travaille dans un bureau

3 Je voudrais faire ça

🔊 Écoutez Élisabeth, Antoine, Klara, Mathieu et Kévin. À chaque fois, notez le métier qu'ils aimeraient faire et, si possible, les raisons données.

Exemple:

Nom	Métier	Raison(s)
Élisabeth	maquilleuse	est assez artiste; …

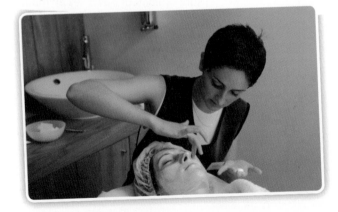

4 Du pour et du contre

Pour chaque métier, notez un avantage (**a–g**) et un inconvénient (**h–n**).

Exemple: 1 b, i

1 professeur
2 infirmier/-ière
3 informaticien(ne)
4 coiffeur/-euse
5 avocat(e)
6 agriculteur/-trice
7 journaliste
8 secrétaire
9 médecin
10 cuisinier/-ière

Voici des idées.

Avantages

a On travaille souvent en plein air.
b C'est bien si on s'entend bien avec les jeunes.
c C'est intéressant et varié comme travail.
d On travaille en équipe et on rencontre beaucoup de gens.
e On rend service aux gens.
f Il est assez facile d'obtenir un emploi.
g Il est possible de gagner un bon salaire.

Inconvénients

h Il faut faire de très longues études.
i Il y a beaucoup de travail à faire le soir.
j Ce n'est pas bien payé.
k Ce n'est pas très sûr comme emploi – il y a beaucoup de personnes au chômage.
l Les horaires sont longs et on doit travailler la nuit ou le weekend, par exemple.
m On travaille souvent tout seul.
n C'est très fatigant, surtout pour les yeux et le dos.

5 Le chômage – peut-on l'éviter?

Que faut-il faire pour trouver (et garder) un emploi? Lisez les conseils.

a Trouvez un titre pour chaque conseil (**1–6**).

A Se connaître, c'est important!
B Ne suivez pas la foule!
C Demandez aux amis!
D Renseignez-vous à l'avance!
E Pensez à votre CV!
F Il ne faut pas trop se spécialiser!

b Traduisez les conseils en anglais.

Le chômage posera toujours des problèmes. Nous avons demandé à des spécialistes et à nos lecteurs de vous donner des conseils pour éviter le chômage à l'avenir. Voici une sélection de leurs idées:

(1) Pensez à votre CV à l'avance. Quand je discute des stages en entreprise, des jobs de vacances ou des chantiers volontaires avec mes élèves, je leur conseille toujours de chercher quelque chose qui a un rapport avec leur futur métier.
M. T. Beauchamp (Prof. de Lycée, Paris)

(2) Renseignez-vous à l'avance sur ce qu'on vous demande d'obtenir comme diplômes, comme formation ou comme qualifications pour les métiers qui vous intéressent. Et pensez à faire du travail bénévole pour montrer vos valeurs et améliorer votre CV.
Mme S. Thibault (Conseillère d'orientation)

(3) En choisissant les cours à suivre, je conseille aux jeunes de ne pas choisir des choses trop à la mode. Consultez les centres d'information et de documentation, cherchez sur le net – il y a un choix énorme de métiers.
J-P. F. (Employé du CIDJ)

(4) Mon père m'a souvent dit qu'il faut toujours avoir plusieurs cordes à son arc! On ne va pas faire qu'un seul métier tout au long de sa vie. Donc, tout en m'orientant vers les sciences, je ne laisse pas tomber la musique, ni mes cours en informatique.
Sébastien L., Montpellier

(5) Si on vous propose de faire un 'test-orientation', profitez-en! Pour s'orienter vers le bon travail, il faut bien se connaître.
Monique R. (CIO)

(6) Demande à tes amis qui ont déjà trouvé du travail de te donner leurs impressions ou même de t'introduire dans la même entreprise. C'est souvent le 'piston' qui compte!
Nathalie S., Lille

CIDJ – Centre d'Information et de Documentation Jeunesse
CIO – Centre d'Information et d'Orientation
le piston   *string-pulling, knowing the right people*

---

6 À vous!

a À deux, posez ces questions et répondez à tour de rôle.

- Tu vas continuer tes études?
- Tu veux aller à l'université? (Pour faire quoi?)
  (*Oui, si possible. / Je ne suis pas sûr(e). / Non, absolument pas.*)
- Qu'est-ce que tu espères faire comme métier?
  (*Je ne sais pas vraiment. / Je n'en ai aucune idée. / Je voudrais être ingénieur / institutrice / médecin, etc.*) (Remember, there is no article (*un/une*) with professions.)
- Pourquoi? / Quelles sont tes raisons?
  (*Parce que je voudrais travailler dans l'informatique / en plein air, etc. /… je suis fort(e) en mathématiques.*)
  (Pour vous aider, revoyez les exercices 1 et 3.)
- Est-ce que tu voudrais travailler avec les enfants / avec les animaux? Pourquoi (pas)?
- Est-ce que tu voudrais avoir des responsabilités / travailler en équipe? Pourquoi (pas)?

b Écrivez au moins 80 mots sur un des sujets suivants.

1 Votre amie pense être soit infirmière soit journaliste. Écrivez-lui un message où vous expliquez les avantages et les inconvénients de chaque métier.

2 Décris le métier d'un parent ou autre membre de votre famille. Quels sont les avantages et les inconvénients de son travail? Qu'en pense-t-il/elle?

Dossier-langue   **Grammaire 18.4**

Verbs with prepositions

In French, you ask or advise 'to' someone to do something, using a form of **à** with the noun.

Nous avons demandé à nos lecteurs de vous donner des conseils.

Je conseille aux jeunes de ne pas choisir …

If you use a pronoun, it must be an indirect object pronoun (**me, te, lui, nous, vous, leur**):

Je leur conseille de chercher …

Both **demander** and **conseiller** need **de** before the infinitive (see page 175).

Three other verbs that follow this pattern are: **dire** (to tell), **permettre** (to allow) and **proposer** (to suggest). For a full list, see **Grammaire** 18.4.

Work out how to say the following:

1 The teacher tells the class to write a CV.
2 His parents told him to look for a job.
3 They allow my brother to work with animals.
4 I suggest that you do a work placement.

A

PROFESSION SPORT:

un combat en faveur de l'emploi.

Vous êtes passionné par les métiers du sport et de l'animation et possédez un Brevet d'État d'Éducation Sportive ou êtes en cours de formation?

Vous recherchez un emploi permanent ou à temps partiel avec une formation complémentaire dans le secteur de l'encadrement sportif ou des loisirs?

contactez l'association 'profession sport' de votre département

B

Vous aimez le théâtre, la peinture ou la musique?

Vous parlez anglais ou français et, si possible, une autre langue européenne? Alors, c'est peut-être vous qu'on recherche!

On a besoin d'animateurs/animatrices pour notre Centre culturel européen à Lille.

Il faut avoir 18 ans, aimer travailler avec les enfants (de 6 à 14 ans), être disponible du 28 juin à la fin août.

Salaire selon votre âge.

(Pour toute candidature, un test de langues et un entretien sont obligatoires.)

D

Vous êtes matinal et dynamique?

Nous vous offrons un travail à temps partiel.

Venez renforcer nos équipes de portage de journaux sur Paris–Ouest–Boulogne–Versailles

Voiture indispensable

La rémunération est basée sur le SMIC.

Le goût du travail en équipe, ainsi que le sens du contact, seront des éléments déterminants.

C

On recherche des informaticiens et de jeunes ingénieurs

- Offres d'emploi pour tous les métiers de l'informatique: télécoms, nouvelles technologies
- Possibilité de formation en alternance

Ne manquez pas notre salon de recrutement le jeudi 12 septembre de 16h30 à 22h30 au stade Eiffel, 75007 Paris

E

Les nouveaux restaurants européens pour le fast-food avec 250 restaurants en France

Si vous travaillez pour Snack, vous allez partager notre succès et cultiver votre potentiel

On recherche des managers de restaurant.

Il faut … être responsable, vouloir apprendre, aimer travailler avec le public. Presque tous nos directeurs/toutes nos directrices sont d'anciens managers! Vous serez payé sur une base légèrement supérieure au SMIC. Si vous avez au moins 19 ans, et que vous possédez le bac + 2/3 années d'expérience en hôtellerie-restauration, adressez vite votre candidature (avec CV) à:

Snack, Service Recrutement, Avenue Georges Pompidou, Paris 15ème

1 Petites annonces: Offres d'emploi

a Lisez la publicité, puis les phrases, et à chaque fois notez l'annonce (ou les annonces) qui correspond(ent).

Exemple: 1 D

1 Il faut distribuer quelque chose.
2 Il faut avoir le bac.
3 Il faut posséder un véhicule.
4 Il faut se lever de bonne heure.
5 Il faut être disponible avant début juillet.
6 Il faut parler au moins une langue étrangère.
7 Il faut être actif et travailler avec les autres.
8 Il faut aimer le sport.
9 Il faut s'intéresser aux enfants.
10 Il faut avoir au moins dix-huit ans.

b Répondez aux questions en anglais.

1 Which two academic qualifications are mentioned in the adverts?
2 What will applicants for the job in Lille have to do?
3 What previous experience is required for the job with 'Snack'?
4 When is there a careers fair?
5 Which job requires the use of a car? Why?

> **Dossier-langue** **Grammaire 14.9**
>
> *quand* + future tense
> Remember to use the future tense after **quand** when it refers to something that will happen in the future.
> *Je quitterai l'école quand j'aurai dix-huit ans.*
> *Quand je quitterai le lycée, je serai très triste.*
> How does this differ from the use of 'when' in English?

2 À vous de choisir

a Ces jeunes parlent du travail qu'ils voudraient faire. Lisez les témoignages et trouvez la bonne annonce à la page 180.

Exemple: **1** B

---

1 Hélène

Je voudrais travailler seulement pendant l'été, et je ne suis pas sportive. Heureusement que je parle français et italien.

2 Charles

Quand je terminerai mes études (et si je réussis à avoir mon diplôme), je voudrais du travail permanent et pas à mi-temps. J'aimerais trouver un métier sportif, ça va sans dire!

3 Charlotte

Comme j'ai obtenu mes qualifications, je cherche une bonne situation. J'avoue que je n'avais pas pensé à la restauration rapide, mais on a l'air d'apprécier les employés et il y a de bonnes possibilités de promotion.

4 Jean-Michel

Je suis Canadien francophone et étudiant à l'Université de Paris. Je cherche du travail à temps partiel, le matin de préférence. Comme j'ai ma propre voiture, cet emploi est exactement ce que je recherche.

5 Kémi

Je voudrais un travail à temps partiel qui me permettra de continuer mes études. Un travail comme animateur serait idéal, et surtout quelque chose de sportif.

6 Micheline

Je veux commencer à travailler tout de suite, mais quand j'aurai un peu d'argent, je voudrais continuer mes études pendant un an – dans l'informatique, naturellement.

b Trouvez l'équivalent en français.

1 in the summer
2 that goes without saying
3 I admit
4 part-time (**2** expressions)
5 my own car
6 something sporty
7 for a year

3 Des expressions utiles

Trouvez les paires.

1 le boulot (*fam*)
2 disponible
3 faire dans la vie
4 gagner sa vie
5 un revenu
6 des heures supplémentaires (*f pl*)
7 des horaires variables (*m pl*)
8 le salaire
9 une situation
10 le SMIC (le salaire minimum)
11 le télétravail
12 le travail à temps partiel
13 travailler en plein air
14 travailler à son compte

a *income*
b *minimum wage*
c *available*
d *to work outdoors*
e *to do for a living*
f *to be self-employed*
g *job, position*
h *overtime*
i *part-time work*
j *work (slang)*
k *salary*
l *to earn your living*
m *teleworking (working from home for an employer)*
n *flexitime*

4 C'est comme ça, le travail

Écoutez Kémi, Charlotte, Jean-Michel et Hélène. Écrivez ce qu'ils font comme travail (**A**) et leur opinion (**B**).

A Le travail

a organise des activités sportives dans un club de vacances
b distribue les journaux aux kiosques à Paris
c travaille dans un restaurant fastfood
d s'occupe des enfants qui font des activités musicales

B L'opinion

C'est Ce n'est pas	assez très	intéressant / varié / facile / bien payé / satisfaisant / amusant / mal payé / difficile / fatigant / ennuyeux / dur.

5 Mon ami fait ça

Ces deux personnes décrivent le travail d'un(e) ami(e).

1 Marc parle du travail de son ami, Christophe.
2 Élise décrit le travail de sa correspondante, Viviane.

a Écoutez et pour chaque personne, répondez aux questions en anglais.

1 Where does each person work?
2 What do they actually do?
3 What training or special quality is needed for this work?
4 Mention something each person doesn't like about the job.
5 Mention something they do like.

b Choisissez une personne des exercices 4 et 5 et écrivez trois ou quatre phrases au sujet de son travail, en français.

Exemple:

Christophe travaille dans une pharmacie, …

9F Pour gagner de l'argent
- *discuss pocket money*
- *discuss part-time jobs*

1 Forum des jeunes: L'argent de poche

Lisez les posts. Qui …

1 semble être généreuse?
2 économise de l'argent?
3 voudrait acheter une moto?
4 aime acheter des vêtements et des bijoux?
5 reçoit une somme fixe chaque semaine?
6 aime beaucoup sortir avec ses amis?
7 dépense tout son argent?
8 adore la musique et aime acheter de la musique en ligne?
9 dépense beaucoup d'argent pour le sport?

2 Sondage: des petits emplois

🔊 Beaucoup de jeunes complètent l'argent donné par les parents avec de l'argent gagné en travaillant. Écoutez les interviews de Denis et de Camille et notez leurs réponses en français.

Les questions

1 Quel âge avez-vous?
2 Avez-vous un job ou voudriez-vous en avoir un?
  Si oui, c'est quoi comme travail?
  (*distribuer des brochures publicitaires / faire du babysitting / travailler dans un fastfood / un supermarché / un magasin / un hôtel*)
3 Quels jours travaillez-vous et quels sont vos horaires de travail?
4 En quoi consiste le travail?
5 Lequel de ces mots décrit le mieux votre job?
  (*intéressant / satisfaisant / varié / ennuyeux / amusant / fatigant / dur*)

3 Mon job

Lisez les questions et trouvez la bonne réponse.

1 As-tu un job?
2 C'est quoi, ton job?
3 Qu'est-ce que tu fais exactement?
4 Depuis quand as-tu cet emploi?
5 Qu'est-ce que tu as fait au travail la semaine dernière?
6 Est-ce que tu aimes ton job?

a Je débarrasse les tables, je fais la vaisselle et j'aide à préparer les repas.
b Oui, j'ai un petit job le samedi.
c Je l'ai depuis trois mois.
d J'ai préparé des sandwichs, mais cette fois, je n'ai pas fait la vaisselle.
e Je ne l'aime pas beaucoup, parce que c'est dur et que je ne gagne pas beaucoup.
f Je travaille au café.

---

forum des jeunes — L'argent de poche

Sportive7: ✉ ♥ ⇨
Je travaille le vendredi soir et le samedi au supermarché, heureusement – sans ça je ne pourrais pas sortir, alors quel désastre! Puis, le dimanche, avec mes copains, on va au stade, à la piscine ou à la patinoire – ça revient très cher, le sport!

100sass: ✉ ♥ ⇨
Avec mon argent de poche, j'achète surtout des fringues – des tee-shirts, des chaussettes, ça dépend. Et si je vois un beau collier ou bien des boucles d'oreilles, je ne peux pas résister. Donc, à la fin du weekend, il ne me reste rien du tout!

Bonne Génie: ✉ ♥ ⇨
Je reçois un peu d'argent de poche chaque samedi, mais je n'en dépense pas beaucoup. C'est parce que je fais des économies pour m'offrir une moto plus tard.

Méloman: ✉ ♥ ⇨
La musique, c'est ma passion. Donc, si on me donne de l'argent en cadeau, je télécharge tout de suite le dernier album. À part ça, je reçois un peu d'argent de poche toutes les semaines et je fais des économies pour m'acheter les albums de mes chanteurs favoris.

Chocolat+: ✉ ♥ ⇨
J'ai deux petites sœurs qui ne reçoivent pas encore d'argent de poche. Tous les vendredis, mon père me donne mon argent – c'est toujours la même somme. Alors, le samedi matin, en ville, je leur achète souvent de petits cadeaux, puis, avec ce qui reste, je m'achète un magazine, ou quelquefois une barre de chocolat.

4 Pour gagner de l'argent

a Des jeunes parlent de leur petit job. Lisez les opinions (**1–10**). C'est positif (**P**) ou négatif (**N**)?

Exemple: 1 N

🔊 b Écoutez. Qui exprime chaque opinion?

Exemple: Maxime: 3, …

Maxime Camille Denis Manon Kévin

1 C'est très fatigant comme travail.
2 J'aime vendre des vêtements à la mode.
3 Je m'amuse bien au travail.
4 Le travail est intéressant.
5 Mon job, il est dur.
6 J'adore les enfants.
7 Les clients ne sont pas toujours agréables.
8 Il faut travailler le samedi.
9 On ne gagne pas beaucoup.
10 Je m'entends bien avec mes collègues.

5 Du travail ou des devoirs?

Lisez l'article et répondez aux questions en anglais.

1 What two jobs would Mélissa like to do?
2 What makes her particularly suited to each of these jobs?
3 When does Julien hope to do a job?
4 What qualities does Julien have?
5 What reasons are given for students wanting to earn money?
6 Why are some parents and the government against jobs during term time?

6 À vous!

a À deux, posez des questions et répondez à tour de rôle.

- As-tu un job ou voudrais-tu en avoir un?

Si oui …
- C'est quoi comme travail?
- Quels jours travailles-tu et quels sont tes horaires de travail?
- En quoi consiste le travail?
- Que penses-tu de ton job?

Si non …
- Pourquoi ne veux-tu pas avoir un job?
- Qu'est-ce que tu fais le soir et le weekend?
- As-tu assez d'argent de poche?
- Voudrais-tu travailler pendant les grandes vacances?

- À ton avis, c'est bien d'avoir un petit emploi pendant l'année scolaire?
- Qu'est-ce que tu fais de ton argent de poche?

b Décrivez le job que vous faites (ou un job que vous aimeriez faire) et ce que vous faites (ou vous aimeriez faire) avec l'argent gagné.

---

emplois pour étudiants
🔍 trouver …

| domicile | emplois de recherche | emplois par email | articles de presse |

Mélissa et Julien sont typiques de beaucoup de jeunes Français: ils veulent gagner de l'argent pour financer leurs passetemps, pour des sorties le soir, pour s'acheter des vêtements ou même une mobylette … C'est bien d'avoir un peu plus d'argent de poche, mais quel en est le prix en ce qui concerne les progrès scolaires?

Beaucoup de parents d'élèves ne sont pas d'accord pour que leurs enfants travaillent le soir ou le weekend pendant l'année scolaire. Et ça, c'est aussi l'avis du gouvernement: «Les élèves qui ont un petit boulot sont trop fatigués et n'ont pas le temps de faire leurs devoirs. L'éducation est trop importante à cet âge-là et il faut se concentrer sur ses études. Les vacances sont suffisamment longues pour les élèves qui souhaitent gagner de l'argent.»

Étudiante bilingue cherche à donner des cours d'espagnol ou à faire du babysitting

Je suis une lycéenne bilingue espagnol/français très motivée et j'aimerais donner des cours d'espagnol à des élèves débutants ou ayant besoin de soutien scolaire en espagnol. Je cherche aussi à faire du babysitting, parce que j'aime beaucoup les enfants et que j'ai des années d'expérience en babysitting. Je suis disponible aussi bien en semaine qu'en weekend. **Mélissa, 16 ans**

Pour babysitting ou autre …

Bonjour, je suis actuellement en terminale au lycée et, finissant tous les jours à 16h, j'ai du temps libre pour du babysitting ou un autre petit job. Je suis sérieux, dynamique et motivé et j'ai un bon contact avec les enfants. Merci de me contacter au plus vite. **Julien, 17 ans**

Pour vous aider

Je travaille	comme serveur/-euse / … dans un supermarché / un magasin / un café / …

Je fais du babysitting.
Je distribue des brochures / des journaux / …
Mes horaires sont le (samedi) de (8 heures) à (16 heures).

Je dois	débarrasser les verres / servir les clients / faire la vaisselle / jouer avec les enfants / préparer le déjeuner / …

Le travail est satisfaisant / ennuyeux / bien payé / dur / …

Je n'ai pas	envie de travailler. le temps de faire un job. besoin d'argent.

J'ai trop de devoirs.
Mes parents ne me permettent pas de travailler.
Le soir / Le weekend, je vais / je fais / je joue / …

Pendant les grandes vacances, je voudrais / j'ai l'intention de …
Avec mon argent (de poche), j'achète / je vais / …

9G Un job pour l'été

- find out about holiday work
- prepare a CV
- apply for jobs and prepare for interviews

1 Qu'est-ce qu'il y a comme travail?

Regardez la publicité et répondez aux questions.

Infos

- Obtenir un job en France est possible à 16 ans, mais plus facile si on a 18 ans ou plus.
- Pour trouver un job pour l'été, il faut commencer à chercher au printemps.
- Si vous avez moins de 18 ans, vous ne pourrez pas travailler la nuit (et peut-être pas le dimanche).
- Pensez aussi à faire du travail bénévole, par exemple en participant à un chantier de travail international.

Voici des idées:

A Les supermarchés ont besoin de vous!

Beaucoup de grands supermarchés veulent recruter des jeunes (17 ans minimum), filles et garçons, pour le réassortiment des rayons. On peut travailler très tôt le matin ou en nocturne. Entre 24 et 30 heures de travail par semaine, vous serez payé sur une base légèrement supérieure au SMIC. Envoyez votre CV au magasin choisi.

B Tout le monde veut être animateur

Renseignez-vous dans les CIDJ (www.cidj.com) si vous avez au moins 17 ans et que vous voulez pratiquer ce job populaire. Pour les stages de formation contactez le CEMEA (www.cemea.asso.fr). (Centre d'Entraînement aux Méthodes d'Éducation Active), 76, boulevard de la Villette 75019 Paris. Vous serez nourri, logé, et payé.

C Le fastfood, ça vous intéresse?

Burger-frites, la chaîne de fastfood, demande étudiants et lycéens de 18 ans au minimum (filles ou garçons) pour préparation et vente de ses célèbres hamburgers-frites américains. Uniforme gratuit; vous serez nourri par *Burger-frites*; vendredi, samedi et dimanche soirs, 20 heures par semaine – salaire selon votre âge. Prenez contact avec le manager du *Burger-frites* le plus proche de chez vous.

D Travaux saisonniers

Pour la cueillette des fruits, la récolte du maïs ou du tabac, les vendanges – on a toujours besoin d'ouvriers. Le travail est dur et la rémunération est basée sur le SMIC. La saison des vendanges commence vers le 15 septembre dans le sud de la France, mais pas avant début octobre dans les autres régions.

E Les chantiers volontaires

Ces chantiers de jeunes bénévoles vous permettent de venir en aide à des communautés, de participer à la restauration d'un lieu ou à la protection de la nature. C'est un séjour en été, à mi-chemin entre travail et vacances, avec des jeunes des quatre coins du monde. Les bénévoles travaillent environ 30 heures par semaine et participent à un programme d'activités interculturelles. Normalement, il n'y a pas de frais de séjour. Renseignez-vous dans les CIDJ.

CIDJ   *Centre d'Information et de Documentation Jeunesse*
CEMÉA *Centre d'Entraînement aux Méthodes d'Éducation Active*

Ce qu'il faut savoir

1 Quel est l'âge minimum pour travailler:
   a au supermarché?
   b dans le fastfood?
   c comme animateur avec les enfants?
   d la nuit?

2 Combien d'heures par semaine faut-il travailler:
   a au supermarché?
   b dans le fastfood?
   c sur un chantier?

3 Dans quels jobs serez-vous:
   a logé? b nourri? c habillé?

4 Quel est le meilleur job pour:
   a quelqu'un qui adore les enfants?
   b quelqu'un qui voudrait travailler dehors?
   c quelqu'un qui aime manger des hamburgers?
   d quelqu'un qui aime se lever de très bonne heure?
   e quelqu'un qui voudrait rencontrer des jeunes du monde entier?

2 Des petits emplois

Pour avoir des renseignements sur d'autres jobs, écoutez ces jeunes qui parlent des jobs qu'ils ont eus:

1 Sébastien 2 Anton 3 Karine 4 Jean-François 5 Alexandra

a Write notes in English about each speaker, saying:
1 what they did.
2 whether they liked the job or not and why.

b À deux, choisissez un des jobs, puis posez des questions et répondez à tour de rôle.
- Tu voudrais faire ce job?
- Pourquoi (pas)?

c Écrivez vos réponses aux questions.

Pour vous aider

J'ai choisi le travail de …
   (*nom de la personne ou du job*).
J'aimerais faire ce job parce que (qu') … *ou*
Je ne pourrais pas / Je ne voudrais pas
   faire ce job parce que (qu') …

Il faut	avoir dix-huit ans. parler une langue étrangère. travailler dehors (et j'ai le rhume des foins). se lever de bonne heure.

J'adore les enfants / les animaux / la campagne / les grandes villes.
J'aime beaucoup travailler dehors / voyager / cuisiner / être sur la plage.

3 Ce job m'intéresse

Vous avez choisi un job que vous aimeriez faire.

a Préparez un curriculum vitae (CV).

Voici celui d'un étudiant, Joseph Lockwood. Écrivez votre propre curriculum vitae suivant le modèle.

Curriculum vitae

Nom:	Lockwood
Prénom:	Joseph George
Nationalité:	britannique
Adresse:	7 Almonds Hall Lane Birch Dale Halifax
Date de naissance:	le 17 juin 2001
Enseignement secondaire:	New Green College, Halifax
Diplômes:	GCSE (9 matières)
Connaissances des langues:	7 ans de français 3 ans d'allemand
Visites à l'étranger:	2 semaines en Normandie (camping) 2 semaines à Montréal (échange) 10 jours à Rome (voyage scolaire)
Sports pratiqués:	natation, voile, ski, badminton
Loisirs:	l'informatique, la musique, le cinéma
Emploi:	le samedi, je travaille dans un supermarché

4 Un entretien

🔊 Nathalie, une lycéenne française, s'intéresse au travail d'animatrice et aujourd'hui elle a un entretien pour le job. On lui pose les questions suivantes. Écoutez l'entretien et essayez de noter ses réponses. Est-ce qu'elle a obtenu le job?

1 Pourquoi voudriez-vous faire ce travail?
2 Avez-vous déjà travaillé pendant les vacances?
3 Est-ce que vous avez un petit job le soir ou le weekend? (Ça vous plaît?)
4 Quelles langues vivantes avez-vous étudiées à l'école?
5 Quels pays étrangers avez-vous visités?
6 Que faites-vous pendant votre temps libre?
7 Faites-vous du sport?
8 Avez-vous fait un stage en entreprise? (Parlez-moi un peu de ce stage.)
9 Date de commencement du stage de formation.

b Maintenant, il faut envoyer une lettre. Lisez soigneusement la lettre de Joseph. Ensuite, choisissez le job qui vous intéresse et écrivez une lettre de candidature.

Joseph Lockwood
7 Almonds Hall Lane
Birch Dale

Halifax, le mardi 6 mai

CEMEA
24, rue Marc Seguin 75883
Paris Cedex 18

Monsieur,

J'ai vu votre petite annonce sur le travail de bénévole et participer à votre chantier volontaire m'intéresse beaucoup. Je cherche du travail en France pour cet été afin de perfectionner mon français, et je voudrais poser ma candidature.

J'ai presque dix-huit ans et, à l'automne, j'espère aller à l'université pour étudier le français et l'allemand.

J'aime beaucoup les enfants et plus tard, je voudrais devenir professeur de langues vivantes.

Comme loisirs, j'adore la natation et l'été je fais de la voile. L'hiver, je fais du ski et je joue au badminton.

L'année dernière, pendant les vacances, j'ai travaillé dans un supermarché à Halifax et cette année, j'ai fait un stage de deux semaines dans un collège où j'ai aidé les élèves qui apprenaient l'informatique.

Je serai libre du 10 juillet au 15 septembre. Pourriez-vous, s'il vous plaît, m'envoyer les documents nécessaires et des renseignements sur le chantier?

Veuillez agréer, monsieur, l'expression de mes sentiments distingués,

Joseph Lockwood
Joseph Lockwood

5 À vous!

💬 **a** À deux, choisissez un job chacun(e) et posez des questions (comme dans l'exercice 4) à tour de rôle. À vous de décider si votre partenaire va obtenir le travail!

Exemple:

A *Je voudrais poser ma candidature pour le travail chez 'Burger-frites'.*

B *Pourquoi voudriez-vous faire ce travail?*

A *J'aimerais faire ce job parce que le contact avec le public m'intéresse beaucoup.*

B *Avez-vous déjà travaillé pendant les vacances? …*

b Écrivez un petit article sur un job de vacances que vous avez fait – ça pourrait être vrai ou imaginaire.

Exemple:

Pendant les vacances de Pâques, j'ai travaillé comme serveur/serveuse dans un restaurant en ville. Les heures étaient … Je devais … J'ai aimé le travail, mais je ne voudrais pas le faire plus tard pour gagner ma vie!

1 Si c'était possible …

 On a posé deux questions à cinq jeunes Français.
Écoutez les réponses.

	1 Si tu pouvais faire n'importe quel métier, lequel choisirais-tu?	**2** Si tu pouvais vivre n'importe où dans le monde, où aimerais-tu vivre?
	Notez la bonne lettre.	Complétez les phrases.
Pierre	**a** Je serais réalisateur de film.	J'habiterais …
Vivienne	**b** Je serais pilote.	Je choisirais …
Michel	**c** Je voudrais devenir médecin.	Je choisirais …
Camille	**d** Je serais astronaute.	Je vivrais …
Ludovic	**e** J'aimerais être couturière.	J'irais peut-être …

Dossier-langue   **Grammaire 14.10**

The conditional

Use the conditional to say or ask what someone **would** do:

Quel métier choisirais-tu?
Which job would you choose?

Je voudrais habiter à Paris.
I would like to live in Paris.

Often the other part (or clause) of the sentence contains **si** (if). Use **si** + imperfect tense, then use the conditional in the main clause.

Si je pouvais vivre n'importe où, j'irais aux États-Unis.

Si vous aviez beaucoup d'argent, que feriez-vous?

2 Que feriez-vous?

a Travaillez à deux. Si vous gagniez une grosse somme d'argent, que feriez-vous? Lisez les exemples, puis posez les questions et répondez à tour de rôle.

- Est-ce que tu changerais ta manière de vivre?
- Est-ce que tu voudrais dépenser l'argent ou le déposer à la banque?
- Aimerais-tu apprendre de nouveaux sports ou de nouvelles activités?
- Qu'est-ce que tu voudrais acheter?

b Écrivez vos réponses aux questions.

> Si je gagnais une grosse somme d'argent, j'achèterais une belle voiture, une belle maison. J'aurais plein de chiens, d'instruments de musique, etc.

> Si je gagnais une grosse somme d'argent, j'en donnerais une grande partie à une organisation humanitaire comme 'Médecins Sans Frontières'.

3 Forum des jeunes: Une année sabbatique

a Lisez les posts de ces jeunes et trouvez l'équivalent en français.

1 I'd really like to broaden my horizons
2 before going to university
3 how other people live
4 I'd learn to speak the language
5 an opportunity not to be missed
6 it's a waste of time
7 as soon as possible
8 you have to make the most of your youth
9 I would never work
10 I'd like to take a gap year
11 I don't know what to do
12 time to think
13 I'd do the same thing
14 I wouldn't want to be like my parents

b Relisez le forum. C'est qui?

1 L'important, c'est de finir sa formation et de commencer à gagner sa vie.
2 Je prends mon temps pour décider mon avenir en voyageant un peu.
3 Je voudrais être volontaire et connaître une autre façon de vivre.
4 Ce ne sont pas seulement les jeunes qui profiteraient d'une année sabbatique.
5 Il faut s'amuser quand on est jeune – je ne suis pas pressé de travailler.
6 J'aimerais travailler pour une famille à l'étranger.

forum des jeunes

Si vous pouviez choisir de prendre une année sabbatique après avoir fini l'école, que feriez-vous?

 Tapismajik: ✉ ♥ ⤵
J'aimerais vraiment élargir mes horizons avant d'aller à l'université. Je voudrais donc faire du travail bénévole dans un pays en développement: travailler avec des enfants en Afrique, par exemple. Ça me permettrait de vivre dans une communauté différente et d'apprendre comment vivent les autres. Ce serait très intéressant.

 Alamode: ✉ ♥ ⤵
Je voudrais travailler au pair en Espagne pendant neuf mois. J'apprendrais à parler la langue, je verrais d'autres choses, j'acquérirais de l'expérience en gardant des enfants. Ce serait une opportunité à ne pas manquer.

 Mistercool: ✉ ♥ ⤵
À mon avis, une année sabbatique, c'est une perte de temps. Je veux terminer mes études et entrer dans la vie active le plus tôt possible. Quand j'aurai envie de voyager, je partirai en vacances.

 Voldenuit: ✉ ♥ ⤵
Il faut profiter de sa jeunesse et ne pas entrer trop tôt dans le monde du travail! Si j'avais assez d'argent, je ne travaillerais jamais!

 Perruchefolle: ✉ ♥ ⤵
Je voudrais prendre une année sabbatique parce que je ne sais pas quoi faire après le bac! Cela me donnerait le temps de réfléchir. En plus, j'ai envie de voyager!

 Lapinslibres: ✉ ♥ ⤵
J'ai l'intention de prendre une année sabbatique après le lycée pour voyager et travailler, peut-être au Canada, en Australie ou en Nouvelle-Zélande. Et plus tard dans la vie, je ferais la même chose: je ne voudrais pas être comme mes parents – ils travaillent tout le temps et ils sont toujours fatigués.

4 Deux messages

Lisez les messages et répondez aux questions.

a C'est vrai vrai (**V**), faux (**F**) ou pas mentionné (**PM**)?

1 Thomas est le frère de Nadège.

2 Aurélie travaille avec des jeunes à Paris.

3 Aurélie et Thomas se sont mariés assez jeunes.

4 Hortense adore les enfants.

5 Nadège pense qu'il est romantique de se marier.

6 Elle dit qu'Aurélie ne devrait pas avoir d'enfants.

7 Nadège voudrait se marier dans une église.

8 Elle voudrait avoir une grande famille.

b Traduisez un des messages en anglais.

Salut, Nadège!

Je viens de passer un weekend très fatigant! C'était le mariage de Thomas, mon frère aîné, et d'Aurélie. Ils se connaissent déjà depuis cinq ans et ils viennent de finir leurs études. Ils ont tous les deux un job à Paris, et ils ont donc décidé de se marier.

À mon avis, ils sont trop jeunes: Thomas a 23 ans et Aurélie n'a que 21 ans. Il y a beaucoup de choses qu'ils ne feront jamais parce qu'ils auront bientôt des enfants, sans doute.

En plus, le mariage coûte très cher. Si c'était moi, je vivrais avec mon partenaire avant de me marier. Je trouve que le mariage est démodé et qu'il n'y a pas assez d'avantages … et les enfants m'énervent! Qu'est-ce que tu en penses?

A+, Hortense

Je ne suis pas d'accord avec toi, Hortense! Pour beaucoup, la religion est importante et les couples ne veulent pas vivre ensemble sans être mariés. Je trouve que la cérémonie de mariage est très romantique; Thomas et Aurélie en garderont un bon souvenir.

Peut-être qu'ils n'auront pas d'enfants. Certains couples ne veulent pas avoir d'enfants, cela arrive, et heureusement, parce qu'il y aura encore plus d'enfants que maintenant, et que notre planète est saturée.

Moi, si j'avais un partenaire très sympa et qu'on s'entendait super bien, je ferais tout avec lui: on discuterait, on voyagerait, on travaillerait ensemble et on se marierait sans doute. Je rêve d'avoir une famille: un garçon et une fille, ce serait bien.

☺ **Nadège**

5 À vous!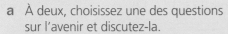

a À deux, choisissez une des questions sur l'avenir et discutez-la.

- Tu aimerais prendre une année sabbatique? Pourquoi?
- Quel est ton avis sur le mariage et la vie de famille?

b Écrivez un paragraphe sur vos projets d'avenir, vos rêves et comment vous voyez votre vie dans dix ans.

Pour vous aider

Je (ne) voudrais (pas) me marier dans cinq / dix ans.
Je rêve d'avoir une famille / des enfants.
J'ai envie / Je n'ai pas envie de passer toute ma vie avec mon/ma partenaire.

Il est / Il n'est pas nécessaire de se marier.
Il vaut mieux vivre ensemble sans se marier.
Je resterai célibataire.
Trop de gens se séparent.
La vie de famille est importante pour la société.
Les enfants sont notre avenir.

Dans dix ans, je serai riche / chef d'entreprise / marié(e).
J'aurai un mari / une femme / trois enfants /…
J'habiterai en Chine / aux États-Unis /…
Je travaillerai à mon compte / pour une grande entreprise /…

Listening

1 Les examens

Listen to Alex talking about exams and answer the questions in English.

1 Which three subjects does Alex find quite easy?
2 What is his opinion of English literature essays?
3 How long has he been learning German?
4 Which subject, besides German, benefitted from his trip to Berlin?
5 After the holidays, how much revision did he try to do on weekdays?

2 Réviser, c'est dur

Listen to Alex talking about revising and choose the correct answers.

1 Alex likes listening to music whilst revising because
   a it is loud   b it is relaxing
   c he hates silence
2 He thinks having lots of exams at once is
   a quite stressful   b very easy
   c the best way
3 His sport exam is
   a already finished   b at the weekend
   c next Friday
4 He doesn't have a part-time job because he
   a doesn't need any more money
   b doesn't agree with jobs during term time
   c has just been sacked
5 He is going to work in a shop
   a in the holidays   b during the exams
   c for the rest of the year

3 Et après?

Écoutez la suite de la conversation. Choisissez **trois** phrases qui sont vraies et écrivez les bonnes lettres.

A Alex voudrait travailler comme vendeur pendant plusieurs années.
B Il trouve le métier de banquier intéressant.
C Savoir parler français et allemand ne serait pas utile pour ce métier.
D Il pense qu'il ira à l'université après avoir passé un an à l'étranger.
E Il a étudié dans une école en Afrique pendant quelques mois.
F On peut faire du travail bénévole en Afrique, en Asie et en Amérique latine.
G Les parents d'Alex ont cherché en ligne pour lui trouver un stage à l'étranger.

Speaking

1 Role play

Tu parles avec ton ami(e) de l'éducation et des emplois.
- Tes projets – l'année prochaine (**2** *détails*)
- **!**
- Bon(ne) employé(e) – qualités (**2** *détails*)
- Importance de l'argent (*et **1** raison*)
- **?** Chômage en France

 a À deux, lisez la conversation.

A Qu'est-ce que tu vas faire l'année prochaine?
B Je vais rentrer au collège pour continuer mes études si je réussis à mes examens.
A Tu vas continuer d'étudier le français?
B Je crois que non. J'aime bien le français mais j'ai l'intention de devenir pharmacien(ne) et il faut étudier les sciences.
A Quelles sont les qualités d'un bon employé?
B À mon avis, il/elle doit être honnête et travailleur/-euse. Il faut être prêt(e) à s'adapter si le travail ou la situation change.
A Est-ce que le salaire est important?
B Oui, dans une certaine mesure.
A Pourquoi?
B C'est très important parce qu'il faut avoir de l'argent pour vivre. Cependant, il faut aimer le métier qu'on a choisi et ce n'est pas toujours bien payé.
A Ah oui, d'accord.
B Et puis il y a le problème du chômage. Qu'est-ce que tu en penses? C'est comment en France?
A Alors, moi, je trouve qu'il y a trop de chômage. C'est très difficile pour les jeunes qui ne trouvent pas d'emploi.

b Inventez une conversation différente. Pour vous aider, regardez les pages 172–173.

2 Une conversation

 Choisissez un sujet (1 ou 2). Préparez vos réponses aux questions, puis faites une conversation à deux. Pour vous aider, regardez **À vous!** pages 173, 177, 179.

1 Après le collège
Qu'allez-vous faire: aller à l'université ou faire un apprentissage? Pourquoi (pas)?
Vous voudriez prendre une année sabbatique? Pourquoi (pas)?
Qu'est-ce que vous pourriez faire pendant une année sabbatique?
2 Le travail et l'argent
Vous recevez de l'argent de poche? Qu'en pensez-vous?
Vous avez le temps de faire un petit boulot le soir / le weekend?
Qu'est-ce que vous pensez du travail pendant l'année scolaire?
Qu'est-ce que vous voulez faire comme métier? Pourquoi?

> **Speaking tips**
>
> If you are discussing jobs in the exam, talk about what you know you can express in French. Don't get too technical or complicated. Remember, there is no article with professions, e.g. **Je voudrais être ingénieur**.

Reading

1 Au travail

Read Laura's message and answer the questions in English.

Laura: ✉ ♥ ➪

Je suis travailleuse et j'ai eu plusieurs petits boulots. Depuis deux ans, je fais régulièrement du babysitting et le dimanche matin, je livre des journaux. Ce n'est pas très bien payé, mais ça augmente mon argent de poche.

Au collège, je m'intéresse surtout aux langues: je parle français, espagnol et anglais. À mon avis, il est très utile de parler plusieurs langues, surtout pour travailler dans le tourisme, et c'est pourquoi je voudrais faire un stage dans une agence de voyages.

L'année prochaine, j'ai l'intention d'apprendre un peu de japonais, et je voudrais étudier les langues et le commerce à la faculté. Je ne sais pas exactement ce que je voudrais faire dans la vie, mais je sais que travailler à l'étranger m'intéresse énormément.

---

1 What jobs has Laura done?
2 Give one advantage and one disadvantage of these jobs.
3 Where does she want to do a work placement, and why?
4 Which subjects does she hope to study at university?
5 What does she say about her future career? (*2 details*)

2 Forum

Lisez ces posts sur un forum.

Clémence: ✉ ♥ ➪

On m'a proposé de faire du télétravail quand mon mari est venu travailler ici, assez loin de la ville, mais je n'aime pas beaucoup ça. Au bureau, je suis avec toutes mes collègues et on peut sortir pendant l'heure du déjeuner pour faire les magasins ou aller au café. Toute seule chez moi, je me sens isolée et j'en ai marre de regarder l'écran de l'ordinateur toute la journée! À mon avis, le seul avantage, c'est qu'on peut varier ses horaires de travail: quelquefois je sors l'après-midi et je fais des heures supplémentaires le soir.

Vincent: ✉ ♥ ➪

Je fais partie d'une équipe d'architectes. Les secrétaires sont au bureau, tandis que nous, nous travaillons de la maison. C'est très pratique! J'habite à la campagne avec ma famille. Je choisis chaque jour mes horaires de travail, donc s'il fait très beau, je peux aller au bord de la mer, puis travailler plus le lendemain. Au bureau, on a réussi à économiser de l'espace, car il n'est plus nécessaire d'avoir un atelier pour les architectes. Nous faisons les dessins chez nous sur l'ordinateur et nous les envoyons directement au bureau ou au client.

Qui parle? Écrivez **C** (Clémence), **V** (Vincent) ou **C+V** (Clémence et Vincent).

1 Travailler à l'ordinateur tout le temps est ennuyeux.
2 Dans une certaine mesure, on peut choisir quand on travaille.
3 Je préfère être chez moi qu'au bureau.
4 Je ne travaille plus en centre-ville.
5 Je voudrais avoir des contacts personnels avec mes collègues.

3 Après le bac

Your neighbours receive this message from a French friend. Translate it into English for them.

Si j'ai mon bac, j'irai à l'université pour obtenir des diplômes en activités physiques et sportives. Plus tard, j'espère devenir prof de sport dans un collège en France, mais d'abord, après l'université, j'ai l'intention de passer au moins un an au Canada. Pendant les dernières vacances, j'ai fait du travail bénévole dans un village des Alpes. J'ai dû travailler dur, mais c'était très utile et j'ai rencontré des jeunes du monde entier.

Writing

1 Le monde du travail

Vous écrivez un blog sur vos projets d'avenir. Décrivez:

- les avantages et les inconvénients d'un petit boulot
- ce que vous allez faire après les examens
- le métier que vous voudriez faire, et pourquoi

Écrivez environ **150** mots en **français**. Répondez à tous les aspects de la question.

Writing tips

- Try to use or adapt some of the expressions from this unit in your work.
- Ensure all the bullet points are evenly covered and developed.
- Be as accurate as possible and remember to check for one thing at a time.
- Ask yourself some questions: Is there a range of tenses? How many have I used? Have I used any verb + *à*/*de* + infinitive constructions?

---

2 Traduction

Traduisez ce message en français.

When I leave school, I intend to spend a year in Africa. I hope to do voluntary work in a school because that interests me a lot. At university I want to study languages because they are very useful. I have not yet decided what I will do later as a job, but I would like to work abroad.

Sommaire

Jobs

un(e) acteur/ actrice	actor, actress
un agent de police	police officer
un(e) agriculteur/ agricultrice	farmer
un(e) arbitre	referee
un(e) architecte	architect
un(e) artiste	artist
un(e) avocat(e)	lawyer
un(e) boucher/ bouchère	butcher
un(e) boulanger/ boulangère	baker
un(e) caissier/-ière	cashier
un(e) chanteur/ chanteuse	singer
un(e) chauffeur/ chauffeuse (de camion)	(lorry) driver
un(e) coiffeur/ coiffeuse	hairdresser
un(e) comptable	accountant
un(e) conducteur/ conductrice (de bus/camion)	(bus/lorry) driver
un(e) créateur/ créatrice de sites internet	web designer
un(e) cuisinier/ cuisinière	cook
un(e) danseur/ danseuse	dancer
un(e) dessinateur/ dessinatrice	designer
un(e) directeur/ directrice	director, headteacher
un(e) électricien(ne)	electrician
un(e) employé(e) (de banque/ de bureau)	(bank/office) employee
un(e) enseignant(e)	teacher (secondary)
un(e) facteur/ factrice	postman/woman
un(e) fermier/ fermière	farmer
un(e) fonctionnaire	civil servant
un(e) garagiste	garage owner/ mechanic
un(e) assistant(e) maternel(le)	childminder
un(e) gérant(e)	manager
un homme/une femme d'affaires	businessman/ businesswoman
une hôtesse de l'air/un steward	air hostess/steward
un(e) infirmier/ infirmière	nurse
un(e) informaticien(ne)	computer scientist
un(e) ingénieur(e)	engineer
un(e) inspecteur/ inspectrice	inspector
un(e) instituteur/ institutrice	teacher (primary)
un(e) joueur/ joueuse (de football)	(football) player
un(e) journaliste	journalist
un(e) maçon(ne)	builder
un(e) mécanicien(ne)	mechanic, train driver
un médecin/une femme médecin	doctor
un métier	job
un(e) moniteur/ monitrice	instructor
un(e) musicien(ne)	musician
un(e) ouvrier/ ouvrière	manual worker
un(e) peintre-décorateur	painter-decorator
un(e) pharmacien(ne)	chemist
un(e) photographe	photographer
un(e) pilote	pilot
un(e) plombier/ plombière	plumber
un policier/une femme policier	police officer
un(e) (sapeur-)pompier	firefighter
un professeur	teacher
un(e) programmeur/ programmeuse	programmer
un(e) réceptionniste	receptionist
un(e) représentant(e)	(sales) representative
un(e) secrétaire	secretary
un(e) serveur/ serveuse	waiter/waitress
un soldat/une femme soldat/ un(e) militaire	soldier
un(e) technicien(ne)	technician
un(e) vendeur/ vendeuse	salesperson
un(e) vétérinaire	vet

The world of work

le boulot (fam)	work (slang)
CDI (Contrat à Durée Indéterminée)	permanent contract
CDD (Contrat à Durée Déterminée)	temporary contract
un débouché	career opportunity, opening
disponible	available
un(e) employé(e)	employee
un employeur	employer
une entreprise	company, firm
faire dans la vie	to do for a living
gagner (sa vie)	to earn (your living)
la formation en alternance	sandwich course
des heures (f pl) supplémentaires	overtime
les horaires de travail (m pl)	hours of work
les horaires variables (m pl)	flexitime
la population active	working population
le salaire	salary
une situation	job, position
le SMIC (le salaire minimum)	minimum wage
le télétravail	teleworking (working from home for an employer)
un travail …	a job …
dans l'armée	in the army
dans le commerce	in commerce, business
dans la fonction publique	in the civil service
dans l'informatique	in computing
dans l'industrie	in industry
dans le marketing	in marketing
de bureau	in an office
en plein air	in the open air, outdoors
qui me permettra de voyager à l'étranger	that will enable me to travel abroad
le travail à mi-temps	half-time work
le travail à temps complet	full-time work
le travail à temps partiel	part-time work
travailler à son compte	to be self-employed
travailler dans une usine	to work in a factory

Exams

le baccalauréat (le bac)	main French school-leaving exam (at age 17/18)
passer/avoir un examen	to take an exam

être reçu à un examen/réussir à un examen	to pass an exam
échouer à/rater (fam.) un examen	to fail an exam
une épreuve	test, exam paper
un examen blanc	mock exam
une bonne/mauvaise note	a good/bad mark
s'orienter vers (les sciences)	to specialise in (science)

■ Work experience placement

un(e) conseiller/ conseillère d'orientation	careers adviser
un emploi	job, employment
la formation	training
un horaire	timetable, schedule
quels sont/étaient vos horaires?	what hours do/did you work?
le patron	boss
un placement	placement
un stage en entreprise	work experience placement

■ Unemployment

le chômage	unemployment
un(e) chômeur/ chomeuse	unemployed (person)
la demande d'emploi	situation wanted
un emploi	job
être au chômage	to be unemployed
le licenciement	redundancy
une offre d'emploi	job advert, vacancy
le Pôle emploi	employment office
le travail	work

■ Aspects of work

une agence	agency
un(e) apprenti(e)	apprentice
bien payé	well paid
une entreprise	company, business
expérimenté	experienced
faire du classement	to do filing
un jour de congé	day off
un jour férié	public holiday
livrer	to deliver
mal payé	badly paid

par heure	by hour
par jour	by day
un(e) patron(ne)	boss, owner
la publicité	advertising
la réunion	meeting

■ Future plans

l'avenir	future
un apprentissage	apprenticeship
avoir l'intention de	to intend to
bénévole	voluntary
un(e) bénévole	volunteer
la carrière	career
célibataire	single (not married)
la chance	luck
le chantier volontaire	volunteer project
choisir	to choose
commencer	to begin
devenir	to become
un diplôme	diploma, qualification
espérer	to hope
un(e) étudiant(e)	student
étudier	to study
un examen	exam
la faculté	university
faire des études	to study
les fiançailles (f pl)	engagement
le lycée	senior school or sixth form college
le lycée technique	technical college
le mariage	marriage
se marier	to get married
la matière	school subject
la note	mark
l'orientation (f)	course choice
s'orienter vers	to guide yourself towards
la profession	occupation
les projets (précis) (m pl)	(definite) plans
quitter le collège	to leave school
les résultats (m pl)	results
le rêve	dream
se spécialiser	to specialise
(entrer) en terminale	(to go into) the Upper Sixth/ Year 13
une université	university

■ Pocket money and part-time work

acheter	to buy
un(e) animateur/ animatrice	organiser, presenter
une annonce	advert
l'argent(m) de poche	pocket money
assez	enough
le (petit) boulot (fam)	job
chercher	to look for
la connaissance	knowledge, acquaintance
le CV	CV (curriculum vitae)
dépenser	to spend
déposer sur son compte	to put into one's account
depuis	since, for
distribuer	to deliver
donner	to give
écrire	to write
un entretien	job interview
faire des économies	to save money
faire du babysitting	to babysit
un formulaire	form
livrer	to deliver
un(e) maître- nageur	lifeguard
un(e) moniteur/ monitrice	instructor
payer	to pay
une petite annonce	small ad
poser sa candidature	to apply
un pourboire	tip
se présenter	to present oneself

■ Grammar

Saying what you plan to do **p172**
Pendant, depuis, pour **p174**
Verbs with an infinitive **p175**
Direct object pronouns + the perfect tense **p177**
Verbs with prepositions **p179**
quand + future tense **p180**
The conditional **p186**

unité 10 Notre planète

10A Un monde divers

- *find out some general facts about the world*
- *revise names of countries*

1 Foire aux questions (FAQ)

La plupart des pays du monde sont membres de l'Organisation des Nations Unies (ONU).

La Grande Muraille de Chine

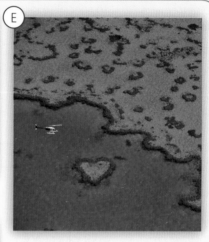

Yann Arthus Bertrand est photographe français et «ambassadeur de bonne volonté» du Programme des Nations Unies pour l'Environnement (PNUE). Il a pris beaucoup de photos aériennes de la Terre et il a réalisé des films pour la cause environnementale. Pour plus de renseignements, visitez son site web ou regardez ses livres.

Les pyramides à Giza en Égypte, une des sept merveilles du monde antique qui existe toujours.

Le monde est jeune! Plus d'un quart de la population est jeune et 90% des jeunes habitent dans des pays en développement.

🔊 a Lisez les informations. Notez vos réponses aux questions, puis écoutez pour vérifier.

1 En 1950, la population mondiale était 2,5 milliards, mais elle est d'environ combien en 2016?
   a plus de 5 milliards
   b plus de 7 milliards
   c plus de 10 milliards

2 Quels sont les deux pays qui ont plus d'un milliard d'habitants?
   a l'Australie   b le Brésil
   c la Chine   d les États-Unis
   e l'Inde   f le Pakistan

3 Quels sont les deux pays qui sont les plus grands par leur superficie?
   a l'Algérie   b le Canada
   c le Mexique   d le Pérou
   e la Russie   f la France

4 Environ la moitié de la population habite dans les villes et les trois villes les plus peuplées se trouvent en Asie, mais quelle est la ville la plus peuplée du monde?
   a Jakarta en Indonésie
   b Karachi au Pakistan
   c Séoul en Corée du Sud
   d Shanghai en Chine
   e Tokyo au Japon

5 Dans le monde antique il y avait sept merveilles du monde. Aujourd'hui, il n'en reste qu'une du monde antique: la pyramide de Khéops en Égypte. Mais en suivant cette tradition, une organisation a invité des gens à voter sur Internet ou par téléphone pour sept nouvelles merveilles. Plus de 100 millions de personnes ont pris part à ce sondage géant, mais la liste des sept nouvelles merveilles n'est pas officielle. Voici la liste nommée par les internautes mais il y a un intrus. Laquelle n'est pas désignée une nouvelle merveille du monde?
   a La tour Eiffel en France
   b La Grande Muraille de Chine
   c le Taj Mahal en Inde
   d le Colisée en Italie
   e Pétra en Jordanie
   f Chichén Itzá au Mexique
   g La Statue du Christ Rédempteur au Brésil
   h Le Machu Picchu au Pérou

b Trouvez l'équivalent en français.
1 UN
2 developing countries
3 billion
4 populated
5 a wonder of the world

When you come across a word you don't know, look for similarities with words you do know which might help you work out the meaning.

You know that **le monde** means 'the world', so can you work out what these mean?

1 la *Coupe du Monde*
2 il y avait du monde en ville
3 la *Première Guerre mondiale*
4 tout le monde
5 le tour du monde
6 dans le monde entier

2 Les langues

Voici les langues les plus parlées au monde par ordre alphabétique.

a Devinez quelle est la première, la deuxième et la troisième langue la plus parlée.

b Quelles sont les six langues officielles de l'ONU?

- l'allemand
- l'anglais
- l'arabe
- le bengali
- le (chinois) mandarin
- l'espagnol
- le hindi
- le japonais
- le portugais
- le russe

3 Les habitants du monde

🔊 Écoutez et notez les pourcentages.

Les continents

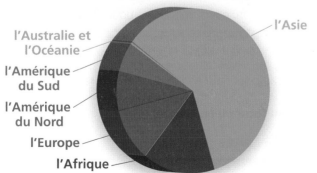

4 Quelle définition?

Trouvez la bonne définition.

Exemple: 1 *d*

1 un réfugié
2 la population active
3 l'inégalité des sexes
4 un orphelin
5 un immigré
6 l'Organisation des Nations Unies (l'ONU)
7 illettré
8 la pauvreté
9 les sans abri ou sans domicile fixe (SDF)

a la population qui travaille pour gagner de l'argent

b la différence qu'on accorde aux hommes et aux femmes

c des personnes qui n'ont pas de logement et qui habitent dans la rue ou temporairement dans des foyers

d une personne qui doit quitter son pays d'origine à cause d'une situation dangereuse, comme la guerre ou la persécution

e une personne qui vit dans un pays qui n'est pas son pays d'origine

f une situation où beaucoup d'habitants doivent vivre avec une somme équivalente à moins de 1 ou 2 dollars US par jour

g une organisation internationale fondée à la fin de la Seconde Guerre mondiale en 1945 pour résoudre les problèmes internationaux.

h une personne qui ne sait ni lire ni écrire

i un enfant dont les deux parents sont morts

| 1 15 5 8, 5 60 11 |

1 ____ % habitent en Asie.
2 ____ % habitent en Afrique.
3 ____ % habitent en Europe.
4 ____ % habitent en Amérique du Sud et aux Caraïbes.
5 ____ % habitent en Amérique du Nord.
6 Moins de ____ % habitent en Australie et Océanie.

High numbers, percentages, decimal points, fractions

How would you say the following numbers in French?
100   500   1,000   1,000,000   1,000,000,000
Note how to say percentages and decimal points:
4% = *quatre pour cent*
2.5 = 2,5 = *deux virgule cinq*
Check you know the English for these common fractions:
un quart   un tiers   un demi   trois-quarts
See also **Vocabulaire et expressions utiles**, page 258.

■ discuss some world problems (poverty, conflict, disease)

■ find out about humanitarian work

1 Des expressions utiles

Trouvez les paires.

1	la faim	**a**	*Aids*
2	le manque d'eau potable	**b**	*corruption*
3	le sida	**c**	*hunger*
4	le terrorisme	**d**	*lack of drinking water*
5	la corruption	**e**	*landmines*
6	la guerre	**f**	*terrorism*
7	les mines antipersonnelles	**g**	*war*

2 Être orphelin en Afrique

Lisez le texte et faites les exercices.

Le sida est une maladie qui est présente dans le monde entier, mais surtout dans les pays d'Afrique. On estime que plus de 13 millions d'enfants ont perdu un ou deux parents à cause du sida. Beaucoup de ces orphelins doivent abandonner l'école et gagner de l'argent pour survivre et pour s'occuper de leurs frères et sœurs plus jeunes.

Louis, qui vit au Malawi, n'a que quatorze ans. Mais depuis qu'il a perdu ses parents (morts du sida il y a un an), il doit s'occuper de son frère de dix ans et de sa sœur de neuf ans.

«Le plus gros problème, sans nos parents, est de trouver de quoi manger», dit-il. Sans parents ni grands-parents, Louis a dû abandonner l'école pour gagner un revenu. Il transporte des produits alimentaires pour des commerçants, ce qui permet aux trois enfants de se nourrir.
©Unicef

a Répondez en anglais.

1 Why are there so many orphans in Africa?
2 Why do they often have to stop going to school?
3 How old is Louis?
4 Who does he have to look after?
5 What is the biggest problem for him?
6 How does he earn an income?

b Trouvez des synonymes.

1 habite
2 décédés
3 de la nourriture
4 manger

c Traduisez le texte en anglais.

3 L'éducation des filles

Lisez le texte puis complétez le résumé.

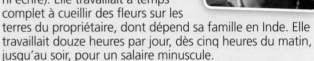

Il y a un an, Manju (quinze ans) était illettrée (elle ne savait ni lire ni écrire). Elle travaillait à temps complet à cueillir des fleurs sur les terres du propriétaire, dont dépend sa famille en Inde. Elle travaillait douze heures par jour, dès cinq heures du matin, jusqu'au soir, pour un salaire minuscule.

Les familles, dans la région où Manju vit, hésitent à envoyer les filles à l'école: on les marie souvent à l'âge de treize ans. Après le mariage, le travail des filles et ce qu'elles gagnent va à la famille de leur mari. «J'étais jalouse des filles d'à côté quand je les voyais partir à l'école chaque jour», explique Manju.

C'est alors qu'on a ouvert un cours du soir dans le village de Manju; de jeunes volontaires ont fait le tour du village pour encourager les parents à inscrire leurs enfants à l'école. Manju a bien aimé ces cours facultatifs et avec ses parents, elle a décidé de poursuivre son éducation dans un camp destiné spécialement aux filles, comme elle.

La décision de commencer à étudier à l'âge où de nombreuses filles se marient, a mis le frère de Manju très en colère. Il s'est rendu plusieurs fois au camp pour menacer le personnel. Mais Manju a continué l'école. «J'ai compris que l'école m'aiderait à m'en sortir», dit-elle. «Je veux prouver à mon frère et aux adultes du village qu'ils ont eu tort de dire que je ne devrais pas étudier parce que j'étais plus âgée.»
©Unicef

Complétez les phrases du résumé avec la bonne forme du verbe: à l'imparfait, au présent, au passé composé, au futur ou au conditionnel.

A à l'imparfait

L'année dernière, Manju n'(**1** *aller*) pas à l'école parce qu'elle (**2** *devoir*) travailler pour soutenir sa famille. Cependant, elle (**3** *vouloir*) aller à l'école et elle (**4** *être*) jalouse des autres filles qui y (**5** *aller*).

B au présent

aller (x2)	gagner	savoir	vouloir

Souvent, les filles de sa région ne (**1**) ___ pas à l'école et elles ne (**2**) ___ ni lire ni écrire. C'est parce que leurs parents (**3**) ___ qu'elles se marient jeunes. Après leur mariage, l'argent que les filles (**4**) ___ (**5**) ___ à la famille de leur mari.

C au passé composé

aller	continuer	menacer	pouvoir

Heureusement, Manju (**1**) ___ aller aux cours du soir dans son village. Ensuite, elle (**2**) ___ son éducation dans un camp spécial. Le frère de Manju n'était pas content. Il (**3**) ___ au camp et (**4**) ___ les instituteurs.

D au futur ou au conditionnel

aider	devoir	voir	vouloir

Mais Manju a dit: «Je (**1**) ___ faire des études parce que ça m'(**2**) ___ à l'avenir. Mon frère (**3**) ___ qu'il a eu tort de dire que je ne (**4**) ___ pas étudier.»

4 L'avis des jeunes

🔊 Il y a beaucoup de problèmes dans le monde. Écoutez les jeunes qui parlent de différents problèmes.

a Répondez en anglais.

1 Which problem did Lucas not know much about before travelling to Laos?
2 Was Laos at war when he went there?
3 What is still a problem there?
4 Why are children particularly at risk?
5 What does Lucas say should be done?
6 Why is this difficult?
7 What was Karima shocked to find out?
8 What does she say about the situation of girls in some countries?
9 Which problem does Théo mention?
10 What does he suggest should happen?

c Trouvez l'équivalent en français.

1 I didn't know much about
2 a long time ago
3 they ought to make more effort
4 I was shocked to learn
5 It seems to me
6 long-term solutions

b Trouvez les paires.

1 Avant d'y aller, je ne savais pas grand-chose
2 La guerre est finie depuis longtemps
3 On devrait faire plus d'efforts
4 J'ai été choqué d'apprendre que dans certains pays
5 Je ne comprends pas pourquoi
6 Il me semble que l'aide arrive
7 Les organisations internationales devraient

a il y a souvent des famines en Afrique.
b les filles ne vont pas automatiquement à l'école primaire.
c mais on a laissé un grand nombre de mines antipersonnelles.
d pour désamorcer (*to defuse*) les mines antipersonnelles.
e souvent trop tard pour sauver les gens.
f sur le problème des mines antipersonnelles.
g travailler ensemble pour trouver des solutions à long terme.

5 Médecins Sans Frontières

🔊 Trouvez les paires, puis écoutez pour vérifier.

Médecins Sans Frontières est une association médicale humanitaire internationale, créée en 1971 à Paris par des médecins et des journalistes.

Elle apporte une assistance médicale à des populations dont la vie ou la santé est menacée: principalement en cas de conflits armés, mais aussi d'épidémies et de catastrophes naturelles, comme les tremblements de terre, les sécheresses, les inondations et les famines.

MSF recrute des profils différents pour ses missions: médecins, infirmiers, chirurgiens, sages-femmes, pharmaciens, techniciens de laboratoire, logisticiens, administrateurs, électriciens.

dont *whose* (relative pronoun see **Grammaire** 9.3)

1 Qui sont-ils?
2 Est-ce que ce sont uniquement des médecins?
3 Est-ce qu'ils parlent des langues étrangères?
4 Où vont-ils?
5 Que fait-on en situation de guerre?
6 Qu'est-ce qu'on peut faire d'autre pour aider les pays pauvres?

a Non. La plupart sont des médecins et des infirmiers mais on recrute aussi des professionnels non-médicaux, par exemple, des administrateurs.
b On arrive, on installe un bloc sanitaire et on soigne les blessés.
c Les gens doivent parler une langue étrangère, comme l'anglais.
d Ce sont surtout des volontaires qui s'engagent pour une période minimum de six mois.
e Actuellement il y a des volontaires dans plus de 60 pays du monde – des pays comme l'Afghanistan, la Côte d'Ivoire, le Malawi.
f Il y a des programmes de vaccination et de nutrition. Puis il y a le travail sur l'environnement, surtout en ce qui concerne l'eau. Les camps de réfugiés et les hôpitaux ont besoin de grandes quantités d'eau potable.

6 À vous!

💬 Faites une liste des actions qu'on pourrait faire pour combattre ces problèmes.

Pour vous aider

On pourrait Le gouvernement devrait Les pays riches devraient On devrait Il faut	organiser des évènements et collecter de l'argent pour les personnes en difficultés. réagir plus rapidement quand il y a une famine ou une catastrophe naturelle. donner gratuitement des médicaments aux gens qui souffrent du sida. interdire les mines antipersonnelles. ne pas traiter avec des administrations qui sont corrompues. aider les pays en développement. améliorer les services médicaux dans les pays pauvres. soutenir des organisations humanitaires.

- *discuss climate change and natural disasters*
- *understand the passive*

1   Tuvalu

Lisez le texte et répondez en anglais.

1 Where is Tuvalu?

2 What evidence is there on the island of climate change?

3 What is the effect of salt water penetrating the soil?

4 What is happening to the trees?

> Tuvalu est un des plus petits pays du monde. C'est un archipel de neuf îles dans l'océan Pacifique, à l'est de l'Australie.
>
> Depuis quelques années, Tuvalu est menacé par le changement climatique. Les vagues sont plus hautes, les marées plus grandes et fréquentes et le niveau de la mer monte. En plus, l'eau de mer remonte dans le sol et l'imprègne de sel. Le sel détruit les cultures. Les arbres tombent et ne protègent plus l'île de l'érosion du vent. C'est un pays en danger de disparaître.

2   Le réchauffement de la planète

a Trouvez l'équivalent en français.

1 carbon dioxide

2 climate change

3 global warming

4 greenhouse effect

5 ozone layer

6 sea level

b Complétez les phrases avec le bon verbe au **présent**.

> devenir   être (x2)   fondre   monter   voir

Les conséquences de l'effet de serre

1 Le climat ____ plus chaud.

2 Le désert ____ plus aride dans le sud.

3 On ____ des pluies plus abondantes dans les régions tropicales.

4 Les inondations ____ plus fréquentes et plus graves.

5 Les glaciers ____.

6 Le niveau de la mer ____.

c Traduisez le texte en anglais.

> Depuis quelques années on observe que le climat devient plus chaud. Les glaciers fondent, le niveau de la mer monte, les inondations, les canicules (*heatwaves*) et les tempêtes sont plus fréquentes.
>
> La plupart des experts sont d'accord pour dire que la cause principale est l'activité humaine (transport, chauffage, industrie, agriculture, production d'énergie, etc.).

L'effet de serre

−18°C, c'est froid. C'est pourtant la température qu'il ferait sur la Terre sans l'effet de serre. L'effet de serre naturel maintient la température moyenne à 15°C, ce qui rend la vie possible. Cependant, à cause des activités humaines, il y a trop de gaz à effet de serre et ça contribue au réchauffement de la planète.

La couche d'ozone protège la Terre contre les rayons ultra-violets du soleil.

Des gaz dangereux, comme le gaz carbonique et les gaz fluorés (F), forment une sorte de couvercle dans l'atmosphère.

Une partie des rayons du soleil est réfléchie vers la Terre par les gaz. La Terre devient plus chaude.

Les usines déchargent des gaz, comme le CO_2, qui polluent l'air.

Les voitures déchargent des gaz, comme le CO_2, qui polluent l'air.

Les océans aussi absorbent du CO_2.

Les animaux et les hommes doivent respirer de l'oxygène pour vivre. Pour les plantes et les arbres, c'est le contraire. Ils absorbent du CO_2 et rejettent de l'oxygène. Voilà pourquoi il est important de protéger les forêts.

3   Des catastrophes naturelles

🔊 Écoutez et complétez le texte.   **Exemple: 1** *e (terre)*

A Tremblement de terre en Chine

> **a** 7,8   **b** 400 000   **c** détruit   **d** sans abri   **e** terre

Un tremblement de (**1**) ____ a frappé la province du Sichuan en Chine. Un puissant séisme, d'une magnitude de (**2**) ____ sur l'échelle de Richter a fait plus de 88 000 morts ou disparus et près de (**3**) ____ blessés. Il a aussi endommagé ou (**4**) ____ des millions de maisons, laissant cinq millions de personnes (**5**) ____.

B Sécheresse au Kenya

🔊 Écoutez le texte et complétez le résumé en anglais.

The (**1**) ____ is getting worse in many parts of Kenya. People are (**2**) ____ and children are suffering from (**3**) ____. Cattle are (**4**) ____. Conditions are likely to (**5**) ____ in the course of (**6**) ____.

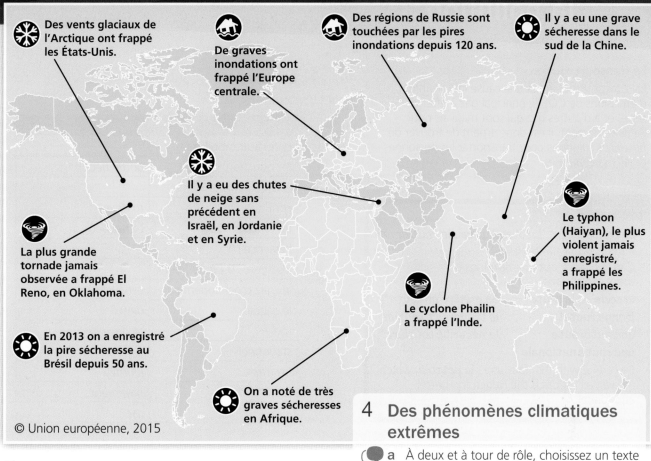

Des vents glaciaux de l'Arctique ont frappé les États-Unis.

De graves inondations ont frappé l'Europe centrale.

Des régions de Russie sont touchées par les pires inondations depuis 120 ans.

Il y a eu une grave sécheresse dans le sud de la Chine.

Il y a eu des chutes de neige sans précédent en Israël, en Jordanie et en Syrie.

Le typhon (Haiyan), le plus violent jamais enregistré, a frappé les Philippines.

La plus grande tornade jamais observée a frappé El Reno, en Oklahoma.

Le cyclone Phailin a frappé l'Inde.

En 2013 on a enregistré la pire sécheresse au Brésil depuis 50 ans.

On a noté de très graves sécheresses en Afrique.

© Union européenne, 2015

4 Des phénomènes climatiques extrêmes

a À deux et à tour de rôle, choisissez un texte et traduisez-le pour votre partenaire.

b Faites des recherches et écrivez 1–2 phrases sur une catastrophe climatique récente.

5 Des ouragans à Haïti

◀)) Écoutez et lisez le texte.

En août et en septembre, la tempête tropicale Fay, puis les ouragans Gustav, Hanna et Ike ont successivement frappé le petit pays de Haïti. Après trois ouragans successifs, l'accès aux zones touchées a été difficile, des ponts sont tombés, des routes ont été emportées et des communautés ont été isolées. Les habitants commençaient à se remettre du premier ouragan, alors que le deuxième, puis le troisième, sont arrivés.

Les ouragans sont passés juste au début de l'année scolaire. Près de 1 000 écoles ont été détruites, touchant 200 000 enfants d'âge scolaire et on a repoussé la date de la rentrée (du 2 septembre au 6 octobre). Le bilan a été de 700 morts et les dégâts sont estimés à près d'un milliard de dollars US.

Répondez aux questions en anglais.

1 What extreme weather was experienced in Haiti in August and September?

2 Mention two consequences which affected transport.

3 What happened to many schools?

4 What was the impact of this for schoolchildren?

5 What was the final toll?

6 Les infos

Complétez les bulletins avec des verbes au passif.

A Un incendie a détruit plus de mille hectares dans le sud de la France. Deux campings et environ cent habitations (**1** *évacuer*). Selon les pompiers, cinq maisons (**2** *détruire*) et un cinéma (**3** *endommager*).

B Une tempête a ravagé la France causant des dégâts énormes. Après le cyclone, des forêts (**4** *dévaster*), des toits de maisons (**5** *arracher*) et environ 30% des foyers (**6** *priver*) d'électricité et d'eau. Une partie de la route nationale (**7** *fermer*).

Dossier-langue   **Grammaire 19**

The passive

The passive is used to say that something has happened to something or been done to someone.

La ville a été dévastée par un ouragan.
The town was devastated by the hurricane.

The passive is formed by using any tense of **être** + a past participle, which is used like an adjective. This means it has to agree with the subject by adding **e** and/or **s** when appropriate.

Elle a été piquée par une guêpe.
She was stung by a wasp.

Les ponts ont été emportés.
The bridges were swept away.

Find the French for these phrases in task 5.

– *roads were swept away*

– *nearly 1,000 schools were destroyed*

7 Une catastrophe récente

Faites des recherches et écrivez 2–3 phrases sur une catastrophe climatique récente.

Le transport routier

Le transport routier est une cause importante d'émissions de CO_2 (le principal gaz à effet de serre) et à d'autres gaz qui sont mauvais pour l'environnement. Il est donc urgent de trouver de nouvelles solutions pour transporter les personnes et les marchandises.

Stratégies

La route means 'road' and **un relais routier** is a transport or roadside café.

Can you work out the meanings of these expressions?

le code de la route   **se mettre en route**
Bonne route!   **le transport routier**
une autoroute   **la sécurité routière**
une route nationale

Be careful with the 'faux ami', **le pétrole**, which means 'oil'. What is the French for 'petrol' and 'diesel'?

1 Lexique

Complétez la liste.

Français	Anglais
un(e) automobiliste	
un bouchon	*bottle neck*
la circulation	
conduire	*to drive*
un embouteillage	*bottle neck, traffic jam*
l'essence (*f*)	
les heures (*f pl*) de pointe	
les gaz d'échappement	*exhaust fumes*
le gazole	*diesel*
rouler	*to drive, move*
stationner	
un trajet	*journey*
le trottoir	*pavement*
	car

2 On prend la voiture, oui ou non?

a Trouvez les paires.

1 Beaucoup de gens prennent la voiture même pour des petits trajets
2 À mon avis, il est pratique de prendre la voiture
3 Je trouve que les gens sont
4 En voiture, on est plus indépendant et plus confortable et
5 Aux heures de pointe, il y a souvent des embouteillages et on roule très lentement,
6 Le transport routier
7 Cela contribue à la pollution de l'air et du bruit, bref
8 Quand il y a plusieurs personnes dans la voiture
9 Il faut trouver de nouvelles solutions pour
10 Le soir, si je sors en ville, ma mère m'emmène et vient me chercher en voiture parce que

a trop dépendants de leur voiture.
b c'est souvent moins cher que le train.
c parce qu'on arrive directement à sa destination.
d est une cause importante d'émission de CO_2.
e les bus ne sont pas assez fréquents.
f on peut prendre beaucoup de bagages.
g c'est mauvais pour l'environnement.
h transporter les gens et les marchandises.
i alors qu'ils peuvent très bien y aller à pied.
j et en plus, il est difficile de stationner.

b Faites une liste des arguments **pour** et **contre** la voiture.

Exemple:

pour	contre
plus pratique	mauvais pour l'environnement

3 En ville sans voiture

Complétez le reportage avec les mots de la case.

augmenté   autre   diminué   pied   pollution   skate   voiture

Pour lutter contre la (**1**) ____, le bruit et l'encombrement des villes, on demande aux citadins de laisser leur (**2**) ____ à la maison pendant une journée et de prendre un (**3**) ____ moyen de transport. Plus de 150 villes françaises ont participé à cette opération. Pendant une journée en septembre, le bruit de la ville a (**4**) ____ de 50%, la pollution d'origine automobile de 20 à 50% et la fréquentation des transports en commun a (**5**) ____ de 10%. La marche à (**6**) ____ et la pratique du vélo ont augmenté et on a aussi vu des gens à (**7**) ____ et à roller.

4 Pour réduire la pollution en ville

> Ce n'est pas simplement la voiture qui produit de la pollution, mais aussi les camions, les motos, les scooters et autres véhicules.

Hanoi au Viêtnam, une ville avec des millions de motos.

Voici des mesures prises dans différentes villes:

- On trouve souvent des couloirs de bus pour permettre aux bus de circuler plus facilement.
- Plusieurs villes d'Europe ont un système de location de vélos, pas cher, comme Vélib' à Paris. On peut prendre un vélo dans une station et le déposer dans une autre. Ça marche 24/24 et 7j/7; c'est pratique et bon pour la forme!

- Dans plusieurs villes, comme Xian en Chine, les bus et les véhicules municipaux sont électriques – donc moins de bruit et de pollution dans les rues.
- Il faut accélérer le développement des voitures électriques et fabriquer des voitures électriques et hybrides, et ceci à des prix abordables.
- À Londres, il y a un système de péage pour circuler en voiture au centre-ville pendant la semaine de travail.
- En France, les camions et les poids lourds n'ont pas le droit de circuler le dimanche.
- Dans plusieurs villes on décourage les voitures qui circulent avec une seule personne et on encourage le covoiturage.
- Il y a les clubs d'autopartage: comme ça, on loue une voiture uniquement quand on en a besoin.
- Beaucoup de villes organisent une journée sans voiture pour encourager les gens à laisser leur voiture à la maison.

a Lisez le texte et trouvez l'équivalent en français.

1 lorries
2 bus lanes
3 less noise
4 affordable prices
5 working week
6 heavy goods vehicles
7 car sharing clubs
8 when you need one

b Et chez vous?

- Qu'est-ce qu'on prend comme mesures dans votre ville / votre région / votre pays?
- À votre avis, quelles sont les mesures les plus importantes?

Écrivez vos réponses aux questions.

5 À vous!

a À deux, posez des questions et répondez à tour de rôle.

- Pourquoi est-ce que tant de personnes aiment circuler en voiture/à moto?
- Quand est-ce qu'il est nécessaire de prendre la voiture, à ton avis?
- Pourquoi est-ce que c'est mauvais pour l'environnement?
- Qu'est-ce qu'il faut faire pour encourager les gens à laisser leur véhicule à la maison?

Pour vous aider

Parce que (qu') … les transports en commun ne sont pas fréquents. on est plus indépendant. on part de la maison et on arrive directement à destination. c'est plus pratique quand il pleut.	Il est nécessaire de prendre la voiture … si on a beaucoup de bagages. s'il n'y a pas d'autres moyens de transport. s'il fait très mauvais.

Les voitures produisent des émissions de carbone et d'autres gaz qui polluent l'air.
Les véhicules contribuent à la pollution et au bruit en ville.

Il faut / On devrait …
améliorer les transports en commun.
imposer un tarif aux automobilistes pour circuler au centre-ville.
organiser des journées sans voiture dans toutes les villes.
fabriquer des voitures électriques à des prix abordables.

b Qu'est-ce qu'il faut faire pour encourager les gens à moins utiliser leur voiture? Écrivez trois suggestions.

La Fête des transports

1 Se déplacer en ville

Complétez les infos avec les mots de la case.

> **a** à pied **b** covoiturage **c** en commun **d** moyen **e** piétons
> **f** pistes cyclables **g** skate **h** trajet **i** tramway **j** trottoirs **k** vélo

On estime qu'un (**1**) ____ sur deux en ville est pour une distance de moins de 3 km.

La marche (**2**) ____ est un mode de transport universel, qui est gratuit et bon pour la santé.

Souvent les (**3**) ____ peuvent marcher facilement et en sécurité dans des zones piétonnes.

Rapide, non-polluant, pas cher et sportif, le (**4**) ____ est souvent le moyen de transport le plus rapide pour de courtes distances (moins de 6 km).
Pour encourager le cyclisme, on établit des (**5**) ____ dans beaucoup de villes.

Le roller, le (**6**) ____ et la trottinette sont aussi des moyens de transport non-polluants et bons pour la santé. Les gens qui les utilisent doivent rouler sur les (**7**) ____.

Les transports (**8**) ____ sont très économes en espace et en énergie et moins polluants.
Une rame de (**9**) ____ transporte à peu près l'équivalent en passagers de 170 voitures.

Prendre la voiture est souvent le (**10**) ____ le plus coûteux de circuler, et en plus beaucoup de voitures n'ont qu'une personne à bord. Si vous devez prendre la voiture, pensez au (**11**) ____.

2 Pour faire trois kilomètres en ville

Les transports	L'heure (en moyenne)
À pied	36 mn
À vélo	12 mn
en voiture (circulation fluide, stationnement facile)	7 mn
en voiture (bouchons stationnement difficile)	27 mn
en bus (circulation fluide)	7 mn
en bus (bouchons)	18 mn

Consultez le tableau et répondez aux questions.

1 Quels sont les moyens de transport les plus rapides s'il n'y a pas de bouchons?
2 Quel est le moyen le plus rapide s'il y a des bouchons?
3 Quel est le moyen le plus lent mais aussi le moins coûteux?

Les tramways

Autrefois, il y avait des tramways dans beaucoup de villes françaises. Mais pendant les années 1930–50, on a détruit beaucoup de systèmes. Cela a été une erreur monumentale! Maintenant, on a réintroduit le tramway dans plusieurs villes comme, par exemple, Bordeaux, Grenoble, Lyon, Montpellier, Nantes, Orléans et Rouen.

3 Vélib'

Lisez le texte et répondez en anglais.

1 Give some of the advantages of the *Vélib'* scheme.
2 How old and how tall do you have to be?
3 Roughly how many bikes are available?
4 How many stations are there?

Vélib'

Prendre un vélo dans une station, le déposer dans une autre, Vélib' est un système de location en libre-service innovant, très simple à utiliser, disponible 24h/24 et 7j/7 pour circuler en toute liberté.

Accessible à tous dès quatorze ans (il faut mesurer 1,50 m minimum), Vélib' s'adapte à tous vos déplacements: sortir, faire des courses, aller travailler … Simple à utiliser, Vélib' est le mode de transport idéal pour effectuer vos trajets courts dans Paris.

Avec des milliers de vélos proposés dans des centaines de stations, il y a toujours un vélo à proximité.

4 L'avis des jeunes

🔊 Écoutez les jeunes et faites les exercices.

a Suliman, Cécile et Marc parlent des trajets au collège. Qui a dit ça?

a Ça marche bien et ça me permet d'être plus indépendante.

b Je sais que ce n'est pas bien pour l'environnement mais on est trois dans la voiture.

c Ça va et ce n'est pas cher, mais il y a toujours trop de monde et en plus en été il fait très chaud.

d Avant j'allais à l'école en voiture, mais maintenant je prends le bus.

b Écoutez les trois autres jeunes qui parlent des trajets le weekend. Pour chacun, notez en français:

a le moyen de transport   **b** ce qu'on en pense

5 Que faut-il faire?

a Complétez les phrases avec le bon verbe à l'infinitif.

améliorer   limiter   construire   augmenter   organiser

1 Il faut ___ les transports en commun.

2 Il ne faut pas ___ le tarif des bus, des trains et du métro.

3 Il ne faut pas ___ de parkings au centre-ville.

4 Il faut ___ des journées sans voiture dans les villes.

5 Il faut ___ la circulation au centre-ville, sauf pour les personnes handicapées.

b Complétez les phrases avec **il faut** ou **il ne faut pas**.

1 ___ avoir plus de tramways.

2 ___ construire de nouvelles autoroutes.

3 ___ construire de nouveaux aéroports près des villes.

4 ___ créer plus de pistes cyclables.

5 ___ réduire le prix de l'essence.

c Choisissez trois phrases et traduisez-les en anglais.

6 Êtes-vous un éco-citoyen? (1)

Répondez aux questions et comptez vos points:

- toujours – 3 points
- quelquefois – 2 points
- jamais – 0

Les transports

1 Je fais des petits trajets à pied, à vélo ou à roller.

2 J'utilise régulièrement les transports en commun.

3 À l'avenir, si j'ai ma propre voiture, je penserai au covoiturage.

4 Pour des voyages plus longs, je prendrai le train plutôt que la voiture, si j'ai le choix.

5 Un voyage en avion consomme beaucoup d'énergie, alors pour mes futures vacances, je prendrai si possible le bateau ou le train.

c Léonie et Ahmed parlent du transport pendant les vacances. C'est vrai (**V**), faux (**F**) ou pas mentionné (**PM**)? Corrigez les phrases fausses.

1 Pour de longs voyages, Léonie préfère le car.

2 En général, elle lit pendant le voyage.

3 Elle va souvent chez ses grands-parents en train.

4 Ahmed aime prendre le train quand il va à l'étranger.

5 Il trouve que les voyages en avion ne sont pas forcément trop chers.

6 Il ne savait pas que voyager en avion était très polluant.

7 Il va prendre l'avion pour son voyage à Londres le mois prochain.

8 Selon lui, c'est le moyen de transport le plus facile pour de longs voyages.

Dossier-langue   **Grammaire 4.1, 4.2**

Adjectives ending in -al

Look at the pattern for adjectives which end in **-al** and complete the table.

masc	fem	masc pl	fem pl
global	globale	globaux	globales
local	locale	locaux	
municipal	municipale		municipales

Find two examples of these adjectives on this page.

Position of adjectives

Most adjectives follow the noun, but can you find at least two adjectives on this page used before the noun?

---

7 À vous!

💬 **a** À deux, posez des questions et répondez à tour de rôle.

- Comment vas-tu au collège normalement?
- Comment allais-tu à l'école quand tu étais plus jeune?
- Décris un voyage récent. Comment as-tu voyagé? Pourquoi as-tu choisi ce moyen de transport?
- Comment sont les transports en commun dans ta ville?
- Quand est-ce que tu prends des transports en commun?
- Quel est ton moyen de transport préféré et pourquoi?

b Écrivez vos réponses.

Pour vous aider

Les trajets

Je vais au collège / en ville en … / à …

Quand j'étais plus jeune, j'allais …

Pour rendre visite à des amis / mes grands-parents / la famille, normalement nous prenons …

Quand je vais à (Londres), je prends …

Hier / Pendant les vacances / Le weekend dernier, je suis allé(e) … en … / à …

Les transports en commun en ville

le bus, le métro, le train, le tramway

les transports sont nuls / bons / fréquents / ne marchent pas le soir / le dimanche, etc.

L'impact sur l'environnement

C'est bon pour l'environnement parce que ça ne pollue pas / ça ne fait pas de bruit.

C'est mauvais pour l'environnement parce que ça consomme beaucoup d'énergie / ça fait du bruit / c'est polluant.

Je sais que ce n'est pas bon pour l'environnement, mais …

- *discuss everyday behaviour and the environment*
- *revise some irregular present tenses*

1 Les poubelles débordent

Lisez l'article, puis faites les exercices.

La quantité de nos déchets augmente sans cesse. En France, chaque habitant produit environ 590 kg de déchets par an. C'est trop! Pensez à acheter des produits sans beaucoup d'emballage ou d'occasion. On peut donner une deuxième vie aux objets en les réparant, en les donnant aux autres ou en les vendant.

Les déchets d'équipements électriques et électroniques (réfrigérateurs, portables, ordinateurs, etc.) contiennent des gaz et des produits chimiques dangereux pour l'environnement et doivent être déposés dans un point de collecte approprié.

Depuis des années on apprend à trier les déchets, mais sur 353 kg, seulement 67 kg sont recyclés. Les matières facilement recyclables sont le verre, les métaux, le papier, le carton et certains plastiques.

Un tiers (*a third*) des déchets est biodégradable (par exemple, les épluchures de fruits et légumes et les déchets de cuisine), il peut être composté mais, la plupart du temps, il est jeté à la poubelle.

On utilise les déchèteries pour les déchets encombrants comme les meubles, et l'électroménager, pour les déchets de jardin comme les feuilles et les plantes et pour les déchets dangereux.

Il est très important de ne pas mettre à la poubelle les déchets dangereux, comme les piles, les peintures, les ampoules LED, les solvants, les pesticides, etc.

Il faut rapporter les médicaments non utilisés et leurs emballages à la pharmacie.

Il reste trop de déchets qu'il faut brûler ou stocker. Le coût de la collecte, de l'incinération et du stockage est lourd et il est difficile de créer de nouvelles usines d'incinération et de nouveaux sites de stockage.

Le message est simple: nous sommes tous responsables pour réduire nos déchets!

a Répondez en anglais.

1 What suggestions are given about buying items?
2 How could you extend the life of an item?
3 Which items can be recycled relatively easily?
4 Roughly how much household waste could be composted?
5 What sort of items can be taken to a recycling centre?
6 Which items require special treatment and why?
7 What are some of the difficulties in managing increasing volumes of rubbish?
8 What is the conclusion of the article?

b Trouvez l'équivalent en français.

1 rubbish
2 is increasing
3 a second life
4 to sort
5 glass
6 household tip
7 dustbin
8 batteries
9 low energy light bulbs
10 packaging
11 to burn
12 factory

2 Le recyclage dans ma ville

a Écoutez et répondez en anglais.

1 What is recycled one week and what is recycled the following week?
2 What do the parents take to the recycling centre?
3 Which examples of electrical goods are given?
4 Which examples of dangerous waste are mentioned?
5 What is composted?
6 What does the speaker mention that contributes to the problem of waste?

b Dans quel ordre a-t-on posé ces questions?

a Pourquoi penses-tu qu'il est important de réduire les déchets?
b Qu'est-ce qu'on peut porter à la déchèterie?
c Est-ce que quelqu'un dans ta famille va à la déchèterie de temps en temps?
d Est-ce qu'on fait une collecte sélective dans ta ville?
e Est-ce que vous faites du compostage chez vous?

3 Êtes-vous un éco-citoyen? (2)

Répondez aux questions et comptez vos points:

- toujours – 3 points
- quelquefois – 2 points
- jamais – 0

Question 1:

comptez 1 point de plus pour chaque matériau recyclé.

Les déchets

1 Nous trions les déchets pour recycler le verre, le papier, le métal et le plastique.
2 On composte les matières organiques au lieu de les jeter à la poubelle.
3 Je fais attention à ne pas jeter à la poubelle des produits dangereux (comme les piles, les peintures, les médicaments, les ampoules).
4 Je recycle mes vêtements, mes livres, mon portable, etc. quand je n'en ai plus besoin. Normalement, je les donne à quelqu'un d'autre ou à une organisation caritative.

4 Acheter et consommer mieux

Complétez les phrases avec les mots de la case.

> **a** besoin **b** consomme **c** d'énergie **d** emballage **e** fabriqués **f** locaux **g** recyclé

1 Je dois acheter des cahiers pour la rentrée, je vais choisir du papier ____.
2 Ce réfrigérateur ____ moins d'électricité que les autres, alors je ferai des économies tous les jours.
3 Si je choisis des fruits et des légumes ____ et de saison, ce sera moins cher et mieux pour l'environnement.
4 Ces gants et cette écharpe sont (**a**)____ à partir de vieilles bouteilles plastiques recyclées. Ils sont amusants mais, à la réflexion, je n'en ai pas vraiment (**b**)____.
5 J'ai besoin d'un stylo mais je ne vais pas choisir de stylo avec un grand ____, pas nécessaire.
6 Cette montre-calculatrice-boussole avec beaucoup de fonctions est impressionnante mais elle va consommer plus ____ qu'une montre plus simple.

5 Êtes-vous un éco-citoyen? (3)

a Répondez aux questions, puis comptez vos points:

- toujours – 3 points
- quelquefois – 2 points
- jamais – 0. Faites le total de vos points pour tous les jeux-tests de cette unité et consultez les résultats à la page 233.

Aux magasins

1 Je dis «non» aux sacs en plastique. J'apporte un sac réutilisable quand je fais des achats.
2 Quand c'est possible, j'achète des produits verts ou recyclés.
3 Si j'ai le choix, je prends des produits qui ont moins d'emballage.
4 J'essaie d'acheter des produits issus du commerce équitable (*Fairtrade products*), comme le chocolat et les fruits.

5 Nous évitons d'acheter des fruits hors-saison, comme des fraises en hiver.
6 J'essaie de limiter mes achats – il n'est pas vraiment nécessaire de changer mon portable tous les ans.

À la maison

1 Pour économiser de l'électricité, j'éteins l'ordinateur ou la télé quand je fais autre chose au lieu de les mettre en veille
2 J'éteins la lumière quand je sors d'une pièce.
3 En hiver, je mets un pull (de plus) et je baisse le chauffage.
4 Je ferme le robinet quand je me brosse les dents pour ne pas gaspiller d'eau.
5 On utilise des ampoutes LED qui consomment moins d'énergie.
6 Je prends une douche au lieu d'un bain pour économiser de l'eau.

À la cantine

1 Nous utilisons de la vaisselle et des couverts réutilisables au lieu d'assiettes et de tasses jetables.

b Trouvez l'équivalent en français.

1 if I have the choice
2 which have less packaging
3 I try to buy Fairtrade products
4 out of season
5 to put on standby
6 I turn down the heating
7 I turn off the tap
8 so as not to waste water

> **Dossier-langue** **Grammaire 16.10, 20.3**
>
> ### Verbs ending in *-uire* and *-eindre*
>
> These verbs are irregular in the present tense and the perfect tense, but regular in the future tense.
>
> **conduire** (to drive), **construire** (to construct), **détruire** (to destroy), **produire** (to produce)
>
> | je produis | nous produisons |
> |---|---|
> | tu produis | vous produisez |
> | il/elle/on produit | ils/elles produisent |
> | past participle: **produit** | future: **on produira** |
>
> **éteindre** (to switch off), **peindre** (to paint)
>
> | j'éteins | nous éteignons |
> |---|---|
> | tu éteins | vous éteignez |
> | il/elle/on éteint | ils/elles éteignent |
> | past participle: **éteint** | future: **on éteindra** |
>
> *pour ne pas* **+ infinitive (in order not to ...)**
>
> Find an example of this structure in the *jeu-test*. Work out how to say:
>
> 1 in order not to waste energy
> 2 in order not to arrive late
> 3 in order not to waste / lose time

6 À vous!

a À deux, posez des questions et répondez à tour de rôle.

- Qu'est-ce qu'on fait chez toi pour réduire les déchets à la maison?
- Qu'est-ce qu'on recycle?
- Est-ce qu'on fait du compostage?
- Qu'est-ce qu'on fait pour économiser de l'électricité?
- Est-ce qu'on prend des mesures pour protéger l'environnement au collège?

b Écrivez environ 100 mots pour décrire ce qu'on fait chez vous pour aider l'environnement. Mentionnez: le recyclage, l'eau, l'électricité.

10G   Le défi pour les villes

- **discuss problems in cities**
  (homelessness, poverty, crime)
- **describe what has changed**

1   Des problèmes dans les villes

🔊 **a** Écoutez les sept personnes et notez le sujet dont on parle.

Exemple: 1   e (le vandalisme et les graffiti)

a le chômage et les sans-abri

b le coût et la fréquence des transports en commun

c le crime et la violence

d le manque d'espaces verts

e le vandalisme et les graffiti

f les embouteillages et la pollution

g les problèmes de logement, la pauvreté, le surpeuplement, le racisme

b Voici des problèmes qu'on trouve dans beaucoup de villes du monde. Trouvez les phrases qui vont ensemble.

1 Le quartier n'est pas propre et il y a du vandalisme.

2 Il n'y a pas d'espaces verts, donc les enfants ne peuvent pas jouer en sécurité.

3 Dans ce quartier, le niveau de la criminalité est assez élevé et il y a parfois de la violence dans les rues.

4 Il n'y a pas beaucoup d'emplois et beaucoup de personnes sont au chômage.

a Ils jouent dans la rue ou restent à l'intérieur.

b Les gens sont pauvres et ils n'ont rien à faire pendant la journée. On voit des sans-abris qui dorment dans la rue parce qu'ils n'ont pas de logement.

c On voit des graffiti sur les murs un peu partout et il y a des déchets par terre.

d Les gens se sentent menacés et ils ont peur de sortir, surtout la nuit.

c Lisez le texte et répondez en anglais.

1 Give three features mentioned in the text about the poor housing.

2 According to the text, what contributes to social tension?

On trouve de grandes cités avec des immeubles à plusieurs étages où habitent beaucoup de familles. Ce sont souvent des HLM (habitations à loyer modéré) pour les personnes qui n'ont pas les moyens d'acheter leur propre appartement. Quelquefois les ascenseurs ne marchent pas et les escaliers sont sales. La pauvreté et le surpeuplement contribuent au racisme et aux tensions sociales.

d Traduisez ce texte en anglais.

Il y a beaucoup de voitures et de camions au centre-ville et souvent des embouteillages. L'air est très pollué et cela provoque des problèmes respiratoires. Les transports en commun sont chers et pas fréquents. Il n'y a pas de bus le soir et le dimanche, alors il est difficile de circuler si on n'a pas de voiture.

2   Lexique

Copiez et écrivez l'équivalent en français.

1	clean	**6**	social housing
2	green spaces	**7**	dirty
3	criminal activity	**8**	overcrowding
4	unemployed	**9**	to get around
5	housing estates	**10**	homeless people

3   Ça peut changer

Proposez quelques solutions.

Exemple:
1   Les gens devraient faire un effort pour préserver l'environnement.

Pour vous aider

On devrait …

– créer des espaces verts / des zones piétonnes / des emplois.

– installer des poubelles dans les rues.

– améliorer les transports / les services de police.

– améliorer les conditions dans les immeubles défavorisés.

Les gens devraient …

– être plus tolérants.

– faire un effort pour préserver l'environnement.

– aider les autres quand ils le peuvent.

4   La bibliothèque de rue

Lisez le texte et répondez en anglais

1 What project does Youssef help with?

2 What is his role?

3 When does this take place?

4 What three things are used to set up the project?

5 What two things are you told about the children?

6 Do they have to stay for a fixed time?

Youssef est animateur bénévole d'une bibliothèque de rue auprès des enfants dans un quartier pauvre de Marseille. «Chaque mercredi après-midi, on amène des livres, on installe des petits tabourets et une boîte. Les enfants, souvent accompagnés de leurs mamans, viennent nous voir et choisissent des livres qui les intéressent.

La plupart sont des immigrés qui n'ont pas l'habitude d'aller à la bibliothèque. Lors des séances, on ne force pas les enfants, ce sont eux qui viennent de leur propre initiative. Ils viennent et ils repartent quand ils veulent.»

5 Dans mon quartier

🔊 Écoutez Rachid et Jasmine qui parlent de leur quartier.

a Complétez les textes.

b Trouvez des mots et des expressions qui ont plus ou moins le même sens.

1 sale
2 pire
3 continuellement
4 l'année dernière

5 la circulation
6 affreux
7 près de
8 pas ouvertes

c Pour chaque personne, faites la liste des inconvénients mentionnés, autrefois et maintenant.

Exemple:

Rachid: Autrefois – le quartier n'était pas propre.

6 À vous!

💬 a À deux, posez des questions et répondez à tour de rôle.

- Qu'est-ce qu'il y a comme problèmes dans ton quartier / ta ville / ton village?
- C'était comment, il y a (trois / cinq) ans / autrefois?
- Qu'est-ce qui a changé / qui n'a pas changé?
- Comment peut-on améliorer les conditions pour les habitants?

b Écrivez vos réponses.

Pour vous aider

Il y a des déchets dans la rue / du graffiti / du vandalisme / beaucoup de bruit de circulation.
Il y a tout le temps des embouteillages et l'air est très pollué.
On a peur de sortir la nuit à cause de la violence / de la criminalité.

Ce n'était pas propre.
Il y avait des déchets et des graffiti un peu partout.
L'air était très pollué et on ne pouvait pas respirer.
En été, la pollution était vraiment épouvantable.

On a installé des poubelles, alors il y a moins de déchets.
On a augmenté les tarifs pour décourager les gens à utiliser leur voiture, mais il y a toujours des embouteillages aux heures de pointe.
Il y a toujours trop de déchets / de vandalisme.

On devrait créer plus de zones piétonnes / d'espaces verts / améliorer les transports.

Rachid

J'habite dans une HLM au centre-ville. L'(**1**) _____ est moderne et pas trop grand. C'est bien ici. Autrefois, nous habitions dans une grande cité dans la (**2**) _____ de Paris. Je n'aimais pas beaucoup l'autre quartier parce que ce n'était pas propre et qu'il y avait des (**3**) _____ et des graffiti un peu partout. Cependant, il y avait un parc tout près, tandis qu'ici, au centre-ville, il y a très peu d'(**4**) _____. Ce qui est moins bien aussi, c'est le bruit. On entend sans cesse le bruit généré par la (**5**) _____. On devrait créer une zone piétonne, comme ça on serait plus tranquille.

Jasmine

Nous avons déménagé il y a un an. (**1**) _____ nous habitions un petit appartement au centre-ville. C'était bien, mais il n'y avait pas assez de place et il était toujours difficile de (**2**) _____. En plus, l'air était très pollué à cause des (**3**) _____ d'échappement des voitures et des camions. En été, la pollution était vraiment épouvantable. On ne pouvait pas (**4**) _____. Maintenant on habite une maison jumelle dans la banlieue. C'est mieux parce qu'on a plus de place et un petit jardin. Mais on n'est pas loin de l'(**5**) _____ alors on entend souvent le bruit des avions. Nous avons des doubles-vitrages et ça aide, si les fenêtres sont fermées. Mais en été, ce n'est pas facile et on entend continuellement les avions.

1   Tu donnes, tu reçois

4h de bénévolat = 1 place de concert!

C'est le principe de l'opération Orange RockCorps. On invite tous les jeunes d'au moins seize ans à donner quatre heures de leur temps pour réaliser un chantier dans une association caritative en échange d'une place pour un concert exclusif.

Des artistes, des icônes du hip-hop, des stars du rap, de la pop et du rock et bien d'autres offrent un concert inoubliable aux volontaires de Paris, Marseille, Lyon, Nantes et d'ailleurs! Aucune place n'est à vendre, aucune place n'est à gagner, il faut participer!

Des chantiers sont organisés dans des associations partenaires, comme Emmaüs, l'association fondée par l'Abbé Pierre. Au programme: des activités manuelles comme repeindre les locaux, construire du mobilier de jardin, aménager un potager.

Le concept plaît de plus en plus aux jeunes. Léo, dix-huit ans de Marseille, aime l'esprit de solidarité, d'entraide. Il dit: «Ça permet vraiment de se rendre compte qu'il faut donner juste un tout petit peu de son temps pour pouvoir faire une bonne action». Selon Jade, volontaire de Lyon: «J'ai pu rencontrer des personnes de tous horizons, et avec qui je reste en contact bien que nous n'habitions pas dans les mêmes villes».

Et que pensent les associations? «Nous sommes ravis de voir que les jeunes se mobilisent», explique un responsable. «Faire du bénévolat ça apporte beaucoup de positif pour le moral, je pense que si une personne commence à en faire, elle voudra toujours en faire, le plus dur c'est de commencer».

Répondez aux questions en anglais.

1 What is the concept offered by Orange RockCorps?
2 How old do you have to be to take part in the scheme?
3 How can you obtain tickets to the rock concert?
4 What sort of volunteer work might you do?
5 What do the volunteers think about it?
6 What comments are made by one of the participating charities?

2   Une jeune bénévole

a Pour chaque question (**1–4**), trouvez la bonne réponse (**a–d**).

1 Qu'est-ce que tu fais comme travail bénévole?
2 Comment as-tu trouvé ton projet?
3 Qu'est-ce que tu as fait dans ton association?
4 Qu'est-ce que cela t'apporte?

a Je cherchais à m'engager, mais je ne trouvais aucune association qui prenne des jeunes. Un jour, on m'a parlé de l'UNICEF et sur Internet j'ai trouvé des infos sur le programme.

b Je fais partie du programme Jeunes Ambassadeurs UNICEF.

c J'ai appris beaucoup de choses sur les droits de l'enfant et les plans d'action des organisations internationales. Et préparer un débat, être en charge d'un évènement, cela aide à prendre des responsabilités.

d J'ai organisé dans ma classe, avec un représentant de l'UNICEF, un débat sur les droits de l'enfant, et une exposition sur les conditions de vie des enfants dans le monde (la malnutrition par exemple, ou celui des enfants soldats).

 b Lisez l'interview à deux et discutez-la. Est-ce que vous aimeriez faire partie du programme Unicef?

Exemple:
Oui, parce que je m'intéresse à cette association. / Non, pas en ce moment parce que j'ai trop de travail scolaire.

3   La parole aux jeunes

a Écoutez les six jeunes et complétez les textes.

> Est-ce que vous faites de temps en temps un geste pour aider les autres?

1 Oui, par exemple quand je change de portable, je donne mon ancien portable à un (**a**) ＿＿ à but caritatif, comme Oxfam. Comme ça, le portable est (**b**) ＿＿ par une personne qui habite dans un pays en développement.

2 Et moi, de temps en temps, je (**a**) ＿＿ mes vêtements et je donne les vêtements que je ne porte plus à un magasin à but caritatif. Les vêtements peuvent (**b**) ＿＿ utilisés par quelqu'un d'autre et l'organisme bénéficie du revenu.

3 À Noël j'achète des (**a**) ＿＿ qui soutiennent des organisations humanitaires, comme l'Unicef. On dit que c'est (**b**) ＿＿ d'acheter ces cartes directement à l'organisme, comme ça la plus grande partie du revenu va directement à l'organisation.

4 L'année dernière, j'ai fait une (**a**) ＿＿ de six kilomètres avec ma sœur. Nous avons demandé à la famille et à nos amis de (**b**) ＿＿ nos efforts en faisant un don à la Croix-Rouge.

5 Le mois (**a**) ＿＿, on va organiser une vente de livres et de DVD au collège pour Médecins Sans Frontières. Espérons qu'on va collecter beaucoup d'(**b**) ＿＿.

6 Je travaille comme bénévole dans un club d'enfants une (**a**) ＿＿ par semaine. J'y vais après l'école, le jeudi, et nous faisons des jeux et des activités comme le (**b**) ＿＿ et la peinture. C'est amusant.

b Qu'est-ce qu'on fait? Écrivez des notes en anglais.

...

4 La Croix-Rouge

a Lisez le texte et répondez en anglais.

1 What prompted Henri Dunant to found the Red Cross?

2 What is significant about May 8th?

3 What are the three symbols of the movement?

b Trouvez l'équivalent en français.

1 the largest in the world

2 on a business trip

3 on the battlefield

4 in international law

5 on a white background

6 the opposite of the Swiss flag

Des organisations caritatives

Deux organisations bien connues en France sont:

– Le mouvement Emmaüs (fondé par L'abbé Pierre en 1949)

– Les Restos du Cœur (fondé par le comédien Coluche, à la radio Europe 1, en 1985).

Le Mouvement international de la Croix-Rouge et du Croissant-Rouge (souvent appelé simplement, 'La Croix-Rouge') est le réseau humanitaire le plus grand du monde.

L'histoire

En 1859, Henry Dunant, un banquier suisse, était en voyage d'affaires en Italie quand il a été témoin de la bataille de Solférino. Sur le champ de bataille il y avait environ 40 000 hommes, morts ou blessés, et il n'y avait personne pour les soigner. Dunant n'était pas médecin, mais il a mobilisé les habitants du village voisin pour porter secours aux soldats blessés, quelle que soit leur nationalité, et s'occuper des morts.

De retour à Genève, il a écrit un livre, *Un souvenir de Solférino*, dans lequel il a fait deux propositions concrètes:

1 créer des sociétés de secours (qui sont aujourd'hui les 187 sociétés nationales de la Croix-Rouge et du Croissant-Rouge);

2 obtenir la protection en droit international des blessés et de ceux et de celles qui les assistent (obtenu en 1864 par la première Convention de Genève).

Avec quatre autres Suisses, (un avocat, deux médecins et un général de l'armée), Dunant a formé la Croix-Rouge en 1863. En sa mémoire, on a choisi le jour de son anniversaire, le 8 mai, comme Journée mondiale de la Croix-Rouge et du Croissant-Rouge. Il a reçu le premier Prix Nobel de la Paix en 1901 et il est mort en 1910.

Les emblèmes

Au début, on a choisi, comme emblème, une croix rouge sur fond blanc: l'inverse du drapeau suisse. Aujourd'hui on utilise trois emblèmes: la croix rouge, le croissant rouge et le cristal rouge.

5 À vous!

a À deux, posez des questions et répondez à tour de rôle.

- Qu'est-ce que tu connais comme organisations humanitaires ou caritatives?
- Connais-tu quelqu'un qui fait du travail bénévole?
- Si tu vas quelquefois dans des magasins à but caritatif, comme Oxfam, qu'est-ce que tu achètes?
- Est-ce qu'on organise des collectes (d'argent, de vêtements, de livres, etc.) à votre collège / dans votre ville?
- Qu'est-ce que tu as l'intention de faire à l'avenir pour aider les autres?

b Le travail bénévole: choisissez un de ces thèmes et écrivez environ 100 mots.

a Ce que je ferai à l'avenir

b Un(e) bénévole que je connais

Pour vous aider

Il y a un(e) ami(e) de mes parents qui aide dans un magasin / qui organise des activités pour les enfants / les ados / qui organise des évènements pour collecter des fonds, etc.

Normalement, j'achète des cartes de Noël et des cartes de vœux chez ..., quelquefois j'achète des livres, des CD ou des vêtements d'occasion.

Oui, récemment on a organisé une soirée musicale / une vente d'objets d'occasion.

Quand j'aurai plus de temps, j'aimerais faire du bénévolat – peut-être travailler avec des enfants / aider des personnes âgées / faire un chantier international.

Listening

1 Les problèmes de l'environnement

 Écoutez Louise qui parle de l'environnement et complétez les phrases avec les mots de la case.

> tempêtes voiture énergie sécheresse
> changement climatique inondations

1 Selon Louise, les principaux problèmes sont le réchauffement de la planète et le ___.
2 Dans certains pays d'Afrique il y a eu de longues périodes de ___.
3 Dans d'autres pays il y a eu des ___.
4 En Angleterre, il y a eu des ___.
5 Selon les spécialistes, une des principales causes est la consommation d'___.
6 À son avis, tout le monde doit moins utiliser sa ___.

2 Des actions pour l'environnement

 Listen to the discussion about what can be done to protect the environment and choose the correct answers.

1 Which **two** personal actions are mentioned?
  a reusing paper
  b buying products made from recycled materials
  c making short journeys on foot or by bike
  d turning down the central heating
  e turning off the TV and not leaving it on standby
  f not leaving the tap on when cleaning teeth
2 How has the speaker helped the environment?
  a by using a reusable drinking bottle
  b by using reusable plates for a picnic
  c by collecting disposable bottles
3 Which of the following government actions are mentioned? (**2** things)
  a encouraging people to use public transport
  b making every home have a water meter
  c giving grants for home insulation
  d encouraging the development of green energy
  e charging a tax on disposable plastic bags
4 Which **two** things does the speaker mention he will do in the future?
  a use public transport
  b go on foot or by bike when possible
  c if buying a car, will buy an electric or hybrid car
  d not travel by air on holiday
  e not replace his mobile phone too often

Speaking

1 Role play

Tu parles avec un(e) ami(e) de l'environnement.
- Environnement – problèmes dans ta ville / ta région (**2** *détails*).
- **!**
- Action(s) déjà faite(s) dans ta région
- **?** Économiser de l'énergie à la maison
- **!**

a À deux, lisez la conversation.
  A Quels sont les problèmes principaux dans ta région?
  B Dans notre ville on a de graves problèmes, d'abord de circulation parce que c'est une ville historique et qu'il y a beaucoup de petites rues étroites, et aussi des inondations, parce que la ville est située sur un fleuve.
  A Qu'est-ce qu'on peut faire pour résoudre le problème de la circulation?
  B On peut encourager les habitants à laisser leur voiture à la maison, par exemple en organisant une journée sans voiture. On peut améliorer les transports en commun et les pistes cyclistes.
  A Qu'est-ce qu'on a déjà fait dans votre région pour l'environnement?
  B On a organisé un système de vélos municipaux pour encourager les gens à circuler à vélo plutôt qu'en voiture et on a créé de nouvelles pistes cyclables. Qu'est-ce qu'on fait chez toi pour réduire la consommation d'énergie?
  A Chez nous, on essaie d'économiser de l'énergie en éteignant la lumière quand on quitte une pièce ou en débranchant la télé quand on ne la regarde plus.
  B Qu'est-ce que tu feras à l'avenir pour protéger la planète?
  A Je ferai du recyclage et j'essayerai de ne pas acheter trop de choses qui ne sont pas vraiment nécessaires.

b Inventez une conversation différente. Pour vous aider, regardez les pages 198–199.

2 Une conversation

Choisissez **deux** questions de chaque section (A, B et C). Préparez vos réponses, puis faites une conversation. Pour vous aider, regardez **À vous!** pages 195, 199, 201.

A Quels sont les effets du changement climatique?
Quelles sont les sources d'énergie alternatives?
Que penses-tu des transports en ville?
Comment peut-on réduire la pollution?
B Est-ce que tu penses qu'il est important de recycler? Pourquoi (pas)?
Qu'est-ce qu'on fait chez vous pour l'environnement?
Qu'est-ce qu'on a fait à la maison récemment?
C Qu'est-ce qu'il y a comme problèmes dans ta ville?
Quels sont les problèmes principaux pour les SDF?
Que penses-tu du travail bénévole?
Est-ce que tu voudrais faire du travail bénévole à l'avenir? Si oui, quoi? Si non, pourquoi pas?

Reading

1 Forum

Lisez ces posts sur un forum.

Qu'est-ce qu'on peut faire dans les villes pour aider la planète?

Léa:
J'habite dans la banlieue de Londres et, comme dans toutes les grandes villes, il y a des problèmes de circulation et de pollution. Pour faire face à ces problèmes, on a introduit un tarif pour circuler dans la zone centrale de la capitale. Ça a bien marché au début, mais il y a toujours trop de voitures et des embouteillages.

Jules:
Dans ma ville, on a amélioré le service des bus et on a créé des couloirs de bus dans beaucoup de quartiers. Il y a des services qui fonctionnent 24/7 et les tarifs ne sont pas trop élevés.

Youssef:
À Paris, on encourage le cyclisme avec le système Vélib'. On peut prendre un vélo dans une station et le déposer dans une autre. On n'est jamais très loin d'une station parce qu'il y a environ 1 800 stations qui sont distantes de 300 mètres environ. Ça marche très bien.

Romane:
Je pense qu'on devrait améliorer le métro. Aux heures de pointe, il y a tellement de passagers que c'est vraiment insupportable, surtout quand il fait chaud en été.

Timéo:
À mon avis, les villes devraient faire tout leur possible pour encourager les gens à prendre les transports en commun. Personnellement, je n'ai pas l'intention d'avoir ma propre voiture dans l'avenir, je prendrai le métro, le bus ou peut-être le vélo.

Alice:
Pour les personnes qui veulent absolument circuler en voiture ou qui n'ont pas le choix, il faut encourager le covoiturage, quand le conducteur prend des passagers qui font le même trajet. Il y a aussi des clubs d'autopartage, où on peut louer une voiture dans des conditions favorables quand on en a vraiment besoin.

C'est qui? Écrivez **L** (Léa), **J** (Jules), **Y** (Youssef), **R** (Romane), **T** (Timéo) ou **A** (Alice).

1 ____ décrit un système de bicyclettes municipales.

2 ____ pense que les transports en commun marchent mieux maintenant.

3 ____ pense que les automobilistes doivent s'arranger pour ne pas être seuls dans leur voiture.

4 ____ décrit une initiative prise dans une grande ville pour limiter les véhicules au centre-ville.

5 ____ n'aura pas sa propre voiture plus tard dans la vie.

6 ____ pense que ce n'est pas confortable d'utiliser les transports en commun surtout pendant les heures d'affluence.

2 Translation

A friend has seen this post on a forum and asks you to translate it into English.

Je m'inquiète du changement climatique et je pense que tout le monde doit faire sa part. Nous devons recycler davantage et utiliser des formes d'énergie renouvelables. Dans ma région, on a investi beaucoup d'argent dans l'énergie solaire et on a construit des éoliennes en mer. On devrait aussi soutenir des personnes touchées par des catastrophes naturelles, dues au changement climatique.

Writing

Preparation

When speaking or writing about the environment, think about the points below.

- The main environmental problems (in simple terms).
- Personal actions (energy conservation, recycling, sorting rubbish, transport).
- How you plan to help protect the environment in the future.
- What others could do.

1 La planète, ça nous concerne

Écrivez un blog où vous parlez de l'environnement. Décrivez:

- les problèmes qui vous préoccupent le plus
- ce que fait votre famille pour protéger l'environnement
- ce que vous avez fait récemment
- des suggestions pour l'avenir.

Écrivez environ **150** mots en **français**. Répondez a tous les aspects de la question.

2 Traduction

Traduisez ce passage en français.

Climate change affects everyone but it seems to be especially difficult for some countries, where there are long periods of drought, flooding or hurricanes. There was a terrible earthquake in Haïti in 2010. Glaciers are melting and the level of the sea is rising, which will cause problems for islands in the Pacific.

Sommaire

Our world

un continent	continent
un(e) immigré(e)	immigrant
une merveille (du monde)	a wonder (of the world)
un milliard	a billion
le monde	the world
mondial (adj)	world, of the world
l'ONU (f)	UN
la paix	peace
un pays développé	developed country
un pays en (voie de) développement	developing country
peuplé	populated
la planète	planet
la population (active)	(working) population
la superficie	(land) area

Global problems

s'aggraver	to get worse
l'aide (f)	help
blessé	injured
une catastrophe (naturelle)	(natural) disaster
la corruption	corruption
décédé	deceased
en difficulté	in difficulty
la faim	hunger
la famine	famine
grave	serious
la guerre	war
illettré	illiterate
l'inégalité (f)	inequality
une maladie	disease
la malnutrition	malnutrition
le manque (de)	shortage/lack (of)
menacer	to threaten
les mines antipersonnelles (f pl)	landmines
mort	dead
se nourrir	to eat
un(e) orphelin(e)	orphan
la pauvreté	poverty
perdre	to lose
les services médicaux (m pl)	medical services
le racisme	racism
un réfugié	refugee
sans domicile fixe	homeless
sans ressources	without resources
les sans-abris (m pl)	the homeless
le sida	Aids
surpeuplé	overpopulated
le terrorisme	terrorism

The environment

augmenter	to increase
le charbon	coal
construire	to construct
la couche d'ozone	ozone layer
les détritus (m pl)	waste
détruire	to destroy
disparaître	to disappear
l'effet de serre (m)	greenhouse effect
endommager	to damage
l'environnement (m)	the environment
le gaz carbonique	carbon dioxide
un incendie	fire
la lumière	light
une marée noire	oil slick
le pétrole	oil
produire	to produce
ramasser	to collect
le réchauffement de la terre	global warming
renouvelable	renewable
la Terre	Earth
utiliser	to use

Climate and nature

un arbre	tree
le changement climatique	climate change
le climat	climate
le déboisement	deforestation
les dégâts (m pl)	damage, destruction
dévaster	to lay waste, destroy
endommager	to damage
une espèce	species
fondre	to melt
la forêt tropicale	tropical rainforest
un glacier	glacier
une inondation	flooding
la nature	nature
le niveau de la mer	sea level
un ouragan	hurricane
la pluie	rain
protéger	to protect
la sécheresse	drought
une tempête	storm
un tremblement de terre	earthquake
une vague	wave (sea)

Traffic and transport

(See also Transport, page 40)

abordable	affordable
améliorer	to improve
un(e) automobiliste	car driver
une autoroute	motorway
un bouchon	traffic jam
le bruit	noise
un camion	lorry
la circulation	traffic
un club de l'autopartage	car-sharing club
conduire	to drive
un couloir réservé aux bus	bus lane
coûteux/-euse	costly
le covoiturage	car sharing
un embouteillage	traffic jam
l'essence (f)	petrol
fréquent	frequent
les gaz (m pl) d'échappement	exhaust fumes
le gazole	diesel
les heures d'affluence (f pl)	rush hour
les heures de pointe (f pl)	rush hour
louer	to hire
la marche à pied	walking
mauvais	bad
mieux	better
une moto	motorbike
un piéton	pedestrian
le péage	payment, charge, toll
un poids lourd	heavy goods vehicle, lorry
(non) polluant	(not) polluting
polluer	to pollute
la pollution	pollution
pratique	practical
rouler	to move (vehicle)
un scooter	scooter
stationner	to park
un trajet	journey
les transports en commun	public transport
le tramway	tram
le trottoir	pavement
une usine	factory
un véhicule	vehicle
une voiture électrique/hybride	hybrid/electric car

The problem of rubbish

un centre de recyclage	recycling centre
les déchets (m pl)	rubbish
une déchèterie	waste collection centre (for sorting and recycling)
l'emballage (m)	packaging
gaspiller	to waste
jeter	to throw away
les ordures (f pl)	rubbish
une poubelle	dustbin
recyclable	recyclable
le recyclage	recycling

recycler	to recycle
réduire (réduit)	to reduce (reduced)
trier	to sort out (e.g. rubbish)

■ Everyday life

un achat	purchase
une ampoule LED	LED lightbulb
au lieu de	instead of
baisser le chauffage	to lower the heating
le commerce équitable	fair trade
la consommation	consumption, consumerism
consommer	to consume
économiser	to economise
éteindre	to turn off
fabriquer	to manufacture, to make
fermer le robinet	to turn off the tap
hors-saison	out of season
mettre en veille	to put on standby
des produits locaux (m pl)	local produce
un sac réutilisable	reusable bag
du travail bénévole (m)	voluntary work
la vie quotidienne	everyday life

■ Life (and problems) in cities

affreux/-euse	terrible
un ascenseur	lift
la banlieue	suburbs
le bruit	noise
bruyant	noisy
une cité	housing estate
le chômage	unemployment
la criminalité	crime
défavorisé	disadvantaged
un défi	challenge
déménager	to move house
le double-vitrage	double-glazing
un escalier	staircase
un espace vert	park
les graffiti (m pl)	graffiti
une HLM	social housing, council flat
un immeuble	block of flats
moins	less
partout	everywhere
pire	worse
pollué	polluted
un problème	problem
propre	clean
provoquer	to provoke
sale	dirty
sans cesse	non-stop, ceaseless
la sécurité	security
les tensions sociales (f pl)	social tensions

tolérant	tolerant
le vandalisme	vandalism
une zone piétonne	pedestrian area

■ Charities and volunteer work

agir	to act
le bénévolat	voluntary work
une collecte	collection, fundraising
faire une collection	to raise funds
la Croix-Rouge	Red Cross
jouer un rôle	to play a role
un magasin à but caritatif	charity shop
une organisation caritative	charitable organisation
une organisation humanitaire	humanitarian organisation
un réseau	network
le secours	help
soigner	to help
soutenir	to support
du travail bénévole (m)	voluntary work
un(e) volontaire	volunteer

■ Grammar

The passive **p197**
Adjectives ending in -al **p201**
Position of adjectives **p201**
Verbs ending in -uire and -eindre **p203**
pour ne pas + infinitive **p203**

Prêt à partir

Bravo! Vous avez complété le programme **Tricolore**. Maintenant vous pouvez vous débrouiller en France et dans les pays francophones.

Le français, c'est pour la vie!

Apprendre une langue, c'est très bien – mais il faut la pratiquer. Profitez de toutes les occasions pour vous perfectionner en français.

- Lisez des magazines et des journaux français.
- Regardez des sites web francophones.
- Écoutez des stations de radio francophones.
- Regardez des émissions et des films en français.
- Essayez de parler français quand vous en avez l'occasion.

LA FRANCE
LA GUADELOUPE
LE SÉNÉGAL
LE QUÉBEC
LE LAOS
LE MAROC
LA SUISSE

■ read an extract from a French book
■ discuss photos
■ practise exam techniques

Literature

Candide de Voltaire

Voltaire (1694–1778), est un des écrivains et philosophes français les plus importants du dix-huitième siècle.

Dans son conte, *Candide, ou l'Optimisme* (1759), Voltaire écrit une satire contre la philosophie de Leibniz et de Wolff, expliquée dans l'histoire par le docteur Pangloss dans la formule, «tout est pour le mieux dans le meilleur des mondes possibles».

Au début de la fable, Candide, jeune homme naïf, est chassé du château d'un baron allemand à la suite d'un baiser interdit échangé avec Cunégonde, la fille du baron. Dans une succession d'aventures, Candide fait un voyage à travers le monde. Il découvre des guerres absurdes, des maladies et des catastrophes naturelles. À travers cette histoire invraisemblable, Voltaire dénonce la guerre, l'esclavage, l'intolérance et le fanatisme, etc.

La conclusion finale de Candide, «il faut cultiver notre jardin», propose qu'on accepte sa condition et qu'on contribue au monde, en travaillant selon ses talents.

Après avoir subi une tempête et le naufrage de leur bateau, Candide, Pangloss et un matelot (les seuls survivants) arrivent à Lisbonne au Portugal où un nouveau désastre les attend.

A À peine ont-ils mis le pied dans la ville, […] qu'ils sentent la terre trembler sous leurs pas; la mer s'élève en bouillonnant dans le port, et brise les vaisseaux qui sont à l'ancre. Des tourbillons de flammes et de cendres couvrent les rues et les places publiques; les maisons s'écroulent, les toits sont renversés sur les fondements, et les fondements se dispersent; trente mille habitants de tout âge et de tout sexe sont écrasés sous des ruines. Le matelot disait en sifflant et en jurant: il y aura quelque chose à gagner ici. Quelle peut être la raison suffisante de ce phénomène? disait Pangloss. Voici le dernier jour du monde! s'écriait Candide.

bouillonnant	*bubbling up*	les fondements	*fondations*
un tourbillon	*whirlwind*	siffler	*to whistle*
s'écrouler	*to collapse*	jurer	*to swear*

À Lisbonne, Pangloss et Candide sont victimes de l'Inquisition espagnole. Pangloss est pendu et Candide s'enfuit. Candide embarque en Amérique avec son valet Cacambo, Cunégonde (la fille dont Candide est amoureux) et sa vieille servante. À Buenos Aires, Candide et Cacambo sont obligés de s'évader, en laissant Cunégonde et sa servante en Argentine. Après d'autres aventures en Amérique du Sud, ils décident d'aller à la Cayenne en Guyane pour repartir en Europe.

B Il n'était pas facile d'aller à la Cayenne: ils savaient bien à peu près de quel côté il fallait marcher; mais des montagnes, des fleuves, des précipices, des brigands, des sauvages, étaient partout de terribles obstacles. Leurs chevaux moururent de fatigue; leurs provisions furent consumées; ils se nourrirent un mois entier de fruits sauvages, et se trouvèrent enfin auprès d'une petite rivière bordée de cocotiers qui soutinrent leur vie et leurs espérances.

Cacambo (…) dit à Candide: Nous n'en pouvons plus, nous avons assez marché; j'aperçois un canot vide sur le rivage, emplissons-le de cocos, jetons-nous dans cette petite barque, laissons-nous aller au courant; une rivière mène toujours à quelque endroit habité. Si nous ne trouvons pas des choses agréables, nous trouverons du moins des choses nouvelles.

| un cocotier | *coconut palm/tree* |
| le rivage | *river bank* |

A Read extract A and answer the questions in English.

1 What did they feel when they approached the town?

2 What was the sea like?

3 What was happening in the town?

4 What was the consequence for many inhabitants?

5 What was the reaction of (**a**) the sailor, (**b**) Pangloss, (**c**) Candide?

B Lisez l'extrait B et trouvez les trois phrases qui sont vraies.

1 Candide et Cacambo sont arrivés à la Cayenne après un voyage difficile.

2 En route pour la Cayenne, Candide et Cacambo ont été obligés de marcher à pied parce que leurs chevaux étaient morts.

3 Après avoir mangé toutes leurs provisions, les deux hommes ont dû manger des fruits qu'ils trouvaient à la campagne.

4 Quand ils sont arrivés à une rivière, ils sont allés à la pêche et ils ont attrapé un gros poisson.

5 Les deux hommes n'ont pas voulu continuer et ils ont décidé de rester à la montagne.

6 Ils ont décidé de nager dans la rivière parce qu'ils avaient mal aux pieds.

7 Quand ils ont trouvé un bateau vide, Cacambo a proposé de continuer en bateau.

Candide et Cacambo sont arrivés par accident au pays d'Eldorado, où ils ont ramassé de l'or, des émeraudes, des rubis et d'autres pierreries qu'ils ont trouvés par terre.

C Ils approchèrent enfin de la première maison du village; elle était bâtie comme un palais d'Europe. Une foule de monde s'empressait à la porte, et encore plus dans le logis; une musique très agréable se faisait entendre, et une odeur délicieuse de cuisine se faisait sentir. Cacambo s'approcha de la porte, et entendit qu'on parlait péruvien; c'était sa langue maternelle. […] Je vous servirai d'interprète, dit-il à Candide; entrons, c'est ici un cabaret.

Aussitôt deux garçons et deux filles de l'hôtellerie, vêtus de drap d'or, et les cheveux renoués avec des rubans, les invitent à se mettre à la table de l'hôte. On servit quatre potages garnis chacun de deux perroquets, un contour bouilli qui pesait deux cents livres, deux singes rôtis d'un goût excellent, trois cents colibris dans un plat, et six cents oiseaux-mouches dans un autre; des ragoûts exquis, des pâtisseries délicieuses; le tout dans des plats d'une espèce de cristal de roche.

un contour	*condor bird*
un colibri	*hummingbird*
un oiseau-mouche	*hummingbird*

C Read extract C and answer the questions in English.

1 Imagine you are Candide approaching the first house in the village. What do you see, hear and smell?

2 What did Cacambo offer to do and why was that possible?

3 Give **three** details about the food that is served.

4 What were the serving dishes like?

5 What impression do you think Candide had about the way of life in this new country?

La continuation

Candide et Cacambo ont décidé de quitter ce petit paradis avec toutes leurs richesses pour retrouver Cunégonde. Cacambo est retourné en Argentine pour la chercher et Candide est parti en Europe. À la fin de l'histoire, tous les personnages principaux sont réunis à Constantinople en Turquie, où ils vivent dans une ferme en réfléchissant sur la philosophie et le sens de la vie.

> The past historic tense (a past tense, like the perfect tense) is used in these extracts as they are part of formal, literary works. There are five examples of verbs in the past historic in the first paragraph of extract B. Find them, identify the infinitive and then translate them. See also **C'est extra! D** (page 170).

Photo cards

A Des projets d'avenir

Regardez les photos **A** et **B**. Préparez vos réponses aux questions, puis faites une conversation à deux.

- Qu'est-ce qu'il y a sur la photo?
- Le travail au bureau, ça doit être intéressant, non?
- Quel emploi veux-tu faire à l'avenir?
- (*Deux autres questions.*)

Autres questions possibles
- Tu voudrais travailler dans un bureau à l'avenir?
- Aller à l'université, c'est une bonne idée? Quel est ton avis?
- Que voudrais-tu faire après tes examens?
- Tu préférerais travailler à l'intérieur ou à l'extérieur? Pourquoi?
- Tu as déjà fait un stage en entreprise? C'était comment?
- Tu penses faire du travail bénévole? Pourquoi (pas)? Quand?

B Pour protéger l'environnement

- Qu'est-ce qu'il y a sur la photo?
- À ton avis, est-il important de recycler? Pourquoi (pas)?
- Qu'est-ce que ta famille a recyclé la semaine dernière?
- (*Deux autres questions.*)

Autres questions possibles
- Tu aimes recycler? Pourquoi (pas)?
- Qu'est-ce que tu as fait récemment pour protéger l'environnement?
- Qu'est-ce que tu vas faire pour protéger l'environnement à l'avenir?
- Je pense qu'on devrait interdire les voitures au centre-ville. Qu'en penses-tu?

1   Comment ça s'écrit?

 Écoutez et notez les mots, puis trouvez la bonne catégorie.

Exemple: 1 *jaune,* **b** (*une couleur*)

a un pays
b une couleur
c un sport
d un instrument de musique
e une langue
f une saison
g une fête

2   J'ai besoin d'un conseil

Read these messages to a website and answer the questions in English.

1 What is the tricky situation which Alamode describes?
2 What solution do her friends suggest?
3 Which holiday activities does Clémentine mention?
4 What attempts has she made to contact Léo?
5 Why doesn't she ring him?
6 What alternative courses of action does she mention?

> **Alamode:**
> Ma meilleure amie (ou je le croyais) sort avec mon (ancien) petit ami. Qu'est-ce que je fais? Ils disent qu'ils s'aiment, qu'ils ne l'ont pas fait exprès et qu'on peut rester amis, tous les trois. Qu'est-ce que je dois faire?

> **Clémentine:**
> Quand j'étais en vacances d'été chez ma tante, je suis sortie avec un garçon très gentil, qui s'appelle Léo. Avec mes cousins, on a passé tout notre temps ensemble à nous baigner et à nous promener à la campagne. Il a promis de m'écrire et de rester en contact après les vacances, mais il n'a pas répondu à mes mails et je n'ai pas son numéro de téléphone. Est-ce que je dois continuer de lui envoyer des messages ou essayer de l'oublier?

3   Des animaux

Copiez la liste et écrivez l'anglais.

un(e) chat/chatte	un oiseau
un cheval	un perroquet
un(e) chien/chienne	une perruche
un cochon d'Inde	un poisson rouge
une gerbille	une queue
un hamster	un serpent
un lapin	une souris

4   Un animal à la maison?

a Trouvez la bonne réponse à chaque question.

Exemple: 1 f

1 As-tu un animal à la maison?
2 Ton chat, comment s'appelle-t-il?
3 Il est comment?
4 Tu l'as depuis longtemps?
5 Est-ce que tu préfères les chats ou les chiens?
6 Est-ce que tu voudrais avoir d'autres animaux?

a Il est mignon et il est souvent très drôle.
b Oui, j'aimerais avoir un chien, mais il n'y a pas assez de place chez nous.
c Je l'ai depuis trois ans.
d Il s'appelle Tigre.
e J'aime les deux.
f Oui, j'ai un chat et trois poissons.

b À deux, inventez une autre conversation comme ça.

5   Xavier parle de son jour favori

Complétez les phrases avec la bonne forme du verbe.

Exemple: 1 *est*

Mon jour préféré (**1** *être*) le mercredi. Le mercredi, on ne (**2** *aller*) pas au collège, mais en revanche, les autres membres de ma famille (**3** *travailler*). Comme ça, je (**4** *rester*) tout seul à la maison et j'en profite! Souvent, j'(**5** *écouter*) la radio. C'est bien, parce qu'il n'y a personne pour me dire que c'est trop fort! C'est idéal! Je (**6** *être*) libre. Je fais ce que je (**7** *vouloir*). Si j'(**8** *avoir*) faim, je cuisine un peu. Ça fait un an que j'(**9** *apprendre*) à faire la cuisine et j'adore ça! Quelquefois, je téléphone à mes copains et d'autres fois, je (**10** *dormir*).

6 Ça fait longtemps

Répondez aux questions d'un(e) ami(e) français(e).

1 Ça fait longtemps que tu habites ici?
2 Depuis quand vas-tu à ce collège?
3 Depuis combien de temps apprends-tu le français?
4 Qu'est-ce que tu fais comme sports? Et depuis quand?
5 Comment vas-tu au collège? Ça fait longtemps que tu prends ce moyen de transport?

7 L'anniversaire de Chloë

Chloë: ✉ ♥ ⇨

Pour mon anniversaire la semaine dernière, mes parents m'ont offert un nouveau portable, un des derniers modèles. C'est super. En plus, ma grand-mère m'a offert un jean noir d'une bonne marque que j'aime beaucoup.

Samedi soir, pour fêter mon anniversaire, j'ai invité cinq copines à passer la nuit chez moi. On a mangé de bons petits plats et, bien sûr, il y avait un gâteau d'anniversaire délicieux.

Nous avons regardé un très bon film avec Audrey Tautou. J'aime bien cette actrice. Elle a joué le rôle d'Amélie et j'ai beaucoup aimé ce film. Ensuite, nous avons bavardé et écouté de la musique. Nous nous sommes très bien amusées et finalement nous nous sommes couchées à minuit.

Nom: **Tautou**
Prénom: **Audrey**
Date de naissance: **le 9 août 1976**
Famille: **deux sœurs, un frère**
Nationalité: **française**
Profession: **actrice**

a Lisez le message de Chloë et complétez les phrases.

1 Samedi dernier, Chloë a fêté son ____.
2 Elle a reçu un nouveau ____ de ses parents.
3 Sa grand-mère lui a offert ____.
4 La ____, ses copines ont dormi chez elle.
5 On a mangé de bons petits plats et un ____ d'anniversaire.
6 Pendant la soirée, elles ont regardé un film et elles ont écouté de la ____.
7 Elles se sont couchées à ____.
8 Audrey Tautou est une célèbre ____ française.

b Trouvez le contraire.

1 prochain
2 vieux
3 mauvais
4 grand
5 j'ai détesté
6 nous nous sommes levées
7 midi

8 Qu'est-ce qu'on répond?

Pour chaque question, trouvez **deux** réponses possibles.

Exemple: 1 *b et d.*

1 Que fais-tu le samedi, normalement?
2 Qu'est-ce que tu as fait samedi dernier?
3 Qu'est-ce que tu vas faire pour ton prochain anniversaire?
4 Pourquoi n'es-tu pas allé à la fête samedi dernier?
5 Pourquoi vas-tu rester à la maison ce soir?
6 Qui est la fille aux cheveux blonds?

a Je suis sorti avec mes copains.
b D'habitude, je joue au football.
c Je suis resté à la maison.
d Généralement, je sors avec mes copains.
e Elle s'appelle Vanessa, c'est une camarade de classe.
f Parce qu'il y avait un bon film à la télé.
g Je vais organiser une grande fête à la maison.
h Je vais aller à la patinoire avec deux amies.
i Parce que mes cousins sont venus à la maison.
j Pour essayer mon nouveau jeu électronique.
k C'est Vanessa, une de mes copines.
l Pour écouter de la musique avec mes copains.

Stratégies

Does the word 'celebrity' help you understand the French word **célèbre**?

If you meet a new French word, think whether an English word could help you with the meaning.

Sometimes nouns which describe people have masculine and feminine forms (often similar to adjectives), e.g. **un chanteur, une chanteuse** (singer).

Use the same pattern to work out the feminine form of these words:
un vendeur, un danseur.

Some words follow a different pattern:
dessinateur / dessinatrice.

What is the masculine of **une actrice** and **une institutrice**?

Another pattern is **musicien / musicienne**.

Use this to work out the masculine of **une électricienne, une pharmacienne** and **une technicienne**.

unité 2 Au choix

1 Des définitions

a Trouvez le bon endroit.

1 Mon frère y va pour regarder des matchs.

2 J'y vais pour faire de la natation.

3 On y va pour acheter du pain.

4 On y trouve des livres, des CD, etc. à emprunter.

5 On y arrive quand on voyage en avion.

> l'aéroport   la piscine   la gare
> le stade   la gare routière   le cinéma
> la boulangerie   la bibliothèque
> le marché   la librairie

b Inventez une définition comme ça pour les autres endroits.

2 À l'office de tourisme

🔊 Trouvez les bonnes réponses, puis écoutez pour vérifier.

1 Comment peut-on aller à l'aéroport Charles de Gaulle?

2 Comment peut-on aller au Parc Astérix?

3 Qu'est-ce qu'on peut voir au Palais de la découverte?

4 Qu'est-ce qu'on peut voir au musée d'Orsay?

5 Où peut-on trouver des souvenirs de Paris?

6 Où peut-on acheter des livres en anglais?

a On peut y voir des expositions sur la science et la technologie.

b On peut y aller en RER.

c Allez à la librairie 'Shakespeare et Company'. On y trouve un grand choix de livres en anglais.

d On peut y voir des tableaux et des sculptures.

e On peut y aller en RER et en bus. Prenez le RER à Roissy-Charles-de-Gaulle, puis prenez le bus-navette jusqu'au Parc.

f Allez dans un grand magasin comme les Galeries Lafayette. On y trouve de tout.

3 Ça ne va pas!

Traduisez ces phrases en français.

1 It's not much fun here.

2 My mobile isn't working.

3 There's nothing to do.

4 There's no more chocolate

5 It's not easy to go to the shops by bike.

6 I never take the bus.

7 There's nobody who has a car.

4 La ville est belle à vélo

Complétez les textes avec les mots de la case.

> fatigant   circuler   villes
> métro   heures   célèbre
> vélos   éviter   peut   peuvent

a   Louer un vélo

Beaucoup de (**1**) ____ françaises, comme Paris, Lyon et Marseille, ont un système de location de (**2**) ____ gratuit ou pas cher, organisé par la ville. La Rochelle, la première ville à lancer cette initiative, est (**3**) ____ pour ses vélos jaunes. Les habitants et les touristes (**4**) ____ utiliser ces vélos gratuitement pour (**5**) ____ en ville pendant une ou deux (**6**) ____. C'est une bonne idée, non?

b   Le vélo, en train et en métro:

Circuler à vélo, c'est bon pour la santé, mais c'est (**1**) ____ s'il faut parcourir de grandes distances. À Montréal, au Canada, on (**2**) ____ transporter son vélo en train ou en (**3**) ____ sous certaines conditions (par exemple, il faut (**4**) ____ les heures de pointe).

5 En France

Complétez le texte avec les mots de la case.

> beaucoup   blanc   cerises   champs
> cultive   olives   parfum   vin

En France on cultive du raisin pour faire du (**1**) ____ de toutes sortes: du vin rouge, du vin (**2**) ____ et du vin pétillant, comme le champagne.

On cultive (**3**) ____ de fruits, comme les pêches, les pommes, les poires, les abricots, les (**4**) ____ et les prunes.

Dans le Midi on voit de grands (**5**) ____ de lavande pour la fabrication du (**6**) ____.

On (**7**) ____ des oliviers pour les (**8**) ____ et pour faire de l'huile d'olive.

6 On parle du weekend dernier

🔊 Écoutez et trouvez les paires.

Exemple: 1 f

Céline

1 Le samedi matin,

2 L'après-midi,

3 Le soir,

4 À quatre heures du matin,

5 Le lendemain,

Juliette

6 Le samedi après-midi,

7 Dimanche après-midi,

a elle a dansé en boîte.

b elle n'a rien fait.

c elle est allée voir une amie.

d elle est allée en ville avec ses amis.

e elle est allée au cinéma avec sa sœur.

f elle a fait ses devoirs.

g elle est rentrée à la maison, très fatiguée.

Time expressions

The phrase, **il y a** + time, means (time) ago, e.g.
il y a dix minutes (ten minutes ago).

Using this pattern, work out how to say:

1 thirty minutes ago   **3** three hours ago

2 two days ago   **4** four months ago

The verb, **venir de** + infinitive, is used to say 'to
have just done something', e.g. **Je viens de lui
parler.** (I've just spoken to him.)

Translate these sentences into English.

1 Je viens d'arriver à Paris.

2 L'avion vient de partir.

3 Mes amis viennent d'arriver à l'aéroport.

4 On vient de faire une annonce sur le vol.

7 Où vont-ils?

Lisez les phrases et regardez le tableau des départs
pour trouver la destination de chaque personne.

a Il est midi:

1 Mlle Carter vient de partir.

2 M. et Mme Deladier ont une heure vingt minutes
à attendre.

3 La famille Khan attend à l'aéroport depuis dix heures.
Mais ils vont embarquer maintenant. Leur vol va
partir dans une demi-heure.

4 Colette Reiss est arrivée à l'aéroport de bonne heure.
Son vol va partir dans deux heures.

5 Jules Dublanc doit attendre une heure cinq minutes
avant de partir.

b Il est trois heures:

1 L'avion de M. Schaudi est parti il y a vingt minutes.

2 Lisa Brennan va embarquer immédiatement parce
que son vol va partir dans vingt-cinq minutes.

3 Tom et Sarah James viennent d'arriver à l'aéroport.
Ils ne partent que dans deux heures et demie.

4 Les O'Neill partent dans une heure quarante minutes.

DÉPARTS			
DESTINATION	VOL	DÉPART	PORTE
Los Angeles	PA117	12h00	9
Delhi	AFUT174	12h30	24
Bordeaux	IT5265	13h05	29
Bruxelles	AFSN644	13h20	18
Zurich	SR705	14h00	10
Francfort	LH115	14h40	14
Copenhague	SK566	15h25	31
Belfast	BD254	16h40	17
Manchester	BA903	17h15	12
Hong Kong	AFUT172	17h30	26

8 Les noms des rues – un cours d'histoire

Si vous visitez une ville en France, faites attention aux
noms des rues. Souvent ils commémorent des Français
et des Françaises célèbres ou des évènements historiques
importants. Voilà des noms de rues parisiennes. Savez-
vous qui étaient les personnes commémorées? Complétez
les descriptions et trouvez la plaque qui correspond.

1
PLACE
CHARLES DE GAULLE

2

3

4

(A) **Exemple: 1 né**

Ce soldat célèbre est (**1** *naître*) en 1769 à Ajaccio en
Corse. À l'âge de 35 ans, en 1804, il est (**2** *devenir*)
empereur de France. Il a (**3** *gagner*) de nombreuses
batailles mais, enfin, il a (**4** *perdre*) sa dernière bataille
à Waterloo, en Belgique, en 1815. Il a (**5** *être*) exilé
à l'île Sainte-Hélène, où il est (**6** *mourir*). Ses initiales
sont N.B. mais c'est seulement son nom de famille, et
non pas son nom et son prénom, qui figure comme
nom de rue.

(B) **Exemple: 1 est**

Cet homme (**1**) ___ né en 1809. Il (**2**) ___ eu un
accident à l'âge de trois ans dans l'atelier de son père
et il (**3**) ___ devenu aveugle. Ses parents l'(**4**) ___
envoyé à une école pour de jeunes aveugles à Paris.
Plus tard, il (**5**) ___ lui-même devenu professeur.
Passionné par son travail, il (**6**) ___ cherché à
améliorer les méthodes d'enseignement et il (**7**) ___
inventé l'alphabet des aveugles, qui porte son nom.

(C) **Exemple: 1 est née**

Cette héroïne française ___ ___ (**1** *naître*) à Domrémy en
Lorraine. C'est là qu'elle ___ ___ (**2** *entendre*) des voix.
Elle ___ ___ (**3** *devenir*) soldat et elle ___ ___ (**4** *attaquer*)
les Anglais et ainsi ___ ___ (**5** *libérer*) la ville d'Orléans.
Plus tard, elle ___ ___ (**6** *être*) accusée de sorcellerie
et condamnée à mort. Elle ___ ___ (**7** *devenir*) sainte
en 1920.

(D) **Exemple: 1 est parti**

Né à Lille, en 1890, ce général de l'armée française
est très connu en France. Pendant la Deuxième Guerre
mondiale, quand la France était occupée, il ___ ___
(**1** *partir*) pour Londres, où il ___ ___ (**2** *faire*) un discours
célèbre à la BBC. Par ce message important, il ___ ___
(**3** *donner*) du courage aux Français et, peu après, on
___ ___ (**4** *organiser*) la Résistance en France. Plus tard, il
___ ___ (**5** *devenir*) président de la République. À sa mort,
en 1970, presque tous les pays du monde ___ ___
(**6** *rendre*) hommage à ce grand homme d'état.

1   En stage

Clément fera un stage d'informatique en avril. Mettez les verbes au futur.

Exemple: **Tu prendras**

Tu (**1** *prendre*) le train, Clément?

Non, je (**2** *partir*) en car. C'est moins cher.

Et tu (**3** *passer*) combien de temps en stage?

Je (**4** *rester*) une semaine en stage, puis je (**5** *passer*) le weekend chez mes grands-parents qui habitent dans la région.

Alors quand est-ce que tu (**6** *rentrer*) à Paris?

Je (**7** *rentrer*) le 2 mai.

2   L'anniversaire de mon père

Complétez le texte en mettant les verbes au futur.

Exemple: **1   mon père aura**

Vendredi, mon père (**1** *avoir*) cinquante ans. Alors demain, ma mère et moi, nous (**2** *aller*) aux magasins pour lui choisir des cadeaux. Ensuite, nous (**3** *aller*) au supermarché pour acheter des provisions. Le soir, quand mon père (**4** *être*) au gymnase, nous (**5** *faire*) un gâteau. Vendredi après-midi, nous (**6** *décorer*) la maison. Et quand mon père (**7** *rentrer*), il (**8** *voir*) beaucoup de cartes et de cadeaux et la fête (**9** *commencer*)!

3   Si cela arrive

Écrivez les phrases avec la bonne forme du verbe.

Rappel: si (present tense) + future tense

Exemple: **1   Si on arrive à l'heure, on ira en ville ce soir.**

1   Si on (*arriver*) à l'heure, on (*aller*) en ville ce soir.
2   Si nous (*avoir*) le temps, nous (*aller*) à la piscine.
3   Si j'(*avoir*) assez d'argent, je t'(*acheter*) un cadeau.
4   Si vous (*prendre*) le train de dix heures, vous (*arriver*) à midi.
5   S'il (*faire*) beau demain, on (*faire*) un piquenique à la plage.
6   S'il n'y (*avoir*) pas de bus, je (*prendre*) un taxi.

4   Mes projets

Complétez les phrases comme vous voulez.

1   Si je n'ai pas trop de devoirs, je (j') …
2   Si je ne suis pas trop fatigué(e), je (j') …
3   S'il fait beau, mes amis et moi, nous …
4   S'il pleut, nous …
5   S'il y a un match de football, …
6   S'il y a un bon film au cinéma, …
7   Si j'ai assez d'argent, …
8   Si je me lève tôt, …
9   Si j'ai le temps, …
10   Si mes parents sont d'accord, …

5   J'espère que tout se passera bien

a   Écoutez et complétez les phrases.

b   Find some examples of reflexive verbs in the future tense.

Vendredi soir, je vais à une fête avec une nouvelle (**1**) _____ J'espère qu'on s'entendra bien. Elle est parfois un peu (**2**) _____ alors j'espère qu'on ne se disputera pas. Beaucoup de mes copains y vont aussi, alors nous nous amuserons bien, j'en suis (**3**) _____.

Si je rentre tard, j'espère que mes (**4**) _____ ne se fâcheront pas. Après la fête, je me coucherai tard. Le lendemain, (**5**) _____, je n'ai pas cours, alors je me lèverai tard.

6   Quand?

Complétez les phrases avec la bonne forme du verbe.

Exemple: **1   Quand ma sœur aura dix-huit ans, …**

The future tense must be used after **quand** if the verb refers to what will happen in the future. This is different from English.

1   Quand ma sœur (*avoir*) dix-huit ans, elle (*apprendre*) à conduire.
2   Quand tu (*venir*) à la maison, on (*parler*) des vacances.
3   Quand mes parents (*rentrer*) du travail, nous (*aller*) chez mes grands-parents.
4   Quand je t'(*écrire*), je t'(*envoyer*) des photos.
5   Quand nous (*être*) en vacances, nous (*venir*) vous voir.
6   Quand j'(*arriver*) chez moi, je t'(*envoyer*) un texto.

7   Traduction

Traduisez ces phrases en français.

1   My mother will be 52 next Sunday.
2   My father is helping us to organise a surprise party for her.
3   If she has time, my sister will make a birthday cake.
4   When my grandparents arrive at midday, the party will begin.
5   I hope that we will have a good time.

8 C'est utile, le dictionnaire

> Slang words are often found in a dictionary, but are usually indicated by **p** (*populaire*), **f** or **fam** (*le français familier*) or **a** (*argot*).

Trouvez l'équivalent en bon français. Pour vous aider, cherchez dans un dictionnaire.

Le français familier	Le bon français
1 un flic	**a** le travail
2 le boulot	**b** la nourriture
3 bosser	**c** ennuyeux
4 la bouffe	**d** travailler
5 les fringues	**e** un agent de police
6 casse-pieds	**f** les vêtements

9 Qui fait le ménage?

🔊 **a** Écoutez et complétez les phrases avec un mot de la case.

> aspirateur   cuisine   débarrasse
> devoirs   jardinage   lave-vaisselle

1 Moi, je ne fais pas beaucoup. Ma mère sait que j'ai beaucoup de ___, mais je fais mon lit quand même.

2 Moi, j'aide beaucoup à la maison, par exemple je range ma chambre et je passe ___. Mais mon petit frère ne fait jamais rien – ce n'est pas juste!

3 Moi, j'aide de temps en temps, par exemple, le dimanche je mets la table et je ___ après le repas.

4 Moi, je fais du ___ pendant les vacances. J'aime ça.

5 Je n'aide pas beaucoup, mais quelquefois je remplis le ___.

6 Si j'ai le temps, je fais la ___ et chaque semaine, je sors les poubelles.

b Trouvez l'équivalent en français.

1 not much
2 all the same
3 never does anything
4 it's not fair
5 from time to time
6 sometimes
7 if I have time
8 every week

c Faites des phrases en français avec chaque expression.

10 On aide à la maison

a Complétez avec la bonne forme du verbe au **présent**.

– Est-ce que tu (**1** *aider*) quelquefois à la maison?
– Oui, moi, j'(**2** *aider*) quelquefois, mon frère aussi.
– Qu'est-ce que vous (**3** *faire*) exactement?
– Moi, je (**4** *remplir*) le lave-vaisselle et mon frère le (**5** *vider*). Le soir, nous (**6** *mettre*) la table et nous (**7** *débarrasser*) la table après le repas.
– Est-ce que tu (**8** *préparer*) les repas de temps en temps?
– Oui, j'(**9** *aimer*) faire la cuisine, mais je (**10** *détester*) nettoyer la cuisine après.

b Complétez avec la bonne forme du verbe au **passé composé**.

– Qu'est-ce que tu (**1** *faire*) récemment pour aider à la maison?
– Samedi dernier, j'(**2** *travailler*) dans le jardin. Ma sœur (**3** *laver*) la voiture.
– Et moi, le weekend dernier, j'(**4** *réparer*) l'ordinateur pour ma mère. Mon frère (**5** *passer*) l'aspirateur et nous (**6** *faire*) la vaisselle ensemble, samedi soir.
– Moi, je n'(___) pas (**7** *aider*) beaucoup parce que j'(**8** *devoir*) réviser pour mes examens.

11 On fait l'inventaire

🔊 La famille Laroche a loué un appartement à la montagne. Sara et Léo vérifient l'inventaire. Écoutez la conversation et notez les détails.

Exemple: 1 D (x6)

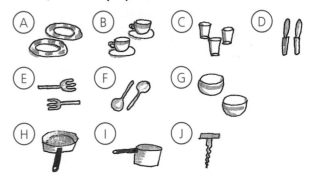

12 On dit «merci»

🔊 Écoutez les conversations et trouvez le bon résumé en anglais.

Exemple: 1 d

a She says she really enjoyed the party and accepts an invitation to go out next Saturday.
b He says he really enjoyed the party and he invites the person to the cinema.
c She thanks the parents for her stay in France.
d She thanks a visitor for the flowers.
e They thank someone after spending a weekend with them.

unité 4   Au choix

1 Une journée typique

Copiez et complétez les phrases.

- Je me réveille à …
- Je me lève tout de suite. / Je me lève à …
- Pour le petit déjeuner, je prends …
- Je quitte la maison à …
- Je vais au collège en train / en bus / en car / en voiture / à pied / à vélo.
- J'arrive à … heures.
- Le matin, j'ai cours jusqu'à …
- Puis c'est la pause-déjeuner. Je mange à la cantine / des sandwichs.
- Normalement, je mange …
- L'après-midi, les cours finissent à …
- Je prends … pour rentrer chez moi. Je rentre chez moi à pied / à vélo.
- En arrivant à la maison, je …
- On mange vers …
- Le soir, je fais mes devoirs / regarde la télé / téléphone à mes ami(e)s / surfe sur Internet / joue sur l'ordinateur / écoute de la musique / lis, etc.
- Je me couche à …

2 Pourquoi pas?

Écoutez les conversations. Les personnes ne sont pas libres. Notez la bonne lettre et expliquez pourquoi.

Exemple: 1 c – *Élodie doit faire du babysitting.*

1 Élodie   a réviser pour des examens
2 Raj   b travailler au magasin
3 Lucie   c faire du babysitting
4 Daniel   d aller à l'hôpital
5 Marc et Cécile   e jouer un match de hockey
6 Laure et Mathieu f aller chez le dentiste
7 Kévin et Luc   g aider à la fête
8 Sanjay et Sika   h acheter un cadeau d'anniversaire

3 On parle de quoi?

On parle de tous ces aspects de la vie au collège, mais qui parle de quoi? Écrivez les initiales de la bonne personne.

Exemple: 1 *G (Gabriel)*

1 la cantine   4 les devoirs
2 l'emploi du temps   5 les matières
3 les professeurs   6 les locaux (premises)

> À mon avis, on nous en donne trop. Normalement, chaque soir, j'ai trois matières à étudier et je dois travailler au moins une heure et demie. **Khaled**

> Je n'aime pas beaucoup les repas et il faut faire la queue, alors je préfère apporter des sandwichs. **Gabriel**

> On commence avec biologie, puis c'est histoire. Après la récréation, on a deux heures de technologie. Puis c'est la pause-déjeuner et ensuite, on a EPS. **Fatima**

> Il y a trois laboratoires de sciences et une nouvelle bibliothèque qui est très bien équipée. Il y a aussi une salle informatique avec des ordinateurs. **Aya**

4 L'année prochaine ou l'année dernière?

Qu'est-ce qui a changé et qu'est-ce qui va changer?

Écrivez **1–8** et écoutez les extraits des conversations. Décidez si on parle du futur (**F**) ou du passé (**P**). Faites surtout attention aux verbes.

Exemple: 1 P

5 À l'avenir

À deux, posez des questions et répondez à tour de rôle. Puis écrivez vos réponses.

- Que feras-tu l'année prochaine?
- Est-ce que tu changeras d'école?
- Quand est-ce que tu penses quitter l'école?
- Est-ce que tu espères travailler / continuer tes études / aller à l'université / voyager / …?

6 Translation

Translate these sentences into English.

1 Mon école primaire était près de chez moi et j'y allais à pied.
2 J'ai commencé à apprendre le français quand j'avais neuf ans.
3 On a déménagé il y a deux ans. Autrefois, nous habitions à Toulouse.
4 Dans mon ancien collège, on faisait plus de sport et j'aimais bien ça.

7 Traduction

Traduisez ces phrases en français.

1 In my country, we start learning languages in primary school.
2 In my opinion, it's important to learn a foreign language in order to understand a different culture.
3 I used to learn Spanish when I was younger.
4 We used to spend our holidays in Spain every summer.

> Je suis assez fort en anglais et je l'apprends depuis quatre ans. Je suis allé deux fois en Angleterre – voilà pourquoi c'est une de mes matières préférées. Par contre, je suis nul en physique et j'ai souvent de mauvaises notes. **Mohamed**

> La plupart sont sympas. Ils expliquent bien et les cours sont clairs et intéressants, mais il y en a aussi qui sont sévères et qui n'ont pas l'air de s'intéresser beaucoup aux élèves. **Louane**

8 Au magasin de sport

🔊 Écoutez et lisez la conversation.

Nicolas et Thomas arrivent au magasin de sport.

> **T** Regarde ces ballons de football. Celui-ci n'est pas cher.
>
> **N** Oui, c'est vrai.
>
> **T** Je vais peut-être l'acheter pour mon petit frère – il adore le foot.
>
> **N** Bon, moi, je vais regarder les raquettes de tennis.
>
> **T** Il y en a beaucoup.
>
> **N** Oui, alors celle-ci est d'une bonne marque et celle-là aussi. J'aime bien cette raquette. Elle n'est pas trop lourde. Je crois que je vais prendre celle-ci.
>
> **T** Regarde, il y a beaucoup de matériel pour le ski. Tu aimes ces gants noirs?
>
> **N** Oui, ils sont bien, mais je préfère ceux-là en bleu marine. Ils sont d'une bonne marque.
>
> **T** Oui, mais regarde le prix – ils sont beaucoup trop chers pour moi.
>
> **N** Oui, ils sont chers, c'est vrai.
>
> **T** J'aime bien ces lunettes de soleil.
>
> **N** Mais elles sont trop grandes pour toi. Essaie celles-là. Oui, elles te vont mieux. Tu les prends?
>
> **T** Non. Je vais acheter le ballon de football et c'est tout.
>
> **N** D'accord, alors allons au café maintenant.

a Répondez aux questions.

1 Nicolas et Thomas sont dans quel magasin?
2 Qu'est-ce qu'ils regardent d'abord?
3 Qu'est-ce qu'ils regardent ensuite?
4 Ils regardent aussi deux autres choses. Lesquelles?
5 Qu'est-ce que Thomas achète?
6 Est-ce que Nicolas achète quelque chose?
7 Qu'est-ce qu'ils vont faire ensuite?

b Complétez les conversations avec **celui**, **celle**, etc.

Exemple: 1 *Celui*

1 – Tu as vu mon sac?
  – Lequel?
  – ＿＿ que j'ai acheté hier.
2 – Tu préfères cette raquette-ci ou ＿＿-là?
  – Moi, je préfère ＿＿-ci.
3 – C'est ton sac de sport?
  – Non, c'est ＿＿ de mon frère.
4 – Ce sont tes skis (*m pl*)?
  – Non, les miens sont dans la voiture; ＿＿-là sont à ma sœur.
5 – J'aime bien tes lunettes (*f pl*). Elles sont nouvelles?
  – Oui, ce sont ＿＿ que j'ai achetées hier matin.
6 – J'aime bien ces gants (*m pl*). Ils sont beaux. Avez-vous des gants comme ＿＿-ci mais en rouge?
7 – Vous avez des balles (*f pl*) de tennis?
  – Oui, nous avons celles-ci en tubes à 5 euros ou bien ＿＿-là qui sont moins chères.
8 – Avez-vous ce maillot de bain d'une autre couleur?
  – Oui nous avons ＿＿-là en bleu marine, vert et rouge.

9 Vous aidez au magasin

Vous travaillez dans un grand magasin.
Ces clients parlent des articles, mais lesquels?
Que dites-vous?

Exemple: 1 *Lesquelles?*

1 Avez-vous les chaussures (*f pl*) en vitrine d'une autre couleur?
2 Je voudrais acheter le pull.
3 Est-ce que je peux voir les gants (*m pl*) de ski?
4 C'est combien la jupe, s'il vous plaît?
5 Le pantalon en vitrine, vous l'avez en 42?
6 Avez-vous ces chaussettes (*f pl*) en taille moyenne?
7 Est-ce que je peux voir la ceinture?
8 Je voudrais essayer la chemise, s'il vous plaît.

10 Des centres commerciaux

🔊 Your Swiss friend, Lucas, is talking about shopping centres. Listen to the conversation and write the letters of **three** sentences that are true.

A He loves shopping.
B Shopping centres are good because there are lots of shops close together.
C He also likes going there because there's a lot going on.
D If you get tired you can go to a café.
E Last Saturday he went shopping with a friend.
F His friend bought a skirt at a bargain price.
G He was looking for a present but didn't find anything suitable.

11 On parle du shopping

🔊 **a** Listen to the conversation and write the letters of **two** topics that are discussed.

A Shopping at Christmas
B Shopping during the sales
C Buying souvenirs
D Designer clothes
E Returning unwanted items
F Buying items for school

b Answer the questions in English.

1 What advantages of shopping in the sales are mentioned?
2 What disadvantages are mentioned?
3 What comments are made about designer labels?

1 Des plats britanniques

🔊 Écoutez des Français en Grande-Bretagne qui décrivent des plats. Écrivez 1–8 et notez la bonne lettre.

2 Un mail à écrire

Écrivez à votre corres en suivant le modèle ci-dessous.

1 Répondez à ces questions de votre corres:

- Chez vous, est-ce qu'on mange le petit déjeuner anglais traditionnel (œufs, bacon etc.)?
- Quel est le repas le plus important en Grande-Bretagne, le déjeuner ou le dîner? Où et quand déjeunes-tu?
- Qu'est-ce que tu aimes surtout manger et boire? (Parlez des plats, des boissons et de vos préférences personnelles.)

2 Posez des questions sur la nourriture en France.

3 Finissez votre mail.

3 Forum des jeunes: Le végétarisme

Lisez les posts puis lisez chaque phrase. C'est l'avis de qui? Écrivez le bon nom.

Exemple: 1 Mistercool

1 Il faut utiliser la terre pour produire du blé, des arbres fruitiers et des légumes.

2 Les végétariens ne mangent pas de viande, mais ils boivent du lait et ils mangent du fromage, donc ils ont besoin de vaches.

3 Les animaux qui mangent de l'herbe occupent trop d'espace dans les champs.

4 J'ai décidé d'être végétarien pour des raisons de santé.

5 La viande nous fait du bien.

6 Les fermiers doivent gagner leur vie comme les autres.

7 Même les repas végétariens ne sont pas toujours bons pour la santé.

8 Les repas végétariens n'ont pas beaucoup de goût.

4 Un problème de santé

Regardez le forum des jeunes à la page 91 et répondez aux questions en français.

1 Selon *Voldenuit*, pourquoi faut-il changer notre mode de vie?

2 D'après *Alamode*, qu'est-ce qui est pire que le surpoids?

3 *Perruchefolle* et *Sisisimple* ont une opinion en commun. Laquelle?

4 Selon *Tapismajik*, quels aliments font grossir?

5 *Lapinslibres* pense que le gouvernement doit décider ce que nous mangeons – vrai ou faux?

6 Et vous, êtes-vous d'accord avec une de ces personnes? Si oui, laquelle et pourquoi? Si non, quelle est votre opinion?

5 Un repas

Vous préparez un repas avec une amie. Répondez à son message.

Exemple: J'ai acheté …

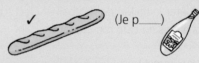

As-tu acheté du pain? Qu'est-ce qu'il faut acheter en plus? Tu préfères du pâté ou du jambon? Qu'est-ce que tu aimes comme légumes? Qu'est-ce qu'on va prendre comme dessert? Et comme boisson?

 (Je p____)

forum des jeunes

Qu'est-ce que vous pensez du végétarisme?

Mistercool: ✉ ♥ ⮕

Moi, voilà pourquoi je suis végétarien: c'est parce que les bêtes qui fournissent toute cette viande pour les repas des nations riches occupent beaucoup de terres. Alors, au lieu d'utiliser ces champs pour les bêtes, on pourrait y produire beaucoup de céréales et de légumes pour nourrir les habitants des nations pauvres.

Bonne Génie: ✉ ♥ ⮕
On a besoin des bêtes, même si on ne mange pas de viande. Même les végétariens ont besoin des vaches pour leur donner du lait et du fromage. En tout cas, mon père est fermier, alors les fermiers, ils doivent gagner leur vie aussi, non?

Perruchefolle: ✉ ♥ ⮕

Je sais que les repas végétariens sont bons pour la santé, mais je ne les aime pas beaucoup! Je ne suis pas un lapin, je veux manger des choses plus solides qui ont meilleur goût que les salades! J'aime bien la viande et, en plus, c'est bon pour la santé.

Supersportif: ✉ ♥ ⮕

Je suis végétarien surtout pour des raisons de santé, mais il faut dire que même les végétariens devraient bien choisir ce qu'ils mangent. Par exemple, si on mange une grosse omelette au fromage avec du ketchup et des tas de frites, un milk-shake au chocolat et un gâteau à la crème fraîche, c'est végétarien, mais on ne peut pas dire que c'est un repas idéal pour la santé!

6 Une conversation

À deux, posez des questions et répondez à tour de rôle.

Exemple: 1 A Aimes-tu les glaces?
            B Oui, j'aime les glaces. /
              Oui, je les aime.

1 Aimes-tu les glaces?
2 Quel parfum préfères-tu?
3 Tu préfères la limonade avec ou sans glace?
4 Tu préfères l'eau gazeuse ou non gazeuse?
5 Est-ce que tu aimes la cuisine chinoise?
6 Quelle cuisine étrangère préfères-tu? (par exemple indienne, française, italienne)
7 Préfères-tu le poisson ou la viande?
8 Comment trouves-tu les repas au collège?
9 Où voudrais-tu manger pour ton anniversaire?
10 Est-ce que tu préfères manger au restaurant ou à la maison? (Donne tes raisons.)

Pour vous aider

Je préfère manger au restaurant / à la maison parce que …

j'aime	goûter aux plats que je ne connais pas.
je n'aime pas	avoir un grand choix de plats.
je préfère	discuter pendant le repas.
je peux	manger seul / manger avec des amis.

7 On cherche un restaurant

Trouvez les paires.

1 Qu'est-ce qu'il y a comme restaurants ici?
2 Vous connaissez le nouveau restaurant chinois?
3 Est-ce qu'il y a un restaurant vietnamien ici?
4 Tu aimes la cuisine indienne?
5 On dit que c'est très bien.
6 On y mange bien et ce n'est pas trop cher.
7 J'aime bien la cuisine italienne.
8 Il n'y a pas de restaurant marocain par ici.

a *The food's good and it's not too dear.*
b *Do you like Indian food?*
c *There's no Moroccan restaurant around here.*
d *Do you know the new Chinese restaurant?*
e *I like Italian food.*
f *What sort of restaurants are there here?*
g *They say it's very good.*
h *Is there a Vietnamese restaurant here?*

8 Qu'est-ce qu'il faut dire?

Trouvez les paires.

1 *You want to book a table for four for tonight.*
2 *You would like to eat outside.*
3 *You would like the menu.*
4 *You want to know if there is a set price menu.*
5 *You want to complain because the steak is overcooked.*
6 *You're ordering a salad as a starter.*
7 *You want to know what there is for today's special dish.*
8 *You would like the waiter to recommend a wine.*
9 *You would like the bill.*
10 *You think there's been a mistake.*

a La carte, s'il vous plaît, monsieur.
b L'addition, s'il vous plaît, monsieur.
c Est-ce qu'il y a un menu à prix fixe?
d Pourriez-vous nous recommander un vin, s'il vous plaît?
e Je crois qu'il y a une erreur.
f Je voudrais réserver une table pour ce soir, pour quatre personnes.
g Comme entrée, je prendrai des crudités.
h Le plat du jour, qu'est-ce que c'est?
i Nous voudrions manger sur la terrasse, si possible.
j Monsieur! Ce steak est trop cuit.

9 Des messages

Lisez les messages et complétez les phrases.

Exemple: 1 *sucrée*

1 Une crêpe aux fraises est une crêpe ___.
2 Une crêpe au jambon est ___ ___ ___.
3 Une crêperie est une sorte de ___.
4 La corres d'Alice habite au ___.
5 Le 'Domoda' est un ___ du Sénégal.
6 Pour faire le 'Domoda', on coupe d'abord la viande en ___.
7 On fait de la ___ avec des cacahuètes.
8 On ajoute une sélection de ___.
9 On mange le 'Domoda' avec ___.
10 Alice a ___ du 'Domoda'.

Je passe de bonnes vacances ici en Bretagne. On mange très bien! Hier, j'ai déjeuné dans une crêperie. On y mange des crêpes salées ou sucrées de toutes sortes. Pour commencer, j'ai pris une crêpe au fromage, puis comme dessert, une crêpe à l'ananas. C'était délicieux! À bientôt! **Christophe**

Je suis en vacances chez ma corres au Sénégal – c'est très intéressant! Hier, nous avons fêté l'anniversaire de mon amie et nous avons mangé du 'Domoda'. C'est fait avec des morceaux de viande cuits dans de l'eau, puis avec de la pâte de cacahuètes, du piment, des tomates et d'autres légumes. On le sert avec du riz. C'est très épicé, mais très bon. Bises, **Alice**

1　Mon temps libre

a　Préparez un tableau où vous écrivez les détails de deux activités différentes.

Activité	Quand	Détails	Avis (pourquoi)
Exemple: club des jeunes	mardi soir	avec deux amis, en ville	C'est bien, parce qu'on rencontre d'autres jeunes et qu'on fait des activités intéressantes, comme le patinage, les jeux, etc.

 b　À deux, posez des questions et répondez à tour de rôle.

- Qu'est-ce que tu fais comme activités?
- Quand?
- Avec qui? Où?
- C'est intéressant? Pourquoi?

2　C'est quel sport?

a　Complétez le texte avec les mots de la case.

b　Identifiez le sport.

> ballon　gymnase　nombre　populaire　vingt

Inventé en 1891 dans un collège américain, c'est maintenant un sport très (**1**) ___ en France. Chaque équipe comprend cinq joueurs (garçons ou filles) et on y joue avec un (**2**) ___ rond. Il s'agit de marquer le plus grand (**3**) ___ de 'paniers' pendant la partie, qui se compose de deux mi-temps de (**4**) ___ minutes. On peut y jouer dehors ou dans un (**5**) ___. Ce n'est pas du tout un sport violent – le contact est interdit, en effet, mais les joueurs dépensent beaucoup d'énergie.

3　Des adverbes utiles

a　Dans la case, trouvez quatre adverbes pour chaque catégorie (1–4). Écrivez les adverbes et traduisez-les en anglais.

1 quand: **enfin – at last**

2 comment:

3 où:

4 combien (de fois):

> partout　vite　beaucoup　tard　toujours
> peu　lentement　tôt　enfin　loin　rarement
> bien　là-bas　mal　récemment　ici

b　C'est presque pareil. Trouvez les paires.

1 en général　**2** rapidement　**3** quelquefois
4 finalement　**5** d'abord

a parfois　**b** enfin　**c** d'habitude　**d** au début
e vite

4　Les vacances d'un skieur

a　Complétez avec des noms de la case.

Pour mes vacances idéales de ski, je voudrais …

- ☐ de la (**1**) ___ immaculée – très souvent
- ☐ de très belles (**2**) ___ – assurément
- ☐ de longues (**3**) ___ – suffisamment
- ☐ du beau (**4**) ___ – naturellement
- ☐ de bons (**5**) ___ – régulièrement
- ☐ et du (**6**) ___ – éternellement

> descentes　neige　pistes　repas　ski　soleil

b　Écrivez une liste pour vos vacances idéales sportives.

5　On parle du sport

🔊 Écoutez Marilyn et répondez aux questions.

1 Quels sont deux sports qu'elle pratiquait à l'école?
2 Quel sport est-ce qu'elle pratique aujourd'hui?
3 Quel sport voudrait-elle essayer?
4 Quel(s) sport(s) est-ce qu'elle regarde à la télé?
5 À votre avis, est-ce que Marilyn est une personne (**a** très　**b** assez　**c** pas très) sportive?

6　La télé

a　Read the message and answer the questions in English.

1 When does Alex watch TV?
2 Mention two things she says in favour of TV.
3 Mention two things she dislikes.

b　Répondez aux deux questions d'Alex en français.

> Est-ce que tu aimes regarder la télé? Moi, je regarde la télé tous les soirs, quand je rentre du collège. Ça me détend. J'aime surtout les documentaires et les émissions sur la cuisine. On peut apprendre beaucoup de choses!
>
> Mais je trouve qu'il y a trop de publicité à la télé – c'est surtout énervant quand on coupe un bon film pour passer de la pub. Et je trouve aussi qu'il y a trop de violence, par exemple dans les séries policières, et je n'aime pas ça. Et toi, est-ce que tu trouves qu'il y a trop de violence à la télé? **Alex**

7 Un livre que j'ai lu

🔊 Écoutez la conversation et notez les détails.

1 Titre
2 Auteur
3 Genre
4 Ça se passe où? (*sur un bateau, dans un train, dans une vieille maison, etc.*)
5 Opinion

8 Réponds-moi!

Lisez ces messages, puis répondez à deux des messages.

1

> Demain, on ira au Festival de Jazz avec le club. Rendez-vous à la gare routière à 20h. Réponds par texto si tu viens! **Luc**

2

> On organise une excursion pour aller à la Fête de l'Internet à la Cité des sciences, le 18 mars. Tu viens? Envoie-moi un texto! **Charlotte**

3

> Vendredi prochain, on va aller au cinéma ensemble. Envoie-moi un SMS si tu veux y aller. Prix – 8 euros. **Nicolas**

a Remerciez la personne. Acceptez l'invitation et posez une question.

Exemple:

> Salut Luc! Merci de ton invitation. Je voudrais bien aller au Festival de Jazz. Ça coûte combien? **Martin**

b Refusez l'invitation et expliquez pourquoi.

Exemple:

> Charlotte, j'ai bien reçu ton message. Je suis désolée, mais je ne peux pas venir parce que je travaille ce jour-là. Merci quand même. **Sika**

9 Tu as vu ça?

On regarde une collection de vieux DVD.

a Complétez les descriptions avec les mots de la case.

A Ce film est une (**1**) _____ d'un film d'horreur qui s'appelle *Scream*. La plus belle fille du lycée est assassinée alors qu'elle s'installait pour regarder une vidéo. Ses copains de classe découvrent qu'il y a un (**2**) _____ parmi eux. Petit à petit, ils comprennent que le tueur pourrait bien être l'homme qu'ils ont tué par accident l'année (**3**) _____ à Halloween. C'est un peu (**4**) _____ mais aussi très rigolo.

> précédente   effrayant   parodie   tueur en série

B C'est un film avec Bruce Willis et Hayley Joel. Un (**1**) _____ pour enfants est agressé par un de ses anciens (**2**) _____ qui est maintenant adulte. Un an plus tard, le psychologue fait la (**3**) _____ d'un garçon de huit ans qui a un secret des plus (**4**) _____.

> connaissance   terrifiants   patients   psychologue

C C'est le premier film d'une saga (**1**) _____ inventée par George Lucas. Dans ce film on voit les (**2**) _____ qui deviendront les héros des films qui (**3**) _____. Il y a beaucoup d'effets (**4**) _____ dans ce film.

> personnages   spéciaux   suivent   interplanétaire

b Trouvez le titre et le genre.

Le Sixième Sens   La Menace Fantôme   Scary Movie
un film comique   un film d'aventures
un film de science-fiction

10 Un bon weekend?

Mettez les verbes à l'imparfait. Pour vous aider, regardez la **Grammaire** 14.7.

a – C'(**1** *être*) bien, la fête chez Pierre?
– Ce n'(**2** *être*) pas terrible. Moi, je ne (**3** *connaître*) presque personne. Daniel et Élodie y (**4** *être*), mais à part eux, il n'y (**5** *avoir*) personne du collège.

b – Comment as-tu trouvé le concert de rock?
– C'(**1** *être*) vraiment sensass. Il y (**2** *avoir*) une très bonne ambiance. C'(**3** *être*) en plein air, tu sais. Alors heureusement, il (**4** *faire*) beau. Il y (**5** *avoir*) plusieurs groupes et la musique (**6** *être*) excellente. Nous avons trouvé une bonne place par terre, d'où nous (**7** *pouvoir*) très bien voir et entendre.

1 Lexique

Copiez la liste et trouvez équivalent en l'anglais.

1	à l'étranger	**8**	l'hébergement (m)
2	animé	**9**	la plage
3	se faire bronzer	**10**	une randonnée
4	un circuit	**11**	le sable
5	une croisière	**12**	un stage
6	se baigner	**13**	nager
7	se dépayser	**14**	un séjour

2 On parle des vacances

Écoutez les conversations (page 129) puis choisissez la bonne réponse.

1 Djamel passe ses vacances
a à l'hôtel **b** dans sa famille **c** au camping

2 Pendant les vacances, Élodie aime
a se reposer **b** rester dans l'appartement **c** faire du sport

3 Jonathan va souvent
a à l'étranger **b** à la montagne **c** chez ses grands-parents

4 Cet été, Stéphanie va partir
a dans des auberges de jeunesse **b** chez des amis **c** au camp

5 L'été dernier, Marc est allé en voyage organisé
a dans les Alpes **b** dans les Pyrénées **c** en Bretagne

3 Sondage vacances

À deux, posez des questions et répondez à tour de rôle. Notez les réponses.

1 Où préfères-tu passer tes vacances?
Je préfère passer mes vacances
a au bord de la mer
b à la campagne
c à la montagne
d à l'étranger
e dans des grandes villes

2 Qu'est-ce que tu aimes faire pendant les vacances?
J'aime
a faire du sport
b me reposer sur la plage
c visiter des musées et des monuments
d acheter des souvenirs
e aller dans les discothèques

3 Quel genre de logement préfères-tu?
Je préfère
a aller à l'hôtel
b aller à l'auberge de jeunesse
c faire du camping
d louer un gîte ou un appartement
e aller dans la famille ou chez des amis

4 Comment préfères-tu voyager?
Je préfère voyager
a en avion
b en train
c en bateau
d en voiture
e en car
f à vélo

4 Vacances de Pâques

Complétez le message en mettant les verbes au futur.

Est-ce que tu (**1** *partir*) en vacances à Pâques? Moi, je (**2** *faire*) du camping avec le club des jeunes. Nous (**3** *aller*) en Provence pour une semaine. Nous (**4** *prendre*) le car de Paris à Avignon. J'espère qu'il y (**5** *avoir*) du soleil et qu'il ne (**6** *faire*) pas trop froid. Nous ne (**7** *être*) pas loin de la mer, alors nous (**8** *pouvoir*) passer une journée sur la plage.

5 Mes vacances de rêve

Changez les mots surlignés pour décrire vos vacances de rêve.

- Je voudrais aller en Chine parce que j'ai toujours voulu voir la Grande Muraille.
- Je voudrais aussi aller à Hong Kong pour faire du shopping.
- Je voudrais visiter les îles.
- Je voudrais voyager en avion.
- Je voudrais y aller avec trois amis.
- J'aimerais loger dans des hôtels confortables.
- Un mois, ce serait idéal.

6 Hôtel du château

Lisez les 'Informations générales', et écrivez **V** (vrai) ou **F** (faux).

1 Si on prend le petit déjeuner dans sa chambre, il faut payer un supplément.

2 On vous conseille de mettre vos objets de valeur dans le coffre.

3 On ne sert pas de repas après neuf heures du soir.

4 Si on rentre après minuit, il faut ouvrir la porte d'entrée soi-même.

5 Le jour du départ, on peut rester dans sa chambre jusqu'à quatorze heures

INFORMATIONS GÉNÉRALES

1 La réception est ouverte de 7h00 à 23h00.

2 Le petit déjeuner est servi dans le restaurant de 7h00 à 9h30. On offre également ce service en chambre à titre gratuit pendant ces heures: téléphonez au 36.

3 L'hôtel n'est responsable que des objets de valeur déposés au coffre de l'hôtel.

4 Le dîner est servi de 19h00 à 21h00 dans le restaurant.

5 La porte d'entrée est fermée à clé à partir de minuit. Si vous rentrez plus tard, la deuxième clé sert à ouvrir la porte principale.

6 Le jour du départ, la chambre doit être libérée à midi au plus tard.

7 À l'hôtel

Complétez les phrases avec un mot de la case.

> chambre   combien   complet   douche   petit déjeuner
> prends   remplir   salle de bains   voir

1 Avez-vous une ___ de libre pour ce soir, s'il vous plaît?
2 Vous voulez une chambre avec ___ ou ___?
3 ___ coûte la chambre par nuit?
4 Est-ce que le ___ est compris?
5 Est-ce que je peux ___ la chambre?
6 Bon, je la ___.
7 Pouvez-vous ___ cette fiche, s'il vous plaît?
8 Je regrette, l'hôtel est ___.

8 Le jeu des définitions

Trouvez la bonne réponse.

Exemple: 1 un *sac de couchage*

1 Si on fait du camping, on en a besoin pour dormir, mais ce n'est pas nécessaire dans une auberge de jeunesse.
2 Si on dort par terre, c'est très utile pour mieux dormir.
3 C'est très utile pour voir la nuit quand il n'y a pas de lumière.
4 On en a besoin pour faire marcher sa lampe de poche.
5 Elles sont nécessaires pour allumer une cuisinière à gaz.
6 Sans lui, on ne peut pas ouvrir les boîtes de petits pois, pa exemple.

9 Des questions

Complétez les questions.

1 Vous avez de la place pour  ?
2 Vous faites des  ?
3 Le petit déjeuner ?
4 L'auberge ?

10 Nos vacances

Des deux phrases pouvez-vous en faire une seule?

Exemple:
1 **Après avoir acheté des provisions, nous avons fait la cuisine.**
4 **Ils ont mangé avant d'aller au cinéma.**

1 Nous avons acheté des provisions. Nous avons fait la cuisine.
2 On a loué des vélos. On a fait le tour de la région.
3 Mon frère a joué au volley. Mon frère a perdu ses lunettes de soleil.
4 Ils ont mangé. Ils sont allés au cinéma.
5 J'ai acheté de nouvelles balles. J'ai joué au tennis.
6 On a rangé la tente. On est sorti.

11 Voyage en Afrique

Lisez ce récit d'un voyage en Afrique et écrivez les verbes au **passé composé** ou à **l'imparfait**.

a Au début, tout allait bien …

1 Quand j'(*avoir*) 21 ans, j'(*décider*) de faire un voyage en Afrique.
2 Pendant le voyage, j'(*faire*) la connaissance d'un Américain, James, qui (*faire*) le tour du monde.
3 Nous (*décider*) de voyager ensemble.
4 Pendant que nous (*être*) en Tunisie, James (*acheter*) un véhicule tout terrain.
5 Nous (*faire*) un safari et j'(*prendre*) de superbes photos.
6 Le paysage, les animaux – tout (*être*) magnifique.

b Des problèmes …

1 Pendant que nous (*traverser*) le désert, le véhicule (*tomber*) en panne.
2 Finalement, nous (*réparer*) le véhicule et nous (*arriver*) à un petit hôtel.
3 James, qui avait été piqué par des moustiques, (*tomber*) malade.
4 Enfin, James (*récupérer*) et (*décider*) de continuer son voyage.
5 Et moi, je (*rentrer*) en France.

12 On consulte la météo

Travaillez à deux. Une personne (**B**) regarde cette page, l'autre (**A**) regarde la page 140.

Consultez votre partenaire pour savoir quel temps il a fait hier / il fait aujourd'hui / il fera demain. Notez les détails pour les trois premières régions, puis changez de rôle.

Exemple:
B   Quel temps a-t-il fait hier dans le Midi?
A   Hier, dans le Midi, il a fait chaud.

		hier	aujourd'hui	demain
1	Dans le Midi			
2	En Bretagne			
3	Dans les Alpes			
4	Dans la région parisienne			
5	Sur la côte atlantique			
6	Dans le Nord			

13 Des prévisions météorologiques

Écoutez la météo et répondez aux questions.

1 Quel temps fait-il en ce moment?
2 Est-ce que ça va continuer?
3 Est-ce qu'il y aura du soleil dans le Midi?
4 Est-ce qu'il y aura de la pluie?
5 Quel temps fera-t-il dans le reste de la France?
6 Est-ce qu'il neigera dans les Alpes?

1 Une machine magnifique!

Répondez aux questions, puis écoutez la solution.

1 Il y a combien d'os en moyenne dans le corps humain?

   a 112 **b** 206 **c** 324

2 Un(e) adulte a combien de dents, normalement (y compris les dents de sagesse)?

   a 16 **b** 24 **c** 32

3 On a combien de litres de sang dans le corps?

   a entre 4 et 5 litres

   b entre 6 et 7 litres

   c plus de 8 litres

4 Plus de la moitié du corps humain se compose de muscles. Il y a environ combien de muscles en tout?

   a 660 **b** 770 **c** 880

5 Quelle est la température du corps humain, normalement?

   a 32°C **b** 37°C **c** 100°C

6 On respire combien de fois par minute, en moyenne?

   a entre 5 et 10 fois

   b entre 13 et 17 fois

   c plus de 100 fois

7 Quelle est la partie la plus dure du corps?

   a les os **b** la tête **c** les dents

2 Traduction

Traduisez ces phrases en français.

1 The baby has earache.

2 My feet hurt.

3 He fell and hurt his wrist.

4 My friend has a sore throat.

5 She also has a headache.

6 After the football match, he had a bad knee.

3 Je me sens un peu malade

Complétez la conversation.

> fatigué(e) chaud mal sens
> médecin j'ai envie

– Ça va?

– Non, je ne me (**1**) _____ pas bien.

– Qu'est-ce qui ne va pas?

– J'ai (**2**) _____ à la tête et j'ai (**3**) _____ de vomir. J'ai (**4**) _____ et je crois que (**5**) _____ de la fièvre. J'ai soif et je me sens très (**6**) _____.

– Allongez-vous sur le lit. Je vais téléphoner au (**7**) _____.

4 Ça me fait mal

Décrivez ce qui s'est passé.

Exemple: **1** *Il s'est fait mal au pied.*

Sanjay   Lucie

Olivier   Magali

Luc   Alain et Claire

Daniel et Roland   Élodie

5 Comment a-t-il fait ça?

Répondez aux questions.

Exemple: **1** **En nettoyant la salle à manger.**

1 Comment a-t-elle trouvé le bracelet?

2 Comment a-t-elle perdu la balle?

3 Comment a-t-il appris la nouvelle?

4 Comment as-tu cassé ces assiettes?

5 Comment est-il tombé?

6 Pour avoir de belles dents

Complétez ces conseils avec les mots de la case.

> brosse   dentiste   dents   deux
> éliminer   santé   soir   vite

- Évitez de manger des sucreries, surtout le (**1**) ___, avant de vous coucher.
- Apprenez à vous brosser les (**2**) ___ de la bonne manière, des gencives vers les dents, pendant trois minutes.
- Brossez vos dents (**3**) ___ fois par jour, le matin et le soir.
- Allez consulter votre (**4**) ___ deux fois par an.
- Pour maintenir vos dents en bonne (**5**) ___, mangez des aliments solides (fruits et légumes crus, par exemple).
- N'hésitez jamais à faire soigner très (**6**) ___ une dent atteinte d'une carie.
- Utilisez du fil de soie pour (**7**) ___ la plaque dentaire dans les espaces interdentaires.
- Changez de (**8**) ___ à dents tous les trois mois.

7 Traduction

Traduisez ce texte en français.

> People are more stressed today because society is more complex. Stress is not always bad. When you are stressed, you are often tired. To be less stressed, you can go for a walk or do some sport, eat a balanced diet, take time to relax and to laugh.

8 Le sida

🔊 Le sida est une maladie présente dans le monde entier et qui, pour l'instant, ne se guérit pas. Lisez le texte qu'on a préparé pour répondre à toutes les questions. Trouvez la question qui va avec chaque réponse, puis écoutez pour vérifier.

- **a** Comment savoir si l'on est séropositif?
- **b** Qu'est-ce que le sida?
- **c** Comment est-ce qu'on attrape le sida?
- **d** Que veut dire être 'séropositif'?
- **e** Est-ce qu'il y a un risque à travailler à côté d'une personne séropositive?

> une aiguille   *needle*
> un test de dépistage   *screening test*
> une transfusion sanguine   *blood transfusion*
> le VIH   *HIV*

9 Une campagne anti-tabac

Read the leaflet about smoking and answer the questions in English.

1 What dangers of smoking are mentioned?
2 What reasons are given for young people smoking?
3 When do many smokers start the habit?
4 Why is lung cancer difficult to treat?

- En fumant une cigarette, le fumeur risque d'absorber des substances chimiques et toxiques, comme l'arsenic (un poison), l'acide cyanhydrique et l'ammoniac.
- La pression sociale et l'envie de faire comme les autres est la principale raison donnée pour fumer parmi les jeunes. Si son meilleur(e) ami(e) fume, on a beaucoup plus de risques de fumer aussi.
- Plus de 80% de fumeurs ont fumé pour la première fois avant seize ans.
- Le cancer du poumon est la principale cause de mort des fumeurs. C'est une maladie … est difficile à traiter parce que les symptômes n'apparaissent que quand la maladie est déjà avancée.

10 Charles Martin

Il y a deux ans, Charles Martin a changé son mode de vie. Faites un résumé de sa vie d'autrefois et d'aujourd'hui.

Autrefois
- fumer régulièrement
- ne pas manger équilibré (trop de sucreries, pas assez de fruits et légumes)
- souffrir souvent de migraines

Décision
- s'entraîner pour le marathon
- cesser de fumer

Aujourd'hui
- ne plus fumer
- faire du sport régulièrement
- souffrir de migraines moins souvent

Infos santé – le sida
UNE RÉPONSE À TOUTES VOS QUESTIONS

1 Le sida est une maladie due à un virus: le VIH (HIV en anglais). Ce virus détruit les défenses naturelles qui protègent le corps de beaucoup de maladies.

2 Quand une personne possède le virus, on dit qu'elle est séropositive. Une personne séropositive n'est pas malade, mais elle peut avoir le sida à l'avenir. Et une personne séropositive peut transmettre la maladie.

3 Il y a quatre modes de transmission du sida:
- les rapports sexuels avec une personne infectée;
- l'utilisation des seringues et aiguilles contaminées;
- une femme séropositive peut transmettre la maladie à son bébé;
- les transfusions sanguines avant 1985.

4 On peut, en toute sécurité, travailler à côté d'une personne infectée, travailler avec elle, la toucher, lui serrer la main, etc.

5 Si on a peur d'avoir pris un risque, on peut faire un test de dépistage pour savoir si l'on est séropositif.

1   À l'avenir

Complétez les phrases.

1 Après les examens, je vais __ le collège. (*to leave*)
2 Ça dépend. Si j'ai de bons __, j'irai au lycée. (*results*)
3 Plus tard, j'aimerais __ comme informaticien. (*to work*)
4 __ __ faire un apprentissage pour devenir imprimeur.
   (*I would like*)
5 Comme __, je vais faire français, anglais et allemand.
   (*subjects*)
6 L'__ __, je vais me spécialiser dans les sciences. (*Next year*)
7 Avant d'aller à l'université, j'__ voyager un peu. (*I hope*)
8 Mon __ est de devenir joueur de tennis professionnel.
   (*dream*)
9 J'__ __ de devenir vétérinaire. (*I intend*)
10 Je n'ai pas de __ précis. (*plans/projects*)

2   Comment se préparer

Quelle est la meilleure méthode pour se préparer aux examens? Écoutez ces trois 'professionnels', puis lisez les conseils. C'est l'avis de qui?

Exemple: 1 J-P G (Jean-Pierre Guérin)

1 Il est important de bien dormir pendant la période des examens. Ne vous couchez pas tard le soir.
2 Essayez de commencer à réviser bien en avance et évitez de travailler la veille ou le jour même de l'examen.
3 Ne continuez pas à travailler trop longtemps sans repos – il vaut mieux faire régulièrement des pauses pour se détendre.
4 Faites un plan avant de commencer vos révisions. Ça vous aidera à voir votre progression.
5 Prenez dix minutes de repos pour écouter de la musique et boire un jus de fruit.
6 Il faut essayer de bien manger, surtout le jour d'un examen.

Jean-Pierre Guérin – médecin

Suzanne Mélun – professeur et conseillère d'orientation

François Gauger – psychiatre

3   On a fait ça

Complétez les phrases.

1 – Tu as écrit la lettre? – Oui, je l'ai __.
2 – Qui a aidé ces enfants? – Moi, je les ai __.
3 – Où as-tu mis mes lunettes?
   – Je les ai __ sur la table.
4 – Où as-tu passé la semaine?
   – Je l'ai __ dans un bureau.
5 – Tu as aimé tes collègues? – Oui, je __

4   En stage au bureau

Trouvez les paires.

Exemple: 1 c

1 Est-ce que je
2 Je voudrais partir un peu plus tôt
3 J'aimerais prendre
4 Pourriez-vous me
5 J'aimerais bien finir mon
6 Voudriez-vous mettre
7 Est-ce qu'il vous serait possible
8 Je serais contente de

a d'envoyer un mail?
b travail à la maison.
c pourrais utiliser l'ordinateur?
d prendre le déjeuner à la cantine.
e pour aller chez le médecin, s'il vous plaît.
f photocopier ces documents?
g un jean pour travailler?
h des brochures, s'il vous plaît.

5   Un mail à écrire

a Lisez ce mail de votre correspondant(e) français(e). Trouvez …

• 6 verbes au présent
• 5 verbes au passé composé avec *avoir*
• 4 verbes au futur
• 3 verbes à l'imparfait
• 2 verbes au conditionnel
• 1 verbe au passé composé avec *être*.

b Écrivez une réponse (vraie ou imaginaire). Posez aussi des questions.

http://www.tchatter-copains.org

Salut!

J'ai bien reçu ton message et les belles photos – merci beaucoup. Tu m'as demandé de te parler du métier de mes parents, etc. Eh bien, voilà.

Cette semaine, en effet, on a eu de bonnes nouvelles pour notre famille – après six mois au chômage, mon père vient de retrouver du travail. Avant, il travaillait pour une école de conduite mais il n'y avait pas assez de clients et l'école a décidé de fermer, mais maintenant, il sera chauffeur de camion pour la Poste. Il est allé faire un stage et il commencera le travail lundi.

Ouf! Ma mère surtout est contente. Elle est pâtissière, mais lorsque mon père était au chômage, elle a dû faire des heures supplémentaires comme serveuse au café d'à côté. Comme nous sommes trois enfants dans la famille, elle était très fatiguée.

Et tes parents, qu'est-ce qu'ils font dans la vie? Qu'est-ce que tu voudrais faire plus tard? Est-ce que tu espères continuer tes études après le collège?

Moi, j'aimerais travailler dans une banque en ville ou dans une grande entreprise. Pour ça, je devrai d'abord avoir mon bac, puis entrer à la fac pour obtenir un diplôme en maths. Je ne sais pas si je réussirai.

À bientôt!   **Martin(e)**

6 On cherche du travail

Voici des phrases utiles pour écrire une lettre de candidature ou
une demande de renseignements sur un emploi. Trouvez les paires.

1 Suite à votre annonce …
2 Pourriez-vous m'envoyer des renseignements?
3 Veuillez agréer, madame/monsieur, l'expression de mes sentiments distingués.
4 Je voudrais savoir …
5 Je cherche du travail.
6 Quel est le salaire?
7 En quoi consiste le travail?
8 Quels sont les horaires?
9 Je voudrais poser ma candidature.
10 Je serai libre …

a *What are the hours?*
b *In response to (with reference to) your advert …*
c *I would like to apply for the job.*
d *I am looking for work.*
e *I shall be free (available) …*
f *What is the rate of pay?*
g *Could you send me some information?*
h *I would like to know …*
i *What does the work involve (consist of)?*
j *Yours faithfully (= full official formula for end of an official letter)*

7 Petites annonces

Vous cherchez un petit job. Lisez les petites annonces
de Mélissa et Julien (page 183, exercice 5), puis
écrivez votre propre annonce.

- Quel job cherchez-vous? Où? Pourquoi? Quand?
- Vous avez quel âge?
- Parlez de votre expérience et de vos centres d'intérêts.

8 Les jobs

Complétez les réponses comme indiqué, puis
répondez pour vous-même, si vous avez un job.

Exemple: **1** *Oui, j'ai un job. Je travaille dans un supermarché.*

1 As-tu un job? ✓ (dans un supermarché)

2 Qu'est-ce que tu fais exactement? (caissier/caissière)

3 Tu fais combien d'heures par semaine? (six heures)

4 Tu aimes ton travail? ✓ (mes collègues sont gentils)

5 Tu prends le bus pour aller au travail? ✗

6 Comment as-tu trouvé cet emploi? (annonce dans le journal)

7 Depuis quand fais-tu ce travail? (six mois)

8 Que fais-tu de l'argent que tu gagnes? (vêtements; des économies pour les vacances)

9 Est-ce que tu voudrais faire ce travail plus tard? ✗ (ennuyeux / fatigant, etc.)

10 Qu'est-ce que tu aimerais faire comme petit job, au lieu de ça?

9 Si …

Inventez des phrases.

Exemple: **1** *Si je gagnais des millions à la loterie, je n'irais plus au collège.*

a 1 Si …, je n'irais plus au collège.
  2 Si …, je continuerais ma vie comme avant.
  3 Si …, j'accepterais / je refuserais sans hésiter.
  4 Si …, je serais ravi(e) / très triste.

b 5 S'il y avait un incendie dans mon école, …
  6 Si je pouvais apprendre n'importe quelle langue, je …
  7 Si mes parents allaient vivre aux États-Unis, …
  8 Si mon petit ami / ma petite amie commençait à sortir avec mon meilleur copain / ma meilleure copine, je …

Pour vous aider

a gagner des millions
  être très riche
  offrir un job en France
  pouvoir vivre aux États-Unis
  devoir quitter ma ville / mes copains / mon collège
  pouvoir voyager à la Lune
b être triste / choqué(e)
  téléphoner aux pompiers
  sortir du bâtiment
  apprendre le chinois / japonais …
  (ne pas) les accompagner
  discuter
  (ne pas) leur parler
  être fâché(e) / content(e)

1   Protégeons la nature

Lisez les textes et répondez aux questions en anglais.

La forêt tropicale

En Amérique du Sud, en Afrique et en Asie, on a coupé des milliers d'arbres dans la forêt tropicale pour fabriquer des meubles en bois comme des tables et des chaises. En plus, les fermiers détruisent la forêt parce qu'ils ont besoin de terres pour cultiver des céréales, du soja et de l'huile de palme. Le déboisement de toutes ces régions a détruit l'habitat de beaucoup d'animaux et d'insectes. La forêt tropicale est essentielle pour l'équilibre de l'écologie, mais si on continue comme ça, la forêt n'existera plus.

1 Why are trees being chopped down? (**2** *reasons*)

2 What effect is this having?

L'eau – une ressource précieuse

La majorité de l'eau dans le monde se trouve dans les mers et les océans et est donc salée. 2,5% est de l'eau douce. Mais de l'eau douce qui reste, 87,3% se retrouve sous forme de glaciers. Seulement 1% de l'eau est utilisable.

Si on ferme le robinet quand on se brosse les dents on économise environ 30 litres. Cela fait beaucoup d'eau et c'est une économie facile à réaliser.

Il est plus efficace d'arroser les champs ou le jardin la nuit, parce que l'eau s'évapore moins vite, la nuit.

1 Why is most of the water on earth unusable?

2 Why can't we use the full 2.5% of usable water?

3 What can people do to make effective use of water?

Les espèces en danger

Selon les spécialistes internationaux, plus de 11 000 espèces de plantes et d'animaux sont en voie d'extinction.

Le risque est très grave dans la forêt tropicale, où la diversité des plantes et des animaux est très riche.

Les éléphants et les rhinocéros ont été pourchassés et tués par des bandits pour leurs défenses en ivoire. Cette matière est utilisée pour fabriquer des bijoux et des sculptures. En 1989, la majorité des pays a signé un accord pour interdire le commerce de l'ivoire.

Depuis 1986 il est interdit de tuer les baleines pour les vendre. Cependant certains pays continuent de pêcher les baleines parce que leur viande est très appréciée.

1 Which animals are mentioned as being in danger?

2 Why are these animals hunted?

3 What is now forbidden by international law?

2   Un tsunami en Asie

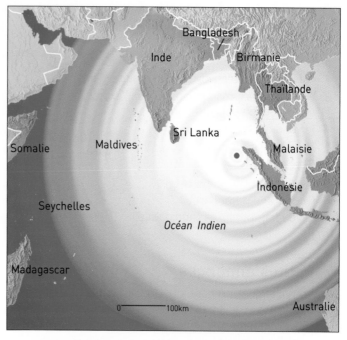

a Trouvez les bons mots pour compléter le texte.

a des dégâts	**b** a été projeté	**c** des vagues
d durement	**e** en tout	**f** le monde
g les collines	**h** les éléphants	
i un tremblement de terre	**j** une moindre mesure	

Le 26 décembre 2004, il y a eu (**1**) ____ d'une magnitude de 9,1 à 9,3 sur l'échelle (*scale*) de Richter dans l'océan Indien. C'était un des plus violents séismes jamais enregistrés dans (**2**) ____.

Le tremblement de terre a provoqué un raz-de-marée (un tsunami) qui a touché onze pays (**3**) ____, principalement les pays d'Asie du Sud, dont l'Indonésie, la Malaisie, la Thaïlande, l'Inde et le Sri Lanka et, dans (**4**) ____, les côtes orientales de l'Afrique. Il y avait (**5**) ____ de 10 mètres de hauteur qui déferlaient à une vitesse atteignant parfois 800 km à l'heure.

L'Indonésie et le Sri Lanka ont été les deux pays les plus (**6**) ____ touchés. Au Sri Lanka, un train à destination de la capitale Colombo (**7**) ____ dans la mer. En Thaïlande on a remarqué que (**8**) ____ se comportaient étrangement et qu'ils se sont réfugiés dans (**9**) ____. Il paraît que les éléphants ont les pattes sensibles aux mouvements de la terre. Au total, cette catastrophe a fait plus de 200 000 morts et disparus et (**10**) ____ effroyables.

b *L'échelle de Richter* means 'the Richter scale'. Find a different and more common meaning for *une échelle*.

3 Lexique

Copiez la liste et trouvez l'équivalent en l'anglais.

1	s'aggraver	**7**	mourir
2	les dégâts (m pl)	**8**	le niveau de la mer
3	détruire	**9**	l'ouragan (m)
4	disparaître	**10**	protéger
5	un incendie	**11**	le réchauffement de la Terre
6	l'inondation (f)		

4 Sur la route – point-info

Trouvez les paires.

1 En France, il faut avoir dix-huit ans

2 Si vous conduisez, vous devez avoir votre permis de conduire

3 N'oubliez pas qu'en France

4 Il faut souvent payer pour

5 Pendant les jours fériés la circulation est

6 Le dimanche, les camions sont

a et votre attestation d'assurance sur vous ou dans votre voiture.

b interdits sur les autoroutes.

c on roule à droite.

d pour conduire.

e prendre les autoroutes.

f souvent très dense avec de longs bouchons.

5 Infos routières

🔊 Écoutez les informations routières et complétez le bulletin avec les mots de la case.

> **a** cinq **b** huit **c** du nord **d** autoroute **e** embouteillage **f** neige **g** facile **h** du sud

Et maintenant, voici les dernières informations pour ceux qui rentrent des Alpes après les vacances d'hiver.

Dans les Alpes (**1**) ____, il y a un embouteillage de (**2**) ____ kilomètres à Albertville, sur la Nationale 90. Ensuite, sur la route Chamonix–Genève, (**3**) ____ kilomètres d'attente près de Cluses. Dans les Alpes (**4**) ____, pour ceux qui rentrent à Marseille, ce n'est pas plus (**5**) ____: sept kilomètres d'(**6**) ____ sur la Nationale 96, près d'Aix-en-Provence.

Enfin, dernière difficulté de cette soirée, mais cette fois en raison de la (**7**) ____: on roule très, très mal dans la région de Nancy. Et, vers dix-huit heures, on a dû totalement fermer l'(**8**) ____ A33.

6 Trouvez les paires

1 *short journeys*
2 *I'll go there on foot*
3 *instead of leaving it on standby*
4 *a drink in a can*
5 *solar energy*
6 *a hybrid car*
7 *I'm afraid so*

a au lieu de la laisser en veille
b des petits trajets
c j'ai peur que oui
d j'y vais à pied
e l'énergie solaire
f une boisson en canette
g une voiture hybride

7 Une affiche

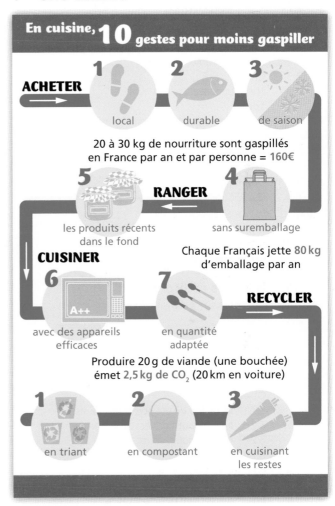

Consultez l'affiche et répondez aux questions en anglais.

1 What four suggestions are given for shopping?
2 What advice is given for storing food at home?
3 What advice is given for using leftover food?
4 What should you do with packaging and containers?

Solution – Êtes-vous un éco-citoyen?

Faites le total de vos points pour les jeu-tests aux pages 201, 202, 203.

50 ou plus – Bravo! Vous faites un grand effort pour l'environnement.

Entre 25–49 – Ça va, mais pensez aux conséquences de vos actions.

Moins de 24 – Encore un peu d'effort. Chacun doit faire sa part.

Grammaire

Contents

Items marked HR are normally only required at Higher level (for receptive use at GCSE).

1 Nouns

1.1 Masculine and feminine

A noun is the name of someone or something or the word for a thing (e.g. a box, a pencil, laughter). All nouns in French are either masculine or feminine. (This is called their **gender**.)

masculine singular	feminine singular
le garçon *un* village	*la* fille *une* ville
*l'*appartement	*l'*épicerie

Nouns which refer to people often have a special feminine form. Most follow one of these patterns:

	masculine	feminine
add **-e**	un ami	une ami**e**
-er → -ère	un ouvri**er**	une ouvri**ère**
-eur → -euse	un vend**eur**	une vend**euse**
-eur → -rice	un institut**eur**	une institut**rice**
-en → -enne	un lycé**en**	une lycé**enne**
stay same	un touriste un élève	une touriste une élève
no pattern	un copain un roi	une copine une reine

1.2 Is it masculine or feminine?

Sometimes the ending of a word can give you a clue as to whether it's masculine or feminine. Here are some guidelines:

endings normally masculine	exceptions	endings normally feminine	exceptions
-age	une image une page	-ade	
-aire		-ance	
-é		-ation	
-eau	l'eau (f) la peau	-ée	un lycée
		-ère	
-eur		-erie	
-ier		-ette	un squelette
-in	la fin	-que	le plastique, un moustique, un kiosque
-ing			le dentifrice
-isme		-rice	
-ment		-sse	
-o	la météo	-ure	

1.3 Singular and plural

Nouns can also be singular (referring to just one thing or person) or plural (referring to more than one thing or person):

une tablette   des tablettes

In many cases, it is easy to use and recognise plural nouns because the last letter is an **-s**. (Remember that an **-s** on the end of a French word is often silent.)

un livre   **des livres**

■ 1.3a Some common exceptions:

1 Most nouns which end in **-eau** or **-eu** add an **-x**:

un château   des châteaux   un jeu   des jeux

2 Most nouns which end in **-ou** add an **-s**, but there are seven which add an **x**:

un trou   des trous   un chou   des choux

3 Most nouns which end in **-al** change to **-aux**:

un animal   des animaux

4 Nouns which already end in **-s**, **-x** or **-z** don't change:

un repas   des repas   le prix   les prix

5 A few nouns don't follow any clear pattern:

un œil   des yeux

2 Articles

2.1 *le, la, les* (definite article)

The definite article is the word for 'the' which appears before a noun. It is often left out in English, but it must not be left out in French (except in a very few cases).

singular			plural (all forms)
masculine	feminine	before a vowel	
le village	*la* ville	*l'é*picerie	*les* touristes

2.1a The main uses:

• to refer to a particular thing or person, in the same way as we use 'the' in English:

  Voici l'hôtel où nous sommes descendus.
  There's the hotel where we stayed.

• to make general statements about likes and dislikes:

  J'aime les pommes mais je n'aime pas les prunes.
  I like apples but I don't like plums.

• to refer to things as a whole, e.g. 'dogs':

  Les chiens me font peur.   I'm afraid of dogs.

• with titles:

  le président de la France President of France
  la Reine Elizabeth   Queen Elizabeth

• with parts of the body

  Il s'est brossé les dents. He brushed his teeth.
  Elle a mal à la tête.   She has a headache.

• with days of the week to give the idea of 'every':

  Je joue au tennis le samedi matin.
  I play tennis on Saturday mornings.

• with different times of the day to mean 'in' or 'during':

  Le matin, j'ai cours de 9 heures à midi et demi.
  In the morning, I have lessons from 9 o'clock until 12.30.

• with prices, to refer to a specific quantity:

  C'est 2 euros la pièce.   They're 2 euros each.

Grammaire

2.2 *un, une, des* (indefinite article)

These are the words for 'a', 'an' or 'some' in French.

singular		plural (all forms)
masculine	**feminine**	
un appartement	**une** maison	**des** appartements **des** maisons

No article is used in French when describing a person's occupation:

Elle est dentiste.   She's a dentist.
Il est employé de bureau.   He's an office worker.

Note: if there is an adjective before the noun, **des** changes to **de**:

> **On a vu de beaux châteaux au pays de Galles.**
> We saw some fine castles in Wales.

2.3 'Some' or 'any' (partitive article)

The word for 'some' or 'any' changes according to the noun.

singular			plural (all forms)
masculine	**feminine**	**before a vowel**	
du pain	**de la** viande	**de l'**eau	**des** poires

Use **de** (**d'**) instead of **du/de la/de l'/des** in the following cases:

- after a negative (**ne ... pas, ne ... plus, ne ... jamais**, etc.)

  Je n'ai pas d'argent.   I haven't any money.
  Il n'y a plus de légumes.   There are no vegetables left.

- after expressions of quantity:

  un kilo de poires   a kilo of pears

But not with the verb **être** or after **ne ... que**, e.g.

> **Ce n'est pas du sucre,**   It's not sugar, it's salt.
> **c'est du sel.**
> **Il ne reste que du café.**   There's only coffee left.

3   This, that, these, those

3.1 *ce, cet, cette, ces*

singular			plural (all forms)
masculine	**before a vowel (masculine only)**	**feminine**	
ce chapeau	**cet** anorak	**cette** jupe	**ces** chaussures

Ce can mean either 'this' or 'that'. **Ces** can mean either 'these' or 'those'. To make it clearer which you mean, you can also add **-ci** and **-là** to distinguish between this object and that object:

Est-ce que tu préfères ce pull-ci ou ce pull-là?
Do you prefer this pullover or that pullover?

Je vais acheter cette robe-là.
I'm going to buy that dress.

3.2 *celui, celle, ceux, celles*

These pronouns mean 'the one' or 'the ones'. Add **-ci** or **-là** to distinguish between 'this one' and 'that one'.

	singular			plural	
	masculine	**feminine**		**masculine**	**feminine**
this one	*celui-ci*	*celle-ci*	these	*ceux-ci*	*celles-ci*
that one	*celui-là*	*celle-là*	those	*ceux-là*	*celles-là*

Nous avons deux pulls dans cette taille; celui-ci est en laine, celui-là est en acrylique.
We have two jumpers in that size; this one is in wool, that one is in acrylic.

3.3 *cela (ça)*

If there is no noun, **cela** (**ça**) (that) is used.

Ça, c'est une bonne idée.   That's a good idea.
Cela me fait mal.   That hurts.

4   Adjectives

4.1 Agreement of adjectives

Adjectives, or describing words (e.g. tall, important) tell you more about a noun. In French, adjectives are masculine, feminine, singular or plural to agree with the noun.

Look at the patterns in the tables below to see how adjectives agree.

■ 4.1a Regular adjectives

singular		plural	
masculine	**feminine**	**masculine**	**feminine**
grand	*grand**e***	*grand**s***	*grand**es***

A lot of adjectives follow the above pattern. Adjectives which end in **-u**, **-i** or **-é** change in spelling, but sound the same:

bleu	*bleu**e***	*bleu**s***	*bleu**es***
joli	*joli**e***	*joli**s***	*joli**es***
fatigué	*fatigué**e***	*fatigué**s***	*fatigué**es***

Adjectives which already end in **-e** (with no accent) have no different feminine form:

jaune	*jaune*	*jaune**s***	*jaune**s***

Adjectives which already end in **-s** have no different masculine plural form:

français	*français**e***	*français*	*français**es***

Adjectives which end in **-er** follow this pattern:

cher	*ch**è**r**e***	*cher**s***	*ch**è**r**es***

Adjectives which end in **-eux** follow this pattern:

délicieux	*délici**euse***	*délicieux*	*délici**euses***

Adjectives which end in **-l** follow this pattern:

génial	*génial**e***	*géni**aux***	*génial**es***

Some adjectives double the last letter before adding an -*e* for the feminine form:

gros	gros**se**	gros	gros**ses**
bon	bon**ne**	bon**s**	bon**nes**

■ 4.1b Irregular adjectives

Many common adjectives are irregular:

blanc	blanche	blancs	blanches
long	longue	longs	longues
vieux (vieil)	vieille	vieux	vieilles
nouveau (nouvel)	nouvelle	nouveaux	nouvelles
beau (bel)	belle	beaux	belles

Vieil, **nouvel** and **bel** are used before masculine nouns which begin with a vowel.

A few adjectives are invariable (inv.) and do not change at all. This includes some colours (**marron, orange**), colours made up of two words (**bleu foncé/clair/marine** – dark/light/navy blue, etc.) and anglicisms, such as **cool**.

marron	marron	marron	marron
bleu marine	bleu marine	bleu marine	bleu marine
vert foncé	vert foncé	vert foncé	vert foncé
gris clair	gris clair	gris clair	gris clair

Shortened versions of adjectives, like **sympa** (from **sympathique**), agree in the plural only.

sympa	sympa	sympas	sympas

4.2 Position of adjectives

Many adjectives (including adjectives of colour and nationality) follow the noun:

J'ai vu un film très intéressant à la télé.

Tu aimes ce pantalon noir?

Some common adjectives go before the noun, e.g. **grand, petit, bon, mauvais, beau, jeune, vieux, joli, gros, premier, court, long, haut.**

C'est un petit garçon.   **Il prend le premier train pour Paris.**

A few adjectives change their meaning according to their position:

before	after
un **ancien** élève a **former** pupil	des ruines **anciennes** **ancient** ruins
Chère Anne **Dear** Anne	un hôtel **cher** an **expensive** hotel
son **propre** ordinateur her **own** computer	une chemise **propre** a **clean** shirt

4.3 Comparisons

To compare one person or thing with another, you use **plus** (more), **moins** (less) or **aussi** (as) before the adjective, followed by **que** (than/as):

	plus		richer than
Il est	moins	riche que mon père.	not as rich as
	aussi		as rich as

Remember to make the adjective agree in the usual way:

Youssef est plus âgé que Fatima.

Camille est plus âgée que Sophie.

Saïd et Hugo sont plus âgés que Lucie.

Notice these special forms:

bon	meilleur (better)
mauvais	plus mauvais or pire (worse)

Ce livre est meilleur que l'autre.
Cette maison est meilleure que l'autre.
Cet article est pire que l'autre.

You can also use **ne ... pas si** (not as):

Il n'est pas si fort que son frère.
He's not as strong as his brother.

4.4 The superlative

You use the superlative when you want to say that something is the best, the biggest, the most expensive, etc.

La tour Eiffel est le plus célèbre monument de Paris.
The Eiffel Tower is the most famous monument in Paris.

Paris est la plus belle ville du monde.
Paris is the most beautiful city in the world.

Les TGV sont les trains français les plus rapides.
The TGV are the fastest French trains.

Notice that

- you use **le plus, la plus, les plus** and the correct form of the adjective, depending on whether you are describing something which is masculine, feminine, singular or plural.

- if the adjective normally goes after the noun, then the superlative also follows the noun:

    (**C'est un monument moderne.**)
    C'est le monument le plus moderne de Paris.
    It's the most modern monument in Paris

- if the adjective normally goes before the noun, then the superlative can go before the noun:

    (**C'est un haut monument.**)
    C'est le plus haut monument de Paris.
    It's the tallest monument in Paris.

- you usually use **le/la/les plus** (meaning 'the most') but you can also use **le/la/les moins** (meaning 'the least'):

    J'ai acheté ce gâteau parce que c'était le moins cher.
    I bought this cake because it was the least expensive.

    Here are some useful expressions:

le moins cher	the least expensive
le plus cher	the most expensive
le plus petit	the smallest
le plus grand	the biggest
le meilleur	the best
le pire	the worst
le moindre	the least, slightest
Il n'y a pas la moindre chance.	There's not the slightest chance.

4.5 *tout*

singular		plural	
masculine	**feminine**	**masculine**	**feminine**
tout	*toute*	*tous*	*toutes*

Tout meaning 'all', 'the whole' or 'every' is usually used as an adjective and agrees with the noun that follows:

On a mangé tout le pain.   We've eaten all the bread.
On va en France tous les ans.   We go to France every year.

Tout meaning 'all' or 'everything' can sometimes be used as a pronoun and it then doesn't change form:

On a tout vu.   We've seen everything.
Tout est bien qui finit bien.   All's well that ends well.

Here are some useful expressions:

à tout prix   at all costs
tous (toutes) les deux   both of them
tout à coup   suddenly
tout à fait   absolutely
tout de suite   straight away, immediately
tout le monde   everyone

4.6 Indefinite adjectives and pronouns

autre   other
certain   certain, some
chacun   each one
chaque   each
même   same
n'importe quel   whatever, any, no matter what
n'importe qui   whoever, anybody, no matter who
pareil   same, similar
pas grand-chose   not much
plusieurs   several
quelqu'un (quelques-uns)   someone (some people)
quelque chose (de)   something (that's)
quelque(s)   a few
tel   such

Here are some examples in use:

Qui est l'autre?   Who's the other one?
Je viendrai un autre jour.   I'll come some other day.
Chaque personne a une carte d'identité.
Every person has an identity card.
Chacun est venu.   Each (person) came.
Venez n'importe quel jour.   Come on any day
C'est ouvert à n'importe qui?   Is it open to anyone?
Quelqu'un a téléphoné.   Someone phoned.
Avez-vous quelque chose de moins cher?
Do you have something cheaper?

5 Adverbs

5.1 Formation

Adverbs usually tell you **how**, **when** or **where** something happened, or **how often** something is done.

Many adverbs in English end in **-ly**, e.g. quietly. Similarly, many adverbs in French end in **-ment**, e.g. *doucement*.

To form an adverb in French you can often add **-ment** to the feminine singular of the adjective:

masculine singular	feminine singular		adverb
malheureux	*malheureuse*	*+ ment*	*malheureusement* unfortunately
lent	*lente*	*+ ment*	*lentement* slowly

If adjective ends in vowel			
vrai	just add **-ment**	*vraiment*	really, truly
If adjective ends in -ent			
évident	change **-ent** to **-emment**	*évidemment*	obviously

5.2 Comparative and superlative

As with adjectives, you can use the comparative or superlative to say that something goes 'more quickly' or 'fastest' etc.

Ahmed skie plus vite que Raphaël.
Ahmed skis faster than Raphaël.

Allez à la gare le plus vite possible.
Go to the station as quickly as possible.

Notice these special forms:

bien	well	**mieux**	better
mal	badly	**pire**	worse

Ça va mieux aujourd'hui?   Are you feeling better today?
Non, je me sens encore pire.   No, I feel even worse.

You can also use **ne … pas si** (not as):

Je ne joue pas si bien que ma sœur.
I don't play as well as my sister.

5.3 Quantifiers

These are useful words which add more intensity to meaning.

à peine   hardly
assez   quite, rather
beaucoup   much
pas beaucoup   not much
(un) peu   (a) little
tout à fait   completely, quite
très   very
trop   too
vraiment   really

Here are some examples in use:

Elle est assez grande.   She's quite tall.
Cette maison est beaucoup plus grande que l'autre.
This house is much bigger than the other one.

Il reste un peu de chocolat.	There's a bit of chocolate left.
Ce n'est pas beaucoup plus loin.	It's not much further.
Tu as tout à fait raison.	You are absolutely right.
Il y a peu de place.	There's little room.
C'est trop cher.	It's too expensive.
C'était vraiment excellent.	It was really excellent.

5.4 Place, number, dates, time

See **Vocabulaire et expressions utiles** (1–2).

6 Expressing possession

6.1 My, your, his, her, its, our, their

	singular			plural (all forms)
	masculine	**feminine**	**before a vowel**	
my	*mon*	*ma*	*mon*	*mes*
your	*ton*	*ta*	*ton*	*tes*
his/hers/its	*son*	*sa*	*son*	*ses*
our	*notre*	*notre*	*notre*	*nos*
your	*votre*	*votre*	*votre*	*vos*
their	*leur*	*leur*	*leur*	*leurs*

These words show who something or somebody belongs to. They agree with the noun that follows them, NOT the person.

This means that **son**, **sa**, **ses** can mean 'his', 'her' or 'its'. The meaning is usually clear from the context.

Paul mange son déjeuner.	Paul eats his lunch.
Marie mange son déjeuner.	Marie eats her lunch.
Le chien mange son déjeuner.	The dog eats its lunch.

With a feminine noun beginning with a vowel, use **mon**, **ton** or **son**:

Mon amie s'appelle Nadia.
Où habite ton amie, Lucie?
Son école est fermée aujourd'hui.

6.2 à moi, à toi, etc.

mine	*à moi*	ours	*à nous*
yours	*à toi*	yours	*à vous*
his	*à lui*	theirs	*à eux*
hers	*à elle*	theirs	*à elles*

– *Il est à qui, ce sac?*	Whose bag is this?
– *Il est à moi.*	It's mine.
– *Les baskets sont à toi aussi?*	Are the trainers yours as well?

This way of expressing possession is common in spoken French.

6.3 *le mien*, *le tien*, etc. (HR)

In more formal French, you may come across these possessive pronouns:

	singular		plural	
	masculine	**feminine**	**masculine**	**feminine**
mine	*le mien*	*la mienne*	*les miens*	*les miennes*
yours	*le tien*	*la tienne*	*les tiens*	*les tiennes*
his/hers/its	*le sien*	*la sienne*	*les siens*	*les siennes*
ours	*le nôtre*	*la nôtre*	*les nôtres*	*les nôtres*
yours	*le vôtre*	*la vôtre*	*les vôtres*	*les vôtres*
theirs	*le leur*	*la leur*	*les leurs*	*les leurs*

– *C'est ta valise?*
– *Non, c'est celle de Charlotte. La mienne est là-bas.*

– Is that your case?
– No, it's Charlotte's. Mine is over there.

6.4 *de* + noun

There is no use of apostrophe -s in French, so to translate 'Léa's house' or 'Gabriel's skis' you have to use **de** followed by the name of the owner:

C'est la maison de Léa.	It's Léa's house.
Ce sont les skis de Gabriel.	They are Gabriel's skis.

If you don't actually name the person, you have to use the appropriate form of **de** (**du**, **de la**, **de l'** or **des**):

C'est la tente de la famille anglaise.
It's the English family's tent.

– *C'est votre journal?*	Is it your newspaper?
– *Non, c'est celui du monsieur qui vient de sortir.*	No, it belongs to the man who has just gone out.

6.5 *le*, *la*, *l'*, *les* + parts of the body

In French, the definite article (**le**, **la**, **l'**, **les**) is normally used with parts of the body:

Elle s'est lavé les mains.	She washed her hands.
Il s'est coupé le doigt.	He cut his finger.

7 Subject and object

7.1 Subject

The subject of the verb is the person or thing performing the action being described. In the sentence **Léo regarde la télé**, the subject is 'Léo' because it is Léo who is watching TV.

7.2 Direct object

The direct object of a verb is the person or thing that receives the action of the verb. It answers the question 'what?' or 'whom?' about the verb.

Elle mange un sandwich.

In this example, **un sandwich** is the direct object because it is receiving the action of the verb, i.e. it is being eaten. It also answers the question 'What is being eaten?'

Grammaire

The object of a sentence can be a noun or a pronoun. If it is a noun it usually comes after the verb. If it is a pronoun it usually goes between the subject and the verb:

On a acheté des pommes. On les mangera à midi.

Des pommes and **les** are the objects of the above sentences. They are also examples of the direct object.

7.3 Indirect object

In French, the indirect object (if it is a noun) usually has **à**, **au** or **aux** in front of it. In English you can usually put 'to' or 'for' in front of it, e.g.

J'ai déjà écrit à mes parents, mais je leur parlerai ce soir.
I have already written to my parents but I will speak to them tonight.

À mes parents and **leur** are the indirect objects of the above sentence.

8 Pronouns

8.1 Subject pronouns

Subject pronouns are pronouns like 'I', 'you' etc. which usually come before the verb. In French, the subject pronouns are:

je	I
tu	you (to a young person, close friend, relative)
il	he, it
elle	she, it
on	one, you we (often used in place of **nous** in spoken French) they, people in general
nous	we
vous	you (to an adult you don't know well) you (to more than one person)
ils	they (for a masculine plural noun) they (for a mixed group)
elles	they (for a feminine plural noun)

Je regarde le film.	I watch the film.
Tu aimes le sport?	Do you like sport?
Il (Le garçon) a quinze ans.	He is fifteen.
Il (Le jardin) est joli.	It is pretty.
Elle (La fille) est dans notre classe.	She is in our class.
Elle (La veste) est bleue.	It is blue.
On peut acheter des timbres au tabac.	You can buy stamps at the tobacconist's.
On va à Paris.	We are going to Paris.
En France, on mange vers 19 heures.	In France, people eat at about 7pm.
Nous jouons au golf.	We play golf.
Vous parlez anglais?	Do you speak English?
Vous allez au café, vous autres?	Are you going to the café, you lot?
Ils (Les garçons) jouent au football.	They are playing football.
Ils sont ici, M. et Mme Laval?	Are M. and Mme Laval here?
Elles (Les tartes) sont délicieuses.	They're delicious.

8.2 Object pronouns

These pronouns replace a noun, or a phrase containing a noun which is the object, not the subject of the verb.
They are used a lot in conversation and save you having to repeat a noun or phrase. The pronoun goes immediately before the verb, even when the sentence is a question or in the negative:

| **Tu le vois?** | Can you see him? |
| **Non, je ne le vois pas.** | No, I can't see him. |

If a verb is used with an infinitive, the pronoun goes before the infinitive:

Quand est-ce que vous allez les voir?
When are you going to see them?

Elle veut l'acheter tout de suite.
She wants to buy it straight away.

In the perfect tense, the object pronoun goes before the auxiliary verb (**avoir** or **être**):

C'est un bon film. Tu l'as vu?
It's a good film. Have you seen it?

■ 8.2a *le, la, les* (direct object pronouns)

Le replaces a masculine noun and **la** replaces a feminine noun to mean 'it', 'him' or 'her'. **Les** means 'them'.

Tu prends ton vélo?	**Oui, je le prends.**
Are you taking your bike?	Yes, I'm taking it.
Vous prenez votre écharpe?	**Oui, je la prends.**
Are you taking your scarf?	Yes, I'm taking it.
N'oubliez pas vos gants!	**Ça va, je les porte.**
Don't forget your gloves.	It's OK, I'm wearing them.
Tu as vu Omar en ville?	**Oui, je l'ai vu au café.**
Did you see Omar in town?	Yes, I saw him in the café.
Tu verras Lucie ce soir?	**Non, je ne la verrai pas.**
Will you see Lucie tonight?	No, I won't be seeing her.

These pronouns can also be used with **voici** and **voilà**:

Tu as ta carte?	**La voilà.**	Here it is.
Vous avez votre billet?	**Le voilà.**	Here it is.
Où sont Nathan et Camille?	**Les voilà.**	Here they are.

■ 8.2b *lui* and *leur* (indirect object pronouns)

– **Qu'est-ce que tu vas offrir à ta sœur?**
  What will you give your sister?

– **Je vais lui offrir une carte cadeau.**   I'll give her a gift card.

– **Et à ton frère?**   And your brother?

– **Je vais lui offrir un livre.**   I'll give him a book.

Lui is used to replace masculine or feminine singular nouns, often in a phrase beginning with **à**. It usually means 'to him' or 'for him' or 'to her' or 'for her'.

In the same way, **leur** is used to replace masculine or feminine plural nouns, often in a phrase beginning with **à** or **aux**. It usually means 'to them' or 'for them'.

– **Tu as déjà téléphoné à tes parents?**
– **Non, mais je vais leur téléphoner ce soir.**

– Have you already phoned your parents?
– No, but I'll phone them tonight.

■ 8.2c *me, te, nous, vous*

These are used as both direct and indirect object pronouns.

Me (or **m'**) means 'me', 'to me' or 'for me':

Elle m'a vu?   Has she seen me?

– **Est-ce que tu peux m'acheter du pain?**
– **Oui, si tu me donnes de l'argent.**

– Can you buy me some bread?
– Yes, if you give me some money.

Te (or **t'**) means 'you', 'to you' or 'for you':

Henri ... Henri, je te parle. Qui t'a donné cet argent?
Henri, I'm speaking to you. Who gave you this money?

Nous means 'us', 'to us' or 'for us':

Jean-Pierre vient nous chercher à la maison.
Les autres nous attendent au café.

Jean-Pierre is picking us up at home.
The others are waiting for us at the café.

Vous means 'you', 'to you' or 'for you':

Je vous dois combien?   How much do I owe you?

Je vous rendrai les skis la semaine prochaine.
I'll give you the skis back next week.

■ 8.2d Direct object pronouns in the perfect tense (HR)

When **le**, **la**, **l'** or **les** are used in the perfect tense with verbs which take **avoir**, the past participle agrees with the pronoun:

– **Où as-tu acheté ta robe?** Where did you buy your dress?
– **Je l'ai achetée chez Lola.** I bought it at Lola's.
– **As-tu acheté les chaussures de ski?**
  Did you buy the ski boots?
– **Non, je les ai essayées, mais elles étaient trop petites.**
  No, I tried them on but they were too small.

The same rule applies to **me**, **te**, **nous**, **vous** when they are used as the direct object.

Vous nous avez vus au café?   Did you see us at the café?

8.3 Emphatic pronouns

Emphatic pronouns (also known as disjunctive or stressed pronouns) are sometimes used with a verb, but can also be used on their own:

moi	me	*nous*	us
toi	you	*vous*	you
lui	him	*eux*	them (masc.)
elle	her	*elles*	them (fem.)

The main uses are:

- for emphasis:

  Moi, j'adore le patinage, mais lui, il déteste ça.
  I love ice-skating, but **he** hates it.

- after **c'est** or **ce sont**:

  Qui est-ce?   Who is it?
  C'est nous.   It's us.

- on their own or after **pas**:

  Qui a fait ça? Toi?   Who did that? You?
  Pas moi.   Not me.

- after some prepositions, e.g. 'with', 'without', 'before', 'after':

  Je joue au golf avec elle, samedi.
  I'm playing golf with her on Saturday.

  après vous   after you

- in comparisons:

  Elle joue mieux que lui. She plays better than him.

- after **à** to show who something belongs to:

  Ce livre est à moi, l'autre est à lui.
  This book is mine, the other is his.

8.4 *y*

Y usually means 'there' and is used instead of repeating the name of a place.

– **Quand est-ce que tu vas au musée d'Orsay?**
  When are you going to the musée d'Orsay?

– **J'y vais dimanche.**   I'm going there on Sunday.

It is also used to replace **à** or **dans** + a noun or phrase which does not refer to a person.

Est-ce que tu penses quelquefois à l'accident?
Do you sometimes think about the accident?

Oui, j'y pense souvent. Yes, I often think about it.

It is also used in the following:

il y a	there is, there are
il y a deux ans	two years ago
On y va?	Shall we go? Let's go
J'y vais	I'll go
Ça y est	It's done, that's it
Vas-y!/Allez-y!	Go on! Come on!
Je n'y peux rien	I can't do anything about it

8.5 *en*

En can mean 'of it', 'of them', 'some' or 'any'.

J'aime le pain/les légumes, j'en mange beaucoup.
I like bread/vegetables, I eat a lot of it/of them.

Il y a un gâteau: tu en veux?
There is a cake: do you want some (of it)?

Non merci, je n'en mange jamais.
No thank you, I never eat any (of it).

In French you need to include **en**, whereas in English the pronoun is often left out.

En is also used to replace an expression beginning with **de**, **d'**, **du**, **de la**, **de l'** or **des**:

Quand es-tu revenu de Paris?
When did you get back from Paris?

J'en suis revenu samedi dernier.
I got back (from there) last Saturday.

Est-ce que j'aurai besoin d'argent?
Will I need any money?

Oui, tu en auras besoin.
Yes, you will need some.

En is also used in the following expressions:

J'en ai assez	I have had enough
J'en ai marre	I'm fed up with it
Je n'en peux plus	I can't take any more
Il n'en reste plus	There's none (of it) left
Il n'y en a pas	There isn't/aren't any
Je n'en sais rien	I don't know anything about it

8.6 Two pronouns together

Occasionally two pronouns are used together in a sentence. When this happens, the rule is:

me te se nous vous	come before	le (l') la (l') les	come before	lui leur	come before	*y* or *en*

Est-ce que je t'ai déjà dit ça?   Have I already told you that?

Oui, tu me l'as souvent dit!   Yes, you've often told me it!

– **Il est bon, ce chocolat. Tu en veux?**
– **Merci, tu m'en as déjà donné.**

– This chocolate is nice. Do you want some?
– No thank you, you've already given me some.

8.7 Pronouns in commands

When the command is to do something, the pronoun comes after the verb and is joined to it by a hyphen:

Donne-le-lui.   Give it to him.
Montrez-lui votre passeport.   Show him your passport.

When the command is not to do something (i.e. in the negative), the pronoun comes before the verb:

Ne lui dites rien.   Don't say anything to her.

In commands, **moi** and **toi** are used instead of **me** and **te**, except when the command is in the negative.

Envoie-moi un texto.   Send me a text.
Ne m'oublie pas!   Don't forget me!

9   Relative pronouns

9.1 *qui*

When talking about people, **qui** means 'who':

Voici l'infirmière qui travaille à la clinique à La Rochelle.
There's the nurse who works in the hospital in La Rochelle.

When talking about things or places, **qui** means 'which' or 'that':

C'est une ville française qui est très célèbre.
It's a French town which is very famous.

It links two parts of a sentence together, or joins two short sentences into a longer one. It is never shortened before a vowel.

Qui relates back to a noun or phrase in the first part of the sentence. In its own part of the sentence, **qui** is used instead of repeating the noun or phrase, and is the subject of the verb.

9.2 *que*

Que in the middle of a sentence means 'that' or 'which':

C'est le cadeau que Christine a acheté pour son amie.
It's the present that Christine bought for her friend.

C'est un plat célèbre qu'on sert en Provence.
It's a famous dish which is served in Provence.

Que can also refer to people:

C'est le garçon que j'ai vu à Paris.
It's/He's the boy (that) I saw in Paris.

Sometimes you would miss 'that' out in English, but you can never leave **que** out in French.

Like **qui**, it links two parts of a sentence together or joins two short sentences into a longer one. But **que** is shortened to **qu'** before a vowel. The word or phrase which **que** replaces is the object of the verb, and not the subject:

– **Qu'est-ce que c'est comme livre?**
– **C'est le livre que Paul m'a offert à Noël.**

9.3 *dont* (HR)

Dont is used quite a lot in French to refer back to what or whom you were talking about.

Voici le livre dont je te parlais.
Here's the book I was telling you about. (= about which)

C'est une maladie dont on peut mourir.
It's an illness that you can die from. (= from which)

Dont is used instead of **qui** or **que** with verbs which must be followed by **de**:

C'est un code dont on se sert pour avoir le wifi.
It's a code that you use to get Wi-Fi.

Dont never changes its form and can refer to people or things.

9.4 *lequel, laquelle*, etc. (HR)

singular		plural	
masculine	**feminine**	**masculine**	**feminine**
lequel	*laquelle*	*lesquels*	*lesquelles*

These words mean 'which' and are used after prepositions to refer to things but not people. They often come after a noun and must agree with it:

C'est le film pour lequel il a gagné un Oscar.
It's the film for which he won an Oscar.

C'est la raquette avec laquelle j'ai joué.
It's the racket with which I played.

After the prepositions **à** and **de**, the following forms are used:

singular		plural	
masculine	**feminine**	**masculine**	**feminine**
auquel *duquel*	*à laquelle* *de laquelle*	*auxquels* *desquels*	*auxquelles* *desquelles*

C'est une machine grâce à laquelle on peut faire des calculs très rapidement.
It's a machine thanks to which you can do calculations very quickly.

C'est le magasin près duquel il y a un grand café.
It's the shop near which there's a large café.

10 Prepositions

10.1 *à* (to, at)

singular			plural (all forms)
masculine	feminine	before a vowel	
au parc	à la piscine	à l'épicerie à l'hôtel	aux magasins

The word **à** can be used on its own with nouns which do not have an article (**le, la, les**):

Il va à Paris. He's going to Paris.
Le train part à midi. The train leaves at noon.

10.2 *de* (of, from)

singular			plural (all forms)
masculine	feminine	before a vowel	
du centre-ville	de la gare	de l'hôtel	des magasins

Le bus part du centre-ville.
The bus leaves from the town centre.

Je vais de la gare à la maison en taxi.
I go home from the station by taxi.

Elle téléphone de l'hôtel.
She is phoning from the hotel.

Elle est rentrée des magasins avec beaucoup d'achats.
She's come back from the shops with a lot of shopping.

De can be used on its own without an article (**le, la, les**):

Elle vient de Boulogne. She's come from Boulogne.

10.3 *en* (in, by, to, made of)

En is often used with the names of countries and regions:

Arles se trouve en Provence. Arles is in Provence.
Nous passons nos vacances en Italie.
We are spending our holidays in Italy.

You use **en** with most means of transport:

en bus by bus **en voiture** by car

You use **en** with dates, months and the seasons (except **le printemps**):

en 1900 in 1900 **en janvier** in January
en hiver in winter (but **au printemps**)

You use **en** to say what something is made of:

Ce sac est en plastique. This bag is made of plastic.

10.4 Prepositions with towns, countries and continents

You use **à** (or **au**) with names of towns:

Je vais à Paris I go to Paris.

Je passe mes vacances au Havre.
I spend the holidays in Le Havre.

To say 'to' or 'in', use **au**, **en** or **aux** with names of countries.
To say where someone or something comes from, use **du**, **de** or **des**.

	singular		plural (all forms)
	masculine	feminine	
to	au	en	aux
	au Canada au monde	en Chine en Afrique	aux États-Unis
from	du	de	des
	du Maroc	de Suisse	des États-Unis

11 Conjunctions (Connectives)

Conjunctions are words like 'and', 'but', 'then'. They are used to link two sentences together. See **Vocabulaire et expressions utiles** (Linking words and phrases **10**).

12 The negative

12.1 *ne ... pas*

To say what is not happening or didn't happen (in other words to make a sentence negative), put **ne** and **pas** round the verb.

Je ne joue pas au badminton. I don't play badminton.

In the perfect tense, **ne** and **pas** go round the auxiliary verb.

Elle n'a pas vu le film. She didn't see the film.

In reflexive verbs, the **ne** goes before the reflexive pronoun.

Il ne se lève pas. He's not getting up.

To tell someone not to do something, put **ne** and **pas** round the command.

N'oublie pas ton argent. Don't forget your money.
Ne regardez pas! Don't look!
N'allons pas en ville! Let's not go to town.

If two verbs are used together, the **ne ... pas** usually goes around the first verb:

Je ne veux pas faire ça. I don't want to do that.

If there is an extra pronoun before the verb, **ne** goes before it:

Je n'en ai pas. I haven't any.
Il ne lui a pas téléphoné. He didn't phone her.

Sometimes **pas** is used on its own:

Pas encore Not yet
Pas tout à fait Not quite
Pas du tout Not at all

Remember to use **de** after the negative instead of **du, de la, des, un** or **une** (except with the verb **être** and after **ne ... que**):

– **Avez-vous du lait?** Have you any milk?
– **Non, je ne vends pas de lait.** No, I don't sell milk.

12.2 Other negative expressions

■ 12.2a No more, nothing, never

These negative expressions work in the same way as **ne ... pas**:

ne ... plus	no more, no longer, none left
ne ... rien	nothing, not anything
ne ... jamais	never

Je n'habite plus en France.   I no longer live in France.
Il n'y a rien à la télé.   There's nothing on TV.
Je ne suis jamais allé à Paris.   I've never been to Paris.

■ 12.2b Nobody, only, nowhere

The following expressions work like **ne ... pas** in the present tense:

ne ... personne	nobody, not anybody
ne ... que	only
ne ... nulle part	nowhere, not anywhere

However, they differ in the perfect tense: the second part (**que**, **personne** or **nulle part**) goes after the past participle:

Elle n'a vu personne ce matin.
She didn't see anyone this morning.

Je n'ai passé qu'un après-midi à Nice.
I only spent an afternoon in Nice.

On ne l'a vu nulle part.   We didn't see it anywhere.

■ 12.2c Neither

ne ... ni ... ni	neither ... nor, not either ... or

ni ... ni go before the words they refer to:

Je n'aime ni le tennis ni le badminton.
I like neither tennis nor badminton.

Je ne connais ni lui ni ses parents.
I don't know either him or his parents.

■ 12.2d No, not any

ne ... aucun	no, not any

Aucun is an adjective and agrees with the noun which follows:

Il n'y a aucun restaurant dans le village.
There is no restaurant in the village.

Ça n'a aucune importance.   It's of no importance.

■ 12.2e Used on their own

Rien, jamais and **personne** can be used on their own:

– **Qu'est-ce que tu as fait?**   What did you do?
– **Rien de spécial.**   Nothing special.

– **Qui est dans le garage?**   Who is in the garage?
– **Personne.**   Nobody.

Avez-vous déjà fait du ski?   Have you ever been skiing?
Non, jamais.   No, never.

Aucun(e) can also be used on its own:

– **Qu'est-ce que tu veux faire?**   What do you want to do?
– **Aucune idée.**   No idea.

12.3 Useful expressions

Ne t'en fais pas.	Don't worry.
Ne vous inquiétez pas.	Don't worry.
Je n'ai pas de chance.	I'm out of luck.
Il n'y a pas de quoi.	That's all right. Not at all. (used in response to **merci**)
Il n'y en a plus.	There's no more left.
Ça ne fait rien.	It doesn't matter.
Ça ne me dit rien.	That doesn't appeal to me.
Rien de plus facile.	Nothing could be simpler.
Il n'y a personne.	There's nobody there.
Personne ne le sait.	Nobody knows.
On ne sait jamais.	You never know.
Jamais de la vie.	Never in my life.
Il ne reste que ça.	That's all that's left.
Je n'en ai aucune idée.	I've no idea.
Pas de problème.	No problem.
Ni l'un ni l'autre.	Neither one nor the other.
Moi non plus.	Nor me.

Sometimes two or more negatives are used together:

ne ... plus ... que   now only
ne ... plus ... rien   nothing any more

La bibliothèque n'est plus ouverte que le jeudi.
The library is now only open on Thursdays.

Je ne vois plus rien.   I can't see anything any more.

13 Asking questions

13.1 Ways of asking questions

There are several ways of asking a question in French.

You can just raise your voice in a questioning way:

Tu viens?   Are you coming?

Vous avez décidé?   Have you decided?

You can add **Est-ce que** to the beginning of the sentence:

Est-ce que vous êtes allé à Paris?   Have you been to Paris?

You can turn the verb around:

Jouez-vous au badminton?   Do you play badminton?

Notice that if the verb ends in a vowel in the third person you have to add **-t-** when you turn it round:

Joue-t-il au football?   Does he play football?
Karima, a-t-elle ton adresse mail?   Has Karima got your e-mail address?

In the perfect tense you just turn the auxiliary verb round:

As-tu envoyé un texto à Louis?
Have you sent a text to Louis?

Avez-vous vu le film au cinéma Rex?
Have you seen the film at the Rex cinema?

Mehdi et Hugo, sont-ils allés au match hier?
Did Mehdi and Hugo go to the match yesterday?

Yasmine, a-t-elle téléphoné à Sarah?
Did Yasmine phone Sarah?

13.2 Question words

Qui est-ce?	Who is it?
Quand arriverez-vous?	When will you arrive?
Combien l'avez-vous payé?	How much did you pay for it?
Combien de temps restez-vous en France?	How long are you staying in France?
Comment est-il?	What is it (he) like?
Comment allez-vous?	How are you?
Pourquoi avez-vous fait ça?	Why did you do that?
Qu'est-ce que c'est?	What is it?
C'est quoi?	What is it?
À quelle heure?	At what time?
Depuis quand?	Since when?
D'où?	From where?
Qui …?	Who …?
Que?/Qu'est-ce que …?	What …?

■ 13.2a *quel*

Quel is an adjective and agrees with the noun that follows:

Quel âge avez-vous?	How old are you?
De quelle nationalité est-elle?	What nationality is she?
Quels sont vos horaires?	What hours do you work?
Quelles matières préfères-tu?	Which subjects do you prefer?

■ 13.2b *lequel*

Lequel, meaning 'which one', follows a similar pattern:

– *Je voudrais du pâté.*	I'd like some pâté.
– *Lequel?*	Which one?
– *Avez-vous cette chemise en d'autres couleurs?*	Do you have this shirt in other colours?
– *Laquelle?*	Which one?
– *Où sont mes gants?*	Where are my gloves?
– *Lesquels?*	Which ones?
– *Tu as vu mes lunettes?*	Have you seen my glasses?
– *Lesquelles?*	Which ones?

singular		plural	
masculine	**feminine**	**masculine**	**feminine**
quel	*quelle*	*quels*	*quelles*
lequel	*laquelle*	*lesquels*	*lesquelles*

14 Verbs – main uses

14.1 Infinitive

This is the form of the verb which you would find in a dictionary. It means 'to … ', e.g. 'to speak', 'to have'. Regular verbs in French have an infinitive which ends in **-er**, **-re** or **-ir**, e.g. **parler**, **vendre** or **finir**. The infinitive never changes its form.

■ 14.1a Verb + infinitive

Some verbs (such as **pouvoir** and **vouloir**) are often followed by another verb in the infinitive. See section **18**.

14.2 Regular and irregular verbs

There are three main types of regular verbs in French. They are grouped according to the last two letters of the infinitive.

-er verbs e.g. **jouer** (to play)
-re verbs e.g. **vendre** (to sell)
-ir verbs e.g. **choisir** (to choose)

However, many common French verbs are irregular. These are listed in **Les verbes** (**20.3**).

14.3 Tense

The tense of the verb tells you when something happened, is happening or is going to happen. Each verb has several tenses. There are several important tenses, such as the present tense, the perfect tense, the future tense and the imperfect tense.

14.4 The present tense

The present tense describes what is happening now, at the present time or what happens regularly.

Je travaille ce matin.	I am working this morning.
Il vend des glaces aussi.	He sells ice cream as well.
Elle joue au tennis le samedi.	She plays tennis on Saturdays.

The expressions **depuis** and **ça fait … que** are used with the present tense when the action is still going on:

Je l'attends depuis deux heures.
I've been waiting for him for two hours (and still am!).

Ça fait trois mois que je travaille en France.
I've been working in France for three months.

14.5 The imperative

To tell someone to do something, you use the imperative or command form.

Attends!	Wait! (to someone you call **tu**)
Regardez ça!	Look at that! (to people you call **vous**)

It is often used in the negative.

N'oublie pas ton sac.	Don't forget your bag.
N'effacez pas … !	Don't rub out ….!

To suggest doing something, use the imperative form of **nous**.

Allons au cinéma!	Let's go to the cinema!

It is easy to form the imperative: in most cases you just leave out **tu**, **vous** or **nous** and use the verb by itself. With **-er** verbs, you take the final **-s** off the **tu** form of the verb. (See also **15.3**.)

14.6 The perfect tense

The perfect tense is used to describe what happened in the past, an action which is completed and is not happening now.

It is made up of two parts: an auxiliary (helping) verb (either **avoir** or **être**) and a past participle.

Samedi dernier, j'ai chanté dans un concert.
Last Saturday, I sang in a concert.

Hier, ils sont allés à La Rochelle.
Yesterday, they went to La Rochelle.

■ 14.6a Forming the past participle

Regular verbs form the past participle as follows:

-er verbs change to **-é**, e.g. **travailler** becomes **travaillé**
-re verbs change to **-u**, e.g. **attendre** becomes **attendu**
-ir verbs change to **-i**, e.g. **finir** becomes **fini**

Many verbs have irregular past participles.

■ **14.6b** *avoir* as the auxiliary verb

Most verbs form the perfect tense with *avoir*. This includes many common verbs which have irregular past participles.

avoir	*eu*		*faire*	*fait*
boire	*bu*		*mettre*	*mis*
comprendre	*compris*		*pouvoir*	*pu*
connaître	*connu*		*prendre*	*pris*
croire	*cru*		*savoir*	*su*
devoir	*dû*		*voir*	*vu*
dire	*dit*		*vouloir*	*voulu*
être	*été*			

With **avoir**, the past participle doesn't change.

■ **14.6c** *être* as the auxiliary verb

About 13 verbs, mostly verbs of movement like **aller** and **partir**, form the perfect tense with **être** as their auxiliary. Some compounds of these verbs (e.g. **revenir** and **rentrer**) and all reflexive verbs also form the perfect tense with **être**.

Here are three ways to remember which verbs use **être**.

1 If you have a visual memory, this picture may help you.

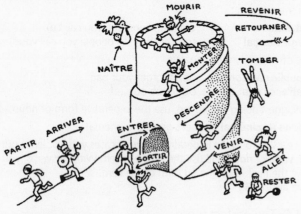

2 Here are 12 of them in pairs:

aller	to go	*je suis allé*
venir	to come	*je suis venu*
entrer	to go in	*je suis entré*
sortir	to go out	*je suis sorti*
arriver	to arrive	*je suis arrivé*
partir	to leave, to depart	*je suis parti*
descendre	to go down	*je suis descendu*
monter	to go up	*je suis monté*
rester	to stay, to remain	*je suis resté*
tomber	to fall	*je suis tombé*
naître	to be born	*il est né*
mourir	to die	*il est mort*

and one odd one:

retourner	to return	*je suis retourné**

*****revenir** (like **venir**) and **rentrer** (like **entrer**) can often be used instead of this verb.

3 Each letter in the phrase 'Mrs van de Tramp' stands for a different verb. Can you work them out?

When you form the perfect tense with **être**, the past participle agrees with the subject of the verb (the person doing the action). This means that you need to add an extra **-e** if the subject is feminine, and to add an extra **-s** if the subject is plural (more than one). Often the past participle doesn't actually sound any different when you hear it or say it.

je suis allé/allée
tu es allé/allée
il est allé
elle est allée
on est allé/allée/allés/allées

nous sommes allés/allées
vous êtes allé/allée/allés/allées
ils sont allés
elles sont allées

14.7 The imperfect tense

The imperfect tense is another past tense. It is used to describe something that used to happen frequently or regularly in the past:

Quand j'étais petit, j'allais chez mes grands-parents tous les weekends.
When I was small, I used to go to my grandparents' every weekend.

It is also used for description in the past, particularly of weather:

J'étais en vacances.	I was on holiday.
Il faisait beau.	The weather was fine.
L'homme, comment était-il?	What was the man like?
Est-ce qu'il portait des lunettes?	Did he wear glasses?

It describes how things used to be:

Quand j'avais huit ans, nous habitions au Maroc.
When I was eight, we used to live in Morocco.

It often translates 'was ... ing' and 'were ... ing':

Que faisiez-vous quand j'ai téléphoné?
What were you doing when I phoned?

It can be used to describe something you wanted to do but didn't:

Nous voulions aller à Paris, mais il y avait une grève des transports.
We wanted to go to Paris but there was a transport strike.

It describes something that lasted for a long period of time:

En ce temps-là, nous habitions à Nice.
At that time we lived in Nice.

C'était + adjective can be used to say what you thought of something:

C'était magnifique.	It was great.
C'était affreux.	It was awful.

The imperfect tense can often be used for making excuses.

Ce n'était pas de ma faute.	It wasn't my fault.
Je croyais/pensais que ...	I thought that ...
Je voulais seulement ...	I only wanted to ...
Je ne savais pas que ...	I didn't know that ...

The imperfect tense is also used with **depuis** to show how long something **had been** happening.

Ils habitaient là-bas depuis 10 ans.
They had been living there for 10 years.

■ 14.7a Forming the imperfect tense

The endings for the imperfect tense are the same for all verbs:

je	... ais	nous	... ions
tu	... ais	vous	... iez
il/elle/on	... ait	ils/elles	... aient

To form the imperfect tense, you take the **nous** form of the present tense, e.g. **nous allons**. Take away the **nous** and the **-ons** ending. This leaves the imperfect stem **all-**. Then add the imperfect endings:

j'all**ais**	nous all**ions**
tu all**ais**	vous all**iez**
il/elle/on all**ait**	ils/elles all**aient**

The verb **être** is an exception, with an irregular imperfect stem: **ét-**.

j'étais	nous étions
tu étais	vous étiez
il/elle/on était	ils/elles étaient

In the present tense, verbs like **manger**, **ranger**, etc. take an extra **-e** in the **nous** form. This is to make the **g** sound soft (like a **j** sound). However, the extra **-e** is not needed before -i:

je mang**e**ais	nous mangions
tu mang**e**ais	vous mangiez
il/elle/on mang**e**ait	ils/elles mang**e**aient

Similarly, with verbs like **commencer**, **lancer**, etc. the final **c** becomes **ç** before **a** or **o** to make it sound soft. This gives **je commençais** but **nous commencions**, etc.

14.8 Using the perfect and imperfect tenses

The imperfect tense and the perfect tense are often used together. One way to help you decide which tense to use is to imagine a river running along, with bridges crossing over it at intervals.

The imperfect tense is like the river: it describes the state of things, what was going on, e.g. **il faisait beau**. The perfect tense is like the bridges: it is used for the actions and events, for single things which happened and are completed, e.g. **Nous sommes allés à la plage**.

14.9 The future tense

The future tense is used to describe what will (or will not) happen at some future time:

L'année prochaine, je passerai mes vacances à Paris.
Next year I'll spend my holidays in Paris.
Qu'est-ce que tu feras quand tu quitteras l'école?
What will you do when you leave school?

The future tense must be used after **quand** if the idea of future tense is implied. (This differs from English.)

Quand je finirai mes études, j'irai en Afrique.
When I've finished studying, I'll go to Africa.

The endings for the future tense are the same as the endings of the verb **avoir** in the present tense.

je	... ai	nous	... ons
tu	... as	vous	... ez
il/elle/on	... a	ils/elles	... ont

■ 14.9a Regular -er and -ir verbs

To form the future tense of these verbs, you just add the endings to the infinitive of the verb:

travailler	je travaillerai	partir	nous partirons
donner	tu donneras	jouer	vous jouerez
finir	il finira	sortir	ils sortiront

■ 14.9b Regular -re verbs

To form the future tense, you take the final -e off the infinitive and add the endings:

prendre	je prendrai
attendre	elles attendront

■ 14.9c Irregular verbs

Some common verbs have an irregular future stem but they still have the same endings.

acheter	j'achèterai	faire	je ferai
aller	j'irai	pouvoir	je pourrai
avoir	j'aurai	recevoir	je recevrai
courir	je courrai	savoir	je saurai
devoir	je devrai	venir	je viendrai
envoyer	j'enverrai	voir	je verrai
être	je serai	vouloir	je voudrai

You will notice that, in all cases, the endings are added to a stem which ends in **-r**. This means that you will hear an **r** sound whenever the future tense is used.

■ 14.9d aller + infinitive

You can use the present tense of the verb **aller** + an infinitive to say what you are going to do:

Qu'est-ce que vous allez faire ce weekend?
What are you going to do this weekend?

Je vais passer le weekend à Paris.
I'm going to spend the weekend in Paris.

Grammaire

The imperfect tense of **aller** + infinitive is used to say what was about to happen when something else took place:

Il allait partir quand elle est arrivée
He was about to leave when she arrived.

14.10 The conditional

The conditional is used where 'would' or 'should' are used in English. It is a polite and less abrupt way of asking for something.

Je voudrais partir maintenant. I **would like** to leave now.
Pourriez-vous m'aider? **Could** you help me?
J'aimerais aller au Québec. I**'d love** to go to Quebec.

It is used to say what would happen if a particular condition were fulfilled:

Si j'avais beaucoup d'argent, je ferais le tour du monde.
If I had a lot of money, I**'d travel** round the world.

14.11 The pluperfect tense

The pluperfect tense is used to describe something that had already happened before something else occurred or before a fixed point in time.

Elle *était déjà partie* quand je suis arrivé.
She **had** already **left**, when I arrived.

The pluperfect tense is formed by using the imperfect tense of **avoir** or **être** and the past participle. The rules about which verbs take **avoir** and which take **être**, and about agreement of the past participle, apply to both the perfect and the pluperfect tenses.

dire	arriver
j'avais dit (I **had said**)	***j'étais arrivé(e)*** (I **had arrived**)
tu avais dit	*tu étais arrivé(e)*
il/elle/on avait dit	*il/elle/on était arrivé(e)*
nous avions dit	*nous étions arrivé(e)s*
vous aviez dit	*vous étiez arrivé(e)(s)*
ils/elles avaient dit	*ils/elles étaient arrivé(e)s*

14.12 'If' sentences

Sentences which contain two parts, one of which is an 'if' clause, normally follow one of the following patterns:

si	+ **present tense**	+ future tense
si	+ **imperfect tense**	+ conditional
si	+ **pluperfect tense**	+ conditional perfect

S'il pleut demain, je resterai à la maison.
If it rains tomorrow, I'll stay at home.

Sauriez-vous quoi faire si la voiture tombait en panne?
Would you know what to do, if the car broke down?

Si tu m'avais téléphoné plus tôt, j'aurais pu venir.
If you had phoned me earlier, I could have come.

14.13 The present subjunctive (HR)

The subjunctive is used after certain link words (**avant que** – before, **pour que** – so that, **bien que** – although) and to express:

a necessity	*Il faut que tu partes.*	You must leave.
a possibility	*Tu viendras samedi, à moins que tu ne doives travailler.*	You'll come on Saturday, unless you have to work.
a doubt	*Je ne suis pas sûr que mes parents puissent venir.*	I'm not sure that my parents can come.
an opinion (but not a certainty)	*Je ne pense pas qu'il soit là.*	I don't think he'll be there.

To form the subjunctive of regular verbs:

take the ***ils/elles*** form of the present tense	***ent*** to leave the stem	add the endings (**-e, -es, -e, -ions, -iez, -ent**).
ils travaillent	*travaill-*	*que je travaille*
ils vendent	*vend-*	*que je vende*
ils finissent	*finiss-*	*que je finisse*

The following common verbs are irregular in the subjunctive:

aller	***que j'aille***	avoir	***que j'aie***
être	***que je sois***	faire	***que je fasse***
pouvoir	***que je puisse***	savoir	***que je sache***
vouloir	***que je veuille***		

Some expressions using the subjunctive:

Que faut-il que je fasse? What should I do?
Il faut que je m'en aille. I must go.

14.14 *en* + present participle

En + present participle is used when you want to describe two actions which happen more or less at the same time:

En sortant de l'hôtel, tournez à droite.
As you go out of the hotel, turn right.

It translates the English expressions 'whilst/while -ing' and 'by -ing'.

Je me suis cassé la jambe en faisant du ski.
I broke my leg (whilst) skiing.

En mangeant moins, on perd des kilos.
By eating less, you lose weight.

It can be used in a special way with the verb **courir** – to run:

Il est sorti de la banque en courant.
He ran out of the bank.

The present participle is formed as follows:

take the ***nous*** form of the present tense	delete the ***nous*** and the **-ons** ending to give the stem	add **-ant** to give the present participle
nous faisons *nous finissons* *nous descendons*	**fais-** **finiss-** **descend-**	*faisant* *finissant* *descendant*

Three important exceptions are:

être	**étant**
avoir	**ayant**
savoir	**sachant**

Ayant **très peur, il a ouvert la porte.**
Feeling very frightened, he opened the door.

15 Reflexive verbs

15.1 Infinitive

Reflexive verbs are listed in a dictionary with the pronoun **se** (called the reflexive pronoun) in front of the infinitive, e.g. **se lever**. The **se** means 'self' or 'each other' or 'one another'.

Je me lave.	I get (myself) washed.
Ils se regardaient.	They were looking at each other.

Quand est-ce qu'on va se revoir?
When shall we see one another again?

■ 15.1a Some common reflexive verbs

s'amuser	to enjoy oneself
s'appeler	to be called
s'approcher (de)	to approach
s'arrêter	to stop
se baigner	to bathe
se brosser (les dents)	to clean (your teeth)
se coucher	to go to bed
se débrouiller	to sort things out, manage
se dépêcher	to be in a hurry
se demander	to ask oneself, to wonder
se déshabiller	to get undressed
se disputer (avec)	to have an argument (with)
s'entendre (avec)	to get on (with)
se fâcher	to get angry
se faire mal	to hurt oneself
s'habiller	to get dressed
s'intéresser (à)	to be interested (in)
se laver	to get washed
se lever	to get up
se marier	to get married
se mettre (à)	to start, to get down (to)
s'occuper (de)	to take care of, to deal with
se promener	to go for a walk
se reposer	to rest
se réveiller	to wake up
se sentir	to feel
se trouver	to be (situated)

15.2 The present tense

Many reflexive verbs are regular **-er** verbs:

Je me lave	I get washed
Tu te lèves?	Are you getting up?
Il se rase	He shaves
Elle s'habille	She gets dressed
On s'entend (bien)	We get on (well)
Nous nous débrouillons	We manage/We get by
Vous vous dépêchez?	Are you in a hurry?
Ils s'entendent (bien)	They get on (well)
Elles se disputent (toujours)	They are (always) arguing

15.3 Commands

To tell someone to do (or not to do) something, use the imperative or command form. Reflexive verbs follow this pattern – in the **tu** form, **te** changes to **toi**:

Lève-toi!	Stand up!
Assieds-toi!	Sit down!
Amusez-vous bien!	Have a good time!
Présentons-nous!	Let's introduce ourselves!
Dépêchons-nous!	Let's hurry!

In the negative, this changes as follows:

Ne te lève pas!	Don't get up!
Ne vous inquiétez pas!	Don't worry!
Ne nous dépêchons pas!	Let's not rush!

15.4 The perfect tense

Reflexive verbs form the perfect tense with **être**. The past participle appears to agree with the subject: add an **-e** if the subject is feminine and an **-s** if it is plural. In fact the past participle is agreeing with the preceding direct object, which in reflexive verbs is usually the same as the subject.

se réveiller	
je me suis réveillé(e)	*nous nous sommes réveillé(e)s*
tu t'es réveillé(e)	*vous vous êtes réveillé(e)(s)*
il s'est réveillé	*ils se sont réveillés*
elle s'est réveillée	*elles se sont réveillées*
on s'est réveillé(e)(s)	

15.5 Reflexive verbs and parts of the body

Reflexive verbs are often used when referring to a part of the body:

Je me suis coupé le pied.	I've cut my foot.
Il se brosse les dents.	He is cleaning his teeth.
Elle se lave la tête.	She is washing her hair.

Note: When a reflexive verb is used with a part of the body in the perfect tense, the past participle does not agree with the reflexive pronoun. This is because the reflexive pronoun acts as the indirect object in this instance and not the direct object:

Elle s'est lavé les mains avant de manger.
She washed her hands before eating.

Qu'est-ce qui ne va pas, Léa?	What's the matter, Léa?
Je me suis coupé le doigt.	I've cut my finger.

Grammaire

16 Verbs – some special uses

16.1 avoir

In French, **avoir** is used for certain expressions where the verb 'to be' is used in English:

J'ai …	… quatorze ans.	I'm fourteen.
Tu as …	… quel âge?	How old are you?
Il a …	… froid.	He's cold.
Elle a …	… chaud.	She's hot.
Nous avons …	… faim.	We're hungry.
Vous avez …	… soif?	Are you thirsty?
Ils ont …	… mal aux dents.	They've got toothache.
Elles ont …	… peur.	They're afraid.

Note also these verbs:

avoir besoin de   to need
avoir raison/tort   to be right/wrong

As-tu besoin d'argent?   Do you need any money?
Tout le monde en a besoin. Everyone needs some.

16.2 devoir

The verb **devoir** has three different uses:

1 to owe

When it means 'to owe', **devoir** is not followed by an infinitive:

Je te dois combien?   How much do I **owe** you?

2 to have to, must

With this meaning, **devoir** is nearly always followed by a second verb in the infinitive:

Je dois me dépêcher.   I have to rush off.
Elle a dû travailler tard.   She had to work late.

3 ought to, should

When used in the conditional or conditional perfect, **devoir** means 'ought', 'should', 'ought to have' or 'should have'.

Tu devrais venir me voir cet été.   You **should** come and see me in the summer.

Il aurait dû rentrer avant minuit.   He **should have** got home before midnight.

16.3 être sur le point de

This means 'to be about to do something'.

L'avion était sur le point de décoller quand …
The plane was about to take off when …

16.4 être en train de

This means 'to be in the middle of doing something'

J'étais en train de lui écrire, quand le téléphone a sonné.
I was in the process of writing to him when the phone rang.

16.5 faire

The verb **faire** is used with weather phrases:

Il fait beau.   The weather's fine.
Il fait froid.   It's cold.

It is also used to describe some activities and sports:

faire des courses   to go shopping
faire du vélo   to go cycling

16.6 savoir and connaître (to know)

Savoir is used when you want to talk about knowing specific facts or knowing how to do something.

Je ne savais pas que son père était mort.
I didn't know that his father was dead.
Tu sais faire du ski?   Do you know how to ski?

Connaître is used to say you know people or places. It has the sense of 'being acquainted with'.

Vous connaissez mon professeur de français?
Do you know my French teacher?
Il connaît bien Paris.   He knows Paris well.

16.7 savoir and pouvoir (to know how to, can)

Savoir is used to say you can (know how to) do something.

Tu sais jouer du piano?
Can you (Do you know how to) play the piano?

Pouvoir is used to say whether something is possible or not.

Tu peux venir à la maison, samedi?
Can you (Is it possible for you to) come to the house on Saturday?

16.8 venir de

To say something has just happened, you use the present tense of **venir** + **de** + the infinitive:

Elle vient de téléphoner.   She's just phoned.
Vous venez d'arriver?   Have you just arrived?
Ils viennent de partir.   They've just left.

To say something had just happened, you use the imperfect tense of **venir de** + the infinitive:

Elle venait de partir quand il a téléphoné.
She had just left when he phoned.

16.9 verb + infinitive

Some verbs are nearly always used with the infinitive of another verb, e.g. **pouvoir**, **devoir**, **vouloir** and **savoir**:

Est-ce que je peux vous aider?   Can I help you?

Vous devez prendre le métro pour Bir-Hakeim.
You have to take the metro to Bir-Hakeim.

Voulez-vous jouer au tennis?   Do you want to play tennis?

Je sais nager. I can swim.

16.10 pour + infinitive

In French, you use **pour** + infinitive to say 'in order to …':

Pour réduire les déchets, nous devons réutiliser et recycler les choses.
To reduce waste we must reuse and recycle things.

Pour aller à l'hôpital, s'il vous plaît?
How do I get to the hospital, please?

The structure **pour ne pas** + infinitive can be used to say how you can avoid something.

Pour ne pas arriver en retard, on prendra un taxi.
In order not to be late, we'll take a taxi.

16.11 'Before and 'after'

Avant de (**before**) is followed by the **infinitive** of the verb:

Elle m'a donné son adresse avant de partir.
She gave me her address before she left.

After doing something is expressed in French by **après avoir** or **après être** + **past participle**:

Après avoir téléphoné au bureau, je suis parti.
After phoning the office, I left.

Après être arrivée à Paris, elle est allée à son hôtel.
After arriving in Paris, she went to her hotel.

This can only be used when the subject is the same for both verbs, i.e. After **I** telephoned the office, **I** left.

The rules for the perfect tense regarding which verbs take **avoir** and which take **être** and about agreement of the past participle also apply here.

17 Impersonal verbs

17.1 *il faut* (it is necessary; you must/should)

This is an unusual verb which is only used in the **il** form and can have different meanings according to the tense and context.

Il faut deux heures pour aller à Paris.
It takes two hours to get to Paris.
Il ne faut pas stationner ici.
You mustn't park here.

It can be used with an indirect object pronoun in the following way:

Avez-vous tout ce qu'il vous faut?
Do you have everything **you need**?
Il me faut une serviette, s'il vous plaît.
I need a towel please.

It can also be used in different tenses:

Il fallait me le dire.
You should have told me.
Il vous faudra 100 euros pour y aller.
You will need 100 euros to go there.

17.2 Other impersonal verbs

These verbs are also mainly used in the **il** form.

il s'agit de	it's about
il vaut mieux	it's better to
il vaudrait mieux	it would be better to
il me reste 20 euros	I have 20 euros left
Ça vous a plu?	Did you like it? (lit. Did it please you?)
Oui, ça m'a beaucoup plu.	Yes, I liked it a lot.
Ça vous intéresse, le sport?	Are you interested in sport?
Il manque une cuillère.	There's a spoon missing.

Ce qui manque ici, c'est un cinéma.
What's missing here is a cinema.

Manquer can also be used in other forms, e.g.

J'ai manqué le train.   I've missed the train.

18 Verb constructions

It is common to find two verbs in sequence in a sentence: a main verb followed by an **infinitive**.

Sometimes the infinitive follows directly, sometimes you must use **à** or **de** before the infinitive.

18.1 Verbs followed directly by the infinitive

adorer	to love
aimer	to like, love
aller	to go
compter	to count on, intend
désirer	to want, wish
détester	to hate
devoir	to have to, must
entendre	to hear
espérer	to hope
faillir	to nearly do something
faire	to have something done
monter	to go up(stairs)
oser	to dare
penser	to think, intend
pouvoir	to be able, can
préférer	to prefer
savoir	to know how
venir	to come
voir	to see
vouloir	to want, wish

Que pensez-vous faire l'année prochaine?
What are you thinking of doing next year?
Aimes-tu étudier?   Do you like studying?
Il a fait réparer son vélo.   He had his bike repaired.

18.2 Verbs followed by *à* + infinitive

A small number of verbs are followed by **à** + infinitive:

aider qqn à	to help someone to
s'amuser à	to enjoy doing
apprendre à	to learn to
commencer à	to begin to
consentir à	to agree to
continuer à	to continue to
encourager à	to encourage to
hésiter à	to hesitate to
s'intéresser à	to be interested in
inviter qqn à	to invite someone to
se mettre à	to begin to
passer (du temps) à	to spend time in
réussir à	to succeed in

Il a commencé à pleuvoir.
It started to rain/It started raining.
J'ai passé tout le weekend à faire mes devoirs.
I spent all weekend doing my homework.

Grammaire

18.3 Verbs followed by *de* + infinitive

Many verbs are followed by *de* + infinitive. Here are some of the most common:

arrêter de	to stop
cesser de	to stop
décider de	to decide to
se dépêcher de	to hurry
empêcher de	to prevent
essayer de	to try to
éviter de	to avoid
menacer de	to threaten to
être obligé de	to be obliged to
oublier de	to forget to
refuser de	to refuse to

Il a cessé de neiger.　　　It's stopped snowing.

Nous avons été obligés de rester jusqu'au matin.
We had to stay until the morning.

Many expressions with **avoir** are followed by *de* + infinitive:

avoir besoin de	to need to
avoir l'intention de	to intend to
avoir peur de	to be afraid of
avoir le droit de	to have the right to, be allowed to
avoir le temps de	to have time to
avoir envie de	to wish, want to

Elle avait peur de dire la vérité.
She was afraid of telling the truth.

18.4 Verbs followed by *à* + person + *de* + infinitive

commander à ... de ...	to order
conseiller à ... de ...	to advise
défendre à ... de ...	to forbid
demander à ... de ...	to ask
dire à ... de ...	to tell
ordonner à ... de ...	to order
permettre à ... de ...	to allow
promettre à ... de ...	to promise
proposer à ... de ...	to suggest

Elle a demandé à son amie de lui envoyer une photo.
She asked her friend to send her a photo.

J'ai conseillé à ma sœur de ne pas aller à Paris.
I advised my sister not to go to Paris.

Sometimes *à* + person is replaced by an indirect object pronoun:

Il a permis à son fils de prendre sa voiture.
He allowed his son to take the car.

Il lui a permis de prendre sa voiture.
He allowed him to take the car.

19 The passive

19.1 Using the passive

The passive form of the verb is used when the subject, instead of doing something (active form), has something done to it.

He **saw** the girl. (Active: he was doing the seeing.)

He **was seen** by the girl. (Passive: he was being seen.)

The passive is formed by using any tense of **être** with the past participle. The past participle is used like an adjective and agrees with the subject:

Les passagers sont priés de monter dans le train.
Passengers **are requested** to get in the train.

Elle était aimée de tous.	She **was loved** by everyone.
Il a été blessé.	He **has been injured**.
Elle a été piquée par une guêpe.	She **was stung** by a wasp.

Le château a été construit au 16e siècle.
The castle **was built** in the 16th century.

19.2 Avoiding the passive

If there is no mention of the person or thing who has performed the action, it is common to avoid using the passive by using the pronoun **on**:

On dit que ...	It is said that ...
On m'a averti que ...	I have been informed that ...

Sometimes, a reflexive verb can be used:

Ça se comprend.	That's understood.
Ça ne se traduit pas facilement.	

That can't be translated easily.

Grammaire

20 Les verbes

20.1 Regular verbs

The following verbs show the main patterns for regular verbs. There are three main groups: those whose infinitives end in **-er**, **-ir** or **-re**. Verbs which do not follow these patterns are called irregular verbs.

infinitive	present	perfect	imperfect	future
jouer to play **imperative** joue! jouons! jouez!	je joue tu joues il/elle/on joue nous jouons vous jouez ils/elles jouent	j'ai joué tu as joué il/elle/on a joué nous avons joué vous avez joué ils/elles ont joué	je jouais tu jouais il/elle/on jouait nous jouions vous jouiez ils/elles jouaient	je jouerai tu joueras il/elle/on jouera nous jouerons vous jouerez ils/elles joueront
choisir to choose **imperative** choisis! choisissons! choisissez!	je choisis tu choisis il/elle/on choisit nous choisissons vous choisissez ils/elles choisissent	j'ai choisi tu as choisi il/elle/on a choisi nous avons choisi vous avez choisi ils/elles ont choisi	je choisissais tu choisissais il/elle/on choisissait nous choisissions vous choisissiez ils/elles choisissaient	je choisirai tu choisiras il/elle/on choisira nous choisirons vous choisirez ils/elles choisiront
vendre to sell **imperative** vends! vendons! vendez!	je vends tu vends il/elle/on vend nous vendons vous vendez ils/elles vendent	j'ai vendu tu as vendu il/elle/on a vendu nous avons vendu vous avez vendu ils/elles ont vendu	je vendais tu vendais il/elle/on vendait nous vendions vous vendiez ils/elles vendaient	je vendrai tu vendras il/elle/on vendra nous vendrons vous vendrez ils/elles vendront

Some verbs are only slightly irregular. Here are some which you have met.

The main difference in the verbs **acheter** and **jeter** is in the **je**, **tu**, **il/elle/on** and **ils/elles** forms of the present tense and in the stem for the future tense:

infinitive	present	future	infinitive	present	future
acheter to buy **imperative** achète! achetons! achetez!	j'achète tu achètes il/elle/on achète nous achetons vous achetez ils/elles achètent	j'achèterai tu achèteras il/elle/on achètera nous achèterons vous achèterez ils/elles achèteront	**jeter** to throw **imperative** jette! jetons! jetez!	je jette tu jettes il/elle/on jette nous jetons vous jetez ils/elles jettent	je jetterai tu jetteras il/elle/on jettera nous jetterons vous jetterez ils/elles jetteront

manger (and **arranger**, **nager**, **partager**, **ranger**, **voyager** etc.)
There is an extra **e** before endings starting with **a**, **o** or **u** to make the **g** sound soft.
present: nous mangeons; imperfect: je mangeais etc.; **present participle: en mangeant**

commencer (and **placer**, **remplacer** etc.)
The second **c** becomes **ç** before endings starting with **a**, **o** or **u** to make the **c** sound soft.
present: nous commençons; imperfect: je commençais etc.; **present participle: en commençant**

20.2 Reflexive verbs

Reflexive verbs are used with a reflexive pronoun (**me, te, se, nous, vous**). Sometimes this means 'self' or 'each other'. Many reflexive verbs are regular **-er** verbs and they all form the perfect tense with **être** as the auxiliary, so you must remember to make the past participle agree with the subject.

infinitive	present		perfect		imperative
se laver to get washed, wash oneself	je **me** lave tu **te** laves il/elle/on **se** lave	nous **nous** lavons vous **vous** lavez ils/elles **se** lavent	je me suis lavé(e) tu t'es lavé(e) il s'est lavé elle s'est lavée on s'est lavé(e)(s)	nous **nous** sommes lavé(e)s vous **vous** êtes lavé(e)(s) ils **se** sont lavés elles **se** sont lavées	lave-**toi**! lavons-**nous**! lavez-**vous**!

Grammaire

20.3 Irregular verbs

infinitive	present	perfect	imperfect	future
aller to go **imperative** va! allons! allez!	je vais tu vas il/elle/on va nous allons vous allez ils/elles vont	je suis allé(e) tu es allé(e) il est allé elle est allée on est allé(e)(s) nous sommes allé(e)s vous êtes allé(e)(s) ils sont allés elles sont allées	j'allais tu allais il/elle/on allait nous allions vous alliez ils/elles allaient	j'irai tu iras il/elle/on ira nous irons vous irez ils/elles iront
apprendre to learn see **prendre**				
avoir to have **imperative** aie! ayons! ayez!	j'ai tu as il/elle/on a nous avons vous avez ils/elles ont	j'ai eu tu as eu il/elle/on a eu nous avons eu vous avez eu ils/elles ont eu	j'avais tu avais il/elle/on avait nous avions vous aviez ils/elles avaient	j'aurai tu auras il/elle/on aura nous aurons vous aurez ils/elles auront
boire to drink **imperative** bois! buvons! buvez!	je bois tu bois il/elle/on boit nous buvons vous buvez ils/elles boivent	j'ai bu tu as bu il/elle/on a bu nous avons bu vous avez bu ils/elles ont bu	je buvais tu buvais il/elle/on buvait nous buvions vous buviez ils/elles buvaient	je boirai tu boiras il/elle/on boira nous boirons vous boirez ils/elles boiront
comprendre to understand see **prendre**				
conduire to drive **imperative** conduis! conduisons! conduisez!	je conduis tu conduis il/elle/on conduit nous conduisons vous conduisez ils/elles conduisent	j'ai conduit tu as conduit il/elle/on a conduit nous avons conduit vous avez conduit ils/elles ont conduit	je conduisais tu conduisais il/elle/on conduisait nous conduisions vous conduisiez ils/elles conduisaient	je conduirai tu conduiras il/elle/on conduira nous conduirons vous conduirez ils/elles conduiront
connaître to know **imperative** connais! connaissons! connaissez!	je connais tu connais il/elle/on connaît nous connaissons vous connaissez ils/elles connaissent	j'ai connu tu as connu il/elle/on a connu nous avons connu vous avez connu ils/elles ont connu	je connaissais tu connaissais il/elle/on connaissait nous connaissions vous connaissiez ils/elles connaissaient	je connaîtrai tu connaîtras il/elle/on connaîtra nous connaîtrons vous connaîtrez ils/elles connaîtront
considérer to consider see **espérer**				
courir to run **imperative** cours! courons! courez!	je cours tu cours il/elle/on court nous courons vous courez ils/elles courent	j'ai couru tu as couru il/elle/on a couru nous avons couru vous avez couru ils/elles ont couru	je courais tu courais il/elle/on courait nous courions vous couriez ils/elles couraient	je courrai tu courras il/elle/on courra nous courrons vous courrez ils/elles courront
croire to believe, to think **imperative** crois! croyons! croyez!	je crois tu crois il/elle/on croit nous croyons vous croyez ils/elles croient	j'ai cru tu as cru il/elle/on a cru nous avons cru vous avez cru ils/elles ont cru	je croyais tu croyais il/elle/on croyait nous croyions vous croyiez ils/elles croyaient	je croirai tu croiras il/elle/on croira nous croirons vous croirez ils/elles croiront

infinitive	present	perfect	imperfect	future
devoir	je dois	j'ai dû	je devais	je devrai
to have to	tu dois	tu as dû	tu devais	tu devras
imperative	il/elle/on doit	il/elle/on a dû	il/elle/on devait	il/elle/on devra
dois!	nous devons	nous avons dû	nous devions	nous devrons
devons!	vous devez	vous avez dû	vous deviez	vous devrez
devez!	ils/elles doivent	ils/elles ont dû	ils/elles devaient	ils/elles devront
dire	je dis	j'ai dit	je disais	je dirai
to say	tu dis	tu as dit	tu disais	tu diras
imperative	il/elle/on dit	il/elle/on a dit	il/elle/on disait	il/elle/on dira
dis!	nous disons	nous avons dit	nous disions	nous dirons
disons!	vous dites	vous avez dit	vous disiez	vous direz
dites!	ils/elles disent	ils/elles ont dit	ils/elles disaient	ils/elles diront
dormir	je dors	j'ai dormi	je dormais	je dormirai
to sleep	tu dors	tu as dormi	tu dormais	tu dormiras
imperative	il/elle/on dort	il/elle/on a dormi	il/elle/on dormait	il/elle/on dormira
dors!	nous dormons	nous avons dormi	nous dormions	nous dormirons
dormons!	vous dormez	vous avez dormi	vous dormiez	vous dormirez
dormez!	ils/elles dorment	ils/elles ont dormi	ils/elles dormaient	ils/elles dormiront
écrire	j'écris	j'ai écrit	j'écrivais	j'écrirai
to write	tu écris	tu as écrit	tu écrivais	tu écriras
imperative	il/elle/on écrit	il/elle/on a écrit	il/elle/on écrivait	il/elle/on écrira
écris!	nous écrivons	nous avons écrit	nous écrivions	nous écrirons
écrivons!	vous écrivez	vous avez écrit	vous écriviez	vous écrirez
écrivez!	ils/elles écrivent	ils/elles ont écrit	ils/elles écrivaient	ils/elles écriront
envoyer	j'envoie	j'ai envoyé	j'envoyais	j'enverrai
to send	tu envoies	tu as envoyé	tu envoyais	tu enverras
imperative	il/elle/on envoie	il/elle/on a envoyé	il/elle/on envoyait	il/elle/on enverra
envoie!	nous envoyons	nous avons envoyé	nous envoyions	nous enverrons
envoyons!	vous envoyez	vous avez envoyé	vous envoyiez	vous enverrez
envoyez!	ils/elles envoient	ils/elles ont envoyé	ils/elles envoyaient	ils/elles enverront
espérer	j'espère	j'ai espéré	j'espérais	j'espérerai
to hope	tu espères	tu as espéré	tu espérais	tu espéreras
imperative	il/elle/on espère	il/elle/on a espéré	il/elle/on espérait	il/elle/on espérera
espère!	nous espérons	nous avons espéré	nous espérions	nous espérerons
espérons!	vous espérez	vous avez espéré	vous espériez	vous espérerez
espérez!	ils/elles espèrent	ils/elles ont espéré	ils/elles espéraient	ils/elles espéreront
essayer	j'essaie	j'ai essayé	j'essayais	j'essaierai
to try	tu essaies	tu as essayé	tu essayais	tu essaieras
imperative	il/elle/on essaie	il/elle/on a essayé	il/elle/on essayait	il/elle/on essaiera
essaie!	nous essayons	nous avons essayé	nous essayions	nous essaierons
essayons!	vous essayez	vous avez essayé	vous essayiez	vous essaierez
essayez!	ils/elles essaient	ils/elles ont essayé	ils/elles essayaient	ils/elles essaieront
être	je suis	j'ai été	j'étais	je serai
to be	tu es	tu as été	tu étais	tu seras
imperative	il/elle/on est	il/elle/on a été	il/elle/on était	il/elle/on sera
sois!	nous sommes	nous avons été	nous étions	nous serons
soyons!	vous êtes	vous avez été	vous étiez	vous serez
soyez!	ils/elles sont	ils/elles ont été	ils/elles étaient	ils/elles seront
faire	je fais	j'ai fait	je faisais	je ferai
to do, make	tu fais	tu as fait	tu faisais	tu feras
imperative	il/elle/on fait	il/elle/on a fait	il/elle/on faisait	il/elle/on fera
fais!	nous faisons	nous avons fait	nous faisions	nous ferons
faisons!	vous faites	vous avez fait	vous faisiez	vous ferez
faites!	ils/elles font	ils/elles ont fait	ils/elles faisaient	ils/elles feront
falloir	il faut	il a fallu	il fallait	il faudra
must, is necessary				

infinitive	present	perfect	imperfect	future
se lever *to get up* **imperative** lève-toi! levons-nous! levez-vous!	je me lève tu te lèves il/elle/on se lève nous nous levons vous vous levez ils/elles se lèvent	je me suis levé(e) tu t'es levé(e) il s'est levé elle s'est levée on s'est levé(e)(s) nous nous sommes levé(e)s vous vous êtes levé(e)(s) ils se sont levés elles se sont levées	je me levais tu te levais il/elle/on se levait nous nous levions vous vous leviez ils/elles se levaient	je me lèverai tu te lèveras il/elle/on se lèvera nous nous lèverons vous vous lèverez ils/elles se lèveront
lire *to read* **imperative** lis! lisons! lisez!	je lis tu lis il/elle/on lit nous lisons vous lisez ils/elles lisent	j'ai lu tu as lu il/elle/on a lu nous avons lu vous avez lu ils/elles ont lu	je lisais tu lisais il/elle/on lisait nous lisions vous lisiez ils/elles lisaient	je lirai tu liras il/elle/on lira nous lirons vous lirez ils/elles liront
mettre *to put, put on* **imperative** mets! mettons! mettez!	je mets tu mets il/elle/on met nous mettons vous mettez ils/elles mettent	j'ai mis tu as mis il/elle/on a mis nous avons mis vous avez mis ils/elles ont mis	je mettais tu mettais il/elle/on mettait nous mettions vous mettiez ils/elles mettaient	je mettrai tu mettras il/elle/on mettra nous mettrons vous mettrez ils/elles mettront
mourir *to die* **imperative** meurs! mourons! mourez!	je meurs tu meurs il/elle/on meurt nous mourons vous mourez ils/elles meurent	je suis mort(e) tu es mort(e) il est mort elle est morte on est mort(e)(s) nous sommes mort(e)s vous êtes mort(e)(s) ils sont morts elles sont mortes	je mourais tu mourais il/elle/on mourait nous mourions vous mouriez ils/elles mouraient	je mourrai tu mourras il/elle/on mourra nous mourrons vous mourrez ils/elles mourront
naître *to be born*	je nais tu nais il/elle/on naît nous naissons vous naissez ils/elles naissent	je suis né(e) tu es né(e) il est né elle est née on est né(e)(s) nous sommes né(e)s vous êtes né(e)(s) ils sont nés elles sont nées	je naissais tu naissais il/elle/on naissait nous naissions vous naissiez ils/elles naissaient	je naîtrai tu naîtras il/elle/on naîtra nous naîtrons vous naîtrez ils/elles naîtront
ouvrir *to open* **imperative** ouvre! ouvrons! ouvrez!	j'ouvre tu ouvres il/elle/on ouvre nous ouvrons vous ouvrez ils/elles ouvrent	j'ai ouvert tu as ouvert il/elle/on a ouvert nous avons ouvert vous avez ouvert ils/elles ont ouvert	j'ouvrais tu ouvrais il/elle/on ouvrait nous ouvrions vous ouvriez ils/elles ouvraient	j'ouvrirai tu ouvriras il/elle/on ouvrira nous ouvrirons vous ouvrirez ils/elles ouvriront
partir *to leave, depart* **imperative** pars! partons! partez!	je pars tu pars il/elle/on part nous partons vous partez ils/elles partent	je suis parti(e) tu es parti(e) il est parti elle est partie on est parti(e)(s) nous sommes parti(e)s vous êtes parti(e)(s) ils sont partis elles sont parties	je partais tu partais il/elle/on partait nous partions vous partiez ils/elles partaient	je partirai tu partiras il/elle/on partira nous partirons vous partirez ils/elles partiront
pleuvoir *to rain*	il pleut	il a plu	il pleuvait	il pleuvra
pouvoir *to be able to* *(I can etc.)*	je peux tu peux il/elle/on peut nous pouvons vous pouvez ils/elles peuvent	j'ai pu tu as pu il/elle/on a pu nous avons pu vous avez pu ils/elles ont pu	je pouvais tu pouvais il/elle/on pouvait nous pouvions vous pouviez ils/elles pouvaient	je pourrai tu pourras il/elle/on pourra nous pourrons vous pourrez ils/elles pourront

infinitive	present	perfect	imperfect	future
prendre *to take* **imperative** prends! prenons! prenez!	je prends tu prends il/elle/on prend nous prenons vous prenez ils/elles prennent	j'ai pris tu as pris il/elle/on a pris nous avons pris vous avez pris ils/elles ont pris	je prenais tu prenais il/elle/on prenait nous prenions vous preniez ils/elles prenaient	je prendrai tu prendras il/elle/on prendra nous prendrons vous prendrez ils/elles prendront
préférer to prefer see **espérer**				
recevoir *to receive* **imperative** reçois! recevons! recevez!	je reçois tu reçois il/elle/on reçoit nous recevons vous recevez ils/elles reçoivent	j'ai reçu tu as reçu il/elle/on a reçu nous avons reçu vous avez reçu ils/elles ont reçu	je recevais tu recevais il/elle/on recevait nous recevions vous receviez ils/elles recevaient	je recevrai tu recevras il/elle/on recevra nous recevrons vous recevrez ils/elles recevront
rire *to laugh* **imperative** ris! rions! riez!	je ris tu ris il/elle/on rit nous rions vous riez il/elle/on rient	j'ai ri tu as ri il/elle/on a ri nous avons ri vous avez ri ils/elles ont ri	je riais tu riais il/elle/on riait nous riions vous riiez ils/elles riaient	je rirai tu riras il/elle/on rira nous rirons vous rirez ils/elles riront
savoir *to know* **imperative** sache! sachons! sachez!	je sais tu sais il/elle/on sait nous savons vous savez ils/elles savent	j'ai su tu as su il/elle/on a su nous avons su vous avez su ils/elles ont su	je savais tu savais il/elle/on savait nous savions vous saviez ils/elles savaient	je saurai tu sauras il/elle/on saura nous saurons vous saurez ils/elles sauront
sortir to go out see **partir**				
tenir *to hold* **imperative** tiens! tenons! tenez!	je tiens tu tiens il/elle/on tient nous tenons vous tenez ils/elles tiennent	j'ai tenu tu as tenu il/elle/on a tenu nous avons tenu vous avez tenu ils/elles ont tenu	je tenais tu tenais il/elle/on tenait nous tenions vous teniez ils/elles tenaient	je tiendrai tu tiendras il/elle/on tiendra nous tiendrons vous tiendrez ils/elles tiendront
venir *to come* **imperative** viens! venons! venez!	je viens tu viens il/elle/on vient nous venons vous venez ils/elles viennent	je suis venu(e) tu es venu(e) il est venu elle est venue on est venu(e)(s) nous sommes venu(e)s vous êtes venu(e)(s) ils sont venus elles sont venues	je venais tu venais il/elle/on venait nous venions vous veniez ils/elles venaient	je viendrai tu viendras il/elle/on viendra nous viendrons vous viendrez ils/elles viendront
vivre *to live* **imperative** vis! vivons! vivez!	je vis tu vis il/elle/on vit nous vivons vous vivez ils/elles vivent	j'ai vécu tu as vécu il/elle/on a vécu nous avons vécu vous avez vécu ils/elles ont vécu	je vivais tu vivais il/elle/on vivait nous vivions vous viviez ils/elles vivaient	je vivrai tu vivras il/elle/on vivra nous vivrons vous vivrez ils/elles vivront
voir *to see* **imperative** vois! voyons! voyez!	je vois tu vois il/elle/on voit nous voyons vous voyez ils/elles voient	j'ai vu tu as vu il/elle/on a vu nous avons vu vous avez vu ils/elles ont vu	je voyais tu voyais il/elle/on voyait nous voyions vous voyiez ils/elles voyaient	je verrai tu verras il/elle/on verra nous verrons vous verrez ils/elles verront

Vocabulaire et expressions utiles

1 Numbers, time, date and quantities

Les nombres — Numbers

0	zéro	21	vingt-et-un
1	un	22	vingt-deux
2	deux	23	vingt-trois
3	trois	30	trente
4	quatre	31	trente-et-un
5	cinq	40	quarante
6	six	41	quarante-et-un
7	sept	50	cinquante
8	huit	51	cinquante-et-un
9	neuf	60	soixante
10	dix	61	soixante-et-un
11	onze	70	soixante-dix
12	douze	71	soixante-et-onze
13	treize	72	soixante-douze
14	quatorze	80	quatre-vingts
15	quinze	81	quatre-vingt-un
16	seize	82	quatre-vingt-deux
17	dix-sept	90	quatre-vingt-dix
18	dix-huit	91	quatre-vingt-onze
19	dix-neuf	100	cent
20	vingt	1000	mille

1 000 000	un million
a billion	un milliard

Dans l'ordre — In order

premier (première)	first
deuxième	second
troisième	third
quatrième	fourth
cinquième	fifth
vingtième	twentieth
vingt et unième	twenty-first

L'heure — Time

Il est une heure/deux heures/trois heures …

… moins cinq … cinq
… moins dix … dix
… moins le quart … et quart
… moins vingt … vingt
… moins vingt-cinq … vingt-cinq
… et demie

Quelle heure est-il?

12:00	Il est midi. ☀	Il est minuit. ☾
12:30	Il est midi et demi.	Il est minuit et demi.

The 24-hour clock is often used.

18:30 Il est dix-huit heures trente.
(6.30 pm)

Les jours de la semaine — Days of the week

lundi	Monday
mardi	Tuesday
mercredi	Wednesday
jeudi	Thursday
vendredi	Friday
samedi	Saturday
dimanche	Sunday

Les mois de l'année — Months of the year

janvier	January
février	February
mars	March
avril	April
mai	May
juin	June
juillet	July
août	August
septembre	September
octobre	October
novembre	November
décembre	December

Les saisons — Seasons

en hiver (m)	in winter
au printemps (m)	in spring
en été (m)	in summer
en automne (m)	in autumn

Expressions utiles — General time expressions

après	after
avant de (+ infinitive)	before
combien de temps?	how long?
combien de fois?	how often?
d'abord	first of all
d'habitude	normally
de temps en temps	now and again
durer	to last
encore une fois	once more
enfin	at last
en général	in general
ensuite	next
généralement	usually
le lendemain	the following day
longtemps	for a long time
normalement	normally
parfois	sometimes
plus tard	later
puis	then
quelquefois	sometimes
seulement	only
souvent	often
toujours	always
tous les jours	every day
toutes les (dix) minutes	every (ten) minutes
très peu de	very little, not much

Les quantités — Quantities

assez	enough
beaucoup (de)	a lot (of)
boîte (f)	box, tin
bouteille (f)	bottle
demi-douzaine (f)	half dozen
encore du/de la/de l'/des	some more …
gramme (m)	gram
kilo (m)	kilo
litre (m)	litre
moins	less
morceau (m)	piece
paquet (m)	packet
un peu (plus)	a little (more)
plein de	full of
plus de	more (of)
plusieurs	several
portion (f)	portion
pot (m)	pot
presque	almost
quelques	a few
rien	nothing
rondelle (f)	round slice
tablette (f)	bar (chocolate, etc.)
tout	everything
tranche (f)	slice
très	very
trop	too much

2 Location and distance

C'est où? — Where is it?

à	in, at, to
à côté de	next to
au bord de	on the edge of
au bout de	at the end of
au centre de	at the centre of
au coin de	at the corner of
au-dessous de	below
au-dessus de	above
au fond de	at the bottom of
au milieu de	in the middle of
autour de	around
avant	before
contre	against
dans	in
dedans	inside
derrière	behind
devant	in front of
en bas	below
en haut	above
en face de	opposite
entre	(in) between
ici	here
jusqu'à	as far as
là	there
là-bas	over there
vers	towards
continuer	to continue
descendre	to go down
monter	to go up

À quelle distance? — How far?

loin de	far from
près de	near
près d'ici	near here
proche	nearby, close
tout près	very close
à … kilomètres de	… kilometres from
à … milles de	… miles from

Quelle direction? — Which direction?

à droite	(on the) right
à gauche	(on the) left
tout droit	straight ahead

Les points cardinaux — Points of the compass

nord (m)	north
sud (m)	south
est (m)	east
ouest (m)	west
nord-est (m)	north-east
nord-ouest (m)	north-west
sud-est (m)	south-east
sud-ouest (m)	south-west

3 Describing things

■ C'est comment? What's it like?

bas	low
carré	square
court	short
en forme de tube	tube-shaped
étroit	narrow
grand	tall
gros(se)	big
haut	high
large	wide
long(ue)	long
mince	thin, slim
moyen(ne)	average
(tout) neuf	(brand) new
(toute neuve)	
nouveau/nouvel/	new
nouvelle	
petit	small
rayé	striped
rond	round
vide	empty
vieux/vieil/vieille	old

■ Les couleurs   Colours

argenté	silver
blanc/blanche	white
bleu	blue
bleu marine (*inv.)	navy blue
blond	blond
brun	brown
châtain	brown (hair)
(bleu) clair (*inv.)	light (blue)
doré	gold(en)
(vert) foncé (*inv.)	dark (green)
gris	grey
jaune	yellow
marron (*inv.)	brown (eyes)
noir	black
orange (*inv.)	orange
pourpre	purple
rose	pink
rouge	red
roux/rousse	red/auburn (hair)
vert	green
violet(te)	violet, purple

■ C'est en quelle matière?   What's it made of?

en argent	silver
en beton	concrete
en bois	wood
en coton	cotton
en cuir	leather
en fer	iron
en laine	wool
en métal	metal
en nylon	nylon
en or	gold
en plastique	plastic
en soie	silk
en verre	glass

** inv. Some adjectives are invariable and don't change to agree with the noun. This applies to **all** colours used with **clair** and **foncé**.*

4 Question words

C'est quoi?	What is it?
Combien?	How much/many?
Comment?	How?
	What … like?
Depuis quand?	Since when?
Lequel? Laquelle?	Which one?
Lesquels? Lesquelles?	Which ones?
Où?	Where?
Pourquoi?	Why?
Qu'est-ce que …?	What …?
Qu'est-ce que c'est?	What is it?
Quand?	When?
Que …?	What …?
Que veut dire …?	What does … mean?
Quel(s) …? Quelle(s) …?	What/Which …?
À quelle heure?	At what time?
De quelle couleur?	What colour?
Qui?	Who?

See also **Grammaire** 13.

5 Technology (see also page 23)

cam (m)	web-cam
clavier (m)	keyboard
cliquer sur	to click on
écran (m)	screen
effacer	to delete
fermer	to shut down
fichier (m)	file
forum (m)	chat room, online discussion
imprimante (f)	printer
lecteur MP3 (m)	MP3 player
lien (m)	link
en ligne	online
mettre en ligne	to upload
mot de passe (m)	password
numérique	digital
ordinateur (portable) (m)	(laptop) computer
page d'accueil/ web (f)	home/web page
réseau (social) (m)	(social) network
sauvegarder	to save, store
site web (m)	website
souris (f)	mouse
surfer sur Internet	to surf the net
surligner	to highlight
tablette (f)	tablet (computer)
taper	to type
tchater	to chat online
télécharger	to download
texto (m)	text message
touche (f)	key

6 In the classroom

il s'agit de	it's about
aider	to help
allumer	to switch on
apprendre (par cœur)	to learn (by heart)
avoir raison	to be right
avoir tort	to be wrong
choisir	to choose
commencer	to begin
comprendre	to understand
corriger	to correct
dessiner	to draw, to design
deviner	to guess
donner	to give
écouter	to listen
écrire	to write
effacer	to rub out
emprunter	to borrow
entendre	to hear
essayer	to try
éteindre	to switch off
expliquer	to explain
fermer	to close
finir	to finish
gagner	to win
montrer	to show
oublier	to forget
ouvrir	to open
parler	to speak
penser	to think
perdre	to lose
pouvoir	to be able
prêter	to lend
remplir	to fill in
savoir	to know
souligner	to underline
surligner	to highlight
travailler (à deux/en équipes)	to work (in pairs/in teams)
trouver	to find
vérifier	to check

7 'False friends' (faux amis)

assister à	to attend, to be present at
des baskets (f pl)	trainers
une caméra	film camera
un car	coach
une cave	cellar
un crayon	pencil
joli	pretty
une journée	day
large	wide
une librairie	bookshop
un médecin	doctor
mince	thin
la monnaie	small change
le pain	bread
le parking	car park
le pétrole	oil
la pièce	room; coin; play; per item
la place	square
sensible	sensitive
le slip	briefs
la veste (f)	jack

Vocabulaire et expressions utiles

8 Expressing opinions

On donne son avis — Expressing your opinion

à mon avis	in my opinion
c'est (bien/vraiment) …	it's/that's really …
ça me fait rire/pleurer	it makes me laugh/cry
ça, c'est très important	that's very important
comme ci comme ça	so-so
compliqué	complicated
franchement	frankly
généralement	generally
grave	serious
il y a du pour et du contre	there are points for and against
incroyable	incredible
je n'ai vraiment pas d'opinion	I have no strong feelings about it
je pense que …	I think that …
je trouve ça …	I find that …
par contre	on the other hand

Des réflexions positives — Positive comments

j'aime	I like
je m'intéresse à	I'm interested in
j'adore	I love
amusant	amusing
(très) bien	(very) good
cool	cool
drôle	funny
excellent	excellent
formidable	great
génial	great
intéressant	interesting
marrant	funny
mignon(ne)	cute
parfait	perfect
pas mal	not bad
passionnant	exciting
rigolo	funny
sympa	nice, great
super sympa	really great
touchant	touching

Des réflexions négatives — Negative comments

affreux/-euse	awful
bête	stupid
ça m'énerve	it gets on my nerves
c'est (bien) dommage	it's/that's a (real) pity
détester	to hate
embêtant	annoying
ennuyeux/-euse	boring
épouvantable	dreadful
inutile	useless
mauvais	bad
moche	horrible, ugly
nul(le)	rubbish
pénible	painful, tiresome
ridicule	ridiculous
triste	sad

On demande un avis — Asking for someone's opinion

Quel est ton/votre avis?	What is your opinion?
Es-tu/Êtes-vous pour ou contre?	Are you for or against?
C'était comment?	What was it like?

On est (complètement) d'accord — Agreeing with someone (fully)

je suis de ton/votre avis	I'm of the same opinion
c'est exactement ce que je pense	that's exactly what I think
je suis absolument/tout à fait d'accord	I quite agree

c'est bien mon avis	that's certainly my opinion
c'est ça	that's right
voilà	that's it
tu as/vous avez raison	you're right
moi aussi, je pense …	I also think …

On est d'accord (mais pas tout à fait) — Agreeing with someone (to a certain extent)

oui, mais …	yes, but …
ça dépend	it depends
c'est possible	it's possible
peut-être	perhaps
je ne suis pas tout à fait d'accord	I don't entirely agree
je n'en suis pas sûr(e)/certain(e)	I'm not sure

On n'est pas d'accord — Disagreeing

là, je ne suis pas d'accord	there I disagree
je ne suis absolument pas d'accord	I disagree entirely
je ne suis pas du tout d'accord	I disagree entirely
il ne faut quand même pas exagérer	don't go to extremes
tu exagères/vous exagérez	you're exaggerating

9 Describing events in past/present/future

You may be asked to speak or write about events in the past, or about events which regularly take place or which are planned for the future. Here are some tips.

- Decide which tenses you need, e.g. to describe an event in the past, use the perfect tense for completed actions and the imperfect tense for descriptions in the past.
- Use time phrases. See the lists below.
- Say where the event takes place, e.g. **au collège** – at school.
- Use the words in the list below to link the sentences together.

On parle du passé — Talking about the past

l'année dernière	last year
autrefois/auparavant	previously, before(hand)
avant-hier	the day before yesterday
ce jour-là	that day
en ce temps-là	at that time
hier	yesterday
hier matin/soir	yesterday morning/evening
un jour d'hiver	one winter's day
pendant les dernières vacances	during the last holidays
la semaine dernière,	last week
je suis allé(e)	I went
j'ai vu …	I saw …
je me suis (très) bien amusé(e)	I had a (really) good time
il faisait chaud/froid	it was hot/cold

On parle du présent — Talking about the present

à présent	at present
aujourd'hui	today
chaque année, au mois de …	every year, in the month of …
en ce moment	at the moment

On parle de l'avenir — Talking about the future

après-demain	the day after tomorrow
bientôt	soon
ce soir	this evening (tonight)
cet été	this summer
dans cinq jours	in five days
demain (après-midi)	tomorrow (afternoon)
d'ici (deux jours)	(two days) from now
l'année prochaine	next year
plus tard	later
un jour	one day
à l'avenir	in the future

je voudrais voyager	I would like to travel
Quand je quitterai l'école,	When I leave school,
j'aimerais travailler	I would like to work in
dans l'informatique.	the computer industry.

10 Linking words and phrases

en ce moment même	at that very moment, right now
à la fin	in the end
cependant	however
d'abord	(at) first
déjà	already
de toute façon	in any case
en ce moment	at the moment, just now
en fait	in fact
en général	in general
en plus	what's more, moreover
en revanche	on the other hand
enfin	at last, finally
ensuite	then, next
finalement	finally
heureusement	fortunately
mais	but
malheureusement	unfortunately
naturellement	of course
parce que	because
par conséquent	as a result, consequently
par contre	on the other hand
peut-être	perhaps
pourtant	however
puis	then, next
quand	when
quand même	all the same
soudain	suddenly
surtout	above all
tout de suite	immediately

11 Language difficulties

Tu comprends?/ *Vous comprenez?*	Do you understand?
Excusez-moi, mais je n'ai pas compris.	Sorry, but I didn't understand.
Je ne comprends pas (très bien).	I don't understand (very well).
Peux-tu/Pouvez-vous répéter cela?	Could you repeat that?
Peux-tu/Pouvez-vous parler plus fort/plus lentement, s'il te/vous plaît?	Could you speak more loudly/more slowly, please?
Qu'est-ce que ça veut dire (en anglais)?	What does that mean (in English)?
Comment dit-on 'computer' en français?	What's French for computer?
Ça s'écrit comment?	How is that spelt?
C'est pour …	It's for/to …
C'est le contraire de …	It's the opposite of …
Comment?	Pardon? What was that?
Peux-tu/Pouvez-vous écrire cela?	Could you write that down?
machin (m)	thing, gadget
truc (m)	trick, knack; thingummy

12 Communications

■ *Au téléphone* — Using the telephone

annuaire (m) (électronique)	(computerised) phone directory
allô	hello
à l'appareil	speaking
attendre la tonalité	to wait for the dialling tone
bip sonore (m)	beep
c'est de la part de qui?	who's speaking?
composer le numéro	to dial
coup de fil/téléphone (m)	phone call
indicatif (m)	area code
laisser un message	to leave a message
messagerie vocale (f)	voice mail
ne quittez pas	hold the line
numéro (m)	number
occupé	engaged
(téléphone) portable (m)	mobile (phone)
poste (m)	extension
prendre un message	to take a message
rappeler	to call back
remercier	to thank
répondeur téléphonique (m)	answering machine
se tromper de numéro	to get a wrong number
sonner	to ring
téléphoner	to phone

■ *On écrit des messages* — Writing messages

(Bien) amicalement	All the best, Best wishes
(Meilleures) amitiés	Best wishes
À l'attention de …	For the attention of …
À plus tard (A+; @+)	See you later
Bien à vous	Yours,
Bises/Bisous	Love and kisses
Cher/Chère/Chers/Chères …	Dear …
En attendant de tes/vos nouvelles	Waiting to hear from you
Encore merci pour tout	Once again, thanks for everything
Envoi (m) de …	Sent by …
Je t'embrasse	Love and kisses
Maintenant, je dois terminer.	I must stop now.
Objet	Subject/Re.
Répondre	Reply
Salut!	Hello! Hi!
Ton ami(e)	Your friend

■ *On écrit des lettres formelles* — Writing formal letters

Monsieur/Messieurs	Dear Sir(s)
Madame	Dear Madam
Veuillez m'envoyer …	Please send me …
Je voudrais vous demander de …	I would like to ask you to …
Je vous prie de …	Please …
Je serais très reconnaissant(e) si vous pouviez …	I would be very grateful if you could …
Vous seriez très aimable de me faire savoir …	Would you kindly let me know …
Dans l'attente de votre réponse	Looking forward to hearing from you
Par avance, je vous remercie de votre réponse	Thanking you in advance for your reply
Je vous prie de croire en mes sentiments les meilleurs	Yours sincerely/faithfully
Veuillez agréer, Monsieur/Madame, l'expression de mes sentiments les plus distingués	Yours sincerely/faithfully

Glossaire   Français –anglais

(p) = populaire; inv. = invariable, doesn't change form

A

à (au, à la, à l', aux) in, at, to
une **abeille** bee
abîmer to damage, to ruin
accès interdit (m) no entry
un **accord** agreement, chord
    d'accord agreed, OK, all right
accro (p) hooked (slang)
l' **accueil** (m) welcome, reception
accueillir to welcome, to greet
faire des **achats** to go shopping
acheter to buy
acquérir to gain
un(e) **acteur/-trice** actor (actress)
les **actualités** (f pl) news
actuellement at the moment
une **addition** bill
admis admitted
un(e) **ado** (p) teenager (slang)
une **adresse** address
    une **adresse mail** e-mail address
s' **adresser (à)** to apply (to)
une **aérogare** air terminal
un **aéroglisseur** hovercraft
un **aéroport** (m) airport
les **affaires** (f pl) things, matters; business
une **affiche** notice, poster
une **affirmation** statement
affreux/-euse awful, dreadful
africain African
agacer to annoy
âgé old
l' **âge** (m) age
une **agence de voyages** travel agency
un(e) **agent de police** police officer
une **agglomération** built-up area
il s' **agit de** it's about, it concerns
agité anxious, rough (sea)
un **agneau** lamb
agrandir to enlarge
agréable pleasant
agricole to do with farming
un **agriculteur** farmer
l' **Aïd** Eid
l' **aide** (f) help, assistance
aider (qn à faire qch) to help (sb to do sth)
aïe! ouch!
l' **ail** (m) garlic
d' **ailleurs** moreover, besides
aimable friendly, kind
aimer to like
aîné oldest
ainsi que as well as
l' **air** (m) air
    en plein air in the open air
    avoir l'air to seem
une **aire** surface, area
    une **aire de jeux** play area
    une **aire de repos** motorway rest area
ajouter to add
l' **alcool** (m) alcohol
alcoolisé alcoholic
les **alentours** (m pl) surrounding area
une **alerte** alarm, warning
l' **alimentation** (f) food (industry), eating
une **alimentation générale** food shop
une **allée** path
l' **Allemagne** (f) Germany
allemand German
aller to go
    aller chercher to fetch
    aller mieux to be better
un **aller-retour** return ticket
un **aller simple** single ticket
allergique à allergic to
allô hello (on phone)
allonger to stretch out, to extend
allumer to switch on, to light
des **allumettes** (f pl) matches
alors so
l' **alpinisme** (m) mountain climbing
    faire de l'alpinisme to go mountaineering
une **ambiance** atmosphere
ambitieux/-ieuse ambitious
une **amélioration** improvement

(s') **améliorer (en)** to improve, get better (at)
aménagé (fully) fitted, equipped
l' **aménagement** (m) fitting out, installation
une **amende** a fine
amener to take, to bring along
(bien) **amicalement** best wishes
un(e) **ami(e)** friend
    un(e) **petit(e) ami(e)** boy/girlfriend
    meilleur(e) amie best friend
l' **amitié** (f) friendship
amitiés best wishes
l' **amour** (m) love
amoureux de in love with
une **ampoule** light bulb
amusant/ fun, entertaining
s' **amuser** to enjoy yourself, to have a
    good time
    s'amuser à faire qch to enjoy doing sth
un **an** year
    avoir environ … ans to be aged about …
un **ananas** pineapple
les **anchois** (m pl) anchovies
ancien(ne) very old; former
anglais English
l' **Angleterre** (f) England
anglophone English speaking
un(e) **animateur/-trice** organiser, leader;
    presenter
l' **animation** (f) entertainment
animé lively
un **anneau** ring
une **année** year
un **anniversaire** birthday
    bon anniversaire! happy birthday!
une **annonce** advert
un **annuaire** directory
annuler to cancel
l' **anorexie** (f) anorexia
une **antenne** (f) aerial
    une **antenne parabolique** (f)
    satellite dish
les **Antilles** (f pl) West Indies
antillais West Indian
un **anti-vol** padlock
août August
apercevoir to notice
un **appareil** machine
    à l'appareil on the phone, speaking
un **appareil photo** camera
un **appartement** flat
appartenir à to belong to
un **appel** call
    faire l'appel to take the register
s' **appeler** to be called
bon **appétit!** enjoy your meal!
apporter to bring
apprendre to learn
    apprendre qch à qn to teach sth to sb
un(e) **apprenti(e)** apprentice
un **apprentissage** apprenticeship
s' **approcher de** to approach
appuyer to press
après after
    après avoir (+ verb) after
    après avoir quitté after leaving
après-demain the day after tomorrow
un **après-midi** afternoon
une **araignée** spider
un **arbitre** referee
un **arbre** tree
une **arène** arena, amphitheatre
une **arête** ridge; (fish)bone
l' **argent** (m) money
    l'argent de poche (m) pocket money
l' **argot** (m) slang
l' **Armistice** (m) 1918 Remembrance Day
    l'armistice (m) armistice, truce
une **armoire** wardrobe
un **arrêt (de bus)** (bus) stop
arrêter to stop; to arrest
s' **arrêter (de faire qch)** to stop (doing sth)
les **arrhes** (f pl) deposit
l' **arrière** (m) back, rear
un **arrondissement** district (in Paris)
l' **art dramatique** (m) drama
un **artichaut** artichoke

les **arts graphiques** (m pl) graphic design
les **arts martiaux** (m pl) martial arts
les **arts plastiques** (m pl) art and craft
un **ascenseur** lift
asiatique Asian
les **asperges** (f pl) asparagus
un **aspirateur** vacuum cleaner
assaisonné seasoned
un **assassin** murderer
un **assassinat** murder
s' **asseoir** to sit down
assez (de) quite; (enough)
une **assiette** plate
une **assiette anglaise** plate of cold cooked
    meats
être **assis** to be seated
un(e) **assistant(e) maternel(le)** childminder
assister à to attend
l' **Assomption** (f) Assumption of the Virgin
    Mary (15 August)
assorti matching
une **assurance (de voyage)** (travel) insurance
une **astuce** trick, tip
un **atelier** workshop, studio
l' **athlétisme** (m) athletics
atteint (de) suffering (from)
attendre to wait (for)
dans l' **attente de** looking forward to
atterrir to land
l' **atterrissage** (m) landing (plane)
attirer to attract
attraper to catch
au to, at
une **auberge de jeunesse** youth hostel
aucun(e) no, not any
un(e) **auditeur/-trice** (radio) listener
au-delà de beyond
au-dessous de below
au-dessus de above
une **augmentation** increase
augmenter to increase
aujourd'hui today
auparavant before(hand), previously
auquel (à laquelle, auxquels, auxquelles) to
    which, at which
aussi also, as well
aussitôt straight away
autant de as much
un(e) **auteur(e)** author
un **autobus** bus
autocollant self-adhesive
un(e) **automobiliste** car driver
l' **autorisation** (f) permission
une **autoroute** motorway
autour de around
autre other
    d'autre else
    d'autre part on the other hand
autrefois formerly
autrement dit in other words
l' **Autriche** (f) Austria
autrichien(ne) Austrian
avaler to swallow
avant before
l' **avant** (m) the front
avant-hier the day before yesterday
avec with
l' **avenir** (m) future
une **averse** shower (of rain)
avertir to warn, to advise, to inform
aveugle blind
un **avion** plane
un **avis** opinion
    à mon/ton avis in my/your opinion
un **avocat** lawyer; avocado
avoir to have
avril April

B

le **babyfoot** table football
faire du **babysitting** to babysit
le **Bac (Baccalauréat)** school leaving exam
un **bac à vaisselle** sink (for washing up)
les **bagages** (m pl) luggage
    faire ses bagages to pack one's bags
une **bagarre** fight, quarrel

une **bagnole** (p) car (slang)
une **bague** ring (jewellery)
une **baguette** French loaf
le **bahut** (p) school (slang)
se **baigner** to go swimming
une **baie** bay
la **baignade** bathing
une **baignoire** bath
  baisser to lower
un **bal** dance
se **balader** to wander around
un **baladeur MP3** MP3 player
au **balcon** in the circle
une **baleine** whale
un **ballon de football** football
un **banc** bench
une **bande dessinée (BD)** cartoon strip
la **banlieue** suburbs, outskirts
  en banlieue in the suburbs
  barbant (p) boring (slang)
une **barbe** beard
une **barquette** punnet, pack
la **barre d'espacement** space bar
une **barrière** barrier
en **bas** below, downstairs
une **base de données** database
le **basket** basketball
les **baskets** (f pl) trainers
une **bataille** battle
un **bateau** boat
  un bateau à rames rowing boat
un **bateau-mouche** pleasure boat
un **bâtiment** building
  bâtir to build
un **bâton** stick, pole
un **bâton de colle** glue stick
la **batterie** drums
  battre to beat
  bavard chatty
  bavarder to chat, to gossip
  beau/bel/belle beautiful
  beaucoup (de) a lot of, many
  beaucoup de monde a lot of people
un **beau-frère** brother-in-law
un **beau-père** father-in-law; stepfather
un **bébé** baby
  belge Belgian
une **belle-mère** mother-in-law; stepmother
une **belle-sœur** sister-in-law
  bénévole voluntary, unpaid
les **béquilles** (f pl) crutches
un **besoin** need
  avoir besoin de to need (to)
  bête stupid
une **bête** animal
  une petite bête insect
une **bêtise** silly or stupid thing
une **betterave** beetroot
le **beurre** butter
une **bibliothèque** library; bookcase
un **bic** biro
  bien fine, well
  bien cuit well cooked
  bien entendu OK, agreed
  bien sûr of course
  bientôt soon
  à bientôt see you later
  bienvenu(e) welcome
la **bière** beer
le **bifteck** steak
un **bijou** jewel
une **bijouterie** jeweller's
un **billet** ticket
  un billet de banque banknote
une **biscotte** rusk-like biscuit/toasted bread slices eaten mainly for breakfast
une **bise** kiss
  faire la bise to kiss on both cheeks
  bisous love (at end of letter)
  bizarre strange, odd
  blaguer to joke
un **blanc** blank space, gap
  blanc/blanche white
  blessé injured, wounded
une **blessure** wound
  bleu blue

  bleu clair (inv.) light blue
  bleu marine (inv.) navy blue
le **bloc sanitaire** washing facilities
  blond blond, fair
  bloquer to block
une **blouse** overall, white coat
un **blouson** casual jacket, (short) jacket
le **bœuf** beef
  boire to drink
le **bois** wood
une **boisson** drink
une **boisson (non) alcoolisée** (non-)alcoholic drink
  une boisson gazeuse fizzy drink
une **boîte** tin, box
  une boîte à lettres postbox
  une boîte de conserves tin of food
une **boîte (de nuit)** nightclub
un **bol** bowl
  bon(ne) good
  bon appétit! enjoy your meal!
  bon marché cheap
  un bon rapport qualité-prix good value for money
  bon retour have a good return journey
  bon séjour have a nice stay
  bon voyage have a good journey
un **bonbon** sweet
le **bonheur** happiness
un **bonhomme de neige** snowman
  bonjour hello, good morning
  bonne année Happy New Year
  bonne chance good luck
  bonne nuit goodnight
  bonnes vacances have a good holiday
  bonsoir good evening
un **bonnet** woolly hat, ski hat
le **bord** edge, side
  (au) bord de la mer (at) the seaside
à **bord** on board
une **borne** terminal; post
  bosser (p) to work (slang)
des **bottes** (f pl) boots
la **bouche** mouth
un(e) **boucher/-ère** butcher
une **boucherie** butcher's shop
un **bouchon** cork, bottleneck, traffic jam
  bouclé curly
une **boucle d'oreille** earring
  bouddhiste Buddhist
la **bouffe** (p) food (slang)
  bouger to move
une **bougie** candle
la **bouillabaisse** fish soup from Marseille
un(e) **boulanger/-ère** baker
une **boulangerie** baker's
les **boules** (f pl) bowls
un **boulevard périphérique** ring road
  bouleverser to overwhelm
un **boulodrome** centre for playing boules
le **boulot** (p) work, job (slang)
un **bouquin** (p) book (slang)
une **bourse** grant, scholarship
le **bout** end
  au bout (de) at the end (of)
une **bouteille** bottle
un **bouton** button; spot; knob
  branché (p) tuned in, in the know (slang)
le **branchement électrique** connection to electricity
  brancher to plug in, to connect
le **bras** arm
une **brasserie** café, restaurant serving beer
  bref in brief
le **brevet** exam at end of collège
le **bricolage** DIY
  brièvement briefly
  briller to shine
une **brique** rectangular carton
  bronzer to sunbathe
  se faire bronzer to get a suntan
une **brosse à dents** toothbrush
se **brosser les cheveux/dents** to brush hair/teeth
le **brouillard** fog

  brouillé jumbled, scrambled (eggs)
un **bruit** noise
  brûlé burnt
se **brûler** to burn oneself
la **brume** mist, fog
  brumeux misty
  brun brown
  brusquement abruptly, sharply
  bruyant noisy
la **bûche de Noël** Christmas log cake
un **buffet** snack bar, sideboard
un **buisson** bush
une **bulle** speech bubble
un **bulletin scolaire** school report
un **bureau** office
  un bureau d'accueil reception
  un bureau de poste post office
  un bureau des renseignements information office
  un bureau de tabac tobacconist's
  un bureau des objets trouvés lost property office
le **but** aim, goal

C

  ça that
  ça va OK? how are you?
  ça y est! that's it!; there you are
une **cabine** booth; cubicle; cabin
  une cabine d'essayage fitting/changing room
  une cabine téléphonique telephone box/kiosk
le **cabinet** doctor's/vet's surgery
  le cabinet du médecin doctor's consulting room
un **cabinet de toilette** washing facilities
le **câble** cable TV
une **cacahuète** peanut
  cacher to hide
un **cadeau** gift, present
le **cadet** youngest
un **cadre** executive; picture frame; setting
un **café** café; coffee
  un café-crème white coffee
  un café au lait coffee with milk
une **cafetière** coffee machine, coffee pot
un **cahier** exercise book
la **caisse** till, cash desk
un(e) **caissier/ière** cashier
une **calculatrice** calculator
un **cam** web-cam
un(e) **camarade** friend, colleague
  cambrioler to burgle
un **cambrioleur** burglar
une **caméra** TV or film camera
un **caméscope** camcorder
un **camion** lorry
une **camionnette** van
la **campagne** country(side)
un **camping (terrain de camping)** campsite
faire du **camping** to go camping
un **camping-gaz** camping stove
un **canapé** sofa
un **canard** duck
une **canette** tin can
un **canif** penknife
une **canne à pêche** fishing rod
une **cantine** canteen, dining hall
le **caoutchouc** rubber
un **car** coach
une **carafe d'eau** water jug
  caresser to stroke
la **carie** tooth decay
  caritatif/-ive charitable
un **carnet** notebook; ten metro tickets
un **carnivore** meat-eater
une **carotte** carrot
  carré square-shaped
à **carreaux** check(ed)
un **carrefour** crossroads
une **carrière** career
un **cartable** school bag
une **carte** card; menu; map
  une carte bancaire bank card
  une carte d'adhérent membership card

Français –anglais

une **carte de crédit** credit card
une **carte postale** postcard
une **carte de vœux** greetings card
à **la carte** from the menu
le **carton** cardboard
une **cartouche** cartridge
en **cas de** in case of
une **cascade** stunt
un(e) **cascadeur/-euse** stunt artist
une **case** box (in diagram); hut, cabin (Africa)
un **casier** locker
un **casque** helmet
un **casque baladeur** headphones
une **casquette** cap, baseball hat
cassé broken
un **casse-croûte** snack
casse-pieds (p) boring (slang)
(se) **casser** to break (a part of the body)
se casser la tête to rack one's brains
une **casserole** saucepan
le **cassis** blackcurrant
un **cauchemar** nightmare
à **cause de** because of
une **caution** deposit
une **cave** (wine) cellar
une **caverne** cave
le **CDI (Centre de Documentation et d'Information)** resources room, library
ce/cet/cette/ces this, that
c'est it is
c'est-à-dire that is (to say)
c'était it was (from être)
une **ceinture** belt
une **ceinture de sécurité** seat belt
cela that
célèbre famous
célibataire single, unmarried
celui-ci/celle-ci this one
celui-là/celle-là that one
ce n'est pas la peine it's not worth it
cent hundred
une **centrale nucléaire** nuclear power station
un **centre commercial** shopping centre
un **centre de recyclage** recycling centre
un **centre sportif** sports centre
le **centre-ville** town centre
cependant however
une **cerise** cherry
le **cerveau** brain
un **CES (collège d'enseignement secondaire)** school for 11–15 year olds
cesser to stop
c'était it was (from être)
ceux-ci/celles-ci these
chacun each
une **chaîne** TV channel; chain
une **chaîne hi-fi** stereo system
une **chaise** chair
la **chaleur** heat
une **chambre** bedroom
la **chambre d'hôte** bed and breakfast
un **champ** field
un **champignon** mushroom
la **chance** luck
avoir de la chance to be lucky
une **chanson** song
chanter to sing
un(e) **chanteur/-euse** singer
un **chantier** building site; work site
un **chapeau** hat
chaque each, every
le **charbon** coal
une **charcuterie** pork butcher's, delicatessen
chargé heavy, busy
charger to charge (with electricity)
les **charges** (f pl) service charge
un **chariot** trolley
charmant charming
la **chasse d'eau** flushing (of toilet)
un(e) **chat(te)** cat
châtain brown-haired
un **château** castle
chaud warm, hot
avoir chaud to be hot
il fait chaud it's hot
le **chauffage** heating

le **chauffage central** central heating
un **chauffe-eau** water heater
chauffer to heat
un(e) **chauffeur/-euse (de taxi)** (taxi) driver
une **chaussette** sock
une **chaussure** shoe
chauve bald
le **chef** boss
un **chemin** path, way
le **chemin de fer** railway
une **cheminée** fireplace
une **chemise** shirt
une **chemise de nuit** nightdress
un **chemisier** blouse (shirt)
cher/chère dear, expensive
chercher to look for
un **cheval (pl chevaux)** horse
faire du cheval to go horse-riding
les **cheveux** (m pl) hair
la **cheville** ankle
une **chèvre** goat
chez at, to (someone's house)
un **chien** dog
un **chiffre** figure, number
la **chimie** chemistry
chimique chemical
des **chips** (f pl) crisps
un **chirurgien** surgeon
un **chocolat chaud** hot chocolate
choisir to choose
un **choix** choice
le **chômage** unemployment
au chômage unemployed
un **chômeur** unemployed person
une **chorale** choir
une **chose** thing
un **chou** cabbage
le **chou-fleur** cauliflower
les **choux de Bruxelles** (m pl) Brussels sprouts
chrétien(ne) Christian
une **chute** fall
une **chute de neige** snowfall
une **cible** target
ci-contre opposite, in the margin
ci-dessous below
le **cidre** cider
le **ciel** sky; heaven
un(e) **cinéaste** film director
cinquième fifth
en cinquième in Year 8
un **cintre** coathanger
un **circuit** route, tour
la **circulation** traffic
circuler to move around
un **cirque** circus
des **ciseaux** (m pl) scissors
un(e) **citadin(e)** city dweller
une **cité** housing estate
un **citron** lemon
un **citron pressé** lemon drink
la **civière** stretcher
clair clear, light
le **classement** filing
classer to file
un **classeur** file
un **clavier** keyboard
une **clé/clef** key
un(e) **client(e)** customer
clignoter to flash (on and off)
le **climat** climate
la **climatisation** air conditioning
climatisé air conditioned
une **clinique** private hospital
une **cloche** bell; bell-shaped container
clos enclosed
un **clou** nail, stud
un **cobaye** guinea-pig
un **coca** Coke
cocher to tick off, to mark
un **cochon** pig
un **cochon d'Inde** guinea-pig
le **code de la route** Highway Code
le **cœur** heart
avoir mal au cœur to feel sick
un **coffre** car boot; safe, deposit box
se **coiffer** to do your hair

un(e) **coiffeur/-euse** hairdresser
la **coiffure** hairstyle
un **coin** corner, small area
en **colère** furious
un **colis** parcel, package
un **collant** pair of tights
la **colle** glue
un **collège** secondary school (11–15 years)
coller to stick
un **collier** necklace
une **colline** hill
une **colonie de vacances** children's holiday camp
combien how much
ça fait combien? how much is it?
une **comédie de situation** sitcom
le **commandant de bord** captain
la **commande** control
commander to order (food, etc.)
comme as, for, like
commencer (à faire qch) to begin, start
comment how; what; pardon?
des **commerçants** (m pl) shopkeepers
les **commerces** (m pl) shops, business
commettre to commit
le **commissariat de police** police station
une **commode** chest of drawers
une **compagnie** company
une **compagnie aérienne** airline company
complet/complète full
complexe complicated
un **complexe sportif** sports centre
le **comportement** behaviour
composer un numéro to dial
composter to validate/date-stamp a ticket; to compost
comprendre to understand; to include
un **comprimé** pill, tablet
(y) **compris** included; understood
tout compris inclusive
un **comptable** accountant
compter to count; to intend
les **comptes** (m pl) accounts
un **comptoir** counter, desk
en ce qui **concerne** concerning
un(e) **concierge** caretaker
le **concombre** cucumber
un **concours** competition
un(e) **concurrent(e)** competitor
un(e) **conducteur/-trice** driver
conduire to drive
la **confiance** confidence
confier to entrust
une **confiserie** sweetshop; sweet factory
la **confiture** jam
la **confiture d'oranges** marmalade
le **confort** comfort
un **congé** holiday, leave
un **congélateur** freezer
une **connaissance** acquaintance
faire la connaissance de to get to know
connaître to know (person or place)
une **connexion** connection
connu well-known
consacré à devoted to, allocated to
un **conseil** piece of advice
conseiller (à qn de faire qch) to advise (sb to do sth)
un(e) **conseiller/-ère d'orientation** careers adviser
la **consigne** left-luggage; deposit
la **consigne automatique** left-luggage lockers
une **consommation** drink, snack
le **consommé** clear soup
construire to build
construit constructed, built
contenir to contain
le **contenu** contents
contraint restrained, restricted
contraire opposite
contre against
par contre on the other hand
un **contrôle** test (at school)
le **contrôle de sécurité** security check

Français –anglais

un(e) **contrôleur/-euse** ticket inspector
convenable suitable
convenir to go with, to suit
les **coordonnées** (f pl) address and telephone number
un(e) **copain/copine** friend
un **coq** cockerel
le **coq au vin** chicken in wine
une **corde** string, rope, cord
un **corps** body
une **correspondance** connection, change (of train), correspondence
un(e) **correspondant(e)** penfriend
faire **correspondre** to match up
corriger to correct
la **Corse** Corsica
costaud sturdy, solid
la **côte** coast
la **Côte d'Azur** part of (French Riviera) Mediterranean coast
un **côté** side
à côté de next to, beside
le **côté couloir** aisle seat
le **côté fenêtre** seat by the window
une **côte de porc** pork chop
une **côtelette** cutlet
le **cou** neck
la **couche** layer
la **couche d'ozone** ozone layer
se **coucher** to go to bed
le **coucher du soleil** sunset
coudre to sew
le **coude** elbow
une **couette** duvet
une **couleur** colour
un **couloir** corridor
un **coup** hit, blow
tout à coup suddenly
un **coup de chaleur** heatstroke
un **coup de fil** phone call
un **coup de main** help, a hand
un **coup de pied** kick
un **coup de soleil** sunburn
un **coup de téléphone** phone call
coupable guilty
une **coupe** cup
la **Coupe du Monde** World Cup
couper to cut
couper-coller to cut and paste
des **coups de cœur** (m pl) favourites
une **coupure** cut
la **cour** school yard, grounds; royal court
courageux/-euse brave
couramment fluently
un **coureur** racing cyclist, runner
le **courrier (électronique)** (e-)mail
le **courrier du cœur** agony column
un **cours** lesson
un **cours de conduite** driving lesson
une **course** race
faire les **courses** to do the shopping
court short
le **couscous** Arab dish of steamed couscous, meat and vegetables
un **couteau** knife
coûter to cost
coûter les yeux de la tête to cost an arm and a leg
coûteux/-euse costly
la **couture** sewing
un(e) **couturier/-ière** fashion designer
couvert overcast
un **couvert** place setting; cover
une **couverture** blanket, cover
couvrir to cover
craindre to fear
une **cravate** tie
un **crayon** pencil
une **crème** cream
la **crème anglaise** custard
la **crème fraîche** fresh cream
la **crème solaire** suntan cream
une **crémerie** shop selling dairy products
une **crêpe** pancake
une **crêperie** pancake restaurant
une **crevaison** puncture

crevé (p) dead tired, worn out (slang)
les **crevettes** (f pl) prawns, shrimps
crier to shout
une **crise** crisis
une **crise cardiaque** heart attack
croire to think, to believe
une **croisière** cruise
une **croix** cross
la **Croix-Rouge** Red Cross
un **croque-monsieur** toasted ham and cheese sandwich
croquer la vie to enjoy life
croustillant crusty
cru raw
les **crudités** (f pl) raw vegetables
cueillir to pick
une **cuiller/cuillère** spoon
en **cuir** made of leather
la **cuisine** kitchen; cooking
faire la cuisine to cook
un(e) **cuisinier/-ière** cook
une **cuisinière (à gaz/électrique)** (gas/electric) cooker
la **cuisse** thigh
les **cuisses de grenouille** frog's legs
cuit cooked
une **curiosité** sight, item of interest
le **curseur** cursor

D

d'abord first of all
d'accord OK, agreed, all right
d'après according to
une **dame** lady
le **Danemark** Denmark
danois Danish
dans in
un(e) **danseur/-euse** dancer
le **dard** sting (of bee/wasp)
un **dé** dice
de of, from
débarquer to unload; to land; to get off (a boat)
débarrasser to clear away
un **débat** discussion, debate
le **déboisement** deforestation
debout standing
un **débouché** opening, opportunity
se **débrouiller** to cope, to manage
le **début** beginning
au début at the start
un(e) **débutant(e)** beginner
décaféiné decaffeinated
décédé dead, deceased
décevant disappointing
les **déchets** (m pl) rubbish
une **déchèterie** recycling centre
déchirer to tear
décider (de faire qch) to decide (to do sth)
un **décodeur** decoder
décoller to take off
découper to cut out
se **décourager** to get depressed, to get discouraged
une **découverte** discovery
découvrir to discover
décrire to describe
déçu disappointed
dedans in(side)
une **dédicace** dedication
défaire sa valise to unpack
un **défaut** weakness, fault
défense de forbidden
un **défilé** procession
les **dégâts** (m pl) damage
dégoûtant disgusting
déguisé in fancy dress
se **déguiser** to disguise oneself; to dress up
déguster to taste, to sample
dehors outside
en dehors de outside (sth)
déjà already
le **déjeuner** lunch
déjeuner to have lunch
délicieux/-ieuse delicious
demain tomorrow

à demain see you tomorrow
la **demande d'emploi** situation wanted
demander (à qn de faire qch) to ask (sb to do sth)
démarrer to start up
déménager to move house
une **demeure** residence
demeurer to live
un **demi** a half litre/pint (beer, etc.)
un **demi-frère** half-brother, stepbrother
la **demi-pension** half-board
un **demi-pensionnaire** pupil who has lunch at school
une **demi-sœur** half-sister, stepsister
un **demi-tour** U-turn
une **demi-bouteille** half a bottle
démodé out of fashion
démuni impoverished
une **dent** tooth
le **dentifrice** toothpaste
dépanner to fix, to help out
un **département** administrative area of France (like a county)
dépasser to exceed; to overtake
dépayser to give a change of scenery to
se sentir **dépaysé** to feel like a fish out of water
se **dépêcher** to hurry
ça **dépend** it depends
dépenser to spend
les **dépenses** (f pl) expenses
se **déplacer** to move around
un **dépliant** leaflet
dépolluer to reduce pollution
déposer sur son compte to put into one's account
déprimé depressed
depuis since, for
depuis quand? for how long? since when?
déranger to disturb
dernier/-ière latest, last
derrière behind/bottom
dès as soon as, from
désagréable unpleasant
un **désastre** disaster
descendre (de) to go down; to get off
déséquilibrer to unbalance
se **déshabiller** to get undressed
désobéir to disobey
désolé sorry
un **dessert** sweet, dessert
le **dessin** drawing; design; art
un **dessin animé** cartoon
un(e) **dessinateur/-trice** illustrator
dessiner to draw
en **dessous (de)** below
le **dessus** the top
destiné intended for
détendant relaxing
se **détendre** to relax
la **détente** relaxation
détruire to destroy
les **détritus** (m pl) refuse, rubbish
un **deux-roues** two-wheeled vehicle
deuxième second
devant in front of
devenir to become
une **déviation** diversion
deviner to guess
devoir to have to, 'must'
les **devoirs** (m pl) homework
d'habitude usually
le **diabète** diabetes
un **diabolo menthe** mint cordial with lemonade
la **diarrhée** diarrhoea
diffuser to broadcast
Mon **Dieu!** Good heavens!
dimanche Sunday
la **dinde** turkey
dîner to have dinner
un **diplôme** qualification
dire to say
un(e) **directeur/-trice** director; headteacher
diriger to direct
se **diriger vers** to go towards
un **discours** speech

disparaître to disappear
la **disparition** disappearance
disponible available
à votre **disposition** for your use
disputer to argue
des **distractions** (f pl) entertainment
distrait absent-minded
distribuer to give out, to deliver
un **distributeur automatique** cash machine
une **dizaine** ten, around/about ten
d'occasion second hand
un **documentaire** documentary
la **documentation** information, publications
dodu plump, chubby
un **doigt** finger
un **doigt de pied** toe
c'est **dommage** it's a pity
le **domicile** home
donc therefore
donner to give
se **donner rendez-vous** to arrange to meet
donner sur to have a view over
dont of which, of whom
doré golden
d'origine (africaine) of (African) origin
dormir to sleep
un **dortoir** dormitory
le **dos** back
un **dossier** file; project
d'où? where from?
la **douane** customs
doublé dubbed
doubler to overtake
doucement quietly, gently
une **douche** shower
doué gifted
la **douleur** pain, sorrow
douloureux/-euse painful
doux/douce gentle; quiet; mild; sweet
un **drap** (bed) sheet
un **drapeau** flag
un **drap-sac** sheet sleeping bag
la **drogue** drugs
un(e) **drogué(e)** drug addict
une **droguerie** hardware shop
droit straight
tout droit straight ahead
le **droit** the right (to do sth)
avoir le droit de to be allowed to, to
have the right to
(à) **droite** (on the) right
drôle funny
dur hard
la **durée** length of time, duration
durer to last

E

l' **eau** (f) (**chaude/froide**) (hot/cold) water
l'eau **(non) potable** (non-) drinking water
l'eau **minérale** mineral water
un **échange** exchange
un **échantillon** sample
s' **échapper** to escape
une **écharpe** scarf
les **échecs** (m pl) chess
une **échelle** ladder, scale
échouer to fail
échouer à un examen to fail an exam
un **éclair** lightning
une **éclaircie** sunny period
une **école** school
une **école maternelle** nursery school
une **école primaire** primary school
l' **écologie** (f) ecology
des **économies** (f pl) savings
faire des économies to save
écossais Scottish
l' **Écosse** (f) Scotland
écouter to listen to
des **écouteurs** (m pl) headphones
un **écran** screen
s' **écraser** to crash
écrire to write
ça s' **écrit comment?** how do you spell that?
l' **écriture** (f) writing
un **écrivain** writer

une **écurie** stable
éditer to edit
l' **éducation physique** (f) physical education
éduquer to educate
effacer to rub out, to erase, to delete
un **effet** effect
en effet in fact
l'effet de serre greenhouse effect
les effets spéciaux special effects
efficace effective
s' **effondrer** to collapse
effrayant frightening
effroyable dreadful, appalling
ça m'est **égal** I don't mind
également equally
l' **égalité** (f) equality
une **église** church
égoïste selfish
un(e) **électricien(ne)** electrician
un(e) **élève** pupil
elle she, it; her
elles they; them
l' **emballage** (m) packaging
l' **embarquement** (m) boarding, loading
embarquer to go on board
embêtant annoying
ça m' **embête** it's annoying
un **embouteillage** traffic jam
embrasser to kiss
une **émission** broadcast, programme
emmener to take (a person)
empêcher (qn de faire qch) to prevent (sb
from doing sth)
un **emplacement** place, pitch (on a campsite)
un **emploi** job
un **emploi du temps** timetable
un(e) **employé(e)** employee
un(e) **employé(e) de bureau** office
worker
emporter to take/carry away
emprunter to borrow
en in; of it/them
enceinte pregnant
enchanté delighted to meet you
encore again; more
encore une fois once again
l' **encre** (f) ink
endommagé damaged
s' **endormir** to fall asleep
un **endroit** place
l' **énergie (nucléaire)** (f) (nuclear) energy
énervé irritated, nervous
l' **enfance** (f) childhood
un(e) **enfant** child
enfin at last, finally
enflé swollen
enlever to take away/off
ennuyeux/-euse boring
une **enquête** inquiry, survey, investigation
l' **enregistrement** (m) registration, recording
enregistrer to record
être **enrhumé** to have a cold
enrichissant enriching
l' **enseignement secondaire** (m) secondary
education
enseigner to teach, to instruct
ensemble together
un **ensemble** a suit, outfit
ensoleillé sunny
ensuite then, next
entendre to hear
s' **entendre (avec)** to get on (with)
entendu of course, agreed
entier/-ière entire, whole
une **entorse** sprain
entouré de surrounded by
un **entracte** interval
s' **entraîner** to train, to get fit
entre between
une **entrecôte** rib steak
une **entrée** entrance; entry fee; first course
of meal
une **entreprise** company, business
entrer (dans) to go in, to enter
un **entretien** job interview
une **entrevue** interview

à l' **envers** back to front
avoir **envie de** to wish, to want
environ about, around
l' **environnement** (m) environment
les **environs** (m pl) surrounding area
envoyer to send
épais(se) thick
une **épaule** shoulder
épeler to spell
épicé spicy
une **épicerie** grocer's
un(e) **épicier/-ière** grocer
les **épinards** (m pl) spinach
éplucher to peel
une **éponge** sponge
épouser to marry
une **époque** time, period
épouvantable dreadful
un(e) **époux/épouse** spouse
une **épreuve (écrite)** (written) test
éprouver to experience
l' **EPS (éducation physique et sportive)**
(f) physical education
épuisé exhausted
équilibré balanced
l' **équipage** (m) crew
une **équipe** team
équipé equipped
l' **équitation** (f) horse-riding
faire de l'équitation to go horse-riding
une **erreur** mistake
l' **escalade** (f) climbing
faire de l'escalade to go climbing
un **escalier** staircase
un **escalier roulant** escalator
une **escalope de veau** fillet of veal
des **escargots** (m pl) snails
l' **escrime** (f) fencing
l' **espace** (m) space
l' **Espagne** (f) Spain
espagnol Spanish
une **espèce** species
une **espèce en voie de
disparition** endangered/threatened
species
l' **espérance de vie** (f) life expectancy
espérer to hope
l' **espoir** (m) hope
l' **esprit** (m) mind, attitude
essayer (de faire qch) to try (to do sth),
to try on
l' **essence** (f) petrol
l' **essentiel** (m) the main points
s' **essouffler** to get out of breath
essuyer to wipe dry
(à) l' **est** (m) (**de**) (to the) east (of)
l' **estomac** (m) stomach
et and
un **établissement** establishment
un **étage** storey, tier
une **étagère** shelf
un **état** state, condition
les **États-Unis** (m pl) United States
l' **été** (m) summer
éteindre to turn out/off
éthique ethical
une **étoile** star
étrange strange
à l' **étranger** (m) abroad
un(e) **étranger/-ère** foreigner, stranger
être to be
étroit narrow
les **études** (f pl) studies
faire des études to study
un(e) **étudiant(e)** student
étudier to study
un **étui pour portable** mobile phone case
eux them, themselves
s' **évader** to escape
un **évènement** event
évidemment obviously
évident obvious
un **évier** sink
éviter (de faire qch) to avoid (doing sth)
un **examen** exam
un **examen blanc** mock exam

une **excursion (scolaire)** (school) trip, outing
s'**excuser** to apologise
excusez-moi! excuse me!
un **exemplaire** copy
l' **expéditeur** (m) sender
une **expérience (scientifique)** (scientific) experiment
expérimenté experienced
une **explication** explanation
expliquer to explain
une **exposition** exhibition
exprès on purpose
l' **Extrême-Orient** (m) Far East

F

fabriquer to manufacture, to make
en **face de** opposite
fâché angry
se **fâcher** to get angry
facile easy
facilement easily
une **façon** way
un(e) **facteur/-trice** postman/woman
une **facture** bill, till receipt
facultatif/-ive optional
la **faculté** university
faible weak
la **faim** hunger
avoir **faim** to be hungry
faire to do; to make
en **fait** in fact
tout à **fait** completely
les **faits divers** (m pl) 'news in brief'
familial connected with family
une **famille (nombreuse)** family (with 5 children or more)
un(e) **fana de** (p) fan, a fanatic about (slang)
la **fantaisie** novelty
fantastique fantastic
farci stuffed
la **farine** flour
un **fastfood** fast-food restaurant
fatigant tiring
fatigué tired
il **faut** you need; it is necessary
une **faute** mistake
un **fauteuil** armchair
faux/fausse false
félicitations! congratulations!
féliciter to congratulate
une **femme** woman
la **femme de chambre** cleaning lady
une **fenêtre** window
le **fer (à repasser)** iron
une **ferme** farm
fermé closed
fermé à clef locked
fermer to close, to shut down
la **fermeture annuelle** annual closing
une **fermeture éclair** zip
un(e) **fermier/-ière** farmer
les **fesses** (f ps) behind/bottom
une **fête** saint's day; party; festival
la **fête des lumières** festival of light
la **fête du travail** Labour Day
une **fête foraine** funfair
la **fête nationale** Bastille Day
fêter to celebrate
un **feu** fire
un **feu d'artifice** firework display
un **feu (rouge/vert)** (red/green) traffic light
les **feux** (m pl) traffic lights
une **feuille** leaf; sheet of paper; page
un **feuilleton** serial, 'soap'
février February
fiancé engaged
les **fiançailles** (f pl) engagement
la **ficelle** string
une **fiche** note, slip of paper
ficher le moral à zéro (p) to make you feel really down (slang)
se **ficher de** (p) to not care (slang)
un **fichier** file
fier/fière proud
avoir de la **fièvre** to have a temperature

fiévreux/-euse feverish
une **figue** fig
la **figure** face
un **fil** thread, wire
un **fil de fer** wire
le **fil de soie** dental floss
une **file** traffic lane
filer to go by
un **filet** luggage rack, net
une **fille** girl, daughter
un **film à suspense** thriller
un **film d'amour** love story
un **film d'épouvante/d'horreur** thriller/horror film
un **film policier (un polar)** crime film
un **fils** son
la **fin** end
finir to finish
un **flacon** bottle
flâner to wander about, to stroll
une **flèche** arrow
une **fleur** flower
un(e) **fleuriste** florist
un **fleuve** river (flowing into the sea)
un **flic** (p) cop, policeman (slang)
une **flûte à bec** recorder
le **foie (gras)** liver (liver terrine)
une **foire** fair
une **fois** time
à la **fois** at a time
(bleu) **foncé** dark (blue)
un(e) **fonctionnaire** civil servant
le **fond** back, rear
une **forêt** forest
une **forêt tropicale** tropical rainforest
la **formation** training
la **formation en alternance** sandwich course
la **forme** fitness, shape
être en forme to be fit
garder la forme to keep fit
formidable terrific
un **formulaire** form
fort strong, well-built, hard
fou/folle mad
la **foudre** lightning
un **foulard** scarf
une **foule** crowd
se **fouler la cheville** to sprain one's ankle
un **four** oven
un **four à micro-ondes** microwave oven
une **fourchette** fork
le **foyer** home
frais/fraîche fresh
les **frais** (m pl) expenses, commission
une **fraise** strawberry
une **framboise** raspberry
les **Français** (m pl) French people
français French
franchement frankly
francophone French-speaking
une **frange** fringe
frapper to knock, to strike, to hit
freiner to break
les **freins** (m pl) brakes
un **frère** brother
le **fric** (p) money (slang)
le **frigo** fridge
les **fringues** (f pl) (p) clothes (slang)
frisé curly
les **frites** (f pl) chips
froid cold
avoir **froid** to be cold
le **fromage** cheese
le **front** forehead
une **frontière** border, frontier
les **fruits de mer** (m pl) seafood
une **fuite** leak
fumé smoked
la **fumée** smoke
fumer to smoke
un **funiculaire** cable car
futé smart, acute

G

gâcher to spoil
un(e) **gagnant(e)** winner

gagner to earn, to win
une **galette** savoury pancake, flat cake
la **galette des Rois** Twelfth Night cake
le pays de **Galles** Wales
gallois Welsh
une **gamme** range
un **gant** glove
un **gant de toilette** face flannel
un(e) **garagiste** garage owner, mechanic
un **garçon** boy
garder to look after, to keep
garder le lit to stay in bed
garder le reçu to keep the receipt
une **garderie pour enfants** crèche
un(e) **gardien(ne)** warden
une **gare (routière/maritime)** station (bus/harbour)
garer to park
garni served with a vegetable or salad
gaspiller to waste
gâté spoilt
un **gâteau (au chocolat)** (chocolate) cake
(à) **gauche** (on the) left
une **gaufre** waffle
les **Gaulois** (m pl) the Gauls
le **gaz** gas
le **gaz carbonique** carbon dioxide
les **gaz d'échappement** (m pl) exhaust fumes
gazeux/-euse fizzy, gassy
le **gazole/gasoil** diesel
le **gazon** grass, turf
le **gel** frost
geler to freeze
gênant irritating
une **gencive** gum
un **gendarme** armed policeman
gêner to inconvenience, to get in the way, to irritate
génial brilliant
le **genou** knee
un **genre** kind, type
les **gens** (m pl) people
gentil(le) nice, kind
un(e) **gérant(e)** manager
un **gilet** waistcoat
un **gilet de sauvetage** life jacket
un **gîte** holiday house
la **glace** ice; ice cream; mirror
glisser to slip, to slide
une **gomme** rubber
gonfler to inflate
la **gorge** throat
un **gosse** (p) kid (slang)
le **goudron** tar
un **goût** taste
le **goûter** afternoon tea
goûter to taste
grâce à thanks to
grand large; tall; great
un **grand magasin** department store
une **grande surface** large store
la **Grande-Bretagne** Great Britain
une **grand-mère** grandmother
un **grand-parent** grandparent
un **grand-père** grandfather
gras fatty, greasy
en **(caractères) gras** in bold
au **gratin** with cheese
un **gratte-ciel** skyscraper
gratuit free of charge
grave serious
la **grêle** hail
un **grenier** attic, loft
une **grenouille** frog
une **grève** strike
un(e) **gréviste** striker
grièvement blessé seriously injured
grignoter to nibble, to snack
grillé grilled, toasted
griller un feu (p) to jump the lights (slang)
grimper to climb
la **grippe** flu
gris grey
gros(se) big; fat
en **gros** broadly speaking, in general
grossir to gain weight, to get fat

une **guêpe** wasp
guérir to cure, to heal, to recover
une **guerre** war
un **guichet** ticket office
un **gymnase** gymnasium

H

s' **habiller** to get dressed
un **habitant** inhabitant
habiter to live in
une **habitude** habit, custom
  d'habitude normally
s' **habituer à** to get used to
une **haie** hedge
haïr to hate
le **Hanoucca** Hannukah
les **hanches** (f pl) hips
les **haricots verts** (m pl) green beans
par **hasard** by (any) chance
une **hausse** increase
haut high
en **haut** above
un **haut** (camisole) top
la **hauteur** height
hebdomadaire weekly
l' **hébergement** (m) accommodation
héberger to accommodate, to put up
hélas! alas!
l' **herbe** (f) grass
  une **mauvaise herbe** a weed
l' **heure** (f) hour; the time
  de bonne heure early
  par heure by hour
  à l'heure on time
  à tout à l'heure see you soon
  tout à l'heure just now, in a little while
les **heures d'affluence** (f pl) rush hour
les **heures de consultation** (f pl) surgery hours
les **heures d'ouverture** (f pl) opening hours
les **heures de perm (permanence)** (f pl) study periods
les **heures de pointe** (f pl) rush hour
les **heures supplémentaires** (f pl) overtime
heureusement fortunately
heureux/-euse happy
heurter to hit, to crash into
hier yesterday
hindou Hindu
une **histoire** story
l' **histoire** (f) history
l' **hiver** (m) winter
des **HLM** (f pl) council/social housing
un **homme** man
  un homme d'affaires businessman
  un homme politique politician
honnête honest
une **honte** shame
  avoir honte (de) to be ashamed (of)
l' **horaire** (m) timetable; opening times
  les horaires de travail (m pl) hours of work
  les horaires variables flexitime
une **horloge** clock
avoir **horreur de** to hate to
un **hors-d'œuvre** first course
hors de outside of, away from
  hors de question out of the question
un(e) **hôte** host
l' **hôtel de ville** (m) town hall
une **hôtesse de l'air** air hostess
une **housse** duvet cover
l' **huile** (f) oil
  l'huile d'olive (f) olive oil
huit eight
les **huîtres** (f pl) oysters
l' **humeur** (f) mood
  de bonne/mauvaise humeur in a good/bad mood
  avoir de l'humour to have a sense of humour

I

ici here
d' **ici** from here; between now and …
une **idée** idea

une **igname** yam
ignorer to not know, to be unaware of
il he, it
il y a there is, there are
il y a eu/il y avait there was, there were
une **île** island
ils they
une **image** picture
l' **immatriculation** (f) registration
immatriculé registered
un **immeuble** block of flats
un **imperméable** raincoat
n' **importe où** anywhere
l' **impôt** (m) tax
une **imprimante** printer (ICT)
imprimer to print
inattendu unexpected
un **incendie** fire
inclus inclusive
inconnu unknown
un **inconnu** a stranger
incroyable unbelievable
l' **Inde** (f) India
l' **indicatif** (m) telephone code
un **indice** clue
indispensable necessary
un(e) **infirmier/-ière** nurse
un(e) **informaticien(ne)** computer specialist
les **informations (infos)** (f pl) news
l' **informatique** (f) computer studies
un **ingénieur** engineer
une **inondation** flood, flooding
inquiet/inquiète anxious, worried
une **insolation** sunstroke
s' **installer** to settle in
un(e) **instituteur/-trice** primary school teacher
l' **instruction civique** (f) citizenship
l' **instruction religieuse** (f) religious education
insuffisant insufficient
insupportable unbearable
interdit forbidden
intéressant interesting
s' **intéresser à** to be interested in
l' **intérêt** (m) interest
à l' **intérieur** on the inside
un **internat** boarding school
un(e) **interne** boarder
intervenir to intervene
inutile useless
l' **inventaire** (m) inventory
irlandais (du Nord) (Northern) Irish
l' **Irlande (du Nord)** (f) (Northern) Ireland
ivre drunk

J

jaloux/-ouse jealous
jamais never; ever
  ne … jamais never
la **jambe** leg
le **jambon** ham
un **jardin** garden
  un jardin public park
le **jardinage** gardening
  faire le jardinage to do the gardening
jaune yellow
un **jean** pair of jeans
un **jet d'eau** fountain
jeter to throw
un **jeton** counter
un **jeu** game, amusement
  un aire de jeu playground
  un jeu de boules game of French boules
  un jeu de cartes pack of cards
  un jeu de société indoor (usually card or board) game
  un jeu télévisé game show
jeune young
  une jeune fille girl
les **jeunes** (m pl) young people
la **jeunesse** youth
un **jogging** tracksuit, jogging trousers
joli pretty
jouer to play
  jouer à domicile to play a home game
  jouer à l'extérieur to play an away game

un **jouet** toy
un(e) **joueur/-euse** player
un **jour** day
  le jour de l'an New Year's Day
  un jour de congé day off
  un jour de fête holiday
  un jour férié public holiday
  par jour by day
  à un de ces jours see you one of these days
  tous les jours every day
un **journal** (pl **journaux**) newspaper
  le journal du soir evening paper
une **journée** day
  Joyeuses Pâques Happy Easter
  Joyeux Noël Happy Christmas
un(e) **juge** judge
juger to judge
juif/-ive Jewish
juillet July
juin June
un(e) **jumeau/jumelle** twin
le **jumelage** town twinning
jumelé twinned
une **jupe** skirt
un **jus de fruit** fruit juice
jusqu'à until, as far as
juste fair, correct

L

là there
là-bas over there, there
un **laboratoire** laboratory
un **lac** lake
là-haut up there
laid ugly
la **laine** wool
laisser to leave (an object)
  laisser tomber to drop, to let fall
le **lait** milk
laitier/-ière dairy
une **laitue** lettuce
une **lampe de poche** torch
lancer to throw
une **langue (vivante)** (modern) language
un **lapin** rabbit
laquelle/lequel? which one?
large wide
un **lavabo** washbasin
le **lavage** washing, scrubbing
la **lavande** lavender
un **lave-linge** washing machine
se **laver** to wash
  se laver les cheveux to wash your hair
une **laverie** launderette
un **lave-vaisselle** dishwasher
le **lèche-vitrines** window shopping
  faire du lèche-vitrines to go window shopping
une **leçon** lesson
un(e) **lecteur/-trice** reader
un **lecteur MP3** MP3 player
la **lecture** reading
léger/-ère light
un **légume** vegetable
le **lendemain** the next day
lent(ement) slow(ly)
une **lentille de contact** contact lens
lequel/laquelle/lesquels/lesquelles? which one(s)?
la **lessive** washing
  faire la lessive to do the washing
leur to them; their
se **lever** to get up
  se lever du mauvais pied to get out of the wrong side of the bed
le **lever du soleil** sunrise
la **lèvre** lip
une **librairie** bookshop
libre free
libre-service self-service
une **licence** (university) degree
le **licenciement** redundancy
licencier to make people redundant
un **lien** link

un **lieu** place
    au lieu de instead of
    avoir lieu to take place
une **ligne** line
    en ligne online
la **limitation de vitesse** speed limit
le **linge** linen; washing
    le linge sale dirty washing
en **liquide** with cash
    lire to read
un **lit** bed
    faire les lits (m pl) to make the beds
    des lits superposés (m pl) bunk beds
un **livre** book
    un livre de poche paperback
une **livre sterling** pound
    livrer to deliver
un(e) **locataire** tenant, person hiring something
la **location** hire charge, hire of
les **locaux** (m pl) premises, building
le **logement** accommodation
    loger to stay overnight
le **logiciel** software
la **loi** law
    loin (de) far (from)
    lointain distant, far away
les **loisirs** (m pl) leisure
    long(ue) long
    le long de along
    longtemps a long time
    lorsque when, while
    louer to hire
    lourd heavy
le **loyer** rent
    lui (to) him, (to) her
    lui-même himself
la **lumière** light
    lundi Monday
la **lune** moon
des **lunettes** (f pl) glasses
    lutter (contre) to struggle (against)
de **luxe** luxurious
    luxueux/-ueuse luxurious
un **lycée** senior school (15+)
    un lycée technique technical college
un(e) **lycéen(ne)** student at a lycée

M

    ma my
un **machin** thing, gadget
une **machine à laver** washing machine
un **maçon** builder
un **magasin** shop
    maghrébin North African
    maigre thin
    maigrir to lose weight
un **maillot** top, vest
    un maillot de bain swimming costume
la **main** hand
    maintenant now
le **maire** mayor
la **mairie** town hall
    mais but
une **maison** house
    une maison jumelle semi-detached house
    une maison des jeunes youth centre
un **maître-nageur** lifesaver
    mal badly
    avoir mal to have an ache/pain
    avoir du mal à to have trouble to
    faire mal to hurt
le **mal de mer** sea sickness
    mal payé badly paid
    malade ill
un(e) **malade** patient
une **maladie** disease, illness
    malgré in spite of
    malheureusement unfortunately
    malheureux/-euse unhappy
    maman Mum
la **Manche** English Channel
la **manche** sleeve
    manger to eat
une **manifestation** demonstration, event
un **mannequin** fashion model

un **manoir** manor, large house
le **manque de pluie** lack of rain
il **manque** it's missing, it lacks
    manquer to miss, to be lacking
un **manteau** coat
une **maquette** model
le **maquillage** make-up
se **maquiller** to wear/put on make-up
un(e) **maquilleur/-euse** make-up artist
un(e) **marchand(e)** stallholder, shopkeeper
un **marché** market
    un marché aux puces flea market
une **marche** step
    marcher to work (machine); to walk
le **Mardi gras** Shrove Tuesday
la **marée basse/haute** low/high tide
la **marée noire** oil slick
un **mari** husband
un **mariage** wedding
    marié married
le **Maroc** Morocco
    marocain Moroccan
une **marque** brand name
    marquer to highlight
    marquer un but to score a goal
    marrant (p) funny, fun (slang)
    marron chestnut brown
en avoir **marre** (p) to be fed up (slang)
un **match nul** a draw
un **matelas pneumatique** airbed, lilo, inflatable mattress
la **maternelle** nursery school
une **matière** school subject; matter
    en matière plastique plastic
    des matières grasses (f pl) fats
un **matin** morning
une **matinée** morning
    faire la grasse matinée to sleep in, have a lie-in
    mauvais bad
un(e) **mécanicien(ne)** mechanic; flight engineer; train driver
    méchant naughty, fierce
un **médecin** doctor
un **médicament** medication, drugs
(le) **meilleur** better (best)
    meilleurs vœux best wishes
    mélanger to mix
un **mélo(drame)** soap (opera)
    même even; same
    tout de même all the same
    menacer to threaten
le **ménage** household
    faire le ménage to do the housework
une **ménagère** housewife
    mener to lead
    mensuel(le) monthly
la **menthe** mint
    la menthe à l'eau green, peppermint-flavoured drink
    mentir to lie
le **menton** chin
le **menu à prix fixe/à 20€** fixed price/20€ menu
la **mer** sea
    la mer Méditerranée Mediterranean sea
    au bord de la mer at the seaside
(non) **merci** (no) thank you
    merci mille fois thanks a million
    mercredi Wednesday
une **mère** mother
les **merguez** (f pl) spicy sausages
    mériter to deserve
    merveilleux/-euse marvellous
    mes my
la **météo** weather forecast
un **métier** career, trade
le **métro** the underground
un **metteur en scène** (film) director
    mettre to put
    mettre en marche to make something work, to start something off
    mettre la table to set the table
    mettre en veille to put on standby
    meublé furnished
    meubler to furnish

les **meubles** (m pl) furniture
un **meurtre** murder
un **micro** microphone
un **micro-ondes** microwave
    midi midday
le **miel** honey
    mieux better, best
    mignon(ne) sweet
au **milieu de** in the middle of
    mille (m) thousand
un **milliard** a billion
des **milliers** thousands
    minable pathetic
    mince slim, thin
    minuit midnight
à **mi-temps** part time
la **mi-trimestre** mid-term, half term
une **mobylette** moped
    moche (p) horrible (slang)
la **mode** fashion
le **mode de vie** way of life
le **modèle** style
    moi I, myself
à **moi/toi** mine/yours
    moi-même myself
le/la **moindre** the least
au **moins** at least
(le) **moins** less (least)
    moins cher less expensive
    moins de less than
un **mois** month
la **moitié** half
    momentanément for the moment
    mon my
le **monde** world
    tout le monde everybody
    mondial of the world
un(e) **moniteur/-trice** instructor
la **monnaie** small change
    monoparental (adj.) single parent
une **montagne** mountain
    monter (dans) to go up, to get on
une **montre** watch
    montrer to show
la **moquette** fitted carpet
un **morceau** piece
    mordre to bite
    mordu bitten, smitten
    mort dead
une **mosquée** mosque
un **mot** word
    les mots croisés crossword
    le mot de passe password
le **moteur** engine
une **moto(cyclette)** motorbike
un **mouchoir (en papier)** (paper) handkerchief
    mouillé wet, soaked
une **moule** mussel
les **moules marinières** (f pl) mussels cooked in white wine
    mourir to die
la **mousse** foam
un **moustique** mosquito
la **moutarde** mustard
un **mouton** sheep, mutton
    moyen average
    en moyen in medium (size)
un **moyen (de transport)** means (of transport)
la **moyenne** the average
    municipal belonging to the town or municipality
la **municipalité** town council
    mûr ripe, mature
un **mur** wall
un **musée** museum
    musulman Muslim

N

    naviguer to surf, to browse
    n'est-ce pas? isn't that so?
    n'importe quel/qui/où no matter what/who/where
    nager to swim
la **naissance** birth
    naître to be born
une **nappe** tablecloth

la **natation** swimming
    faire de la natation to go swimming
nature (adj.) on its own, plain
naturellement of course, naturally
une **navette** shuttle
né(e) born (from **naître**)
nécessaire necessary
la **neige** snow
    il neige it's snowing
neiger to snow
néo-zélandais New Zealander
nettoyer to clean
neuf/neuve new
un **neveu** nephew
le **nez** nose
un **niveau** level
les **noces** (f pl) wedding
nocturne late-night opening
Noël (m) Christmas
noir black
le **noir** darkness
une **noisette** hazelnut
une **noix** walnut
un **nom** name
    nom de famille surname
un **nombre** number
nombreux/-euse numerous
non no
    non plus neither
le **nord** north
le **nord-ouest** north-west
normalement normally
la **Norvège** Norway
norvégien(ne) Norwegian
nos our
un **notaire** solicitor
une **note** mark, bill
notre our
des **nouilles** (f pl) noodles
nourrir to feed, to nourish
la **nourriture** food
nous we; us, to us
de **nouveau** again
nouveau/nouvel/nouvelle new
une **nouvelle** piece of news
la **Nouvelle-Zélande** New Zealand
un **nuage** cloud
nuageux cloudy
une **nuit** night
    bonne nuit goodnight
    il fait nuit it's dark
nul(le) useless, nil
(ne …) **nulle part** nowhere
numérique digital
un **numéro** number; copy (of a magazine, etc.)
    numéro d'immatriculation car registration number

O

obéir to obey
l' **obésité** (f) obesity
obligatoire obligatory, compulsory
obligé de obliged to, have to
obtenir to obtain
une **occasion** opportunity
d' **occasion** second hand
occupé busy, occupied, taken
un **œil** (pl **yeux**) eye
un **œuf** egg
    un œuf à la coque boiled egg
    un œuf dur hard-boiled egg
    un œuf sur le plat fried egg
on m'a **offert** I was given (from **offrir**)
des **offres d'emploi** (f pl) situations vacant (adverts)
offrir to offer, to give as a present
une **oie** goose
un **oignon** onion
un **oiseau** bird
ombragé shady, shaded
une **ombre** shadow
on one, we, people (in general)
l' **ONU** (f) UN
un **oncle** uncle
une **onde** wave

    sur les ondes on air (radio)
l' **or** (m) gold
un **orage** storm
orageux stormy
une **orange** orange
un **Orangina** fizzy orange drink
à **l'orchestre** in the stalls
un **ordinateur** computer
une **ordonnance** prescription
les **ordures** (f pl) rubbish
l' **oreille** (f) ear
un **oreiller** pillow
une **organisation caritative/humanitaire** charitable/humanitarian organisation
un **organisme caritatif/humanitaire** charitable/humanitarian organisation
orient(al) east(ern)
l' **orientation** (f) course choice
s' **orienter** vers to go in for
d' **origine (africaine)** of (African) origin
l' **orthographe** (f) spelling
un **os** bone
oser to dare
ôter to take off, to remove
ou or
où where
oublier (de) to forget (to)
l' **ouest** (m) west
oui yes
un **ouragan** hurricane
un **ours** bear
un **outil** tool
ouvert open
une **ouverture** opening
un **ouvre-boîte** tin opener
un **ouvre-bouteilles** bottle opener
un(e) **ouvrier/-ière** worker
un **ouvrier agricole** farm worker
ouvrir to open

P

le **pain** bread, loaf
    pain au chocolat chocolate-filled roll
    pain grillé toast
paisible peaceful
la **paix** peace
un **palais** palace
le **palier** landing
un **pamplemousse** grapefruit
un **panda géant** giant panda
un **panier** basket
    un panier à linge washing basket
en **panne** out of order, broken down
un **panneau** (road) sign
un **pansement** dressing, bandage
un **pantalon** pair of trousers
une **papeterie** stationer's
le **papier** paper
    toilette toilet paper
Pâques Easter
un **paquet** packet, parcel
    faire un paquet-cadeau to gift wrap
par by, through
paraître to appear
un **parapluie** umbrella
un **parc** park
    un parc d'attractions theme park
    un parc relais park and ride
parcourir to cover, to travel across
pardonner to forgive
un **parent** parent, relative
paresseux/-euse lazy
parfait perfect
parfois sometimes
le **parfum** perfume; flavour
parfumé flavoured
une **parfumerie** perfume shop, perfume factory
un **parking** car park
parler to talk, to speak
parmi among
une **parole** word, speech
    les paroles lyrics

partager to share
un(e) **partenaire** partner
participer (à) to take part (in)
particulier/-ière private, private individual
de la **part de** on behalf of
une **partie** part
    faire partie de to belong to
    faire une partie de to have a game of
partir to leave
à **partir de** starting from
partout everywhere
pas not
    pas du tout not at all
    pas grand-chose not much
    pas mal not bad
    ne pas not
passable fairly good, reasonable, average (school)
un **passage** crossing
    un passage à niveau level crossing
    un passage souterrain subway
    un passage clouté pedestrian crossing
un **passant** passer-by
le **passé** past
passer to spend (time)
    passer l'aspirateur to do the vacuuming
    passer un examen to take/do an exam
se **passer** to take place
un **passetemps** hobby, pastime
passionnant exciting
se **passionner (pour)** to be fascinated (with), keen (on)
une **patate douce** sweet potato
le **pâté (maison)** (homemade) pâté
les **pâtes** (f pl) pasta
patiemment patiently
patienter to wait, to hold the line
le **patinage** ice skating
une **patinoire** skating rink
le **patin à glace** ice skating
le **patin à roulettes** roller skating
    les patins à roulettes (m pl) roller skates
une **pâtisserie** cake shop, confectioner's
le **patron** boss, owner
une **patte** paw (of an animal)
la **pause(-déjeuner)** (lunch) break
la **pause de midi** midday break
pauvre poor
la **pauvreté** poverty
un **pavillon** detached house
payé paid
payer to pay (for)
un **pays** country
les **Pays-Bas** (m pl) Netherlands
le **pays de Galles** Wales
les **pays développés** (m pl) developed countries
les **pays en (voie de) développement** (m pl) developing countries
le **pays natal** country of origin
le **paysage** landscape, scenery
un(e) **paysan(ne)** peasant, country person
en **PCV** reverse charges
un **péage** toll
la **peau** skin
la **pêche** fishing
    aller à la pêche to go fishing
une **pêche** peach
un **pêcheur** fisherman
pédestre pedestrian
un **peigne** comb
peindre to paint
la **peine** trouble
    à peine hardly
    ce n'est pas la peine it's not worth the trouble
    ça vaut la peine it's worth the effort
un **peintre** painter
la **peinture** painting
une **pellicule** film (for a camera)
une **pelouse** lawn
une **peluche** soft toy
des **pelures de légumes** (f pl) vegetable peelings
pendant during
pénible tiresome, tedious

Français –anglais

penser to think
la **pension** boarding (house)
  pension complète full board
  demi-pension half board
la **Pentecôte** Whitsun
Pépé Grandad
une **perceuse** drill
percuter to hit (e.g. in car crash)
se **perdre** to get lost
perdre to lose
  perdre connaissance to become unconscious
un **père** father
  le père Noël Father Christmas
se **perfectionner** to improve
perforer to damage, to pierce
un **perforateur** hole punch
le **périphérique** ring road
permanent open all year round
un **permis (de conduire)** (driving) licence
un **perroquet** parrot
une **perruche** budgerigar
un **personnage** character
une **personne** person
(ne ...) **personne** no one, nobody
une **perte** loss
  une perte de temps waste of time
peser to weigh
la **pétanque** French bowls
petit small, little
un(e) **petit(e) ami(e)** boy/girlfriend
le **petit déjeuner** breakfast
un **petit-fils** grandson
une **petite-fille** granddaughter
les **petits gâteaux** (m pl) sweet biscuits
les **petits pois** (m pl) peas
les **petits-enfants** (m pl) grandchildren
le **pétrole** oil
un **peu** a little
  peu de few
  peu importe never mind, it doesn't matter
à **peu près** approximately, about
la **peur** fear
  avoir peur (de) to be afraid (of)
peut-être perhaps
un **phare** lighthouse; headlamp
un(e) **pharmacien(ne)** chemist
un(e) **photographe** photographer
une **phrase** sentence
la **physique** physics
la **pièce** piece; room; each; coin
  une pièce de théâtre play
un **pied** foot
  à pied on foot
  pied à pied inch by inch
  ça me casse les pieds it gets on my nerves
  un coup de pied kick
  se lever du pied gauche to get out of bed on the wrong side
un **piège** trap, pitfall
une **pierre** stone
un(e) **piéton(ne)** pedestrian
une **pile** battery
un **pilote** pilot
  un pilote de course racing driver
une **pilule** pill
le **ping-pong** table tennis
un **piquenique** picnic
piquer to sting
une **piqûre** injection, sting
  une piqûre d'insecte insect bite
(le) **pire** worse (worst)
une **piscine** swimming pool
pistache pistachio
une **piste** track, ski run
  une piste cyclable cycle track
  une piste de ski artificielle dry ski slope
le **piston** (p) string-pulling (slang)
pittoresque picturesque, pretty
un **placard** cupboard
une **place** seat; square
le **plafond** ceiling
une **plage** beach
une **plaie** wound

se **plaindre de** to complain about
plaisanter to joke
le **plaisir** pleasure
ça me **plaît** I like it (it pleases me)
un **plan** map
  un plan des pistes ski map
  un plan de la ville town plan, street map
la **planche à roulettes** skateboard, skateboarding
  faire de la planche à roulettes to go skateboarding
la **planche à voile** windsurfing
  faire de la planche à voile to go windsurfing
le **plancher** floor
un **plat** dish; course
  un plat cuisiné ready-cooked meal
  un plat à emporter takeaway meal
  un plat du jour dish of the day
  un plat principal main course
  un plat surgelé frozen food/meal
plat flat
un **plateau** tray
le **plâtre** plaster (for broken limb)
plein full
  faire le plein to fill up with petrol
  plein de vie full of life
en **plein air** in the open air
pleurer to cry
il **pleut** it's raining
  il pleut à verse it's pouring with rain
il pleuvait it was raining
pleuvoir to rain
plier to fold
un **plombage** filling
plomber to fill a tooth
un **plombier** plumber
la **plongée sous-marine** underwater diving
plonger to dive
la **pluie** rain
les **pluies acides** (f pl) acid rain
la **plupart** most
plus (de) more (than)
  en plus in addition
  ne ... plus de no more, none left
plusieurs several
plutôt rather
pluvieux rainy
un **pneu (crevé)** (flat) tyre
une **poche** pocket
une **poêle** frying pan
le **poids** weight
  un poids lourd HGV lorry
le **poignet** wrist
un **point** point; full stop
  être sur le point de faire qch to be about to do sth
la **pointure** shoe size
une **poire** pear
un **poireau** leek
à **pois** with spots, spotted
un **poisson (rouge)** (gold)fish
une **poissonnerie** fishmonger's
la **poitrine** chest
le **poivre** pepper
le **poivron** pepper (vegetable)
le **Pôle emploi** employment office
poli polite
un(e) **policier/-ière** policeman (woman)
politique political
  un homme/une femme politique politician
polluant polluting
une **pommade** cream, ointment
une **pomme** apple
une **pomme de terre** potato
les **pommes (de terre) vapeur** (f pl) steamed potatoes
une **pompe** pump
un **pompier** firefighter
les **pompiers** (m pl) fire service, fire brigade
un **pont** bridge
un **port** port
  un port de pêche fishing port
  un port de plaisance marina

un **portable** mobile phone; laptop
une **porte** door, gate
la **porte d'entrée** entrance
un **porteclé** keyring
un **portefeuille** wallet
un **portemonnaie** purse
porter to wear
la **portière** train/car door
poser sa candidature to apply for a job
poser une question to ask a question
la **poste** post office
un **poste de radio** radio
un **pot** jar
l'**eau potable** (f) drinking water
le **potage** soup
une **poubelle** dustbin
le **pouce** thumb
la **poudre** powder
une **poule** hen
le **poulet** chicken
le **pouls** pulse
les **poumons** (m pl) lungs
une **poupée** doll
pour for
un **pourboire** tip
pourpre purple
pourquoi why
on **pourrait** we could (from **pouvoir**)
pourtant however
pousser to push
  pousser un cri to let out a scream
pouvoir can, to be able
pratiquer to practise
précis exact
préférer to prefer
premier/-ière first
les **premiers soins** (m pl) first aid
prendre to take
  prendre un verre to have a drink
  prendre rendez-vous to make an appointment
un **prénom** first name
à peu **près** about, approximately
près de near
  près d'ici nearby
  tout près very near
se **présenter** to introduce oneself; to report to
un **préservatif** condom
presque nearly, almost
(être) **pressé** (to be) in a hurry
prêt ready
prêter to lend
un **prêtre** priest
prévenir to warn, to advise
les **prévisions météorologiques** (f pl) weather forecast
prévoir to be prepared for, to foresee, to forecast, to predict
prévu planned
prier to request, to pray
une **prière** prayer
  prière de you are requested to
principal main
le **printemps** spring
la **priorité** priority
une **prise de courant** electric socket
privé private
se **priver de** to go without
le **prix** price; prize
  le prix net inclusive price
  le prix d'entrée entry fee
prochain next
à la **prochaine** see you (soon)
la **prochaine levée** next collection (of mail)
proche close
se **produire** to take place
un **professeur** teacher
profiter de to benefit from
profond deep
une **profondeur** depth
un(e) **programmeur/-euse** programmer
le **progrès** progress
  faire des progrès to improve, to make progress
un **projecteur** projector

un **projet** plan
une **promenade** a walk, trip
    faire une promenade to go for a walk
se **promener** to go for a walk
promettre to promise
une **promotion** special offer
    en promotion on special offer
ça se prononce comment? how is that pronounced?
à **propos** by the way; about
proposer to suggest
une **proposition** proposal
propre own; clean
un(e) **propriétaire** owner
une **propriété** property
protecteur/-trice protective
en **provenance de** from (train)
provençale with tomatoes and garlic (dish)
à **proximité** in the neighbourhood
prudent wise
une **prune** plum
un(e) **psychologue** psychologist
publicitaire to do with advertising
la **publicité** advertising
la **puce** flea; microchip
    avoir la puce à l'oreille to be alert
puis then
puissant powerful
la **purée** fruit puree; mashed potato

Q

un **quai** platform
quand when
quand même all the same, nevertheless
quant à as for
un **quart** quarter
un **quartier** area (of a town), district
quatrième fourth
que than; as; what
qu'est-ce que c'est? what is it?
qu'est-ce qu'il y a? what's on?
qu'est-ce qui ne va pas? what's wrong?
quel(le) which, what
    quel dommage what a shame
    quelle chance! what luck!
quelque chose something
quelque part somewhere
quelquefois sometimes
quelques a few, some
quelqu'un someone
    quelqu'un d'autre someone else
une **queue** tail
    une queue de cheval ponytail
qui who, which
une **quincaillerie** ironmonger's, hardware shop
une **quinzaine** a fortnight
quinze jours a fortnight
une **quittance** receipt
quitter to leave
ne **quittez pas** hold the line
quoi? what?
(un) **quotidien** daily (newspaper), everyday

R

un **rabais** discount
le **racket** racketeering, bullying
raconter to talk about, to describe
la **radio** X-ray
un **radis** radish
rafraîchissant refreshing
un **ragoût** stew
raide straight
du **raisin** grapes
une **raison** reason
    avoir raison to be right
raisonnable reasonable, sensible
ralentir to slow down
ramasser to pick up, to collect
ramener to bring back
une **randonnée** hike, long walk
    faire une randonnée to go hiking
ranger to tidy up
râpé grated
rapidement quickly
rappeler to call back

un **rapport** relationship
    par rapport à in comparison with
rarement rarely
avoir **ras le bol de** (p) to be fed up (slang)
rasant (p) boring (slang)
se **raser** to shave
un **rasoir** razor, shaver
un **rassemblement** gathering
    un rassemblement des élèves school assembly
rassurer to reassure
la **ratatouille** vegetable dish of aubergines, courgettes, tomatoes, peppers and olive oil
rater (p) to fail, to miss (slang)
la **RATP (Régie Autonome des Transports Parisiens)** Paris transport authority
ravi delighted
rayé striped
un **rayon** department
la **réalité virtuelle** virtual reality
rebelle rebellious
récemment recently
une **réception** party
une **recette** recipe
recevoir to receive
un **réchaud** stove
le **réchauffement de la terre** global warming
recherché sought after
une **recherche** search
les **recherches** (f pl) research
un **récit** account
la **réclame** advertising
la **récolte** harvest
une **récompense** reward
reconnaissant grateful
reconnaître to recognise
reconstituer to reconstruct
la **récréation** break
un **reçu** receipt
être **reçu** to pass, to succeed
reculer to go back(wards), to reverse
récupérer to get back, recover, pick up
le **recyclage des déchets** recycling of waste
un(e) **rédacteur/-trice** editor
la **rediffusion** repeat transmission (on TV)
redoubler to repeat a year at school
réduire to reduce
réduit reduced
réel(le) real
réfléchir to think about
une **réflexion** comment
un **réfrigérateur** refrigerator
un(e) **réfugié(e)** refugee
un **regard** glance, look
regarder to watch, to look at
un **régime** diet
    un régime équilibré balanced diet
une **règle** ruler; rule
le **règlement** rules
régler to control
une **reine** queen
les **reins** (m pl) kidneys
un **relais routier** transport café
religieux/-ieuse religious
remarquer to notice, to observe
remboursable refundable
rembourser to reimburse
être **remboursé** to be reimbursed
remercier to thank
une **remise** discount
la **remise en forme** fitness
une **remontée mécanique** ski lift
remplacer to replace
remplir to fill (in), to complete
remporter (un prix) to win (a prize)
(se) **rencontrer** to meet
un **rendez-vous** appointment, date, meeting
rendre to give back
    rendre visite à to visit
    se rendre à to go to
renfermer to contain, to hold
renoncer (à) to renounce, to give up
renouvelable renewable
les **renseignements** (m pl) information
la **rentrée (scolaire)** return to school

rentrer to return, to go home
    rentrer dans to crash into
renverser to overturn, to knock over
les **réparations** (f pl) repairs
un **repas** meal
    le repas en famille family meal
    le repas de fête meal for special occasion
le **repassage** ironing
    faire le repassage to do the ironing
repasser to iron
répéter to repeat; to rehearse
un **répondeur (téléphonique)** answering machine
répondre to reply
un **reportage** report, commentary, press coverage, article
se **reposer** to rest
reprendre to pick up again
un(e) **représentant(e)** representative
le **RER** Paris suburban railway network
le **réseau** network
respiratoire respiratory
respirer to breathe
se **ressembler** to look alike
rester to stay
un **retard** delay
    en retard late
retarder to delay
retenir to hold
une **retenue** detention
retirer to take out, to withdraw
le **retour** return (journey)
retourner to return
    se retourner to turn around
la **retraite** retirement
retraité retired
rétrécir to shrink
retrouver to find, to meet up with
une **réunion** meeting
réussi successful
réussir (à faire qch) to succeed (in doing sth)
réussir à un examen to pass an exam
réutiliser to reuse
en **revanche** on the other hand
un **rêve** dream
un **réveil** alarm clock
se **réveiller** to wake up
revenir to return, to come back
rêver to dream
le **revenu** income
réviser to revise
se **revoir** to see one another again
    au revoir goodbye
une **revue** magazine
le **rez-de-chaussée** ground floor
le **rhume** cold
    le rhume des foins hay fever
un **rideau** curtain
(ne ...) **rien** nothing
    ça ne fait rien it doesn't matter
    de rien not at all
rigolo(te) funny, amusing
rire to laugh
un **risque** risk
une **rivière** river
le **riz** rice
une **robe** dress
    une robe de chambre dressing gown
un **robinet** tap
    un robinet à gaz gas tap
un **rocher** rock
le **rock** rock music
un **roi** king
le **rôle (principal)** (main) role
à **roller** (m) on roller skates
le **roller** rollerblading
un **roman** novel
    un roman policier crime story
    un roman-photo photo story
rond round
une **rondelle** round slice
un **rond-point** roundabout
du **rosbif** roast beef
rose pink

Français –anglais — Glossaire

rôti roast
une roue wheel
rouge red
le rouge à lèvres lipstick
la rougeole measles
rougir to blush
rouillé rusty
rouler to drive, to move (vehicle)
une route road
la route (nationale) (main) road
roux red (hair)
le Royaume-Uni United Kingdom
une rue street
une rue piétonne pedestrian street
un ruisseau stream
russe Russian
la Russie Russia

S

sa his, her, its
le sable sand
un sac bag
un sac à dos rucksack
un sac à main handbag
un sac de couchage sleeping bag
un sac réutilisable reusable bag
un sachet de thé tea bag
sacré sacred, holy
s' adresser à to apply to, to speak to
saignant rare (of steak)
saigner to bleed
sain healthy
la Saint-Sylvestre New Year's Eve
saisir to seize
une saison season
saisonnier/-ière seasonal
la salade green salad; lettuce
la salade composée mixed salad
un salaire salary
salé savoury, salty
sale dirty
une salle room
une salle à manger dining room
une salle d'attente waiting room
une salle de bain(s) bathroom
une salle de classe classroom
une salle de jeux playroom
une salle de réunion conference room
une salle de permanence study room
une salle de séjour lounge
une salle de technologie
computer room
une salle des fêtes function room,
village hall
la salle des professeurs staffroom
un salon lounge; trade fair, convention
saluer to greet someone
salut! hello! hi!
samedi Saturday
le SAMU emergency medical service
le sang blood
les sanitaires (m pl) washrooms
sans without
les sans-abri (m pl) the homeless
les sans domicile fixe (SDF) (m pl) the
homeless
sans doute without doubt
le sans-plomb unleaded petrol
la santé health
à ta/votre santé good health, cheers
en bonne santé in good health
en mauvaise santé in bad health
un sapeur-pompier firefighter
un sapin de Noël Christmas tree
la sauce vinaigrette French dressing
une saucisse sausage
le saucisson continental spicy sausage
sauf except
le saumon (fumé) (smoked) salmon
sauter to jump
sauvage wild, natural
sauvegarder to save
sauver to save
savoir to know
le savoir-faire know-how
le savon soap

une saynète sketch, short play
la scène stage
sur scène on stage
les sciences (f pl) science
les sciences économiques economics
les sciences naturelles biology
scolaire to do with school
la scolarisation schooling
le Scotch Sellotape
une séance session, showing (of a film),
performance
sec/sèche dry
sécher les cours (p) to skive off school
(slang)
la sécheresse drought
en seconde in first year of lycée
le secours help
au secours! help!
un(e) secrétaire secretary
le secrétariat office staff
séduisant attractive
un séjour stay
le sel salt
selon according to
une semaine week
sembler to seem
une semelle sole (of shoe)
un séminaire conference, seminar
la semoule semolina
un sens meaning; direction
le bon/mauvais sens the right/wrong
direction
sens interdit no entry
sens unique one-way system
sensass fantastic
sensationnel(le) fantastic
sensible sensitive
un sentiment feeling
se sentir to feel
sérieux/-ieuse serious
un serpent snake
serré tight
se serrer la main to shake hands
la serrure lock
un(e) serveur/-euse waiter (waitress)
servez-vous! help yourself!
les services d'urgence (m pl) emergency
services
une serviette towel; briefcase
des serviettes hygiéniques sanitary
towels
se servir de to use
ses his, her, its
seul alone
seulement only
sévère strict
si if; yes (to a negative question)
le sida AIDS
un siècle century
un siège seat
le sien/la sienne/les siens/les siennes his, hers
faire la sieste to have a nap after lunch
un sifflet whistle
signaler to indicate
silencieux/-ieuse silent
s'il te/vous plaît please
un singe monkey
sinon otherwise
le sirop cordial; cough linctus
le sirop d'érable maple syrup
une situation job, position
situé situated
un site tranquille quiet site
en sixième first year of college/secondary
school
le skate skateboarding
le ski skiing
faire du ski to go skiing
le ski alpin downhill skiing
le ski nautique water skiing
le SMIC (salaire minimum) minimum wage
un snack snack bar
la SNCF French Railways
la société society, company
une sœur sister
la soie silk

avoir soif to be thirsty
soigner to care for, to treat, to nurse
le soin care
(le) soir (in the) evening(s)
tous les soirs every evening
une soirée evening, party
soit (from être) might be
soit ... soit either ... or
le soja soya
le sol soil, ground
un soldat soldier
les soldes (m pl) sale bargains
une sole meunière sole cooked in butter
le soleil sun
sombre dark
le sommeil sleep
le sommet mountain peak, top
au sommet de on/at the top of
son his, her, its
un son sound
le son et lumière sound and light show
un sondage survey
sonner to ring
une sonnerie bell
une sortie exit
une sortie de secours emergency exit
sortir to go out
un souci worry, concern
une soucoupe saucer
soudain suddenly
le souffle breath
souffrir to suffer
souhaitable desirable
souhaiter to wish
souligner to underline
soupçonner to suspect
la soupe soup
le souper late supper
souple flexible, floppy, supple
le sourcil eyebrow
sourd deaf
souriant smiling
sourire to smile
une souris mouse
sous under
les sous (m pl) (p) money (slang)
sous-marin underwater
le sous-sol basement
sous-titré subtitled
les sous-vêtements (m pl) underwear
souterrain underground
le soutien support
un soutien-gorge bra
un souvenir souvenir; memory
se souvenir de to remember
souvent often
soyez assez aimable de be kind enough to
le sparadrap sticking plaster
se spécialiser to specialise
un spectacle show, display
le sport sport
le sport d'équipe team game
le sport d'hiver winter sport
le sport individuel individual sport
le sport nautique watersport
sportif/-ive sporty
un stade stadium
un stage course
un stage en entreprise work
experience (placement)
un stage d'activités activity course
faire un stage to do a course
un(e) stagiaire course participant
une station balnéaire seaside resort
une station de ski ski resort
le stationnement parking
stationner to park
une station-service petrol station
le steak steak
le steak bleu nearly raw steak
le steak saignant rare steak
le steak à point medium steak
le steak bien cuit well-done steak
le steak tartare raw steak served with
seasoning
un stylo pen

un **studio** studio flat
le **sucre** sugar
sucré sweet, sugary
une **sucrerie** any sweet food, e.g. sweets, biscuits, etc.
le **sud** south
au sud de to the south of
le **sud-est** south-east
la **Suède** Sweden
suédois Swedish
suffisamment sufficiently
ça **suffit!** that's enough!
suisse Swiss
la **Suisse** Switzerland
suite à further to
tout de **suite** straight away
suivant following
suivre to follow
une **supérette** small supermarket
un **supplément** extra, supplement
supporter to support, to tolerate
sûr certain, sure, safe
bien sûr of course
sur on
une **surdose** overdose
surchargé overloaded
sûrement undoubtedly
surfer sur internet to surf the internet
les **surgelés** (m pl) frozen food
surpeuplé overpopulated
en **surpoids** overweight
surtout above all
surveiller to supervise
un **survêtement** tracksuit
un **survivant** survivor
la **SVT (sciences de la vie et de la terre)** natural sciences
sympathique (sympa) kind, nice
un **syndicat** trade union
le **syndicat d'initiative** tourist office

T

le **tabac** tobacco
un **tabac (bureau de tabac)** tobacconist's
le **tabagisme** smoking
un **tableau** picture; table; diagram; board
une **tache** stain
une **tâche** task, assignment
une **tâche ménagère** household task
la **taille** size
de taille moyenne medium build
un **taille-crayon** pencil sharpener
le **talon** heel
tandis que whereas
tant so much
tant pis! too bad!
tant mieux! so much the better!
une **tante** aunt
taper to type, to key in
un **tapis** carpet
tard late
plus tard later
un **tarif** charge; price list
un tarif réduit reduced price
un tarif unique flat-rate fare
une **tarte aux pommes** apple tart
une **tartine** bread and butter and/or jam
un **tas** heap, pile
une **tasse** cup
un **taureau** bull
le **taux (d'alcool)** level (of alcohol content)
le taux de change exchange rate
une **taxe** tax
tchater to chat online
un **teint** complexion
tel such
(à) la **télé(vision)** (on) TV/television
une **télécabine** cable car
une **télécarte** phone card
le **téléchargement** downloading
télécharger to download
une **télécommande** remote control
un **télécopieur** fax machine
un **téléphérique** cable car
la **télé-réalité** reality TV
un **téléspectateur** viewer

le **télétravail** teleworking, working from home for an employer
un **téléviseur** television set
la **télévision numérique (terrestre) (TNT)** (terrestrial) digital TV
tellement so, so much
le **témoignage** evidence, account
un **témoin** witness
une **tempête** storm, hurricane
le **temps** weather; time
temps libre free time
à temps partiel part-time
de temps en temps from time to time
combien de temps how long, how much time
tendre tender
tenir to hold
une **tentative** attempt
tenter to tempt
une **tenue** outfit
en **terminale** in the final school year of a lycée, in the sixth form
terminer to end, to finish
un **terrain** ground, pitch
un terrain de camping campsite
un terrain (artificiel) de sport (artificial) sports ground
une **terrasse** terrace outside a café
la **terre** earth; ground
par terre on the ground
la **tête** head
un **TGV (Train à Grande Vitesse)** high speed train
le **thé** tea
le **thé (au) citron** lemon tea
le **thé au lait** tea with milk
un **théâtre** theatre
faire du théâtre to do drama
une **théière** teapot
le **thon** tuna
un **tiers** a third
le tiers monde the third world, the developing world
un **timbre** stamp
timide shy
le **tir à l'arc** archery
un **tire-bouchon** corkscrew
tirer to pull
un **tiroir** drawer
le **tissu** material
un **titre** title, heading
tlj (tous les jours) every day, daily
un **toboggan** slide, toboggan, water chute
toi you
la **toile** fabric, web
un **toit** roof
tomber to fall
tomber en panne to break down
tomber malade to fall ill
tondre (le gazon) to mow (the lawn)
le **tonnerre** thunder
un **torchon** tea towel
avoir **tort** to be wrong
tôt early
une **touche** key (on keyboard)
toujours always
une **tour** tower
un **tour** trip, excursion, tour; turn
la **tour Eiffel** Eiffel Tower
une **tournée** (concert/sports) tour
tourner to turn
tourner un film to make a film
un **tournoi** tournament
la **Toussaint** All Saints' day
tousser to cough
tout all, every, everything
une **toux** cough
un(e) **toxicomane** drug addict
toxique poisonous
la **traduction** translation
un **train (à vapeur)** (steam) train
être en **train de** to be in the process of
le **traitement** treatment
le traitement de texte word processing
un **traiteur** delicatessen, caterer

les **traits physiques** (m pl) physical appearance
un **trajet** journey
un **tramway** tram
une **tranche** slice
tranquille quiet, calm
les **transports en commun** (m pl) public transport
le **travail** work
bénévole voluntary work
à mi-temps half-time work
à temps complet full-time work
à temps partiel part-time work
travailler to work
travailler à son compte to work for oneself, to be self-employed
un **travail** a job
dans l'armée in the army
dans le commerce in commerce, business
dans la fonction publique in the civil service
dans l'informatique in computing
de bureau in an office
en plein air in the open air, outdoors
travailleur/-euse hard working
les **travaux** (m pl) work in progress
à **travers** across
la **traversée** crossing
traverser to cross
un **tremblement de terre** earthquake
trembler to shake, to tremble
trempé jusqu'aux os soaked to the skin
tremper to wet
très very
les **tribunes** (f pl) grandstand
tricher to cheat
le **tricot** jumper; knitting
tricoter to knit
trier to sort out, to classify
un **trimestre** term
triste sad, unhappy
troisième third
en troisième in final year of college/secondary school
le troisième âge retirement years
un **trombone** trombone; paper clip
se **tromper** to make a mistake
une **trompette** trumpet
trop too; too much
le **trottoir** pavement
un **trou** hole
le **trou d'ozone** the hole in the ozone layer
une **trousse** pencil case
une **trousse de toilette** soap bag, toilet bag
se **trouver** to be situated
trouver to find
un **truc** trick, tip, thingummy
une **truite** trout
tu you
un **tube** hit record
tuer to kill
tutoyer to use the familiar 'tu' form

U

l' **Union européenne (UE)** (f) European Union
à la **une** on the front page
uni one coloured, plain
unique only
uniquement only, exclusively
urbain urban, of the city
usé worn
une **usine** factory
un **ustensile** utensil
utile useful
utiliser to use

V

les **vacances** (f pl) holiday(s)
les grandes vacances summer holidays
les vacances scolaires school holidays
un(e) **vacancier/-ière** holidaymaker
une **vache** cow
une **vague** wave
la **vaisselle** crockery
faire la vaisselle to do the washing up

valable valid
la valeur value
valider to stamp (a ticket)
une valise suitcase
le vandalisme vandalism
la vanille vanilla
il vaut it's worth (from valoir)
le veau calf, veal
un(e) vedette star, TV personality
végétaliste vegan
un véhicule vehicle
un véhicule tout terrain four wheel drive vehicle
la veille day before
la veille de Noël Christmas Eve
mettre en veille to put on standby
veiller to watch over, to stay up
un vélo bike
le vélo tout terrain (VTT) mountain biking
faire du vélo to go bike riding
un vélomoteur moped
les vendanges (f pl) grape harvest
un(e) vendeur/-euse sales/shop assistant
vendre to sell
venir to come
venir de to have just
le vent wind
il y a du vent it's windy
la vente sale
le ventre stomach/tummy
un verger orchard
le verglas black ice
vérifier to check
la vérité truth
le vernis à ongles nail varnish
un verre glass
vers towards; around
verser to pour
en version originale with the original soundtrack (film)
vert green

une veste jacket
le vestiaire cloakroom
un vestibule hall
les vêtements (m pl) clothes
un(e) vétérinaire vet
vêtu de dressed in
un(e) veuf/veuve widow(er)
veuillez ... kindly ..., please will you...?
la viande meat
vide empty
vider to empty
une vie life
faire dans la vie to do for a living
vieux/vieil/vieille old
vif/vive bright
une vigne vine
un vigneron vine cultivator
un vignoble vineyard
une ville town
le vin wine
le vin mousseux sparkling wine
le vinaigre vinegar
une vingtaine about twenty
un violon violin
un virage bend, curve
virer to swerve
un visage face
vite quickly
la vitesse speed
la vitrine shop window
en vitrine in the window
vivre to live
voici here is, here are
une voie track, platform
une voie réservée bus lane
voilà here is, here are
la voile sailing
faire de la voile to go sailing
voir to see
un(e) voisin(e) neighbour
une voiture car
la voix voice

à voix basse in a whisper
à voix haute aloud
le vol theft; flight
le vol libre hang-gliding
le vol à l'étalage shoplifting
la volaille poultry
le volant steering wheel
un volcan volcano
voler to steal; to fly
un volet shutter
un(e) voleur/-euse thief, crook
un(e) volontaire voluntary worker
volontiers willingly, gladly
vomir to be sick
je voudrais I would like (from vouloir)
vouloir to want, to wish
vouloir dire to mean
vouvoyer to use the formal 'vous' form
vous you; to you
voyager to travel
un(e) voyageur/-euse traveller
vrai true
vraiment really
un VTT (vélo tout terrain) mountain bike
une vue view
à vue de nez roughly speaking

un wagon-lit sleeping-car
le wagon-restaurant buffet car

y there
un yaourt yoghurt
y compris included
les yeux (m pl) eyes

le zapping channel hopping
une zone piétonne pedestrian area
la zone urbaine urban area

(p) = populaire; inv. = invariable, doesn't change form

A

to be **able to** pouvoir
about à peu près, environ
it is **about** il s'agit de
to be **about to** être sur le point de
above au-dessus de, en haut, par-dessus
abroad à l'étranger
absent absent
absolutely absolument
to **accept** accepter
access accès (m)
accommodation logement (m)
to **accompany** accompagner
according to selon
accountant comptable (m/f)
across à travers
active actif/-ive
activity activité (f)
actor, actress acteur (m), actrice (f)
actually en fait, vraiment
to **add** ajouter
addicted accroché, accro
address adresse (f)
administrative district département (m)
to **adore, to love** adorer
adult adulte (m/f)
in **advance** en avance
advantage avantage (m)
adventure aventure (f)
adventure film film d'aventures (m)
advert annonce (f)
advert (on TV), advertising publicité, pub (f)
advice conseil (m)
to **advise** conseiller
aerial antenne (f)
aeroplane avion (m)
to be **afraid (of)** avoir peur (de)
Africa, African Afrique (f), africain(e)
after après (que)
(in the) **afternoon** (l')après-midi (m/f)
afterwards après, ensuite, par la suite
again encore (une fois), de nouveau
against contre
age âge (m)
(a year) **ago** il y a (un an)
agreed d'accord
AIDS sida (m)
air air (m)
air conditioning climatisation (f)
air hostess/steward hôtesse/steward de l'air (f/m)
airport aéroport (m)
alarm clock réveil (m)
alcohol alcool (m)
alcoholic (of drink) alcoolisé
alcoholic (person) alcoolique (m/f)
A-level student lycéen(ne) (m/f)
A-levels (French equivalent of) bac (baccalauréat) (m)
Algeria, Algerian Algérie (f), algérien(ne)
all tout
are you **all right?** ça va?
All Saints' Day Toussaint (f)
to **allow** permettre
not **allowed** interdit
almost presque
alone seul
along le long de
Alps Alpes (f pl)
already déjà
also aussi
always toujours
amazing étonnant
ambulance ambulance (f)
America, American Amérique (f), américain(e)
among parmi, entre
amusing amusant
and et
anger colère (f)
angry en colère, fâché
animal (pet) animal (domestique)
announcement annonce (f)
annoying embêtant

it **annoys me** ça m'énerve
anonymous anonyme
answer réponse (f)
to **answer** répondre
answerphone répondeur (m)
anxious anxieux/-ieuse
apart from à part
to **apologise** s'excuser
app appli (f)
to **appear** paraître
appetite appétit (m)
apple pomme (f)
applicant candidat (m)
to **apply for a job** poser sa candidature
to **apply (to)** s'adresser (à)
appointment rendez-vous (m)
apprentice apprenti(e) (m/f)
apprenticeship apprentissage (m)
to **approach** (s')approcher (de)
approximately approximativement
apricot abricot (m)
April avril
architect architecte (m/f)
area quartier (m)
area code indicatif (m)
to **argue** discuter, se disputer
arm bras (m)
armchair fauteuil (m)
army armée (f)
around autour de
arrival arrivée (f)
to **arrive** arriver
art dessin (m), art (m)
art gallery musée d'art (m), galerie d'art (f) **(shop)**
artist artiste (m/f)
as comme
as … as aussi … que
as soon as dès que, aussitôt que
Asia, Asian Asie (f), asiatique
to **ask** demander
to **ask (questions)** poser (des questions)
as far as jusqu'à
asleep endormi
aspirin aspirine (f)
assorted raw veg. crudités (f pl)
to **astonish** étonner
at à **(place/time)**, chez **(someone's house)**
athletics athlétisme (m)
Atlantic Atlantique (m)
ATM distributeur automatique (m)
atmosphere ambiance (f)
to **attach** attacher
to **attack** s'attaquer à, agresser
attack attaque (f)
for the **attention of** à l'attention de
attic grenier (m)
August août
aunt tante (f)
Australia, Australian Australie (f), australien(ne)
Austria, Austrian Autriche (f), autrichien(ne)
author auteur(e) (m/f)
autumn automne (m)
available, free disponible
avenue avenue (f)
to **avoid** éviter
awful affreux/-euse

B

B & B chambres à louer (f pl), chambres d'hôte (f pl)
baby bébé (m)
to **babysit** faire du babysitting, garder des enfants
back (body) dos (m)
at the **back** à l'arrière
back to school rentrée (f)
bacon bacon (m), lard (m)
bad, badly mauvais (adj.), mal (adv.)
bad luck malchance (f)
to be **bad weather** faire mauvais
badly equipped mal équipé
badly paid mal payé
bag (handbag/plastic) sac (m) (à main/en plastique)

baker boulanger/-ère (m/f)
baker's boulangerie (f)
balanced équilibré
balcony balcon (m)
bald chauve
ball balle (f), ballon (m)
balloon ballon (m)
banana banane (f)
bandage pansement (m)
bank banque (f)
bank card carte bancaire (f)
bank holiday jour férié (m)
bar bar (m)
basement sous-sol (m)
basket panier (m)
basketball basket (m)
bath bain (m)
bath (tub) baignoire (f)
to **bathe** se baigner
bathroom salle de bains (f)
battery pile (f), batterie (f) **(of car)**
battle bataille (f)
to **be** être
beach plage (f)
beans (green/baked) haricots (verts/ à la sauce tomate) (m pl)
beard barbe (f)
to **beat, to fight** battre
beautiful beau/bel/belle
because parce que, car, puisque
because of à cause de
to **become** devenir
bed lit (m)
bed & breakfast chambre d'hôte (f)
bedlinen draps (m pl)
bee abeille (f)
beef bœuf (m)
beer bière (f), pression **(draught)** (f)
before avant, avant de, avant que, auparavant
beforehand, in advance à l'avance, d'avance
beginning commencement (m), début (m)
behind/bottom derrière/les fesses (f pl)
to **believe** croire
Belgium, Belgian Belgique (f), belge
belongings affaires (f pl)
below au-dessous (de), en bas
belt ceinture (f)
bench banc (m)
bend (in road) virage (m)
the **best** le meilleur (adj.), le mieux (adv.)
best wishes amicalement, amitiés (f), meilleurs vœux (m pl)
better meilleur (adj.), mieux (adv.)
all the **better** tant mieux
between entre
big grand, gros(se) **(of animal)**
bike vélo (m), bicyclette (f)
bill addition (f), note (f), facture (f)
biology biologie (f)
bird oiseau (m)
biro bic (m)
birth naissance (f)
birthday anniversaire (m)
birthplace lieu de naissance (m)
biscuit biscuit (m)
bit, piece morceau (m)
bite (of insect) piqûre (f)
black noir
blackcurrant cassis (m)
blanket couverture (f)
blind aveugle
block of flats immeuble (m)
blog blog (m)
blogger bloggeur (m)
blond blond
blouse chemisier (m)
blue bleu
board (interactive whiteboard) tableau (blanc interactif) (m)
boat bateau (m)
body corps (m)
to **boil** bouillir
bone os (m)

book (paperback) livre (m) (de poche)
to book réserver
bookcase bibliothèque (f)
booking réservation (f)
bookshop librairie (f)
boot botte (f)
boot (of car) coffre (m)
border frontière (f)
to be bored s'ennuyer
boredom ennui (m)
boring ennuyeux/-euse, barbant
born (on + date) né(e) (le + date)
to be born naître
to borrow emprunter
boss chef (m), patron(ne) (m/f)
both tous les deux
bottle bouteille (f)
at the bottom en bas
at the bottom of au fond de
bowl bol (m)
bowling bowling (m)
bowls boules (f)
box (cardboard) boîte (f) (en carton)
boy garçon (m)
boyfriend petit ami/copain (m)
bracelet bracelet (m)
brakes freins (m pl)
bread pain (m)
bread roll petit pain (m)
break pause (f), récréation (f)
to break casser
to break down tomber en panne
breakfast petit déjeuner (m)
to breathe respirer
brick brique (f)
bride mariée (f)
bridegroom marié (m)
bridesmaid demoiselle d'honneur (f)
bridge pont (m)
brief bref/brève
bright (colour) vif/vive
brilliant génial
to bring apporter
to bring along/with you amener (person),
apporter (thing)
Brittany Bretagne (f)
brochure brochure (f)
broken cassé
brother frère (m)
brother-in-law beau-frère (m)
brown brun (hair, etc.)
brown marron (inv)
to brush (hair, etc) (se) brosser
(les cheveux/les dents)
bucket seau (m)
budgerigar perruche (f)
to build construire
builder maçon (m)
building bâtiment (m)
bulimia boulimie (f)
bull taureau (m)
bunk beds lits superposés (m pl)
to burn (CD) copier (un CD)
bus autobus (m), bus (m)
bus station gare routière (f)
bus stop arrêt (de bus/d'autobus) (m)
business, shop commerce (m)
businessman/woman homme/femme
d'affaires (m/f)
busy occupé
but mais
butcher boucher/-ère (m/f)
butcher's boucherie (f)
butter beurre (m)
button bouton (m)
to buy acheter
buyer acheteur (m)
by par
by chance par hasard (m)

C

cabbage chou (m)
café café (m), bistro(t) (m)
cage cage (f)
cake gâteau (m)
cake shop pâtisserie (f)

to calculate, to work out calculer
calculator calculatrice (f)
to call appeler
to be called s'appeler
calm tranquille
camcorder caméscope (m)
camera appareil photo (m)
to camp camper
campsite (terrain de) camping (m)
can (be able to) pouvoir
Canada, Canadian Canada (m),
canadien(ne)
to cancel annuler
candidate candidat (m)
canoeing canoë (m), canoë-kayak (m)
canteen cantine (f)
cap casquette (f)
capital capitale (f)
car voiture (f), auto (f)
car ferry ferry (m)
car park (multistorey/
underground) parking (m)
(à étages/souterrain)
caravan caravane (f)
carbon dioxide gaz carbonique (m)
card (credit/bank/identity) carte
(de crédit/bancaire/d'identité) (f)
cardboard carton (m)
career carrière (f)
to be careful faire attention
caretaker concierge (m/f)
carpet moquette (f), tapis (m)
carrot carotte (f)
to carry porter
cartoon (TV or film) dessin animé (m)
cashier caissier/-ière (m/f)
cashpoint distributeur automatique (m)
castle château (m)
cat chat(te) (m/f)
catastrophe catastrophe (f)
cathedral cathédrale (f)
cauliflower chou-fleur (m)
CD (compact disc) disque compact/CD (m)
CDT (design and technology) EMT
(éducation manuelle et technique) (f)
ceiling plafond (m)
to celebrate fêter
cellar cave (f)
cello violoncelle (m)
centimetre centimètre (m)
century siècle (m)
cereals céréales (f pl)
certain certain, sûr
certainly bien sûr
certificate certificat (m)
chair chaise (f)
championship championnat (m)
change changement (m)
change (small) monnaie (f)
to change (trains) changer
channel chaîne (f)
Channel Tunnel tunnel (sous la Manche)
(m)
character caractère (m),
personnage (m)
to charge faire payer
charity organisation caritative (f)
to chat bavarder
to chat online tchater (en ligne)
chat room forum (m)
chatty bavard
cheap bon marché, peu cher
to check contrôler, vérifier
check-in enregistrement (m)
checkout caisse (f)
cheers! à votre/à ta santé!
cheese fromage (m)
chef chef (m)
chemist pharmacien(ne) (m/f)
chemist's pharmacie (f)
chemistry chimie (f)
cherry cerise (f)
chess échecs (m pl)
chest poitrine (f)
chicken poulet (m)
child enfant (m/f)

childhood enfance (f)
China, Chinese Chine (f), chinois(e)
chips, fried potatoes pommes frites (f pl)
chocolate chocolat (m)
choice choix (m)
choir chœur (m), chorale (f)
to choose choisir
chop, cutlet côtelette (f)
christening baptême (m)
Christian chrétien(ne) (m/f)
Christmas Noël (m)
church église (f)
cider cidre (m)
cinema cinéma (m)
citizenship instruction civique (f)
city grande ville (f)
civil servant fonctionnaire (m/f)
clarinet clarinette (f)
class classe (f)
classic, classical classique
classmate camarade de classe (m/f)
classroom salle de classe (f)
clean propre
to clean (dry clean) nettoyer (nettoyer à sec)
cleaning lady femme de ménage (f)
clear transparent
to clear away débarrasser
to click cliquer
climate climat (m)
to climb grimper
to climb, to get on monter
cloakroom vestiaire (m)
clock horloge (f)
to close fermer
close, nearby proche
closed fermé
clothes vêtements (m pl)
cloudy nuageux/-euse
club (football/youth) club (de foot/des
jeunes) (m)
coach car (m)
coach station gare routière (f)
coal charbon (m)
coast côte (f)
coat manteau (m)
coconut coco (m)
coconut palm/tree cocotier (m)
coffee café (m)
coke, cola coca (m)
cold froid
cold (illness) rhume (m)
to have a cold être enrhumé
to collapse s'écrouler
collar col (m)
colleague collègue (m/f)
to collect collectionner, ramasser
collection collection (f)
colour couleur (f)
comb peigne (m)
to come venir
to come back revenir
to come down descendre
to come in entrer
comedy comédie (f)
comfort confort (m)
comfortable confortable
comic strip/book bande dessinée (BD) (f)
company entreprise (f), société (f)
compartment compartiment (m)
competition concours (m)
to complain se plaindre
completely complètement, tout à fait
complicated compliqué
compulsory obligatoire
computer ordinateur (m)
computer room salle d'informatique/de
technologie (f)
computer scientist informaticien(ne) (m/f)
computing informatique (f)
concert concert (m)
concert hall salle de spectacles (f)
conference conférence (f)
confidence confiance (f)
to confirm confirmer
to congratulate féliciter
congratulations! félicitations!

(train) connection correspondance (f)
(online) connection connexion (f)
to **contact** contacter
to **contain** contenir
cook, chef cuisinier/-ière (m/f)
to **cook (to bake)** faire cuire (au four)
cooked cuit
cooker (gas/electric) cuisinière (à gaz/électrique) (f)
cooking cuisine (f)
cool frais/fraîche
to **copy** copier
corkscrew tire-bouchon (m)
corner coin (m)
to **correct** corriger
corridor couloir (m)
cost coût (m)
to **cost** coûter
cotton coton (m)
cough toux (f)
to **cough** tousser
council housing HLM (habitation à loyer modéré) (f)
to **count (on)** compter (sur)
counter comptoir (m)
country pays (m)
(in the) country (à la) campagne (f)
countryside (scenery) paysage (m)
course stage (m), études (f pl)
cousin cousin(e) (m/f)
cow vache (f)
crab crabe (m)
cream (sun tan) crème (solaire) (f)
criminal criminel(le)
crisps chips (f pl)
to **criticise** critiquer
cross croix (f)
to **cross** traverser
crossing traversée (f)
crossroads carrefour (m)
crossword mots croisés (m pl)
cruise croisière (f)
to **cry** pleurer
cucumber concombre (m)
cup tasse (f)
cupboard placard (m)
curly (hair) frisé, bouclé
cursor curseur (m)
curtain rideau (m)
customer client(e) (m/f)
customs douane (f)
to **cut, to cut off (phone)** couper
cute mignon(ne)
CV CV (curriculum vitae) (m)
cyber bullying cyber harcèlement (m)
cycling cyclisme (m), vélo (m)
cyclist cycliste (m)

D

dad papa (m)
daily quotidien(ne)
dairy product produit laitier (m)
to **damage** endommager
to **dance** danser
danger danger (m)
dangerous dangereux/-euse
dark sombre, foncé (**colour**)
darts fléchettes (f pl)
date of birth date de naissance (f)
daughter fille (f)
day jour (m), journée (f)
all **day** toute la journée
the **day after tomorrow** après-demain
the **day before yesterday** avant-hier
day off jour de congé (m)
dead mort
dear cher/chère
death mort (f)
December décembre
to **decide** décider
decision décision (f)
deep profond
definitely certainement
deforestation déboisement (m)
degree degré (m) (**temperature, etc.**), licence (f) (**university**)

delay retard (m)
to **delete** effacer
delicatessen charcuterie (f)
delicious délicieux/-ieuse
delighted ravi, enchanté (**to meet**)
to **deliver** distribuer, livrer
demonstration manifestation (f)
Denmark, Danish Danemark (m), danois(e)
dentist dentiste (m/f)
to **depart** partir
department (in store) rayon (m)
department store grand magasin (m)
departure départ (m)
it **depends** ça dépend
depressed déprimé
to **describe** décrire
description description (f)
to **deserve** mériter
designer dessinateur/-trice (m/f)
desire envie (f)
to **desire** désirer
desk bureau (m)
destination destination (f)
to **destroy** détruire
detail détail (m), élément (m)
detective film film policier (m)
detention retenue (f)
to **dial the number** composer le numéro
diary agenda (m)
dictionary dictionnaire (m)
to **die** mourir
diesel gasoil (m)
diet régime (m)
diet (healthy) alimentation (f) (saine)
difference différence (f)
different différent
difficult difficile, pénible
difficulty difficulté (f)
digital numérique
dining room salle à manger (f)
dinner dîner (m)
to have **dinner** dîner
direction direction (f)
director directeur/-trice (m/f)
directory annuaire (m)
dirty sale
disadvantage désavantage (m), inconvénient (m)
disadvantaged people personnes défavorisées (f pl)
to **disappear** disparaître
disappointed déçu
disaster désastre (m)
disco discothèque (f), boîte (f)
discount réduction (f), remise (f)
to **discover** découvrir
discovery découverte (f)
to **discuss** discuter
disgusting dégoûtant
dish (of the day) plat (du jour) (m)
dishonest malhonnête
dishwasher lave-vaisselle (m)
to **disobey** désobéir
distant lointain
district quartier (m), arrondissement (**of large city**) (m)
to **disturb** déranger
diversion, detour déviation (f)
diving (scuba) plongée sous-marine (f)
to **divorce** divorcer
divorced divorcé
DIY bricolage (m)
to **do** faire
doctor docteur (m), médecin (m)
documentary documentaire (m)
dog chien(ne) (m/f)
doll poupée (f)
don't care! bof!
don't mention it de rien
(front) door porte (d'entrée) (f)
doorbell sonnette (f)
dormitory dortoir (m)
double bass contrebasse (f)
double bed grand lit (m)
to **doubt** douter
to **download** télécharger

downstairs en bas
dozen douzaine (f)
drama art dramatique (m)
draw (in sport) match nul (m)
to **draw** dessiner
drawer tiroir (m)
drawing dessin (m)
dream rêve (m)
to **dream** rêver
dress robe (f)
dressed (in) habillé, vêtu (de)
dressing gown robe de chambre (f)
drink boisson (f)
to **drink** boire
(non-) drinking water eau (non) potable (f)
to **drive** conduire, rouler
driver automobiliste (m/f), conducteur/-trice (m/f), chauffeur (de bus/camion/taxi) (m)
driving licence permis de conduire (m)
drug addict toxicomane (m/f)
drugs drogue (f)
drums batterie (f)
drunk ivre
dry sec/sèche
duck canard (m)
during pendant
dustbin poubelle (f)
on **duty** d'office
duvet couette (f)
DVD (player) (lecteur) DVD (m)
dynamic dynamique

E

e-reader liseuse (f)
each, each one chaque, chacun(e)
ear oreille (f)
early de bonne heure, tôt
ear plug bouchon d'oreille (m)
to **earn** gagner
earrings boucles d'oreilles (f pl)
earth terre (f)
earthquake tremblement de terre (m)
east est (m)
Easter Pâques (f)
easy facile
to **eat** manger
education enseignement (m)
egg (boiled/Easter) œuf (m) (à la coque/de Pâques)
eighth huitième
elder, eldest, first born aîné
electric électrique
electrician électricien(ne) (m/f)
electricity électricité (f)
electronic électronique
elephant éléphant (m)
e-mail mail/courrier électronique (m)
to **embarrass** gêner
emergency services les urgences (f pl)
(bank) employee employé(e) (m/f) (de banque)
empty vide
end fin (f)
at the **end of** au bout de
to **end** (se) terminer
energy énergie (f)
engaged fiancé, occupé (**busy**)
engine moteur (m)
engineer ingénieur (m)
England, English Angleterre (f), anglais(e)
English Channel Manche (f)
to **enjoy oneself** s'amuser
enjoy your meal bon appétit
enjoy your stay bon séjour
enjoyable agréable
enough assez (de)
that's **enough** ça suffit
to **enter** entrer
entertainment, things to do distractions (f pl)
enthusiasm enthousiasme (m)
entrance entrée (f)
envelope enveloppe (f)
environment environnement (m)
equal égal
equality égalité (f)

Anglais–français

equally également
equipment équipement (m)
to **erase** effacer
to **escape** s'échapper
especially surtout
essential essentiel(le)
euro euro (m)
Europe, European Europe (f), européen(ne)
European Union UE (Union européenne) (f)
even (if) même (si)
evening soir (m), soirée (f)
in the **evening** le soir
event évènement (m)
every tout
every day tous les jours
everybody tout le monde
everywhere partout
evident évident
exactly exactement, précisément
to **exaggerate** exagérer
exam examen (m)
example exemple (m)
except (for) sauf, à part
exceptional exceptionnel(le)
(school) **exchange** échange (m) (scolaire)
to **exchange** échanger
exchange bureau bureau de change (m)
exchange rate taux de change (m)
exciting passionnant
to **excuse** excuser
excuse me excuse(z)-moi
executive cadre (m)
exercise exercice (m)
exercise book cahier (m)
to **exhaust** épuiser
exhaust fumes gaz d'échappement (m pl)
exhibition exposition (f)
exit (emergency) sortie (f) (de secours)
expensive cher/chère
experienced expérimenté
experiment expérience (f)
to **explain** expliquer
explanation explication (f)
extra charge supplément (m)
extreme extrême
eye(s) œil (m) (yeux)

F

face figure (f), visage (m)
facilities aménagements (m pl)
in **fact** en fait
factory usine (f)
to **fail** échouer (à …), rater (un examen)
fair (funfair) fête (foraine) (f), foire (f)
fair (just) juste
to **fall** tomber
to **fall in love (with)** tomber amoureux (de)
false faux/fausse
family famille (f)
famous célèbre
fanatical about, fan of fana(tique) de
fantastic fantastique
far (from) loin (de)
far away, distant lointain
fare tarif (m)
farm ferme (f)
farmer fermier/-ière (m/f), agriculteur/
-trice (m/f)
fascinating passionnant
fashion mode (f)
out of **fashion** démodé
fashionable à la mode
fast rapide
fat gras(se), gros(se) (adj); matières grasses
(f pl)
father père (m)
father-in-law beau-père (m)
fault faute (f)
favourite favori(te), préféré
fear peur (f)
feast fête (f)
February février
to be **fed up** en avoir marre (de)
to **feed (pets)** donner à manger à
to **feel** (se) sentir
to **feel better** aller mieux

to **feel like (doing)** avoir envie (de faire)
feeling sentiment (m)
felt tip pen feutre (m)
festival fête (f), festival (m)
to have a **fever** avoir de la fièvre
a **few** quelques
field champ (m)
fifth cinquième
to **fight** lutter, se battre
figure (number) chiffre (m)
file classeur (m), dossier (m)
to **file** classer
to **fill (in)** remplir
to **fill up (petrol)** faire le plein
finally finalement
to **find** trouver
it's **fine (weather)** il fait beau
finger doigt (m)
to **finish** finir, (se) terminer
fire feu (m), incendie (m)
fire brigade pompiers (m pl)
fireman pompier (m)
firework display feu d'artifice (m)
firm entreprise (f)
first premier/-ière
first name prénom (m)
first of all d'abord
firstly premièrement
fish (goldfish) poisson (rouge) (m)
fish shop poissonnerie (f)
to go **fishing** aller à la pêche
fishing rod canne à pêche (f)
fit en forme
fizzy (of drink) gazeux/-euse
flag drapeau (m)
flame flamme (f)
flat (to live in) appartement (m)
flat (not hilly) plat
flesh chair (f)
flight vol (m)
flood inondation (f)
floor plancher (m)
floor (storey) (1st/2nd/upper, etc.) étage
(m) (1er/2e/supérieur, etc.)
florist fleuriste (m/f)
flour farine (f)
flower fleur (f)
flu grippe (f)
fluently couramment
flute flûte (f)
fly mouche (f)
to **fly** voler
fog brouillard (m)
folder, file dossier (m)
to **follow** suivre
following suivant
food alimentation (f), nourriture (f),
provisions (f pl)
foolish idiot
(on) **foot** (à) pied (m)
football football (m)
football boots chaussures de foot (f pl)
footpath chemin (m), allée (f)
footstep pas (m)
for pour
for (time) depuis, pendant
for example par exemple
for the moment pour l'instant
to **forbid** défendre
it is **forbidden** il est interdit, défense de
(+ infin.)
foreigner étranger/-ère (m/f)
forest forêt (f), bois (m)
to **forget** oublier
to **forgive** pardonner
fork fourchette (f)
form fiche (f), formulaire (m)
form (fitness) forme (f)
former ancien(ne)
formerly autrefois, anciennement
fortnight quinzaine (f), quinze jours (m pl)
fountain fontaine (f)
fourth quatrième
France, French France (f), français(e)
frankly franchement
free gratuit (**no charge**), libre (**not busy**)

free time loisirs (m pl), temps libre (m)
to **freeze** geler
freezer congélateur (m)
fresh frais/fraîche
Friday vendredi (m)
fridge frigo (frigidaire) (m)
friend ami(e) (m/f), copain/copine (m/f)
friendly amical, sympa, sympathique
to be **frightened (of)** avoir peur (de)
frightening effrayant
from de, de la part de (**a person**), à partir
de (**starting from**), depuis (**time**)
at the **front** à l'avant
in **front of** devant
frost gel (m), gelée (f)
fruit fruit (m)
full complet, plein (**not food**), j'ai assez
mangé (**have eaten enough**)
full board pension complète (f)
full-time à plein temps
fun amusant, drôle, marrant
funny comique, drôle, rigolo,
bizarre (**strange**)
fur fourrure (f)
furious furieux/-ieuse
furnished meublé
(piece of) **furniture** meuble (m)
furniture mobilier (m)
further to suite à
(in the) **future** (à l')avenir (m)

G

game (card/board/video) jeu (de cartes/de
société/vidéo) (m)
games console console de jeu (f)
games room salle de jeux (f)
garage, repair workshop garage (m)
garden jardin (m)
gardener jardinier/-ière (m/f)
gardening jardinage (m)
garlic ail (m)
gate barrière (f), grille (de sécurité) (f)
in **general, generally** en général,
généralement
generous généreux/-euse
gentle doux/douce
geography géographie (f)
Germany, German Allemagne (f),
allemand(e)
to **get** devenir (**become**), recevoir (**receive**),
obtenir (**obtain**)
to **get a sun tan** (se) bronzer
to **get angry** se fâcher, se mettre en colère
to **get by** se débrouiller
to **get dressed** s'habiller
to **get off** descendre
to **get on (with)** s'entendre (avec)
it **gets on my nerves** ça m'énerve
to **get on/in** monter sur/dans
to **get to know** faire la connaissance de
to **get up** se lever
to **get used to** s'habituer à
gift card carte-cadeau (f)
gifted, talented doué
ginger (hair) roux
girl fille (f)
girlfriend petite amie (f)
gîte gîte (f)
to **give** donner, offrir (**presents**)
to **give back** rendre
glad(ly) content, avec plaisir
glass (drink, material) verre (m)
glasses (sunglasses) lunettes (f pl)
(de soleil)
global warming réchauffement (m)
de la terre
glove gant (m)
to **go** aller
to **go along (in a car)** rouler
to **go away** s'en aller
to **go back** retourner
to **go back (home/school)** rentrer
to **go down** descendre
to **go for a walk** faire une promenade,
se promener
to **go in** entrer

to **go out** sortir
to **go shopping** faire les magasins (**e.g. clothes**), faire les courses (**e.g. food**)
to **go to bed** se coucher
to **go to sleep** s'endormir
to **go up, to climb** monter
to **go window shopping** faire du lèche-vitrine
goal but (m)
gold (en) or (m)
good bon(ne) (adj.), bien (adv.)
to be **good weather** faire beau
good at … fort en …
good evening bonsoir
good idea bonne idée
good luck bonne chance
good night bonne nuit
good value avantageux/-euse, d'un bon rapport qualité-prix
good will volonté (f)
goodbye au revoir
gram gramme (m)
grandchild petit(e)-enfant (m/f)
granddaughter petite-fille (f)
grandfather grand-père (m), pépé (m)
grandmother grand-mère (f), mémé (f)
grandparents grands-parents (m pl)
grandson petit-fils (m)
grape raisin (m)
grapefruit pamplemousse (m)
grass herbe (f)
grateful reconnaissant
great extra, formidable, génial, super
Great Britain, British Grande-Bretagne (f), britannique
Greece, Greek Grèce (f), grec/grecque
green vert
greenhouse effect effet de serre (m)
grey gris
to **grill** griller
grocer épicier/-ière (m/f)
grocer's shop épicerie (f)
ground terre (f)
ground floor rez-de-chaussée (m)
group (band) groupe (m), bande (f) (**friends**)
to **grow (plants)** cultiver
to **guess** deviner
guest invité(e) (m/f)
guilty coupable
guinea pig cobaye (m), cochon d'Inde (m)
guitar guitare (électrique) (f)
gymnasium gymnase (m)
gymnastics gymnastique (f)

H

habit habitude (f)
hair cheveux (m pl)
hairbrush brosse (f) à cheveux
hairdresser coiffeur/-euse (m/f)
hairdryer sèche-cheveux (m)
half demi, moitié (f)
half-board demi-pension (f)
half-time (sport) mi-temps (f)
hall (entrance) vestibule (m)
ham jambon (m)
hand main (f)
handle manche (m)
handy pratique
happiness bonheur (m)
happy content, heureux/-euse
Happy Birthday Bon anniversaire
Happy Christmas Joyeux Noël
Happy New Year Bonne année
Happy Saint's Day Bonne fête
harbour port (m)
hard difficile, dur
hardly à peine
hardworking travailleur/-euse
harm dommage (m)
hat chapeau (m)
to **hate** détester
to **have** avoir
to **have (tea/breakfast)** prendre (le goûter/le petit déjeuner)
to **have a break** faire une pause
have a good holiday bonnes vacances

have a good journey/trip bon voyage
to **have a lie-in** faire la grasse matinée
to **have to (must)** devoir
head tête (f)
headache mal à la tête (m)
headphones casque (m) baladeur
headteacher directeur/-trice (m/f)
health (in good/bad health) santé (en bonne/mauvaise santé) (f)
healthy sain, en bonne santé
heap tas (m)
to **hear** entendre
heart cœur (m)
heart attack crise cardiaque (f)
heat chaleur (f)
to **heat** chauffer
heating (central) chauffage (central) (m)
heavy (weight) lourd
height hauteur (f), taille (f) (**size**)
helicopter hélicoptère (m)
hello, good day bonjour, allô (**on phone**)
helmet casque (m)
help aide (f), secours (m)
help! au secours!
to **help** aider
helping hand coup de main (m)
helping (portion) portion (f)
here ici
here you are voici
to **hesitate** hésiter
hi salut
to **hide** cacher
high haut
to **highlight** surligner
high school (technical) lycée (m) (technique)
high speed train TGV (train à grande vitesse) (m)
hike randonnée (f)
hill colline (f)
to **hire** louer
historical historique
history histoire (f)
a **hit** tube (m)
to **hit** frapper
hobby passetemps (m)
hockey hockey (m)
to **hold** tenir
holiday vacances (f pl), jour férié (m) (**public**)
Holland, Dutch Hollande (f), hollandais(e)
home (at/going) à la maison, chez moi
home page page d'accueil (f)
homeless person sans-abri (m/f), SDF (sans domicile fixe) (m/f)
homework devoirs (m pl)
honest honnête
honey miel (m)
hooded top pull à capuche (m)
hooligan voyou (m)
to **hoover** passer l'aspirateur
hope espoir (m)
to **hope** espérer
horror film film d'horreur (m)
horse-riding équitation (f)
horse(s) cheval (pl chevaux) (m)
hospital hôpital (m)
hot chaud, piquant (**spicy**)
hot chocolate chocolat chaud (m)
hotel hôtel (m)
hour heure (f)
house (detached/semi/terraced) maison (individuelle/jumelée/mitoyenne) (f)
housewife/househusband femme/homme au foyer (f/m)
to do **housework** faire le ménage
how? comment?
how much/many? combien (de)?
how much is it? c'est combien? ça fait combien?
however cependant, pourtant
huge énorme
hugely énormément
human rights droits de l'homme (m pl)
humid humide
humour humour (m)

I

hunger faim (f)
to be **hungry** avoir faim, (**starving**) être affamé
to **hurry** se dépêcher
in a **hurry** pressé
to **hurt (e.g. my arm hurts)** faire mal
husband mari (m)
hyperlink lien (m)
hypermarket hypermarché (m)

i.e. i.e./c'est-à-dire
ICT informatique (f)
ice (black) verglas (m)
ice rink patinoire (f)
ice, ice cream glace (f)
to **ice-skate** faire du patinage/du patin à glace
ice-skating patinage (à glace) (m)
icon icône (f)
idea idée (f)
identity identité (f)
identity card carte/pièce d'identité (f)
if si
ill malade
illness maladie (f)
to **imagine** imaginer
immediately immédiatement, tout de suite
immigrant immigré(e) (m/f)
impolite impoli
important important
impossible impossible
to **improve** améliorer
in dans, en
incident incident (m)
included, including (y) compris, inclus
income revenu (m)
to **increase** augmenter
India, Indian Inde (f), indien(ne)
indifferent (I don't care!) cela m'est égal!
industrial industriel(le)
industry industrie (f)
to **inform (oneself)** (s')informer, (se) renseigner
information (office) (bureau des) renseignements (m pl)
inhabitant habitant (m)
to do **inline skating** faire du roller
insect insecte (m)
inside à l'intérieur, dedans
inspector inspecteur/-trice (m/f)
instead of au lieu de
instructor moniteur/-trice (m/f)
instrument instrument (m)
to **insult** insulter
to **intend** avoir l'intention de, compter
interest intérêt (m)
it doesn't **interest me** ça ne me dit rien
to be **interested in** s'intéresser à
interesting intéressant
interpreter interprète (m/f)
interview interview (f), entretien (m) (**job**)
to **introduce** introduire
investigation enquête (f)
invitation invitation (f)
to **invite** inviter
iPod ™ iPod ™ (m)
Ireland, Irish (Northern) Irlande (f), irlandais(e) (du Nord)
iron (metal) fer (m)
to **iron** faire du repassage
island île (f)
Italy, Italian Italie (f), italien(ne)

J

jacket veste (f), veston (m), blouson (m) (**casual**)
jam confiture (f)
January janvier
Japan, Japanese Japon (m), japonais(e)
jar pot (m)
jealous jaloux/-ouse
jeans jean (m)
jewel, piece of jewellery bijou (m)
jeweller's bijouterie (f)
Jewish juif/-ive

Anglais–français

job emploi (m), (petit) boulot (m)
job application demande d'emploi (f)
job offer/vacancy offre d'emploi (f)
joke, banter plaisanterie (f)
journey (return) voyage (m) (de retour), trajet (m) (**short**)
juice (fruit/orange) jus (de fruit/d'orange) (m)
July juillet
to **jump** sauter
jumper pull, pullover (m), tricot (m)
June juin
to be **just about to** être sur le point de
just now tout à l'heure

K

to **keep** garder
key clé, clef (f), touche (f) (**of keyboard**)
keyboard clavier (m)
keyring porte-clés (m)
kick coup de pied (m)
to **kill** tuer
kilometre kilomètre (m)
kind aimable, gentil(le)
kind regards amitiés (f), bien amicalement
kindness gentillesse (f)
kiosk kiosque (m)
to **kiss** embrasser, faire la bise
kitchen cuisine (f)
knee genou (m)
knife couteau (m)
knitting tricot (m)
to **knock** frapper
to **know** connaître (**a person**) savoir (**a fact**)

L

laboratory laboratoire (m)
ladder échelle (f)
lady dame (f)
lake lac (m)
lamb agneau (m)
lamp lampe (f)
to **land** atterrir
landscape paysage (m)
(cycle) **lane** piste (cyclable) (f)
bus **lane** couloir de bus (m)
(foreign) **language** langue (f) (étrangère)
laptop (ordinateur) portable (m)
last dernier/-ière
to **last** durer
at **last** enfin, finalement
late en retard
it is **late** il est tard
later plus tard
to **laugh (it makes me laugh)** rire (ça me fait rire)
law loi (f)
lawn pelouse (f)
lawyer avocat (m)
lazy paresseux/-euse
to **lead** mener
leaf (of paper) feuille (f) (de papier)
leaflet brochure (f), dépliant (m)
league ligue (f)
to **learn** apprendre
the **least** le moins
leather cuir (m)
to **leave (an object/behind)** laisser
to **leave (place)** quitter
to **leave (go away)** partir
(on the) **left** (à) gauche
left luggage (locker) consigne (f) (automatique)
leftovers restes (m pl)
leg jambe (f)
leisure activities loisirs (m pl), passetemps (m pl)
leisure centre centre de loisirs (m)
lemon citron (m)
lemonade limonade (f)
to **lend** prêter
less moins
less (than) moins (que)
lesson cours (m), leçon (f)
to **let** permettre (**allow**), louer (**rent out**)
letter lettre (f)

letter box boîte aux lettres (f)
lettuce laitue (f), salade (f)
level niveau (m)
level crossing passage à niveau (m)
library bibliothèque (f), CDI (centre de documentation et d'information) (m)
to **lie (tell lies)** mentir
to **lie (be lying down)** être couché
to **lie down** s'allonger
life vie (f)
lift ascenseur (m)
to **light** allumer
light lumière (f)
light clair (**colour**), léger (**weight/wind**)
lightning éclair (m)
like (as) comme
to **like (to)** aimer
I **like it (very much)** ça me plaît (beaucoup)
likeable sympa(thique), agréable
line ligne (f)
(online) **link** lien (m)
lion lion (m)
lip lèvre (f)
lipstick rouge à lèvres (m)
list liste (f)
to **listen (to)** écouter
litre litre (m)
little petit
a **little** un peu (de)
to **live** habiter, loger, vivre (**be alive**)
lively animé, vif/vive
living room salle de séjour (f)
to **load** charger
located situé
locked fermé à clef
logical logique
London Londres
long long(ue)
a **long time** longtemps
to **look after** s'occuper de
to **look at** regarder
to **look for** chercher
to **look forward to** attendre avec impatience
to **look like** ressembler à
to **look out onto** donner sur
lorry camion (m), poids lourd (m)
to **lose** perdre
lost perdu
lost property office bureau des objets trouvés (m)
a **lot (of)** beaucoup (de), plein de
lounge salon (m)
lousy nul(le)
to **love** aimer
love, in love with amour (m), amoureux de
low bas(se)
luck chance (f)
luggage bagages (m pl)
lunch déjeuner (m)
to have **lunch** déjeuner
lunch break pause de midi (f), pause-déjeuner (f)
luxurious luxueux/-euse

M

mad fou/folle
magazine magazine (m), revue (f)
magical magique
magnificent magnifique
mail (e-mail) courrier (électronique) (m), (mail (m))
main principal
main course plat principal (m)
main road route nationale (f)
majority plupart (f)
to **make (brand)** marque (f)
make-up maquillage (m)
man homme (m)
to **manage** se débrouiller (**get by**), diriger (**company**)
manager cadre (m), gérant (m)
manner (way) manière (f)
map carte (f), plan (de la ville) (m)
March mars
mark (out of 20) note (f) (sur 20)
market marché (m)

marketing marketing (m)
marmalade confiture d'oranges (f)
marriage mariage (m)
married marié
to get **married** se marier
to **marry** épouser
marvellous merveilleux/-euse
mashed potato purée (f)
match match (m)
material (fabric) tissu (m)
maths maths, mathématiques (f pl)
it doesn't **matter** ça ne fait rien
mature mûr
mauve mauve
May mai
maybe peut-être
mayor maire (m)
meal repas (m)
to **mean** vouloir dire
to **measure** mesurer
meat viande (f)
mechanic mécanicien(ne) (m/f)
media studies études (f pl) des médias
medication médicament (m)
Mediterranean Sea mer Méditerranée (f)
medium moyen(ne)
medium height/length de taille/longueur moyenne
medium rare à point
to **meet** rencontrer (**by chance**), se retrouver (**by intention**), aller chercher (**pick up, fetch**)
meeting réunion (f), rencontre (f) (**casual**), rendez-vous (m) (**at a place**)
member membre (m)
memory stick clé USB (f)
menu carte (f)
menu (fixed price/of the day) menu (à prix fixe/du jour)
set **menu** formule (f)
metal (en) métal (m)
metre mètre (m)
metro métro (m)
midday midi (m)
middle centre (m), milieu (m)
in the **middle of** au milieu de, en train de (faire)
midnight minuit (m)
mild doux/douce
milk lait (m)
mind esprit (m)
I don't **mind** ça m'est égal
mine à moi
minerals minéraux (m pl)
mineral water eau minérale (f)
mint (plant) menthe (f)
minus moins
minute minute (f)
mirror glace (f), miroir (m)
Miss mademoiselle (f)
to **miss** manquer, rater
mistake erreur (f), faute (f)
to **mistreat** maltraiter
mixed mixte
mobile phone portable (m)
mobile phone case étui (m) pour portable
model mannequin (m) (**fashion**), maquette (f) (**structure**)
moderate modéré
modern moderne
modern languages langues vivantes (f pl)
moment instant (m)
at the **moment** en ce moment
Monday lundi
(pocket) **money** argent (m) (de poche)
monkey singe (m)
month mois (m)
monthly mensuel(le)
mood (in a good/bad mood) humeur (f) (de bonne/mauvaise humeur)
moped vélomoteur (m), mobylette (f)
more plus (de), encore (de)
more (than) plus (que)
more or less à peu près
(in the) **morning** (le) matin (m)
Morocco, Moroccan Maroc (m), marocain(e)

mosque mosquée (f)
the most le plus
mother mère (f)
mother-in-law belle-mère (f)
motor moteur (m)
motorbike moto(cyclette) (f)
motorcyclist motocycliste (m)
motorway autoroute (f)
mountain montagne (f)
mountain bike VTT (vélo tout terrain) (m)
mountaineering alpinisme (m)
mouse souris (f)
mouse click clic (m)
mouth bouche (f)
mouthful bouchée (f)
to move bouger, remuer, rouler (**traffic**)
to move house déménager
moving émouvant
MP3 player lecteur MP3 (m)
Mrs madame (f)
much, many beaucoup (de)
mum maman (f)
museum musée (m)
mushroom champignon (m)
music (**classical/folk/pop**) musique
(classique/folklorique/pop) (f)
musician musicien(ne) (m/f)
Muslim musulman
mussel moule (f)
must (**to have to**) devoir
mustard moutarde (f)
mysterious mystérieux/-ieuse

N

narrow étroit
nasty méchant
national anthem hymne nationale (f)
nationality nationalité (f)
natural naturel(le)
naughty méchant
near (**to**) près de
nearby proche
it is necessary to il faut, il est nécessaire de
neck cou (m)
necklace collier (m)
to need avoir besoin de, il (me/etc.) faut
neighbour voisin(e) (m/f)
neighbourhood quartier (m)
neither non plus
neither ... nor ... ne ... ni ... ni ...
nephew neveu (m)
nervous nerveux/-euse
the Netherlands Pays-Bas (m pl)
(social) network réseau social (m)
never (ne ...) jamais
never mind tant pis
nevertheless pourtant, néanmoins
new nouveau/nouvel/nouvelle, neuf/neuve
New Year Nouvel an (m)
New Year's Day jour de l'an (m)
New Year's Eve Saint-Sylvestre (f)
news informations (f pl), nouvelles (f pl),
actualités (f pl)
newsagent's and bookshop maison de la
presse (f)
newspaper(s) journal (journaux) (m)
newspaper stand kiosque à journaux (m)
next ensuite, puis, prochain (adj.)
the next day le lendemain (m)
next year l'année prochaine (f)
next to à côté de
nice agréable, gentil(le), sympa
niece nièce (f)
(at) night (la) nuit (f)
nightclub boîte de nuit (f)
ninth neuvième
no non, (ne ...) pas de, (ne ...) aucun(e)
(**not any**)
no (**smoking/entry**) défense (de fumer/
d'entrer)
nobody (ne ...) personne
no doubt sans doute
no entry sens interdit (m), entrée
interdite (f)
no more ne ... plus
no one (ne ...) personne

no parking stationnement interdit (m)
noise bruit (m)
noisy bruyant
none ne ... aucun(e)
normally normalement
north nord (m)
North America Amérique du Nord (f)
nose nez (m)
not pas
not any ne ... aucun(e)
not any longer ne ... plus
not at all pas du tout
not much pas grand-chose
not until pas avant
not yet pas encore
note note (f), billet (m) (**bank**),
mot (m) (**message**)
to note noter
notebook carnet (m)
nothing (ne ...) rien
notice affiche (f), panneau (m)
to notice remarquer
novel roman (m)
November novembre
now maintenant
now and again de temps en temps
nowhere (ne ...) nulle part
number numéro (m), nombre (m) (de),
chiffre (m)
numerous nombreux/-euse
nurse infirmier/-ière (m/f)
nursery school (école) maternelle (f)
nut (**walnut**) noix (f)

O

obesity obésité (f)
object objet (m)
obliged obligé
obviously évidemment
occupied occupé
October octobre
of de
of course bien entendu, bien sûr
to offer offrir
office bureau (m)
often souvent
oil huile (f), pétrole (m)
OK (**agreeing**) d'accord
old âgé, vieux/vieil/vieille/vieux, ancien/ne,
avoir 16 ans (**to be 16 years old**)
old-fashioned démodé
omelette omelette (f)
on sur
on every side de chaque côté
on one hand/on the other hand d'un
côté/d'un autre côté
on special offer en réclame, en promotion
on the phone à l'appareil (m)
on the other hand par contre
on the other side de l'autre côté
on the way en route
on time à l'heure, de bonne heure
one more time encore une fois
one way sens unique (m)
onion oignon (m)
online en ligne
only ne ... que, seulement
only child enfant unique (m/f)
open ouvert
to open (s')ouvrir
open (**no obligation to buy**) entrée libre
in the open air en plein air
opening (**times**) (heures d')ouverture (f)
operation opération (f)
opinion avis (m), opinion (f)
in my opinion à mon avis (m)
opinion poll sondage (m)
opposite en face (de)
optimistic optimiste
or ou
orange orange (f) (**fruit**),
orange (inv.) (**colour**)
orchestra orchestre (m)
to order commander (**food, etc.**)
in order to pour (+ infin)
ordinary ordinaire

organisation organisation (f),
organisme (m)
other autre
otherwise autrement
outdoors en plein air
outing excursion (f)
outside (à l')extérieur (m), (en) dehors
(de), en plein air
(microwave) oven four (à micro-ondes) (m)
over par-dessus
over there là-bas
overcast (**weather**) couvert, gris
overloaded surchargé
overpopulated surpeuplé
to overtake doubler
own (adj.) propre
to own posséder
owner propriétaire (m/f)
oyster huître (f)
ozone layer couche d'ozone (f)

P

to pack faire les valises
packet paquet (m)
pain douleur (f)
to be in pain avoir mal
it's a pain in the neck c'est casse-pieds
painting peinture (f)
pair paire (f)
palace palais (m)
pale pâle
pan casserole (f)
pancake crêpe (f)
pancake restaurant/stall crêperie (f)
paper papier (m)
parcel colis (m), paquet (m)
parents parents (m pl)
park jardin public (m), parc (m), espace
vert (m)
to park garer, stationner
parking metre parc-mètre (m)
particular(ly) particulier, particulièrement
partner partenaire (m/f)
part-time à temps partiel
party fête (f), surprise-partie (f)
to pass (**exam**) réussir, être reçu
to pass by, to go passer
passenger passager (m), voyageur (m)
passer-by passant (m)
passport passeport (m)
password mot de passe (m)
to go past passer
(in the) past (dans le) passé (m)
pasta pâtes (f pl), nouilles (f pl)
pastime passetemps (m)
pâté pâté (m)
patient (**in hospital**) malade (m/f)
patient (adj.) patient
pavement trottoir (m)
paw patte (f)
to pay (**for**) payer
to pay attention faire attention
to pay back rembourser
PE EPS (éducation physique et sportive) (f)
peace paix (f)
peaceful paisible, tranquille
peach pêche (f)
pear poire (f)
peas petits pois (m pl)
pedal pédale (f)
pedestrian piéton(ne) (m/f)/(adj.)
pen stylo (m), bic (m)
pencil crayon (m)
penfriend correspondant(e) (m/f)
people gens (m pl), peuple (m)
pepper poivre (m)
per hour par heure
perfect parfait
perfume parfum (m)
perfume shop/department parfumerie (f)
perhaps peut-être
permission permission (f)
person personne (f), être humain (m)
personality personnalité (f)
pessimistic pessimiste
(unleaded) petrol essence (f) (sans plomb)

to **phone** téléphoner
photo(graph) photo (f)
photocopy photocopie (f)
photographer photographe (m/f)
photography photographie (f)
physical activity activité physique (f)
physics physique (f)
piano piano (m)
picnic piquenique (m)
picture image (f), tableau (m)
picturesque pittoresque
pie tarte (f)
piece morceau (m)
piece of paper feuille de papier (f)
(ear) **piercing** piercing (m) (à l'oreille)
pile tas (m)
pilot pilote (m/f)
pineapple ananas (m)
pink rose
pipe pipe (f) (**tobacco**), tuyau (m) (**plumbing**)
that's a **pity** c'est dommage (m)
place endroit (m), lieu (m)
to **place** poser
plan projet (m)
planned prévu
plant plante (f)
plaster sparadrap (m) (**sticking**), plâtre (m) (**cast**)
plastic (en) plastique (m)
plate assiette (f)
platform quai (m)
play (drama) pièce (f)
to **play (sport/instrument)** jouer à/de
player (person) joueur/-euse (m/f)
playground cour (f)
pleasant agréable
please s'il te/vous plaît
to **please** plaire
pleased content
(with) **pleasure** (avec) plaisir (m)
plum prune (f)
plumber plombier/-ière (m/f)
pocket poche (f)
to **point out** indiquer
Poland, Polish Pologne (f), polonais(e)
police police (f)
police chief commissaire (m) de police
police officer agent de police (m/f), policier/femme policier
police station commissariat (de police) (m), gendarmerie (f)
polite poli
polluted pollué
poor pauvre
pop (music) pop (m/f)
popular populaire
pork porc (m)
pork butcher's charcuterie (f)
port port (m), gare maritime (f)
Portugal, Portuguese Portugal (m), portugais(e)
positive positif/-ive
possible possible
to **post** mettre à la poste, poster
post poste (f) (**office**), courrier (m) (**mail**)
postcard carte postale (f)
postcode code postal (m)
poster affiche (f), poster (m)
postman facteur (m)
pot pot (m)
potato (boiled) pomme de terre (f) (à l'eau)
pound livre sterling (f)
poverty pauvreté (f)
powder poudre (f)
practical pratique
prawn crevette (f)
precious précieux/-ieuse
to **prefer** préférer
preference préférence (f)
to **prepare** préparer
present cadeau (m) (**gift**), présent (m) (**now**)
to **press** appuyer, pousser
the **press** presse (f)

pressure pression (f)
pretty joli
to **prevent** empêcher
price prix (m) (d'entrée) (**admission**), tarif (m) (réduit) (**reduced**)
to **print** imprimer
printer imprimante (f)
prison prison (f)
private privé
prize prix (m)
problem problème (m)
in the **process of** en train de
to **produce** produire
product produit (m)
profession métier (m), profession (f)
professional professionnel(le)
programme programme (**events**) (m), émission (f) (**TV**)
programmer (computer) programmeur/-euse (m/f)
progress progrès (m)
project projet (m), dossier (m) (**school**)
to **promise** promettre
proposal proposition (f)
to **protect** protéger
proud fier/fière
public public/-ique, municipal
public holiday jour férié (m)
public transport transports en commun (m pl)
to **pull** tirer
puncture crevaison (f)
pupil élève (m/f)
purchase achat (m)
purple violet(te)
purse portemonnaie (m)
to **push** pousser
to **put (down)** poser
to **put (on)** mettre, s'habiller en (**clothes**)
to **put back** remettre
to **put down (again)** reposer
to **put on make-up** se maquiller
to **put up with** supporter
pyjamas pyjama (m)

Q

qualification diplôme (m)
quality qualité (f)
quantity quantité (f)
quarter quart (m)
quay quai (m)
question question (f)
to **queue** faire la queue
quick(ly) rapide(ment), vite
quiet calme, tranquille
to be **quiet** se taire
quite assez
quite a lot of pas mal de
TV **quiz show** jeu télévisé (m)

R

rabbit lapin (m)
race course (f)
racism racisme (m)
racquet raquette (f)
(on the) **radio** (à la) radio (f)
railway chemin de fer (m)
rain pluie (f)
to **rain** pleuvoir
raincoat imper(méable) (m)
raining (heavily) il pleut (à verse)
rainy pluvieux
raised élevé(e)
raisin raisin (sec) (m)
rap rap (m)
rare (steak) saignant
rarely rarement
raspberry framboise (f)
rather plutôt
raw cru
RE éducation/instruction religieuse (f)
to **read** lire
reading lecture (f)
ready prêt
ready-cooked meal plat cuisiné (m)
real réel(le)

really franchement, vraiment
reason raison (f)
receipt reçu (m)
to **receive** recevoir
recent récent
recently récemment
reception réception (f)
receptionist réceptionniste (m/f)
recipe recette (f)
to **recommend** recommander
to **record** enregistrer
recorder (wind instrument) flûte à bec (f)
recyclable recyclable
to **recycle** recycler
recycling centre centre de recyclage (m)
red rouge
red (hair) roux/rousse
reduced réduit
reduction réduction (f)
redundant licencié
referee arbitre (m)
refugee réfugié (m)
to **refund** rembourser
refunded (être) remboursé
region région (f)
to **regret** regretter
regular régulier/-ière
relationships rapports (m pl), relations (f pl)
relatives parents (m pl)
to **relax** (se) détendre, se relaxer
religion religion (f)
religious religieux/-ieuse
to **rely on** compter sur
remainder reste (m)
to **remember** se rappeler, se souvenir de
remote control télécommande (f)
to **remove** enlever
renewable renouvelable
rent loyer (m)
to **rent** louer
rental (car) location (de voitures) (f)
repair réparation (f)
to **repair** réparer
to **repeat** répéter
to **replace** remplacer
reply réponse (f)
to **reply** répondre
report bulletin scolaire (m) (**school**), rapport (m) (**statement**)
representative représentant(e) (m/f)
to **research** rechercher
to **resemble** ressembler à
reservation réservation (f)
to **reserve** réserver
resident habitant (m)
to **respect** respecter
responsibility responsabilité (f)
responsible responsable
rest reste (m) (**remainder**), repos (m)
to **rest** (se) reposer
rest area (on motorway) aire de repos (f)
restaurant restaurant (m)
restaurant car wagon-restaurant (m)
result résultat (m)
to **retake a year (school)** redoubler
retired à la retraite
return aller-retour (m) (**ticket**), retour (m) (**journey**)
to **return** rentrer, revenir, retourner
to **revise** réviser
rewarding enrichissant
rice riz (m)
rich riche
(go for a) **ride (bike)** (faire une) promenade (f) à vélo
to **ride (horse)** monter à cheval
ridiculous ridicule
right bon(ne), correct
(on the) **right** (à) droite
to be **right** avoir raison
ring anneau (m), bague (f)
to **ring** sonner
ripe mûr
risk risque (m)
river rivière (f) (**small**), fleuve (m) (**large**)

river bank rivage (m)
road route (f), rue (f) (**street**)
road map carte routière (f)
roadworks travaux (m pl)
roast rôti
rock (music) rock (m)
rock climbing escalade (f)
roller skates patins à roulettes (m pl)
romantic film film romantique (m)
roof toit (m)
room place (f) (**space**), pièce (f), chambre (f) (double/de famille) (**in building**)
rose rose (f)
rotten moche
roughly à peu près
round rond
roundabout rond-point (m) (**traffic**), manège (m) (**fair**)
route (bus, etc.) ligne (f) (de bus, etc.)
to **rub out** effacer
rubbish déchets (m pl), ordures (f pl), détritus (m pl)
it was **rubbish** c'était nul
rucksack sac à dos (m)
rude impoli
rugby rugby (m)
rule, ruler règle (f)
rules, regulations règlement (m)
to **run** courir
running course (f) (**sport**)
rush hour heures d'affluence/ de pointe (f pl)
Russia, Russian Russie (f), russe

S

sad triste
safari park réserve (f)
to **safeguard** sauvegarder
safety sécurité (f)
to **sail** faire de la voile
sailing voile (f)
sailor matelot (m)
salad salade (f)
salami type sausage saucisson (m)
salary salaire (m)
sale vente (f)
sales soldes (m pl)
salmon saumon (m)
salt sel (m)
salty salé
same même
all the **same** quand même
at the **same time** à la fois, en même temps
sand sable (m)
sandal sandale (f)
sandwich sandwich (m)
sanitary towels serviettes hygiéniques (f pl)
sardine sardine (f)
satisfactory satisfaisant
satisfied satisfait
Saturday samedi (m)
sauce sauce (f)
sausage saucisse (f)
to **save** sauvegarder, sauver
to **save (money)** faire des économies (f pl), économiser
savoury salé
sax(ophone) saxo(phone) (m)
to **say** dire
scarf écharpe (f), foulard (m)
scary effrayant
scenery paysage (m)
school (primary/nursery/private) école (f) (primaire/maternelle/privée)
school (secondary 11–15 approx.) collège (m), CES (collège d'enseignement secondaire)
school (secondary 16–19 approx.) lycée (m)
school (year/uniform) (année/uniforme) scolaire
school bus car de ramassage (m)
school hall grande salle (f)
school report bulletin scolaire (m)
schoolbag cartable (m)
science sciences (f pl)

science-fiction (film) (film de) science-fiction (f)
scientist scientifique (m/f), homme/femme de science (m/f)
scissors ciseaux (m pl)
scooter scooter (m), mobylette (f)
to **score (a goal)** marquer (un but)
Scotland, Scottish Écosse (f), écossais(e)
scout scout (m)
screen écran (m)
to **scroll (down/up)** dérouler (en bas/en haut)
sea mer (f)
seafood fruits de mer (m pl)
seasickness mal de mer (m)
seaside bord (m) de la mer
seaside resort station balnéaire (f)
season saison (f)
seat place (f), siège (m)
seat belt ceinture de sécurité (f)
second deuxième, seconde
secretary secrétaire (m/f)
security sécurité (f)
to **see** voir
see you à plus tard
see you later à tout à l'heure
see you soon à bientôt
see you tomorrow à demain
to **seem (like)** paraître, sembler
to **seize** saisir
selfish égoïste
self-service libre-service (m), self (m) (**restaurant**)
to **sell** vendre
seller marchand(e) (m/f)
to **send** envoyer
sensational sensass, sensationnel(le)
sense of humour l'humour (m)
sentence phrase (f)
to **separate (couple)** se séparer
separated séparé
September septembre
serial (TV) feuilleton (m)
(police) **series** série (f) (policière)
serious grave, sérieux/-ieuse
to **serve** servir
service (not) included service (non) compris
service station station-service (f)
at your **service** à votre service
to **set off** se mettre en route
setting location (f)
to **settle** régler
seventh septième
several plusieurs
severe sévère
sewing couture (f)
sewing machine machine à coudre (f)
shade ombre (f)
shadow ombre (f)
to **shake hands** serrer la main
that's a **shame** (c'est) dommage (m)
shampoo shampooing (m)
shape forme (f)
to **share** partager
sheep mouton (m)
shelf étagère (f), rayon (m)
shell coquillage (m)
to **shine** briller
shipwreck naufrage (m)
shirt chemise (f)
shoe chaussure (f)
shop magasin (m), boutique (f), commerce (m)
shop assistant vendeur/-euse (m/f)
shop window vitrine (f)
shopkeeper commerçant (m)
shopping courses (f pl), shopping (m)
to go **shopping** faire des courses/des achats/ du shopping
shopping centre centre commercial (m)
shopping trolley chariot (m)
short court
shorts short (m), culotte (f)
short story, tale conte (m)
shoulder épaule (f)
to **shout, to scream** crier

show spectacle (m)
to **show** indiquer, montrer
shower douche (f)
to have a **shower** se doucher
shower (rain) averse (f)
showers/toilets block bloc sanitaire (m)
showing (at cinema) séance (f)
shutter volet (m)
shuttle (bus) navette (f)
shy timide
side bord (m), côté (m)
at the **side of** au bord de
sideboard buffet (m)
sign signe (m), panneau (m)
to **sign** signer
silent silencieux/-ieuse
silently silencieusement
silk soie (f)
silly bête, stupide
silver argent (m)
similar semblable
since depuis
since (because) puisque
to **sing** chanter
singer chanteur/-euse (m/f)
single (person) célibataire (adj) (n m/f)
single (ticket) aller simple (m)
single-parent monoparental
sir/Mr monsieur
sister sœur (f)
sister-in-law belle-sœur (f)
to **sit down** s'asseoir
site, place of interest site (m)
situated situé
to be **situated** se trouver, être situé
situation wanted demande (f) d'emploi
sixth sixième
in the **sixth form (in school)** en première, en terminale
sixth form college lycée (m)
size taille (f), pointure (f) (**shoes**)
to **skate** faire du patin
skateboard planche à roulettes (f)
skateboarding skate (m)
skating patinage (m)
to **ski** faire du ski (m)
skiing ski (m)
ski instructor moniteur/-trice de ski (m/f)
ski resort station de ski (f)
skin peau (f)
skinny maigre, mince
skirt jupe (f)
sky ciel (m)
slavery esclavage (m)
to **sleep** dormir
sleep (to be sleepy) sommeil (m) (avoir sommeil)
sleeping bag sac de couchage (m)
sleeping car wagon-lit (m)
slice tranche (f), rondelle (f) (**round**)
slim mince
slow(ly) lent(ement)
small petit
smart élégant, chic
smell odeur (f)
to **smell** sentir
to **smile** sourire
to **smoke** fumer
snack casse-croûte (m)
snack bar buffet (m), snack (m)
snail escargot (m)
snake serpent (m)
snooker snooker (m), billard (m)
snorkel tuba (m)
snow neige (f)
to **snow** neiger
snowboarding surf de neige (m)
so donc (**therefore**), alors (**well**)
so (tall, etc.) si, tellement
to **soak** tremper
soaked to the skin trempé jusqu'aux os
soap savon (m), feuilleton (m) (**TV serial**)
social media médias sociaux (m pl)
social network réseau (social) (m)
social worker assistant social (m)
society société (f)

Anglais–français

sock chaussette (f)
socket prise (f) (de courant)
sofa canapé (m)
soldier militaire, soldat (m)
some du/de la/de l'/des, quelques
somehow (or other) d'une façon ou d'une autre
someone quelqu'un
something quelque chose
sometimes parfois, quelquefois
somewhere quelque part
son fils (m)
(pop) **song** chanson (f) (pop)
soon bientôt
to have a **sore throat** avoir mal à la gorge
sorry désolé, excusez-moi, pardon
to be **sorry** regretter
sort, kind espèce (f)
so-so comme ci comme ça
sought after recherché
sound son (m)
soup soupe (f), potage (m)
south sud (m)
South America Amérique du Sud (f)
the **south of France** Midi (m)
souvenir souvenir (m)
space espace (m)
spacious spacieux/-ieuse
spaghetti spaghettis (m pl)
Spain, Spanish Espagne (f), espagnol(e)
to **speak** parler
speaking (on phone) à l'appareil (m)
special spécial
special offer offre spéciale (f), réclame (f), promotion (f)
speciality spécialité (f)
spectator spectateur (m)
speed vitesse (f)
to **spend (money)** dépenser
to **spend (time doing sth)** passer (le temps à faire qch)
spicy épicé
spinach épinards (m pl)
spirit esprit (m)
in **spite of** malgré
to **spoil** gâcher
spoon cuillère (f), cuiller (f)
to do **sport** pratiquer un sport
sport (winter/water) sport (m) (d'hiver/nautique)
sports centre centre sportif (m)
sports equipment articles de sport (m pl)
sports ground terrain de sport (m)
sports shirt maillot de sport (m)
sporty sportif/-ive
(in) **spring** (au) printemps (m)
sprouts choux de Bruxelles (m pl)
square (shape) carré
(market) **square** place (f) (du marché)
stadium stade (m)
staff room salle des professeurs (f)
stair marche (f)
staircase escalier (m)
stamp timbre (m)
to **stand up** se lever
(to be) **standing** (être) debout
star étoile (f) (**in sky**), vedette (f), star (f) (**celebrity**)
start début (m)
to **start** commencer (**begin**), démarrer (**car**)
starter entrée (f), hors-d'œuvre (m)
state état (m)
station gare (f) (**train**), station (f) (de métro)
stationer's papèterie (f)
stay séjour (m)
to **stay** rester, loger
stay on the line (phone) ne quittez pas
steak bifteck (m)
to **steal** voler
steel acier (m)
to **steer** diriger
stepbrother beau-frère (m), demi-frère (m)
stepfather beau-père (m)
stepmother belle-mère (f)
stepsister belle-sœur (f), demi-sœur (f)

to **stick** coller
still encore, toujours
sting piqûre (f)
stomach ventre (m), estomac (m)
stomach ache mal à l'estomac
stone pierre (f)
(bus) **stop** arrêt (m) de bus
to **stop** (s')arrêter, cesser de (**doing something**)
storey (see floor) étage (m)
storm tempête (f)
stormy orageux/-euse
story histoire (f)
straight (ahead) (tout) droit
straight (hair) raide
straight away tout de suite
strange étrange
stranger étranger/-ère (m/f)
straw paille (f)
strawberry fraise (f)
street rue (f)
strict sévère
striped rayé
strong fort
student étudiant(e) (m/f)
studies études (f pl)
study bureau (m) (**room**), étude (f) (**work period**)
to **study** étudier, faire des études
to **study for an exam** préparer un examen
stuff affaires (f pl)
stupid idiot, stupide, bête
stupid thing bêtise (f)
subject sujet (m)
school **subject (option/core)** matière (f) (facultative/obligatoire)
subtitled sous-titré
suburb banlieue (f)
to **succeed** réussir à, être reçu
success succès (m)
such tel(le)
suddenly soudain, tout à coup
to **suffer** souffrir
sufficiently suffisamment
sugar sucre (m)
to **suggest** proposer, suggérer
suit (men's) complet (m)
suitcase valise (f)
sum calcul (m), somme (f) (**total**)
(in) **summer** (en) été (m)
summer camp colonie de vacances (f), camp d'ado (m) (**teenage camp**)
summit sommet (m)
sun soleil (m)
sunburn coup de soleil (m)
Sunday dimanche (m)
sunny ensoleillé
sunny interval éclaircie (f)
superb superbe
superior supérieur
supermarket supermarché (m)
to **supervise** surveiller
supplement supplément (m)
sure sûr, certain
to **surf (the internet)** surfer (sur internet)
surfboard planche de surf (f)
to go **surfing** faire du surf (m)
surgery cabinet (m)
surname nom (de famille) (m)
surprise surprise (f)
to **surprise** surprendre
surprising étonnant
surrounded (by) entouré (de)
survey enquête (f), sondage (m)
survivor survivant (m)
sweater pull (m), pullover (m)
sweatshirt sweat(shirt) (m)
sweet sucré (adj)
sweets bonbons (m pl), sucreries (f pl)
sweet shop confiserie (f)
to **swim** nager, se baigner
swimming natation (f)
swimming pool (open air) piscine (f) (en plein air)
swimsuit maillot de bain (m)
to **switch on** allumer

Switzerland, Swiss Suisse (f), suisse

T

table table (f)
tablet (computer) tablette (f)
table tennis tennis de table (m)
tablecloth nappe (f)
tablet (medication) comprimé (m)
to **take** prendre
to **take (an exam)** passer
to **take drugs** se droguer
to **take off (plane)** décoller
to **take out for a walk (dog)** promener
to **take part** participer
takeaway meal repas à emporter (m)
to **talk** parler
talkative bavard
tall grand, haut
tap robinet (m)
tart tarte (f)
task tâche (f)
taste goût (m)
to **taste (good/bad)** avoir bon/mauvais goût
to **taste (try)** déguster, goûter à
tasting (of food) dégustation (f)
tattoo tatouage (m)
tax taxe (f)
taxi taxi (m)
taxi stand station de taxi (f)
tea goûter (m) (**afternoon snack**), thé (m) (**drink**)
to **teach** enseigner
teacher professeur (m), instituteur/-trice (m/f) (**primary school**)
team équipe (f)
to **tear** déchirer
technical college collège/lycée technique (m)
technician technicien(ne) (m/f)
technology technologie (f)
teenager/adolescent ado, adolescent(e) (m/f)
telephone téléphone (m)
telephone directory annuaire (m)
telephone call coup de téléphone (m)
television télévision (f), téléviseur (m) (**TV set**)
to **tell** raconter
temperature température (f)
to have a **temperature** avoir de la fièvre (f)
tennis tennis (m)
tent tente (f)
tenth dixième
term trimestre (m)
terms of employment conditions de travail (f pl)
terrace terrasse (f)
terrible affreux/-euse, terrible
test contrôle (m), épreuve (f)
text texte (m), texto (m)
to **text** envoyer un SMS
to **thank** remercier
thank you merci
that ça, cela
that is to say c'est-à-dire
theatre théâtre (m)
theft vol (m)
theme thème (m)
theme park parc d'attractions (m)
then alors, ensuite, puis, à ce moment-là
there y, là, voilà (**there you are**)
there is/are il y a
thermometer thermomètre (m)
thick épais(se)
thief voleur (m)
thin mince, maigre
thing chose (f)
things affaires (f pl)
to **think** penser, réfléchir, croire (**believe**)
third troisième
third (fraction) tiers (m)
to be **thirsty** avoir soif (f)
to **threaten** menacer
thriller roman/film à suspense (m)
throat gorge (f)
through par, à travers

to **throw (away)** lancer, jeter
thunder tonnerre (m)
thunderstorm orage (m)
Thursday jeudi (m)
ticket billet (m)
ticket inspector contrôleur (m)
ticket office guichet (m)
tide marée (f)
to **tidy up** ranger
tie cravate (f)
tight étroit, serré
till caisse (f)
time fois (f) (**occasion**), heure (f) (**clock**), temps (m) (**to do something**)
from **time to time** de temps en temps
one more **time** une fois de plus, encore une fois
timetable emploi du temps (m), horaire (m)
tin boîte (f)
tin opener ouvre-boîte (m)
tip astuce (f) (**suggestion**), pourboire (m) (**money**)
tired fatigué
tiredness fatigue (f)
tiring fatigant
to **à**, en, pour (**in order to**)
toast pain grillé (m), toast (m)
toasted sandwich (with cheese and ham) croque-monsieur (m)
toaster grille-pain (m)
tobacco, tobacconist/stamp seller tabac (m), bureau de tabac (m)
today aujourd'hui
together ensemble
toilet paper papier toilette (m)
toilets toilettes (f pl), W-C (m pl)
to **tolerate** supporter
toll (motorway) péage (m)
tomato tomate (f)
tomorrow demain
too (much) trop
too bad tant pis
tools outils (m pl)
tooth dent (f)
to have **toothache** avoir mal aux dents
toothbrush brosse à dents (f)
toothpaste dentifrice (m)
top sommet (m) (**hill, mountain**), haut (m) (**clothing, page, wall, ladder**)
at the **top** en haut, au sommet
topic sujet (m)
tortoise tortue (f)
to **touch** toucher
touch screen écran tactile (m)
tour tour (m), visite (guidée) (f)
to go on **tour** faire une tournée (f)
tourism tourisme (m)
tourist touriste (m/f)
tourist boat on Seine bateau-mouche (m)
tourist information office bureau d'accueil/des renseignements (m), office de tourisme (m), syndicat d'initiative (m)
touristy touristique
towards vers
towel serviette (f)
tower tour (f)
town ville (f)
town centre centre-ville (m)
town hall hôtel de ville (m), mairie (f)
toy jouet (m)
track piste (f)
tracksuit jogging (m), survêtement (m)
tractor tracteur (m)
traffic circulation (f)
traffic jam embouteillage (m)
traffic lights feux (m pl)
tragedy tragédie (f)
tragic tragique
train (transport) train (m)
to **train (sport/music)** s'entraîner, s'exercer
trainee stagiaire (m/f)
trainers baskets (f pl), tennis (f pl)
training formation (f)
training course stage (m)
tram tramway (m)
to **translate** traduire

to **travel** voyager
travel agent's agence de voyages (f)
traveller voyageur (m)
tray plateau (m)
treatment traitement (m)
tree arbre (m), sapin de Noël (m) (**Christmas**)
trip excursion (f), randonnée (f), séjour (m), sortie (f), tour (m)
trombone trombone (m)
troublesome pénible
trousers pantalon (m)
trout truite (f)
true vrai
trumpet trompette (f)
truth vérité (f)
to tell the **truth** à vrai dire
to **try (to)** essayer (de +infin)
T-shirt tee-shirt (m)
tube tube (m), métro (m) (**underground**)
Tuesday mardi (m)
tuna thon (m)
Tunisia, Tunisian Tunisie (f), tunisien(ne)
turkey dinde (f)
to **turn** tourner
to **turn off (light, etc.)** éteindre
to **turn on (light, etc.)** allumer
TV viewer téléspectateur (m)
twin jumeau/jumelle (m/f)
twinned jumelé
type (kind) genre (m)
to **type** taper
typical typique
tyre pneu (m)

ugly laid, vilain, moche
umbrella parapluie (m)
unbelievable incroyable
uncle oncle (m)
under sous, en dessous (de)
underground métro (m)
underground station station de métro (f)
to **understand** comprendre
unemployed au chômage, sans travail, chômeur
unemployment chômage (m)
unfit pas en forme
unforgettable inoubliable
unfortunately malheureusement
unhappy malheureux/-euse, mécontent
uniform uniforme (m)
uninteresting sans intérêt
United Kingdom Royaume-Uni (m)
United States États-Unis (m pl)
university université (f), fac(ulté) (f)
unknown inconnu
unleaded sans plomb
to **unpack** défaire les valises
unpleasant désagréable
untidy désordonné
until jusqu'à (ce que)
to **update** renouveler
to **upload** mettre en ligne
up there là-haut
upstairs en haut, au premier/deuxième/etc. étage
urgent urgent
USB stick clé USB (f)
to **use** se servir de, utiliser, employer
useful pratique, utile
useless inutile
usual habituel(le)
usually d'habitude

Valentine's Day Saint-Valentin (f)
valid valable
to **validate (bus/rail ticket)** composter
valley vallée (f)
valuable d'une grande valeur
value valeur (f)
van (delivery) camionnette (f)
vandalism vandalisme (m)
vanilla vanille (f)
variable variable

VAT (value added tax) TVA (taxe sur la valeur ajoutée) (f)
veal veau (m)
vegan végétaliste (m/f)
vegetable légume (m)
vegetable garden potager (m)
vegetarian végétarien(ne) (m/f)
vehicle véhicule (m)
version version (f)
very très
very near tout près
vet vétérinaire (m/f)
victim victime (m/f)
(sea) **view** vue (f) (sur la mer)
village village (m)
vinegar vinaigre (m)
violin violon (m)
visit visite (f)
to **visit** visiter (**place**), rendre visite à (**people**), aller sur un site (**internet**)
visitor visiteur/-euse (m/f)
vitamin vitamine (f)
vocabulary vocabulaire (m)
voice voix (f)
voice mail messagerie vocale (f)
volleyball volley (m)
voluntary/unpaid (work) (travail) bénévole (m), bénévolat (m)
volunteer volontaire (m/f)

to **wait** attendre
waiter/waitress serveur/-euse (m/f)
waiting period délai (m)
waiting room salle d'attente (f)
to **wake up** se réveiller
Wales, Welsh pays de Galles (m), gallois(e)
to **walk** marcher, promener (le chien)
to have a **walk** se promener, faire une promenade
wall mur (m), muraille (f)
wallet portefeuille (m)
wallpaper papier peint (m)
to **want (to)** vouloir, désirer
war guerre (f)
war film film de guerre (m)
wardrobe armoire, garde-robe (f)
to **warn** prévenir, avertir (**inform**)
warning (notice) avertissement (m)
to **wash** (se) laver
to **wash up** faire la vaisselle
washbasin lavabo (m)
washing machine machine à laver (f), lave-linge (m)
wasp guêpe (f)
to **waste** gaspiller
watch montre (f)
to **watch** regarder
mineral **water** eau minérale (f)
tap **water** eau du robinet (f)
to go **waterskiing** faire du ski nautique (m)
wave (sea) vague (f)
wavy ondulé
way façon (f), manière (f)
way out sortie (f)
WC WC (m pl)
weak, no good (at …) faible (en …)
to **wear** porter
wearing on head (être) coiffé de
weather temps (m)
weather forecast météo (f), prévisions météo (f pl)
the **web** web (m)
webcam webcam (f)
web designer créateur/-trice de sites internet (m/f)
web/home page page (f) web/d'accueil
webmail web-mail (m)
website site (web) (m)
wedding mariage (m), noces (f pl)
Wednesday mercredi (m)
week semaine (f)
weekend weekend (m)
to **weigh** peser
weight gain prise (f) de poids
welcome accueil (m), bienvenue (f)
well alors

Anglais–français

to be **well** aller bien
well behaved sage
well cooked bien cuit
well done! bravo!
well equipped bien équipé
well paid bien payé
west ouest (m)
wet mouillé
what? qu'est-ce que? qu'est-ce qui? quoi?
what a shame quel dommage
what day is it? c'est quel jour?
what does … mean? que veut dire … ?
what is it? qu'est-ce que c'est?
what is the date? c'est quelle date?
what's the matter? qu'est-ce qu'il y a?
what time is it? quelle heure est-il?
wheel roue (f)
when quand, lorsque
where (from)? (d')où?
which colour? de quelle couleur?
which? which one(s)? quel(s)/quelle(s)?, lequel/laquelle/lesquel(le)s?
whilst pendant que
whilst waiting for en attendant
white blanc/blanche
whiteboard (interactive) tableau blanc (interactif) (m)
who? qui?
whole entier/entière
why? pourquoi?
wide large
widow, widower veuve (f), veuf (m)

wife épouse (f), femme (f)
Wi-Fi wifi (m)
wild sauvage
to **win** gagner, remporter (un prix) (**a prize**)
wind vent (m)
window fenêtre (f), vitre (f) (**of car**), vitrine (f) (**of shop**)
to **windsurf** faire de la planche à voile
windsurfing planche à voile (f)
it's **windy** il y a du vent
wine vin (m)
(in) **winter** (en) hiver (m)
wish désir, souhait, vœu (m)
to **wish** vouloir, souhaiter
with avec
without sans
witness témoin (m)
woman femme (f)
wonderful merveilleux/-euse
wood bois (m)
wool laine (f)
word mot (m), parole (f)
word processing traitement de texte (m)
work travail (m), boulot (m) (**job**)
to **work** travailler
to **work (function)** marcher, fonctionner
to **work out (gym)** faire de la musculation
work experience stage (en entreprise) (m)
worker ouvrier/-ière (m/f)
workshop atelier (m)
world monde (m)
worldwide mondial

worried inquiet/-iète
worry ennui (m), souci (m)
worse pire
the **worst** le pire
it is **worth (the trouble)** cela vaut (la peine)
wrapping (paper) papier d'emballage (m)
to **wrap up (parcel)** emballer
to **write** écrire
writer écrivain(e) (m/f), auteur(e) (m/f)
wrong faux/fausse, incorrect, mauvais
to be **wrong** avoir tort
wrong number faux numéro (m)

Y

year an (m), année (f)
in **Year 7/11/12/13** en sixième/seconde/première/terminale
yellow jaune
yes oui, si (**after negative, contradicting**)
yesterday hier
(not) **yet** (pas) encore
yoghurt yaourt (m)
young jeune
younger (sibling) cadet(te)
youth les jeunes (m pl), jeunesse (f)
youth club club/centre des jeunes (m), maison des jeunes (f)
youth hostel auberge de jeunesse (f)

Z

zone (pedestrian) zone (piétonne) (f)
zoo jardin zoologique (m), zoo (m)

Solution: Test-santé (page 90): Pour chaque réponse: **A** 3 points; **B** 2 points; **C** 1 point.
13–15 Vous mangez très bien – félicitations!
10–12 Vous mangez bien.
7–9 Vous ne suivez pas un régime très équilibré – faites un effort!
0–6 Hmmm – réfléchissez à votre régime tout de suite!

OXFORD
UNIVERSITY PRESS

Great Clarendon Street, Oxford, OX2 6DP, United Kingdom

Oxford University Press is a department of the University of Oxford.

It furthers the University's objective of excellence in research, scholarship, and education by publishing worldwide.
Oxford is a registered trade mark of Oxford University Press in the UK and in certain other countries

Text © Sylvia Honnor, Heather Mascie-Taylor and Michael Spencer

Illustrations © Oxford University Press

The moral rights of the authors have been asserted

Tricolore 4A & 4B first published in 1985 by E.J. Arnold and Sons Limited
Encore Tricolore Stage 4 first published in 1995 by Thomas Nelson and Sons Limited
Encore Tricolore Stage 5 first published in 1996 by Thomas Nelson and Sons Limited
Encore Tricolore nouvelle édition Stage 4 first published in 2000 by Thomas Nelson and Sons Limited
Tricolore Total 4 first published in 2010 by Nelson Thornes Ltd
Tricolore 5e edition 4 first published in 2016 by Oxford University Press

British Library Cataloguing in Publication Data

Data available

978 0 1983 7475 6

10 9 8 7 6 5 4

Paper used in the production of this book is a natural, recyclable product made from wood grown in sustainable forests.

The manufacturing process conforms to the environmental regulations of the country of origin.

Printed in India by Manipal Technolgies Limited

Acknowledgements

The authors and publisher would like to thank the following for permission to reproduce material:

Cover illustration: Fotosearch/Getty Images

p6(L): Alamy; p6(R): Design Pics Inc/Alamy Stock Photo; p8(TL): Images Europe/Alamy Stock Photo; p8(BL): Image Source Plus/Alamy Stock Photo; p8(TR): Cultura RM/Alamy Stock Photo; p8(BR): Catchlight Visual Services/Alamy Stock Photo; p9(TL): Cultura Images; p9(B): Nancy Honey/Corbis; p9(TR): Ariadne Van Zandbergen/Alamy Stock Photo; p10(L): Bernard Jaubert/Age fotostock; p10(CL): Golden Pixels LLC/Alamy Stock Photo; p10(CR): iStockphoto; p10(R): Fancy Collection/Superstock; p11: Image Source/Alamy Stock Photo; p12: Peter Dazeley/Getty Images; p13: Morsa Images/Getty Images; p14(TL): Garden Photo World/Alamy Stock Photo; p14(BL): Bruno De Hogues/Getty Images; p14(TR): Mmac72/iStockphoto; p14(CR): Rodney Hyett/Getty Images; p14(BR): Sylvia Honnor; p15(T): John Foxx/Getty Images; p15(B): Heather Mascie Taylor; p16: Margouillat Photo/Shutterstock; p17(TR): Hemant Mehta/Age fotostock; p17(TL): Aqabiz/iStockphoto; p17(BL): Biju Boro/AFP/Getty Images; p18(TL): Camera Lucida Lifestyle/Alamy Stock Photo; p18(TR): Elena Shashkina/Shutterstock; p18(BL): Tony Barson/Getty Images; p25(T): Oleg Znamenskiy/Shutterstock; p25(C): M@rcel/Alamy Stock Photo; p25(B): Universal Images Group/Getty Images; p26(T): Godong/UIG/Getty Images; p26(CL): Izzet Keribar/Getty Images; p26(BL): ImageBroker/Superstock; p26(TR): Loflo69/iStockphoto; p26(CR): Paul Raftery/Age fotostock; p26(BR): Ask Images/Alamy Stock Photo; p28: Dragon Images; p30: Directphoto Collection/Alamy Stock Photo; p31a: Heather Mascie Taylor; p31b: Heather Mascie Taylor; p31c: Heather Mascie Taylor; p31d: Heather Mascie Taylor; p31e: Heather Mascie Taylor; p31f: Heather Mascie Taylor; p31g: Heather Mascie Taylor; p31h: Heather Mascie Taylor; p31i: Heather Mascie Taylor; p31j: Heather Mascie Taylor; p32: Incamerastock/Alamy Stock Photo; p36: Monkey Business Images/Shutterstock; p37(T): Henri Bureau/Sygma/Corbis; p37(B): Keystone-France/Gamma-Keystone/Getty Images; p43(T): Andrii Shevchuk/Alamy Stock Photo; p43(B): Incamerastock /Alamy Stock Photo; p44a: Juanmonino/iStockphoto; p44b: Chris Schmidt/iStockphoto; p44c: Chris Schmidt/iStockphoto; p44d: iStockphoto; p44e: Jane/iStockphoto; p44f: Keith Binns/iStockphoto; p46: TongRo Images/Alamy Stock Photo; p49: Monkey Business Images/iStockphoto; p50(TL): Heather Mascie Taylor; p50(TR): Chris Schmidt/iStockphoto; p50(TC): Heather Mascie Taylor; p50(CB): Heather Mascie Taylor; p50(BL): Heather Mascie Taylor; p51: Monkey Business Images/Shutterstock; p52a: Bertrand Guay/AFP/Getty Images; p52b: DisneylandParis; p52c: DisneylandParis; p52d: Blaize Pascall/Alamy Stock Photo; p52e: DisneylandParis; p52f: DisneylandParis; p52g: DisneylandParis; p52(B): StockerSteve/iStockphoto; p54: Compassandcamera/iStockphoto; p55: Image Source/Getty Images; p56(L): J Marshall - Tribaleye Images/Alamy Stock Photo; p56(R): Quavondo/iStockphoto; p61: Photographee.eu/Shutterstock; p62(T): Peter Titmuss/Alamy Stock Photo; p62(C): Robert Fried/Alamy Stock Photo; p62(B): Kone/iStockphoto; p63(T): DRB Images, LLC/iStockphoto; p63(B): Mark Burnett/Alamy Stock Photo; p64(TR): David Simson; p64(CL): David Simson; p64(CR): David Simson; p64(BR): PjrTransport/Alamy Stock Photo; p65(TL): David Simson; p65(TR): David Simson; p67: Paul Springett A/Alamy Stock Photo; p69(T): Gordana Sermek/Shutterstock; p69(B): Jack Hollingsworth/Getty Images; p70(TR): Heather Mascie Taylor; p70(TL): Robert Harding/Alamy Stock Photo; p70(CL): Heather Mascie Taylor; p70(CR): Heather Mascie Taylor; p70(BL): Heather Mascie Taylor; p70(BR): Heather Mascie Taylor; p71(T): Dinodia Photos/Alamy Stock Photo; p71(B): &#169 Wojciech Gajda/iStockphoto; p72a: Pamela Moore/iStockphoto; p72b: Monkey Business Images/Shutterstock; p72c: &#169 Wojciech Gajda/iStockphoto; p72d: Alexandre Zveiger/iStockphoto; p72e: Piksel/iStockphoto; p72f: Imagine/Fotolia; p72g: PT Images/Shutterstock; p72h: Galina Barskaya/Shutterstock; p72i: Herkisi/Getty Images; p73: JGI/Jamie Grill/Getty Images; p75: Mattasbestos/Shutterstock; p76(TL): Olivier Blondeau/iStockphoto; p76(TC): iStockphoto; p76(TR): Skip Odonnell/iStockphoto; p76(BL): Juanmonino/iStockphoto; p79: Interfoto/Alamy Stock Photo; p85(T): Ray Roberts/REX/Shutterstock; p85(B): Phil Boorman/Science Photo Library; p86(TL): Heather Mascie Taylor; p86(TR): Heather Mascie Taylor; p86(CL): Heather Mascie Taylor; p86(CR): Sylvia Honnor; p86(BL): Sylvia Honnor; p86(BR): Heather Mascie Taylor; p87: Nick Hanna/Alamy Stock Photo; p88(TR): iStockphoto; p88(CL): iStockphoto; p88(CR): iStockphoto; p88(BL): iStockphoto; p89(L): Erika Craddock/Getty Images; p89(R): Keith Erskine/Alamy Stock Photo; p90(TL): Evywin/Dreamstime; p90(TR): Jim Bowie/Shutterstock; p90(CL): Lura_Atom/Shutterstock; p90(CR): Arcticphotoworks/Alamy Stock Photo; p90(BL): Jag_cz/Shutterstock; p90(BR): Kickers/iStockphoto; p92: David Page/Alamy Stock Photo; p95: Blickwinkel/Alamy Stock Photo; p96: Zeljkodan/Shutterstock; p98: kaband/Shutterstock; p99: Travelstock44/Juergen Held/Getty Images; p100: Ariadna De Raadt/Shutterstock; p103: Vincent Besnault/Getty Images; p106a: Shelly Perry/iStockphoto; p106b: Linda Yolanda/iStockphoto; p106c: Will Rennick/iStockphoto; p106d: Dianne Maire/iStockphoto; p106e: iStockphoto; p106f: Leslie Banks/iStockphoto; p107(TL): Heather Mascie Taylor; p107(CL): Heather Mascie Taylor; p107(CR): Heather Mascie Taylor; p107(TR): Heather Mascie Taylor; p108(TL): Mode/Richard Gleed/Alamy Stock Photo; p108(TR): Pictorial Press Ltd/Alamy Stock Photo; p108(B): Chris Pearsall/Alamy Stock Photo; p109: Dragon Images/Shutterstock; p110(T): Incamerastock/Alamy Stock Photo; p110(TL): Dotshock/Shutterstock ; p110(C): iStockphoto; p110(TR): Phil Degginger/Alamy Stock Photo; p110(BT): Creatista/Shutterstock; p110(B): Mark Bassett; p111: Wesley Hitt/Alamy Stock Photo; p114: Denise Crew/Getty Images; p115: MAStock/Shutterstock; p116: Alfredo Estrella/AFP/Getty Images; p118(L): Dfree/Shutterstock; p118(R): Denis Makarenko/Shutterstock; p121(L): Marka/Alamy Stock Photo; p121(C): Universal History Archive/Getty Images; p123: Image100; p127(T): David R. Frazier Photolibrary, Inc./Alamy Stock Photo; p127(B): Yuri_Arcurs/Getty Images; p128: Stockfolio/Alamy Stock Photo; p129(TL): Eric Boegel/iStockphoto; p129(CL): Michael Spencer; p129(CR): Michael Spencer; p129(BL): Sean Gallup/Getty Images; p129(BR): Patjo/Shutterstock; p130(R): Richard Soberka/Hemis/Corbis; p130(L): Frans Lanting, Mint Images/Science Photo Library; p131: Carl Jani/iStockphoto; p132(T): Chris Pearsall/Alamy Stock Photo; p132(C): PhotoStock-Israel/Alamy Stock Photo; p132(B): Svetlana Privezentseva/Shutterstock; p134(L): &#169 Brian Jackson/iStockphoto; p134(R): Petr Nad/iStockphoto; p145(L): Littleaom/Shutterstock; p145(R): Jacques Pierre/Hemis/Corbis; p150(L): Pascal Guyot/AFP/Getty Images; p150(R): Pascal Guyot/AFP/Getty Images; p152(L): Michael Spencer; p152(C): Michael Spencer; p152(R): Michael Spencer; p154: Robert Fried/Alamy Stock Photo ; p157: David Simson; p158(TL): Justin Minns Travel/Alamy Stock Photo; p158(TR): David Simson; p158(B): David Simson; p159: Shotshop GmbH/Alamy Stock Photo ; p160(T): Alamy; p160(B): Michael melia/Alamy Stock Photo ; p161: Mimagephotography/Shutterstock; p162: Ken Felepchuk/Alamy Stock Photo; p163: Essdras M Suarez/The Boston Globe/Getty Images; p164(T): Dusan Zidar/Shutterstock; p164(B): Oneinchpunch/Shutterstock; p169: Jacek Chabraszewski/Shutterstock; p171(T): Larry Dale Gordon/Getty Images; p171(B): Susan Chiang/Getty Images; p172: Monkey Business Images/Shutterstock; p173: Alan Gignoux/Alamy Stock Photo; p174(TL): Photodisk (NT); p174(TR): Photodisk (NT); p174(BL): Photodisk (NT); p174(BR): Photodisk (NT); p176(TR): Toddlerstock/Alamy Stock Photo; p176(CL): Karl Blackwell/REX Shutterstock; p176(CR): Adrien Morlent/AFP/Getty Images; p176(B): Bstar Images/Alamy Stock Photo; p178(T): Forget Patrick/Sagaphoto.com/Alamy Stock Photo; p178(C): Rachel Weill/Getty Images; p178(B): Rolf Adlercreutz/Alamy Stock Photo; p181: Getty Images; p182: William87/iStockphoto; p183(T): David H. Lewis/iStockphoto; p183(B): Monkey Business Images; p185: Radius Images/Corbis; p187: Elyse Lewin/Getty Images; p192(TL): Peter Probst/Alamy Stock Photo; p192(BL): Mediacolor's/Alamy Stock Photo; p192(BC): Eileen Hart/iStockphoto; p192(BR): Alan Bailey/Shutterstock ; p192(TC): Larry Lilac/Alamy Stock Photo; p192(TR): Prisma Bildagentur AG/Alamy Stock Photo; p194(TL): Peeter Viisimaa/iStockphoto; p194(TR): Anantha Vardhan/iStockphoto; p195: Stan Honda/AFP/Getty Images; p196: Mark Conlin/Alamy Stock Photo; p198: Hemis/Alamy Stock Photo; p199(L): Dbimages/Alamy Stock Photo; p199(R): Mseidelch/E+/Getty Images; p200: Incamerastock/Alamy Stock Photo; p202: Manor Photography/Alamy Stock Photo; p203: Carolyn Jenkins/Alamy Stock Photo; p204(L): Dennis Chang-France/Alamy Stock Photo; p204(R): Sébastien Baussais/Alamy Stock Photo; p205(T): Look Die Bildagentur der Fotografen GmbH/Alamy Stock Photo; p205(C): DnDavis/iStockphoto; p205(B): Bellena/Shutterstock; p207(TR): Corel NT; p207(BL): Patrick Kovarik/AFP/Getty Images; p207(BR): Mapsflags/Flags/Graphi-Ogre; p211(L): Chris Schmidt/iStockphoto; p211(C): Jay Reilly/Getty Images; p211(R): Aurelie and Morgan David de Lossy/Getty Images; p213(T): Monkey Business Images/Shutterstock; p213(B): Owen Franken/Corbis; p214: Richard G. Bingham II/Alamy Stock Photo; p215: Kristy Sparow/Getty Images; p216(TL): Jon Arnold Images Ltd/Alamy Stock Photo; p216(TR): Arco Images GmbH/Alamy Stock Photo; p216(BL): Corbis; p216(BR): Foodfolio/Alamy Stock Photo; p218: Chris Schmidt/iStockphoto; p222(TL): Lauri Patterson/iStockphoto; p222(TC): Janimir/iStockphoto; p222(TR): iStockphoto; p222(CL): Robyn Mackenzie/iStockphoto; p222(CR): John Shepherd/iStockphoto; p222(BL): Mike Bentley/iStockphoto; p222(BC): Dave White/iStockphoto; p222(BR): Amanda Rohde/iStockphoto; p224: Haven/iStockphoto; p230(L): Ryan McVay/Getty Images; p230(C): Getty Images; p230(R): Ryan McVay/Getty Images;

Artwork by Adrian Barclay

Audio recordings produced by Colette Thomson for Footstep Productions Ltd; Andrew Garratt (sound engineer).

Special thanks to the following for their advice during the development of the course:

Ruth Smith of Royal Grammar School, High Wycombe; Florence Sherrington, The Cherwell School; James Burnet of Loretto School; Meryl Lovatt of Lawrence Sheriff School; Hilary Attlee of Pates Grammar School; Steve Smith; Alex Gregory of Sir Thomas Rich's School; Aran Maddocks and Alison Hobbs of Reading Blue Coat School; Simon Depoix and Isabelle l'Honneur of Gordon's School; Helen Foster; Monique Warham; Deborah Netton and Mike Naish of Kennett School; Fred Troublé of Slough Grammar School; Paul Chesworth of St Edward's School; Eric Hadley of Warwick School; Ena Lopez-Garcia and Caroline Bell of the Royal Grammar School, Guilford; Toby Smith of Wellington College; Sue Hotham of Wakefield Girls' High School; Bethany Honnor; Belinda Hough-Robbins and the Modern Languages staff at Queen Anne's School; the Modern Languages Department of Pocklington School; the Modern Languages staff at Dean Close School; the students from Cullompton Community College; Jenny Carr and Kendrick School, Reading; Iain Lindsay, Henry Moyle and Reading School; Tuyen Vo and Émile Saulmier-Talbot, Petit Séminaire, Québec.

Thanks also to the following –Michel, Brigitte, Cécile and Sophie Denise; Claude, Wendy and Charlotte Ribeyrol; Jaqueline, Clément and Marion Donnezan-Nicolau; Ginou François Nightingale; Nicola and Katy Chapman, Brian and Adrian Chapman, Jonathan Mascie-Taylor, Alex O'Donnell; Charlotte Smith; la Famille Fardeau; Frédérique Jouhandin; Florence Bonneau; Sara McKenna.